Springer-Lehrbuch

Eric Hilgendorf · Carsten Kusche
Brian Valerius

Computer- und Internetstrafrecht

Ein Grundriss

3. Auflage

 Springer

Eric Hilgendorf
Lehrstuhl für Strafrecht, Strafprozessrecht,
Rechtstheorie, Informationsrecht und
Rechtsinformatik
Julius-Maximilians-Universität Würzburg
Würzburg, Deutschland

Carsten Kusche
(Wiss. Mit.) Lehrstuhl für Strafrecht,
Strafprozessrecht, Rechtstheorie,
Informationsrecht und Rechtsinformatik
Julius-Maximilians-Universität Würzburg
Würzburg, Deutschland

Brian Valerius
Lehrstuhl für Künstliche Intelligenz im
Strafrecht
Universität Passau
Passau, Deutschland

ISSN 0937-7433   ISSN 2512-5214 (electronic)
Springer-Lehrbuch
ISBN 978-3-662-59445-2   ISBN 978-3-662-59446-9 (eBook)
https://doi.org/10.1007/978-3-662-59446-9

Die Deutsche Nationalbibliothek verzeichnet diese Publikation in der Deutschen Nationalbibliografie;
detaillierte bibliografische Daten sind im Internet über http://dnb.d-nb.de abrufbar.

Springer

Planung/Lektorat: Brigitte Reschke
Springer ist ein Imprint der eingetragenen Gesellschaft Springer-Verlag GmbH, DE und ist ein Teil von
Springer Nature.
Die Anschrift der Gesellschaft ist: Heidelberger Platz 3, 14197 Berlin, Germany

Vorwort

Unsere Gesellschaft befindet sich in einer Phase der digitalen Transformation, die kaum einen Bereich unserer Lebens- und Arbeitswelt unberührt lässt. Digitalisierung prägt heute die wirtschaftliche Produktion ebenso wie den Dienstleistungssektor, soziale Netzwerke haben die Kommunikation revolutioniert, und autonome Systeme treten in zunehmendem Maße an die Stelle menschlicher Akteure.

Die angesprochenen Entwicklungen werfen für das Computer- und Internetstrafrecht erhebliche Herausforderungen auf. Dennoch hat sich das geltende Recht in den vergangenen Jahren als bemerkenswert stabil und leistungsfähig erwiesen. Neue Probleme existieren etwa im Bereich der Äußerungsdelikte und der sozialen Netzwerke, vor allem aber bei der Bewältigung Künstlicher Intelligenz und autonomer Systeme.

Das Lehrbuch befindet sich auf dem Stand vom Frühjahr 2022. Es ist gelungen, Dr. Carsten Kusche als neuen Autor zu gewinnen. Sehr zu Dank verpflichtet sind wir außerdem Dr. Nicolas Woltmann und Dr. Paul Vogel (Würzburg) sowie Dr. Felix Ruppert (Bayreuth) für ihre überaus tatkräftige Unterstützung.

Würzburg, Deutschland
Bayreuth, Deutschland
im Mai 2022

Eric Hilgendorf
Carsten Kusche
Brian Valerius

Literaturverzeichnis

Ambos, Kai: Internationales Strafrecht, 5. Auflage, München 2018, zitiert: *Ambos*
Arzt, Gunther/Weber, Ulrich/Heinrich, Bernd/Hilgendorf, Eric: Strafrecht Besonderer Teil, 4. Auflage, Bielefeld 2021, zitiert: Arzt/Weber/Heinrich/Hilgendorf/*Bearbeiter*

Barton, Dirk-Michael: Multimediarecht, Stuttgart 2010, zitiert: *Barton*
Baumann, Jürgen/Weber, Ulrich/Mitsch, Wolfgang/Eisele, Jörg: Strafrecht Allgemeiner Teil, 13. Auflage, Bielefeld 2021, zitiert: Baumann/Weber/Mitsch/Eisele/*Bearbeiter*
Beck'scher Online-Kommentar zum Datenschutzrecht: Brink, Stefan/Wolff, Heinrich Amadeus (Hrsg.), online unter http://beck-online.beck.de, 41. Edition (Stand: 1.8.2022), zitiert: *Bearbeiter* BeckOK-DatSchR
Beck'scher Online-Kommentar zum Grundgesetz: Epping, Volker/Hillgruber, Christian (Hrsg.), online unter http://beck-online.beck.de, 52. Edition (Stand: 15.8.2022), zitiert: *Bearbeiter* BeckOK-GG
Beck'scher Online-Kommentar zum Informations- und Medienrecht: Gersdorf, Hubertus/Paal, Boris P. (Hrsg.), online unter http://beck-online.beck.de, 37. Edition (Stand: 1.8.2022), zitiert: *Bearbeiter* BeckOK-InfoMedienR
Beck'scher Online-Kommentar zum Strafgesetzbuch: von Heintschel-Heinegg, Bernd (Hrsg.), online unter http://beck-online.beck.de, 54. Edition (Stand: 1.8.2022), zitiert: *Bearbeiter* BeckOK-StGB
Beck'scher Online-Kommentar zur Strafprozessordnung: Graf, Jürgen Peter (Hrsg.), online unter http://beck-online.beck.de, 44. Edition (Stand: 1.7.2022), zitiert: *Bearbeiter* BeckOK-StPO
Beck'scher Online-Kommentar zum Urheberrecht: Ahlberg, Hartwig/Götting, Horst-Peter/Lauber-Rönsberg, Anne (Hrsg.), online unter http://beck-online.beck.de, 35. Edition (Stand: 1.7.2022), zitiert: *Bearbeiter* BeckOK-UrhG
Beulke, Werner/Swoboda, Sabine: Strafprozessrecht, 15. Auflage, Heidelberg u.a. 2020, zitiert: *Beulke/Swoboda*
Brodowski, Dominik/Freiling, Felix C.: Cyberkriminalität, Computerstrafrecht und die digitale Schattenwirtschaft, Berlin 2011, zitiert: *Brodowski/Freiling*

Dreier, Horst (Hrsg.): Grundgesetz. Kommentar, 3. Auflage, Tübingen 2013 ff., zitiert: Dreier/*Bearbeiter*

Dreier, Thomas/Schulze, Gernot: Urheberrechtsgesetz: UrhG. Kommentar, 7. Auflage, München 2022, zitiert: *Dreier/Schulze*

Dürig, Günter/Herzog, Roman/Scholz, Rupert: Grundgesetz. Kommentar, Loseblattsammlung, Stand: 97. Ergänzungslieferung (Stand: März 2022), München, zitiert: Dürig/Herzog/Scholz/*Bearbeiter*

Ehmann, Eugen/Selmayr, Martin (Hrsg.): Datenschutz-Grundverordnung. Kommentar, 2. Auflage, München 2018, zitiert: *Ehmann/Selmayr*

Eisele, Jörg: Computer- und Medienstrafrecht, München 2013, zitiert: *Eisele*

Erbs, Georg/Kohlhaas, Max (Hrsg.): Strafrechtliche Nebengesetze, Loseblattsammlung, 241. Ergänzungslieferung (Stand: Mai 2022), München, zitiert: Erbs/Kohlhaas/*Bearbeiter*

Fischer, Thomas: Strafgesetzbuch und Nebengesetze, 69. Auflage, München 2022, zitiert: *Fischer*

Gercke, Marco/Brunst, Phillip: Praxishandbuch Internetstrafrecht, Stuttgart 2009, zitiert: *Gercke/Brunst*

Graf, Jürgen Peter/Jäger, Markus/Wittig, Petra (Hrsg.): Wirtschafts- und Steuerstrafrecht. Kommentar, 2. Auflage, München 2017, zitiert: Graf/Jäger/Wittig/*Bearbeiter*

Handbuch Wirtschaftsstrafrecht: Achenbach, Hans/Ransiek, Andreas/Rönnau, Thomas (Hrsg.), 5. Auflage, Heidelberg 2019, zitiert: *Bearbeiter* HWSt

Hecker, Bernd: Europäisches Strafrecht, 6. Auflage, Berlin, Heidelberg 2021, zitiert: *Hecker*

Heckmann, Dirk/Paschke, Anne: juris PraxisKommentar Internetrecht, 7. Auflage, Saarbrücken 2021, zitiert: Heckmann/Paschke/*Bearbeiter* jurisPK-Internetrecht

Hilgendorf, Eric/Valerius, Brian: Strafrecht Besonderer Teil II, 2. Auflage, München 2021, zitiert: *Hilgendorf/Valerius* BT II

Hoeren, Thomas/Sieber, Ulrich/Holznagel, Bernd (Hrsg.): Handbuch Multimedia-Recht. Rechtsfragen des elektronischen Geschäftsverkehrs, Loseblattsammlung, 58. Ergänzungslieferung, (Stand: März 2022), München, zitiert: Hoeren/Sieber/Holznagel/*Bearbeiter*

Jarass, Hans/Pieroth, Bodo: Grundgesetz für die Bundesrepublik Deutschland, 17. Auflage, München 2022, zitiert: Jarass/Pieroth/*Bearbeiter*

Jones, Christopher/Nobis, Ralf/Röchner, Susanne/Thal, Paul: Internet der Zukunft. Ein Memorandum, Würzburg 2010, http://opus.bibliothek.uni-wuerzburg.de/volltexte/2011/5573/pdf/Internet_der_Zukunft.pdf, zitiert: Jones/Nobis/Röchner/Thal/*Bearbeiter*

Karlsruher Kommentar zur Strafprozessordnung: Hannich, Rolf (Hrsg.), 8. Auflage, München 2019, zitiert: *Bearbeiter* KK

Kindhäuser, Urs/Hilgendorf, Eric: Strafgesetzbuch. Lehr- und Praxiskommentar, 9. Auflage Baden-Baden 2022, zitiert: *Kindhäuser/Hilgendorf* LPK

Kingreen, Thorsten/Poscher, Ralf: Grundrechte. Staatsrecht II, 37. Auflage, Heidelberg 2021, zitiert: *Kingreen/Poscher*

Köhler, Helmut/Bornkamm, Joachim/Feddersen, Jörn: Gesetz gegen den unlauteren Wettbewerb. Kommentar, 40. Auflage, München 2022, zitiert: Köhler/Bornkamm/Feddersen/*Bearbeiter*

Kühl, Kristian: Strafrecht Allgemeiner Teil, 8. Auflage, München 2017, zitiert: *Kühl* AT

Lackner, Karl/Kühl, Kristian: Strafgesetzbuch. Kommentar, 29. Auflage, München 2018, zitiert: Lackner/Kühl/*Bearbeiter*

Leipziger Kommentar zum Strafgesetzbuch: Laufhütte, Heinrich Wilhelm/Rissing-van Saan, Ruth/Tiedemann, Klaus (Hrsg.), 12. Auflage, Berlin 2006 ff., 13. Auflage, Berlin 2019 ff., zitiert: *Bearbeiter* LK

Malek, Klaus/Popp, Andreas: Strafsachen im Internet, 2. Auflage, Heidelberg 2015, zitiert: *Malek/Popp*

von Mangoldt, Hermann/Klein, Friedrich/Starck, Christian: Kommentar zum Grundgesetz, 7. Auflage, München 2018, zitiert: von Mangoldt/Klein/Starck/*Bearbeiter*

Marberth-Kubicki, Annette: Computer- und Internetstrafrecht, 2. Auflage, München 2010, zitiert: *Marberth-Kubicki*

Meyer-Goßner, Lutz/Schmitt, Bertram: Strafprozessordnung, 65. Auflage, München 2022, zitiert: Meyer-Goßner/Schmitt/*Bearbeiter*

Mitsch, Wolfgang: Medienstrafrecht, Berlin, Heidelberg 2012, zitiert: *Mitsch*

Münchener Anwaltshandbuch IT-Recht: Leubold, Andreas/Wiebe, Andreas/Glossner, Silke (Hrsg.), 4. Auflage, München 2021, zitiert: *Bearbeiter* MAH IT-Recht

Münchener Anwaltshandbuch Strafverteidigung: Müller, Eckhart/Schlothauer, Reinhold/Knauer, Christoph (Hrsg.), 3. Auflage, München 2022, zitiert: *Bearbeiter* MAH Strafverteidigung

Münchener Kommentar zum Strafgesetzbuch: Joecks, Wolfgang/Miebach, Klaus (Hrsg.), 3. Auflage, München 2016 ff., Erb, Volker/Schäfer, Jürgen (Hrsg.), 4. Auflage, München 2020 ff., zitiert: *Bearbeiter* MK-StGB

Nomos Kommentar zum Strafgesetzbuch: Kindhäuser, Urs/Neumann, Ulfrid/Paeffgen, Hans-Ullrich (Hrsg.), 5. Auflage, Baden-Baden 2017, zitiert: *Bearbeiter* NK

Oehler, Dietrich: Internationales Strafrecht, 2. Auflage, Köln u.a. 1983, zitiert: *Oehler*

Rengier, Rudolf: Strafrecht Allgemeiner Teil, 14. Auflage, München 2022, zitiert: *Rengier* AT

ders.: Strafrecht Besonderer Teil I, 24. Auflage, München 2022, zitiert: *Rengier* BT I *ders.*: Strafrecht Besonderer Teil II, 23. Auflage, München 2022, zitiert: *Rengier* BT II

Roßnagel, Alexander (Hrsg.): Das neue Datenschutzrecht. Europäische Datenschutz-Grundverordnung und deutsche Datenschutzgesetze, Baden-Baden 2018, zitiert: Roßnagel/*Bearbeiter*

Roxin, Claus: Strafrecht Allgemeiner Teil, Band II, München 2003, zitiert: *Roxin* AT II

Roxin, Claus/Greco, Luís: Strafrecht Allgemeiner Teil, Band I, 5. Auflage, München 2020, zitiert: *Roxin/Greco* AT I

Roxin, Claus/Schünemann, Bernd: Strafverfahrensrecht, 30. Auflage, München 2022, zitiert: *Roxin/Schünemann*

Satzger, Helmut: Internationales und Europäisches Strafrecht, 10. Auflage, Baden-Baden 2022, zitiert: *Satzger*

Satzger, Helmut/Schluckebier, Wilhelm/Widmaier, Gunter: Strafgesetzbuch, 5. Auflage, Köln 2021, zitiert: SSW/*Bearbeiter*

Schantz, Peter/Wolff, Heinrich Amadeus: Das neue Datenschutzrecht. Datenschutz-Grundverordnung und Bundesdatenschutzgesetz in der Praxis, München 2017, zitiert: Schantz/Wolff/*Bearbeiter*

Schönke, Adolf/Schröder, Horst: Strafgesetzbuch. Kommentar, 30. Auflage 2019, zitiert: Schönke/Schröder/*Bearbeiter*

Schricker, Gerhard/Loewenheim, Ulrich (Hrsg.): Urheberrecht. Kommentar, 6. Auflage, München 2020, zitiert: Schricker/Loewenheim/*Bearbeiter*

Spindler, Gerald/Schmitz, Peter (Hrsg.): Telemediengesetz mit Netzwerkdurchsetzungsgesetz, 2. Auflage, München 2018, zitiert: Spindler/Schmitz/*Bearbeiter*

Spindler, Gerald/Schuster, Fabian (Hrsg.): Recht der elektronischen Medien, 4. Auflage, München 2019, zitiert: Spindler/Schuster/*Bearbeiter*

Systematischer Kommentar zum Strafgesetzbuch: Wolter, Jürgen (Hrsg.), 9. Auflage, Köln 2016 ff., zitiert: *Bearbeiter* SK-StGB

Wandtke, Artur-Axel/Bullinger, Winfried (Hrsg.): Praxiskommentar zum Urheberrecht, 6. Auflage, München 2022, zitiert: Wandtke/Bullinger/*Bearbeiter*

Wessels, Johannes/Beulke, Werner/Satzger, Helmut: Strafrecht Allgemeiner Teil, 51. Auflage, Heidelberg 2021, zitiert: *Wessels/Beulke/Satzger*

Wessels, Johannes/Hettinger, Michael/Engländer, Armin: Strafrecht Besonderer Teil 1, 45. Auflage, Heidelberg 2021, zitiert: *Wessels/Hettinger/Engländer*

Wessels, Johannes/Hillenkamp, Thomas/Schuhr, Jan: Strafrecht Besonderer Teil 2, 44. Auflage, Heidelberg 2021, zitiert: *Wessels/Hillenkamp/Schuhr*

Inhaltsverzeichnis

Abkürzungsverzeichnis

aA	anderer Ansicht
ABl. EG	Amtsblatt der Europäischen Gemeinschaften
ABl. EU	Amtsblatt der Europäischen Union
Abs.	Absatz
ACTA	Anti-Counterfeiting Trade Agreement
a. E.	am Ende
AEUV	Vertrag über die Arbeitsweise der Europäischen Union
a. F.	alte Fassung
AfP	Archiv für Presserecht
AG	Amtsgericht
AGB	Allgemeine Geschäftsbedingungen
Alt.	Alternative
AöR	Archiv des öffentlichen Rechts
A&R	Arzneimittel & Recht
ArbG	Arbeitsgericht
Art.	Artikel
AT	Allgemeiner Teil
BayObLG	Bayerisches Oberstes Landesgericht
BayVGH	Bayerischer Verwaltungsgerichtshof
BDSG	Bundesdatenschutzgesetz
BeckRS	Beck-Rechtsprechung
Beih.	Beiheft
ber.	berichtigt
BezG	Bezirksgericht
BGB	Bürgerliches Gesetzbuch
BGBl.	Bundesgesetzblatt
BGH	Bundesgerichtshof
BGHSt	Sammlung der Entscheidungen des Bundesgerichtshofs in Strafsachen
BGHZ	Sammlung der Entscheidungen des Bundesgerichtshofs in Zivilsachen
BKAG	Bundeskriminalamtgesetz
BR-Drucks.	Bundesratsdrucksache
BT	Besonderer Teil

BT-Drucks.	Bundestagsdrucksache
BVerfG	Bundesverfassungsgericht
BVerfGE	Sammlung von Entscheidungen des Bundesverfassungsgerichts
BVerwG	Bundesverwaltungsgericht
bzw.	beziehungsweise
CR	Computer und Recht
DAR	Deutsches Autorecht
DAZ	Deutsche Apothekerzeitung
ders.	derselbe
d. h.	das heißt
dies.	dieselbe(n)
DMCA	Digital Millennium Copyright Act
DÖV	Die Öffentliche Verwaltung
DRiZ	Deutsche Richterzeitung
DSA	Digital Services Act
DS-GVO	Datenschutz-Grundverordnung
DuD	Datenschutz und Datensicherheit
DVP	Deutsche Verwaltungspraxis
ECRL	Richtlinie über den elektronischen Geschäftsverkehr (E-Commerce-Richtlinie)
EG	Europäische Gemeinschaft
EGG	Elektronischer Geschäftsverkehr-Gesetz
EGMR	Europäischer Gerichtshof für Menschenrechte
EGStGB	Einführungsgesetz zum Strafgesetzbuch
EGV	Vertrag zur Gründung der Europäischen Gemeinschaft
ElGVG	Elektronischer-Geschäftsverkehr-Vereinheitlichungsgesetz
EMRK	Konvention zum Schutze der Menschenrechte und Grundfreiheiten (Europäische Menschenrechtskonvention)
endg.	endgültig
ErwGr.	Erwägungsgrund
etc.	et cetera
EU	Europäische Union
EuGH	Europäischer Gerichtshof
EuGrCh	EU-Charta der Grundrechte
EuR	Europarecht
EUV	Vertrag über die Europäische Union
EuZW	Europäische Zeitschrift für Wirtschaftsrecht
f.	folgende
FamFG	Gesetz über das Verfahren in Familiensachen und in den Angelegenheiten der freiwilligen Gerichtsbarkeit
FamRZ	Zeitschrift für das gesamte Familienrecht
ff.	fortfolgende
Fn.	Fußnote
FS	Festschrift

G10	Gesetz zur Beschränkung des Brief-, Post- und Fernmeldegeheimnisses (Artikel 10-Gesetz)
GA	Goltdammer's Archiv für Strafrecht
GedS	Gedächtnisschrift
GeschGehG	Gesetz zum Schutz von Geschäftsgeheimnissen
GewSchG	Gewaltschutzgesetz
GG	Grundgesetz
ggf.	gegebenenfalls
GlüStV	Glücksspielstaatsvertrag
GmbH	Gesellschaft mit beschränkter Haftung
GrS	Großer Senat für Strafsachen
GRUR	Gewerblicher Rechtsschutz und Urheberrecht
GRUR-Prax	Gewerblicher Rechtsschutz und Urheberrecht – Praxis im Immaterialgüter- und Wettbewerbsrecht
GRUR-RR	Gewerblicher Rechtsschutz und Urheberrecht – Rechtsprechungs-Report
GSZ	Zeitschrift für das gesamte Sicherheitsrecht
GVBl.	Gesetz- und Verordnungsblatt
GVG	Gerichtsverfassungsgesetz
hA	herrschende Auffassung
Halbs.	Halbsatz
HRRS	Höchstrichterliche Rechtsprechung Strafrecht
Hrsg.	Herausgeber
i. E.	im Ergebnis
IIC	International Review of Intellectual Property and Competition Law
IntVG	Integrationsverantwortungsgesetz
ITRB	IT-Rechts-Berater
IuKDG	Informations- und Kommunikationsdienstegesetz
i. V. m.	in Verbindung mit
JA	Juristische Arbeitsblätter
jM	juris – Die Monatszeitschrift
JMStV	Jugendmedienschutz-Staatsvertrag
JR	Juristische Rundschau
JRE	Jahrbuch für Recht und Ethik
Jura	Juristische Ausbildung
jurisPR-ITR	juris PraxisReport IT-Recht
jurisPR-StrafR	juris PraxisReport Strafrecht
JurPC	Internet-Zeitschrift für Rechtsinformatik
JuS	Juristische Schulung
JuSchG	Jugendschutzgesetz
JZ	Juristenzeitung
K&R	Kommunikation & Recht
Kap.	Kapitel
KG	Kammergericht

KJ	Kritische Justiz
KOM	Kommission der Europäischen Gemeinschaften
KriPoZ	Kriminalpolitische Zeitschrift
KritV	Kritische Vierteljahresschrift für Gesetzgebung und Rechtswissenschaft
KunstUrhG	Kunsturhebergesetz
LG	Landgericht
lit.	litera
Ls.	Leitsatz
MAR	Market Abuse Regulation
MDR	Monatsschrift für Deutsches Recht
MDStV	Mediendienste-Staatsvertrag
MMR	Multimedia und Recht
MStV	Medienstaatsvertrag
m. w. N.	mit weiteren Nachweisen
NetzDG	Gesetz zur Verbesserung der Rechtsdurchsetzung in sozialen Netzwerken (Netzwerkdurchsetzungsgesetz)
NJW	Neue Juristische Wochenschrift
NJW-RR	Neue Juristische Wochenschrift – Rechtsprechungs-Report
NK	Neue Kriminalpolitik
No.	Number
Nr.	Nummer
Nrn.	Nummern
NStZ	Neue Zeitschrift für Strafrecht
NStZ-RR	Neue Zeitschrift für Strafrecht – Rechtsprechungs-Report
NVwZ	Neue Zeitschrift für Verwaltungsrecht
NVwZ-RR	Neue Zeitschrift für Verwaltungsrecht – Rechtsprechungs-Report
NZA	Neue Zeitschrift für Arbeitsrecht
NZWiSt	Neue Zeitschrift für Wirtschafts-, Steuer- und Unternehmensstrafrecht
OLG	Oberlandesgericht
OVG	Oberverwaltungsgericht
RDV	Recht der Datenverarbeitung
RegE	Regierungsentwurf
RGebStV	Rundfunkgebührenstaatsvertrag
Rn.	Randnummer
RStV	Rundfunkstaatsvertrag; Staatsvertrag für Rundfunk und Telemedien
RW	Rechtswissenschaft
S.	Seite
SchAZtg	Schiedsamtszeitung
SEV	Sammlung der Europäischen Verträge; Sammlung der Europaratsverträge
sog.	so genannte(r/n)
StGB	Strafgesetzbuch
StIGHE	Entscheidungen des Ständigen Internationalen Gerichtshofs

StPO	Strafprozeßordnung
StrÄndG	Strafrechtsänderungsgesetz
StraFo	Strafverteidiger Forum
StRspr	Ständige Rechtsprechung
StV	Strafverteidiger
StVG	Straßenverkehrsgesetz
sublit.	sublitera
SVR	Straßenverkehrsrecht
TDDSG	Teledienstedatenschutzgesetz
TDG	Teledienstegesetz
TGI	Tribunal de Grande Instance
TKG	Telekommunikationsgesetz
TMG	Telemediengesetz
TMR	Zeitschrift für Telekommunikations- und Medienrecht
TTDSG	Telekommunikation-Telemedien-Datenschutz-Gesetz
u. a.	und andere
UAbs.	Unterabsatz
UrhG	Gesetz über Urheberrecht und verwandte Schutzrechte (Urheberrechtsgesetz)
UWG	Gesetz gegen den unlauteren Wettbewerb
Var.	Variante
VG	Verwaltungsgericht
vgl.	vergleiche
VRR	Verkehrsrechtsreport
VStGB	Völkerstrafgesetzbuch
WCT	WIPO Copyright Treaty
Web-Dok.	Web-Dokument
WiKG	Gesetz zur Bekämpfung der Wirtschaftskriminalität
wistra	Zeitschrift für Wirtschafts- und Steuerstrafrecht
WpHG	Gesetz über den Wertpapierhandel
WPPT	WIPO Performances and Phonograms Treaty
WRP	Wettbewerb in Recht und Praxis
ZaöRV	Zeitschrift für ausländisches öffentliches Recht und Völkerrecht
z. B.	zum Beispiel
ZD	Zeitschrift für Datenschutz
ZIS	Zeitschrift für Internationale Strafrechtsdogmatik
ZJS	Zeitschrift für das Juristische Studium
ZKDSG	Zugangskontrolldiensteschutz-Gesetz
ZRP	Zeitschrift für Rechtspolitik
ZStW	Zeitschrift für die gesamte Strafrechtswissenschaft
ZugErschwG	Zugangserschwerungsgesetz
ZUM	Zeitschrift für Urheber- und Medienrecht
ZUM-RD	Zeitschrift für Urheber- und Medienrecht – Rechtsprechungsdienst
ZWH	Zeitschrift für Wirtschaftsstrafrecht und Haftung im Unternehmen

§ 1 Grundlagen

A. Einführung

Neue Rechtsgebiete werden nicht am grünen Tisch entworfen, sondern entwickeln   **1**
sich aus der Rechtspraxis und der die Rechtspraxis systematisierenden Rechtswissenschaft heraus. Dabei ist der Sprachgebrauch in aller Regel uneinheitlich, oft sogar widersprüchlich. Dieser Befund bestätigt sich auch und gerade bei der juristischen Beschäftigung mit den Problemen, die Computer und Computernetzwerke wie das Internet und ihre vielfältigen Einsatzmöglichkeiten geschaffen haben. Bezeichnungen wie „EDV-Recht", „Computerrecht", „Internetrecht", „Recht der Neuen Medien", „Multimediarecht" oder „Informationsrecht" zeigen, wie das Recht die technische Entwicklung begleitet und terminologisch reflektiert.

Allen diesen Teilrechtsgebieten gemeinsam ist, dass es sich um juristische Disziplinen handelt, die eine normorientierte, hermeneutische Vorgehensweise kenn-   **2**
zeichnet. Darin unterscheiden sie sich fundamental von technischen Fächern wie der Elektrotechnik oder der Informatik als angewandten empirischen Disziplinen. Dementsprechend ist auch die *Rechtsinformatik*, als Teilgebiet der Informatik, eine technische Disziplin. Sie lässt sich am ehesten als „Schnittstelle" zwischen der rasant fortschreitenden Informations- und Kommunikationstechnik einerseits und dem Rechtssystem andererseits verstehen. Es ist deshalb irreführend, mit der Bezeichnung „Rechtsinformatik" auch die fachjuristische Beschäftigung mit sämtlichen durch die neuen Techniken aufgeworfenen Rechtsfragen erfassen zu wollen. Für derartige Fragestellungen soll hier, in deutlicher Abgrenzung von der Rechtsinformatik, die Bezeichnung *„Informationsrecht"* verwendet werden.[1]

Neben diesem methodologischen Unterschied sprechen vor allem zwei Gesichts-   **3**
punkte dafür, Rechtsinformatik und Informationsrecht begrifflich scharf voneinander zu trennen:

---

[1] Zur Entwicklung der Terminologie *Fiedler* FS Kilian, S. 71 ff.; siehe schon *Sieber* Jura 1993, 561 (568 ff.).

E. Hilgendorf et al., *Computer- und Internetstrafrecht*, Springer-Lehrbuch,
https://doi.org/10.1007/978-3-662-59446-9_1

4   1. Eine Rechtsinformatik, die auch das Informationsrecht mit umfasste, wäre bei
weitem zu umfangreich und *heterogen*, um als einheitliche juristische Teildisziplin zu bestehen. Die Digitalisierung der Gesellschaft stellt die Rechtsordnung in
vielfältiger Hinsicht vor neue Herausforderungen; betroffen sind das Zivilrecht,
das Öffentliche Recht und das Strafrecht gleichermaßen. Die genannten Teildisziplinen haben längst begonnen, sich intensiv und in großem Detail mit den
neuen Fragestellungen auseinanderzusetzen. Sie erweisen sich zudem als viel zu
differenziert, als dass sie sinnvoll unter dem Dach einer einzigen Disziplin (oder
sogar in der Person eines einzigen „Rechtsinformatikers") zusammengeführt
werden könnten.

5   2. Bei dem Versuch, gleichwohl die Rechtsinformatik als Sammeldisziplin für die
unterschiedlichsten EDV-bezogenen Fragestellungen aus Zivilrecht, Öffentli-
chem Recht und Strafrecht zu konzipieren, entstünde die Gefahr, dass *zentrale
Grundsätze der einzelnen Teilrechtsgebiete* in Vergessenheit geraten oder abge-
schliffen werden. Dies gilt auch für das Strafrecht,[2] zu dessen tragenden rechtsstaatlichen Grundsätzen das ultima-ratio-Prinzip und der Gesetzlichkeitsgrundsatz gehören. Der Gesetzlichkeitsgrundsatz wiederum umfasst als Teilprinzipien
das Gebot schriftlicher Gesetze sowie das Verbot von Analogie, Gewohnheits-
recht und rückwirkenden Gesetzen.[3] Diese Prinzipien finden sich weder in den
übrigen Teilen des Öffentlichen Rechts noch im Zivilrecht.

6   Selbst wenn, wie hier vorgeschlagen, Rechtsinformatik und Informationsrecht kate-
gorial getrennt werden, umfasste das Informationsrecht jedoch Fragestellungen aus
allen drei klassischen Teilgebieten des Rechts. Der Ausdruck „Informationsrecht"
taugt deshalb allenfalls als Bezeichnung einer *Manteldisziplin*, innerhalb derer Vertreter des Zivilrechts, des Öffentlichen Rechts und des Strafrechts sich mit den
neuen Problemen auseinandersetzen. Aus der Perspektive des Strafrechts ließe sich
somit von einem „*Informationsstrafrecht*" sprechen, dessen Inhalte und Konturen
allerdings nach wie vor unscharf sind.

7   Zum Kernbereich des Informationsstrafrechts zählt jedenfalls das *Computer-
und Internetstrafrecht*, das in diesem Buch behandelt wird. Während das Computerstrafrecht sich jenen Delikten widmet, die im Zusammenhang mit einem einzelnen
Rechner stehen, nimmt das Internetstrafrecht die Kommunikation in Rechnernetzen
in den Blick. Es muss deshalb in besonderem Maße die grundrechtlichen Vorgaben
z. B. zur Meinungs- und Informationsfreiheit (Art. 5 GG) beachten. Allen begriffli-
chen Verschärfungen zum Trotz bleibt das Internetstrafrecht eine *Querschnittsdiszi-
plin*, die mehr als andere strafrechtliche Teilrechtsgebiete die öffentlich-rechtlichen
Vorgaben zu berücksichtigen hat. Hinzu treten europäische Regelungen, so dass das
Internetstrafrecht wie kaum ein anderes Gebiet des Strafrechts auch als Paradigma
für die Europäisierung des Strafrechts dienen kann.

---

[2] Zu den Gefährdungen des klassischen rechtsstaatlichen Strafrechts durch die Strafrechtspolitik
Hilgendorf/Frank/Valerius in: Das Strafgesetzbuch, S. 258 (363 ff.).
[3] Ausführlich dazu Baumann/Weber/Mitsch/Eisele/*Eisele* § 7 I–II.

B. Verfassungsrechtliche Erwägungen

I. Grundlagen

Das Internet dürfte zu denjenigen technischen Errungenschaften zählen, welche die **8** Gesellschaft in den letzten Jahrzehnten am meisten verändert haben. Aus dem Alltag ist es zumindest nicht mehr wegzudenken. Nach der ARD/ZDF-Onlinestudie 2021 nutzen in Deutschland über 67 Millionen und somit nahezu 94 % der Bevölkerung ab 14 Jahren das Internet.[4] Mit diesem quantitativen Stellenwert geht eine entsprechend hohe qualitative Bedeutung des Internets für die Gesellschaft einher, ermöglicht es nicht mehr oder weniger als eine *freie und ungehinderte Kommunikation* und vermag dadurch viel zur öffentlichen Meinungsbildung als Grundlage eines demokratischen Pluralismus beizutragen. Vor allem die sozialen Netzwerke gestatten einen schnellen Austausch von (unzensierten) Informationen und Meinungen sowie die Organisation und Koordination von Kundgebungen und Demonstrationen und können sogar zum Sturz von Regierungen und Regimen führen. 2010 wurden daher drei Pioniere des Internets stellvertretend für das World Wide Web für den Friedensnobelpreis vorgeschlagen. Nicht verkannt werden darf freilich aber, dass die Kommunikationsdienste des Internets nicht nach dem Inhalt der übermittelten Nachrichten differenzieren und somit gleichsam dazu beitragen können, Falschmeldungen ebenso zu verbreiten wie herabwürdigende, diskriminierende oder aufwiegelnde Äußerungen.

Der politischen und gesellschaftlichen Relevanz des Internets entspricht die ver- **9** fassungsrechtliche Gewährleistung, aber auch Begrenzung des freien Meinungsaustauschs über die einzelnen Dienste des Internets. Enthüllungsplattformen wie WikiLeaks einerseits,[5] gesetzgeberische Initiativen wie Sperrlisten für Webseiten oder das zum 1. Oktober 2017 in Kraft getretene Netzwerkdurchsetzungsgesetz (Gesetz zur Verbesserung der Rechtsdurchsetzung in sozialen Netzwerken; NetzDG)[6] andererseits werfen die Frage auf, wie weit der Schutzbereich derjenigen Grundrechte reicht, welche die freie Information und Kommunikation garantieren. Einschlägig ist insoweit vornehmlich das *Recht der freien Meinungsäußerung* in Art. 5 Abs. 1 GG. Hierbei bleibt auch zu untersuchen, welche Rolle das Internet im Vergleich mit den klassischen Medien wie Presse, Rundfunk und Film einnimmt (siehe dazu II.).

Bestimmte Kommunikationsinhalte können außerdem von den Schutzbereichen der Glaubens- **10** und Gewissensfreiheit des Art. 4 GG, der *Freiheit der Kunst und Wissenschaft* nach Art. 5 Abs. 3 GG oder der Berufsfreiheit nach Art. 12 Abs. 1 GG umfasst sein. Kaum bedeutend für das Internet dürfte hingegen die *Versammlungsfreiheit* des Art. 8 GG sein. Denn nicht nur wegen der Merkmale

---

[4] Abrufbar unter http://www.ard-zdf-onlinestudie.de/onlinenutzung/entwicklung-der-onlinenutzung/ (29.06.2022).

[5] Zur strafrechtlichen Verantwortlichkeit von WikiLeaks *Franck/Steigert* CR 2011, 380; *M. Gercke* ZUM 2011, 609 (616 ff.); zur urheberrechtlichen Bewertung unter Berücksichtigung der Informationsfreiheit *Hoeren/Herring* MMR 2011, 143 und 500; anlässlich solcher Fälle zum strafrechtlichen Schutz von Dienstgeheimnissen *Trips-Hebert* ZRP 2012, 199.

[6] BGBl. I, S. 3352.

„friedlich und ohne Waffen" in Absatz 1 oder auch „unter freiem Himmel" in Absatz 2 dürften unter Versammlungen ausschließlich körperliche Zusammenkünfte zu verstehen sein.[7] Treffen in Chaträumen fallen daher ebenso wenig in den Schutzbereich der Versammlungsfreiheit wie Online-Demonstrationen in Gestalt sog. Cyber-Sit-ins (zur Strafbarkeit siehe § 3 Rn. 414).

11   Die Netzwerkstruktur des Internets und der dadurch ermöglichte Austausch von Dateien birgt aber auch Gefahren, wird doch der Zugriff auf digitalisierte Informationen jeder Art, d. h. auch auf solche Daten gestattet, die nicht für die Öffentlichkeit oder ggf. überhaupt nicht zur Kommunikation vorgesehen sind. Solche Zugriffe auf mitunter äußerst persönliche und intime Inhalte drohen nicht nur von privater Seite (zu denken ist etwa an die Darstellung öffentlich zugänglicher Straßen und Plätze in Google Street View), sondern auch – etwa in Gestalt von Ermittlungsmaßnahmen wie der Online-Durchsuchung – von Seiten des Staates. Insoweit gewährleistet zum einen das Brief-, Post- und *Fernmeldegeheimnis* aus Art. 10 GG die Vertraulichkeit bestimmter Kommunikationsmedien, unabhängig von dem Inhalt der übermittelten Informationen (siehe dazu III.). Zum anderen schützt das *Allgemeine Persönlichkeitsrecht* aus Art. 2 Abs. 1 i. V. m. Art. 1 Abs. 1 GG vor entsprechenden Eingriffen, nicht zuletzt in seinen Ausprägungen des Rechts auf informationelle Selbstbestimmung und des Rechts auf Gewährleistung der Integrität und Vertraulichkeit informationstechnischer Systeme (siehe dazu IV.).

II. Grundrecht auf Medienfreiheit

Literatur (Auswahl): *Bernreuther* Zur Interessenabwägung bei anonymen Meinungsäußerungen im Internet, AfP 2011, 218–223; *Degenhart* Verfassungsfragen der Internet-Kommunikation, CR 2011, 231–237; *Fiedler* Technologieneutrale Pressefreiheit, AfP 2011, 15–18; *Flechsig* Presse- und Rundfunkfreiheit. Von der vierten Gewalt zum fünften Rad im Lichte zunehmender Kommerzialisierung?, CR 1999, 327–338; *Franzius* Das Internet und die Grundrechte, JZ 2016, 650–659; *Gersdorf* Netzneutralität: Juristische Analyse eines „heißen Eisens", AfP 2011, 209–217; *B. Heinrich* Künftige Entwicklungen des Medienstrafrechts im Bereich des investigativen Journalismus oder: Dürfen Journalisten mehr?, in: Festschrift 200 Jahre Juristische Fakultät HU Berlin, 2010, S. 1241–1264; *Holznagel* Internetdienstefreiheit und Netzneutralität, AfP 2011, 532–549; *ders.* Die Zukunft der Mediengrundrechte in Zeiten der Konvergenz, MMR 2011, 1–2; *Holznagel/Schumacher* Netzpolitik Reloaded. Pflichten und Grenzen staatlicher Internetpolitik, ZRP 2011, 74–78; *Jarass* Rundfunkbegriffe im Zeitalter des Internet, AfP 1998, 133–141; *Klement* Netzneutralität: der Europäische Verwaltungsverbund als Legislative, EuR 2017, 532–560; *Knödler* Zensur im Internet?, JurPC 1996, 257–266; *Koenig/Fechtner* Netzneutralität – oder: Wer hat Angst vor dem schwarzen Netzbetreiber?, K&R 2011, 73–77; *Möllers* Pressefreiheit im Internet, AfP 2008, 241–251; *Paulus/Nölscher* Rundfunkbegriff und Staatsferne im Konvergenzzeitalter, ZUM 2017, 177–186; *Spies/Ufer* Netzneutralität 2011. Wohin geht die Reise und wer stellt die Weichen?, MMR 2011, 13–17; *dies.* Quo vadis Netzneutralität? Status quo und Ausblick, MMR 2015, 91–97; *Wiese* Bewertungsportale und allgemeines Persönlichkeitsrecht, JZ 2011, 608–617.

---

[7] Siehe auch Dürig/Herzog/Scholz/*Depenheuer* Art. 8 GG Rn. 45 f.; Jarass/Pieroth/*Jarass* Art. 8 Rn. 4; *Klutzny* RDV 2006, 50 (51); *Seidel* DÖV 2002, 283 (285).

Studienliteratur: *Epping/Lenz* Das Grundrecht der Meinungsfreiheit (Art. 5 I 1 GG), Jura 2007, 881–889; *Hebeler/Berg* Die Grundrechte im Lichte der Digitalisierung – Teil III: Kommunikationsgrundrechte, JA 2021, 969; *Ladeur/Gostomzyk* Rundfunkfreiheit und Rechtsdogmatik – Zum Doppelcharakter des Art. 5 I 2 GG in der Rechtsprechung des BVerfG, JuS 2002, 1145–1153; *Schoch* Das Grundrecht der Informationsfreiheit, Jura 2008, 25–34.

1. Allgemeines

a) Grundrechte des Art. 5 Abs. 1 GG

„Jeder hat das Recht, seine Meinung in Wort, Schrift und Bild frei zu äußern und zu verbreiten […]“. Dieser erste Halbsatz des Art. 5 Abs. 1 Satz 1 GG umschreibt die *Meinungsfreiheit* als Grundlage der freien Kommunikation. Erst die freie Kommunikation ermöglicht eine *pluralistische und demokratische Gesellschaft*, in der die öffentliche Meinung aufgrund freier und offener Diskussion gebildet wird. **12**

Den hohen Stellenwert der Meinungsfreiheit brachte exemplarisch das BVerfG im Lüth-Urteil wie folgt zum Ausdruck: „Das Grundrecht auf freie Meinungsäußerung ist als unmittelbarster Ausdruck der menschlichen Persönlichkeit in der Gesellschaft eines der vornehmsten Menschenrechte überhaupt […]. Für eine freiheitlich-demokratische Staatsordnung ist es schlechthin konstituierend, denn es ermöglicht erst die ständige geistige Auseinandersetzung, den Kampf der Meinungen, der ihr Lebenselement ist […]. Es ist in gewissem Sinn die Grundlage jeder Freiheit überhaupt“.[8] **13**

Zum Austausch von Meinungen bedarf es aber immer mindestens zweier Personen. Als Pendant zur Meinungsäußerungs- und -verbreitungsfreiheit des Urhebers einer Meinung in Halbsatz 1 schützt Art. 5 Abs. 1 Satz 1 GG daher in seinem zweiten Halbsatz auch die *Informationsfreiheit* des Empfängers, d. h. sein Recht, „sich aus allgemein zugänglichen Quellen ungehindert zu unterrichten“. **14**

Von großer und stetig zunehmender Bedeutung für den gesellschaftlichen und politischen Diskurs sind heutzutage auch die Massenmedien Presse, Rundfunk und Film. Vor allem die Pressefreiheit stellt einen „Eckpfeiler des demokratischen Verfassungsstaats“[9] dar. Aufgrund ihres gesteigerten Einflusses sollen Medien weder zum Instrument des Staates werden noch in die Abhängigkeit anderer Machtträger geraten. Die *Medienfreiheiten* des Art. 5 Abs. 1 Satz 2 GG schützen daher die unbeeinflusste journalistische Recherche und Berichterstattung. Anders als bei der Meinungs- und Informationsfreiheit nach Satz 1 stehen hier nicht Inhalte oder Form und Umstände einer Äußerung im Vordergrund, sondern die massenkommunikative Vermittlungsleistung.[10] **15**

Den speziellen Status der Medien verdeutlichen strafrechtliche Sonderregelungen, welche die Medienmitarbeiter vor staatlichen Eingriffen schützen (z. B. das Zeugnisverweigerungsrecht in § 53 Abs. 1 Satz 1 Nr. 5 StPO und das korrespondierende Beschlagnahmeverbot in § 97 Abs. 5 StPO) oder auf sonstige Weise die Medienfreiheit berücksichtigen (z. B. die Beschränkungen bei der Beschlagnahme von Verkörperungen eines Inhalts und Vorrichtungen nach § 111q StPO). **16**

---

[8] BVerfGE 7, 198 (208).

[9] *Limbach* AfP 1999, 413 (413).

[10] Jarass/Pieroth/*Jarass* Art. 5 Rn. 1; *Schemmer* BeckOK-GG Art. 5 Rn. 56.

b) Funktionen der Grundrechte

17 Nach traditionellem liberalem Verständnis haben die Grundrechte die Aufgabe, dem eigenverantwortlich handelnden Individuum einen Bereich zu gewähren, in dem es sich frei von staatlichen Einflüssen bewegen kann. Grundrechte sind also in erster Linie *Abwehrrechte* des Einzelnen gegen den Staat.[11]

18 Neben diesem primären subjektiv-rechtlichen Gewährleistungsgehalt weisen Grundrechte zudem eine objektiv-rechtliche Komponente auf. Danach kommen sowohl in dem Grundrechtsabschnitt der Art. 1–19 GG insgesamt als auch in den einzelnen Grundrechten *verfassungsrechtliche Grundentscheidungen* zum Ausdruck, die unter anderem bei der Auslegung und Anwendung des einfachen Rechts zu berücksichtigen sind.[12]

19 Die objektiv-rechtliche Komponente ist gerade bei den Medienfreiheiten des Art. 5 Abs. 1 Satz 2 GG von erheblicher Bedeutung. Da über die Medien die Meinungsbildung in der Gesellschaft erheblich beeinflusst werden kann, besteht ein besonderer Gewährleistungsauftrag des Staates, sowohl die Medienbetreiber selbst (etwa vor staatlicher Einflussnahme) als auch die Allgemeinheit (etwa vor Missbräuchen durch die Medienbetreiber) zu schützen.[13] Wegen ihres Einflusses wird die Presse oftmals als vierte Staatsgewalt betrachtet (neben den drei Gewalten der Legislative, Exekutive und Judikative).[14] Auch der Rundfunk ist längst nicht mehr nur ein bloßes Medium, das der öffentlichen Meinungsbildung dient, sondern er wirkt hieran vielmehr mit; er ist *Medium und Faktor zugleich.*[15]

2. Meinungs- und Informationsfreiheit (Art. 5 Abs. 1 Satz 1 GG)

a) Schutzbereich

20 Die einzelnen Freiheitsgrundrechte betreffen jeweils einen bestimmten Lebensbereich, der in der herkömmlichen Terminologie als Schutzbereich bezeichnet wird. In diesem Schutzbereich erfüllen die Grundrechte ihre Funktionen, d. h. sie gewähren subjektive Rechte und entfalten ihre objektiv-rechtliche Komponente. So schützt die *Meinungs*(äußerungs- und -verbreitungs)*freiheit* des Art. 5 Abs. 1 Satz 1 Halbs. 1 GG Meinungsäußerungen. Darunter sind nach herrschender Auffassung in erster Linie Werturteile zu verstehen, die sich durch das erforderliche Element der persönlichen Stellungnahme auszeichnen; auf den Wert, die Richtigkeit oder Vernünftigkeit der Äußerung kommt es nicht an.[16] Tatsachenbehauptungen, die über Geschehnisse und Ereignisse berichten, die dem Beweis zugänglich sind (siehe zur Abgrenzung auch § 3 Rn. 270 ff.), sind grundsätzlich ebenso erfasst, weil und so-

[11] Jarass/Pieroth/*Jarass* Vor Art. 1 Rn. 3; *Kingreen/Poscher* Rn. 112, 132 ff.

[12] BVerfGE 49, 89 (141 f.); Jarass/Pieroth/*Jarass* Vor Art. 1 Rn. 8; *Kingreen/Poscher* Rn. 121 ff.

[13] Zur Rundfunkfreiheit *Ladeur/Gostomzyk* JuS 2002, 1145 (1146); zur institutionellen Absicherung von Informationsangeboten im Internet *Degenhart* CR 2011, 231 (232 f. und 237).

[14] Allerdings kann die Aufgabe der Presse in einer freiheitlichen Demokratie nicht vom Staat erfüllt werden. Ihn trifft „lediglich" die Pflicht, die Rahmenbedingungen für ein freies Pressewesen zu schaffen und zu erhalten.

[15] Siehe bereits BVerfGE 12, 205 (260); 57, 295 (320).

[16] BVerfGE 65, 1 (41); 85, 1 (14 f.); *Schemmer* BeckOK-GG Art. 5 Rn. 4; *Kingreen/Poscher* Rn. 724; *Epping/Lenz* Jura 2007, 881 (882).

weit sie Voraussetzung der Bildung von Meinungen sind. Etwas anderes gilt, wenn sie nicht mit einem Werturteil verbunden sind (z. B. bei Angaben im Rahmen statistischer Erhebungen), da sie dann des notwendigen Elements der Stellungnahme entbehren.[17]

Nach nicht unumstrittener Ansicht des BVerfG sind des Weiteren *erwiesen* oder 21 *bewusst unwahre Tatsachenaussagen* nicht von der Meinungsfreiheit geschützt, da die unrichtige Information kein schützenswertes Gut sei.[18] In diesen – nicht selten als „postfaktisch" betitelten[19] – Zeiten birgt das gesellschaftlichen Zündstoff. Angesichts des wohl maßgeblichen Einflusses der Verbreitung sog. *Fake News* (vgl. hierzu insb. § 3 Rn. 204 ff.) über Internetplattformen auf vielbeachtete Wahlentscheidungen der letzten Jahre (Stichworte Trump, Brexit, AfD) deutet sich derzeit auf der einen Seite zumindest gegenüber den Intermediären eine stärkere regulatorische Durchsetzung des Wahrheitspostulats an.[20] Auf der anderen Seite wird der Ausschluss erwiesen oder bewusst unwahrer Tatsachenbehauptungen aus dem Schutzbereich der Meinungsfreiheit nun zuweilen gerade deshalb kritisiert, weil das Phänomen zeige, dass ein rein empirisches Wahrheitskonzept einer Gesellschaft nicht (mehr) gerecht werde, in der eine zunehmende „Versubjektivierung von Tatsachen" als Folge der Ausdifferenzierung von Weltbildern und (politischen) Öffentlichkeiten verstanden werden müsse.[21]

Ansonsten schützt Art. 5 Abs. 1 Satz 1 Halbs. 1 GG Äußerungen unabhängig von 22 ihrem Inhalt und ihrer Bedeutung. Ebenso wenig ist entscheidend, auf welche Weise und unter Rückgriff auf welches Medium die Erklärung erfolgt; die Aufzählung „Wort, Schrift und Bild" ist nur exemplarischer Natur.[22] Auch und gerade Inhalte im Internet unterfallen daher der Meinungsfreiheit.[23]

Der Meinungsäußerungs- und -verbreitungsfreiheit des Urhebers einer Äuße- 23 rung in Art. 5 Abs. 1 Satz 1 Halbs. 1 GG steht die *Informationsfreiheit* des Empfängers in Art. 5 Abs. 1 Satz 1 Halbs. 2 GG gegenüber. Sie stellt ein eigenständiges Grundrecht dar, sich aus allgemein zugänglichen Quellen zu unterrichten. Allgemein zugänglich sind Informationsquellen, wenn sie technisch geeignet und dazu bestimmt sind, der Allgemeinheit, d. h. einem individuell nicht bestimmbaren Per-

---

[17] BVerfGE 65, 1 (41); *Kingreen/Poscher* Rn. 729; *Epping/Lenz* Jura 2007, 881 (882).

[18] BVerfGE 54, 208 (219); 85, 1 (15); 99, 185 (197); BVerfG NJW 2018, 2858; Jarass/Pieroth/*Jarass* Art. 5 Rn. 7; *Schemmer* BeckOK-GG Art. 5 Rn. 6; *Bernreuther* AfP 2011, 218 (219); *Epping/Lenz* Jura 2007, 881 (882); kritisch *Kingreen/Poscher* Rn. 729; *Steinbach* JZ 2017, 653.

[19] Siehe etwa *Appel* Die Psychologie des Postfaktischen, 2020.

[20] Siehe etwa die Verpflichtungen der Anbieter von Medienintermediären zur Gewährleistung von Transparenz und Diskriminierungsfreiheit bei der Informationsvermittlung in § 93 (i. V. m. § 18 Abs. 3), § 94 des Medienstaatsvertrags; Art. 24, 26 Abs. 1 lit. c) sowie die ErwGr. 63, 68, 69, 71 des Entwurfs eines Digital Services Act, KOM (2020) 825; angedeutet auch in der Begründung des Regierungsentwurfs des NetzDG (siehe hierzu § 2 Rn. 114 ff.), BT-Drucks. 18/12356, S. 1.

[21] *Steinbach* JZ 2017, 653 (658 f.), der dann indes auf Abwägungsebene zur geringen Gewichtung bewusst oder erwiesen unwahrer Tatsachenbehauptungen gelangt.

[22] Jarass/Pieroth/*Jarass* Art. 5 Rn. 12; *Kingreen/Poscher* Rn. 730.

[23] BVerfGE 152, 216; BVerfG NJW 2020, 300 (308); *Kingreen/Poscher* Rn. 730.

sonenkreis, Informationen zu verschaffen.[24] Über die allgemeine Zugänglichkeit
einer Informationsquelle und die Modalitäten des Zugangs entscheidet der insoweit
Verfügungsberechtigte. Der Schutzbereich der Informationsfreiheit kann folglich
nur und erst dann betroffen sein, wenn zuvor eine Informationsquelle für allgemein
zugänglich erklärt wurde.[25]

24 Die zahlreichen Kommunikationsdienste des Internets, die in der Regel ohne Zugriffsbeschrän-
kungen genutzt werden können und somit allgemein zugänglich sind, sind grundsätzlich von der
Informationsfreiheit erfasst.[26] Seit Längerem umstritten ist daher, ob und ggf. in welchem Umfang
der Staat die sog. *Netzneutralität* zu gewährleisten hat.[27] Netzneutralität im engeren Sinne ist die
gleichberechtigte und unveränderte Übertragung sämtlicher anfallender Daten durch die Betreiber
des Internets. Seit 2016 verpflichtet Art. 3 Abs. 3 UAbs. 1 der europäischen Netzneutralitätsverord-
nung[28] die Anbieter von Internetzugangsdiensten jedenfalls im Grundsatz zu einer solchen Gleich-
behandlung bei der Informationsvermittlung. Demnach ist es grundsätzlich nicht gestattet, Daten
etwa wegen ihres Inhalts, des in Anspruch genommenen Dienstes, ihrer Herkunft oder ihres Ziels
bevorzugt oder benachteiligt zu behandeln, etwa bestimmte Daten zu blockieren, nur gegen höhe-
res Entgelt oder mit geringerer Geschwindigkeit zu übermitteln oder sogar zu verändern. Ausnahmen (sog. Verkehrsmanagementmaßnahmen) sind nach Art. 3 Abs. 3 UAbs. 3 möglich. Sie bedürfen allerdings einer sachlichen Rechtfertigung, z. B. des Anliegens der Abwehr von Schadsoftware.[29]

b) Eingriffe und Schranken

25 Mit der Wahrnehmung von Grundrechten und dem Gebrauch dadurch gewährter
Freiheiten geht häufig ein Eingriff in die Grundrechte eines anderen oder die Verletzung von Rechtsgütern von Verfassungsrang einher. Die Ausübung von Freiheit bedeutet somit in der Regel die Einschränkung der Freiheit eines anderen. Um hier zu
einem angemessenen Ausgleich zu gelangen, sind den Grundrechten Schranken zu
ziehen, die zugleich die wesentlichen Anforderungen an die Zulässigkeit hoheitlicher Eingriffe bestimmen. Dies gilt auch für die Meinungsfreiheit, die trotz ihres
enormen Stellenwerts und ihrer wesentlichen Bedeutung für die freiheitlich-
demokratische Staatsordnung nicht grenzenlos gewährt wird.

26 **Eingriff** In erster Linie schützen Grundrechte den Einzelnen vor Einschränkungen
durch den Staat (Rn. 17). Hoheitliches Handeln kann auf zahlreiche und unterschiedliche Weise den Schutzbereich von Grundrechten betreffen. Zum einen ist ein
gezieltes rechtliches Handeln des Staates denkbar, das unmittelbar die grundrecht-

[24] BVerfGE 27, 71 (83); 90, 27 (32); 103, 44 (60); *Schemmer* BeckOK-GG Art. 5 Rn. 26; *Kingreen/
Poscher* Rn. 738; *Schoch* Jura 2008, 25 (28).
[25] BVerfGE 103, 44 (60); BVerwG NJW 2014, 1126 (1127); Jarass/Pieroth/*Jarass* Art. 5 Rn. 23;
Schemmer BeckOK-GG Art. 5 Rn. 26.1; *Flechsig* ZUM 2004, 605 (608); *Schoch* Jura 2008,
25 (29).
[26] Siehe Jarass/Pieroth/*Jarass* Art. 5 Rn. 23; *Schemmer* BeckOK-GG Art. 5 Rn. 26; von Mangoldt/
Klein/Starck/*Starck/Paulus* Art. 5 Rn. 109; *Schoch* Jura 2008, 25 (28).
[27] Zur Diskussion etwa *Gersdorf* AfP 2011, 209; *Holznagel* AfP 2011, 532; *Holznagel/Schumacher*
ZRP 2011, 74 (76 f.); *Klement* EuR 2017, 532; *Koenig/Fechtner* K&R 2011, 73; *Spies/Ufer* MMR
2011, 13; *dies.* MMR 2015, 91.
[28] VO EU 2015/2120, ABl. EU Nr. L 310 S. 1.
[29] ErwGr. 14 der VO EU 2015/2120; *Klement* EuR 2017, 532 (547 ff.).

lich gewährleistete Freiheit des Betroffenen begrenzt und mit Befehl und Zwang angeordnet bzw. durchgesetzt wird.[30] Über diesen sog. *klassischen Eingriffsbegriff* hinaus werden wegen der Bedeutung der Grundrechte aber auch sonstige Beeinträchtigungen als Eingriffe der öffentlichen Gewalt angesehen, sofern sie auf einem ihr zurechenbaren Verhalten beruhen. Nach *modernem Verständnis* ist Eingriff demnach jedes staatliche Handeln, das dem Einzelnen ein Verhalten, das vom Schutzbereich eines Grundrechts erfasst wird, ganz oder teilweise unmöglich macht. Unerheblich ist, ob diese Wirkung final oder unbeabsichtigt, unmittelbar oder mittelbar, rechtlich oder tatsächlich, mit oder ohne Befehl und Zwang erfolgt.[31]

Schranken Die Schranken eines Grundrechts bestimmen, unter welchen Voraussetzungen ein Eingriff des Staates verfassungsrechtlich gerechtfertigt werden kann, wann also eine Grundrechtsbeeinträchtigung keine Grundrechtsverletzung bedeutet. Für Eingriffe in die Kommunikationsfreiheiten gelten die Vorgaben des *Art. 5 Abs. 2 GG*. Danach kann der Gesetzgeber die Rechte aus Art. 5 Abs. 1 GG durch *allgemeine Gesetze* oder durch gesetzliche Bestimmungen zum Schutz der Jugend oder der persönlichen Ehre beschränken. Da das Grundgesetz hier somit selbst konkrete Anforderungen an den Inhalt der grundrechtsbegrenzenden Vorschriften erhebt, handelt es sich hierbei nicht nur um einen einfachen, sondern um einen sog. *qualifizierten Gesetzesvorbehalt*.[32] Allgemeine Gesetze sind solche, die sich weder gegen bestimmte Meinungen als solche richten noch ein Sonderrecht gegen den Prozess freier Meinungsbildung darstellen, sondern dem Schutz eines schlechthin zu schützenden Rechtsguts dienen, dem gegenüber der Betätigung der Meinungsfreiheit der Vorrang zukommt.[33]

Auch Strafvorschriften können allgemeine Gesetze im Sinne des Art. 5 Abs. 2 GG sein und demzufolge die Meinungsfreiheit beschränken.[34] Dies gilt etwa für die Ehrverletzungsdelikte der §§ 185 ff. StGB und für Bestimmungen des strafrechtlichen Staats- und Verfassungsschutzes (z. B. §§ 86, 86a, 90–90b StGB). Bei einigen Straftatbeständen ist allerdings umstritten, ob sie die Voraussetzung der Allgemeinheit nicht missachten, indem sie sich nur auf bestimmte Meinungsäußerungen beziehen. Dies gilt vornehmlich für die Strafbarkeit der einfachen Auschwitzleugnung in § 130 Abs. 3 StGB.[35] Das BVerfG hat die Norm allerdings – sogar obwohl es ebenfalls davon ausgeht, dass es sich bei ihr nicht mehr um ein allgemeines Gesetz im Sinne des Art. 5 Abs. 2 GG, sondern um Sonderrecht handele – für mit Art. 5 Abs. 1 und 2 GG vereinbar erklärt (siehe dazu § 3 Rn. 93).[36]

27

28

---

[30] Jarass/Pieroth/*Jarass* Vor Art. 1 Rn. 27; *Kingreen/Poscher* Rn. 325.

[31] *Kingreen/Poscher* Rn. 329.

[32] *Kingreen/Poscher* Rn. 373.

[33] BVerfGE 7, 198 (209 f.); 95, 220 (235 f.); Jarass/Pieroth/*Jarass* Art. 5 Rn. 67; *Ladeur/Gostomzyk* JuS 2002, 1145 (1153).

[34] Jarass/Pieroth/*Jarass* Art. 5 Rn. 100; *Schemmer* BeckOK-GG Art. 5 Rn. 131 m.w.N.; von Mangoldt/Klein/Starck/*Starck/Paulus* Art. 5 Rn. 279; *B. Heinrich* FS 200 Jahre Juristische Fakultät HU Berlin, S. 1241 (1249).

[35] Kritisch etwa von Mangoldt/Klein/Starck/*Starck/Paulus* Art. 5 Rn. 280; *Beisel* NJW 1995, 997 (1000); *Huster* NJW 1996, 487; aus rechtspolitischer Sicht *Ostendorf* NK § 130 Rn. 8.

[36] BVerfG NJW 2018, 2858; NJW 2018, 2861.

29   Der grundlegenden Bedeutung der Kommunikationsfreiheiten ist nicht nur bei der *Rechtssetzung*, sondern auch bei der *Rechtsanwendung* Rechnung zu tragen. So ist die Meinungsfreiheit bei der Anwendung des positiven Rechts, nicht zuletzt von Strafvorschriften, in dreifacher Weise zu berücksichtigen, nämlich beim Verständnis der fraglichen Äußerung (Sinnebene), bei der Auslegung der einschlägigen Bestimmungen (Normauslegungsebene) und schließlich bei der Abwägung der kollidierenden Rechtspositionen (Normanwendungsebene).[37]

30 • Bei der *Sinnermittlung* gebietet die Meinungsfreiheit, nicht beim Wortlaut der Äußerung stehen zu bleiben. Vielmehr sind auch deren Kontext und die erkennbaren Begleitumstände zu beachten. Die Strafgerichte dürfen daher bei mehrdeutigen Äußerungen nur dann von einer zur Verurteilung führenden Deutung ausgehen, wenn andere Interpretationsmöglichkeiten mit tragfähigen Gründen ausgeschlossen werden (siehe auch § 3 Rn. 107, 190).[38]

31 • Auf den beiden übrigen Ebenen der Normauslegung und Normanwendung erfolgt jeweils eine Abwägung zwischen dem Grundrecht auf Meinungsfreiheit und den kollidierenden Rechtspositionen, um zu große Grundrechtsbeschränkungen zu vermeiden. So besteht auf der *Auslegungsebene* beim öffentlichen Meinungskampf eine Vermutung für die Zulässigkeit der freien Rede, die unter anderem bei der Interpretation des Rechtfertigungsgrunds des § 193 StGB (Wahrnehmung berechtigter Interessen) besonders zu berücksichtigen ist (§ 3 Rn. 195).[39]

32 • Bei der Abwägung auf der *Anwendungsebene* ist schließlich zwischen Tatsachenbehauptungen und Werturteilen zu differenzieren. Während Rechtsgutsverletzungen durch unwahre Tatsachenbehauptungen – sofern überhaupt durch Art. 5 Abs. 1 GG geschützt (Rn. 21) – grundsätzlich nicht hingenommen werden müssen, erfährt die Meinungsfreiheit bei wahren Tatsachenbehauptungen grundsätzlich Vorrang gegenüber anderen Rechtsgütern.[40] Bei Werturteilen tritt die Meinungsfreiheit aufgrund ihres hohen Stellenwerts nur bei Verletzungen der Menschenwürde, bei Schmähkritik und bei Formalbeleidigungen im verfassungsrechtlichen Sinne per se zurück; anderenfalls sind die betroffenen Rechtsgüter im Einzelfall gegeneinander abzuwägen (§ 3 Rn. 195).[41]

c) Schranken-Schranken
33 Eingriffe des Gesetzgebers als Schranken der Grundrechte sind ihrerseits Schranken unterworfen (sog. Schranken-Schranken). Neben den allgemeinen, grundsätz-

---

[37] Zusammenfassend *Schemmer* BeckOK-GG Art. 5 Rn. 101 ff.; *Epping/Lenz* Jura 2007, 881 (886); *Grimm* NJW 1995, 1697 (1700 ff.).

[38] BVerfGE 93, 266 (295 f.); BVerfG NJW 2001, 61 (62); NJW 2009, 3016 (3018); NJW 2014, 3357 (3358).

[39] BVerfGE 7, 198 (212); 61, 1 (11); 93, 266 (294); BVerfG NJW 2009, 3016 (3017).

[40] BVerfGE 97, 391 (403); *Schemmer* BeckOK-GG Art. 5 Rn. 106.

[41] BVerfGE 93, 266 (293 f.); 99, 185 (196); BVerfG NJW 2021, 148. Zur Interessenabwägung bei anonymen Äußerungen im Internet *Bernreuther* AfP 2011, 218 (219 ff.); speziell zu Bewertungsportalen *Wiese* JZ 2011, 608 (611 ff.).

lich für alle Grundrechtseingriffe zu wahrenden Anforderungen (Grundsatz der Verhältnismäßigkeit, Bestimmtheitsgrundsatz, Vorgaben des Art. 19 GG) gibt es spezielle Schranken-Schranken, die nur bei bestimmten Grundrechten zu berücksichtigen sind. Bei den Kommunikationsgrundrechten ist das *Zensurverbot* des Art. 5 Abs. 1 Satz 3 GG zu beachten, mit dem der Verfassungsgeber auf in der Vergangenheit praktizierte Formen staatlicher Überwachung und Einschränkung von Kommunikationsprozessen reagierte. Die Qualifizierung des Zensurverbots als Schranken-Schranke stellt klar, dass es selbst nicht den Schranken des Art. 5 Abs. 2 GG unterliegt. Eine Zensur ist daher selbst dann unzulässig, wenn sie zum Schutz der Ehre, der Jugend oder durch ein allgemeines Gesetz geschieht.[42]

Zensur bedeutet nach dem herrschenden formellen Verständnis, die Veröffentli-   34
chung einer Äußerung vorab durch eine staatliche Stelle genehmigen lassen zu müssen. Art. 5 Abs. 1 Satz 3 GG untersagt demnach lediglich (sowohl rechtliche als auch faktische) Maßnahmen vor der erstmaligen Verbreitung einer Information (sog. *Vorzensur*).[43] Auch dies verdeutlicht, dass das Zensurverbot nur eine planmäßig durchgeführte Kommunikationsüberwachung und -kontrolle verhindern soll, da diese den freien und öffentlichen Diskurs lähmte. Eine Nachzensur, d. h. das nachträgliche Verbot von Äußerungen nach ihrer Veröffentlichung, bleibt dagegen nach den allgemeinen Grundsätzen, also insbesondere unter Beachtung der Anforderungen des Art. 5 Abs. 2 GG, zulässig.[44]

3. Medienfreiheit (Art. 5 Abs. 1 Satz 2 GG)

a) Schutzbereich
Freiheit der neuen Medien?   Art. 5 Abs. 1 Satz 2 GG schützt die Freiheit der   35
Presse sowie die Freiheit der Berichterstattung durch Rundfunk und Film und berücksichtigt dadurch lediglich traditionelle Medien. Die Gefahr eines Missbrauchs (von Seiten des Staates oder von Seiten Dritter), um die öffentliche Meinung zu beeinflussen, besteht aber ebenso bei neuen Verbreitungswegen wie etwa den Kommunikationsdiensten des Internets. Es ist daher im Grundsatz unumstritten, die Medienfreiheit auch auf *neue Medien* anwenden zu können, soweit die zahlreichen technologischen Neuerungen bei der Auslegung der Begriffe „Presse" und „Film" sowie vor allem „Rundfunk" berücksichtigt werden können.[45]

Gemeinsamer Ausgangspunkt für sämtliche Medien ist, dass das Grundrecht der   36
Medienfreiheit nur die *Massenkommunikation* schützt. Der Schutzbereich des Art. 5 Abs. 1 Satz 2 GG erstreckt sich somit lediglich auf Kommunikationsvorgänge, die

---

[42] BVerfGE 33, 52 (72); *Schemmer* BeckOK-GG Art. 5 Rn. 115; *Kingreen/Poscher* Rn. 788; *Epping/Lenz* Jura 2007, 881 (887).

[43] BVerfGE 33, 52 (71); 73, 118 (166); 87, 209 (230); Jarass/Pieroth/*Jarass* Art. 5 Rn. 77; *Schemmer* BeckOK-GG Art. 5 Rn. 114.

[44] *Kingreen/Poscher* Rn. 787; zu Zensurmaßnahmen im Internet *Knödler* JurPC 1996, 257.

[45] *Schemmer* BeckOK-GG Art. 5 Rn. 43.1; vgl. auch Jarass/Pieroth/*Jarass* Art. 5 Rn 48. Zur Zuordnung der Internet-Kommunikation im Speziellen *Degenhart* CR 2011, 231; zur Forderung nach einem neuen Freiheitsrecht der Internetfreiheit *Franzius* JZ 2016, 650 (654 ff.).

für die Allgemeinheit oder einen Teil davon zugänglich sind und deren Inhalte durch besondere, zur Kommunikation an die Allgemeinheit geeignete Medien verteilt bzw. verbreitet werden.[46] Die medialen Äußerungen müssen sich folglich an eine unbestimmte Personenmehrheit richten und nicht an bereits im Vorhinein festgelegte Personen.

37   Bei den neuen Verbreitungswegen, vornehmlich den einzelnen Kommunikationsdiensten des Internets, ist die Zuordnung zur Massenkommunikation nicht unproblematisch. Dies verdeutlicht eine übliche Kategorisierung der „neuen Medien" in Verteil-, Zugriffs- und Abrufdienste.[47]

- Während bei *Verteildiensten* (z. B. Pay-TV, Teleshopping) der Nutzer im Hinblick auf das Angebot zeitlich festgelegt ist, hat er
- bei *Zugriffsdiensten*, die in raschen periodischen Abständen ausgestrahlt werden, die Möglichkeit, zu einem individuell bestimmten Zeitpunkt einzusteigen (z. B. Near-TV-on-Demand).
- Bei *Abrufdiensten* schließlich wählt der Teilnehmer das Angebot nicht nur selbst aus, sondern bestimmt auch den Zeitpunkt, an dem er hierauf zugreifen möchte (z. B. TV-on-Demand, Onlinestreaming-Dienste wie Amazon Prime Video oder Netflix).

38   Die unterschiedlichen Dienste zeigen, dass die *Grenzen* von Individual- und Massenkommunikation immer mehr *verschwimmen*. Einerseits ermöglichen die neuen Technologien einen stärker individualisierten Abruf von Angeboten, die für die Allgemeinheit gedacht sind (z. B. beim TV-on-Demand), andererseits gestatten sie eine massenweise Übermittlung auch individueller Kommunikationsinhalte (z. B. über Verteilerlisten gesendete E-Mails). Interaktive Dienste führen schließlich zu einem zunehmenden und iterativen Rollentausch von Äußerndem und Empfänger.

39   Grundsätzlich bleibt zu beachten, dass nicht jede neue technische Errungenschaft sogleich ein *neues Medium* darstellt. Das Internet als solches ist zwar eine neue Technologie, die zahlreiche Anwendungsmöglichkeiten eröffnet, die ihrerseits aber nicht allesamt die Voraussetzungen eines Mediums erfüllen. Elektronische Willenserklärungen beim Online-Shopping oder beim Homebanking fallen weder unter die Meinungsfreiheit noch weisen sie irgendeinen Bezug zu den in Art. 5 Abs. 1 Satz 2 GG genannten Medien auf.[48] Selbst wenn das Internet zu seinem eigentlichen Zweck der Kommunikation genutzt wird, kann sich nicht jeder Teilnehmer auf die Medienfreiheit berufen; dies gilt jedenfalls für E-Mails und private Kommunikationen in geschlossenen Chaträumen mangels Bestimmtheit für die Öffentlichkeit.[49] Auch der Anbieter einer privaten Webseite wird trotz deren allgemeiner Zugänglichkeit nicht ohne Weiteres von der Rundfunkfreiheit erfasst.[50] Dagegen muss dies gewährleistet sein, wenn eine Zeitung den elektronischen Abruf ihrer einzelnen Ausgaben ermöglicht oder ein Rundfunksender sein Programm über das Internet verbreitet.[51]

---

[46] BVerfGE 27, 71 (83); 103, 44 (60).

[47] Siehe schon *Lecheler* Jura 1998, 225 (226).

[48] Vgl. auch Jarass/Pieroth/*Jarass* Art. 5 Rn. 111 f.; vgl. auch *Barton* Rn. 15.

[49] Vgl. *Schemmer* BeckOK-GG Art. 5 Rn. 68.

[50] *Degenhart* CR 2011, 231 (235).

[51] Siehe auch Dreier/*Schulze-Fielitz* Art. 5 I, II Rn. 108.

Liegt die erforderliche Massenkommunikation vor, umfasst die Medienfreiheit **40** *alle mit dem* jeweiligen *Medium* (Presse, Rundfunk und Film) *zusammenhängenden Tätigkeiten,* angefangen bei der Beschaffung der Information bis hin zu ihrer Verbreitung einschließlich informationsbegleitender Handlungen.[52] Anlässlich aufsehenerregender Veröffentlichungen geheimer Informationen auf Enthüllungsportalen wie WikiLeaks ist jedoch festzuhalten, dass namentlich die Pressefreiheit nicht die rechtswidrige Beschaffung von Informationen schützt. Vom Schutzbereich erfasst ist aber die Verbreitung rechtswidrig erlangter Informationen.[53]

Trotz der im Wesentlichen gleichen Gewährleistung der einzelnen Medienfreihei- **41** ten bleibt es, insbesondere für die Gesetzgebungskompetenz (Rn. 48 ff.), nicht unerheblich, ein grundrechtlich geschütztes Verhalten einem bestimmten Medium zuzuordnen. Abgegrenzt werden die Medien nach klassischer Differenzierung nach ihrem *Verbreitungsweg.*[54] Während der Begriff der „Presse" etwa alle zur Verbreitung geeigneten und bestimmten Druckerzeugnisse umfasst, werden beim „Rundfunk" Gedankeninhalte durch elektromagnetische Wellen übermittelt.[55] Wegen der zunehmenden Komplexität der Verbreitungswege verliert das Abgrenzungskriterium allerdings an Zuordnungskraft, weswegen sich zunehmend eine funktionale Betrachtung anbietet (siehe auch Rn. 44). So unterfällt eine Zeitung weiterhin dem Medium „Presse", auch wenn sie unkörperlich über das Internet verbreitet wird und allenfalls der Leser einen Ausdruck der einzelnen Artikel anfertigt, wenn er sich nicht sogar – wie in der Regel – mit deren bloßer Anzeige auf dem Bildschirm begnügt.[56]

Wandlung des Rundfunkbegriffs Exemplarisch lassen sich die Schwierigkeiten **42** einer zeitgemäßen und neuen Verbreitungswegen aufgeschlossenen Auslegung am Begriff „Rundfunk" aufzeigen. Sein Inhalt kann sich bei tatsächlichen Veränderungen des von Art. 5 Abs. 1 Satz 2 GG geschützten Sozialbereichs wandeln. Vor allem bei technologischen Neuerungen darf der *verfassungsrechtliche Rundfunkbegriff* nicht nur an bereits eingeführte Übertragungswege anknüpfen, sondern muss dynamisch interpretiert werden.[57]

---

[52] BVerfGE 77, 346 (354); 91, 125 (134); Dreier/*Schulze-Fielitz* Art. 5 I, II Rn. 95.

[53] BVerfGE 66, 116 (137); von Mangoldt/Klein/Starck/*Starck/Paulus* Art. 5 Rn. 134; *B. Heinrich* FS 200 Jahre Juristische Fakultät HU Berlin, S. 1241 (1246).

[54] Jarass/Pieroth/*Jarass* Art. 5 Rn. 47; kritisch *Holznagel* MMR 2011, 1 (1).

[55] *Schemmer* BeckOK-GG Art. 5 Rn. 43 und 67.

[56] *Degenhart* CR 2011, 231 (235); *Fiedler* AfP 2011, 15 (16); *Möllers* AfP 2008, 241 (244); aA OLG Köln K&R 2010, 50 (51) für den Newsletter eines Coaching-Dienstleisters; *Schemmer* BeckOK-GG Art. 5 Rn. 43; zur Diskussion auch von Mangoldt/Klein/Starck/*Starck/Paulus* Art. 5 Rn. 132.

[57] *Degenhart* CR 2011, 231 (234); *Franzius* JZ 2016, 650 (652 f.); *Möllers* AfP 2008, 241 (243).

43 Von dem verfassungsrechtlichen ist der *einfachgesetzliche Rundfunkbegriff* zu unterscheiden, der eine bloße Momentaufnahme des dynamischen Rundfunkbegriffs darstellt und daher oftmals enger ist. § 2 Abs. 1 Satz 1 des Medienstaatsvertrags (MStV) definiert den Rundfunk als linearen Informations- und Kommunikationsdienst, der eine „für die Allgemeinheit und zum zeitgleichen Empfang bestimmte Veranstaltung und Verbreitung von journalistisch-redaktionell gestalteten Angeboten in Bewegtbild oder Ton entlang eines Sendeplans mittels Telekommunikation" sei. Darunter fallen Fernsehen und Hörfunk und ähnliche Dienste, unabhängig von einer etwaigen Verschlüsselung oder Entgeltlichkeit des Programms (§ 2 Abs. 1 Satz 2 MStV). Als Anknüpfungspunkte der Zuordnung dienen unter anderem der Adressat (die Allgemeinheit), der Inhalt (journalistisch-redaktionell gestaltete Angebote in Bewegtbild oder Ton), Verbreitungsart (zum zeitgleichen Empfang bestimmte Veranstaltung und Verbreitung entlang eines Sendeplans) und Verbreitungsmittel (Telekommunikation).[58] Der einfachgesetzliche Rundfunkbegriff kann jedoch nicht auf verfassungsrechtlicher Ebene übernommen werden, da ansonsten der Gesetzgeber in der Lage wäre, durch ein einfaches Gesetz den Schutzbereich des Freiheitsgrundrechts zu bestimmen.[59]

44   Um den verfassungsrechtlichen Rundfunkbegriff zu bestimmen, ist außer auf die Eignung zur *Massenkommunikation* im Wesentlichen darauf abzustellen, ob die *Funktion des Rundfunks* erfüllt wird (siehe schon Rn. 41). Seine Aufgabe besteht darin, einen weitgehend ungehinderten und umfassenden Informationsempfang zu ermöglichen und dadurch zur freien Meinungsbildung beizutragen.[60] Dabei ist dem Einzelnen und gesellschaftlichen Gruppen Gelegenheit zu meinungsbildendem Wirken zu gewähren. Der Rundfunk ist somit Medium und Faktor der öffentlichen Meinungsbildung zugleich; die Rundfunkfreiheit wird daher auch als dienende Freiheit bezeichnet.[61]

45   Damit die gesendeten Inhalte diesen Anforderungen gerecht werden, muss die Vielzahl von Meinungen und Informationen für die Empfänger zunächst aufbereitet werden. Insbesondere ist erforderlich, eine inhaltliche Auswahl zu treffen und letztlich nur zu verbreiten, was für den Rezipienten sinnvoll oder informativ erscheint. Des Weiteren ist der Rundfunk als Faktor öffentlicher Meinungsbildung befugt und beauftragt, sich selbst Informationen zu beschaffen und Stellung zu beziehen. Zur reinen Übermittlung von Informationen muss somit eine *redaktionelle Tätigkeit* hinzutreten.[62] Rein technische Verrichtungen wie die eines Access-Providers, der lediglich den Zugang zum Internet vermittelt, fallen daher nicht in den Schutzbereich des Art. 5 Abs. 1 Satz 2 GG.[63]

46   Zunehmend werden bei der Zuordnung eines Mediums zum Rundfunk auch *wirtschaftliche Aspekte* berücksichtigt. Insoweit kann unter anderem auf den Vertrag über die Arbeitsweise der Europäischen Union (AEUV) verwiesen werden, dessen Dienstleistungsfreiheit in Art. 56 ff. AEUV

---

[58] Näher *Martini* BeckOK-InfoMedienR § 2 MStV Rn. 3 ff.

[59] *Jarass* AfP 1998, 133 (133).

[60] Zum verfassungsrechtlichen Rundfunkbegriff etwa BVerfGE 74, 297 (350 f.); 83, 238 (302); BVerwG NVwZ-RR 2017, 897 (898).

[61] BVerfGE 57, 295 (320); BVerwG NVwZ-RR 2017, 897 (898); *Flechsig* CR 1999, 327 (330); *Ladeur/Gostomzyk* JuS 2002, 1145 (1146); *Thum* DÖV 2008, 653 (653).

[62] *Schemmer* BeckOK-GG Art. 5 Rn. 69; *Jarass* AfP 1998, 133 (135).

[63] VG Arnsberg CR 2005, 301 (305); Jarass/Pieroth/*Jarass* Art. 5 Rn. 111; *Schemmer* BeckOK-GG Art. 5 Rn. 69; *Jarass* AfP 1998, 133 (139).

auch den Rundfunk erfasst. Weder die Dienstleistungsfreiheit nach dem AEUV noch ein Gemeinschaftsgrundrecht europäischer Rundfunkfreiheit (siehe Art. 11 Abs. 2 EuGrCh) oder die Freiheit des Rundfunks nach Art. 10 EMRK sind jedoch dienende Freiheiten. Es handelt sich hierbei vielmehr um subjektiv-rechtliche Garantien, d. h. um Abwehrrechte.[64] Den zunehmenden wirtschaftlichen Charakter der Tätigkeiten im Medienbereich zu betonen, drängte die Eigenschaft der Rundfunkfreiheit als dienende Freiheit in den Hintergrund, so dass seine verfassungsrechtliche Berücksichtigung abzulehnen bleibt.

b) Eingriffe und Schranken

Eingriffe Eingriffe in die Medienfreiheiten des Art. 5 Abs. 1 Satz 2 GG sind   47
ebenso wie Beeinträchtigungen der freien Meinungsäußerung nach Art. 5 Abs. 1
Satz 1 GG an dem qualifizierten Gesetzesvorbehalt in Art. 5 Abs. 2 GG zu messen.
Gerade bei den Medienfreiheiten gilt es jedoch zunächst, den Eingriff in den grundrechtlich geschützten Bereich von dessen *Ausgestaltung* zu unterscheiden. Nicht
jede gesetzgeberische medienbezogene Aktivität stellt sogleich ein Schrankengesetz dar. Wegen des objektiv-rechtlichen Gehalts der Medienfreiheit muss der Gesetzgeber Regelungen erlassen, welche die kommunikative Vielfalt und Chancengleichheit gewährleisten, damit die Medien ihrer Funktion bei der öffentlichen
Meinungsbildung nachkommen können. Sog. Ausgestaltungsgesetze dienen also
der Verwirklichung des Grundrechts selbst, indem sie den nur vage beschriebenen
Schutzbereich konkretisieren. Schrankengesetze hingegen bedeuten einen Eingriff
in das jeweilige Grundrecht und schützen andere kollidierende Grundrechte oder
Rechtsgüter von Verfassungsrang.[65]

Gesetzgebungskompetenzen Gerade im Medienbereich ist nicht eindeutig, ob   48
Bund oder Länder für die Verabschiedung von Regelungen zuständig sind. Grundsätzlich haben die Länder die Gesetzgebungskompetenz (Art. 30, 70 Abs. 1 GG).
Allerdings wird dieser Grundsatz in den Art. 71 ff. GG derart oft durchbrochen, dass
die Ausnahme zur Regel geworden ist. Das Schwergewicht der Gesetzgebung liegt
folglich beim Bund. Von medienrechtlicher Relevanz sind vor allem seine ausschließliche Kompetenz für die Regelung der Telekommunikation (Art. 73 Abs. 1
Nr. 7 GG) und – angesichts der zunehmend ökonomischen Ausrichtung der Medien
(siehe Rn. 50 und bereits Rn. 46) – die konkurrierende Gesetzgebung für das Recht
der Wirtschaft (Art. 74 Abs. 1 Nr. 11 GG); hierauf hat sich der Bundesgesetzgeber
etwa bei der Neuregelung der elektronischen Medien im Jahr 2007 berufen (siehe
Rn. 56 ff.).[66] In die *Kulturhoheit der Länder* fallen hingegen Rundfunk und Film
sowie seit der Föderalismusreform 2006 das Presserecht.[67]

---

[64] *Degenhart* K&R 2000, 49 (53 f.); *Thum* DÖV 2008, 653 (660 f.).

[65] Vgl. Jarass/Pieroth/*Jarass* Art. 5 Rn. 54; zur Abgrenzung von Schranken- und Ausgestaltungsgesetzen bei der Rundfunkfreiheit *Ladeur/Gostomzyk* JuS 2002, 1145 (1151 ff.).

[66] BT-Drucks. 16/3078, S. 12.

[67] Dürig/Herzog/Scholz/*Uhle* Art. 70 Rn. 112. Zuvor besaß der Bund gemäß Art. 75 Abs. 1 Satz 1 Nr. 2 GG für das Presserecht die Rahmenkompetenz, von der er aber keinen Gebrauch gemacht hatte.

49   Bei der Mitwirkung der Medien an der öffentlichen Meinungsbildung bleibt insbesondere zwischen den *technischen Grundlagen* und *inhaltlichen Vorgaben* zu unterscheiden. Soweit Bestimmungen über die von den Medien verbreiteten Inhalte
getroffen werden sollen, sind die Länder aufgrund ihrer Kulturhoheit zuständig. Für
die technische Infrastruktur besitzt dagegen der Bund wegen seiner Zuständigkeit
für die Telekommunikation die ausschließliche Gesetzgebungskompetenz.

50   Eine weitere Verzahnung entsteht dadurch, dass bei den Medienveranstaltern zunehmend *ökonomische Gesichtspunkte* in den Vordergrund treten. Häufig sichert erst
die wirtschaftliche Betätigung (vornehmlich Werbeeinnahmen) die Existenz einzelner Verlage, Radio- und Fernsehsender und somit letztlich die Vielfalt der Medien-
landschaft. Demzufolge gewinnt das dem Bund als Gegenstand der konkurrierenden
Gesetzgebung zugewiesene Recht der Wirtschaft an Bedeutung, was ebenfalls Überschneidungen und Konfliktpunkte mit der Kulturhoheit der Länder hervorrufen kann.

51   Gerade bei den neuen Medien ist somit nicht nur die Zuordnung zum Rundfunkbegriff umstritten, sondern auch die Gesetzgebungszuständigkeit. Bei den Verteil-,
Zugriffs- und Abrufdiensten nehmen die Überindividualität der Kommunikation
und die kulturelle Bedeutung ab, während wirtschaftliche Aspekte an Relevanz gewinnen. Wegen der daraus resultierenden Kompetenzfragen verständigten sich
Bund und Länder bereits Ende der 1990er-Jahre darauf, den Bereich der neuen Medien gemeinsam und in gegenseitiger Absprache zu normieren.

52   **Gesetzliche Regelungen**   Die erste umfassende Regulierung der neuen Medien durch
Bund und Länder stammt von 1997. Der Bund erließ das Informations- und Kommunikationsdienste-Gesetz (IuKDG) vom 22. Juli 1997,[68] das außer dem *Teledienstege-*
setz (TDG) kleinere Änderungen des materiellen Strafrechts und des Ordnungswidrig-
keitenrechts enthielt. Die Länder schlossen den *Mediendienste-Staatsvertrag* (MDStV),
der am 1. August 1997 in Kraft trat. Beide Regelungswerke führten jeweils in § 1 als
ihren Sinn und Zweck ausdrücklich an, einheitliche Rahmenbedingungen für die verschiedenen Nutzungsmöglichkeiten der elektronischen Informations- und Kommunikationsdienste schaffen zu wollen. Für das Strafrecht war vor allem die Normierung
der Verantwortlichkeit in §§ 8 ff. TDG von Bedeutung.

53   Eine koordinierte Regelung der neuen Medien durch Bund und Länder lässt die Notwendigkeit der
Zuordnung eines Informations- und Kommunikationsdienstes im Einzelfall nicht entbehrlich werden. Dem TDG und somit der Gesetzgebungskompetenz des Bundes unterfielen demnach die sog.
Teledienste, d. h. alle elektronischen Informations- und Kommunikationsdienste, die für eine individuelle Nutzung mittels Telekommunikation übermittelt werden (vgl. § 2 Abs. 1 TDG), etwa
Telebanking, Datendienste und Online-Shopping. Zur Befugnis der Länder gehörten dagegen die
sog. *Mediendienste,* d. h. an die Allgemeinheit gerichtete Informations- und Kommunikationsdienste, die unter Benutzung elektromagnetischer Schwingungen verbreitet werden (vgl. § 2
Abs. 1 Satz 1 MDStV), z. B. Teleshopping über Verkaufskanäle, Fernsehtext und On-Demand-Ab-
rufdienste. Als entscheidendes Abgrenzungskriterium fungierte somit der Charakter des jeweiligen
Dienstes als Akt der Individual- bzw. Massenkommunikation: die Länder waren für massenkommunikative, der Bund für Dienste der Individualkommunikation zuständig. Hiervon galt es den
Rundfunk abzugrenzen, für den nach wie vor der Rundfunk-Staatsvertrag (RStV) die rechtlichen
Grundlagen enthielt.[69]

---

[68] BGBl. I, S. 1870.
[69] Zu den Abgrenzungsschwierigkeiten etwa *Janik* AfP 2000, 7 (10 ff.); *Schoch* JZ 2002, 798 (802).

Das Nebeneinander von TDG, MDStV und RStV wurde den neuen Medien und   54
dem damit einhergehenden technologischen Fortschritt nicht gerecht. Vor allem die
dadurch notwendige Abgrenzung von Telediensten, Mediendiensten und Rundfunk
stand im Gegensatz zu der Entwicklung, dass sich die einzelnen Medien zunehmend
annäherten (sog. *Konvergenz der Medien*).[70]

Zu unterscheiden sind die technische, die wirtschaftliche und die rechtliche Konvergenz.   55

- Konvergenz *im technischen Sinne* bedeutet, dass über moderne Verbreitungstechnologien sowohl traditionelle wie neue Kommunikationsdienste angeboten werden können. Dies gilt sowohl für die Art der Übertragung als auch für die Endgeräte. Beispielsweise werden Rundfunkprogramme im Internet ausgestrahlt oder von Mobiltelefonen empfangen, während etwa
  Fernsehgeräte zunehmend über einen Internet-Anschluss verfügen.
- Eine Folge der technologischen Konvergenz ist bereits jetzt die *wirtschaftliche* Konvergenz der
  Märkte und Branchen. Medienunternehmen dehnen infolge der Annäherung und Verschmel-
  zung der einzelnen Medien ihren Tätigkeitsbereich aus oder schließen strategische Partner-
  schaften. Die einzelnen Branchen wachsen dadurch zu einem einzigen Multimedia-Markt zu-
  sammen. Aus Medienunternehmen werden Medienkonzerne, die zahlreiche verschiedene
  Produkte (z. B. Rundfunk, Filme, Online-Dienste) anbieten.
- Diesen technischen und wirtschaftlichen Entwicklungen sollte eine entsprechende *rechtliche*
  Konvergenz folgen.

Wegen der genannten Kritikpunkte verständigten sich Bund und Länder auf eine über-   56
arbeitete Regelung der neuen Medien. Der Bund führte durch das Gesetz zur Verein-
heitlichung von Vorschriften über bestimmte elektronische Informations- und
Kommunikationsdienste (Elektronischer-Geschäftsverkehr-Vereinheitlichungsgesetz,
ElGVG) vom 26. Februar 2007[71] zum 1. März 2007 das *Telemediengesetz* (TMG)
ein.[72] Die Länder erweiterten zeitgleich den Rundfunkstaatsvertrag und nannten ihn in
Staatsvertrag für Rundfunk und Telemedien (die Abkürzung blieb mit RStV gleich)
um. TDG und MDStV traten zum 28. Februar 2007 außer Kraft.

Flankiert wurde der Staatsvertrag für Rundfunk und Telemedien durch den schon am 1. April   57
2003 in Kraft getretenen *Jugendmedienschutz-Staatsvertrag* (JMStV), in den die Jugendschutzre-
gelungen des RStV damals ausgelagert wurden. Er verfolgt gemäß § 1 das Ziel, Kinder und Jugendliche vor Angeboten in elektronischen Informations- und Kommunikationsmedien zu schützen, die deren Entwicklung oder Erziehung beeinträchtigen oder gefährden bzw. die
Menschenwürde oder sonstige durch das Strafgesetzbuch geschützte Rechtsgüter verletzen. § 24
JMStV ahndet bestimmte Verstöße der Anbieter als Ordnungswidrigkeit. Darüber hinaus enthält
§ 23 JMStV eine Strafbestimmung für Anbieter, die vorsätzlich oder fahrlässig Angebote verbreiten oder zugänglich machen, die offensichtlich geeignet sind, die Entwicklung von Kindern oder
Jugendlichen oder ihre Erziehung zu einer eigenverantwortlichen und gemeinschaftsfähigen Persönlichkeit unter Berücksichtigung der besonderen Wirkungsform des Verbreitungsmediums
schwer zu gefährden.

---

[70] Dazu z. B. *Flechsig* CR 1999, 327 (327 f.); *Mückl* JZ 2007, 1077 (1078); *Paulus/Nölscher* ZUM
2017, 177; ausführlich *Holznagel* NJW 2002, 2351; *Schoch* JZ 2002, 798.

[71] BGBl. I, S. 179.

[72] Siehe hierzu etwa *Engels/Jürgens/Fritzsche* K&R 2007, 57; *Hoeren* NJW 2007, 801; *Schmitz*
K&R 2007, 135; *Spindler* CR 2007, 239.

58   Im TMG werden die wirtschaftsbezogenen Regelungen sowohl des TDG und des
Teledienstedatenschutzgesetzes (TDDSG) des Bundes als auch des MDStV der Länder vereinigt. Dadurch sollen die Vorschriften unabhängig von Technik und Art der
Verbreitung elektronischer Medien vereinheitlicht, entwicklungsoffen ausgestaltet
und vereinfacht werden.[73] Inhaltliche Änderungen gingen mit der Zusammenführung
kaum einher. Insbesondere bleibt auch nach der neuen Rechtslage zwischen einzelnen Medien abzugrenzen. Zwar muss nun nicht mehr zwischen Tele- und Mediendiensten differenziert werden, aber dafür zwischen *Rundfunk, Telemedien* und *Telekommunikation*. Gerechtfertigt wurde die nach wie vor notwendige Unterscheidung
mit den verschiedenen Funktionen der Medien für die Meinungsbildung.[74]

59   Das Telemediengesetz gilt gemäß § 1 Abs. 1 Satz 1 TMG grundsätzlich für *alle
elektronischen Informations- und Kommunikationsdienste*. Ob der Dienst für eine
individuelle Nutzung bestimmt ist, hat entgegen dem früheren § 2 Abs. 1 TDG keine
Bedeutung mehr. Allerdings enthält die Legaldefinition in § 1 Abs. 1 Satz 1 TMG
eine dreifache Negativabgrenzung, als unter „Telemedien" weder Telekommunikationsdienste nach § 3 Nr. 61 des Telekommunikationsgesetzes (TKG) noch telekommunikationsgestützte Dienste nach § 3 Nr. 63 TKG noch Rundfunk nach § 2
RStV [sic!; hierzu aber sogleich Rn. 62] zu verstehen sind.[75]

60   Keine Anwendung findet das TMG auf *Telekommunikationsdienste* nach § 3 Nr. 61 TKG. Sog.
reine Telekommunikationsdienste, die sich auf eine Übermittlungsfunktion beschränken und keine
Inhalte über Telekommunikationsnetze und -dienste anbieten oder eine redaktionelle Kontrolle
über sie ausüben, fallen demnach ausschließlich unter das TKG.[76] Dies gilt etwa für das Angebot
von Voice-over-IP- oder Messenger-Diensten,[77] aber auch für das Access-Providing, sofern es sich
in der Bereitstellung eines Zugangs zum Internet erschöpft.[78] Sobald ein Access-Provider hingegen
auch inhaltliche Dienstleistungen offeriert, z. B. eigene Portalseiten betreibt, kommen ihm die
Haftungsprivilegierungen des TMG zugute (vgl. § 2 Rn. 56).[79]

61   Vom Anwendungsbereich des TMG sind außerdem *telekommunikationsgestützte Dienste* nach § 3
Nr. 63 TKG ausgenommen. Darunter sind Dienste zu verstehen, „die keinen räumlich und zeitlich
trennbaren Leistungsfluss auslösen, sondern bei denen die Inhaltsleistung noch während der Telekommunikationsverbindung erfüllt wird". Erfasst sind hiervon vor allem telefonische Mehrwert-
dienste (z. B. mit der Rufnummerngasse „0900"). Sie wurden nicht den Telemedien zugeordnet,
weil es sich hierbei weder um Abruf- noch um Verteildienste, sondern um Individualkommunika-
tionen zwischen Diensteanbieter und Kunden handele.[80]

---

[73] BT-Drucks. 16/3078, S. 11.

[74] BT-Drucks. 16/3078, S. 11.

[75] Allgemein zur Abgrenzung *Hoeren* NJW 2007, 801 (802 f.); *Mückl* JZ 2007, 1077 (1080 f.);
Spindler CR 2007, 239 (240 ff.). Kritisch *Hoeren* NJW 2007, 801 (806): „Statt des alten Regelungschaos […] droht nun ein noch viel komplexeres Regelungschaos".

[76] Kritisch für § 3 Nr. 24 TKG a. F. *Gercke/Brunst* Rn. 575 f.

[77] BT-Drucks. 19/26108, S. 236; *Moench* NVwZ 2021, 1652 (1653).

[78] So zu § 3 Nr. 24 TKG a. F. *Martini* BeckOK-InfoMedienR § 1 TMG Rn. 12; Spindler/Schus-
ter/*Ricke* § 1 TMG Rn. 6; *Hoeren* NJW 2007, 801 (802).

[79] So zu § 3 Nr. 24 TKG a. F. Spindler/Schuster/*Ricke* § 1 TMG Rn. 6; *Hoeren* NJW 2007, 801 (802).

[80] BT-Drucks. 16/3078, S. 13; *Martini* BeckOK-InfoMedienR § 1 TMG Rn. 14b; Spindler/Schus-
ster/*Ricke* § 1 TMG Rn. 9; kritisch *Gercke/Brunst* Rn. 573.

Schwierigkeiten bereitet insbesondere die Abgrenzung zwischen Telemedien   **62**
und *Rundfunk*. § 2 Abs. 1 Satz 1 MStV definiert „Rundfunk" als linearen Informations- und Kommunikationsdienst, der eine „für die Allgemeinheit und zum zeitgleichen Empfang bestimmte Veranstaltung und Verbreitung von journalistisch-redaktionell gestalteten Angeboten in Bewegtbild oder Ton entlang eines Sendeplans mittels Telekommunikation" sei (siehe schon Rn. 42 ff.). Auch wenn der Verweis auf den Sendeplan eine gewisse Einschränkung des Rundfunks auf „klassische" ausgestrahlte Rundfunkprogramme gestattet, verläuft die Grenze zwischen Rundfunk- und Telemedienangeboten häufig fließend.[81] Nach der Gesetzesbegründung ist Rundfunk jedenfalls selbst dann nicht als Telemedium zu verstehen, wenn das Rundfunkprogramm zusätzlich (Live-Streaming) oder sogar ausschließlich (Webcasting) im Internet übertragen wird.[82]

Die stetig zunehmende gesellschaftliche Bedeutung der neuen Medien zeigte   **63**
sich zuletzt an der Ersetzung des Rundfunk- durch den Medienstaatsvertrag (MStV),
der am 7. November 2020 in Kraft getreten ist. Der MStV soll nicht zuletzt durch
eine umfassendere Anwendbarkeit auf Telemedien der europäischen und technischen Entwicklung der Medien Rechnung tragen und – ein für das Internetstrafrecht
angesichts der mittlerweile massenhaften Verbreitung von Fake News und Hate
Speech besonders beachtlicher Aspekt – ausweislich seiner Präambel „in einer zunehmend durch das Internet geprägten Medienwelt […] Leitplanken [bereitstellen],
die journalistische Standards sichern und kommunikative Chancengleichheit fördern" (siehe etwa auch § 2 Rn. 124).

III. Fernmeldegeheimnis (Art. 10 GG)

Studienliteratur: *Funke/Lüdemann* Grundfälle zu Art. 10 GG, JuS 2008, 780–785; *Schoch* Der
verfassungsrechtliche Schutz des Fernmeldegeheimnisses (Art. 10 GG), Jura 2011, 194–204.

1. Schutzbereich

Gemäß Art. 10 Abs. 1 GG sind Brief-, Post- und Fernmeldegeheimnis unverletzlich.   **64**
Die genannten Geheimnisse betreffen allesamt Situationen, in denen der Einzelne auf
einen Dritten, vornehmlich ein Post- oder Telekommunikationsunternehmen angewiesen ist, um mit einem anderen schriftlich oder mündlich in Kontakt zu treten.
Die Einschaltung eines *Kommunikationsmittlers* erhöht aber die Gefahr eines unerwünschten Zugriffs auf den jeweiligen Kommunikationsvorgang.[83] Art. 10 Abs. 1 GG
schützt daher die Vertraulichkeit jeglicher individuellen Kommunikation: Jeder soll –
auch bei der Zuhilfenahme eines Dritten als Kommunikationsmittler – selbst darüber
entscheiden, ob er die Öffentlichkeit oder nur bestimmte Empfänger adressieren will.[84]

---

[81] *Gercke/Brunst* Rn. 569; zu Streaming-Angeboten *Leeb/Seiter* ZUM 2017, 573 (574 ff.).

[82] BT-Drucks. 16/3078, S. 13.

[83] BVerfGE 85, 386 (396); 106, 28 (36); von Mangoldt/Klein/Starck/*Gusy*, Art. 10 Rn. 18; Dreier/*Hermes* Art. 10 Rn. 15; *Schoch* Jura 2011, 194 (194).

[84] BVerfGE 115, 166 (182).

65   Das *Fernmeldegeheimnis* im Speziellen erfasst in Abgrenzung zum Brief- und Postgeheimnis nicht den Gedankenaustausch durch körperliche Mitteilungen und Sendungen, sondern die unkörperliche Übermittlung von Informationen mit Hilfe der Telekommunikationstechnologie. Ob dies im Einzelnen leitungsgebunden oder drahtlos, analog oder digital geschieht, ist unerheblich.[85] Auch sonst bleibt das Fernmeldegeheimnis – wie die anderen Geheimnisse des Art. 10 Abs. 1 GG – *dynamisch auszulegen* und entwicklungsoffen für technologische Errungenschaften, so dass vor allem der Datenaustausch über das Internet dem Fernmeldegeheimnis unterfällt.[86]

66   Allerdings hat dies nicht zur Folge, sämtliche *Kommunikationsvorgänge im Internet* dem Fernmeldegeheimnis zuzuordnen. Vielmehr schützt das Fernmeldegeheimnis nur individuelle Kommunikationsvorgänge.[87] Denn von einer in Anspruch genommenen Vertraulichkeit des Kommunikationsmittlers kann nur dann die Rede sein, wenn die übermittelten Inhalte ausschließlich an einen selbst bestimmten Empfängerkreis gelangen sollen. Dies ist bei dem Versand von E-Mails grundsätzlich noch gewahrt, nicht hingegen bei der Veröffentlichung von Inhalten auf einer frei abrufbaren Webseite oder Äußerungen in uneingeschränkt zugänglichen Chaträumen, die demnach nicht dem Schutzbereich des Art. 10 Abs. 1 GG unterfallen. Wie die Beispiele zeigen, wird vor allem dem Kriterium einer Zugangsbeschränkung Bedeutung für die für das Fernmeldegeheimnis notwendige Individualisierung der Kommunikationspartner zukommen. Im Einzelfall (z. B. massenhafter E-Mail-Versand durch Spam) ist die Abgrenzung zwischen individual- und massenkommunikativen Erscheinungsformen freilich schwierig.[88]

67   Wer die Öffentlichkeit und nicht ausgewählte Empfänger adressiert (z. B. bei Äußerungen auf frei zugänglichen Webseiten im Internet), bringt damit aber nicht zum Ausdruck, vollumfänglich auf die Vertraulichkeit des Kommunikationsmittlers zu verzichten. So kann er sich zwar nicht auf das Fernmeldegeheimnis in Bezug auf die publizierten Inhalte berufen. Die weiteren *Umstände des Kommunikationsvorganges*, mit dem er die betreffenden Daten auf den Webserver hochgeladen hat, bleiben aber nach wie vor vom Fernmeldegeheimnis umfasst. Ähnliches gilt für denjenigen, der auf frei abrufbare Angebote im Internet zugreift. Dass der Urheber dieser Inhalte auf den Schutz des Art. 10 Abs. 1 GG verzichtet, bedeutet nicht für jeden Empfänger, sich von vornherein nicht mehr auf das Fernmeldegeheimnis berufen zu können. Vielmehr bestimmt er selbst, ob er beim Abruf der Inhalte die Vertraulichkeit seines Kommunikationsmittlers in Anspruch nehmen will oder nicht.[89]

---

[85] BVerfGE 106, 28 (36); 115, 166 (182); BVerfG NJW 2016, 3508 (3510); Jarass/Pieroth/*Jarass* Art. 10 Rn. 5; *Ogorek* BeckOK-GG Art. 10 Rn. 37; *Schoch* Jura 2011, 194 (197).

[86] BVerfGE 106, 28 (36); 120, 274 (307); 124, 43 (54); BVerfG NJW 2016, 3508 (3510); von Mangoldt/Klein/Starck/*Gusy* Art. 10 Rn. 23; Jarass/Pieroth/*Jarass* Art. 10 Rn. 5; *Schoch* Jura 2011, 194 (197).

[87] BVerfG NJW 2016, 3508 (3509 f.); von Mangoldt/Klein/Starck/*Gusy* Art. 10 Rn. 42; *Schoch* Jura 2011, 194 (195).

[88] *Funke/Lüdemann* JuS 2008, 780 (781); *Schoch* Jura 2011, 194 (195); siehe hierzu von Mangoldt/Klein/Starck/*Gusy* Art. 10 Rn. 43.

[89] BVerfGE 85, 386 (399); Dreier/*Hermes* Art. 10 Rn. 55; Jarass/Pieroth/*Jarass* Art. 10 Rn. 13.

Der Schutzbereich des Art. 10 Abs. 1 GG ist umfassend zu verstehen und betrifft **68** *sämtliche Aspekte der übermittelten Kommunikation*. Dies bedeutet einerseits, dass es auf den Inhalt der Kommunikation nicht ankommt und etwa ebenso Gespräche, die jeglichen privaten Charakters oder jeglichen Geheimnisses entbehren, erfasst sind.[90] Andererseits erstreckt sich der Schutz nicht nur auf die Inhalte des Kommunikationsvorgangs, sondern auch auf dessen nähere Umstände, vor allem ob und wann zwischen welchen Personen und Fernmeldeanschlüssen Fernmeldeverkehr stattfindet oder versucht wird, da dies gleichfalls Rückschlüsse auf die Kommunikation erlaubt.[91] Schließlich ist der Schutzbereich bei andauerndem Kommunikationsvorgang nicht nur auf der Übertragungsstrecke, sondern auch am Endgerät der Telekommunikation betroffen.[92] Das Kommunikationsmedium soll mit anderen Worten insgesamt vertraulich in Anspruch genommen werden können.[93]

Dem Fernmeldegeheimnis unterliegen daher nicht nur die sog. *Inhaltsdaten*, d. h. die Kommunika- **69** tion als solche, sondern auch die sog. *Verkehrsdaten*. Dazu zählen unter anderem Datum und Uhrzeit der Verbindung sowie Rufnummer der Gesprächsteilnehmer, bei dem Datenaustausch zwischen Computern und Computernetzwerken vor allem die IP-Adresse.[94] Der Schutz auch der Endgeräte hat zur Folge, dass die bereits gelesene, aber nach wie vor auf dem Server des Providers archivierte E-Mail gleichfalls von Art. 10 Abs. 1 GG erfasst wird.[95] Nicht geschützt werden hingegen Inhalte und Umstände der Telekommunikation, die ein Teilnehmer der Kommunikation nach deren Abschluss in seinem Herrschaftsbereich speichert, soweit er eigene Schutzvorkehrungen gegen den heimlichen Datenzugriff treffen kann. Der Schutz des Fernmeldegeheimnisses endet, sobald die Nachricht bei dem Empfänger ankommt und der Übertragungsvorgang beendet ist. In Betracht kommt dann nur ein Schutz durch Art. 13 Abs. 1 GG oder das Recht auf informationelle Selbstbestimmung.[96]

Geschützt ist nur das Vertrauen in den *Kommunikationsmittler*, nicht hingegen in **70** den *Kommunikationspartner*. Vor Gefahren aus dessen Einfluss- und Verantwortungsbereich, vor allem Indiskretionen durch Verbreitung der Kommunikationsinhalte oder sonstige Enttäuschungen des in ihn gesetzten Vertrauens, schützt Art. 10 Abs. 1 GG nicht. Das Fernmeldegeheimnis gilt nicht zwischen den Gesprächsteilnehmern.[97]

---

[90] BVerfGE 67, 157 (172); 100, 313 (358); von Mangoldt/Klein/Starck/*Gusy* Art. 10 Rn. 44.

[91] BVerfGE 85, 386 (396); 100, 313 (358); 115, 166 (183); von Mangoldt/Klein/Starck/*Gusy* Art. 10 Rn. 44.

[92] BVerfGE 115, 166 (186 f.); 120, 274 (307); Jarass/Pieroth/*Jarass* Art. 10 Rn. 5; *Ogorek* BeckOK-GG Art. 10 Rn. 45; *Barton* Rn. 34.

[93] BVerfGE 100, 313 (358); Dreier/*Hermes* Art. 10 Rn. 33.

[94] Zur Erstreckung des Schutzbereichs des Art. 10 Abs. 1 GG auf die Zuordnung dynamischer IP-Adressen BVerfGE 130, 151 (181).

[95] BVerfGE 124, 43 (54 ff.); *Ogorek* BeckOK-GG Art. 10 Rn. 45.

[96] BVerfGE 115, 166 (183 ff.); 120, 274 (308); 124, 43 (54).

[97] BVerfGE 85, 386 (399); 106, 28 (37).

2. Eingriffe und Schranken

71 Brief-, Post- und Fernmeldegeheimnis erfuhren zu Zeiten des staatlichen Postmonopols zwar eine ungleich größere Bedeutung als heute. Jedoch sind hoheitliche Eingriffe nach wie vor auf andere Weise möglich, nicht zuletzt bei *Ermittlungsmaßnahmen der Strafverfolgungsbehörden* wie insbesondere der Überwachung der Telekommunikation. Ein solcher Eingriff liegt in jeder Missachtung der Vertraulichkeit eines von Art. 10 Abs. 1 GG geschützten Kommunikationsvorgangs, sei es durch Kenntnisnahme, Aufzeichnung oder auch Verwertung seines Inhalts oder seiner Umstände.[98]

72 Das Spektrum an internetbezogenen Ermittlungsmaßnahmen, die in das Fernmeldegeheimnis eingreifen, reicht von Recherchen in geschlossenen Benutzergruppen (z. B. zugangsgeschützten Webseiten, privaten Chaträumen) über die Überwachung von Voice-over-IP-Gesprächen, z. B. in Gestalt der sog. Quellen-Telekommunikationsüberwachung (Quellen-TKÜ; siehe dazu § 4 Rn. 48 ff.), bis hin zur sog. Beschlagnahme von E-Mails im Postfach des Betroffenen auf dem Server seines Mail-Providers (siehe dazu § 4 Rn. 23 ff.). Entsprechend der Vielfalt der Kommunikationsdienste des Internets hat sich auch das Instrumentarium der Strafverfolgungsbehörden erweitert und ist an den Schranken für Eingriffe in das Fernmeldegeheimnis zu messen.

73 Für Eingriffe in das Fernmeldegeheimnis sieht Art. 10 Abs. 2 Satz 1 GG als Schranke einen einfachen Gesetzesvorbehalt vor. Wie bei jeder Grundrechtsbeschränkung muss die gesetzliche Regelung einen legitimen Gemeinwohlzweck verfolgen und im Übrigen den Grundsatz der Verhältnismäßigkeit wahren. Sofern durch einen Eingriff in das Fernmeldegeheimnis erlangte personenbezogene Daten verarbeitet werden, muss die jeweilige Ermächtigungsgrundlage darüber hinaus Voraussetzungen und Umfang der Beschränkungen klar und für den Einzelnen erkennbar regeln und den mit dem Eingriff verfolgten Zweck bereichsspezifisch und präzise bestimmen. Zudem müssen die erhobenen Daten für diesen Zweck geeignet und erforderlich sein.[99]

IV. Allgemeines Persönlichkeitsrecht (Art. 2 Abs. 1 i. V. m. Art. 1 Abs. 1 GG)

Literatur (Auswahl): *Eifert* Informationelle Selbstbestimmung im Internet, NVwZ 2008, 521–523; *Hornung* Zwei runde Geburtstage: Das Recht auf informationelle Selbstbestimmung und das WWW, MMR 2004, 3–8; *Luch* Das neue „IT-Grundrecht". Grundbedingung einer „Online-Handlungsfreiheit", MMR 2011, 75–79.

Studienliteratur: *Gerann* Das Allgemeine Persönlichkeitsrecht, Jura 2010, 734–744; *Martini* Das allgemeine Persönlichkeitsrecht im Spiegel der jüngeren Rechtsprechung des Bundesverfassungsgerichts, JA 2009, 839–845; *Sachs/Krings* Das neue „Grundrecht auf Gewährleistung der Vertraulichkeit und Integrität informationstechnischer Systeme", JuS 2008, 481–486; *Schoch* Das Recht auf informationelle Selbstbestimmung, Jura 2008, 352–359; *Wegener/Muth* Das „neue Grundrecht" auf Gewährleistung der Vertraulichkeit und Integrität informationstechnischer Systeme, Jura 2010, 847–852.

---

[98] BVerfGE 85, 386 (398); 100, 313 (366); 124, 43 (58); 125, 260 (310).

[99] BVerfGE 100, 313 (359 f.); hierzu *Schoch* Jura 2011, 194 (201 f.).

1. Schutzbereich

Immer mehr Daten werden in den Kommunikationsdiensten des Internets veröffent-   **74**
licht, über die moderne Technik der Computernetzwerke (z. B. über die
Voice-over-IP-Telefonie) übermittelt oder hierüber unter Umständen sogar ohne
eine aktive Verbreitung (z. B. bei Hacking-Angriffen via Internet auf Dateien auf
dem heimischen Rechner) erlangt. Zu diesen Daten zählen auch Informationen, die
aus der Privat- oder Intimsphäre des Einzelnen stammen. Hinzu kommt, dass die
Masse von Angaben, die auf diese Weise gesammelt werden können, mitunter weitere Rückschlüsse, ggf. sogar die Anfertigung eines detaillierten Profils des Betroffenen gestattet. Bei derartigen Vorgehensweisen im Internet stehen daher zunehmend das *Allgemeine Persönlichkeitsrecht* und seine *Ausprägungen* des Rechts auf
informationelle Selbstbestimmung (Rn. 75 ff.) bzw. des Rechts auf Gewährleistung
der Integrität und Vertraulichkeit von Daten in Informationssystemen (Rn. 79 ff.) im
Vordergrund.

Allgemeines Persönlichkeitsrecht Das verfassungsrechtliche Allgemeine Persön-   **75**
lichkeitsrecht wird aus Art. 2 Abs. 1 i. V. m. Art. 1 Abs. 1 GG abgeleitet.[100] Es gewährleistet dem Einzelnen einen autonomen Bereich privater Lebensgestaltung, in
dem er seine Individualität entwickeln und wahren kann.[101] Zu dieser Autonomie
gehört einerseits, vor der unbefugten Kenntnisnahme Dritter sowie der Einwirkung
öffentlicher Gewalt geschützt zu werden. Dem Einzelnen verbleibt ein Bereich der
Selbstbewahrung, in dem er das Recht hat, in Ruhe gelassen zu werden;[102] in Bezug
auf persönliche Kommunikationsdaten bildet schon das Fernmeldegeheimnis aus
Art. 10 Abs. 1 GG einen verselbstständigten und speziell geregelten Teilbereich des
Allgemeinen Persönlichkeitsrechts bzw. des Rechts auf informationelle Selbstbestimmung.[103] Diesem statischen Aspekt gesellt sich andererseits eine dynamische
Komponente hinzu, als der Einzelne zugleich seine Individualität entwickeln und
wahren können soll. Dies umfasst zum einen das Recht der *Selbstbestimmung*,
selbst zu bestimmen bzw. herauszufinden, wer man ist. Zum anderen wird das Recht
der *Selbstdarstellung* gewährt, das den Einzelnen vor verfälschender, entstellender
und unerbetener Darstellung schützt und unter anderem das Recht am eigenen Bild
und am eigenen Wort beinhaltet. Jeder soll selbst entscheiden, welches Persönlich-
keitsbild er von sich gegenüber Dritten vermitteln will.[104]

---

[100] BVerfGE 35, 202 (219); 54, 148 (153); 82, 236 (269); *Lang* BeckOK-GG Art. 2 Rn. 70; *Kingreen/Poscher* Rn. 509; *Gerann* Jura 2010, 734 (736).

[101] BVerfGE 35, 202 (220); 90, 263 (270).

[102] BVerfGE 27, 1 (6); 44, 197 (203); BVerfG NJW 2015, 1506 (1506 f.); *Kingreen/Poscher* Rn. 512 ff.; *Martini* JA 2009, 839 (840).

[103] BVerfGE 67, 157 (171); 100, 313 (358); 124, 43 (56); Jarass/Pieroth/*Jarass* Art. 10 Rn. 2; *Schoch* Jura 2011, 194 (199).

[104] BVerfGE 35, 202 (220); 82, 236 (269); *Kingreen/Poscher* Rn. 515; *Martini* JA 2009, 839 (841).

76 **Recht auf informationelle Selbstbestimmung** Die dynamische Komponente des Allgemeinen Persönlichkeitsrechts war angesichts der Entwicklung der automatisierten Datenverarbeitung zunehmend gefährdet. Deren technische Möglichkeiten gestatteten nämlich, einzelne Informationen über den Einzelnen zu kombinieren und dadurch Persönlichkeitsprofile zu erstellen, so dass letztlich kein Datum mehr als belanglos angesehen werden konnte. Das BVerfG hat daher im *Volkszählungsurteil* vom 15. Dezember 1983[105] als Konkretisierung des Allgemeinen Persönlichkeitsrechts und somit aus Art. 2 Abs. 1 i. V. m. Art. 1 Abs. 1 GG das sog. Recht auf informationelle Selbstbestimmung abgeleitet.[106] Es gewährleistet die Befugnis des Einzelnen, grundsätzlich selbst über die Preisgabe und Verwendung seiner persönlichen Daten zu bestimmen.[107] Bedrohungen für diese Freiheit bestanden schon vor dem Durchbruch des Internets, wurden seitdem aber bei Weitem nicht geringer. Das Recht auf informationelle Selbstbestimmung erweist sich hierbei – wie das Allgemeine Persönlichkeitsrecht generell – als offen für zukünftige Entwicklungen und damit einhergehende neue Gefahrenlagen.[108]

77 Zu den geschützten persönlichen Daten zählen unter anderem persönliche wirtschaftliche Verhältnisse des Einzelnen, Informationen über genetische Merkmale einer Person und Bildmaterial aus einer Videoüberwachung.[109] Das Recht auf informationelle Selbstbestimmung ist somit Grundlage jeglichen Datenschutzes. In diesem Verständnis als „Grundrecht auf Datenschutz"[110] soll es der Gefahr einer totalen Registrierung und Katalogisierung, insbesondere der Erstellung eines umfassenden Persönlichkeitsprofils entgegenwirken. Der Einzelne soll weder zu einem bloßen Objekt staatlicher Stellen noch zur reinen Kennzahl wirtschaftlicher Marketingstrategen werden.

78 Die Bedeutung, die das BVerfG dem Recht auf informationelle Selbstbestimmung einräumt, steht zunehmend im Gegensatz zu dem Stellenwert, den der Schutz der eigenen Daten in der Bevölkerung erfährt. Im Internet trugen vor allem die sozialen Netzwerke zu einem teilweise bewusst offenen, zum Teil auch lediglich äußerst sorglosen Umgang mit privaten, teils höchstpersönlichen Informationen bei.[111]

---

[105] BVerfGE 65, 1; allgemein zum Recht auf informationelle Selbstbestimmung *Schoch* Jura 2008, 352.

[106] BVerfGE 65, 1 (41); 115, 166 (188 f.); Dreier/*Dreier* Art. 2 I Rn. 79.

[107] BVerfGE 65, 1 (43); 80, 367 (373); 115, 166 (188); 130, 151 (183 f.); *Lang* BeckOK-GG Art. 2 Rn. 115.

[108] BVerfGE 65, 1 (41 f.); Dreier/*Dreier* Art. 2 I Rn. 10; siehe hierzu auch *Schoch* Jura 2008, 352 (353). Zu den Schnittstellen des Rechts auf informationelle Selbstbestimmung mit dem World Wide Web *Hornung* MMR 2004, 3 (4 ff.); zu aktuellen Gefahren für das Recht auf informationelle Selbstbestimmung *Brink* CR 2017, 433.

[109] Weitere Beispiele bei *Schoch* Jura 2008, 352 (355).

[110] BVerfGE 84, 239 (280).

[111] Zu datenschutzrechtlichen Problemen sozialer Netzwerke *Erd* NVwZ 2011, 19 (20 ff.).

Grundrecht auf Gewährleistung der Vertraulichkeit und Integrität informationstechnischer Systeme Die jüngste Ausprägung des Allgemeinen Persönlichkeitsrechts stellt das Grundrecht auf Gewährleistung der Vertraulichkeit und Integrität informationstechnischer Systeme dar. Dieses Grundrecht hat das BVerfG anlässlich seiner Entscheidung vom 27. Februar 2008[112] über die Verfassungsgemäßheit der Online-Durchsuchung im nordrhein-westfälischen Verfassungsschutzgesetz aus der Taufe gehoben, das im Wesentlichen das heimliche Beobachten des Internets und einen heimlichen Zugriff auf informationstechnische Systeme durch Verfassungsschutzbehörden vorsah; betroffen war somit der Aspekt der Selbstbewahrung des Allgemeinen Persönlichkeitsrechts (Rn. 75).[113] Dadurch reagierte das BVerfG auf die zentrale Bedeutung vernetzter informationstechnischer Systeme (z. B. Personalcomputer mit Internetzugang, Smartphones oder auch externe Speichermedien und Systemkomponenten im Netz) für die Lebensführung vieler Menschen. Die neuen Entwicklungen der modernen Informationstechnik ermöglichen eine noch vielfältigere Entfaltung der Persönlichkeit, begründen aber auch neuartige Gefährdungen derselben. Moderne Technologien und die flächendeckende Verbreitung des Internets lösen herkömmliche Fernkommunikationsmittel in vielen Bereichen ab, erlauben etwa auch die Pflege geschäftlicher oder sozialer Verbindungen sowie den kommunikativen Ausdruck der individuellen Persönlichkeit.[114] Die Nutzer vertrauen dabei grundsätzlich auf die Sicherheit und Vertraulichkeit ihrer Kommunikation.   79

Das Grundrecht auf Gewährleistung der Vertraulichkeit und Integrität informationstechnischer Systeme soll sicherstellen, dass das Allgemeine Persönlichkeitsrecht auch angesichts neuartiger Gefährdungen aufgrund des wissenschaftlich-technischen Fortschritts und gewandelter Lebensverhältnisse Elemente der Persönlichkeit gewährleisten kann. Ihm kommt somit eine Lückenfüllerfunktion zu, indem es zu den anderen Konkretisierungen des Allgemeinen Persönlichkeitsrechts, insbesondere dem Recht auf informationelle Selbstbestimmung, sowie zu den Freiheitsgrundrechten der Art. 10 und 13 GG hinzutritt, soweit diese keinen (hinreichenden) Schutz gewähren.[115]   80

---

[112] BVerfGE 120, 274 mit Bespr. *Eifert* NVwZ 2008, 521; allgemein zum Grundrecht *Sachs/Krings* JuS 2008, 481; *Wegener/Muth* Jura 2010, 847. Zum Teil wird dieses Grundrecht auch als „Computergrundrecht" bezeichnet; so etwa *Kutscha* NJW 2008, 1042 (1044). Dies darf aber nicht den Blick dafür verstellen, dass nicht nur aktive Computer, sondern auch inaktive informationstechnische Systeme (etwa zur Speicherung oder Bereithaltung) geschützt sind. Andernorts ist von einem „IT-Grundrecht" die Rede; so etwa *Gurlit* NJW 2010, 1035 (1036); *Luch* MMR 2011, 75. Dies suggeriert indessen fälschlicherweise, dass der gesamte IT-Verkehr geschützt sei.

[113] *Martini* JA 2009, 839 (840).

[114] Kritisch wegen der unpräzisen Bestimmung des Schutzgegenstandes *Sachs/Krings* JuS 2008, 481 (484).

[115] BVerfGE 120, 274 (303); 124, 43 (57); *Gersdorf* BeckOK-InfoMedienR Art. 2 GG Rn. 24; kritisch *Gurlit* NJW 2010, 1035 (1037); *Sachs/Krings* JuS 2008, 481 (483 f.).

81 Schutzlücken beim *Fernmeldegeheimnis* gemäß Art. 10 Abs. 1 GG hat das BVerfG sowohl dia-
gnostiziert hinsichtlich Inhalten und Umständen eines Kommunikationsvorgangs, die nach dessen
Abschluss im Herrschaftsbereich eines Kommunikationsteilnehmers (also nicht etwa im Postfach
des E-Mail-Providers; siehe dazu Rn. 69) gespeichert werden, als auch hinsichtlich der Durchsuchung von Speichermedien eines informationstechnischen Systems, selbst wenn dies über eine
Telekommunikationsverbindung geschieht.[116] Die *Unverletzlichkeit der Wohnung* nach Art. 13 GG
erstreckt sich zwar nicht nur auf die Abwehr eines körperlichen Eindringens, sondern erfasst auch
Maßnahmen wie die akustische oder optische Wohnraumüberwachung, die staatlichen Stellen mit
besonderen Hilfsmitteln einen Einblick in Vorgänge innerhalb der Wohnung verschaffen. Ihm
schreibt das BVerfG allerdings keinen generellen Schutz gegen die Infiltration eines informationstechnischen Systems zu, selbst wenn sich dieses in einer Wohnung befindet.[117] Ohnehin könne ein
raumbezogener Schutz nicht die spezifische Gefährdung des informationstechnischen Systems
abwehren, da der Eingriff unabhängig vom Standort erfolgen kann. Das *Recht auf informationelle
Selbstbestimmung* schließlich könne nicht berücksichtigen, dass sich ein Dritter bereits durch den
Zugriff auf ein informationstechnisches System einen äußerst großen und aussagekräftigen Datenbestand zueignen kann, ohne auf weitere Datenerhebungs- und -verarbeitungsmaßnahmen angewiesen zu sein.[118]

82   Das Grundrecht auf Gewährleistung der Vertraulichkeit und Integrität informationstechnischer Systeme schützt den *persönlichen und privaten Lebensbereich* vor
staatlichen Zugriffen im Bereich der Informationstechnik, die das informationstechnische System insgesamt betreffen und nicht lediglich einzelne Kommunikationsvorgänge oder gespeicherte Daten. Dies setzt allerdings voraus, dass allein der Zugriff auf das informationstechnische System aufgrund des Umfangs und der Vielfalt
der dort enthaltenen personenbezogenen Daten (z. B. bei Personalcomputern, aber
auch bei Mobiltelefonen oder elektronischen Terminkalendern mit entsprechendem
Funktionsumfang), mögen sie bewusst gespeichert oder selbsttätig von Datenverarbeitungsvorgängen generiert sein (z. B. bei Daten über das Verhalten eines Nutzers
im Internet), es gestattet, Einblick in wesentliche Teile der Lebensgestaltung einer
Person zu gewinnen oder sogar ein aussagekräftiges Bild der Persönlichkeit zu erhalten.[119] Es muss sich gewissermaßen um ein komplexes System mit einer entsprechenden Datenmenge und -vielfalt handeln. Unerheblich ist, ob sich der Zugriff auf
dieses komplexe System als kompliziert erweist, also nur mit erheblichem Aufwand
möglich ist.[120] Im Einzelnen schützt das neue Grundrecht sowohl das Interesse des
Nutzers an der *Vertraulichkeit* seiner von einem informationstechnischen System
erzeugten, verarbeiteten und gespeicherten Daten als auch die *Integrität* des informationstechnischen Systems vor Zugriffen von außen.[121]

---

[116] BVerfGE 120, 274 (307 f.).

[117] BVerfGE 120, 274 (309 f.) m.w.N. auch zur Gegenansicht; *Wegener/Muth* Jura 2010, 847 (850).

[118] BVerfGE 120, 274 (313); hierzu *Luch* MMR 2011, 75 (76); kritisch *Eifert* NVwZ 2008, 521
(521 ff.).

[119] BVerfGE 120, 274 (314). Maßgeblich ist demnach, ob nur einzelne persönliche Daten betroffen
sind (die durch das Grundrecht auf informationelle Selbstbestimmung geschützt werden) oder ob
ein umfassender Datenbestand betroffen ist.

[120] *Luch* MMR 2011, 75 (76).

[121] BVerfGE 120, 274 (314 f.); *Gersdorf* BeckOK-InfoMedienR Art. 2 GG Rn. 24 f.

2. Eingriffe

Allgemeines Persönlichkeitsrecht Eingriffe in das Allgemeine Persönlichkeits- 83
recht sind aufgrund dessen Weite auf viele verschiedene Arten und Weisen möglich.
Bei Ermittlungsmaßnahmen der Strafverfolgungsbehörden ist wegen deren ausfor-
schenden Charakters das Allgemeine Persönlichkeitsrecht naturgemäß häufig
betroffen, vor allem dessen statische Komponente der *Selbstbewahrung*. Mitunter –
was der Rechtfertigung des Eingriffs entgegensteht oder sie zumindest erschwert – beziehen sich die hoheitlichen Recherchen auch auf private und intime
Informationen des Betroffenen. Die dynamische Komponente des Allgemeinen Persönlichkeitsrechts ist hingegen unter anderem berührt, wenn jemand entgegen dem
„nemo tenetur"-Grundsatz zu selbstbelastenden Aussagen bewegt werden, er also
an seiner eigenen Überführung aktiv mitwirken soll.[122]

Recht auf informationelle Selbstbestimmung In das Recht auf informationelle 84
Selbstbestimmung wird eingegriffen, wenn *persönliche Daten* erhoben, verarbeitet
oder genutzt werden. Auch dies trifft auf viele Ermittlungsmaßnahmen der Strafver-
folgungsbehörden zu, angefangen von der Sicherstellung bzw. Beschlagnahme von
Datenträgern über die Überwachung mit Videokameras oder die Ermittlung des
Standorts eines Mobiltelefons bis hin zur Veröffentlichung von „Steckbriefen" unter
Namensnennung des Ausgeschriebenen bei der Fahndung im Internet.[123]

Grundrecht auf Gewährleistung der Vertraulichkeit und Integrität informati- 85
onstechnischer Systeme Ein Eingriff in das Grundrecht auf Gewährleistung der
Vertraulichkeit und Integrität informationstechnischer Systeme besteht vor allem in
Zugriffen auf Leistungen, Funktionen und Speicherinhalte eines vom Schutzbereich
erfassten informationstechnischen Systems. Solche Maßnahmen überwinden nämlich die entscheidende technische Hürde für eine Ausspähung, Überwachung oder
Manipulation des Systems. Unerheblich ist, ob die Daten temporär (z. B. im
Arbeitsspeicher) oder dauerhaft (z. B. auf den Speichermedien des Systems) gespei-
chert werden sowie ob die Datenerhebung mit Mitteln erfolgt, die von den Datenverarbeitungsvorgängen des betroffenen informationstechnischen Systems unabhängig sind (z. B. bei der Messung der elektromagnetischen Abstrahlung von
Bildschirmen und Tastaturen).[124] Das BVerfG hat zudem betont, dass das Grundrecht insbesondere vor heimlichen Zugriffen auf die jeweiligen Systeme schützt.
Denn in einem Rechtsstaat sei die Heimlichkeit staatlicher Eingriffsmaßnahmen die
Ausnahme und bedürfe besonderer Rechtfertigung, nicht zuletzt wegen der fehlenden Möglichkeit, gerichtlichen Rechtsschutz in Anspruch zu nehmen.[125]

---

[122] BVerfGE 38, 105 (114 f.); 56, 37 (41 f.); 95, 220 (241); Jarass/Pieroth/*Jarass* Art. 2 Rn. 77 ff.;
Martini JA 2009, 839 (841).

[123] Siehe hierzu insbesondere *Soiné* ZRP 1994, 392.

[124] BVerfGE 120, 274 (314 f.).

[125] BVerfGE 120, 274 (325) mit Verweis auf BVerfGE 118, 168 (197); siehe auch BVerfGE 124, 43
(62 f.).

3. Schranken

86 **Allgemeines Persönlichkeitsrecht** Das Allgemeine Persönlichkeitsrecht kann nach Art. 2 Abs. 1 GG nur im Rahmen der verfassungsmäßigen Ordnung einschließlich der Rechte anderer ausgeübt werden. Hierbei handelt es sich letztlich um einen einfachen Gesetzesvorbehalt, so dass an die verfassungsrechtliche Rechtfertigung eines Eingriffs in das Allgemeine Persönlichkeitsrecht zunächst die allgemeinen Anforderungen zu stellen sind, namentlich ein Gesetz, das den Grundsatz der Verhältnismäßigkeit beachtet.[126] Um die Angemessenheit eines Eingriffs im Einzelnen, nicht zuletzt in Hinblick auf den Menschenwürdegehalt des Allgemeinen Persönlichkeitsrechts zu bewerten, hat das BVerfG die sog. *Sphärentheorie* entwickelt, die zwischen Sozial-, Privat- und Intimsphäre unterscheidet. Danach unterliegt die Rechtfertigung eines Eingriffs umso höheren Anforderungen, je weiter der Kernbereich der Persönlichkeit betroffen ist. Während Eingriffe in die Sozial- oder Öffentlichkeitssphäre, welche die Teilnahme des Grundrechtsträgers am öffentlichen Leben umschreibt, unter weniger strengen Voraussetzungen zulässig sind, bedarf es bei Eingriffen in die Privatsphäre, d. h. in die engeren persönlichen Lebensbereich, schon eines überwiegenden Interesses der Allgemeinheit, das die staatliche Maßnahme unter strikter Wahrung des Verhältnismäßigkeitsgrundsatzes verfolgt.[127] Die Intimsphäre als unantastbarer Bereich der privaten Lebensgestaltung bleibt hingegen jeglicher Einwirkung der öffentlichen Gewalt entzogen.[128]

87 **Recht auf informationelle Selbstbestimmung** Auf die Ausprägungen des Allgemeinen Persönlichkeitsrechts können dessen Schranken übertragen werden. Um dem hohen Stellenwert des Rechts auf informationelle Selbstbestimmung Rechnung zu tragen, ist ein Eingriff allerdings nur zulässig, um überwiegende Allgemeininteressen (z. B. eine wirksame Strafverfolgung) zu schützen; damit knüpft das BVerfG an die soeben genannten Voraussetzungen des Eingriffs in die Privatsphäre an. Dazu bedarf es einer verfassungsgemäßen gesetzlichen Grundlage, die Voraussetzungen und Umfang der Beschränkung klar und für den Bürger erkennbar umschreibt und zudem dem Grundsatz der Verhältnismäßigkeit genügt.[129] Darüber hinaus sind entsprechende organisatorische und verfahrensrechtliche Vorkehrungen erforderlich, um ungerechtfertigte Eingriffe in das Persönlichkeitsrecht zu vermeiden.[130] Hierzu zählen bei bereits erhobenen Daten etwa Aufklärungs-, Auskunfts- und Löschungspflichten.

---

[126] BVerfGE 79, 256 (269); 99, 185 (195); allgemein zu den Anforderungen an die verfassungsrechtliche Rechtfertigung von Eingriffen *Germann* Jura 2010, 734 (742 f.); *Martini* JA 2009, 839 (842 ff.).

[127] BVerfGE 27, 344 (351); 34, 238 (246).

[128] BVerfGE 6, 32 (41); 27, 1 (6); 34, 238 (245); 80, 367 (373); 109, 279 (313).

[129] BVerfGE 65, 1 (44); 92, 191 (197); siehe hierzu *Schoch* Jura 2008, 352 (357 f.).

[130] BVerfGE 65, 1 (44).

Grundrecht auf Gewährleistung der Vertraulichkeit und Integrität informati- 88
onstechnischer Systeme Um einen Eingriff in das Grundrecht auf Gewährleistung
der Vertraulichkeit und Integrität informationstechnischer Systeme zu legitimieren,
bedarf es ebenso wiederum einer verfassungsmäßigen gesetzlichen Grundlage, welche die Gebote der Normenklarheit und Normenbestimmtheit sowie den Grundsatz
der Verhältnismäßigkeit beachten muss.[131] Zudem müssen bestimmte Tatsachen auf
eine konkrete Gefahr für ein überragend wichtiges Rechtsgut hinweisen, wenngleich sich eine Realisierung der Gefahr in näherer Zukunft noch nicht mit hinrei-
chender Wahrscheinlichkeit feststellen lassen muss. Bloße Vermutungen und nicht
konkretisierte Gefahren reichen jedoch nicht aus. Zu den überragend wichtigen
Rechtsgütern zählen Leib, Leben und Freiheit der Person oder solche Güter der
Allgemeinheit, deren Bedrohung die Grundlagen oder den Bestand des Staates oder
die Grundlagen der Existenz der Menschen berührt.[132] Außerdem muss die Ermächtigungsgrundlage geeignete Verfahrensvorkehrungen für den Grundrechtsschutz der
Betroffenen vorsehen,[133] bei heimlichen Ermittlungsmaßnahmen grundsätzlich einen Richtervorbehalt.[134] Um den unantastbaren Kernbereich privater Lebensgestaltung (und somit die Intimsphäre) zu wahren, muss sichergestellt werden, dass diesbezügliche Daten so weit wie möglich nicht erhoben bzw. im Falle ihrer Erhebung
unverzüglich gelöscht werden.[135]

C. Internationale Vorgaben

Literatur (Auswahl): *Ambos/Rackow* Erste Überlegungen zu den Konsequenzen des Lissa-
bon-Urteils des Bundesverfassungsgerichts für das Europäische Strafrecht, ZIS 2009, 397–405;
Beukelmann Europäisierung des Strafrechts – Die neue strafrechtliche Ordnung nach dem Vertrag
von Lissabon, NJW 2010, 2081–2086; *Böse* Die Entscheidung des Bundesverfassungsgerichts
zum Vertrag von Lissabon und ihre Bedeutung für die Europäisierung des Strafrechts, ZIS 2010,
76–91; *Breyer* Die Cyber-Crime-Konvention des Europarats, DuD 2001, 592–600; *Frenz/Wübben-
horst* Die Europäisierung des Strafrechts nach der Lissabon-Entscheidung des BVerfG, wistra
2009, 449–452; *M. Gercke* Analyse des Umsetzungsbedarfs der Cybercrime Konvention, MMR
2004, 728–735 und 801–806; *ders.* Der Rahmenbeschluss über Angriffe auf Informationssysteme,
CR 2005, 468–472; *Heger* Perspektiven des Europäischen Strafrechts nach dem Vertrag von Lissabon, ZIS 2009, 406–417; *Kubiciel* Das „Lissabon"-Urteil und seine Folgen für das Europäische
Strafrecht, GA 2010, 99–114; *Kugelmann* Völkerrechtliche Mindeststandards für die Strafverfolgung im Cyberspace. Die Cyber-Crime Konvention des Europarates, TMR 2002, 14–23; *Mansdörfer* Das europäische Strafrecht nach dem Vertrag von Lissabon – oder: Europäisierung des Strafrechts unter nationalstaatlicher Mitverantwortung, HRRS 2010, 11–23; *Meyer* Die
Lissabon-Entscheidung des BVerfG und das Strafrecht, NStZ 2009, 657–663; *Reiling/Reschke* Die
Auswirkungen der Lissabon-Entscheidung des Bundesverfassungsgerichts auf die Europäisierung
des Umweltstrafrechts, wistra 2010, 47–52; *Reindl-Krauskopf* Cyber-Kriminalität, ZAöRV 2014,

---

[131] BVerfGE 120, 274 (315 ff.); zusammenfassend *Wegener/Muth* Jura 2010, 847 (851 f.).

[132] BVerfGE 120, 274 (328).

[133] BVerfGE 120, 274 (326).

[134] BVerfGE 120, 274 (331).

[135] BVerfGE 120, 274 (337); siehe schon BVerfGE 109, 279 (318 f.); 113, 348 (391 f.).

563–574; *Sanchez-Hermosilla* Neues Strafrecht für den Kampf gegen Computerkriminalität, CR 2003, 774–780; *Scholz* Europäische Einigung und Deutsche Frage, in: Merten (Hrsg.), Föderalismus und Europäische Gemeinschaften, 1993, 283–296; *Theobald* Von der Europäischen Union zur „Europäischen Sicherheitsunion"?, 1997; *Valerius* Der Weg zu einem sicheren Internet? Zum In-Kraft-Treten der Convention on Cybercrime, K&R 2004, 513–518.

Studienliteratur: *Herrmann* Der Vertrag von Lissabon – Ein Überblick, Jura 2010, 161–167; *Mayer* Der Vertrag von Lissabon im Überblick, JuS 2010, 189–195; *Satzger* Der Einfluss der EMRK auf das deutsche Straf- und Strafprozessrecht – Grundlagen und wichtige Einzelprobleme, Jura 2009, 759–768; *Zimmermann* Die Auslegung künftiger EU-Strafrechtskompetenzen nach dem Lissabon-Urteil des Bundesverfassungsgerichts, Jura 2009, 844–851.

I. Internationale Zusammenarbeit und Internet

89 Ein wesentliches Merkmal des Internets ist seine Unabhängigkeit von Staatsgrenzen: E-Mails können an Nutzer rund um den Globus versendet, Einträge in Gästebücher und sozialen Netzwerken von überall vorgenommen und gelesen und Webseiten grundsätzlich weltweit abgerufen werden. Inhalte, die in den Kommunikationsdiensten des Internets veröffentlicht werden, betreffen daher in der Regel die Rechtsordnungen zahlreicher, wenn nicht sogar aller Staaten zugleich und müssen sich an teilweise äußerst unterschiedlichen nationalen Vorschriften messen lassen. Wie soll aber etwa mit einer Äußerung auf einer Webseite verfahren werden, die in den Staaten X und Y jeweils abrufbar ist, jedoch nur im Staat X einen Straftatbestand verwirklicht? Um die internationale Zusammenarbeit bei der Bekämpfung der Internetkriminalität enger und effektiver zu gestalten, bietet es sich demnach an, sich über die Strafwürdigkeit bestimmter Inhalte zu einigen, um sodann die *nationalen Strafrechtsordnungen anzugleichen.*

90 Ein weiteres Problem beim Kampf gegen Straftaten im oder über das Internet ist, dass Strafverfolgungsbehörden grundsätzlich nur auf dem Territorium ihres jeweiligen Staates tätig werden dürfen. Während hoheitliche Ermittlungsbefugnisse somit an der Landesgrenze enden, zeichnet sich das Internet gerade durch einen grenzüberschreitenden Charakter aus. Der bei Sachverhalten mit Auslandsberührung ansonsten angebrachte Rückgriff auf internationale Rechtshilfe verspricht zumeist keinen Erfolg, da deren bürokratische Langwierigkeit zur Flüchtigkeit der Daten in einem extremen Gegensatz steht. Elektronisches Beweismaterial ist bis zum Abschluss der Ermittlungen häufig bereits verändert, verschoben oder unwiderruflich gelöscht. Außer der Harmonisierung des materiellen Strafrechts ist folglich für ein sinnvolles und Erfolg versprechendes Vorgehen gegen Internetkriminalität erforderlich, die Kompetenzen der beteiligten *nationalen Strafverfolgungsbehörden* abzustimmen, um eine *verstärkte Kooperation* zu ermöglichen.

91 Kriminelle Aktivitäten im Internet bilden somit ein Paradebeispiel für grenzüberschreitende Straftaten, die sich nur durch eine enge internationale Zusammenarbeit wirksam bekämpfen lassen. Erste erfreuliche Ansätze einer solchen effektiven Kooperation sind bereits zu verzeichnen. Ein frühes Beispiel für diese Entwicklung ist – neben der indes nicht speziell auf die Bekämpfung der

Cyberkriminalität gerichteten Einführung der Europäischen Ermittlungsanordnung[136] – die Errichtung des Europäischen Zentrums zur Bekämpfung von Internetkriminalität (EC3) im Jahr 2013. Eingegliedert in Europol befasst es sich in erster Linie mit den Aufgaben der Informationsbeschaffung, der Expertenausbildung, der Unterstützung mitgliedstaatlicher Ermittlungstätigkeit sowie der Bildung einer zentralen Anlaufstelle für grenzübergreifende Strafverfolgung.[137] Das EC3 konnte bereits einige aufsehenerregende Ermittlungserfolge – unter anderem im Bereich des kriminellen Darknet-Handels (dazu § 3 Rn. 474 ff.) – verbuchen.[138] *Internationale Operationen* erzielten darüber hinaus vor allem im Kampf gegen kinderpornographische Inhalte einige Erfolge (z. B. „Landslide" [1999], „Marcy" [2003], „Flo" [2007], „Susi" [2009], „Spaten" [2013] und „Elysium" [2017]), mögen sie auch nur Tropfen auf den heißen Stein gleichkommen.

Diesen Fortschritten in der Praxis folgt ein zunehmendes Bestreben der *internationalen Staatengemeinschaft* um eine *Harmonisierung ihrer Rechtsordnungen.* Bis zum Jahr 2012 verhandelten etwa zahlreiche Staaten, unter anderem die Europäische Union, Australien, Japan, Kanada, Südkorea und die Vereinigten Staaten, über ein internationales Handelsabkommen gegen Produktpiraterie (Anti-Counterfeiting Trade Agreement, ACTA). Das Abkommen, das sich auf zivilrechtliche und verwaltungsrechtliche Lösungen konzentrierte, vermochte sich jedoch letztlich nicht gegen die heftige Kritik durchzusetzen, die vor allem die fehlende Transparenz der Verhandlungsrunden und die demzufolge befürchteten sehr weitgehenden Regulierungen bemängelte. So wurden zur Bekämpfung von Urheberrechtsverletzungen vorübergehend Netzsperren für einzelne Nutzer diskutiert.[139] Einige Klauseln der gescheiterten Vereinbarung bilden jedoch die Grundlage für diverse Regelungen innerhalb des europäisch-kanadischen Freihandelsabkommens (Comprehensive Economic and Trade Agreement, CETA), das zum 21. September 2017 vorläufig in Kraft trat.[140] **92**

An internationalen Bemühungen, das Vertrauen und die Sicherheit in der Informationsgesellschaft zu verbessern, ist außerdem etwa die Tätigkeit der Internationalen Fernmeldeunion (International Telecommunication Union, ITU) in Genf zu nennen. Die Unterorganisation der Vereinten Nationen rief 2007 die Global Cybersecurity Agenda (GCA) ins Leben, zu deren fünf Säulen auch die Ausarbeitung legislativer Modelle einschließlich strafrechtlicher Maßnahmen zur Bekämpfung der Internetkriminalität zählt. Hierbei handelt es sich allerdings um von vornherein unverbindliche Vorschläge.[141] **93**

Seit Längerem wird indes die Schaffung einer globalen UN-Konvention gegen Cyberkriminalität diskutiert. Insbesondere auf Bestreben Russlands und Chinas hat die Generalversammlung der UN schließlich am 27. Dezember 2019 die Resolution 74/247 „Bekämpfung der Nutzung von Informations- und Kommunikationstechnologien zu kriminellen Zwecken" verabschiedet. Der damit eingesetzte offene, zwischenstaatliche Ad-hoc-Sachverständigenausschuss nahm im Januar 2022 die Arbeiten an der Erstellung eines UN-Übereinkommens über Cyberkriminalität auf. Insbesondere die Unterzeichnerstaaten des Europarats-Übereinkommens über Computerkriminalität (siehe **94**

---

[136] Richtlinie 2014/41/EU des Europäischen Parlaments und des Rates vom 3. April 2014 über die Europäische Ermittlungsanordnung in Strafsachen, ABl. EU 2014 L 130, S. 1, umgesetzt durch §§ 91a ff. IRG.

[137] KOM (2012) 140.

[138] Siehe z. B. die „Operation Onymous", bei der nach Angaben von Europol über 400 rechtswidrige Services im Darknet offline geschaltet, 17 Verantwortliche verhaftet, sowie massenhaft illegale Güter sichergestellt werden konnten: https://www.europol.europa.eu/activities-services/europol-in-action/operations/operation-onymous (29.06.2022).

[139] Zum Inhalt des ACTA *Schrey/Haug* K&R 2011, 171; siehe hierzu auch *Gounalakis/Helwig* K&R 2012, 233; *Metzger* JZ 2010, 929 (932 und 934 f.); eingehend *Matthews/Žikovská* IIC 2013, 626.

[140] Hierzu BVerfG NJW 2016, 3583 mit Bespr. *Nettesheim* NJW 2016, 3567; *Leopold* ZD 2016, 475.

[141] Zur GCA *Gercke/Brunst* Rn. 71.

Rn. 120 ff.) unter Führung der USA und der EU stehen dem allerdings seit jeher skeptisch gegenüber und befürworten stattdessen eine konsequente zwischenstaatliche Kooperation auf Grundlage
dieses – ggf. zu aktualisierenden – Übereinkommens.[142]

95   Einen erheblichen Beitrag zur Angleichung der nationalen Strafrechtsordnungen
leisteten bisher die Vorarbeiten *europäischer Organisationen*. Die zunehmende Bedeutung des Europäischen Strafrechts für das Computer- und Internetstrafrecht
zeigt sich insbesondere am Rahmenbeschluss 2005/222/JI des Rates (der *Europäischen Union*) vom 24. Februar 2005 über Angriffe auf Informationssysteme (siehe
Rn. 113 f.) sowie am Übereinkommen über Computerkriminalität des *Europarates*
vom 23. November 2001 (siehe Rn. 120 ff.). Wesentliche Vorgaben dieser Rechtsdokumente setzte in Deutschland das Einundvierzigste Strafrechtsänderungsgesetz
zur Bekämpfung der Computerkriminalität (41. StrÄndG) vom 7. August 2007 um,
auf das sich vornehmlich die letzte Umgestaltung der §§ 202a, 303b StGB sowie die
Einführung der §§ 202b und 202c StGB zurückführen lassen.

II. Rechtsakte der Europäischen Union

1. Verhältnis zum nationalen Recht

96   Die europäische Organisation mit dem größten Einfluss auf das nationale Recht ist
die Europäische Union. Ihre derzeit 27 Mitgliedstaaten bilden einen *Staatenverbund*. Dies beinhaltet zwar einerseits eine enge, auf Dauer angelegte Verbindung der
Mitgliedstaaten, die auf vertraglicher Grundlage öffentliche Gewalt ausübt. Andererseits unterliegt jedoch die Grundordnung des Staatenverbunds allein der Verfügung der souverän bleibenden Mitgliedstaaten und bleiben deren Bürger die Sub-
jekte demokratischer Legitimation.[143] Der Europäischen Union kommt daher – anders
als etwa einem Bundesstaat – keine eigene staatliche Souveränität zu. Vielmehr
müssen die Mitgliedstaaten der Union sämtliche Kompetenzen übertragen, die sie
selbstständig wahrnehmen soll, was namentlich in dem Vertrag über die Europäische Union (EUV) und in dem Vertrag über die Arbeitsweise der Europäischen
Union (AEUV),[144] geschieht.

97   Die Europäische Union erlangte Rechtspersönlichkeit durch den *Vertrag von Lissabon* zur Änderung des Vertrags über die Europäische Union und des Vertrags zur Gründung der Europäischen
Gemeinschaft. Der am 13. Dezember 2007 unterzeichnete Vertrag[145] trat nach einer nicht reibungslosen Ratifikationsphase[146] am 1. Dezember 2009 in Kraft.[147] In Deutschland musste beispiels-

---

[142] Zur Ablehnung des jüngsten Vorschlags unter Resolution 74/247 durch die EU etwa KOM
(2020) 18, S. 25 f.; KOM (2020) 797, S. 12 mit Fn. 54.

[143] BVerfGE 123, 267 (348).

[144] Konsolidierte Fassungen in ABl. EU 2016 C 202, S. 1.

[145] ABl. EU C 306, S. 1.

[146] Zur Vor- und Entstehungsgeschichte des Vertrags *Herrmann* Jura 2010, 161 (161 f.).

[147] Zum Inhalt des Vertrags *Heger* ZIS 2009, 406 (407 ff.); *Herrmann* Jura 2010, 161 (162 ff.);
Mayer JuS 2010, 189 (190 ff.); *Pache/Rösch* NVwZ 2008, 473.

weise vor der Ratifizierung die Entscheidung des BVerfG abgewartet werden. In seinem sog. *Lissabon-Urteil* vom 30. Juni 2009[148] äußerte das Gericht zwar keine durchgreifenden verfassungsrechtlichen Bedenken gegen das Zustimmungsgesetz zum Vertrag von Lissabon. Es setzte sich aber unter anderem mit den strafrechtlichen Zuständigkeiten der Europäischen Union auseinander und mahnte zum einen bei zentralen Kompetenzvorschriften eine restriktive Auslegung an (siehe sogleich Rn. 99 und 102). Zum anderen bemängelte das BVerfG unzureichende Beteiligungsrechte des Deutschen Bundestages und des Bundesrates, die noch vor Hinterlegung der Ratifikationsurkunde entsprechend auszugestalten waren. Der Umsetzung dieser Vorgaben diente das Gesetz über die Wahrnehmung der Integrationsverantwortung des Bundestages und des Bundesrates in Angelegenheiten der Europäischen Union (Integrationsverantwortungsgesetz – IntVG) vom 22. September 2009[149] (siehe auch Rn. 104).

Im Internetrecht liegt der Schwerpunkt der legislatorischen Arbeit der Europä- **98** ischen Union zwar auf der wirtschaftsrechtlichen Reglementierung und Kontrolle der Kommunikationsdienste des Internets. Gleichwohl richtet sich ihr gesetzgeberischer Blick zunehmend ebenso auf das Strafrecht. Zumindest bei der Bekämpfung bestimmter Kriminalitätsbereiche wird eine *Harmonisierung der nationalen Rechtsordnungen* und eine *intensivere Kooperation der Strafverfolgungsbehörden* angestrebt (siehe schon Rn. 89 f.). Die Aufgabe, nationale Ermittlungsbefugnisse in einem Raum ohne Binnengrenzen miteinander in Einklang zu bringen, steht für die Europäische Union freilich nicht erst seit dem Siegeszug des Internets auf der Tagesordnung. Im Zuge eines stetigen und unaufhaltsamen Prozesses der europäischen Integration stellen die mit der Bekämpfung der Computer- und Internetkriminalität verbundenen Probleme „lediglich" eine zusätzliche Herausforderung dar, die es in einem supranationalen Staatenverbund mit nationalen Souveränitäten zu meistern gilt.

Von einem (auch nur partiell) einheitlichen europäischen Strafrecht ist die Euro- **99** päische Union allerdings noch weit entfernt. Da die Mitgliedstaaten das Kriminalstrafrecht als besonderen Ausdruck ihrer *Souveränität* verstehen, geben sie sich gegenüber unionsrechtlichen Einflüssen auf ihre Strafrechtsordnungen reserviert und sehen weitgehend davon ab, Kompetenzen auf die Europäische Union zu übertragen. Auch das BVerfG unterstrich in seinem Lissabon-Urteil den besonderen Stellenwert der Strafrechtspflege als „zentrale Aufgabe staatlicher Gewalt"[150] und betrachtete es als „grundlegende Entscheidung, in welchem Umfang und in welchen Bereichen ein politisches Gemeinwesen gerade das Mittel des Strafrechts als Instrument sozialer Kontrolle einsetzt".[151] Daher bedarf es einer *hinreichenden demokratischen Legitimation*, um Kriminalstrafen als gravierende Eingriffe in die Freiheitssphäre der Bürger anzudrohen und zu verhängen. Da sich zudem das Strafrecht

---

[148] BVerfGE 123, 267; siehe hierzu aus strafrechtlicher Sicht *Beukelmann* NJW 2010, 2081; *Böse* ZIS 2010, 76; *Frenz/Wübbenhorst* wistra 2009, 449; *Kubiciel* GA 2010, 99; *Meyer* NStZ 2009, 657; *Zimmermann* Jura 2009, 844 (849 ff.) sowie die Beiträge in ZIS 9/2009 von *Schünemann*, *Ambos/Rackow*, *Heger*, *Braum* und *Folz*.

[149] BGBl. I, S. 3022.

[150] BVerfGE 123, 267 (408).

[151] BVerfGE 123, 267 (408).

als äußerst kulturabhängig erweist, hielt das BVerfG fest, dass „eine Übertragung von Hoheitsrechten […] in diesem grundrechtsbedeutsamen Bereich nur für bestimmte grenzüberschreitende Sachverhalte unter restriktiven Voraussetzungen zu einer Harmonisierung führen" darf. Hierbei „müssen grundsätzlich substantielle mitgliedstaatliche Handlungsfreiräume erhalten bleiben".[152]

2. Kompetenzen der Europäischen Union

100   Nach dem *Grundsatz der begrenzten Einzelermächtigung* in Art. 5 Abs. 1 Satz 1, Abs. 2 EUV wird die Europäische Union nur innerhalb der Grenzen derjenigen Kompetenzen tätig, welche ihr die Mitgliedstaaten in den Verträgen zur Verwirklichung der darin niedergelegten Ziele übertragen. Alle nicht übertragenen Zuständigkeiten verbleiben hingegen bei den Mitgliedstaaten. Der Europäischen Union kommt nicht die Befugnis zu, ihren Kompetenzbereich eigenständig zu erweitern; ihr fehlt somit die sog. Kompetenz-Kompetenz.[153]

101   Eine generelle Zuständigkeit für die Strafgesetzgebung überträgt der AEUV der Europäischen Union nicht.[154] Ihre Kompetenzen ergeben sich vielmehr im Wesentlichen aus Art. 82 AEUV für das Strafverfahrensrecht sowie aus *Art. 83 AEUV* für das materielle Strafrecht. So ermächtigt Art. 83 Abs. 1 UAbs. 1 AEUV die Union, *mittelbar durch Richtlinien* Mindestvorschriften zur Festlegung von Straftaten und Strafen vorzugeben. Dies gilt aber zum einen nur für die in UAbs. 2 genannten Bereiche besonders schwerer Kriminalität, zu denen unter anderem ausdrücklich die „*Computerkriminalität*" gehört (s. auch Rn. 118).[155] Zum anderen müssen die Bereiche gemäß UAbs. 1 eine *grenzüberschreitende Dimension* aufweisen, sei es aufgrund der Art oder der Auswirkungen der Straftaten oder aufgrund einer besonderen Notwendigkeit, sie auf einer gemeinsamen Grundlage zu bekämpfen.

102   Trotz der alternativen Nennung dieser beiden Voraussetzungen führte das BVerfG in seinem Lissabon-Urteil aus, dass sich die besondere Notwendigkeit von Art und Auswirkungen der Straftat überhaupt nicht trennen lasse.[156] Insbesondere genüge für die eng auszulegende Befugnis nach Art. 83 Abs. 1 AEUV nicht der entspre-

---

[152] BVerfGE 123, 267 (360); kritisch zu den Ausführungen des BVerfG *Böse* ZIS 2010, 76 (82 ff.). Zum Erfordernis demokratischer Legitimation schon *Hilgendorf* FS Würzburger Juristenfakultät, S. 333 (341 f.).

[153] Der Übertragung der Kompetenz-Kompetenz stünde nach BVerfG ohnehin das Grundgesetz entgegen, BVerfGE 123, 267 (349) m.w.N.

[154] *Satzger* § 8 Rn. 18; vgl. zum früheren EGV auch EuGH NStZ 2008, 702 (703); NStZ 2008, 703 (704).

[155] Zur Kritik wegen der nur vage benannten Kriminalitätsbereiche *Satzger* § 9 Rn. 38; *Kubiciel* GA 2010, 99 (101 f.).

[156] BVerfGE 123, 267 (410 f.); zustimmend *Heger* ZIS 2009, 406 (412); kritisch *Mansdörfer* HRRS 2010, 11 (16); *Zimmermann* Jura 2009, 844 (849).

chende politische Wille der Unionsorgane.[157] Zudem müssten die Mindestvorschriften den Mitgliedstaaten substantielle Ausgestaltungsspielräume belassen.[158]

Richtlinien im Sinne des Art. 288 UAbs. 3 AEUV gelten – anders als *Verordnungen* gemäß Art. 288   **103**
UAbs. 2 AEUV – nicht unmittelbar in den Mitgliedstaaten. Sie bedürfen zu ihrer Wirksamkeit der
Umsetzung in nationales Recht. Zudem sind Richtlinien lediglich hinsichtlich ihres zu erreichen-
den Ziels verbindlich, wobei den Mitgliedstaaten aber überlassen bleibt, mit welchen Mitteln und
in welcher Form sie das vorgegebene Ziel erreichen wollen.
   Als bedenklich erweist sich die Vorschrift des Art. 83 Abs. 1 UAbs. 3 AEUV. Danach darf der   **104**
Rat durch einstimmigen Beschluss und nach Zustimmung des Europäischen Parlaments „je nach
Entwicklung der Kriminalität" weitere Bereiche besonders schwerer grenzüberschreitender Straftaten festlegen. Diese *dynamische Blankettermächtigung* lässt sich mit dem Grundsatz der fehlenden Kompetenz-Kompetenz der Europäischen Union (Rn. 100) indes kaum vereinbaren. Das
BVerfG betrachtete die Regelung im Lissabon-Urteil daher skeptisch und unterwarf jegliche Ausdehnung der Kompetenzen dem Gesetzesvorbehalt des Art. 23 Abs. 1 Satz 2 GG.[159] In Umsetzung
dieser Vorgaben bestimmt § 7 Abs. 1 Satz 1 IntVG (Rn. 97), dass zuerst ein Gesetz gemäß Art. 23
Abs. 1 GG in Kraft treten muss, bevor der deutsche Vertreter im Rat einem Beschlussvorschlag
gemäß Art. 83 Abs. 1 UAbs. 3 AEUV zustimmen bzw. sich bei der Beschlussfassung enthalten darf.

Art. 83 Abs. 2 AEUV überträgt der Union ferner die sog. *Annexkompetenz.* Da-   **105**
nach darf die Union für Gebiete, auf denen bereits aufgrund einer anderen Rechts-
grundlage Harmonisierungsmaßnahmen erfolgt sind, ebenso durch Richtlinien
Mindestvorgaben für die Festlegung von Straftaten und Strafen bestimmen. Erforderlich ist hierfür, dass sich die Angleichung der nationalstrafrechtlichen Rechtsvorschriften insoweit als unerlässlich für die wirksame Durchführung der Politik
der Union erweist.[160] Die Regelung legalisiert im Wesentlichen die Rechtsprechung
des EuGH, der die Europäische Gemeinschaft als befugt erachtete, die Mitgliedstaaten zur Einführung wirksamer, verhältnismäßiger und abschreckender strafrechtlicher Sanktionen zu verpflichten, sofern deren Androhung unerlässlich war,
um die volle Wirksamkeit des Gemeinschaftsrechts zu gewährleisten.[161] Die Annexkompetenz des Art. 83 Abs. 2 AEUV bedeutet nach BVerfG eine gravierende Ausdehnung der Zuständigkeit der Union für das Strafrecht und sei daher eng auszule-

---

[157] BVerfGE 123, 267 (410); *Satzger* § 9 Rn. 40; zustimmend *Ambos/Rackow* ZIS 2009, 397 (402);
hierzu auch *Kubiciel* GA 2010, 99 (105).

[158] BVerfGE 123, 267 (412).

[159] BVerfGE 123, 267 (412 f.); zur Bedeutung der Regelung *Folz* ZIS 2009, 427 (430).

[160] Beispiele für diese Mindestangleichung bei *Hecker* § 8 Rn. 38.

[161] Siehe EuGH NStZ 2008, 702 (703) für den Umweltschutz gemäß Art. 175 EGV (mit Bespr.
Böse GA 2006, 211, *Braum* wistra 2006, 121 und *Kubiciel* NStZ 2007, 136) sowie EuGH NStZ
2008, 703 (704) für die Seeschifffahrt nach Art. 80 Abs. 2 EGV (mit Bespr. *Zimmermann* NStZ
2008, 662). In der Literatur war insoweit auch von der sog. *Anweisungskompetenz* die Rede, vgl.
Schönke/Schröder/*Hecker* Vor § 1 Rn. 29; *Hecker* § 8 Rn. 1 ff.; *Dannecker* Jura 2006, 95 (97 f.).

gen.[162] Vor allem setze das Merkmal „unerlässlich" ein nachweisbar gravierendes Vollzugsdefizit voraus, das sich nur durch Strafdrohung beseitigen lasse.[163]

106 Auch der AEUV selbst enthält in Art. 83 Abs. 3 eine Vorrichtung gegen eine zu weite Harmonisierung der nationalstaatlichen Strafvorschriften. Nach der dort verankerten sog. *Notbremsenregelung* kann jeder Mitgliedstaat beantragen, dass sich der Europäische Rat mit einem Richtlinienentwurf nach Art. 83 Abs. 1 oder Abs. 2 AEUV befasst, sofern er „grundlegende Aspekte seiner Strafrechtsordnung"[164] als berührt ansieht.[165] Bleibt der anrufende Mitgliedstaat auch nach der Aussprache bei seinem Veto, können andere Mitgliedstaaten den Richtlinienentwurf als Grundlage für ein Verfahren der Verstärkten Zusammenarbeit (Art. 20 EUV i. V. m. Art. 326 ff. AEUV) heranziehen, um zwischenstaatlich ihre nationalen Strafrechtsordnungen anzugleichen.

107 In bestimmten Bereichen ist die Union nicht nur zur mittelbaren Einflussnahme auf die nationalen Strafrechtsordnungen (wie durch Richtlinien), sondern auch zum Erlass supranationaler Strafvorschriften und somit zur *unmittelbaren Rechtssetzung* (z. B. durch Verordnungen) befugt. Allerdings lässt sich dem AEUV zumeist nicht eindeutig entnehmen, für welche Gebiete diese Möglichkeit besteht.[166] Weitgehend unstreitig ist diese Kompetenz lediglich für *Art. 325 Abs. 4 AEUV*, der die Union zu denjenigen erforderlichen Maßnahmen – einschließlich der Schaffung supranationaler Straftatbestände – ermächtigt, die zur Verhütung und Bekämpfung von Betrügereien erforderlich sind, die sich gegen die finanziellen Interessen der Union richten.[167]

108 Für die Vorgängerregelung des Art. 325 Abs. 4 AEUV, die Vorschrift des *Art. 280 Abs. 4 EGV*, war noch umstritten, ob sie der Europäischen Gemeinschaft eine bereichsspezifische strafrechtliche Kompetenz gewährte. Weitgehend wurde dies unter Hinweis auf den – nunmehr gestrichenen – Art. 280 Abs. 4 Satz 2 EGV abgelehnt, wonach die Anwendung des Strafrechts der Mitgliedstaaten und ihre Strafrechtspflege von den Maßnahmen nach Satz 1 unberührt blieben.[168]

109 Schließlich vermag das Recht der Europäischen Union auch *ohne ausdrückliche Vorgaben* für die nationalen Strafvorschriften die Ausgestaltung und Auslegung der mitgliedstaatlichen Rechtsordnungen zu beeinflussen. Gemäß Art. 4 Abs. 3 EUV sind die Mitgliedstaaten nach dem Grundsatz der loyalen Zusammenarbeit zur *Uni-*

---

[162] BVerfGE 123, 267 (411); kritisch *Böse* ZIS 2010, 76 (82).

[163] BVerfGE 123, 267 (411 f.); zustimmend *Satzger* § 9 Rn. 45; *Zimmermann* Jura 2009, 844 (850); kritisch hingegen *Hecker* § 8 Rn. 26; *Mansdörfer* HRRS 2010, 11 (17); *Reiling/Reschke* wistra 2010, 47 (49 ff.).

[164] Siehe hierzu *Hecker* § 8 Rn. 35; *Satzger* § 9 Rn. 55 ff.; *Heger* ZIS 2009, 406 (414 f.).

[165] Siehe hierzu § 9 Abs. 1 IntVG zur Umsetzung der Vorgaben von BVerfGE 123, 267 (414).

[166] Zur Auslegung etwa des Art. 79 Abs. 2 AEUV, der die Bekämpfung illegaler Einwanderung und von Menschenhandel betrifft, *Satzger* § 8 Rn. 23; *Heger* ZIS 2009, 406 (415 f.); *Mansdörfer* HRRS 2010, 11 (18).

[167] Schönke/Schröder/*Hecker* Vor § 1 Rn. 29; *Satzger* § 8 Rn. 21 f.; *Mansdörfer* HRRS 2010, 11 (18); *Meyer* NStZ 2009, 657 (658); *Zimmermann* Jura 2009, 844 (846); siehe hierzu auch *Grünewald* JR 2015, 245 (251 f.); *Heger* ZIS 2009, 406 (416).

[168] *Ambos* § 9 Rn. 22; *Musil* NStZ 2000, 68 (68 f.); *Satzger* ZRP 2001, 549 (552 f.); aA *Tiedemann* FS Roxin, S. 1401 (1406 ff.); *Zieschang* ZStW 113 (2001), 255 (259 ff.).

onstreue verpflichtet. Sie beinhaltet zum einen (UAbs. 2) eine Handlungspflicht der Mitgliedstaaten, alle geeigneten Maßnahmen zur Erfüllung ihrer Verpflichtungen zu treffen, die sich aus den Verträgen oder den Handlungen der Organe der Union ergeben. Zum anderen besteht gemäß UAbs. 3 ein Unterlassungsgebot im Hinblick auf solche Maßnahmen, welche die Verwirklichung der Ziele der Union gefährden könnten.

3. Rechtsakte zum Computer- und Internetstrafrecht

Die Herausforderung der Computer- und Internetkriminalität wurde auf europä-   **110** ischer Ebene *früh erkannt*. So wies die Kommission schon in ihrer Mitteilung über illegale und schädigende Inhalte im Internet vom 16. Oktober 1996[169] und im Grünbuch über den Jugendschutz und den Schutz der Menschenwürde in den audiovisuellen und den Informationsdiensten[170] vom selben Tage auf die Gefahren der Computer- und Internetkriminalität und mögliche Gegenmaßnahmen hin. Wenige Jahre später bemerkte der Wiener Aktionsplan zur bestmöglichen Umsetzung der Bestimmungen des Amsterdamer Vertrags über den Aufbau eines Raums der Freiheit, der Sicherheit und des Rechts vom 3. Dezember 1998[171] ausdrücklich, dass die grenzübergreifende Dimension der High-Tech-Kriminalität eine Annäherung der nationalen Straftatbestände und eine bessere Koordination der Strafverfolgung als erstrebenswert erscheinen ließen.

Auch jüngere Rechtsdokumente behandelten die Computer- und Internetkrimi-   **111** nalität als ein vorrangig zu lösendes Problem. Dies gilt etwa für Art. 3 und 4 des Rahmenbeschlusses 2001/413/JI des Rates vom 28. Mai 2001 zur Bekämpfung von *Betrug und Fälschung im Zusammenhang mit unbaren Zahlungsmitteln*[172] – ersetzt durch die Richtlinie (EU) 2019/713 des Europäischen Parlaments und des Rates vom 17. April 2019 zur Bekämpfung von Betrug und Fälschung im Zusammenhang mit unbaren Zahlungsmitteln und zur Ersetzung des Rahmenbeschlusses 2001/413/JI des Rates[173] –, den Rahmenbeschluss 2004/68/JI des Rates vom 22. Dezember 2003 zur Bekämpfung der sexuellen Ausbeutung von Kindern und der *Kinderpornografie*[174] – ersetzt durch die Richtlinie 2011/93/EU des Europäischen Parlaments und des Rates vom 13. Dezember 2011 zur Bekämpfung des sexuellen Missbrauchs und der sexuellen Ausbeutung von Kindern sowie der Kinderpornografie sowie zur

---

[169] KOM (1996) 487 endg.

[170] KOM (1996) 483 endg.

[171] ABl. EG 1999 C 19, S. 1.

[172] ABl. EG L 149, S. 1. Auf den Rahmenbeschluss lässt sich unter anderem die Erweiterung des § 263a StGB auf bestimmte Vorbereitungshandlungen durch das 35. StrÄndG vom 22. Dezember 2003 (BGBl. I, S. 2838) zurückführen; vgl. dazu Rn. 334 ff.

[173] ABl. EU L 123, S. 18, umgesetzt durch das 61. StrÄndG vom 10. März 2021 (BGBl. I, S. 333) unter Einführung des Straftatbestands der Vorbereitung des Diebstahls und der Unterschlagung von Zahlungskarten, Schecks, Wechseln und anderen körperlichen unbaren Zahlungsinstrumenten in § 152c StGB.

[174] ABl. EU 2004 L 13, S. 44. Auf dem Rahmenbeschluss beruht unter anderem die Einführung des § 184c StGB über die Verbreitung, Erwerb und Besitz jugendpornographischer Schriften durch das Umsetzungsgesetz vom 31. Oktober 2008 (BGBl. I, S. 2149).

Ersetzung des Rahmenbeschlusses 2004/68/JI des Rates[175] – und den Rahmenbeschluss 2008/913/JI des Rates vom 28. November 2008 zur strafrechtlichen Bekämpfung bestimmter Formen und Ausdrucksweisen von *Rassismus und Fremdenfeindlichkeit*.[176]

112 Grundlegende Bedeutung hatte ferner die Richtlinie 2000/31/EG des Europäischen Parlaments und des Rates vom 8. Juni 2000 über bestimmte rechtliche Aspekte der Dienste der Informationsgesellschaft, insbesondere des elektronischen Geschäftsverkehrs, im Binnenmarkt („E-Commerce-Richtline")[177] mit ihrer differenzierten *Verantwortlichkeitsregelung* im Bereich der Providerhaftung (siehe § 2 Rn. 52 ff.). Schließlich beruhte auch die nicht nur in Deutschland äußerst umstrittene *Vorratsdatenspeicherung*[178] auf europäischen Vorgaben, namentlich der – letztlich vom EuGH für ungültig erklärten – Richtlinie 2006/24/EG des Europäischen Parlaments und des Rates vom 15. März 2006 über die Vorratsspeicherung von Daten, die bei der Bereitstellung öffentlich zugänglicher elektronischer Kommunikationsdienste oder öffentlicher Kommunikationsnetze erzeugt oder verarbeitet werden, und zur Änderung der Richtlinie 2002/58/EG.[179]

113 Speziell mit der Bekämpfung der Computer- und Internetkriminalität beschäftigte sich der Rahmenbeschluss 2005/222/JI des Rates vom 24. Februar 2005 über *Angriffe auf Informationssysteme*.[180] Sein erklärtes Ziel war, die nationalen Strafrechtsvorschriften für Angriffe auf Informationssysteme anzugleichen und dadurch die Kooperation zwischen den Behörden der Mitgliedstaaten zu verbessern. Bestehende Divergenzen zwischen den einzelnen Strafrechtsordnungen der Mitgliedstaaten stünden einem effektiven Kampf gegen die High-Tech-Kriminalität – und somit auch der Bekämpfung der organisierten Kriminalität und des Terrorismus – entgegen und erschwerten eine wirksame polizeiliche und justizielle Zusammenarbeit, die nicht zuletzt infolge der oftmals grenzüberschreitenden Dimension derartiger Angriffe auf Informationssysteme notwendig sei.[181] Der Rahmenbeschluss wurde durch das 41. StrÄndG vom 7. August 2007[182] in das nationale Recht umgesetzt und führte unter anderem zur Strafbarkeit des Hacking gemäß § 202a StGB als Ausspähung von Daten (siehe § 3 Rn. 369) sowie zur Einführung der neuen Straftatbestände in §§ 202b, 202c StGB über das Abfangen von Daten bzw. das Vorbereiten

---

[175] ABl. EU L 335, S. 1, berichtigt ABL. EU 2012 L 18, S. 7. Die Vorgaben der Richtlinie wurden durch das 49. StrÄndG vom 21. Januar 2015 (BGBl. I, S. 10) in das deutsche Recht umgesetzt.

[176] ABl. EU L 328, S. 55; *Hellmann/Gärtner* NJW 2011, 961 (961 ff.); *Weber* ZRP 2008, 21; *Zimmermann* ZIS 2009, 1 (6 ff.).

[177] ABl. EG L 178, S. 1, umgesetzt durch das Gesetz über rechtliche Rahmenbedingungen für den elektronischen Geschäftsverkehr (Elektronischer Geschäftsverkehr-Gesetz – EGG) vom 14. Dezember 2001 (BGBl. I, S. 3721).

[178] Siehe hierzu bereits BVerfGE 125, 260.

[179] ABl. EU L 105, S. 54; für ungültig erklärt von EuGH NJW 2014, 2169. Nach EuGH NJW 2017, 717 ist darüber hinaus eine allgemeine und unterschiedslose Vorratsdatenspeicherung zur Bekämpfung von Straftaten unionsrechtswidrig; siehe jüngst auch EuGH NJW 2022, 3135.

[180] ABl. EU L 69, S. 67. Zur Entstehungsgeschichte des Rahmenbeschlusses *Sanchez-Hermosilla* CR 2003, 774 (778); zum Inhalt und Umsetzungsbedarf im Einzelnen *M. Gercke* CR 2005, 468 (470 ff.); siehe ferner die *Erstauflage* Rn. 83 ff.

[181] Siehe insbesondere ErwGr. 1, 5 und 8 des Rahmenbeschlusses, ABl. EU 2005 L 69, S. 67.

[182] BGBl. I, S. 1786.

des Ausspähens und Abfangens von Daten (siehe hierzu § 3 Rn. 375 ff.) sowie zur Änderung der Strafvorschrift des § 303b StGB zur Computersabotage, die nunmehr auch bei einem Denial-of-Service-Angriff verwirklicht sein kann (siehe § 3 Rn. 432 f.).

Der Rahmenbeschluss trug den Bemühungen anderer internationaler Organisationen Rechnung, **114** vor allem dem *Übereinkommen über Computerkriminalität des Europarates* (siehe sogleich Rn. 120 ff.). Daher sind deutliche Ähnlichkeiten zwischen diesen Texten zu bemerken. Insbesondere die Art. 2–4 des Rahmenbeschlusses stimmen weitgehend mit den Art. 2, 5 und 4 des Europarats-Übereinkommens überein. Nach diesen Vorschriften sollten die Mitgliedstaaten den rechtswidrigen Zugang zu Informationssystemen (Art. 2) sowie den rechtswidrigen Eingriff in Informationssysteme (Art. 3) sowie in Computerdaten (Art. 4) unter Strafe stellen, sofern diese Handlungen vorsätzlich und unbefugt begangen werden. Allerdings blieb der Rahmenbeschluss in seinem Regelungsbereich erheblich hinter dem Europarats-Übereinkommen zurück, das sich darüber hinaus unter anderem mit Computerurkundenfälschung, Computerbetrug und Kinderpornographie sowie ausdrücklich mit dem Änderungsbedarf des nationalen strafprozessualen Instrumentariums auseinandersetzte. Dieses Defizit wurde nur zum Teil durch andere Rechtsakte (wie z. B. den Rahmenbeschluss 2004/68/JI des Rates vom 22. Dezember 2003 zur Bekämpfung der sexuellen Ausbeutung von Kindern und der Kinderpornografie[183]) ausgeglichen.

Angesichts neuer Bedrohungspotentiale (z. B. durch Cyber-Angriffe im großen **115** Stil) wurde der weitgehend umgesetzte Rahmenbeschluss am 10. September 2013 durch die Richtlinie 2013/40/EU des Europäischen Parlaments und des Rates vom 12. August 2013 über *Angriffe auf Informationssysteme* und zur Ersetzung des Rahmenbeschlusses 2005/222/JI ersetzt.[184] Diese richtet sich gegen gezielte Angriffe auf Informationssysteme (nicht zuletzt zur Schaffung von sog. Botnetzen), die nicht nur eine sichere Informationsgesellschaft, sondern darüber hinaus den Raum der Freiheit, der Sicherheit und des Rechts bedrohten.[185] Außer Angriffen im Rahmen organisierter Kriminalität seien Terroranschläge oder politisch motivierte Attacken auf Informationssysteme zu befürchten, die verheerende Folgen für die informationelle Infrastruktur der Mitgliedstaaten mit sich bringen könnten. Da solche Angriffe zumeist eine grenzüberschreitende Dimension aufweisen, sei eine wirksame polizeiliche und justizielle Zusammenarbeit notwendig, die durch Unterschiede der einschlägigen nationalen Rechtsvorschriften jedoch stark eingeschränkt sei. Die Richtlinie bezweckt deshalb zum einen, durch eine Mindestangleichung des materiellen Strafrechts die Aufklärbarkeit, Verfolgbarkeit und Ahndbarkeit schwerwiegender Angriffe auf Informationssysteme sicherzustellen. Zum anderen soll auch die Kooperation der (Strafverfolgungs-)Behörden verbessert werden.

---

[183] Siehe § 1 Fn. 176.
[184] ABl. EU L 218, S. 8; hierzu im Einzelnen *Hecker* § 8 Rn. 108 ff.
[185] So ErwGr. 3 der Richtlinie.

116 Die Richtlinie zeichnet sich zunächst dadurch aus, dass sie zur Bekämpfung der Computerkriminalität weitere Straftatbestände als der Rahmenbeschluss vorgibt.[186] Aufgenommen wurden nunmehr auch das rechtswidrige Abfangen von Daten (Art. 6) sowie das vorsätzliche und unbefugte Herstellen, Verkaufen, Beschaffen oder Verfügbarmachen von Tatwerkzeugen (Art. 7) und somit Vorbereitungshandlungen zu Computerstraftaten, die sich auf Tatwerkzeuge wie Computerprogramme und Passwörter beziehen. Art. 9 sieht darüber hinaus einen abgestuften Strafkatalog vor und fordert, dass das Höchstmaß der anzudrohenden Freiheitsstrafen mindestens zwei, unter bestimmten Voraussetzungen auch zumindest fünf Jahre beträgt.[187] Sowohl Art. 6 als auch Art. 7 orientieren sich an dem Europarats-Übereinkommen über Computerkriminalität (dort Art. 3 und Art. 6). Allerdings wird – wodurch sich die Richtlinie ebenfalls charakterisieren lässt – auf sämtliche Einschränkungen, die der Rahmenbeschluss und das Europarats-Übereinkommen zu einzelnen Vorschriften vorsehen (z. B. die Möglichkeit, den rechtswidrigen Zugang zu Informationssystemen nur unter Strafe zu stellen, wenn er durch eine Verletzung von Sicherheitsmaßnahmen erfolgt), verzichtet. Nicht nur deshalb geht die Richtlinie sehr weit. Das deutsche Strafrecht erfüllte die Vorgaben, insbesondere den rechtswidrigen Zugang zu Informationssystemen, rechtswidrige Systemeingriffe oder Eingriffe in Daten sowie das rechtswidrige Abfangen von Daten, aber auch das vorsätzliche und unbefugte Herstellen entsprechender Tatwerkzeuge zu pönalisieren, jedoch bereits durch eine Vielzahl an Normen des StGB sowie des GeschGehG.[188]

117   Mit ihrer erstmals 2016 vorgelegten und 2020 aktualisierten „*EU-Strategie für die Sicherheitsunion*" intensiviert die EU-Kommission ihre Bemühungen im Kampf gegen Cyberkriminalität.[189] Bis 2025 sollen konkrete Maßnahmen insbesondere zur Eindämmung der Verbreitung illegaler Online-Inhalte und zur Modernisierung der Strafverfolgung getroffen werden.

118 Als besonders drängende Themenfelder im Bereich des Vorgehens gegen Plattformkriminalität hat die Kommission terroristische Inhalte, Hassrede, den sexuellen Missbrauch von Kindern und eine Modernisierung der Plattformregulierung identifiziert. Sie hat deshalb Ende 2021 vorgeschlagen, Hasskriminalität in die Liste der Kriminalitätsbereiche grenzüberschreitender Dimension nach Art. 83 Abs. 2 AEUV aufzunehmen (siehe dazu schon Rn. 101 ff.) und im Mai 2022 den Vorschlag einer Verordnung zur Festlegung von Vorschriften zur Prävention und Bekämpfung des sexuellen Missbrauchs von Kindern vorgelegt (siehe § 3 Rn. 11). Bereits gültig ist seit Juni 2022 die Verordnung (EU) 2021/784 des Europäischen Parlaments und des Rates vom 29. April 2021 zur Bekämpfung der Verbreitung terroristischer Online-Inhalte. Sie zielt darauf ab, den Missbrauch von Hostingdiensten (näher dazu § 2 Rn. 70 ff.) zur Publikation solcher Inhalte einzudämmen. Die Verordnung nimmt dazu die Hostingdienste-Anbieter selbst in die Pflicht. So müssen sie terroristische Inhalte innerhalb einer Stunde nach Eingang einer behördlichen Anordnung sperren oder löschen. Das Terroristische-Online-Inhalte-Bekämpfungs-Gesetz (TerrOIBG) vom 21. Juli 2022 hat das Bundeskriminalamt zur dafür zuständigen Behörde erklärt und die von der VO vorgesehenen Sanktionen für Pflichtverstöße eingeführt, u. a. in Form von Bußgeldvorschriften. Auch im Übrigen werden Plattformbetreiber künftig verstärkt in die Pflicht genommen. Das zeigt sich insbesondere am Inkrafttreten der ab Frühjahr 2023 gültigen Verordnung (EU) 2022/1925 des Europäischen Parlaments und des Rates vom 14. September 2022 über bestreitbare und faire Märkte im

---

[186] Während Art. 2 zentrale Begriffe der Richtlinie definiert, waren Art. 3 (Rechtswidriger Zugang zu Informationssystemen), Art. 4 (Rechtswidriger Systemeingriff) und Art. 5 (Rechtswidriger Eingriff in Daten) im Wesentlichen bereits Gegenstand des früheren Rahmenbeschlusses; näher *Hecker* § 8 Rn. 110 ff.

[187] Kritisch *Reindl-Krauskopf* ZAöRV 2014, 563 (569 f.).

[188] Zu verbleibendem Umsetzungsbedarf im deutschen Recht *M. Gercke* ZUM 2014, 641 (648 f.).

[189] KOM (2020) 605; KOM (2016) 230; zur Idee einer Sicherheitsunion schon *Scholz* in: Föderalismus und Europäische Gemeinschaften, S. 294 ff.; *Theobald* Von der Europäischen Union zur „Europäischen Sicherheitsunion"?.

digitalen Sektor und zur Änderung der Richtlinien (EU) 2019/1937 und (EU) 2020/1828 (Gesetz über digitale Märkte – Digital Markets Act)[190] und der Annahme einer Verordnung des Europäischen Parlaments und des Rates über einen Binnenmarkt für digitale Dienste (Gesetz über digitale Dienste – *Digital Services Act* –DSA) und zur Änderung der Richtlinie 2000/31/EG im Oktober 2022.[191] Der DSA zeichnet sich dabei weniger durch eine substanzielle Einschränkung der bislang durch die E-Commerce-RL (Rn. 112) vermittelten Haftungsprivilegien von Internetprovidern (§ 2 Rn. 62 ff.) als vielmehr dadurch aus, dass er ihnen eine – abgestufte – strukturelle Verantwortlichkeit für die Zunahme der Verbreitung illegaler Online-Inhalte zuschreiben und dem durch Einführung eines ausdifferenzierten Sorgfaltspflichtensystems entgegentreten wird (näher § 2 Rn. 114 ff.).

Eine enorme Erleichterung der grenzüberschreitenden Erhebung und Sicherung elektronischer Beweismittel im Strafverfahren könnte – indes nur unter rechtsstaatlichen Bedenken[192] – mit dem Erlass der sog. *E-Evidence-Verordnung* einhergehen. Nach dem Vorschlag der Kommission für eine Verordnung über Europäische Herausgabeanordnungen und Sicherungsanordnungen für elektronische Beweismittel in Strafsachen[193] soll eine Behörde eines Mitgliedstaats auf direktem Wege von einem Diensteanbieter, der in der Union Dienstleistungen anbietet, verlangen können, elektronische Beweismittel herauszugeben oder zu sichern – und zwar unabhängig davon, wo sich die Daten befinden. Der private Anbieter soll dann grundsätzlich zur Herausgabe oder Sicherung der Daten verpflichtet sein. Nur in Ausnahmefällen – so etwa, wenn das Begehren „offensichtlich gegen die Charta der Grundrechte der Europäischen Union verstößt oder offensichtlich missbräuchlich ist" – soll die zuständige Behörde des Staates, in dem der Adressat der Anordnung ansässig ist, eingeschaltet werden. **119**

III. Rechtsakte des Europarates

1. Verhältnis zum nationalen Recht

Weitere wichtige Rechtsdokumente zum Computer- und Internetstrafrecht stammen vom Europarat. Er wurde 1949 gegründet, um vornehmlich die Menschenrechte, die parlamentarische Demokratie und den Rechtsstaat zu schützen und das Bewusstsein für die europäische Identität zu wecken. Diesem Anliegen wird der inzwischen 46 Mitgliedstaaten umfassende Europarat gerecht, indem er versucht, die *sozialen und rechtlichen Praktiken seiner Mitgliedstaaten* zu *harmonisieren*. Zu diesem Zweck spricht er Empfehlungen aus und erarbeitet Konventionen, häufig anlässlich Gefährdungen oder Bedrohungen der Menschenrechte durch wirtschaftliche Veränderungen oder technischen Fortschritt. Sich mit der Computer- und Internetkriminalität zu beschäftigen, lag daher nahe und mündete in dem Übereinkommen über Computerkriminalität (Convention on Cybercrime) vom 23. November 2001.[194] **120**

Im Vergleich zur Europäischen Union sind die Aktivitäten des Europarates für seine Mitgliedstaaten nur von *geringer Verbindlichkeit*. Mit seinem Status als völkerrechtliche Vereinigung ohne eigene Gesetzgebungskompetenz geht einher, dass der Europarat weder in seinen Mitgliedstaaten unmittelbar wirksame Rechtsvorschriften erlassen noch diese zur Umsetzung seiner Vorgaben in nationales Recht verpflichten kann. Seine Beschlüsse haben stets nur den Charakter einer Aufforderung, der die Mitgliedstaaten nach Belieben folgen können oder nicht. Dies gilt vor allem für die **121**

---

[190] ABl. EU L 265, S. 1.

[191] Pressemitteilung des Rates der EU vom 4. Oktober 2022; KOM (2020) 825; s. ferner ABl. EU C 336, S. 48; die Veröffentlichung der endgültigen Textfassung stand zum Zeitpunkt der Drucklegung noch aus.

[192] *Burchard* ZRP 2019, 164; *Esser* StraFo 2019, 404.

[193] KOM (2018) 225.

[194] SEV Nr. 185; erläuternder Bericht abgedruckt in BT-Drucks. 16/7218, S. 57 ff.

von vornherein unverbindlichen Empfehlungen des Ministerkomitees. Aber auch die Konventionen des Europarates verpflichten die Mitgliedstaaten zunächst allenfalls politisch zur Unterzeichnung und Ratifikation. Erst die Ratifikation begründet eine völkerrechtliche Verbindlichkeit des jeweiligen Staates, das Übereinkommen in nationales Recht umzusetzen.

122   Als vorteilhaft erweist sich diese traditionelle zwischenstaatliche Zusammenarbeit, indem sie interessierten Staaten eine *Mitwirkung ohne* jeglichen *Souveränitätsverlust* gestattet. Nahezu alle europäischen Staaten, darunter sämtliche Mitgliedstaaten der Europäischen Union, gehören mittlerweile dem Europarat an. Zudem bekleiden einige außereuropäische Staaten einen Beobachterstatus und unterzeichnen die Konventionen zum Teil bereits mit. Trotz der fehlenden Kompetenzen ist somit das politische Gewicht des Europarates nicht zu unterschätzen. Dies verdeutlicht vornehmlich die (Europäische) Konvention zum Schutze der Menschenrechte und Grundfreiheiten vom 4. November 1950 (EMRK).[195] Sie hat in Verbindung mit der Rechtsprechung des Europäischen Gerichtshofs für Menschenrechte in Straßburg (EGMR) in vielen Mitgliedstaaten wie auch in Deutschland erheblichen Einfluss auf das nationale Straf- und Strafprozessrecht.[196]

2. Rechtsakte zum Computer- und Internetstrafrecht

123   Mit dem Computer- und Internetstrafrecht befasste sich der Europarat frühzeitig. Bereits in seiner *Empfehlung zu computerbezogenen Delikten* vom 13. September 1989[197] bemerkte das Ministerkomitee, dass der grenzüberschreitende Charakter der Computerkriminalität die Harmonisierung nationaler Strafrechtsordnungen und eine verbesserte internationale Zusammenarbeit erfordere. Das Bedürfnis nach einer zunehmenden Kooperation der Mitgliedstaaten wurde erneut in der Empfehlung vom 11. September 1995[198] betont. Sie setzt sich mit den *Auswirkungen der Informationstechnologie auf das Strafverfahren* auseinander und legt den Mitgliedstaaten nahe, zur Bekämpfung der Computerkriminalität unter anderem Computersysteme zu durchsuchen und Telekommunikationen zu überwachen.

124   Berücksichtigt wurden die Missbrauchsmöglichkeiten der modernen Informations- und Kommunikationstechnologie des Weiteren in der Empfehlung zur Bekämpfung von „hate speech" vom 30. Oktober 1997.[199] Sie beschäftigt sich mit möglichen Grundsätzen zur Bekämpfung von Äußerungen, die Rassenhass, Fremdenfeindlichkeit, Antisemitismus oder andere auf Intoleranz beruhende Formen des Hasses verbreiten, dazu anstiften, fördern oder rechtfertigen. Ein Rückgriff auf strafrechtliche Sanktionen wird dabei nicht ausgeschlossen. Zudem werden die Mitgliedstaaten ausdrücklich auf die Verwirklichungsformen entsprechender Äußerungen in den neuen Medien und den damit verbundenen Anpassungsbedarf gesetzlicher Gegenmaßnahmen hingewiesen.

125   Der mit Abstand bedeutendste Rechtsakt des Europarates zur Computer- und Internetkriminalität ist das am 23. November 2001 in Budapest zur Unterzeichnung ausgelegte *Übereinkommen über Computerkriminalität* (Convention on Cybercrime).[200] Es stellt den ersten internationalen Vertrag dar, der sich speziell der strafrechtlichen

---

[195] SEV Nr. 5; deutsche Übersetzung in BGBl. 1952 II, S. 686; aktuelle Fassung bekanntgemacht in BGBl. 2010 II, S. 1198.

[196] Zum Einfluss der EMRK auf das deutsche Strafrecht etwa *Ambos* § 10 Rn. 12 ff.; *Hecker* § 3 Rn. 17 ff.; *Satzger* § 11 Rn. 21 ff.; *Satzger* Jura 2009, 759.

[197] Recommendation No. R (89) 9 on computer-related crime.

[198] Recommendation No. R (95) 13 concerning problems of criminal procedural law connected with information technology.

[199] Recommendation No. R (97) 20 on „hate speech".

[200] Siehe Rn. 95.

Bekämpfung krimineller Erscheinungsformen gegen oder über Computernetzwerke wie das Internet widmet. Das Übereinkommen trat am 1. Juli 2004 in den ersten Staaten in Kraft. Mittlerweile (Stand: 1. Juli 2022) haben es 67 Staaten einschließlich etwa der Vereinigten Staaten von Amerika ratifiziert bzw. sind ihm beigetreten;[201] zwei weitere Staaten haben das Übereinkommen unterzeichnet.

Außer den Vereinigten Staaten von Amerika waren mit Kanada, Japan und Südafrika weitere **126** Nicht-Mitgliedstaaten des Europarates an der Ausarbeitung des Entwurfs beteiligt, um dem grenzüberschreitenden Charakter des Internets gerecht zu werden. Bei einer Zusammenarbeit vieler Nationen mit unterschiedlichen kulturellen Hintergründen und Rechtstraditionen gehen die Vorstellungen über den notwendigen Strafrechtsschutz im Einzelfall jedoch mitunter erheblich auseinander. So finden sich im Grundtext des Übereinkommens keine Vorgaben zur Strafbarkeit der Verbreitung rassistischen und fremdenfeindlichen Gedankenguts im Internet, weil dies vor allem den Vereinigten Staaten mit ihrer hohen Wertschätzung der Meinungsfreiheit unvereinbar erschien. Diesbezügliche Regelungen blieben daher dem (ersten) Zusatzprotokoll zum Übereinkommen über Computerkriminalität betreffend die Kriminalisierung mittels Computersystemen begangener Handlungen rassistischer und fremdenfeindlicher Art vom 28. Januar 2003[202] vorbehalten (siehe hierzu § 3 Rn. 85), das am 1. März 2006 in Kraft trat. Bislang (Stand: 1. Juli 2022) haben 33 Staaten das (erste) Zusatzprotokoll ratifiziert bzw. sind ihm beigetreten.[203]

Das Übereinkommen über Computerkriminalität hat effektive kriminalpolitische **127** Maßnahmen zur *Bekämpfung der Computer- und Internetkriminalität* zum Ziel. Um dieses Anliegen zu verwirklichen, sollen die Strafrechtsordnungen der Vertragsparteien vereinheitlicht und die internationale Zusammenarbeit verbessert und intensiviert werden. Dementsprechend enthält das Übereinkommen sowohl Vorgaben zum materiellen Strafrecht sowie zum Strafverfahrensrecht als auch Grundsätze zur internationalen Zusammenarbeit.[204]

Der erste Titel des Übereinkommens zum *materiellen Strafrecht* beschäftigt sich mit Delikten, die **128** entweder gegen oder über Computernetzwerke begangen werden. Als Straftaten gegen die Vertraulichkeit, Unversehrtheit und Verfügbarkeit von Computerdaten und -systemen, bei denen somit der Computer als Tat- und *Angriffsobjekt* fungiert, nennt das Übereinkommen – wie später auch der Rahmenbeschluss über Angriffe auf Informationssysteme (siehe schon Rn. 113) – unter anderem den rechtswidrigen Zugang zu Computersystemen (Art. 2) sowie Eingriffe in Daten (Art. 4) bzw. Computersysteme (Art. 5). Darüber hinaus sollen die Vertragsparteien nach Art. 3 das rechtswidrige Abfangen übertragener Computerdaten sowie gemäß Art. 6 den unbefugten Missbrauch von Vorrichtungen unter Strafe stellen, die in erster Linie zur Begehung einer Straftat nach Art. 2–5 des Übereinkommens konstruiert werden.
Das Übereinkommen beschäftigt sich außerdem mit Straftaten, die mithilfe von Computernetz- **129** werken als *Tatwerkzeug* begangen werden. Hierzu zählen *computer*bezogene Straftaten wie computerbezogene Fälschung (Art. 7) und Betrug (Art. 8) sowie *inhalts*bezogene Straftaten, bei denen

---

[201] In Deutschland erfolgte die Ratifikation durch Zustimmungsgesetz des Bundestages vom 5. November 2008 (BGBl. II, S. 1242). Das Übereinkommen trat hierzulande am 1. Juli 2009 in Kraft.

[202] SEV Nr. 189; deutsche Übersetzung veröffentlicht in BGBl. II, S. 291.

[203] Deutschland hat das (erste) Zusatzprotokoll am 28. Januar 2003 unterzeichnet und ihm mit Gesetz vom 16. März 2011 (BGBl. II, S. 290) zugestimmt. Zur Bekämpfung fremdenfeindlicher Äußerungen auf europäischer Ebene siehe auch den Rahmenbeschluss 2008/913/JI des Rates vom 28. November 2008 zur strafrechtlichen Bekämpfung bestimmter Formen und Ausdrucksweisen von Rassismus und Fremdenfeindlichkeit (Fn. 176).

[204] Zu weiterem Optimierungsbedarf der internationalen Zusammenarbeit *Goger/Stock* ZRP 2017, 10.

Computersysteme zwar in einer an sich rechtlich zulässigen Weise, aber zur Verbreitung per se strafbarer Inhalte missbraucht werden. Das Übereinkommen nennt insoweit lediglich Straftaten mit Bezug zu Kinderpornographie (Art. 9). Nach dem (ersten) Zusatzprotokoll (Rn. 126) sollen zudem näher beschriebene rassistische und fremdenfeindliche Taten in Computersystemen unter Strafe gestellt werden. Art. 10 des Übereinkommens nennt schließlich Straftaten im Zusammenhang mit *Verletzungen des Urheberrechts und verwandter Schutzrechte.*

130   Anders als der Rahmenbeschluss des Rates der Europäischen Union beabsichtigt das Europarats-Übereinkommen in seinem zweiten Abschnitt auch eine *Harmonisierung der nationalen Strafverfahrensrechtsordnungen.* So enthält das Übereinkommen in Bezug auf *gespeicherte* Daten Vorgaben zur Durchsuchung und Beschlagnahme von Computerdaten (Art. 19) und zur Anordnung der Herausgabe vor allem von Kundendaten (Art. 18). Die Art. 16 f. behandeln schließlich die beschleunigte Sicherung von Computer- und Verbindungsdaten, eine Art vorläufige Ermittlungsmaßnahme, welche die betreffenden Computerdaten sichern und vor ihrer Löschung oder Veränderung bewahren soll. Für *gerade übermittelte* Daten sehen die Art. 20 f. eine Echtzeiterhebung von Verbindungs- und Inhaltsdaten vor. Unumstritten sind diese Regelungen nicht,[205] besagt das Übereinkommen doch lediglich, welches Instrumentarium den Strafverfolgungsbehörden zur Verfügung stehen soll, ohne zugleich Grenzen für die Eingriffsbefugnisse zu bestimmen. Insoweit bleiben nur die Minimalgarantien des Art. 15 zu beachten, der die Vertragsparteien insbesondere an einen angemessenen Schutz der Menschenrechte und Grundfreiheiten nach der EMRK, an den Grundsatz der Verhältnismäßigkeit und an eine gerichtliche Kontrolle der Befugnisse bzw. Verfahren erinnert.

131   Schließlich widmet sich das Übereinkommen über Computerkriminalität der Kodifikation einer intensiven *internationalen Zusammenarbeit* in den Bereichen Auslieferung und Rechtshilfe. Art. 23 strebt eine staatenübergreifende Zusammenarbeit „im größtmöglichen Umfang" an, der unter anderem Rechtshilfeersuchen über Telefax und E-Mail (Art. 25 Abs. 3) sowie die Einrichtung eines 24/7-Netzwerk zur unverzüglichen und unmittelbaren gegenseitigen Unterstützung bei Ermittlungsmaßnahmen und rechtlichen Fragen (Art. 35) beinhaltet.

132   Auch das Übereinkommen über Computerkriminalität brachte lediglich einen *geringen Anpassungsbedarf* des deutschen Strafrechts mit sich.[206] Die insoweit erforderlichen Änderungen im *materiellen Strafrecht* erfolgten weitgehend durch das 41. StrÄndG vom 7. August 2007 (siehe schon Rn. 113), das in Umsetzung des Art. 6 des Europarats-Übereinkommens in § 202c (i. V. m. § 303a Abs. 3 bzw. § 303b Abs. 5) StGB eine bedenkliche Vorverlagerung der Strafbarkeit in das Vorbereitungsstadium mit sich brachte.[207] Die in der Kinderpornographie gemäß Art. 9 des Übereinkommens notwendige Anhebung der Altersgrenze der Darsteller von 14 auf 18 Jahre geschah durch das Gesetz zur Umsetzung des Rahmenbeschlusses des Rates der Europäischen Union zur Bekämpfung der sexuellen Ausbeutung von Kindern und der Kinderpornographie vom 31. Oktober 2008,[208] wenngleich hierbei schon ausweislich des Gesetzestitels die Umsetzung des genannten Rahmenbeschlusses (siehe oben Rn. 111) im Vordergrund stand.

133   Ebenso berechtigte das deutsche *Strafverfahrensrecht* im Wesentlichen bereits zu den Maßnahmen, die das Europarats-Übereinkommen für die nationalen Ermitt-

---

[205] Zur Kritik *Breyer* DuD 2001, 592 (595 ff.); *Valerius* K&R 2004, 513 (517 f.).

[206] Eingehend *M. Gercke* MMR 2004, 728 und 801; *Sanchez-Hermosilla* CR 2003, 774 (775 ff.); siehe ferner die *Erstauflage* Rn. 115 ff.

[207] Zur Kritik siehe auch § 3 Rn. 383 sowie die *Erstauflage* Rn. 104 f.

[208] BGBl. I, S. 2149.

lungsbehörden vorsieht.[209] Allerdings wurde diese Zukunftsgewandtheit vielfach über die Auslegung bestehender Normen erreicht und war weniger entsprechenden Modernisierungsbemühungen des Gesetzgebers zu verdanken.

Im November 2021 hat das Ministerkomitee des Europarates das Zweite Zusatz-   **134** protokoll zum Übereinkommen über Computerkriminalität über die verstärkte Zusammenarbeit und Offenlegung elektronischer Beweismittel angenommen.[210] Das Protokoll soll neben einer Verbesserung der grenzüberschreitenden behördlichen Zusammenarbeit insbesondere die unmittelbare Kooperation einer nationalen Ermittlungsbehörde mit einem im Hoheitsgebiet eines anderen Vertragsstaats ansässigen IT-Dienstanbieter bei der Herausgabe beweiserheblicher Daten ermöglichen.

Die Zusammenarbeit einer nationalen Behörde mit einem Dienstleister aus ei-   **135** nem anderen Vertragsstaat ist für Informationen über die Registrierung von Domainnamen in Art. 6 und für Bestandsdaten in Art. 7 des Zusatzprotokolls geregelt. Ermittlungsbehörden sollen ihr Auskunftsersuchen demnach direkt an die private Stelle richten können, ohne dass die Behörden in dem Gebiet, in dem sich diese Stelle befindet, als Vermittler auftreten müssten. Ein zwangsweiser Direktzugriff soll aber nicht möglich sein (siehe etwa Art. 6 Abs. 5, Art. 7 Abs. 7). Ein Maßnahmenpaket zur Verbesserung der behördlichen Zusammenarbeit unter anderem im Rahmen der Rechtshilfe findet sich in den Art. 8 ff. Das Zusatzprotokoll liegt seit Mai 2022 zur Unterzeichnung aus.

---

[209] Siehe hierzu *Schnabl* Jura 2004, 379 (381 ff.).
[210] KOM (2021) 57.

§ 2 Allgemeiner Teil

A. Strafanwendungsrecht

Literatur (Auswahl): *Breuer* Anwendbarkeit des deutschen Strafrechts auf exterritorial handelnde Internet-Benutzer, MMR 1998, 141–145; *Busching* Der Begehungsort von Äußerungsdelikten im Internet. Grenzüberschreitende Sachverhalte und Zuständigkeitsprobleme, MMR 2015, 295–299; *Collardin* Straftaten im Internet, CR 1995, 618–622; *Cornils* Der Begehungsort von Äußerungsdelikten im Internet, JZ 1999, 394–398; *Handel* Hate Speech – Gilt deutsches Strafrecht gegenüber ausländischen Anbietern sozialer Netzwerke? Untersuchung der §§ 3, 9 StGB unter Berücksichtigung des Herkunftslandprinzips, MMR 2017, 227–231; *Hilgendorf* Überlegungen zur strafrechtlichen Interpretation des Ubiquitätsprinzips im Zeitalter des Internet, NJW 1997, 1873–1878; *ders.* Die Neuen Medien und das Strafrecht, ZStW 113 (2001), 650–680; *Kienle* Internationales Strafrecht und Straftaten im Internet, Konstanz 1998; *Koch* Nationales Strafrecht und globale Internet-Kriminalität, GA 2002, 703–713; *Morozinis* Die Strafbarkeit der „Auschwitzlüge" im Internet, insbesondere im Hinblick auf „Streaming-Videos", GA 2011, 475–487; *Schiemann* Deutsches Strafrecht rund um die Welt? Herausforderungen des Strafanwendungsrechts, JR 2017, 339–347; *Sieber* Internationales Strafrecht im Internet, NJW 1999, 2065–2073; *Valerius* Kultur und Strafrecht, Berlin 2011; *ders.* Anwendbarkeit des deutschen Strafrechts bei Verwenden von Kennzeichen verfassungswidriger Organisationen im Internet, HRRS 2016, 186–189; *Vec* Internet, Internationalisierung und nationalstaatlicher Rechtsgüterschutz, NJW 2002, 1535–1539.

Studienliteratur: *Hombrecher* Grundzüge und praktische Fragen des Internationalen Strafrechts (Teil 1), JA 2010, 637–645; *Rath* Internationales Strafrecht (§§ 3 ff. StGB), JA 2006, 435–439, JA 2007, 26–35; *Satzger* Das deutsche Strafanwendungsrecht (§§ 3 ff. StGB), Jura 2010, 108–116, 190–196; *Walter* Einführung in das internationale Strafrecht, JuS 2006, 870–873, 967–969; *Werle/Jeßberger* Grundfälle zum Strafanwendungsrecht, JuS 2001, 35–39, 141–144.

© Der/die Autor(en), exklusiv lizenziert an Springer-Verlag GmbH, DE, ein Teil
von Springer Nature 2022
E. Hilgendorf et al., *Computer- und Internetstrafrecht*, Springer-Lehrbuch,
https://doi.org/10.1007/978-3-662-59446-9_2

I. Grundlagen

1   Ein wesentlicher Charakterzug des Internets ist seine Globalität und *Unabhängig-keit von staatlichen Grenzen*. Datenübertragungsvorgänge mittels seiner einzelnen Kommunikationsdienste betreffen daher in der Regel die Hoheitsgebiete zahlreicher Staaten. Dies verdeutlicht bereits eine einfache E-Mail, die ein Absender aus dem einen Staat einem Empfänger in einem anderen Staat zusendet, wobei er ggf. Leitungen und E-Mail-Server in weiteren Staaten in Anspruch nimmt. Erst recht gilt dies für eine frei zugängliche und somit grundsätzlich weltweit abrufbare Webseite. Werden auf diese Weise sozialschädliche Inhalte verbreitet, könnten demnach sämtliche Staaten erwägen, ihre strafrechtliche Hoheitsgewalt geltend zu machen.

2   Inwieweit Sachverhalte mit internationalem Bezug, sei es in der Person des Täters bzw. Opfers oder in den Orten der Tatbegehung, den nationalen Strafgewalten unterliegen, regelt das sog. internationale Strafrecht. Entgegen dieser irreführenden Bezeichnung handelt es sich hierbei aber nur um *innerstaatliche Vorschriften*, welche die Anwendbarkeit des eigenen Strafrechts (auf nationale wie internationale Sachverhalte) bestimmen.[1] Gebräuchlicher ist daher der Ausdruck „Strafanwendungsrecht".

3   In Deutschland ist das Strafanwendungsrecht in den §§ 3–7, 9 StGB normiert. Den Ausgangspunkt bildet das Territorialitätsprinzip in § 3 StGB. Danach findet das deutsche Strafrecht generell Anwendung auf *Inlandstaten*, d. h. auf Delikte, die im Inland begangen werden. Maßgebliches Kriterium ist somit der Ort der Tatbegehung, den das in § 9 StGB geregelte Ubiquitätsprinzip näher bestimmt (siehe dazu Rn. 6 ff.).

4   Sämtliche Taten, die nach diesen Prinzipien nicht im Inland begangen werden, sind *Auslandstaten*. Um gleichwohl das nationale Strafrecht ohne Verstoß gegen den völkerrechtlichen Nichteinmischungsgrundsatz ausnahmsweise anwenden zu dürfen, bedarf es eines sinnvollen bzw. legitimierenden Anknüpfungspunktes.[2] Er kann sich unter anderem aus dem Schutzbedürfnis inländischer (Schutzprinzip, § 5 StGB) bzw. internationaler Rechtsgüter (Weltrechtsprinzip, § 6 StGB) oder aus der Nationalität von Täter oder Opfer (aktives bzw. passives Personalitätsprinzip, § 7 StGB) ergeben (siehe dazu Rn. 39).

5   Liegen weder eine Inlandstat noch die Voraussetzungen der §§ 5–7 StGB vor, bleibt es bei der Nichtanwendbarkeit des deutschen Strafrechts. Der fehlende Anknüpfungspunkt für die nationale Strafgewalt begründet ein *Prozesshindernis*, das zur Verfahrenseinstellung führt.[3] Für den im Zeitalter des Internets nicht seltenen Fall, dass neben dem deutschen Strafrecht auch die Strafrechtsordnungen anderer Staaten anwendbar sind und somit mehrere Strafrechtsordnungen zugleich eingreifen, entbehren die §§ 3 ff. StGB einer Kollisionsvorschrift.

---

[1] *Ambos* § 1 Rn. 2; *Rengier* AT § 6 Rn. 1; *Satzger* Jura 2010, 108 (109).

[2] Vgl. die sog. Lotus-Entscheidung StIGHE 5, 71 ff.; BVerfG NStZ 2001, 240 (243); BGHSt 45, 64 (66) m. w. N.; *Rengier* AT § 6 Rn. 6; *Walter* JuS 2006, 870 (871).

[3] BGHSt 34, 1 (3); *Fischer* Vor § 3 Rn. 1; *Hoyer* SK-StGB Vor § 3 Rn. 3 m. w. N.

II. Inlandstaten

1. Grundlagen

Territorialitäts- und Ubiquitätsprinzip Um der Gebietshoheit sowie der Unab- 6
hängigkeit und Gleichheit souveräner Staaten Rechnung zu tragen, bleibt die Hoheitsgewalt eines Staates grundsätzlich auf das eigene Staatsgebiet beschränkt.[4]
Demgemäß erstreckt sich nach dem *Territorialitätsprinzip* des § 3 StGB der Straf-
hoheitsanspruch eines Staates zunächst nur auf das *Inland*. Darunter versteht die
herrschende funktionelle Auslegung das gesamte Gebiet, in dem das deutsche Strafrecht aufgrund hoheitlicher Staatsgewalt seine Ordnungsfunktion ausübt.[5] Die
Staatsangehörigkeit des Täters ist insoweit unerheblich.

Wo eine Tat *begangen* wird, bestimmt sich nach dem in § 9 StGB verankerten 7
Ubiquitätsprinzip. § 9 Abs. 1 StGB nennt als Begehungsort einer Tat sowohl den
Ort der begangenen (Var. 1) oder unterlassenen (Var. 2) *Handlung* (Rn. 8 ff.) als
auch den Ort des tatsächlichen (Var. 3) oder vorgestellten (Var. 4) *Erfolgseintritts*
(Rn. 12 ff.). Für die Anwendbarkeit des deutschen Strafrechts reicht es aus, dass
sich einer der Begehungsorte im Inland befindet. So stellt ein Erfolgsdelikt bereits
eine Inlandstat dar, wenn allein die tatbestandsmäßige Handlung im Inland begangen wird; ob der Erfolg im Ausland oder Inland eintritt, bleibt dann unerheblich. Für
den Ort der *Teilnahme* enthält § 9 Abs. 2 StGB eine dem Absatz 1 ähnliche Regelung.

Handlungsort der Tat Gemäß § 9 Abs. 1 Var. 1 StGB ist eine Tat an jedem Ort 8
begangen, an dem der Täter gehandelt, d. h. eine *auf die Verwirklichung eines Tatbestandes gerichtete Tätigkeit* vorgenommen hat.[6] Allerdings muss das jeweilige
Verhalten bereits bzw. noch zur Tatdurchführung gehören. Sowohl (nicht selbstständig strafbare) Vorbereitungshandlungen als auch Tätigkeiten nach Vollendung der
Tat bleiben grundsätzlich außer Betracht.[7]

Mittätern rechnet die herrschende Meinung nicht nur die Tätigkeit des Kompli- 9
zen, sondern auch den Ort dieser Tätigkeit zu.[8] Ebenso soll sich für den *mittelbaren
Täter* der Handlungsort nicht nur am eigenen Tätigkeitsort, sondern auch dort be-

---

[4] *Böse* NK § 3 Rn. 1; *Werle/Jeßberger* LK Vor § 3 Rn. 222; *Oehler* Rn. 152 ff.
[5] BGHSt 30, 1 (4); 32, 293 (297); Lackner/Kühl/*Heger* Vor § 3 Rn. 4; kritisch *Ambos* MK-StGB § 3
Rn. 8; Schönke/Schröder/*Eser/Weißer* Vor §§ 3–9 Rn. 60.
[6] BGH NStZ 2007, 287; Schönke/Schröder/*Eser/Weißer* § 9 Rn. 4.
[7] Schönke/Schröder/*Eser/Weißer* § 9 Rn. 4; *von Heintschel-Heinegg* BeckOK-StGB § 9 Rn. 2.
[8] BGHSt 39, 88 (91); BGH NStZ-RR 2009, 197; *Böse* NK § 9 Rn. 5; Schönke/Schröder/*Eser/
Weißer* § 9 Rn. 4; *Satzger* § 5 Rn. 21; aA *Hoyer* SK-StGB § 9 Rn. 5; *B. Heinrich* FS Weber, S. 91
(107 f.); *Valerius* NStZ 2008, 121 (123).

finden, wo das Tatwerkzeug gehandelt hat.[9] Unbedenklich ist die Zurechnung nicht, da hierfür – anders als bei der wechselseitigen Zurechnung von Tatbestandsmerkmalen – kein Bedürfnis besteht und sie mitunter zu sehr weitreichenden Folgen führt.[10]

10 Bei Kommunikationen mittels des Internets ist es möglich, dass Handlung und Erfolg ausschließlich im Ausland stattfinden und nur die Datenübertragung (zum Teil auch) im Inland erfolgt. Zu denken wäre etwa an eine E-Mail mit volksverhetzendem Inhalt, die ein Absender aus Staat A an einen Empfänger in Staat B sendet und die über Leitungen und Server auch im Inland transferiert wird. Diese Konstellation lässt sich mit den sog. *Transitdelikten* vergleichen, bei denen sich der Bezug zum inländischen Territorium darauf beschränkt, dass ein Teil der Kausalkette im Inland stattfindet (z. B. bei der Beförderung eines beleidigenden Briefs aus Österreich über deutsches Staatsgebiet in die Niederlande). Hier kommt das deutsche Strafrecht nur dann zur Anwendung, wenn der Transitvorgang selbst strafbar ist.[11] Die Übermittlung von Daten über das Internet als solche, deren konkreter Weg ohnehin wegen der routergesteuerten Übertragung vom Zufall abhängt, bildet daher in aller Regel keinen Anknüpfungspunkt für eine Strafbarkeit.[12]

11 Bei *Unterlassungsdelikten* befindet sich der Handlungsort nach § 9 Abs. 1 Var. 2 StGB an dem Ort, an dem der Täter hätte handeln müssen. Dies ist zum einen der Ort, an dem der Täter die ihm gebotene und zumutbare Rettungshandlung hätte vornehmen müssen, als auch sein Aufenthaltsort zu dem Zeitpunkt, zu dem ihn die Handlungs- bzw. Erfolgsabwendungspflicht trifft.[13] Bei Straftaten im oder mittels des Internets ist diese Variante aber nur von untergeordneter Bedeutung.

12 **Erfolgsort der Tat** Weiterer Begehungsort einer Tat ist der Erfolgsort. § 9 Abs. 1 Var. 3 StGB lässt durch das einschränkende Merkmal „zum Tatbestand gehörend" jedoch nicht jedes beliebige durch die Tathandlung hervorgerufene Ereignis ausreichen. Unerheblich sind vor allem Tatwirkungen, die für die Verwirklichung des gesetzlichen Tatbestandes (noch) nicht oder nicht mehr relevant sind.[14] Bei Unterlassungsdelikten besteht der Erfolg in der Verletzung bzw. Gefährdung des Tatobjekts, deren Eintritt der Täter hätte verhindern müssen.

13 Einen Erfolgsort im Sinne des § 9 Abs. 1 Var. 3 StGB weisen jedenfalls die *Erfolgsdelikte* auf. Hierzu zählen neben den *Verletzungsdelikten* (z. B. Tötungs- und Körperverletzungsdelikte) auch die *konkreten Gefährdungsdelikte*, deren tatbe-

---

[9] BGH wistra 1991, 135; NStZ 2019, 742 (743); *Böse* NK § 9 Rn. 5; Schönke/Schröder/*Eser/Weißer* § 9 Rn. 4; *Satzger* § 5 Rn. 22; *Rath* JA 2007, 26 (27); aA *Hoyer* SK-StGB § 9 Rn. 5; *B. Heinrich* FS Weber, S. 91 (106 f.).

[10] *Valerius* NStZ 2008, 121 (123).

[11] Schönke/Schröder/*Eser/Weißer* § 9 Rn. 7; *Fischer* § 9 Rn. 3a; *Oehler* Rn. 267; *Satzger* Jura 2010, 108 (114); siehe auch BGH NStZ 2007, 287.

[12] Siehe schon *Hilgendorf* NJW 1997, 1873 (1875); ebenso *von Heintschel-Heinegg* BeckOK-StGB § 9 Rn. 7; *Satzger* § 5 Rn. 35.

[13] *Fischer* § 9 Rn. 3; siehe ferner *Satzger* § 5 Rn. 18 f.

[14] KG NJW 2006, 3016 (3017) m. w. N.; Schönke/Schröder/*Eser/Weißer* § 9 Rn. 6; *Fischer* § 9 Rn. 4a; *Hilgendorf* NJW 1997, 1873 (1874 f.).

standlicher Erfolg in der Verursachung einer konkreten Gefahr besteht (z. B. die Straßenverkehrsdelikte der §§ 315b, 315c StGB). Ihr Erfolgsort liegt demgemäß dort, wo sich das gefährdete Tatobjekt bei Eintritt der konkreten Gefahr befindet.[15]

Bei den *abstrakten Gefährdungsdelikten* (z. B. Trunkenheit im Verkehr nach   **14** § 316 StGB) bedarf es hingegen nicht einmal des Eintritts einer Gefahr für das geschützte Rechtsgut. Für die Tatbestandsverwirklichung genügt vielmehr in der Regel die Vornahme der vom Gesetzgeber als gefährlich eingestuften Tätigkeit. Ein Erfolgsort im Sinne des § 9 Abs. 1 Var. 3 StGB scheint hier daher von vornherein ausgeschlossen zu sein (siehe dazu Rn. 28 ff.).

2. Begehungsorte bei Straftaten im Internet

Ausgangslage Soweit im oder über das Internet begangene Straftaten *Erfolgsde-*   **15** *likte* sind, lassen sich die vorstehenden Grundsätze zum Strafanwendungsrecht unproblematisch übertragen. Demnach genügen bereits ein im Inland belegener Handlungs- oder ein hiesiger Erfolgsort für sich, um die Anwendbarkeit deutschen Strafrechts zu begründen. Dies gilt vornehmlich für sog. *Distanzdelikte,* bei denen sich Handlungs- und Erfolgsort in unterschiedlichen Staaten befinden. Hier genügt es für eine Inlandstat, dass entweder die Tathandlung im Inland vorgenommen wird oder der zum Tatbestand gehörende Erfolg im Inland eintritt.[16]

Beispielsweise ist § 202a StGB sowohl anwendbar, wenn sich jemand von Deutschland aus Zu-   **16** gang zu nicht für ihn bestimmten Computerdaten auf einem Rechner in Großbritannien verschafft als auch wenn ein Hacker in Großbritannien unbefugt auf einen Rechner in Deutschland zugreift. Auch bei Betrugstaten (z. B. im Rahmen einer Internetversteigerung) ist § 263 StGB schon dann anwendbar, wenn entweder die Täuschung hierzulande geschieht oder sich das geschädigte Vermögen im Inland befindet.

Häufig werden Anknüpfungspunkt für eine Straftat im Internet wegen dessen Funk-   **17** tion als Kommunikationsmittel aber die veröffentlichten Inhalte selbst sein. Ist deren Verbreitung per se, d. h. unabhängig von dem zur Verbreitung verwendeten Medium strafbar, liegt ein sog. Äußerungs- oder *Inhaltsdelikt* vor. Sie sind im deutschen Recht zumeist als *abstrakte Gefährdungsdelikte* ausgestaltet, weil die betreffenden Äußerungen für das jeweilige Rechtsgut generell als gefährlich erachtet werden. Dies gilt vor allem für das Verbreiten von Propagandamitteln und Verwenden von Kennzeichen verfassungswidriger und terroristischer Organisationen (§§ 86 f. StGB), die Volksverhetzung (§ 130 StGB; Ausnahme: Abs. 4) und die Verbreitung pornographischer Schriften (§§ 184 ff. StGB).

Bei Äußerungsdelikten im Internet gestaltet es sich demnach schwierig, einen   **18** Begehungsort im Inland zu begründen. Der *Handlungsort* einer Straftat befindet sich nach allgemeinen Grundsätzen überall dort, wo der Täter eine auf die Verwirklichung des Tatbestandes gerichtete Tätigkeit vornimmt.[17] Bei einem Me-

---

[15] Schönke/Schröder/*Eser/Weißer* § 9 Rn. 6; *Hoyer* SK-StGB § 9 Rn. 7.

[16] Schönke/Schröder/*Eser/Weißer* § 9 Rn. 7.

[17] Siehe die Nachweise in Fn. 6.

dium wie dem Internet, in dem sich jegliche Aktivität auf den Befehl zur Übertragung von Daten reduzieren lässt, erschöpft sich die Handlung des Täters somit darin, den jeweiligen Datentransfer zu verursachen. Der Handlungsort befindet sich nach traditionellem Verständnis also lediglich an dem Ort, an dem er die Datenübertragung veranlasst, d. h. am Ort seiner körperlichen Präsenz.[18] Benutzt jemand vom Ausland aus die Kommunikationsdienste des Internets, um rechtswidrige Inhalte zu verbreiten, liegt daher kein inländischer Handlungsort vor.

19   Ebenso wenig kann nach herrschender Ansicht (näher Rn. 28 ff.) auf den *Erfolgsort* abgestellt werden. Schließlich handelt es sich bei Äußerungsdelikten in der Regel um abstrakte Gefährdungsdelikte. Abstrakte Gefährdungsdelikte wiesen jedoch keinen zum Tatbestand gehörenden Erfolg auf, so dass § 9 Abs. 1 Var. 3 StGB von vornherein nicht einschlägig sei.[19] So genügt zur Verwirklichung der Volksverhetzung gemäß § 130 StGB die bloße (konkrete) Eignung der Tathandlung, den öffentlichen Frieden zu stören; hingegen ist weder eine tatsächliche konkrete Gefährdung noch – mit Ausnahme des Abs. 4 – eine Störung des öffentlichen Friedens erforderlich.[20]

20   Im Ausgangspunkt – also bei einer unveränderten Übertragung der Grundsätze des Strafanwendungsrechts auf Äußerungsdelikte im Internet – spricht demnach Einiges dafür, dass das deutsche Strafrecht auf viele (siehe aber Rn. 35) vom Ausland aus in die Kommunikationsdienste des Internets eingestellte Inhalte nicht anwendbar ist, wenn nicht ein Fall einer von den §§ 5–7 StGB erfassten Auslandstat vorliegt (siehe Rn. 39 ff.).

21   Ein Paradebeispiel hierfür liefert die heftig diskutierte (siehe Rn. 28 ff.) *Toeben-Entscheidung* des BGH vom 12. Dezember 2000:[21] Ein Australier leugnet auf einer englischsprachigen Webseite den Holocaust. Seine Äußerungen stellt er von Australien aus auf einen dort belegenen Server zum freien Zugriff zur Verfügung, so dass sie weltweit, d. h. auch in Deutschland abrufbar sind. Spielte sich der Fall ausschließlich in Deutschland ab, hätte der Täter – unabhängig von seiner Staatsangehörigkeit – das Äußerungsdelikt der Volksverhetzung gemäß § 130 Abs. 3 StGB verwirklicht. Aufgrund der internationalen Aspekte des Sachverhalts (Täter handelt in Australien, Inhalte werden auf einem australischen Server gespeichert) erscheint die Anwendbarkeit der Norm nach dem Gesagten jedoch als äußerst fraglich.[22] Gleiches gilt in dem vom BGH mit Beschluss vom 19. August 2014 entschiedenen Fall, in dem von einem Computer in Tschechien unter anderem Abbildungen von Hakenkreuzen als Kennzeichen verfassungswidriger Organisationen im Sinne des § 86a Abs. 1 Nr. 1 StGB auf eine frei zugängliche Plattform im Internet-Videoportal YouTube hochgeladen wurden (siehe Rn. 30).[23]

---

[18] *Ambos* MK-StGB § 9 Rn. 26; *Böse* NK § 9 Rn. 4.

[19] Siehe *Satzger* § 5 Rn. 47 m. w. N.

[20] BGHSt 46, 212 (218); *Fischer* § 130 Rn. 13; *Rackow* BeckOK-StGB § 130 Rn. 22.

[21] BGHSt 46, 212 mit Anm. und Bespr. etwa von *Clauß* MMR 2001, 232; *Hörnle* NStZ 2001, 309; *Jeßberger* JR 2001, 432; *Koch* JuS 2002, 123; *Kudlich* StV 2001, 397; *Lagodny* JZ 2001, 1198; *Vassilaki* CR 2001, 262; *Vec* NJW 2002, 1535. Ausführlich zur Toeben-Entscheidung *Körber* Rechtsradikale Propaganda im Internet.

[22] Zum Meinungsstand *Satzger* § 5 Rn. 45 ff.

[23] BGH NStZ 2015, 81 mit Anm. *Becker* NStZ 2015, 83; *Hecker* JuS 2015, 274; *Valerius* HRRS 2016, 186.

Handlungsort bei Internetstraftaten Mit dem Ziel der Sicherstellung der An-   22
wendbarkeit des deutschen Strafrechts auf Äußerungsdelikte im Internet befürworten Teile des Schrifttums, den Handlungsort im Sinne des § 9 Abs. 1 Var. 1 StGB bei
Veröffentlichungen im Internet auszuweiten. Das Internet gestatte schließlich dem
Nutzer, nicht nur an seinem eigenen Rechner Datenverarbeitungsvorgänge auszulö-
sen, sondern ebenso an demjenigen Rechner, auf den er mittels des Internets zu-
greife (z. B. der Server, auf dem die Inhalte seiner Webseite gespeichert sind). Demnach sei es gerechtfertigt, sowohl am *Ausgangsrechner* als auch am *Zielrechner* des
jeweiligen Datentransfers einen Handlungsort anzunehmen.[24]

Bei Äußerungsdelikten im Internet sei eine Inlandstat demnach nicht nur am Ort   23
der physischen Präsenz des Täters gegeben. Vielmehr genüge es für die Anwendbarkeit des deutschen Strafrechts, wenn der Täter vom Ausland aus Dateien mit straf-
barem Inhalt auf einem Rechner in Deutschland speichere. Einschränkend soll dies
allerdings nur dann gelten, wenn der Täter den *Speicherungsvorgang* beherrschen
und *kontrollieren* könne. Datenströme, die automatisch abliefen (z. B. die Weiterleitung von Daten über Verbindungsrechner) oder auf einem selbstständigen Handeln
Dritter beruhten (etwa der Aufruf einer Webseite durch einen anderen Nutzer, der
dadurch die Inhalte auf seinen eigenen Rechner herunterlädt), führten dagegen nicht
zu einem Handlungsort des Täters.[25]

Diese Auffassung zieht zwar eine insofern maßvolle Ausweitung des Strafanwendungsrechts nach   24
sich, als dass bei jeder Äußerung im Internet lediglich ein weiterer Handlungsort angenommen
wird. Allerdings hängt der Standort des Zielrechners zum einen vom Zufall ab – wo sich der Server
einer Webseite befindet, richtet sich nicht zuletzt nach wirtschaftlichen Erwägungen des in Anspruch genommenen Telekommunikationsunternehmens – und eignet sich demnach kaum als Anknüpfungspunkt für die Zuständigkeit zur Strafverfolgung.[26] Zum anderen erscheint der Vorschlag
bedenklich, weil er ohne Not das traditionelle Merkmal der körperlichen Anwesenheit aufgibt. Die
Handlung des Täters als solche erschöpft sich in der Eingabe von Befehlen per Tastatur oder Maus-
klick, welche die jeweilige Datenübertragung auslösen und somit einen anderen Rechner anspre-
chen. Die Datenübertragung selbst ist also bereits eine Folge dieser Tätigkeit. Werden die Folgen
einer Handlung zur Handlung selbst gerechnet, verschwimmt aber deren Abgrenzung zum Erfolg.[27]

Erfolgsort bei Internetstraftaten Um den Handlungsbegriff nicht aufzuweichen,   25
versuchen die meisten der von der herrschenden Auffassung (Rn. 18 f.) abweichen-
den Ansätze, über eine weite Auslegung des Erfolgsortes zu einer Anwendung des

---

[24] *Cornils* JZ 1999, 394 (396 f.); siehe auch Schönke/Schröder/*Eser/Weißer* § 9 Rn. 4 f. und 7;
Heghmanns HWSt 6. Teil Rn. 18 f.; *Werle/Jeßberger* JuS 2001, 35 (39). Vgl. ferner KG NJW 1999,
3500 (3502) zur Übertragung eines im Ausland gezeigten Hitlergrußes im inländischen Fernsehen;
kritisch *Böse* NK § 9 Rn. 4; *B. Heinrich* FS Weber, S. 91 (103 ff.); *Walter* JuS 2006, 870 (872).
[25] *Cornils* JZ 1999, 394 (397).
[26] *Werle/Jeßberger* LK § 9 Rn. 80; *B. Heinrich* FS Weber, S. 91 (99 f.); *Hilgendorf* ZStW 113
(2001), 650 (665 f.); *Koch* GA 2002, 703 (711).
[27] Ebenso BGH NStZ 2015, 81 (82); *Böse* NK § 9 Rn. 4; *Eisele* § 3 Rn. 11; *Gercke/Brunst* Rn. 80;
Hörnle NStZ 2001, 309 (310); *Koch* GA 2002, 703 (711); *Sieber* NJW 1999, 2065 (2070); zurückhaltend schon BGHSt 46, 212 (224 f.).

deutschen Strafrechts auf Äußerungsdelikte im Internet zu gelangen. Zu weit wird freilich die in den Anfängen der Diskussion vertretene Ansicht sein, dass schon die bloße *Abrufbarkeit* der Inhalte in Deutschland einen Erfolgsort begründe.[28] Dazu müsste die Zugriffsmöglichkeit als solche einen zum Tatbestand gehörenden Erfolg im Sinne des § 9 Abs. 1 Var. 3 StGB darstellen.

26 Erwägenswert erscheint, bei bestimmten Tatbeständen einen sog. *Tathandlungserfolg* dort anzunehmen, wo sich die tatbestandsmäßige Handlung realisiert. So liege eine Verbreitung von Inhalten im Inland auch dann vor, wenn eine Schrift vom Ausland aus mit der Post nach Deutschland verschickt würde, und zwar unabhängig von der Deliktsnatur des einschlägigen Straftatbestandes.[29] Nichts anderes gelte für das Zugänglichmachen von Inhalten im Internet. Zu einem Erfolg im Sinne des § 9 Abs. 1 StGB führe aber nur die Übermittlung strafbarer Inhalte durch sog. Push-Technologien, d. h. durch zielgerichtetes Senden und Übermitteln von Inhalten. Werde der Inlandsbezug hingegen erst dadurch hergestellt, dass ein Dritter die betreffenden Inhalte abrufe (sog. Pull-Technologie), begründe dies keinen Erfolgsort.[30]

27 Diese Ansicht gelangt zu ähnlichen Ergebnissen wie die in Rn. 22 f. geschilderte Auffassung von einem Handlungsort am Zielrechner. Ihr bleibt daher ebenso vorzuhalten, die Anwendbarkeit deutschen Strafrechts zu sehr an den Zufall zu knüpfen. Außerdem lässt sich die Figur des „Tathandlungserfolges" kaum vom „Taterfolg" abgrenzen. Denn auch dort wird der „Erfolg" durch eine Handlung verursacht und ist insofern „Tathandlungserfolg". Schließlich findet die Interpretation des Erfolgsbegriffs nach Pull- oder Push-Technologien weder eine Stütze im Wortlaut noch in der Systematik des Gesetzes.[31]

28 Ein weiterer – nicht nur für Äußerungsdelikte im Internet, sondern vornehmlich bei grenzüberschreitenden Umweltdelikten diskutierter[32] – Ansatz überlegt, ob abstrakte Gefährdungsdelikte womöglich doch generell einen Erfolgsort aufweisen. Ihr zum Tatbestand gehörender Erfolg im Sinne des § 9 Abs. 1 Var. 3 StGB liege in der *Begründung einer – von der Tathandlung zu trennenden – tatbestandlichen Gefahr*, die an jedem Ort eintrete, an dem sich die Tathandlung auswirken könne.[33] Dafür spreche unter anderem ein Vergleich mit den konkreten Gefährdungsdelikten. Hier werde ein tatbestandlicher Erfolg bereits mit dem Eintritt der (konkreten) Gefahr angenommen, selbst wenn sie nicht zwingend die Außenwelt verändere. Insofern

[28] *Collardin* CR 1995, 618 (620, 621); *Conradi/Schlömer* NStZ 1996, 366 (368, 369); *Kuner* CR 1996, 453 (455 f.).
[29] *Sieber* NJW 1999, 2065 (2068 f.); zustimmend *Vec* NJW 2002, 1535 (1538).
[30] *Sieber* NJW 1999, 2065 (2071); zustimmend *Fischer* § 9 Rn. 7a.
[31] *Hilgendorf* ZStW 113 (2001), 650 (666 ff.); *Morozinis* GA 2011, 475 (477 f.).
[32] *Hecker* ZStW 115 (2003), 880; *Martin* ZRP 1992, 19.
[33] *Werle/Jeßberger* LK § 9 Rn. 32 ff. und 89; *B. Heinrich* GA 1999, 72 (82); *Hombrecher* JA 2010, 637 (640); *Martin* ZRP 1992, 19 (20); *Rath* JA 2006, 435 (438); vgl. auch *Rengier* AT § 6 Rn. 16 f.; *Hecker* ZStW 115 (2003), 880 (886).

unterschieden sich abstrakte von den konkreten Gefährdungsdelikten allein durch
den erforderlichen Grad der Gefährdung.[34]

Der BGH ist in seiner vielbeachteten Toeben-Entscheidung dieser Ansicht zu-   **29**
nächst teilweise gefolgt. § 9 Abs. 1 Var. 3 StGB sei demnach nicht ausgehend von
der Begriffsbildung der allgemeinen Tatbestandslehre auszulegen. Dies folge bereits aus der Parallele zu § 13 StGB, der ähnlich wie § 9 Abs. 1 StGB einen Erfolg
voraussetze, „der zum Tatbestand eines Strafgesetzes gehört". Dort bestehe weitgehend Einigkeit, dass abstrakte Gefährdungsdelikte auch durch Unterlassen begangen werden könnten und daher einen tatbestandlichen Erfolg aufwiesen.[35] Daher sei
das einschränkende Merkmal „zum Tatbestand gehörend[e]" in § 9 Abs. 1 StGB
nach dem *Zweck der jeweiligen Strafvorschrift* zu interpretieren.[36] Ob auch rein
abstrakten Gefährdungsdelikten ein Erfolgsort zuteilwerden könne, ließ der BGH
zwar ausdrücklich offen. Zumindest bei den sog. *abstrakt-konkreten Gefährdungs-*
delikten,[37] bei denen der Tatbestand vergleichbar den konkreten Gefährdungsdelikten eine zu vermeidende Gefährdung ausdrücklich bezeichne (z. B. die konkrete
Eignung zur Friedensstörung in § 130 Abs. 1, 3 StGB), sei jedoch ein Erfolgsort
anzunehmen. Der Erfolg trete dort ein, wo die Tat ihre Gefährlichkeit im Hinblick
auf das im Tatbestand umschriebene Rechtsgut entfalten könne.[38] In dem zugrunde
liegenden Sachverhalt der Toeben-Entscheidung hat der BGH demnach die Anwendbarkeit deutschen Strafrechts auf die volksverhetzenden Inhalte auf der
Webseite bejaht und allein deren Abrufbarkeit in Deutschland als Anknüpfungspunkt ausreichen lassen.[39]

Demgegenüber zeigt sich in den letzten Jahren in der Rechtsprechung des BGH   **30**
eine massive Restriktion der Anwendung des § 9 Abs. 1 Var. 3 StGB auf abstrakte
Gefährdungsdelikte. Das Gericht[40] hat zwar sowohl in seiner „Hakenkreuz auf You-
Tube"-Entscheidung von 2014 (Rn. 21) als auch bei erneuter Auseinandersetzung
mit § 130 Abs. 3 StGB im Jahr 2016[41] die Frage offen gelassen, ob § 9 Abs. 1 StGB
nur auf Erfolgsdelikte im Sinne der allgemeinen Deliktslehre abstellt.[42] Jedenfalls

---

[34] *B. Heinrich* GA 1999, 77 (78).

[35] BGHSt 46, 212 (222). Siehe bereits *B. Heinrich* GA 1999, 72 (77 f.); *Martin* ZRP 1992, 19 (19);
ebenso *Rengier* AT § 6 Rn. 15; *Hecker* ZStW 115 (2003), 880 (887); kritisch *Koch* JuS 2002,
123 (125).

[36] BGHSt 46, 212 (220).

[37] Kritisch gegenüber dieser „gegensatzaufhebenden Begriffsbildung" *Hilgendorf* ZStW 113
(2001), 650 (672).

[38] BGHSt 46, 212 (221); siehe ferner die Nachweise in Fn. 33; kritisch *Mitsch* § 1 Rn. 9; *Morozinis*
GA 2011, 475 (480 ff.).

[39] Zurückhaltend hingegen BGH NStZ 2007, 216 (217).

[40] Zur etwaigen Bedeutung von Wechseln im Geschäftsverteilungsplan des BGH – der im Fall Toeben durch den ersten und nun durch den dritten Senat entschied – für die Beurteilung des Vorliegens einer einheitlichen Linie des BGH siehe *Cornelius* MAH IT-Recht, Teil 19 Rn. 21; *Schwid-*
essen CR 2017, 443 (448).

[41] BGH NStZ 2017, 146 (Holocaust-Leugnung während einer Versammlung in der Schweiz unter
anderem gegenüber deutschen Zuhörern).

[42] BGH NStZ 2015, 81 (82); NStZ 2017, 146 (147).

aber trete – auch bei einem abstrakt-konkreten Gefährdungsdelikt – an einem Ort, „an dem [...] die hervorgerufene abstrakte Gefahr in eine konkrete lediglich umschlagen kann, kein zum Tatbestand gehörender Erfolg" ein.[43] Ein solcher setze nämlich eine „von der tatbestandsmäßigen Handlung räumlich und/oder zeitlich abtrennbare Außenweltsveränderung" voraus,[44] zu der es „in den Fällen einer bloß potentiellen Gefahr indes gerade nicht kommen" müsse.[45] Indem der BGH dem Merkmal der Eignung zur Störung des öffentlichen Friedens in § 130 Abs. 3 StGB in seiner Entscheidung von 2016 die Eigenschaft als zum Tatbestand gehörender Erfolg abgesprochen hat, hat er sich deutlich von der Toeben-Entscheidung distanziert.[46]

31   Der BGH nähert sich damit der nach wie vor herrschenden Auffassung im Schrifttum an, die eine Ausweitung des Erfolgsbegriffs des § 9 Abs. 1 Var. 3 StGB ablehnt. Um den Tatbestand eines abstrakten Gefährdungsdelikts zu verwirklichen, sei weder eine Verletzung noch konkrete Gefährdung des geschützten Rechtsguts notwendig. Dessen abstrakte Gefährdung stelle kein Tatbestandsmerkmal dar, sondern bilde lediglich das *gesetzgeberische Motiv* zum Erlass der jeweiligen Strafvorschrift: Bestimmte Tätigkeiten würden als generell gefährlich eingestuft und daher mit Strafe bedroht. Der Unrechtstatbestand erschöpfe sich somit in der Vornahme der sanktionierten Tätigkeit. Demgemäß mangele es an einem tatbestandlichen Erfolg selbst dann, wenn sich die abstrakte Gefahr in einem Schadenseintritt realisieren sollte.[47]

32   Bei Veröffentlichungen im Internet führe ein weit verstandener Erfolgsort zudem zu einer Allzuständigkeit deutscher Justizbehörden, sofern die Inhalte weltweit abrufbar und (ggf. ausschließlich) nach deutschem Recht strafbar sind. Im Grunde bedeute dies nichts anderes als eine *versteckte Erweiterung des Weltrechtsprinzips*,[48] auf das aber nur mit Bedacht zurückgegriffen werden darf. Zudem wären die deutschen Strafverfolgungsbehörden dann wegen des Legalitätsprinzips dazu verpflichtet, bei sämtlichen Internetstraftaten zu ermitteln, sofern nicht ausnahmsweise § 153c Abs. 3 StPO einschränkend eingreife.[49]

33   Eine solche Allzuständigkeit wäre nicht zuletzt *politisch brisant*. Denn mit derselben Argumentation wie der des BGH in der Toeben-Entscheidung könnte sich jedes Gericht eines anderen Staates als zuständig für weltweit abrufbare Inhalte im Internet erklären. Dann wäre beispielsweise einem hierzulande lebenden Journalisten, der auf seiner frei zugänglichen Webseite die Missachtung von Menschenrechten in einem bestimmten Staat kritisiert, nicht mehr zu empfehlen, diesen

---

[43] BGH NStZ 2017, 146 (147); im größten Teil wortgleich BGH NStZ 2015, 81 (82), indes unter – missverständlicher, siehe dazu *Valerius* HRRS 2016, 186 (187 f.) – Erstreckung auch auf einen Ort, an dem die „abstrakte Gefahr in eine konkrete umgeschlagen *ist*" (Hervorhebung nur hier). Im konkreten Fall begründete der BGH die Anwendbarkeit des deutschen Strafrechts in NStZ 2017, 146 (147 f.) indessen über § 7 Abs. 2 Nr. 1 StGB; (i.E.) genauso BGH NStZ-RR 2019, 108; OLG Hamm NStZ-RR 2018, 292 (293); hierzu auch *Handel* MMR 2017, 227 (228 f.).

[44] BGH NStZ 2015, 81 (82); NStZ 2017, 146 (147), jeweils unter Verweis auf *Hilgendorf* NJW 1997, 1873 (1876).

[45] BGH NStZ 2017, 146 (147).

[46] BGH NStZ 2017, 146 (147); (i.E.) genauso BGH NStZ-RR 2019, 108; OLG Hamm NStZ-RR 2018, 292 (293); hierzu ferner *Gercke* ZUM 2018, 745 (753); *Handel* MMR 2017, 227 (228 f.).

[47] *Böse* NK § 9 Rn. 11; *Heghmanns* HWSt 6. Teil Rn. 22; *Cornils* JZ 1999, 394 (395); *Hilgendorf* NJW 1997, 1873 (1876); *Satzger* § 5 Rn. 29 f.

[48] *Hilgendorf* NJW 1997, 1873 (1878). Zur Toeben-Entscheidung des BGH *Fischer* § 9 Rn. 8a; *Koch* GA 2002, 703 (707); *Lagodny* JZ 2001, 1198 (1200).

[49] *Hilgendorf* NJW 1997, 1873 (1874); *Jeßberger* JR 2001, 432 (434); *Vec* NJW 2002, 1535 (1536).

Staat zu besuchen. Generell dürfte in den Kommunikationsdiensten des Internets nur noch veröffentlicht werden, was dem kleinsten gemeinsamen Nenner für erlaubte Inhalte nach sämtlichen Rechtsordnungen der Welt entspräche.[50]

Mit einem solchen engen Verständnis des Erfolgsorts im Sinne des § 9 Abs. 1 **34** Var. 3 StGB und damit der Inlandstat im Sinne des § 3 StGB geht grundsätzlich eine erhebliche Restriktion der Anwendbarkeit deutschen Strafrechts auf Äußerungsdelikte im Internet einher.[51] Der Gesetzgeber hat dem allerdings jüngst durch Ausweitung des Katalogs der Auslandstaten mit besonderem Inlandsbezug nach § 5 StGB bereichsweise entgegengewirkt (siehe Rn. 40 ff.).

Teleologische Reduktion des § 9 Abs. 1 StGB Zwar konzentriert sich die Diskus- **35** sion um die Anwendbarkeit deutschen Strafrechts auf Inhalte im Internet auf die abstrakten Gefährdungsdelikte wie z. B. §§ 130, 184 ff. StGB und damit auf die Auslegung des § 9 StGB. Es darf jedoch – andersherum – nicht verkannt werden, dass sich aus dieser Vorschrift – selbst ohne eine insoweit extensive Interpretation des Handlungs- und Erfolgsorts – eine Allzuständigkeit der deutschen Justiz jedenfalls bei *Erfolgsdelikten* ergibt. Exemplarisch lässt sich dies an der Beleidigung gemäß § 185 StGB belegen, die wegen der erforderlichen Wahrnehmung der Ehrverletzung als Erfolgsdelikt einzustufen ist.[52] Bei herabwürdigenden Äußerungen im Internet liegt daher ein Erfolgsort überall dort, wo sie zur Kenntnis genommen werden.[53] Demzufolge wären beleidigende Inhalte auf einer in Deutschland abrufbaren Webseite selbst dann nach deutschem Recht strafbar, wenn weder der Täter im Inland gehandelt hat noch der Beleidigte sich hier aufhält noch beide deutscher Staatsangehörigkeit sind. So beginge ein US-Amerikaner eine Beleidigung nach deutschem Recht, wenn er in einem Eintrag eines britischen Gästebuches auf Englisch einem Kanadier nachbarliche ehrenrührige Grüße ausrichtet.

Zunehmend wird daher insoweit eine teleologische Reduktion des § 9 Abs. 1 **36** StGB in Betracht gezogen.[54] Ein möglicher Ansatz besteht darin, einen *besonderen territorialen Bezug zum Inland* zu fordern.[55] Zur Konkretisierung dieser „territorialen Spezifizierung" bedürfte es sodann objektiver Kriterien. Dem gelegentlich vorgeschlagenen Rückgriff auf subjektive Merkmale wie die Intention des Täters, ge-

---

[50] Vgl. *Satzger* § 5 Rn. 49; *Hilgendorf* NJW 1997, 1873 (1874); *Vec* NJW 2002, 1535 (1536 f.).

[51] Den Rechtsprechungswandel (hierzu indes Fn. 40) insoweit begrüßend *Valerius* HRRS 2016, 186 (188); siehe hierzu auch *Schiemann* JR 2017, 339 (345).

[52] *Hilgendorf* NJW 1997, 1873 (1876); vgl. OLG Jena NStZ 2005, 272 zur Verleumdung durch Telefax.

[53] *Hilgendorf* NJW 1997, 1873 (1876).

[54] Zusammenfassend *Busching* MMR 2015, 295 (297 f.).

[55] *Hilgendorf* NJW 1997, 1873 (1876 f.); *ders.* ZStW 113 (2001), 650 (670); ebenso *Böse* NK § 9 Rn. 14; *Werle/Jeßberger* LK § 9 Rn. 102; *Eisele* § 3 Rn. 16; *Gercke/Brunst* Rn. 81; *Rengier* AT § 6 Rn. 13; *Jeßberger* JR 2001, 432 (435).

rade im Inland zu wirken,[56] stünde bereits entgegen, dadurch die Reichweite der staatlichen Strafgewalt zur Disposition des Einzelnen zu stellen. Als mögliche Kriterien wurden etwa die Veröffentlichung der Inhalte in deutscher Sprache, die Benutzung der Top-Level-Domain „.de" und ein spezieller Bezug der Äußerungen auf deutsche Sachverhalte oder Personen erwogen.[57]

37   Auch der BGH hat in der Toeben-Entscheidung beiläufig festgehalten, dass die Anwendung deutschen Strafrechts eines *völkerrechtlich legitimierenden Anknüpfungspunktes* bedarf.[58] Dieser war seiner Ansicht nach aufgrund der Einzigartigkeit der unter der Herrschaft des Nationalsozialismus in Deutschland an den Juden begangenen Verbrechen gegeben. Auf diesem Wege eine Strafbarkeit nach deutschem Recht für alle volksverhetzenden Inhalte im Internet zu begründen, bedeutet indes eine Bevormundung anderer Staaten, die – wie etwa Australien und die USA – entsprechenden Äußerungen mit außerstrafrechtlichen Mitteln entgegentreten. Offenbar war der BGH bemüht, eine Entscheidung mit Symbolwirkung zu fällen, hat dabei jedoch die völkerrechtlich gebotene Zurückhaltung vermissen lassen.[59] In seiner „YouTube"-Entscheidung zu § 86a StGB (siehe Rn. 21) hat der BGH seine einschränkende Interpretation des Erfolgsorts hingegen auch „mit Blick auf völkerrechtliche Fragen"[60] getroffen und dadurch dem völkerrechtlichen Nichteinmischungsgebot größeren Respekt gezollt.

38   Eine weitere Möglichkeit, die Anwendbarkeit des deutschen Strafrechts bei online veröffentlichten Äußerungen einzuschränken, wäre der Rückgriff auf die *lex loci*, also die Berücksichtigung des Tatortrechts. Dieser Grundsatz will eine zu weite Ausdehnung des deutschen Strafrechts verhindern und hat etwa in § 7 StGB seinen Niederschlag gefunden („wenn die Tat am Tatort mit Strafe bedroht ist"). Bei Äußerungen im Internet bliebe allerdings nicht an den Tatort insgesamt, sondern lediglich an den Handlungsort anzuknüpfen. Denn die Veröffentlichung frei zugänglicher Inhalte im Internet zeichnet sich dadurch aus, nach traditioneller Ansicht nur einen einzigen Handlungsort aufzuweisen, aber aufgrund der weltweiten Abrufbarkeit ggf. mehrere Erfolgsorte nach sich zu ziehen. Dies gilt jedenfalls für Erfolgsdelikte wie für beleidigende Werturteile und auch für sonstige Äußerungsdelikte, wenn abstrakten oder zumindest abstrakt-konkreten Gefährdungsdelikten ein Erfolgsort zugestanden wird. In Abgrenzung zum Distanzdelikt, das in der Regel nur einen Handlungs- und Erfolgsort hat, empfiehlt es sich hier, von einem *multiterritorialen Delikt* zu sprechen.[61] Demnach wäre denkbar, deutsches Strafrecht auf Äußerungen im Internet nur dann anzuwenden, wenn sie auch am Handlungsort des Täters unter Strafe stehen.[62]

---

[56] So etwa *Collardin* CR 1995, 618 (621); kritisch *Breuer* MMR 1998, 141 (143); *Hilgendorf* ZStW 113 (2001), 650 (661).

[57] Siehe insbesondere *Hilgendorf* NJW 1997, 1873 (1877); kritisch *Satzger* § 5 Rn. 51; *Breuer* MMR 1998, 141 (144).

[58] BGHSt 46, 212 (224); siehe bereits die Nachweise in Fn. 2.

[59] Kritisch auch *Koch* GA 2002, 703 (707); *Vassilaki* CR 2001, 262 (265). Dem BGH im Ergebnis dagegen zustimmend *Hörnle* NStZ 2001, 309 (310).

[60] BGH NStZ 2015, 81 (82).

[61] *Valerius* S. 208 f.

[62] *Kienle* S. 173 ff.; *Valerius* S. 255 ff.; vgl. auch *Heghmanns* HWSt 6. Teil Rn. 28.

III. Auslandstaten

Grundlagen Territorialitäts- und Ubiquitätsprinzip werden von weiteren völker- **39** rechtlichen Grundsätzen flankiert, die auch bei Auslandstaten ausnahmsweise die Anwendbarkeit des deutschen Strafrechts begründen. Zu diesen Grundsätzen zählen etwa das *aktive Personalitätsprinzip* des § 7 Abs. 2 Nr. 1 StGB (Auslandstaten eines Deutschen) bzw. das *passive Personalitätsprinzip* in § 7 Abs. 1 StGB (Auslandstaten gegen einen Deutschen) und insbesondere das Weltrechtsprinzip. Daneben kommt dem in § 5 StGB aufgegriffenen Gedanken eines besonderen Inlandsbezugs einer Auslandstat gestiegene Bedeutung für das Internetstrafrecht zu.

Besonderer Inlandsbezug (§ 5 StGB) § 5 StGB unterstellt Auslandstaten mit *be-* **40** *sonderem Inlandsbezug* der Anwendbarkeit deutschen Strafrechts. Mit dem 60. Gesetz zur Änderung des Strafgesetzbuches – Modernisierung des Schriftenbegriffs und anderer Begriffe sowie Erweiterung der Strafbarkeit nach den §§ 86, 86a, 111 und 130 des Strafgesetzbuches bei Handlungen im Ausland vom 30. November 2020[63] hat der Gesetzgeber unter anderem auf die Rechtsprechungsänderung des BGH zum Vorliegen eines Erfolgsorts im Sinne des § 9 Abs. 1 StGB bei §§ 86a, 130 Abs. 3 StGB (siehe Rn. 30) reagiert[64] und den Anwendungsbereich des § 5 StGB erheblich erweitert.

Nach § 5 Nr. 3 lit. a und lit. b sowie Nr. 5a StGB n. F. ist das deutsche Strafrecht **41** künftig auch auf vom Ausland aus begangene Straftaten des Verbreitens von Propagandamitteln oder Verwendens von Kennzeichen verfassungswidriger und terroristischer Organisationen in den Fällen der § 86 Abs. 1 und Abs. 2, § 86a Abs. 1 Nr. 1 StGB, der Öffentlichen Aufforderung zu Straftaten (§ 111 StGB), des Betriebs krimineller Handelsplattformen (§ 127 StGB) und der Volksverhetzung in den Fällen des § 130 Abs. 2 Nr. 1, auch i. V. m. Abs. 5 und Inhalten im Sinne des § 11 Abs. 3 StGB, anwendbar, wenn ein besonderer Inlandsbezug vorliegt.

Das setzt zweierlei voraus. Zum einen muss der Täter Deutscher sein (aktives **42** Personalitätsprinzip) oder[65] seine Lebensgrundlage im Inland haben (Domizilprinzip). Zum anderen muss sich die Tat im Inland „auswirken".[66] Das ist dem Gesetzeswortlaut des § 5 Nr. 3 lit. a, Nr. 3 lit. b und Nr. 5a StGB nach der Fall, wenn ein inkriminierter Inhalt oder Gegenstand *„im Inland wahrnehmbar"* verbreitet oder der *„inländischen* Öffentlichkeit zugänglich gemacht" bzw. „in einer der inländischen Öffentlichkeit zugänglichen Weise oder in einem im Inland wahrnehmbar verbreiteten Inhalt" verwendet wird. Bei Taten nach § 130 Abs. 2 Nr. 1 StGB muss hinzutreten (siehe § 3 Rn. 102), dass sie geeignet sind, den – inländischen[67] – öffentlichen

---

[63] BGBl. I, S. 2600.
[64] BT-Drucks. 19/19859, S. 1 f.
[65] Skeptisch zu diesem Alternativitätsverhältnis in einem Vorgängerentwurf (BR-Drucks. 27/16) *Valerius* HRRS 2016, 186 (189).
[66] BT-Drucks. 19/19859, S. 3.
[67] BT-Drucks. 19/19859, S. 46.

Frieden zu stören. Auf den Betrieb krimineller Handelsplattformen aus dem Ausland (§ 127 StGB) ist das deutsche Strafrecht anwendbar, wenn ihr Zweck auf die
Förderung der Begehung von rechtswidrigen Taten im Inland ausgerichtet ist.

43   „Im Inland wahrnehmbar verbreitet" wird ein Inhalt, wenn er das Inland „tatsächlich erreicht".[68] Das ist nicht nur bei Speicherung auf einem permanenten Medium, sondern auch bereits der Fall, wenn er sich im flüchtigen Arbeitsspeicher eines Rechners befindet.[69] Ein Zugänglichmachen liegt bereits vor, wenn aus dem
Inland die Möglichkeit des Zugriffs auf einen auf einem ausländischen Server gespeicherten Inhalt besteht.[70]

44   Auf der sachlichen Ebene schafft der Gesetzgeber damit eine recht weitgehende
Möglichkeit der Anwendung deutschen Strafrechts auf Auslandstaten. Weil er in § 5
StGB aber auch das aktive Personalitäts- bzw. Domizilprinzip integriert hat, behält
die Diskussion um die Auslegung des Begriffs des Erfolgsorts im Sinne des § 9
Abs. 1 StGB (siehe Rn. 25 ff.) jedenfalls teilweise ihre Bedeutung. Das zeigt schon
der Fall Toeben (Rn. 21), auf den § 5 Nr. 5a lit. c StGB – mangels einer Lebensgrundlage des Täters in Deutschland – nicht anwendbar gewesen wäre.

45   **Weltrechtsprinzip** Das in § 6 StGB verankerte *Weltrechtsprinzip* ermöglicht zum
Schutz internationaler Rechtsgüter die Anwendung deutschen Strafrechts auch bei
bestimmten Auslandstaten, unabhängig von der Nationalität des Täters sowie dem
Recht des Tatorts. Die Ausweitung der nationalen Strafgewalt wird hier dadurch
legitimiert, dass über die Schutzwürdigkeit der betroffenen Rechtsgüter weltweit
Einigkeit besteht und sich die Straftaten somit gegen die Völkerrechtsgemeinschaft
insgesamt richten.[71] Für Delikte im Internet ist dabei vornehmlich § 6 Nr. 6 StGB
von Bedeutung, wonach deutsches Strafrecht für jegliche Verbreitung harter Pornographie, d. h. gewalt-, tier-, kinder- und jugendpornographischer Schriften gilt.[72]

B. Inhaltsbegriff

I. Grundlagen

46   Die Normierung des Inhaltsbegriffs im Allgemeinen Teil des StGB ist Gründen der
Vereinfachung geschuldet. Dadurch können insbesondere sämtliche Äußerungsdelikte im Besonderen Teil, die durch die Verbreitung von Inhalten begangen werden
(z. B. die Pornographietatbestände in den §§ 184 ff. StGB oder qualifizierte Ehrver-

---

[68] BT-Drucks. 19/19859, S. 44.

[69] BT-Drucks. 19/19859, S. 44.

[70] BT-Drucks. 19/19859, S. 44.

[71] *Ambos* § 3 Rn. 95; *Satzger* § 5 Rn. 77; *Hilgendorf* JR 2002, 82 (83). Zur Kritik am Weltrechts-
grundsatz *Hilgendorf* FS Würzburger Juristenfakultät, S. 333 (346 ff.).

[72] Kritisch gegenüber der Erstreckung der Strafgewalt auf harte Pornographie *Ambos* MK-StGB
§ 6 Rn. 14; *Böse* NK § 6 Rn. 14.

letzungen in den §§ 185 ff. StGB) auf eine eigene Definition wie in § 11 Abs. 3 StGB verzichten und sich stattdessen mit einem ausdrücklichen Verweis auf diese Vorschrift (gewöhnlich in einem Klammerzusatz) begnügen.[73] Zugleich erlaubt dies dem Gesetzgeber bei neuen Verbreitungswegen für strafbare Äußerungen, sich auf die Änderung einer einzigen zentralen Regelung zu beschränken.

Exemplarisch kann insoweit etwa auf das *Informations- und Kommunikationsdienstegesetz* **47** (IuKDG) vom 22. Juli 1997[74] verwiesen werden. Die zahlreichen Dienste des Internets haben die Möglichkeiten des Informationsaustauschs nicht nur verändert und erheblich erweitert, sondern insbesondere auch *digitalisiert*. Die hiermit einhergehende Unkörperlichkeit jeglicher Information schien nicht ohne Weiteres vereinbar zu sein mit dem seinerzeit geltenden Schriftenbegriff des § 11 Abs. 3 StGB a. F., der die stoffliche Verkörperung eines geistigen Sinngehalts erforderte, so dass die Anwendbarkeit der Vorschrift umstritten war.[75] In einem ersten Schritt ging das IuKDG die unklare Rechtslage dadurch an, dass § 11 Abs. 3 StGB um das Merkmal „Datenspeicher" erweitert wurde. Das löste die Probleme aber nur bedingt, weil auch Datenträger regelmäßig nicht körperlich weitergegeben werden. Erst 2021 hat der Gesetzgeber den neuen Realitäten unserer Lebenswelt, die durch eine in aller Regel digitale Verbreitung strafbarer Inhalte gekennzeichnet werden, umfassend Rechnung getragen und durch das *60. StrÄndG* (zur „*Modernisierung" des Schriftenbegriffs*) in § 11 Abs. 3 StGB den alten Schriften- durch den *Inhalts*begriff ersetzt.[76] Fortan wird nicht mehr primär auf das Trägermedium, sondern den Inhalt selbst abgestellt.

II. Einzelne Merkmale

Inhalte im Sinne der Vorschriften des Strafgesetzbuches, die auf § 11 Abs. 3 StGB **48** verweisen, sind solche, die in *Verkörperungen* enthalten sind oder *mittels Informations- oder Kommunikationstechnik übertragen* werden.

Verkörperung Die Verkörperung ist der Oberbegriff für alle körperlichen Gebilde, **49** die sinnlich wahrnehmbar einen gedanklichen Inhalt vermitteln, und in dieser Auffangfunktion weit auszulegen.[77] Die in der Vorschrift aufgezählten Schriften, Ton- und Bildträger, Datenspeicher und Abbildungen sind lediglich Beispielsfälle. Für die erforderliche Wahrnehmbarkeit der verkörperten gedanklichen Inhalte genügt es, wenn sie durch Hilfsmittel möglich ist. Eine Verkörperung liegt bei digitalisierten gedanklichen Inhalten deshalb vor, wenn die Audio-, Bild-, Video- oder sonstige Datei auf einem *Datenträger* (z. B. CD- oder DVD-ROM, Festplatte, USB-Stick,

---

[73] Übersicht bei *Valerius* BeckOK-StGB § 11 Rn. 64.1.

[74] BGBl. I, S. 1870.

[75] Ablehnend für Inhalte im Bildschirmtext (Btx) OVG Münster NJW 1993, 1494. AA unter Verweis auf die im Btx-Verfahren verwendeten Datenträger OLG Stuttgart NStZ 1992, 38; *Walther* NStZ 1990, 523 (523); ebenso für Internet-Server *Jäger/Collardin* CR 1996, 236 (237); *Sieber* JZ 1996, 494 (495).

[76] Siehe dazu etwa *Gercke* ZUM 2020, 948 (952).

[77] *Saliger* NK § 11 Rn. 80; *Valerius* BeckOK-StGB § 11 Rn. 66.

nach herrschender Auffassung auch der Arbeitsspeicher eines Rechners[78]) gespeichert ist.

50 **Übertragung mittels Informations- und Kommunikationstechnik** Der Inhaltsbegriff des § 11 Abs. 3 StGB erfasst daneben und *unabhängig von einer Speicherung* auch solche Inhalte, die mittels Informations- oder Kommunikationstechnik übertragen werden. Auf diese Weise werden sämtliche technischen Methoden der Informationsübertragung erfasst, etwa per SMS, E-Mail, Messenger-Dienste wie WhatsApp, OTT-Dienste wie Facebook oder auch im Wege des Live-Streamings.[79]

51   Eine begrenzende Funktion der Vorschrift ergibt sich insbesondere daraus, dass eine Übertragung *„mittels Informations- oder Kommunikationstechnik"* nur vorliegt, wenn ein Inhalt von einem an einen anderen Ort transferiert wird (siehe auch § 1 TMG, der grundsätzlich alle elektronischen Informations- und Kommunikationsdienste als Telemedien, also „Fernmedien" ansieht).[80] Eine bloße Verstärkung etwa des gesprochenen Wortes am Ort der Aussprache mit technischen Mitteln, wie etwa einem Mikrofon, macht das Wort damit noch nicht zu einem Inhalt im Sinne des § 11 Abs. 3 StGB.[81] Erforderlich ist ferner, dass ein Inhalt auch tatsächlich übertragen wird. Eine mündliche Aussage wird also nicht bereits dadurch zu einem Inhalt im Sinne des § 11 Abs. 3 StGB, dass sie mittels eines Smartphones (aufgenommen und) übertragen werden könnte, sondern erst, wenn dies tatsächlich geschieht.

C. Strafrechtliche Behandlung von Providern

Literatur (Auswahl): *Assion* Überwachung und Chilling Effects, in: Telemedicus e.V. (Hrsg.), Überwachung und Recht, 2014, 31–79; *Bleisteiner* Rechtliche Verantwortlichkeit im Internet, 1999; *Boese* Strafrechtliche Verantwortlichkeit für Verweisungen durch Links im Internet, 2000; *Bosbach/Pfordte* Strafrechtliche Verantwortlichkeit für Hyperlinks und verlinkte Inhalte im Internet, K&R Beih. 1/2006, 1–16; *Elsaß/Tichy/Labusga* Löschungen und Sperrungen von Beiträgen und Nutzerprofilen durch die Betreiber sozialer Netzwerke, CR 2017, 234–241; *Fitzner* Fortbestehende Rechtsunsicherheit bei der Haftung von Host-Providern, MMR 2011, 83–86; *Flechsig/Gabel* Strafrechtliche Verantwortlichkeit im Netz durch Einrichten und Vorhalten von Hyperlinks, CR 1998, 351–358; *M. Gercke* Die strafrechtliche Verantwortlichkeit für Hyperlinks, CR 2006, 844–850; *Guggenberger* Das Netzwerkdurchsetzungsgesetz – schön gedacht, schlecht gemacht, ZRP 2017, 98–101; *Hilgendorf* Zur Anwendbarkeit des § 5 TDG auf das Strafrecht, NStZ 2000, 518–522; *ders.* Strafrechtliche Anforderungen an den Jugendmedienschutz im Inter-

---

[78] BT-Drucks. 13/7385, S. 36 zu § 11 Abs. 3 StGB a. F.; OLG Hamburg NJW 2010, 1893 (1894); Schönke/Schröder/*Hecker* § 11 Rn. 77; *Saliger* NK § 11 Rn. 78; *Gercke/Brunst* Rn. 278; *Eckstein* ZStW 117 (2005), 107 (117 ff.); skeptisch *Stein/Deiters* SK-StGB § 11 Rn. 106; *Gounalakis/Rhode* K&R 1998, 312 (330); *Lindemann/Wachsmuth* JR 2002, 206 (208). Auf die Frage kommt es nach § 11 Abs. 3 StGB n. F. nicht mehr an, sofern im Arbeitsspeicher befindliche Daten jedenfalls mittels Informations- oder Kommunikationstechnik übertragen werden; siehe auch BT-Drucks. 19/19859, S. 26.

[79] BT-Drucks. 19/19859, S. 26.

[80] BT-Drucks. 19/19859, S. 26.

[81] BT-Drucks. 19/19859, S. 26; *Hörnle* MK-StGB § 184 Rn. 19.

net, in: Jugendmedienschutz im Informationszeitalter, 2012, 105–120; *Jaeschke* Haftung gewerblicher WLAN-Hotspot-Betreiber, MMR 2017, 221–226; *Kessler* Zur strafrechtlichen Verantwortlichkeit von Zugangsprovidern, Berlin 2003; *Liesching/Günter* Verantwortlichkeit von Internet-Café-Betreibern, MMR 2000, 260–266; *Mantz* Rechtssicherheit für WLAN? Die Haftung des WLAN-Betreibers und das McFadden-Urteil des EuGH, EuZW 2016, 817–820; *Nolte* Hate-Speech, Fake-News, das „Netzwerkdurchsetzungsgesetz" und Vielfaltsicherung durch Suchmaschinen, ZUM 2017, 552–565; *Park* Die Strafbarkeit von Internet-Providern wegen rechtswidriger Internet-Inhalte, GA 2001, 23–36; *Pelz* Die Strafbarkeit von Online-Anbietern, wistra 1999, 53–59; *Satzger* Strafrechtliche Providerhaftung, in: Verantwortlichkeit im Netz, 2003, S. 161–180; *Sieber* Verantwortlichkeit im Internet, 1999; *Sobola/Kohl* Haftung von Providern für fremde Inhalte, CR 2005, 443–450; *Spindler* Verantwortlichkeit und Haftung für Hyperlinks im neuen Recht, MMR 2002, 495–503; *ders.* Die Verantwortlichkeit der Provider für „Sich-zu-Eigen-gemachte" Inhalte und für beaufsichtigte Nutzer, MMR 2004, 440–444; *Staben* Der Abschreckungseffekt auf die Grundrechtsausübung, 2016; *Stadler* Haftung für Informationen im Internet, 2. Auflage 2005; *Vassilaki* Strafrechtliche Verantwortlichkeit durch Einrichten und Aufrechterhalten von elektronischen Verweisen (Hyperlinks), CR 1999, 85–93.

Studienliteratur: *Guggenberger* Das Netzwerkdurchsetzungsgesetz in der Anwendung, NJW 2017, 2577–2582; *Haft/Eisele* Zur Einführung: Rechtsfragen des Datenverkehrs im Internet, JuS 2001, 112–120; *Heghmanns* Strafrechtliche Verantwortlichkeit für illegale Inhalte im Internet, JA 2001, 71–78; *Kudlich* Die Neuregelung der strafrechtlichen Verantwortung von Internetprovidern, JA 2002, 798–803; *Liebau* Cyber-Crime – die strafrechtliche Verantwortlichkeit von Internetprovidern nach dem TDG/MDStV, Jura 2006, 520–527.

I. Provider

1. Grundlagen

Im Internet surfen, Daten eingeben oder herunterladen, E-Mails senden, chatten, Kontakte in sozialen Netzwerken pflegen, heute ganz alltägliche Handlungen, sind ohne die Inanspruchnahme der Dienste von Internet-Anbietern (sog. *Provider*) nicht möglich. Sie vermitteln den Zugang zum Internet, übermitteln Informationen auf den Datenhighways und stellen den Nutzern Informationen auf eigenen oder fremden Servern zum Abruf bereit. Ihnen stehen die *Nutzer* („User") gegenüber, welche die Dienste der Internet-Anbieter (in der Regel Telekommunikationsunternehmen) in Anspruch nehmen. **52**

Die verschiedenen Aufgaben der Provider und die Vielgestaltigkeit der Angebote im Internet führen dazu, dass in jeden Kommunikationsvorgang und somit in jede Datenübertragung im Internet in aller Regel *mehrere* (natürliche und juristische) *Personen* involviert sind. Beispielsweise sind an einem „einfachen" Geschehen wie der Verbreitung von Inhalten über eine Webseite zumindest fünf Personen beteiligt. Um die Inhalte zunächst zum Abruf bereit zu stellen, muss deren Anbieter (Person 1) die jeweilige Datei auf den Webserver hochladen. Für diesen Vorgang benötigt er zum einen die Dienste des sog. Network-Providers (Person 2), der ihm ermöglicht, die Datei auf den Webserver zu übertragen, und zum anderen die Dienste des sog. Host-Service-Providers (Person 3), der ihm den notwendigen Speicherplatz auf dem Webserver zur Verfügung stellt. Für den Abruf der Daten durch den Nutzer der Webseite (Person 5) greift dieser schließlich auf den sog. Access-Provider (Person 4) zurück, über den der Nutzer eine Verbindung mit dem Internet herstellt. Werden **53** auf diese oder andere Weise im Internet rechtswidrige Inhalte (z. B. kinderporno-graphische Bild- und Videodateien, beleidigende oder volksverhetzende Äußerungen) verbreitet oder bildet die Übertragung den Ausgangspunkt für rechtswidrige Beeinträchtigungen von Hard- und Software (z. B. durch Schadprogramme wie Viren), stellt sich die Frage nach der *Verantwortlichkeit* der Beteiligten an dem betreffenden Kommunikationsvorgang.

2. Funktionale Einteilung nach dem TMG

54 Das deutsche Recht regelt die Verantwortlichkeit von Internet-Providern (bislang noch; zur bevorstehenden Ablösung durch den *Digital Services Act* siehe Rn. 129 ff. und bereits § 1 Rn. 118) im *Telemediengesetz* (TMG). § 2 Satz 1 Nr. 1 und Nr. 3 TMG beschreiben zunächst Diensteanbieter und Nutzer ganz allgemein. *Diensteanbieter* sind hiernach natürliche oder juristische Personen, die eigene oder fremde Telemedien zur Nutzung bereithalten oder den Zugang zur Nutzung vermitteln.

55 Das TMG trat am 1. März 2007 in Kraft und ersetzte unter anderem das seit dem 1. August 1997 gültige TDG (zur Entstehungsgeschichte des TMG siehe schon § 1 Rn. 54 ff.). Dort schränkte zunächst § 5 TDG die Verantwortlichkeit von Diensteanbietern ein, bevor zur Umsetzung der *Richtlinie über den elektronischen Geschäftsverkehr* 2000/31/EG (E-Commerce-RL)[82] mit Wirkung zum 21. Dezember 2001 eine differenziertere Regelung in den §§ 8 ff. TDG erlassen wurde. Diese Normen wurden ohne inhaltliche Änderung in die §§ 7 ff. TMG übertragen, obwohl sich der Gesetzgeber offener Fragen zur Verantwortlichkeit (z. B. zur Haftung für Hyperlinks; siehe hierzu Rn. 112 ff.) durchaus bewusst war.[83] Einige dieser Unklarheiten hat der Gesetzgeber in Anlehnung an zwischenzeitlich ergangene, höchstrichterliche Rechtsprechung[84] durch das 2. sowie das 3. TMG-Änderungsgesetz aus 2016 und 2017 aufzulösen versucht (siehe hierzu Rn. 88 ff.).[85]

56 Das TMG gibt eine *funktionale Einteilung* der Anbieter vor. Allerdings vereinen moderne Telekommunikationsunternehmen in der Regel sämtliche Anbieterfunktionen in sich, so dass sich die einzelnen Tätigkeiten häufig überschneiden. Um die Verantwortlichkeit des Providers in einem konkreten Fall zu ermitteln, ist nicht abstrakt auf seinen Status, sondern konkret auf die jeweils in Frage stehende Tätigkeit abzustellen.[86] Nach den §§ 7–10 TMG sind dabei zu unterscheiden:

57 • Diensteanbieter, die lediglich den Zugang zur Nutzung fremder Inhalte vermitteln (sog. *Access-Provider*), und Anbieter, die fremde Informationen in einem Kommunikationsnetz übermitteln (sog. *Network-Provider*), sind nur an der Durchleitung von Informationen (§ 8 TMG) beteiligt. Access-Provider betreiben Rechner, über die der Nutzer den Zugang zum Netz erhält; Network-Provider dagegen betreiben die Leitungen, in denen die Daten fließen.

---

[82] ABl. EG L 178, S. 1.
[83] BT-Drucks. 16/3078, S. 12; kritisch *Hoeren* NJW 2007, 801 (805 f.).
[84] BGHZ 185, 330; EuGH GRUR 2016, 1146.
[85] BGBl. I, S. 1766 sowie BGBl. I, S. 3530.
[86] Lackner/Kühl/*Heger* § 184 Rn. 7; *Gercke/Brunst* Rn. 584; *Kessler* S. 42 ff.

- Inhalts-Anbieter („*Content-Provider*") halten hingegen eigene Informationen auf eigenen Servern, Servern von Online-Diensten oder Host-Service-Providern bereit. Ein Inhalts-Anbieter ist auch der Inhaber einer Webseite.
- „Hosting" bedeutet die Speicherung von fremden Informationen für einen Nutzer. Der *Host-Service-Provider* stellt fremde Informationen auf seinem Server zur Verfügung. Ein Host-Service-Provider ist etwa derjenige, der dem Anbieter einer Webseite Speicherplatz auf einem Server zur Verfügung stellt, wenn dieser keinen eigenen Server betreibt. Auch der Betreiber eines sozialen Netzwerks ist Host-Provider.

Das TMG grenzt das sog. *Caching* von den bisher genannten Anbietertätigkeiten ab. Caching ist   **58** eine kurzfristige Zwischenspeicherung von Informationen mit Hilfe sog. Proxy-Cache-Server, spezieller Server zur vereinfachten Weiterleitung von Daten. Diese Server sind häufig an den Knotenpunkten von Teilnetzen zu finden. Werden beispielsweise von Europa aus Seiten aus Übersee abgerufen, so werden die Daten beim allerersten Abruf direkt vom Server aus Übersee gesendet. In der Regel werden diese Daten auf einem Proxy-Cache-Server gespeichert, der sich – vereinfacht gesehen – am Knotenpunkt der Verbindung von Übersee nach Europa am Eingangsportal Europas befindet. Wird die Seite nun nochmals von Europa aus aufgerufen, wird sie nicht von Übersee, sondern vom Proxy-Cache-Server in Europa gesendet. Dies erspart Kosten, verringert die Netzbelastung und vereinfacht und beschleunigt den Zugriff auf die Daten. Die Proxy-Cache-Server befinden sich nicht nur an großen Knotenpunkten des Netzes, sondern können von den Anbietern an jedem denkbaren Übergangsweg im Netz eingesetzt werden.

Den Anbietern stehen die *Nutzer* des Internets gegenüber. Sie sind natürliche   **59** oder juristische Personen, die Telemedien in Anspruch nehmen, insbesondere um Informationen zu erlangen oder zugänglich zu machen (§ 2 Satz 1 Nr. 3 TMG). Sie sind die Kunden der Anbieter.

Infolge der funktionalen Unterscheidung der Anbieter sind die *Rollen* „Nutzer"   **60** und „Anbieter" aber *nicht fest verteilt*. So ist nicht nur der bloße Internet-Surfer Nutzer, sondern etwa auch der Content-Provider, soweit er seine Inhalte auf Servern eines Host-Service-Providers speichert, oder der Host-Service-Provider, soweit er die Leistungen eines Network-Providers in Anspruch nimmt. In diesen Fällen ist der Anbieter also zugleich Nutzer. Ein Ausschlussverhältnis von Nutzer und Anbieter besteht nicht.

Ebenso sind *Inhaber privater Webseiten* differenziert zu betrachten. Sie sind ei-   **61** nerseits Nutzer, da sie zur Errichtung und Bereithaltung ihrer Webseite Anbieterdienste in Anspruch nehmen. Sie sind aber auch selbst Anbieter, wenn sie auf ihrer Webseite Telemedien offerieren.[87] Die in der Regel fehlende Entgeltlichkeit bleibt ohne Bedeutung (§ 1 Abs. 1 Satz 2 TMG). Auch für Inhaber privater Webseiten gilt somit grundsätzlich das TMG.

---

[87] LG Trier MMR 2002, 694 (694 f.); Schönke/Schröder/*Eisele* § 184 Rn. 75; Spindler/Schuster/*Hoffmann/Volkmann* § 7 TMG Rn. 12; *Marberth-Kubicki* Rn. 365.

II. Verantwortlichkeit der Anbieter nach dem TMG

1. Grundlagen

62 Das TMG enthält in §§ 7–10 besondere Verantwortlichkeitsregeln für Diensteanbieter. Ihr Ziel ist dabei nicht, eine nach allgemeinen Regeln nicht vorhandene Verantwortlichkeit zu begründen, sondern diese zu beschränken. Der vom TMG verwendete – zuvor im deutschen Strafrecht nicht generell gebräuchliche – Begriff der
Verantwortlichkeit soll eine *rechtliche Verantwortlichkeit* sein, die alle Bereiche des
Rechtslebens abdeckt. Verantwortlichkeit kann verstanden werden als rechtliches
Einstehenmüssen für ein bestimmtes Verhalten. Wenn der Anbieter für ein bestimmtes Verhalten nach dem TMG nicht verantwortlich ist, haftet er dafür weder nach
den Vorschriften des Strafrechts noch des Bürgerlichen Rechts oder des Öffentlichen Rechts.

a) Dogmatische Einordnung der Verantwortlichkeitsregeln

63 Bereits die dogmatische Einordnung der Verantwortlichkeitsregeln in den strafrechtlichen Prüfungsaufbau bereitet Schwierigkeiten. Sie ist im dreistufigen Verbre-
chensaufbau grundsätzlich auf allen Ebenen – Tatbestand, Rechtswidrigkeit und
Schuld – möglich. Aber auch eine Vorschaltung der Prüfung, vergleichbar mit einem Filter, ist denkbar. Überwiegend werden die sog. Vorfilterlösung, das Integrati-
onsmodell sowie zwischen diesen Modellen vermittelnde Ansichten vertreten.

64 Die praktische Bedeutung der Frage für das Strafrecht wird am Beispiel der *Teilnahme* deutlich.
Sie setzt eine tatbestandsmäßige und rechtswidrige Haupttat voraus (§§ 26, 27 StGB). Ließen die
Verantwortlichkeitsregelungen den Tatbestand oder die Rechtswidrigkeit der Haupttat entfallen,
wäre eine Strafbarkeit wegen Teilnahme ausgeschlossen. Anders verhielte es sich jedoch, wenn die
Vorschriften in der Schuld anzusiedeln wären.

65 Außerdem hat die Zuordnung Bedeutung für den *Irrtum*. Irrt der Täter sich etwa über die
Zumutbarkeit eines bestimmten Verhaltens, z. B. des Sperrens einer Internetadresse (siehe
Rn. 85 f.), läge bei einer Verortung der Zumutbarkeit im Tatbestand ein Tatumstandsirrtum gemäß
§ 16 StGB vor, so dass eine Strafbarkeit für vorsätzliches Handeln ausschiede. Wäre die Zumut-
barkeit hingegen ein Element der Schuld, fände die Regelung über den Verbotsirrtum in § 17
StGB Anwendung.

66 **Vorfilterlösung** Nach der Vorfilterlösung werden die Verantwortlichkeitsregeln
vor dem jeweiligen Delikt als ein die Strafbarkeit einschränkender „Filter" behandelt. Erst nach Passieren des Filters wird die Strafbarkeit nach dem StGB bzw. strafrechtlichen Nebengesetzen geprüft. Diese in der Literatur teilweise favorisierte
Lösung[88] entspricht dem *Sprachgebrauch des Gesetzgebers*, der in den Gesetzesma-
terialien die Wirkungsweise der Regelungen „untechnisch mit der eines Filters"
vergleicht.[89]

---

[88] *Malek/Popp* Rn. 74; *Bleisteiner* S. 157; *Altenhain* AfP 1998, 457 (458); *Park* GA 2001, 23 (29).
[89] BT-Drucks. 14/6098, S. 23.

Jedoch können die Verantwortlichkeitsregeln schwerlich losgelöst vom jeweili- **67** gen Rechtsgebiet angewendet werden. Es fehlten *rechtsgebietsspezifische Bezugspunkte*, die für eine Auslegung der Tatbestandsmerkmale unerlässlich sind. Die Vorfilterlösung birgt ferner die Gefahr, einzelne Merkmale mit widersprüchlichem Ergebnis doppelt zu prüfen. So wären etwa die Möglichkeit und Zumutbarkeit von Sperrmaßnahmen sowohl im „Vorfilter" als auch im Rahmen des in diesen Fällen häufig vorliegenden unechten Unterlassungsdelikts zu erörtern.[90] Eine reine Vorfilterlösung ist deshalb nicht sinnvoll. Der vom Gesetzgeber verwendete Begriff des „Filters" ist nur ein Bild, das die Wirkungsweise der Verantwortlichkeitsregeln verdeutlichen soll, aber über die dogmatische Einordnung nichts besagt. Erst recht kann dem Gesetzgeber nicht die Absicht unterstellt werden, er habe eine neue dogmatische Kategorie erfinden wollen.

Integrationslösung Nach der Integrationslösung sind die Verantwortlichkeitsre- **68** geln in die Prüfung des jeweiligen Delikts zu integrieren. Allerdings besteht keine Einigkeit über den genauen Ort der Einordnung. Zum Teil wird die Haftungsfreistellung als Strafausschließungsgrund verstanden.[91] Nach anderer Ansicht soll die Integration auf der *Schuldebene* stattfinden.[92] Dagegen spricht allerdings, dass die Regelungen nicht die persönliche Vorwerfbarkeit eines Verhaltens betreffen, sondern die objektive Festlegung bestimmter Pflichten der Anbieter.[93]

Überzeugender erscheint die Einordnung auf der Ebene des *Tatbestandes*, wel- **69** che die wohl überwiegende Meinung im Schrifttum vertritt.[94] Der Tatbestand beschreibt Verhaltensweisen, die typischerweise Unrecht darstellen. Ebenso beschreiben die Verantwortlichkeitsregeln des TMG, unter welchen Voraussetzungen Diensteanbieter typischerweise verantwortlich sind. Mit der Verortung im Tatbestand ist auch eine rechtsgebietsspezifische Auslegung der Merkmale möglich.

b) Das System der Verantwortlichkeit und die Grundidee der Privilegierung

Innerhalb der Verantwortlichkeitsregeln ist ein abgestuftes System erkennbar: Je **70** näher ein Anbieter bestimmten Informationen im Internet steht, desto eher soll er für diese Informationen rechtlich verantwortlich sein.

- Nach § 7 Abs. 1 TMG sind Diensteanbieter für eigene Informationen, die sie zur Nutzung bereithalten (*Content-Providing*), nach den allgemeinen Gesetzen (voll) verantwortlich (siehe Rn. 75 ff.).

---

[90] *Haft/Eisele* JuS 2001, 112 (117).
[91] *Heghmanns* HWSt 6. Teil Rn. 42; *ders.* JA 2001, 71 (78).
[92] LG München I NJW 2000, 1051 (1052).
[93] *Gercke/Brunst* Rn. 580; *Sieber* Rn. 243.
[94] Schönke/Schröder/*Eisele* § 184 Rn. 72; Lackner/Kühl/*Heger* § 184 Rn. 7a; Spindler/Schuster/*Hoffmann/Volkmann* Vor §§ 7 ff. TMG Rn. 32; *Gercke/Brunst* Rn. 580; *Haft/Eisele* JuS 2001, 112 (117 f.); *Hilgendorf* NStZ 2000, 518 (519); *Liebau* Jura 2006, 520 (522).

- Nach § 10 TMG sind Anbieter für fremde Informationen, die sie für einen Nutzer speichern (*Hosting*), unter bestimmten strengen Voraussetzungen nicht verantwortlich (siehe Rn. 82 ff.).
- Für die reine Durchleitung von Informationen (*Access- sowie Network-Providing*) sind Anbieter nach § 8 TMG grundsätzlich nicht verantwortlich (siehe Rn. 87 ff.).
- § 9 TMG regelt die Zwischenspeicherung zur beschleunigten Übermittlung von Informationen (*Caching*). Danach sind Anbieter für eine automatische, zeitlich begrenzte Zwischenspeicherung, die der Effizienz der Übermittlung dient, unter bestimmten Voraussetzungen nicht verantwortlich (siehe Rn. 103 ff.).

71 Bestimmte Tätigkeiten von Anbietern sind von der Verantwortlichkeit demnach ausgeschlossen. Wie die Gesetzesbegründung verdeutlicht, beruhen die Haftungsprivilegierungen darauf, dass die Durchleitung von Informationen auf den *technischen Vorgang* beschränkt ist, ein Kommunikationsnetz zu betreiben und den Zugang dazu zu vermitteln. In der Regel kennt der Anbieter die von ihm übermittelten Informationen nicht und er vermag diese Daten nicht zu kontrollieren.[95]

72 Auch die *Richtlinie 2000/31/EG (E-Commerce-RL)*, auf der die Änderung des TDG Ende 2001 und somit auch die heutige Fassung im TMG beruht (Rn. 55), stellt in ihrem Erwägungsgrund 42 (siehe unten Rn. 100) klar, dass die Ausnahmen der Verantwortlichkeit diejenigen Fälle betreffen, in denen die Tätigkeit des Anbieters auf den technischen Vorgang beschränkt ist, ein Kommunikationsnetz zu betreiben oder den Zugang dazu zu vermitteln. Diese Tätigkeiten seien rein technischer, automatischer und passiver Art (zur Reflexionsbedürftigkeit dieser Annahme unter den modernen Kommunikationsbedingungen der heutigen Zeit siehe Rn. 114 ff.), was bedeutet, dass der Anbieter weder Kenntnis noch Kontrolle über die Information besitzen darf.

73 Nach der Richtlinie kann ein Anbieter die Privilegierung nur in Anspruch nehmen, wenn er in keiner Weise mit der übermittelten Information in Verbindung steht. Für das Access- und Network-Providing enthalten die Voraussetzungen des § 8 Abs. 1 Satz 1 Nr. 1–3 TMG bzw. des Art. 12 Abs. 1 lit. a–c der Richtlinie (Gegen-)Beispiele für eine *besondere Nähe* des Anbieters *zur Information*, die eine Privilegierung von vornherein ausschließt. Auch die kollusive Zusammenarbeit mit einem Nutzer seines Dienstes lässt die Privilegierung der Durchleitung entfallen (§ 8 Abs. 1 Satz 3 TMG). Diese Ausnahme beruht ebenfalls darauf, dass der Anbieter Kenntnis der Information, die Möglichkeit der Kontrolle der Übermittlung oder eine sonstige besondere Nähe zur Information hat.

74 Eine besondere Nähe kann einerseits durch Kenntnis der Daten sowie eine *objektive* Verbindung des Anbieters zur übermittelten Information, etwa durch deren Veränderung nach § 8 Abs. 1 Satz 1 Nr. 3 TMG, entstehen. Andererseits ist diese Nähe durch eine rein *subjektive* Verbindung denkbar, etwa wenn der Anbieter Kenntnis einer rechtswidrigen Information hat und ihre Übermittlung auch will, ohne jedoch eine tatsächliche Kontrollmöglichkeit über die Daten zu besitzen. In diesen Fällen scheitert eine Strafbarkeit aber in der Regel an der fehlenden Möglichkeit der Einflussnahme durch den Anbieter.

---

[95] BT-Drucks. 14/6098, S. 24.

2. Zur Verantwortlichkeit der verschiedenen Provider

a) Content-Providing

Während in der europäischen Vorgabe das Content-Providing nicht geregelt ist, **75** stellt § 7 Abs. 1 TMG klar, dass ein Anbieter für das Bereithalten eigener Informationen *(voll) verantwortlich* ist. Der weit zu verstehende Begriff der „Information" erfasst alle Daten, die im Rahmen des jeweiligen Telemediums übermittelt oder gespeichert werden.[96]

Zur Abgrenzung von eigenen, fremden und zu eigen gemachten Informatio- **76** **nen** § 7 Abs. 1 TMG behandelt das Bereithalten eigener, § 10 TMG die Speicherung fremder Informationen. Die Abgrenzung des Content-Providing nach § 7 TMG zum Host-Service-Providing nach § 10 TMG wird einerseits durch die Begriffe der eigenen und der fremden Informationen vorgenommen. Andererseits findet eine Speicherung im Sinne des § 10 TMG immer für einen anderen statt. *Eigene Informationen* sind vom Anbieter selbst erstellte Informationen, aber auch zu eigen gemachte, ursprünglich fremde Informationen.[97] Fremd sind Informationen, wenn sie weder eigene noch zu eigen gemachte sind.

Wann Informationen *zu eigen gemacht* sind, ist umstritten. Zum Teil wird darauf **77** abgestellt, ob der Anbieter fremde Informationen nicht als solche kennzeichnet oder sich hiervon nicht distanziert;[98] andere fordern hingegen die bewusste Auswahl, Kontrolle und Verantwortung von Fremdinhalten.[99] Subjektive Kriterien, die dem Wortlaut „zu eigen machen" am ehesten entsprächen, kranken daran, häufig Nachweisprobleme aufzuwerfen. Richtigerweise wird von einem „zu eigen machen" deshalb nur dann gesprochen werden können, wenn der Anbieter die Entstehung einer Situation duldet, in der *für einen objektiven Dritten der Anschein erweckt wird*, der Anbieter billige bestimmte Inhalte und behandele sie wie eigene. Auch der BGH stellt auf „eine objektive Sicht auf der Grundlage einer Gesamtbetrachtung aller relevanten Umstände ab".[100]

Die verbreitete förmliche generelle Distanzierung in einem sog. *Disclaimer* (z. B. „Für die Inhalte **78** der verlinkten Seiten sind ausschließlich deren Betreiber verantwortlich.") steht einer Verantwortlichkeit nicht von vornherein entgegen.[101] Unter Umständen kann sie sogar indizieren, dass der Anbieter der Webseite um die Problematik der verknüpften Informationen wusste.

---

[96] Schönke/Schröder/*Eisele* § 184 Rn. 78; *Fischer* § 184 Rn. 28a; vgl. auch BT-Drucks. 14/6098, S. 23; aA OLG München NJW 2001, 3553 (3554).

[97] BT-Drucks. 13/7385, S. 19; 14/6098, S. 23; BGH MMR 2010, 556 (557); *Altenhain* MK-StGB Vor §§ 7 ff. TMG Rn. 23; Schönke/Schröder/*Eisele* § 184 Rn. 80; *Gercke/Brunst* Rn. 590.

[98] *Koch* CR 1997, 193 (197); kritisch *Malek/Popp* Rn. 82; *Liebau* Jura 2006, 520 (523).

[99] So etwa *Sieber* Rn. 299 ff.; vgl. auch *Park* GA 2001, 23 (31 f.). Einen Überblick über die verschiedenen Ansätze gewähren *Gercke/Brunst* Rn. 590; *Malek/Popp* Rn. 77 ff.

[100] BGH MMR 2010, 556 (557); ebenso Spindler/Schuster/*Hoffmann/Volkmann* § 7 TMG Rn. 16.

[101] OLG Köln MMR 2002, 548 (548); LG Hamburg NJW 1998, 3650 (3651); *Malek/Popp* Rn. 82; *Marberth-Kubicki* Rn. 379; *Bosbach/Pfordte* K&R Beih. 1/2006, 1 (10); *Spindler* MMR 2004, 440 (442).

79   Betreiber von *Gästebüchern* trifft nach fraglicher Rechtsprechung eine Kontrollpflicht. Allein durch deren Verletzung soll sich der Betreiber rechtswidrige Einträge Dritter in seinem Gästebuch zu eigen machen.[102] Dies gilt jedenfalls für die Moderatoren von *Portalen* und *Foren*, sofern sie sämtliche Beiträge vor ihrer Veröffentlichung erst freigeben.[103] Die Rechtsprechung geht hier zum Teil allerdings recht weit, indem sie als eine solche Vorkontrolle etwa Vorgaben zur Themenstruktur und zur bildlichen und textlichen Ausgestaltung der Beiträge genügen lässt (zur nach diesen Grundsätzen wohl europarechtskonformen Strafbarkeit der „Ausrichtung" einer Online-Plattform auf die Unterstützung von Handelsstraftaten nach § 127 StGB n. F. siehe § 3 Rn. 474 ff.).[104] Der Betreiber eines nicht moderierten Meinungsportals ist hingegen als Host-Service-Provider einzuordnen, der nur fremde Informationen anbietet.[105] Das gilt auch für die Betreiber sozialer Netzwerke (zur rechtspolitischen Diskussionsbedürftigkeit der weitgehenden Haftungsbefreiung moderner Online-Plattformen siehe Rn. 114 ff.).[106]

80   **Bereithalten von Informationen zur Nutzung** Ein Bereithalten im Sinne des § 7 Abs. 1 TMG ist technisch gesehen grundsätzlich nichts anderes als die Speicherung eigener Informationen auf einem Server. Ob die Daten auf einem eigenen oder auf einem fremden Server gespeichert sind, gibt nicht den Ausschlag. Entscheidend ist vielmehr die *Beherrschbarkeit der Daten*. Bereitgehalten werden Informationen also dann, wenn der Anbieter sie auf eigenhändig kontrollierten Servern oder fremden Servern, deren Kontrolle ihm aufgrund mittelbarer Täterschaft oder Mittäterschaft zuzurechnen ist, speichert und damit dem Nutzer die Zugriffsmöglichkeit eröffnet.[107]

81   **Keine Überwachungs- und Nachforschungspflichten privilegierter Anbieter** § 7 Abs. 2 TMG stellt klar, dass die nach §§ 8–10 TMG privilegierten Anbieter – also solche, die nach den vorstehenden Grundsätzen keine eigenen oder zu eigen gemachten Informationen bereithalten (zu diesen privilegierten Anbietern sogleich Rn. 82 ff.) – keine allgemeinen Überwachungs- und Nachforschungspflichten treffen. Überwachungspflichten in besonderen Fällen, etwa Anordnungen im Einzelfall nach innerstaatlichem Recht, sind aber möglich.[108]

b) Hosting

82   Gemäß § 10 TMG ist das Hosting, d. h. eine Speicherung fremder Informationen für einen Nutzer, privilegiert, wenn der Anbieter *keine Kenntnis* von der rechtswidrigen Handlung oder der Information hat (§ 10 Satz 1 Nr. 1 TMG).

---

[102] LG Düsseldorf MMR 2003, 61; LG Trier MMR 2002, 694 (695) mit kritischer Anm. *M. Gercke*; aA *Sobola/Kohl* CR 2005, 443 (445); *Spindler* MMR 2004, 440 (442).

[103] BGH MMR 2010, 556 (557).

[104] OLG Köln MMR 2002, 548 (549) mit kritischer Anm. *Spindler*; ebenso kritisch *Schmitz/Laun* MMR 2005, 208 (210 f.); siehe zur Haftung von Webforen auch *Gercke/Brunst* Rn. 591; *Jürgens/ Köster* AfP 2006, 219; *Nieland* NJW 2010, 1494.

[105] OLG Düsseldorf CR 2006, 482 (483); *Malek/Popp* Rn. 81.

[106] EuGH GRUR 2012, 382.

[107] Schönke/Schröder/*Eisele* § 184 Rn. 81; *Malek/Popp* Rn. 84; *Park* GA 2001, 23 (31); weiter *Gercke/Brunst* Rn. 593: jede Ermöglichung des Zugriffs auf Informationen.

[108] BT-Drucks. 14/6098, S. 23.

Nach § 10 Satz 1 Nr. 2 TMG bleibt der Anbieter (trotz zwischenzeitlicher Kennt-   **83**
nis der Information) privilegiert, wenn er *unverzüglich nach Kenntniserlangung tä-*
tig wird, um die Information zu entfernen oder den Zugang zu ihr zu sperren. Das
Gesetz verlangt nur die Tätigkeit des Anbieters. Auf den tatsächlichen Erfolg einer
Entfernung oder Sperrung kommt es nicht an, der ernsthafte Versuch genügt.[109]
Nach § 10 Satz 2 TMG entfällt die Privilegierung, wenn der Nutzer dem Diensteanbieter
bieter untersteht oder von ihm beaufsichtigt wird.

Der Begriff der Kenntnis Kenntnis von rechtswidrigen Handlungen oder Informa-   **84**
tionen bedeutet *positive Kenntnis* (auch der Rechtswidrigkeit), ein Kennenmüssen
reicht nicht aus.[110] Bezugspunkt der Kenntnis müssen einzelne, konkrete Informationen
nen sein, d. h. dem Anbieter muss zumindest die genaue Fundstelle des rechtswidrigen
gen Inhalts bekannt sein. Allein die Kenntnis, Rechtswidriges befinde sich irgendwo
auf dem Server, genügt nicht, da den Host-Provider keine Überwachungs- oder
Nachforschungspflicht trifft.[111] Das kann gerade bei der Haftung der Betreiber sozialer
aler Netzwerke Bedeutung erlangen, auf denen stündlich zigtausende – und darunter
vorhersehbar eben auch rechtswidrige – Beiträge veröffentlicht werden (zur rechtspolitischen
politischen Reformdiskussion um ein etwaiges Bedürfnis verstärkter Inpflichtnahme
von Online-Plattformen siehe Rn. 114 ff.). Art und Weise etwaiger Kenntniserlangung
gung sind ohne Bedeutung; sie kann daher auch durch Dritte erfolgen.

Möglichkeit und Zumutbarkeit Das Gesetz setzt zwar nicht ausdrücklich voraus,   **85**
dass eine Entfernung oder Sperrung möglich und zumutbar ist. Es handelt sich dabei
bei aber um *allgemeine Grundsätze*, die auf alle Entfernungs- oder Sperrungsanordnungen
nungen bzw. -maßnahmen anzuwenden sind. Ist eine Entfernung oder Sperrung
rechtswidriger Informationen nicht möglich oder unzumutbar, so bleibt die Privilegierung
gierung nach § 10 Satz 1 TMG demnach bestehen.[112] Dies gilt selbst dann, wenn der
Anbieter überhaupt nicht tätig wird, um die Informationen zu entfernen oder zu
sperren. Denn technisch Unmögliches darf das Recht ebenso wenig verlangen wie
Unzumutbares. Der Grundsatz „ultra posse nemo obligatur" gilt auch im Recht des
Cyberspace.

Im Rahmen der *Zumutbarkeit* müssen die Interessen der Anbieter, der Verletzten   **86**
und der Allgemeinheit abgewogen werden. Je höherwertiger das tangierte Rechtsgut,
gut, desto mehr bleibt den Anbietern zuzumuten.[113]

---

[109] Ebenso Schönke/Schröder/*Eisele* § 184 Rn. 85; *Gercke/Brunst* Rn. 605.

[110] Spindler/Schuster/*Hoffmann/Volkmann* § 10 TMG Rn. 18; *Gercke/Brunst* Rn. 598 f.; *Marberth-Kubicki* Rn. 374; *Fitzner* MMR 2011, 83 (85); siehe auch BT-Drucks. 14/6098, S. 25.

[111] Schönke/Schröder/*Eisele* § 184 Rn. 85; Spindler/Schuster/*Hoffmann/Volkmann* § 10 TMG Rn. 19; *Gercke/Brunst* Rn. 600; *Malek/Popp* Rn. 88; *Marberth-Kubicki* Rn. 374; *Sobola/Kohl* CR 2005, 443 (446); weiter *Altenhain* MK-StGB § 10 TMG Rn. 11.

[112] *Altenhain* MK-StGB § 10 TMG Rn. 25; Schönke/Schröder/*Eisele* § 184 Rn. 86; Lackner/Kühl/*Heger* § 184 Rn. 7a; *Malek/Popp* Rn. 90; *Marberth-Kubicki* Rn. 376.

[113] Siehe hierzu *Gercke/Brunst* Rn. 606; *Malek/Popp* Rn. 92 f.

c) Network- und Access-Providing

87   § 8 Abs. 1 TMG privilegiert die reine Durchleitung von Informationen. Nach der Vorschrift sind Anbieter für fremde Informationen, die sie in einem Kommunikationsnetz übermitteln oder zu denen sie den Zugang zur Nutzung vermitteln, *(grundsätzlich) nicht verantwortlich.* Erfasst sind somit sowohl das Network-Providing als auch das Access-Providing. Die Privilegierung beruht darauf, dass die Durchleitung auf den technischen Vorgang der Weiterleitung oder Zugangsvermittlung beschränkt bleibt, der Anbieter demzufolge weder Kenntnis der Informationen noch Kontrolle über sie besitzt (siehe oben Rn. 71 ff.).

88   **Reichweite** Auf die Dienste Dritter kann der Nutzer nicht erst zurückgreifen, um einen konkreten Datentransfer über das Internet vorzunehmen. Möglich ist vielmehr ebenso, sich schon mit Hilfe Dritter erst den Zugang zum Internet selbst zu verschaffen, d. h. nicht etwa vom heimischen Rechner ins Internet zu gehen, sondern von einem Rechner im CIP-Pool der Universität oder in einem Internet-Café. Auch hier stellte sich lange Zeit die Frage nach der Verantwortlichkeit. Als problematisch wurde dabei gewertet, ob Unternehmen, Universitäten, Schulen, Bibliotheken und *Internet-Cafés* als Diensteanbieter nach § 2 Satz 1 Nr. 1 TMG zu qualifizieren und damit unter den Voraussetzungen des § 8 Abs. 1 Satz 1 TMG von der Verantwortlichkeit freigestellt seien.[114] Dabei wurde wohl überwiegend vertreten, dass die Vermittlung allein der Zugangsnutzung dem spezifischen Verantwortlichkeitsdogma des TMG nicht unterfalle.[115] Dieser Auffassung stehen seit 2016 (2. TMG-Änderungsgesetz)[116] aber die neuen §§ 2 Satz 1 Nr. 2a, § 8 Abs. 3 TMG entgegen. Der Betrieb drahtloser, lokaler Netzwerke (WLANs) ist nun eindeutig unter die Fallgruppe des Access-Providing zu subsumieren, nach der Gesetzesbegründung sogar dann, wenn er nicht geschäftsmäßig erfolgt, sondern privat.[117] Damit reicht § 8 TMG weiter als die europarechtliche Vorgabe aus Art. 12 ECRL, die zwar keine Entgeltlichkeit, mindestens jedoch einen Betrieb zu Werbezwecken voraussetzt.[118] Angesichts dieser Klarstellung besteht abgesehen vom Wortlaut der § 2 Satz 1 Nr. 2a und § 8 Abs. 3 TMG („drahtlos") kein Grund mehr für die Annahme, die Vermittlung des Zugangs zu einer Information könne nicht ebenso in der Gestattung der Nutzung eines Rechners gesehen werden.[119] Schließlich dürfte es wertungsmäßig keinen Unterschied darstellen, ob der Kunde eines Hotels oder Cafés ein eigenes oder ein fremdes internetfähiges Gerät benutzt.

---

[114] So Schönke/Schröder/*Eisele* § 184 Rn. 76; *Liebau* Jura 2006, 520 (524); *Liesching/Knupfer* MMR 2003, 562 (567).

[115] Vgl. etwa noch die *Vorauflage* (Rn. 183), die auf die Stellung der Betreiber außerhalb des eigentlichen Netzes hinwies.

[116] BGBl. I, S. 1766.

[117] Begründung RegE BT-Drucks. 18/6745, S. 7 ff.

[118] *Jaeschke* MMR 2017, 221 (223); *Mantz* EuZW 2016, 817 (819).

[119] In diesem Sinne auch Spindler/Schmitz/*Spindler* § 2 TMG Rn. 35, § 8 TMG Rn. 39 f.

Dem schon lange schwelenden Streit um die *Störerhaftung* für durch Dritte begangene Rechtsver- **89**
letzungen in fremden Netzwerken hat das 2. TMG-Änderungsgesetz indes keinen Abbruch getan.
Im Kern geht es um die Frage, ob der Provider bereits im Vorfeld bestimmte Sicherheitsmaßnahmen gegen den Missbrauch hätte treffen müssen. Gefordert wurden insofern bisweilen die Errichtung von Zugangssicherungen (z. B. Passwort), Nutzer-AGB (Verzicht auf Begehung von Rechtsverletzungen) oder Identitätsabfragen (z. B. durch verifizierte Kunden-E-Mail). Während die
beiden Erstgenannten schon längere Zeit auf der Linie des BGH liegen,[120] hat der EuGH in seinem
McFadden-Urteil von 2016[121] nicht nur die Einordnung des kommerziellen WLAN-Betriebs als
Unterfall des Access-Providing bekräftigt, sondern auch Verschlüsselung und Identitätsabfrage als
dem Betreiber zumutbare Sicherungsmaßnahmen bezeichnet, um einer Inanspruchnahme auf Un-
terlassung und Begleichung von Abmahnkosten zu entgehen. Verneint hat das Gericht das Bestehen von Schadensersatzansprüchen und die Zumutbarkeit permanenter Überwachungspflichten
oder vollständiger Stilllegung des konkreten WLAN. Vor dem Hintergund dieser vielbeachteten
Entscheidung wirkt die Einführung von § 8 Abs. 4 Satz 1 TMG, der die Verpflichtung zu sämtlichen (!) der diskutierten Maßnahmen durch eine Behörde verbietet, durch das 3. TMG-Änderungsgesetz zunächst widersprüchlich. Allerdings betonte der EuGH, dass es sich bei den in Betracht
gezogenen Maßnahmen um keine zwingenden Vorgaben handele und vielmehr auch auf andere
Weise ein wirksamer Schutz für Rechteinhaber bewirkt werden könne.[122] Dem entspricht wohl die
deklaratorische Regelung des § 8 Abs. 4 Satz 2 TMG, wonach auf freiwilliger Basis Registrierung,
Passwortabfrage oder ähnliche Maßnahmen freilich möglich sind. An schlagkräftigen Mitteln zur
Unterbindung von Rechtsverletzungen verbleibt im deutschen Recht damit aber letztlich nur die
Möglichkeit der Inanspruchnahme von WLAN-Betreibern auf nachträgliche Sperrung urheber-
rechtswidriger Inhalte nach dem ebenfalls durch das 3. TMG-Änderungsgesetz eingeführten § 7
Abs. 4 TMG. Ob das geforderte wirksame Schutzniveau im Zusammenspiel mit dem – ebenfalls
neuen – § 8 Abs. 1 Satz 2 TMG (vgl. dazu sogleich Rn. 90) erreicht werden kann, ist fraglich.[123]
Jedenfalls scheint der deutsche Gesetzgeber die Rechtssache *McFadden* zum Anlass genommen zu
haben, die Protektion von WLAN-Anbietern weiter auszudehnen.

In sachlicher Hinsicht erstreckt sich die *Privilegierung gemäß § 8 Abs. 1 Satz 2* **90**
TMG auf sämtliche gegen den Provider gerichteten Ansprüche. Damit sind – nunmehr unstreitig – auch zivilrechtliche Unterlassungsansprüche erfasst.[124] Wie dies
mit § 7 Abs. 3 Satz 1 TMG in Einklang zu bringen ist, der die Möglichkeit von
Lösch- und Sperrverfügungen unberührt lassen will und damit europarechtlichen
Vorgaben[125] entspricht, bleibt allerdings unklar. Eine Verpflichtung von WLAN-
Betreibern (und nur diesen) zur Sperrung von Urheberrechtsverletzungen (und nur
solchen) gemäß § 7 Abs. 4 TMG dürfte jedenfalls nicht als ausreichend betrachtet
werden.[126]

---

[120] Vgl. etwa BGHZ 185, 330 = NJW 2010, 2061 mit Anm. *Nenninger*.

[121] EuGH GRUR 2016, 1146.

[122] EuGH GRUR 2016, 1146 (1150 f.).

[123] Spindler/Schmitz/*Spindler* § 8 TMG Rn. 30.

[124] So bereits vor Einführung des Abs. 1 Satz 2 durch das 3. TMG-Änderungsgesetz (BGBl. I,
S. 3530): EuGH GRUR 2012, 265; BGH MMR 2012, 178; LG Würzburg ZUM 2017, 437; Spind-
ler/Schuster/*Volkmann* § 1004 BGB Rn. 33. Anders dagegen noch die *Vorauflage* unter Verweis auf
BGH NJW 2004, 3102 (3103 f.), NJW 2007, 2636 (2637) und MMR 2008, 531 (532).

[125] Vgl. Art. 12 Abs. 3 ECRL, konkretisiert durch EuGH GRUR 2011, 1025, EuGH GRUR 2014,
468 (470) sowie EuGH GRUR 2016, 1146 (1150).

[126] Spindler/Schmitz/*Spindler* § 8 TMG Rn. 18, 20; *Grisse* GRUR 2017, 1073 (1078).

91   **Die Voraussetzungen der Privilegierung**   Um die Haftungsprivilegierung des § 8 Abs. 1 Satz 1 TMG zu erlangen, darf der Anbieter weder die Übermittlung veranlasst (Nr. 1) noch den Adressaten der übermittelten Information ausgewählt (Nr. 2) noch die übermittelten Informationen ausgewählt oder verändert haben (Nr. 3). Die Privilegierung entfällt ebenso bei kollusivem Verhalten, d. h. wenn der Diensteanbieter absichtlich mit einem Nutzer seines Dienstes zusammenarbeitet, um rechtswidrige Handlungen zu begehen (§ 8 Abs. 1 Satz 3 TMG).

92   Häufig sind die eigentlichen Täter, d. h. diejenigen, die rechtswidrige Informationen ins Internet einspeisen oder von dort abrufen, für die deutsche Justiz nicht greifbar. Dies kann daran liegen, dass sie nicht auffindbar sind oder sie von einem Land aus operieren, in dem ihre Tätigkeit legal ist oder in dem nicht auf sie zugegriffen werden kann. Lässt sich somit auf die eigentlichen (und gewissermaßen außerhalb des Netzes stehenden) Beteiligten an dem Kommunikationsvorgang nicht zugreifen, stellt sich die Frage nach der Strafbarkeit der Diensteanbieter (innerhalb des Netzes), die den Zugang zu diesen Informationen vermitteln (siehe schon Rn. 53).

93   Exemplarisch für das Verlangen, auch bei solchen Sachverhalten jemanden zur Verantwortung zu ziehen, war der weltweites Aufsehen erregende Fall „*CompuServe*". Angeklagt in diesem Verfahren war der Geschäftsführer der deutschen CompuServe Information Services GmbH, die als Tochterunternehmen des US-amerikanischen Diensteanbieters CompuServe Incorporated den Zugang zu Informationen im Internet, darunter auch zu tier- und kinderpornographischem Material, vermittelte. Der Angeklagte hatte keine Möglichkeit, direkt Einfluss auf die betreffenden Dateien zu nehmen, und sich ohne Erfolg um deren Sperrung bei dem amerikanischen Mutterunternehmen bemüht. Das AG München verurteilte den (nicht vorbestraften) Angeklagten wegen mittäterschaftlicher Verbreitung pornographischer Schriften sowie fahrlässigen Verstoßes gegen das Gesetz über die Verbreitung jugendgefährdender Schriften zu einer Gesamtfreiheitsstrafe von zwei Jahren zur Bewährung,[127] obwohl sogar die Staatsanwaltschaft nach der Hauptverhandlung auf Freispruch plädiert hatte. Die Berufungsinstanz hob das Urteil auf und sprach den Angeklagten frei.[128]

94   Umstritten ist, ob der Zugangsprovider auch dann von seiner Haftung freigestellt ist, wenn er die Sperrung einer bestimmten Adresse verweigert, obwohl er *positiv weiß*, dass von dort rechtswidrige Inhalte angeboten werden. Nach einer weit verbreiteten Ansicht entfällt hier eine Strafbarkeit von vornherein. Denn die Privilegierung für Anbieter nach § 8 Abs. 1 TMG benennt die Kenntnis von Informationen gerade nicht als Ausschlussgrund.[129] Die Gegenansicht zieht hingegen § 7 Abs. 3 Satz 1 TMG als Ausnahme zu den Privilegierungen nach §§ 8–10 TMG heran und gelangt somit zur Anwendbarkeit des Strafrechts.[130]

---

[127] AG München NJW 1998, 2836 mit Anm. etwa von *Moritz* CR 1998, 505; *Pelz* NStZ 1998, 627; *Sieber* MMR 1998, 438; *Vassilaki* NStZ 1998, 521.

[128] LG München I NJW 2000, 1051 mit Anm. z. B. von *Heghmanns* ZUM 2000, 463; *Kühne* NJW 2000, 1003; *Moritz* CR 2000, 119; *Vassilaki* NStZ 2000, 535.

[129] Schönke/Schröder/*Eisele* § 184 Rn. 89; vgl. außerdem *Fischer* § 184 Rn. 29; *Gercke/Brunst* Rn. 616; *Malek/Popp* Rn. 102; Spindler/Schmitz/*Spindler* § 8 TMG Rn. 17; *Mitsch*, § 6 Rn. 28.

[130] *Hilgendorf* in: Jugendmedienschutz im Informationszeitalter, S. 105 (111 ff.); vgl. schon *Hilgendorf* NStZ 2000, 518 (519 ff.). Nach aA soll hingegen § 7 Abs. 3 Satz 1 TMG für das Strafrecht überhaupt keine Bedeutung haben, Lackner/Kühl/*Heger* § 184 Rn. 7a; *Kudlich* JA 2002, 798 (802).

Ein Beispiel möge dies verdeutlichen: Der Zugangsprovider P wird von einer Verbraucherschutz-   **95**
organisation darauf hingewiesen, dass X – ein Kunde des P – regelmäßig Spam-E-Mail mit betrügerischem oder kinderpornographischem Inhalt versendet. Die Verbraucherschutzorganisation
fordert P daher auf, den Zugang des X zum Netz zu sperren. P weigert sich mit dem Hinweis, das
Ganze gehe ihn nichts an. Außerdem sei er für die Inhalte des X nicht verantwortlich. Kann sich P
in diesem Fall strafbar machen?

Im Ergebnis sprechen die besseren Argumente für eine *Anwendbarkeit des Straf-*   **96**
rechts. Nach § 8 Abs. 1 Satz 1 TMG wird der Zugangs-Provider zwar grundsätzlich
von jeder Haftung freigestellt. Damit ist nicht bloß die zivilrechtliche, sondern
ebenso die strafrechtliche Haftung gemeint. § 7 Abs. 3 Satz 1 TMG legt aber fest,
dass die Verpflichtung zur Entfernung oder Sperrung der Nutzung rechtswidriger
Inhalte nach den allgemeinen Gesetzen aufgrund von gerichtlichen oder behördlichen Anordnungen unberührt bleibt. Für Sperrverpflichtungen wird somit nach dem
eindeutigen Wortlaut des Gesetzes eine Ausnahme von der grundsätzlichen Haftungsfreistellung für Access-Provider statuiert. Es handelt sich um einen Spezialfall, der dem im TMG festgelegten Haftungssystem für Provider nicht widerspricht,
sondern es sinnvoll weiterführt, da eine Haftungsfreistellung nach Sinn und Zweck
des Gesetzes nicht stattfinden soll, wenn der Provider Kenntnis von und Kontrolle
über den rechtswidrigen Inhalt hat (siehe auch sogleich Rn. 100 f.). Zu den „allgemeinen Gesetzen" gehören nach üblichem Sprachgebrauch auch die Strafgesetze.
Die Regelung über die Sperrverpflichtung ist *lex specialis* gegenüber der Haftungsfreistellung in § 8 Abs. 1 Satz 1 TMG.

Im obigen Beispiel kann daher der Provider P ungeachtet der Haftungsfreistellung für Zugangs-   **97**
provider grundsätzlich strafrechtlich zur Verantwortung gezogen werden, wenn er trotz Garantenstellung vorsätzlich die Sperrung rechtswidriger Inhalte verweigert.

Dieses nach dem Wortlaut der einschlägigen Bestimmungen fast zwingende Er-   **98**
gebnis wird im Wesentlichen mit zwei Argumenten bestritten. Zum einen wird vertreten, ein Zugangsprovider besitze keine Garantenstellung für die von ihm eröffneten Inhalte.[131] Zum anderen wird die Haftung des Zugangsproviders unter Hinweis
auf den Willen des europäischen Richtliniengebers verneint, der eine Haftung ausnahmslos habe ausschließen wollen.[132]

Beide Argumente überzeugen nicht. Ein Zugangsprovider kann durchaus eine   **99**
Garantenstellung für die aus einer bestimmten Quelle herrührenden Inhalte besitzen, etwa infolge einer vertraglichen Regelung mit seinen Kunden oder aufgrund
einer behördlichen oder gerichtlichen Sperrverfügung. Wenn ein Zugangsprovider
von vornherein keine Garantenstellung innehaben könnte, wäre der ausdrückliche
Verantwortungsausschluss in § 8 TMG überflüssig.[133] Schon dies zeigt, dass auch
der Gesetzgeber von der Möglichkeit einer Garantenstellung von Zugangsprovidern
ausging.

---

[131] *Satzger* in: Verantwortlichkeit im Netz, S. 161 (171 f.).

[132] *Gercke/Brunst* Rn. 616; *Kudlich* JA 2002, 798 (802).

[133] Konsequent *Satzger* in: Verantwortlichkeit im Netz, S. 161 (172): nur deklaratorische Bedeutung.

100   Der Verweis auf den angeblichen *Willen des europäischen Richtliniengebers* vermag eine uneingeschränkte Haftungsfreistellung des Zugangsproviders ebenfalls
nicht zu stützen. Erwägungsgrund 42 der Richtlinie 2000/31/EG nimmt zu den
Gründen der Haftungsfreistellung für Zugangsprovider wie folgt Stellung:

> „Die in dieser Richtlinie hinsichtlich der Verantwortlichkeit festgelegten Ausnahmen de-
> cken nur Fälle ab, in denen die Tätigkeit des Anbieters von Diensten der Informationsge-
> sellschaft auf den technischen Vorgang beschränkt ist, ein Kommunikationsnetz zu betrei-
> ben und den Zugang zu diesem zu vermitteln, über das von Dritten zur Verfügung gestellte
> Informationen übermittelt oder zum alleinigen Zweck vorübergehend gespeichert werden,
> die Übermittlung effizienter zu gestalten. Diese Tätigkeit ist rein technischer, automatischer
> und passiver Art, was bedeutet, dass der Anbieter eines Dienstes der Informationsgesellschaft
> weder Kenntnis noch Kontrolle über die weitergeleitete oder gespeicherte Information
> besitzt."[134]

101   Die komplizierte Begründung lässt sich auf folgende Formel bringen: Wer als
Provider Daten lediglich durchleitet, haftet für sie nicht. Wenn aber ein Zugangsprovider trotz Kenntnis der rechtswidrigen Inhalte einer Internet-Quelle diese Quelle
vorsätzlich nicht sperrt, obwohl er dazu technisch ohne weiteres in der Lage wäre,
so geht er über den Vorgang des bloßen Durchleitens weit hinaus. Sein Verhalten ist
nicht nur „rein technischer, automatischer und passiver Art", wie es in der zitierten
Erwägung heißt, denn er besitzt Kenntnis von und Kontrolle über die Internet-Quelle,
die er bewusst offen lässt. Die pauschale Haftungsfreistellung des Zugangsproviders lässt sich daher nicht auf den Willen des europäischen Richtliniengebers stützen. Es bleibt bei dem oben dargelegten Ergebnis, dass der vorsätzlich eine Sperre
unterlassende Zugangsprovider bei Vorliegen aller übrigen Strafbarkeitsvorausset-
zungen auch strafrechtlich zur Verantwortung gezogen werden kann. Eine pauschale Haftungsfreistellung für Zugangsprovider existiert nicht.

102   Zweifel hieran ergeben sich auch vor dem Hintergrund der bereits erwähnten Gesetzesänderung in
Gestalt des § 8 Abs. 1 Satz 2 TMG (siehe Rn. 90) nicht. Zwar bezweckt dieser (mindestens) eine
starke Einschränkung der zivilrechtlichen Inanspruchnahme als Störer, wie sie bis dato nach § 7
Abs. 3 Satz 1 TMG möglich war.[135] Allerdings ist dies für eine denkbare strafrechtliche Verantwortlichkeit ohne Belang, weil letztere eine Stellung als Täter oder Teilnehmer voraussetzt, die
dem Störerbegriff diametral zuwiderläuft.[136]

d) Caching

103   Die Verantwortlichkeit bei automatischer kurzzeitiger Zwischenspeicherung von
Informationen regeln § 8 Abs. 2 und § 9 TMG. § 9 TMG behandelt das sog. Caching,
d. h. die Zwischenspeicherung mit Hilfe von Proxy-Cache-Servern, § 8 Abs. 2 TMG
die Zwischenspeicherung im Rahmen der Zugangsvermittlung.

---

[134] ABl. EG 2000 L 178, S. 1 (6).

[135] Spindler/Schmitz/*Spindler* § 8 Rn. 18; *Grisse* GRUR 2017, 1073 (1074 ff.).

[136] StRspr des BGH, vgl. etwa in einem Fall des Access-Providing BGH GRUR 2016, 268 (270).

Zwischenspeicherung bei Zugangsvermittlung § 8 Abs. 2 TMG setzt zum einen   **104**
voraus, dass die Speicherung automatisch erfolgt und der Anbieter daher in der
Regel weder Kenntnis von noch Kontrolle über die Informationen besitzt. Zum anderen darf die Speicherung nur zur Übermittlung im Kommunikationsnetz geschehen. Schließlich muss es sich um eine *kurzfristige Zwischenspeicherung* handeln,
die nur so lange währt, wie es üblicherweise für die Übermittlung erforderlich ist.
Die Speicherung darf demnach allenfalls wenige Stunden andauern.[137] Ansonsten
liegt unter Umständen keine reine Durchleitung mehr vor, sondern bereits ein (nicht
privilegiertes) Bereithalten von Informationen. Der Anbieter verliert seine Privilegierung aber jedenfalls dann nicht, wenn er etwa wegen technischer Probleme die
Informationen mehrere Tage speichern muss.[138]

Nach § 8 Abs. 2 TMG findet auf eine kurzzeitige Zwischenspeicherung § 8   **105**
Abs. 1 TMG Anwendung. An eine Privilegierung müssen demnach grundsätzlich
dieselben Voraussetzungen wie an die Zugangsvermittlung nach Absatz 1 gestellt
werden. Daher entfällt eine Privilegierung auch für eine kurzzeitige Zwischenspeicherung, wenn der Anbieter die Übermittlung veranlasst (§ 8 Abs. 1 Satz 1 Nr. 1
TMG), den Adressaten der übermittelten Information auswählt (Nr. 2), die übermittelten Informationen auswählt oder verändert (Nr. 3) oder wenn der Anbieter absichtlich mit einem Nutzer seines Dienstes zusammenarbeitet, um rechtswidrige
Handlungen zu begehen (Satz 3).

Zwischenspeicherung in Proxy-Cache-Servern Nach § 9 Satz 1 TMG sind An-   **106**
bieter für eine automatische, zeitlich begrenzte Zwischenspeicherung, die allein der
Effizienz der Übermittlung fremder Informationen dient (sog. *Proxy-Caching*), unter bestimmten Voraussetzungen nicht verantwortlich. Die (kumulativen) Voraussetzungen für eine Privilegierung sind in § 9 Satz 1 Nr. 1 bis 5 TMG geregelt. Sie
entfällt, wenn ein Anbieter absichtlich mit einem Nutzer seines Dienstes zusammenarbeitet, um rechtswidrige Handlungen zu begehen (§ 9 Satz 2 TMG).

Gemäß § 9 Satz 1 Nr. 1 TMG darf der Anbieter die Informationen *nicht verändern*. Eingriffe tech-   **107**
nischer Art sind keine Veränderungen, da sie die Integrität der Information nicht berühren. Ebenso
wenig beinhalten dynamische Webseiten Veränderungen, da sie jederzeit dem Original entsprechen.[139]

Der Anbieter muss des Weiteren die *Bedingungen für den Zugang* (z. B. die durch Altersverifi-   **108**
kationsmaßnahmen überprüfte Volljährigkeit) zu den Informationen beachten (§ 9 Satz 1 Nr. 2
TMG). Dadurch soll vermieden werden, dass durch das Caching Zugangskontrollen unterlaufen
werden.[140]

---

[137] *Malek/Popp* Rn. 103; sehr weit zur zeitlich begrenzten Zwischenspeicherung nach § 9 Satz 1
TMG OLG Düsseldorf MMR 2008, 254 (255); LG München I MMR 2007, 453 (454): Haftungsprivilegierung auch bei einer Speicherung von 30 Tagen.

[138] *Stadler* Rn. 86.

[139] BT-Drucks. 14/6098, S. 25; siehe auch Spindler/Schuster/*Hoffmann/Volkmann* § 9 TMG Rn. 18;
Gercke/Brunst Rn. 624.

[140] BT-Drucks. 14/6098, S. 25; *Malek/Popp* Rn. 105; siehe auch *Gercke/Brunst* Rn. 625.

109   § 9 Satz 1 Nr. 3 TMG erfasst Seiten, die aktualisiert werden müssen und die Angaben zur *Aktualisierung* enthalten, damit überholte Cache-Kopien nicht den Eindruck der Aktualität vermitteln. Die Heranziehung weithin anerkannter und verwendeter Industriestandards zielt auf die im Bereich der Verantwortlichkeit von den Diensteanbietern angestrebte Harmonie ab. Einzelheiten lässt das Gesetz im Interesse einer flexiblen Handhabung offen. Hier wird es im Einzelfall oft der Klärung durch Sachverständige bedürfen.[141]

110   § 9 Satz 1 Nr. 4 TMG macht die Privilegierung der Zwischenspeicherung davon abhängig, dass „die erlaubte Anwendung von Technologien zur Sammlung von Daten über die Nutzung der Information" nicht beeinträchtigt wird. Diese Anforderung soll verhindern, die *Erfassung von Zugriffszahlen* (sog. hits) durch Cache-Kopien zu unterlaufen.[142]

111   § 9 Satz 1 Nr. 5 TMG ermöglicht dem Anbieter, bei Kenntniserlangung von rechtswidrigen Inhalten durch einen rechtzeitigen Versuch einer *Entfernung oder Sperrung* den Wegfall der Privilegierung zu verhindern. Befinden sich etwa die rechtswidrigen Inhalte einer Webseite noch im Zwischenspeicher, ist die Originalseite aber bereits gelöscht oder gesperrt, so bleibt die Privilegierung dennoch bestehen, wenn der Anbieter unverzüglich handelt, um die Information zu entfernen oder zu sperren. Auf einen Erfolg der Entfernung oder Sperrung kommt es ebenso wenig wie bei § 10 Satz 1 Nr. 2 TMG (Rn. 83) an. Die Entfernung oder Sperrung muss wiederum technisch möglich und zumutbar sein.[143]

3. Sonderfall: Hyperlinks und Suchmaschinen

112   Auf *Hyperlinks* sind nach herrschender Ansicht die Verantwortlichkeitsregeln des TMG nicht anwendbar,[144] unabhängig davon, ob die verknüpften Inhalte für den Linksetzenden eigene oder fremde Informationen darstellten (siehe Rn. 76 ff.). Dafür sprechen sowohl der Wortlaut der §§ 8 ff. TMG als auch der ausdrückliche Wille des Gesetzgebers.[145] Wer einen Link auf andere Inhalte im Internet setzt, haftet daher nach den allgemeinen Vorschriften, wird aber mangels Herrschaft über die verlinkten Daten in der Regel nur wegen Beihilfe strafbar sein (Rn. 149 f.).

113   Ebenso wenig unterfallen *Suchmaschinen* dem TMG.[146] Gleiches gilt für Metasuchmaschinen, die nicht das Internet auf die eingegebenen Begriffe durchsuchen, sondern insoweit die Ergebnisse anderer Suchmaschinen auswerten.[147] Auch Suchmaschinen werden somit nach den allgemeinen Regeln bewertet. Dabei sollten jedoch wiederum Wertungswidersprüche zur Haftungsprivilegierung des TMG vermieden werden.[148]

---

[141] Spindler/Schuster/*Hoffmann/Volkmann* § 9 TMG Rn. 25; *Härting* CR 2001, 271 (276).

[142] BT-Drucks. 14/6098, S. 25.

[143] *Malek/Popp* Rn. 105.

[144] BGH NJW 2008, 1882 (1883); OLG Stuttgart MMR 2006, 387 (388); Lackner/Kühl/*Heger* § 184 Rn. 7b; *Gercke/Brunst* Rn. 610; *Bosbach/Pfordte* K&R Beih. 1/2006, 1 (7); ausführlich *M. Gercke* CR 2006, 844 (844 ff.); *Spindler* MMR 2002, 495 (496 ff.); offen gelassen von BVerfG MMR 2009, 459 (459 f.).

[145] *Gercke/Brunst* Rn. 630; zum gesetzgeberischen Willen BT-Drucks. 14/6098, S. 37.

[146] *Gercke/Brunst* Rn. 632; *Marberth-Kubicki* Rn. 382; *Spindler* NJW 2002, 921 (924); vgl. auch BT-Drucks. 14/6098, S. 37.

[147] KG MMR 2006, 393 (394) mit Anm. *Spieker*.

[148] Lackner/Kühl/*Heger* § 184 Rn. 7b; *Kudlich* JA 2002, 798 (803).

III. Ausblick: Tendenzen
intensivierter Plattformverantwortlichkeit

Literatur (Auswahl): *S. Beck* Täterschaft und Teilnahme in der Digitalisierung, in: Hilgendorf/ Liang (Hrsg.), Beteiligungslehren – Modelle, Erscheinungsformen und Herausforderungen (im Erscheinen); *Ceffinato* Die strafrechtliche Verantwortlichkeit von Internetplattformbetreibern, JuS 2017, 403–408; *Hoven* Zur Strafbarkeit von Fake News – de lege lata und de lege ferenda, ZStW 129 (2017), 718–744; *Kusche* Die strafrechtliche Verantwortlichkeit der Betreiber sozialer Netzwerke – eine Bewährungsprobe (nicht nur) für die Dogmatik des Allgemeinen Teils des Strafrechts, in: Festschrift Sancinetti, 2020, S. 529–542; *Paal/Hennemann* Meinungsbildung im digitalen Zeitalter, JZ 2017, 641–652; *Sängerlaub/Meier/Rühl* Fakten statt Fakes: Verursacher, Verbreitungswege und Wirkungen von Fake News im Bundestagswahlkampf 2017, 2018; *Steinebach/Bader/Rinsdorf/Krämer/Roßnagel* (Hrsg.) Desinformation aufdecken und bekämpfen – Interdisziplinäre Ansätze gegen Desinformationskampagnen und für Meinungspluralität, 2020.

1. Ausgangslage

Weite Teile der zwischenmenschlichen Kommunikation und des (gesellschafts-)politischen Diskurses haben sich im 21. Jahrhundert in die digitale Welt verschoben. Große Internetdienstleister wie Google, Ebay, Amazon oder Facebook sind zu mächtigen Gesellschaftsakteuren geworden. Die gestiegene Bedeutung von Online-Plattformen als Medium des Austausches – etwa von Meinungen und Gütern – schafft neben vielen Vorteilen auch neue Herausforderungen für das (Straf-)Recht. **114**

Das betrifft sowohl die adäquate Erfassung neuartiger Formen illegalen und dabei oft sogar kriminellen Verhaltens des einzelnen Plattformnutzers (siehe zu den Herausforderungen der modernen, nutzergenerierten Kommunikation für das Recht der Äußerungsdelikte § 3 A.) als auch die Zuschreibung einer angemessenen gesellschaftlichen und rechtlichen Stellung der das Tatmedium „Online-Plattform" bereitstellenden Internetprovider (siehe sogleich und ferner § 3 Rn. 474 ff. zum neu geschaffenen Straftatbestand des Betriebs krimineller Handelsplattformen nach § 127 StGB n. F.). **115**

Das Risiko der unmittelbaren Haftung eines Internetproviders für von seinen Nutzern eingestellte Inhalte ist nach dem Gesagten derzeit als eher gering einzustufen. Auch sekundäre, systemische Verantwortlichkeiten der Intermediäre – etwa durch Verpflichtungen zur Vornahme von Maßnahmen der strukturellen Risikominderung – finden sich im geltenden Recht (Stand: Juli 2022) kaum. **116**

Das ist grundsätzlich nachvollziehbar. In den frühen 2000er-Jahren musste – aus einer rechtspolitischen Perspektive heraus betrachtet – der Akzeptanz des Internets in der Gesellschaft gewiss noch zum Durchbruch verholfen werden. Die recht weitgehenden Haftungsfreistellungen der E-Commerce-RL dienten dazu als probates Mittel. Darüber hinaus wirkten Service-Provider damals tatsächlich in der Regel noch nicht in einem Ausmaß auf den Informationsfluss auf ihren Plattformen ein, das eine Verantwortungszuschreibung für illegale Nutzeraktivitäten verlangen könnte. **117**

20 Jahre später stellt sich nun indes die Frage, ob diese sehr zurückhaltende Regulierungspolitik dem Aufbau eines ausdifferenzierteren Pflichtenmodells weichen sollte. Das gründet im Wesentlichen darauf, dass die der weitgehenden Regulie- **118**

rungsfreiheit der E-Commerce-RL zugrunde liegende These, dass Service-Provider bloß als neutrale, technische Vermittler aufträten und nicht in einer zurechnungsfähigen Nähe zu etwaig rechtswidrigen Inhalten stünden, die ihre Nutzer schaffen (siehe Rn. 71), aufgrund der Besonderheiten moderner Kommunikation im digitalen Raum zumindest überprüfungsbedürftig geworden ist.[149]

2. These von der Gefahrgeneigtheit moderner Online-Plattformen

119   Nahezu alle Plattformen moderner Online-Kommunikation wie Facebook und Twitter oder Online-Foren und Imageboards weisen einen hohen Automatisierungsgrad auf und sind dadurch besonders massenwirksam.[150] Eine Kontrolle der durch die Nutzer geschaffenen Inhalte findet meist nicht proaktiv, sondern erst nach etwaigen Beschwerdemeldungen der Plattformnutzer statt.[151] Hinzu trifft schließlich oftmals die Möglichkeit anonymen Surfens.[152] Moderne Online-Plattformkommunikation zeichnet sich also durch einen erhöhten Verbreitungsgrad ungeprüfter Informationen aus, die anonym in die Welt gesetzt werden können.[153]

120   Das könnte Auswirkungen auf die Eignung von Online-Plattformen zur Förderung von Straftaten haben. Kaum näherer Begründung bedarf die gewiss nicht nur auf nutzergenerierte Plattformen anwendbare These, dass der Ausspruch von Beleidigungen oder das Bedienen rassistischer Ressentiments unter dem Deckmantel der Anonymität zuweilen leichter fällt. Sowohl die Verbreitung von *Hate Speech* als auch von *Fake News* (siehe insbesondere § 3 Rn. 151 ff., 204 ff.) könnte indes eben auch durch die besondere Funktionslogik gerade nutzergenerierter Plattformen gefördert werden.

121   Inhalte erreichen dort Reichweite durch das Kommentieren bzw. Teilen eines Beitrags oder auch durch bloßes Liken. Nach dem Stand der Forschung geschieht das schon strukturell eher bei spektakulären als bei sachlichen Nachrichten – und außerdem wohl häufig beiläufig und allein aufgrund der Überschrift eines Artikels, ohne dass dieser überhaupt selbst vollständig gelesen wurde.[154] Ersteres indiziert eine besondere Eignung etwa der sozialen Medien zur Verbreitung von herabwürdigenden Inhalten, Letzteres zur Streuung von Desinformation. Dass beiläufig (auch Desinformation) geteilt und geliked werden kann, liegt nicht zuletzt daran, dass die vermittelnden Online-Plattformen bislang selbst auf struktureller Ebene keine Verantwortung für die von ihren Nutzern veröffentlichten Inhalte traf.[155]

122   Hinzu tritt, dass das Geschäftsmodell kommerzieller Online-Plattformen auf Werbeeinnahmen beruht, die sich durch Nutzerzahlen und Nutzungsdauern steigern

---

[149] Näher *Kusche* FS Sancinetti, S. 529 (534 ff.).

[150] *Bader* in: Desinformation aufdecken und bekämpfen, S. 22 f.

[151] *S. Beck* in: Beteiligungslehren (im Erscheinen).

[152] *Ceffinato* JuS 2017, 403.

[153] *S. Beck* in: Beteiligungslehren (im Erscheinen).

[154] *Halvani et al.* in: Desinformation aufdecken und bekämpfen, S. 133; *Sängerlaub/Meier/Rühl* Fakten statt Fakes, S. 53.

[155] In diese Richtung etwa auch *Hoven* ZStW 129 (2017), 718; *Paal/Hennemann* JZ 2017, 641 f.

lassen. Deshalb setzen sie Algorithmen ein, die wesentlich darüber mitentscheiden, welche Informationen der Nutzer erhält. Nicht auszuschließen ist deshalb, dass etwa soziale Medien zur Verzerrung des gesellschaftspolitischen Diskurses beitragen, indem sie durch Rückkoppelung von Nutzerinteressen im Newsfeed, politische Werbung, Verkauf persönlicher Daten oder schlicht die Art und Weise der Präsentation von Inhalten die Überhöhung der Wichtigkeit eines Themas oder Fehleinschätzungen zur Seriosität einer Information fördern.[156] Jedenfalls im Grundsatz gilt trotz zunehmender Sensibilität der Plattformen Ähnliches für eine etwaig bevorzugte Anzeige spektakulärer – und damit potentiell auch herabwürdigender – Inhalte, weil auch diese eine längere Nutzungsdauer der User begünstigt.

3. Ausdifferenzierung der Intermediärsverantwortung?

Es verwundert deshalb nicht, dass jüngere gesetzgeberische Tätigkeiten und in der aktuellen Diskussion befindliche Reformvorschläge sowohl auf nationaler wie auch europäischer Ebene auf einen zumindest partiellen rechtspolitischen Stimmungswandel in Hinblick auf die (gesteigerte) Verantwortlichkeit von Online-Plattformen für die auf ihnen veröffentlichten Inhalte hindeuten. Dabei sind sowohl strukturelle Maßnahmen zur Reduzierung der systemischen Risiken einer Plattform als auch eine unmittelbare Verschärfung der Haftung eines Intermediärs für einen auf seiner Plattform veröffentlichten Inhalt denkbar.

123

a) Systemische Ansätze

Erste Anzeichen einer auf den Abbau der strukturellen Gefahren von Online-Plattformen gerichteten Regulierungspolitik sind unverkennbar. So finden sich im neuen Medienstaatsvertrag – der die Verantwortung von Medienintermediären für die Sicherung der Meinungsvielfalt betont (siehe § 1 Rn. 63) – und dem am 1. Oktober 2017 in Kraft getretenen *Netzwerkdurchsetzungsgesetz (NetzDG)*[157] z. B. Verpflichtungen zur Gewährleistung von Diskriminierungsfreiheit bei der Präsentation journalistisch-redaktioneller Inhalte, zur Einrichtung von Beschwerdesystemen, Lösch- und Transparenzpflichten (§§ 18 Abs. 3, 93 f. MStV, §§ 3 ff. NetzDG).

124

§ 3 Abs. 2 Satz 1 Nr. 2, 3 NetzDG etwa statuiert eine *Pflicht* der Betreiber größerer sozialer Netzwerke, (offensichtlich) rechtswidrige Inhalte ihrer Nutzer grundsätzlich innerhalb von (24 Stunden bzw.) 7 Tagen nach Kenntniserlangung zu *löschen*. Hierzu müssen sie den von rechtswidrigen Postings betroffenen Nutzern ihrer Plattform ein wirksames und transparentes Beschwerdeverfahren im Sinne des § 3 NetzDG bereitstellen. Bei wiederholten und/oder systematischen Verstößen gegen diese Pflicht drohen gemäß § 4 Abs. 2 NetzDG Bußgelder von bis zu 50 Mio. Euro.

125

---

[156] Eingehend *Steinebach/Bader/Rinsdorf/Krämer/Roßnagel* (Hrsg.) Desinformation aufdecken und bekämpfen; *Scott/Ghosh* Digitale Werbung und Propaganda.

[157] BGBl. I, S. 3352.

126 Flankiert wird dieses Regelungsregime durch Melde- und Auskunftspflichten etwa in den § 3a NetzDG, § 21 TTDSG[158]. Danach muss der Anbieter eines sozialen Netzwerks dem Bundeskriminalamt zum Zwecke der Ermöglichung der Verfolgung von Straftaten qualifizierte strafbare Inhalte übermitteln und dem Verletzten einer in § 1 Abs. 3 NetzDG genannten Straftat nach gerichtlicher Anordnung Auskunft über die Bestandsdaten des Urhebers eines inkriminierten Beitrags erteilen.

127 Das NetzDG ist zuweilen scharf kritisiert worden.[159] Neben Zweifeln an der Wahrung der Gesetzgebungskompetenz des Bundes und der Vereinbarkeit mit der europäischen E-Commerce-Richtlinie[160] werden vor allem Friktionen mit dem Grundrecht auf freie Meinungsäußerung bemängelt: Plattformbetreiber seien selbst überhaupt nicht in der Lage, die Rechtswidrigkeit bestimmter Posts mit der nötigen Sicherheit festzustellen, geschweige denn „offensichtlich" Rechtswidriges hiervon zu unterscheiden. Löschfristen, empfindliche Geldbußen und eine asymmetrische Haftungssituation[161] hätten deshalb zur Folge, dass sich Betreiber im Zweifel eher für eine Löschung von Inhalten als für ein Belassen im Netz entschieden, um einer behördlichen und/oder gerichtlichen Inanspruchnahme zu entgehen. Zivilrechtliche Auskunftsansprüche über die Identität des Äußernden seien zudem geeignet, dessen freie Meinungsäußerung bereits im Keim zu ersticken (sog. *Chilling-Effect*).[162]

128 Dem kann indes entgegengehalten werden, dass entsprechende Tendenzen eines Overblocking empirisch bisher nicht feststellbar sind und ein Haftungsrisiko der Plattformen bei unterlassener Löschung rechtswidriger Inhalte nicht bereits im Einzelfall, sondern erst bei systematischem Löschungsversagen besteht. Vor allem aber kommt der Nutzung z. B. sozialer Medien nicht nur für den postenden, sondern auch für den von dessen Äußerungen etwaig betroffenen Nutzer erhebliche Bedeutung für die Persönlichkeitsentfaltung und Wahrnehmung der Meinungsfreiheit zu. Hinzu tritt der gesamtgesellschaftliche Wert „ziviler" Kommunikation auf Online-Plattformen – nicht zuletzt auch für den Prozess demokratischer Willensbildung.

129 Überstrahlt werden diese nationalen, bereits geltenden Maßnahmen durch eine bevorstehende Neuausrichtung der Plattformregulierung auf *europäischer* Ebene, insbesondere (s. aber auch § 1 Rn. 118 sowie § 3 Rn. 11) durch den *Digital Services Act* und den *Digital Markets Act* der EU (siehe auch dazu bereits § 1 Rn. 118). Der Digital Markets Act legt ab Frühjahr 2023 den Schwerpunkt auf wirtschaftliche Ungleichgewichte und unlautere Geschäftspraktiken von sog. Gatekeepern. Der Digital Services Act hingegen wird konkreter die Verantwortlichkeit von Plattformen für

---

[158] Gesetz zur Regelung des Datenschutzes und des Schutzes der Privatsphäre in der Telekommunikation und bei Telemedien vom 23. Juni 2021, BGBl. I, S. 1982.

[159] Vgl. nur beispielhaft *Feldmann* K&R 2017, 292; *Guggenberger* NJW 2017, 2577; *ders.* ZRP 2017, 98; *Nolte* ZUM 2017, 552; *Richter* ZD-Aktuell 2017, 05623; *Wimmers/Heymann* AfP 2017, 93.

[160] Unionsrechtswidrigkeit des § 3a NetzDG angenommen von VG Köln MMR 2022, 330; s. ferner *Koreng* GRUR-Prax 2017, 203 (205); *Nolte* ZUM 2017, 552 (561); *Härting* Kurzer Prozess für die Meinungsfreiheit: Entwurf eines „Netzwerkdurchsetzungsgesetzes", CR-online.de-Blog vom 14.3.2017, abrufbar unter www.cr-online.de/blog/2017/03/14/kurzer-prozess-fuer-die-meinungs-freiheit-entwurf-eines-netzwerkdurchsetzungsgesetzes/ (29.06.2022).

[161] Die These von der „asymmetrischen" Haftungssituation wird darauf gestützt, dass bei Untätigkeit bzgl. eines bestimmten Inhalts eine (gerichtliche) Inanspruchnahme durch die Behörde sehr wahrscheinlich sei, während auf der anderen Seite davon auszugehen sei, dass von einer Löschung Betroffene das hohe Risiko eines Prozesses wohl zumeist scheuten, so *Guggenberger* ZRP 2017, 98 (100) und *Nolte* ZUM 2017, 552 (558 f.).

[162] *Elsaß/Labusga/Tichy* CR 2017, 234 (235); skeptisch Spindler/Schmitz/*Liesching* § 1 NetzDG Rn. 25; zum Begriff vgl. *Assion* in: Überwachung und Recht, S. 38, sowie *Staben* Der Abschreckungseffekt auf die Grundrechtsausübung.

von ihren Nutzern geschaffene Inhalte adressieren. Volle Gültigkeit erlangt die im Oktober 2022 angenommene Verordnung Anfang 2024.

Dabei deuten auch die (zum Zeitpunkt der Drucklegung des vorliegenden Werks öffentlich zugänglichen) Entwurfsfassungen des Digital Services Act jedenfalls auf eine erhebliche Ausweitung der Sorgfalts-, Transparenz- und Beschwerderegeln sowie die Einführung von Vorschriften zur Bewertung systemischer Risiken für (große) Online-Plattformen hin. In Hinblick auf die Erhöhung der Transparenz von Online-Plattformen nimmt der DSA gerade die angesprochene Verwendung von Algorithmen bei der Präsentation von Inhalten in den Blick (siehe etwa Art. 12 des DSA-Entwurfs). Außerdem enthält er Verpflichtungen für sehr große Plattformen (Art. 25 DSA-E), Maßnahmen zur Ermittlung und Eindämmung sog. systemischer Risiken zu treffen, die mit dem Betrieb und der Nutzung ihrer Plattform verbunden sind (Art. 26 f. DSA-E). **130**

Als typische systemische Risiken großer Online-Plattformen begreift die EU-Kommission nun eben gerade auch die Verbreitung illegaler Inhalte, ebenso wie Beeinträchtigungen der Ausübung der Meinungs- und Informationsfreiheit oder der „gesellschaftlichen Debatte" (Art. 26 Abs. 1 lit. a-c DSA-E). Hier klingt neben der Bekämpfung rechtswidriger Inhalte im Allgemeinen gerade auch die des Phänomens der Fake News-Verbreitung an. Wenn große Plattformen diese systemischen Risiken ermittelt haben, sollen sie grundsätzlich verpflichtet sein, Maßnahmen zur Risikominderung zu ergreifen. Verstöße gegen diese Verpflichtungen müssen durch die Mitgliedstaaten mit (fakultativ auch strafrechtlichen?) Sanktionen belegt werden. **131**

b) Unmittelbare Haftungsverschärfung für nutzer-generierte Inhalte?

Demgegenüber sollen die geltenden Haftungsbeschränkungen der E-Commerce-RL im Wesentlichen unverändert übernommen werden (Art. 3 ff. DSA-E). **132**

Sollte dies aber mittelfristig in die rechtspolitische Diskussion geraten, sind vielfältige Belange zu berücksichtigen. Darunter kommt etwa den technischen Grenzen des Machbaren gesteigerte Bedeutung zu. Überhöhte Forderungen an Transparenz oder Filterung etwa könnten verfassungsrechtlich problematisch werden und unbeabsichtigt eine weitere Konzentration von Marktmacht verursachen, weil entsprechende Maßnahmen kostenintensiv sein dürften und damit nur für große Plattformen zu stemmen sein könnten. Auf der anderen Seite spricht Einiges dafür, dass gerade kleinere Plattformen wie Imageboards – die in jüngsten Reformvorschlägen oftmals von bestimmten Pflichten ausgenommen werden – die größte Radikalisierungsgefahr bergen. **133**

Etwaige Haftungsverschärfungen sollten darüber hinaus die unterschiedlichen Strukturmerkmale einzelner (Host-Service-)Plattformen passgenauer abbilden, als sie durch das geltende Recht reflektiert werden. Insoweit könnte es sich anbieten, – gerade auch bei der speziell strafrechtlichen Frage des Vorliegens einer Garantenstellung bei unterlassener Löschung rechtswidriger Beiträge (siehe Rn. 142 ff.) – die jeweilige deliktsspezifische Gefahrgeneigtheit einer Plattform in den Vordergrund zu rücken.[163] **134**

---

[163] Näher *Kusche* FS Sancinetti, S. 529 (535 ff.).

135   Bei alledem veranschaulicht die Diskussion um die strafrechtliche Providerhaftung indes auch die begrenzte Wirkungsmacht des (geltenden) Strafrechts. Denn in
Deutschland kann sich derzeit nur die natürliche Person – und das meint dann den
Inhaltsprüfer – strafbar machen. Insoweit zeigt sich auch hier die fortwährende Aktualität um ein etwaiges Bedürfnis der Einführung einer Verbandsstrafbarkeit.

D. Tun und Unterlassen

(Studien-)Literatur: *Ceffinato* Die strafrechtliche Verantwortlichkeit von Internetplattformbetreibern, JuS 2017, 403–408; *Zieschang* Zur strafrechtlichen Verantwortlichkeit eines Host-Providers
für rechtswidrige Inhalte, GA 2020, 57–69.

I. Grundlagen

136   Schließen die §§ 7 ff. TMG die Verantwortlichkeit für die Verbreitung rechtswidriger Inhalte oder andere strafbare Verhaltensweisen im Internet nicht aus, richtet sich
die Strafbarkeit im Übrigen nach den *allgemeinen strafrechtlichen Grundsätzen.*
Diese erfordern unter anderem, zwischen der Begehung einer Tat durch aktives Tun
und durch Unterlassen zu unterscheiden. Hat der Täter einen Straftatbestand nur
durch Unterlassen verwirklicht, bedarf es zu seiner Strafbarkeit gemäß § 13 Abs. 1
StGB zusätzlicher Voraussetzungen, namentlich einer rechtlichen Pflicht zur Erfolgsabwendung (sog. Garantenpflicht; siehe hierzu Rn. 142 ff.) sowie der – allerdings in der Regel gegebenen – Entsprechung seines Unterlassens der Tatbestandsverwirklichung durch aktives Tun (sog. Entsprechensklausel).

137   Wegen der damit nur eingeschränkten Unterlassensstrafbarkeit ist die Einordnung eines Handelns als aktives Tun oder Unterlassen von zentraler Bedeutung. Bei
der erforderlichen Abgrenzung wird zunächst auf äußere Umstände wie die Kausalität und den Energieeinsatz abgestellt. Danach handelt durch positives Tun, wer
aktiv in die Außenwelt eingreift, hingegen in der Regel nur durch Unterlassen, wer
sich passiv verhält. Diese Kriterien bilden aber nach herrschender Ansicht nur den
Ausgangspunkt einer normativen Betrachtung, die unter Berücksichtigung des sozialen Handlungssinns maßgeblich den *Schwerpunkt des strafrechtlich relevanten
Verhaltens* heranzieht.[164]

II. Abgrenzung von Tun und Unterlassen im Internet

138   Bei rechtswidrigen Angeboten im Internet ergeben sich vor allem zwei *Anknüpfungspunkte* für eine Strafbarkeit: die inhaltliche Einwirkung durch Veröffentlichung oder Verlinkung der fraglichen Angebote einerseits sowie die rein technische

---

[164] BGHSt 6, 46 (59); 40, 257 (265 f.); zusammenfassend *Rengier* AT § 48 Rn. 9 ff.; *Wessels/
Beulke/Satzger* Rn. 1159.

Mitwirkung andererseits durch Ermöglichung des Zugangs oder Nichtsperrung oder -löschung der jeweiligen Inhalte.

Der Content-Provider, der *eigene Inhalte* in das Internet einspeist, handelt un-   **139**
streitig durch positives Tun.[165] Bei einem Zu-Eigen-Machen *fremder Inhalte* kommt es hingegen darauf an, welche Handlung hierfür als ausreichend erachtet wird (siehe oben Rn. 77). Soll bereits die Nichtvornahme regelmäßiger Kontrollen oder die mangelnde Distanzierung von den fremden Inhalten genügen, läge insoweit ein Unterlassen vor. Wird hingegen eine bewusste Auswahl und Übernahme von Fremdinhalten gefordert, ginge damit die Qualifizierung des Verhaltens als positives Tun einher.

Beim Anbringen von *Hyperlinks* ist ebenfalls zu differenzieren. Einen Link auf   **140**
einen bereits bestehenden strafbaren Inhalt zu setzen, bedeutet ein positives Tun. Verweist der Link aber auf einen zulässigen Inhalt, der erst nachträglich verändert und dadurch strafbar wird, handelt der Linksetzer durch Unterlassen, wenn er von diesem Vorgang Kenntnis erlangt und den Link gleichwohl nicht entfernt.[166]

Nach den Grundsätzen zur Verantwortlichkeit in §§ 7 ff. TMG kommt unter be-   **141**
stimmten Voraussetzungen auch eine Strafbarkeit von Personen in Betracht, die lediglich technisch an Straftaten im Internet mitwirken. Dies gilt etwa für den *Access-Provider*, der nur den Zugang zu den Diensten des Internets ermöglicht, selbst aber keine strafbaren Inhalte einstellt. Weiß er von vornherein davon, jemandem den Zugang zu vermitteln, der die Veröffentlichung strafbarer Inhalte beabsichtigt, so ist hierin ein positives Tun zu erblicken. In der Regel weiß ein Provider freilich nicht, welche Inhalte über den von ihm vermittelten Zugang eingespeist werden, sondern wird ihm allenfalls nachträglich bekannt, dass über den von ihm gewährten Zugang strafbare Inhalte angeboten werden. Sperrt er den Zugang gleichwohl nicht, kommt eine Unterlassensstrafbarkeit in Betracht (zum Meinungsstreit siehe oben Rn. 94 ff.).[167] Entsprechendes gilt für Network-Provider, Hosting-Provider, für das Proxy-Caching etc.

III. Garantenstellung

Gemäß § 13 Abs. 1 StGB kann für ein Unterlassen nur derjenige zur Verantwortung   **142**
gezogen werden, den eine Rechtspflicht zur Erfolgsabwendung trifft. Eine solche *Garantenstellung* ergibt sich jedenfalls nicht bereits aus den Verantwortlichkeitsregeln des TMG, zumal § 7 Abs. 2 TMG eine Überwachungs- und Nachforschungspflicht der Diensteanbieter ausdrücklich ausschließt.[168] Möglich ist eine Garantenstellung aus einer vertraglichen Verpflichtung oder einer behördlichen oder

---

[165] *Malek/Popp* Rn. 109.

[166] AG Berlin-Tiergarten MMR 1998, 49 (50) mit Anm. *Hütig* und *Vassilaki* CR 1998, 111; *Malek/Popp* Rn. 110; *Boese* S. 120; *Bosbach/Pfordte* K&R Beih. 1/2006, 1 (8 f.).

[167] *Malek/Popp* Rn. 109; Hoeren/Sieber/Holznagel/*Sieber* Teil 19.1 Rn. 22; *Pelz* wistra 1999, 53 (55).

[168] *Malek/Popp* Rn. 113; Hoeren/Sieber/Holznagel/*Sieber* Teil 19.1 Rn. 33.

gerichtlichen Anordnung wie einer Sperrverfügung (siehe schon Rn. 99).[169] Jenseits von Diensteanbietern im Sinne des TMG kann im Einzelfall zudem eine Beschützergarantenstellung gegenüber (vor allem minderjährigen) Personen vor rechtswidrigen (z. B. pornographischen) Inhalten gegeben sein.[170]

143 Allein die Mitwirkung der Provider an der Straftat dadurch, dass sie die notwendige Infrastruktur bereithalten, vermag keine Garantenstellung zu begründen. Eine solche Garantenstellung aus *Ingerenz* erforderte nämlich nach überwiegender Auffassung ein pflichtwidriges Vorverhalten, das auf die bloße Bereithaltung der technischen Infrastruktur ebenso wenig zutrifft wie auf das Setzen eines Hyperlinks.[171]

144 Erwägenswert erscheint, das *Internet* als solches *als Gefahrenquelle* zu erachten und daraus eine Garantenstellung der Provider oder von Anbietern eines Hyperlinks abzuleiten, die in einer besonderen Beziehung zum Internet stehen.[172] Dies dürfte allerdings nur in engen Grenzen zutreffen, da Gefahrenüberwachungspflichten grundsätzlich nur für Gefahren bestehen, die unmittelbar aus der Gefahrenquelle selbst herrühren und nicht auf einem selbstständigen Handeln Dritter beruhen.[173] So lässt sich bei Hyperlinks eine *Überprüfungspflicht* nur annehmen, wenn zum einen der Hyperlink die Zielseite direkt benennt und zum anderen Hinweise existieren, dass rechtswidrige Inhalte auf der verlinkten Seite hinzugekommen sind.[174] Bei der Festlegung der Überprüfungshäufigkeit ist außerdem der Gesichtspunkt der *Zumutbarkeit* besonders zu beachten.

145 Die Existenz einer auf Löschung rechtswidriger Inhalte gerichteten Garantenstellung der Betreiber sozialer Netzwerke ist umstritten.[175] Im Ergebnis wird es darauf nach geltendem Recht oftmals nicht ankommen, weil eine strafrechtliche Verantwortung schon nach Europarecht (siehe Rn. 82 ff.) oder deshalb ausscheidet, weil eine Beteiligung des Providers durch Unterlassen der Löschung eines bereits veröffentlichten Beitrags zeitlich nicht mehr möglich ist (str.; siehe § 3 Rn. 187).

---

[169] Lackner/Kühl/*Heger* § 184 Rn. 7a; *Hilgendorf* in: Jugendmedienschutz im Informationszeitalter, S. 105 (116 f.).

[170] Zur Garantenstellung von Lehrern und Betreibern eines Internet-Cafés gegenüber Kindern und Jugendlichen *Liesching/Günter* MMR 2000, 260 (262 f.).

[171] *Gercke/Brunst* Rn. 631; *Bosbach/Pfordte* K&R Beih. 1/2006, 1 (9); *Hütig* MMR 1998, 50 (51); *Vassilaki* CR 1999, 85 (87 f.) für Hyperlinks; *Malek/Popp* Rn. 114; *Sieber* JZ 1996, 494 (500 f.) für Provider.

[172] Lackner/Kühl/*Heger* § 184 Rn. 7; *Pelz* wistra 1999, 53 (55 f.) für Host-Service-Provider; *Vassilaki* CR 1999, 85 (88 f.) für Hyperlinks; kritisch *Malek/Popp* Rn. 115.

[173] Hoeren/Sieber/Holznagel/*Sieber* Teil 19.1 Rn. 38; enger *Bosbach/Pfordte* K&R Beih. 1/2006, 1 (9 f.); siehe hierzu auch *Ceffinato* JuS 2017, 403 (404).

[174] Vgl. auch Hoeren/Sieber/Holznagel/*Sieber* Teil 19.1 Rn. 50; ferner OLG München CR 2009, 191 (193).

[175] Bejahend Schönke/Schröder/*Bosch* § 13 Rn. 44; *Ceffinato* JuS 2017, 403 (404); „in engen Grenzen"; auch Schönke/Schröder/*Eisele* § 184 Rn. 85; (nur) bei „objektiv klar rechtswidrigen Inhalten" Hoeren/Sieber/Holznagel/*Sieber* Teil 19.1 Rn. 42 ff.; dagegen etwa *Heghmanns* Hdb WirtschaftsStrafR Teil 6 Rn. 48; für den Regelfall auch *Zieschang* GA 2020, 57 (65); Einzelfallbetrachtung andeutend *Kusche* FS Sancinetti S. 529 (535 ff.).

E. Täterschaft und Teilnahme

I. Grundlagen

Nach dem dualistischen Beteiligtensystem ist die Beteiligung an einer Straftat als **146** Täter gemäß § 25 StGB oder als Teilnehmer gemäß §§ 26, 27 StGB möglich. Für die demnach notwendige *Abgrenzung von Täterschaft und Teilnahme* existieren unterschiedliche Ansätze. Insbesondere die *Rechtsprechung* stellt im Ausgangspunkt nach wie vor auf die innere Willensrichtung ab: Täter nach dieser subjektiven Theorie ist, wer die Tat als eigene will, den sog. animus auctoris aufweist. Als Teilnehmer hingegen ist einzuordnen, wer lediglich mit dem sog. animus socii eine fremde Tat fördern mag.[176] Das *Schrifttum* kritisiert diese Unterscheidung wegen der fehlenden Nachweisbarkeit des Beteiligtenwillens als zu unscharf und in das Belieben des Tatrichters gestellt und zieht als objektives Kriterium die Tatherrschaft heran. Nach dieser Tatherrschaftslehre handelt als Täter, wer den tatbestandlichen Geschehensablauf kraft seines planvoll lenkenden Willens in den Händen hält und damit als zentrale Figur des Tatgeschehens auftritt. Teilnehmer ist, wer ohne eigene Tatherrschaft die Begehung der Tat lediglich veranlasst oder sonst fördert und demzufolge nur eine Randfigur des Geschehens ist.[177]

Freilich zieht die Rechtsprechung ebenso objektive Kriterien heran, um den Beteiligtenwillen zu **147** ermitteln, namentlich das eigene Interesse am Taterfolg, den Umfang der Tatbeteiligung und die Tatherrschaft oder wenigstens den Willen hierzu.[178] Im konkreten Einzelfall gelangen daher beide Auffassungen häufig zu demselben Ergebnis.

Höchst umstritten ist die Abgrenzung von Täterschaft und Teilnahme bei einer **148** *Beteiligung durch Unterlassen* an einem Begehungsdelikt. Tatherrschaftslehre und subjektive Theorie lassen sich hier kaum sinnvoll heranziehen, weil bei einem untätigen Beteiligten weder von einer Zentralfigur gesprochen werden kann noch in der Regel genügend Anhaltspunkte zur Ermittlung seines Beteiligtenwillens vorliegen. Den Unterlassenden hier wegen der Verletzung der tatbestandsbegründenden Erfolgsabwendungspflicht stets als Täter anzusehen,[179] bedeutete eine Benachteiligung gegenüber dem aktive(re)n Beteiligten, der auch lediglich Gehilfe sein kann. Den Unterlassenden wegen seiner nebensächlichen Rolle stets nur als Teilnehmer anzusehen,[180] würde denjenigen, der gegen ein Handeln Dritter nicht einschreitet, gegenüber demjenigen privilegieren, der bei Naturkausalverläufen untätig und hier zumeist als Täter einzustufen bleibt. Viel spricht somit für eine vermittelnde Ansicht, wobei sich die Suche nach trennscharfen Abgrenzungskriterien schwierig ge-

---

[176] Vgl. BGH 35, 347 (353 f.); 40, 257 (266 f.); 43, 219 (232).

[177] Lackner/Kühl/*Kühl* Vor § 25 Rn. 4 und 6; *Rengier* AT § 41 Rn. 10 f.; *Roxin* AT II § 25 Rn. 27 ff.; *Wessels/Beulke/Satzger* Rn. 806.

[178] BGHSt 37, 289 (291); BGH NStZ 2008, 273 (275); NStZ 2009, 25 (26).

[179] So *Roxin* AT II § 31 Rn. 140 ff.

[180] So Lackner/Kühl/*Kühl* § 27 Rn. 5; zustimmend *Kudlich* BeckOK-StGB, § 25 Rn. 17.2.

staltet. Zum Teil wird an die Garantenstellung angeknüpft: Danach sei der untätige Beschützergarant immer Täter, weil er das zu beschützende Rechtsgut vor Schaden bewahren müsse, der Überwachungsgarant hingegen, der eine bestimmte Gefahrenquelle nicht absichere, lediglich Teilnehmer.[181]

II. Täterschaft und Teilnahme im Internet

149　Problematisch ist die Abgrenzung von Täterschaft und Teilnahme bei der *Verbreitung von Inhalten*. Unstreitig handelt noch als Täter, wer als Content-Provider eigene rechtswidrige Inhalte in das Internet einstellt oder Links auf eigene Inhalte anlegt.[182] Schwieriger zu bewerten und umstritten ist die Verlinkung fremder Inhalte. Sie wird teilweise als täterschaftliches Zugänglichmachen gewertet, da sie die Verbreitung strafbarer Inhalte wesentlich beeinflussen kann.[183] Dem wird zu Recht entgegengehalten, eine täterschaftliche Handlung des Linksetzenden scheitere zumeist schon daran, dass allein der Link keine Herrschaft über die verknüpften Daten vermittele (zur Abgrenzung von Täterschaft und Teilnahme bei „Likes" und „Teilungen" in sozialen Netzwerken siehe § 3 Rn. 184 f.).[184]

150　Auch bei (Un-)Tätigkeiten *technischer Art* stellt sich die Frage nach der Einordnung eines Verhaltens als Täterschaft oder Teilnahme. Dies gilt nicht zuletzt bei der Nichtsperrung von Inhalten durch Provider, die nach den vorstehenden Erwägungen als Unterlassen einzustufen bleibt (Rn. 141). Im umstrittenen erstinstanzlichen Urteil im Fall CompuServe (Rn. 93) wurde der Angeklagte wegen mittäterschaftlichen Zugänglichmachens kinderpornographischer Schriften verurteilt, wobei das Gericht auf das eigene Interesse am Taterfolg, den Umfang der Tatbeteiligung und die Tatherrschaft abstellte.[185] Allerdings liegt es näher, den Zugangsvermittler nur wegen *Beihilfe durch Unterlassen* zu belangen. Gleiches gilt für den untätigen Host-Service-Provider, auf dessen Server die fragwürdigen Inhalte gespeichert sind.[186]

F. Unrechtsbewusstsein

Literatur (Auswahl): *Hilgendorf* Die Neuen Medien und das Strafrecht, ZStW 113 (2001), 650–680; *Laubenthal/Baier* Durch die Ausländereigenschaft bedingte Verbotsirrtümer und die Perspektiven europäischer Rechtsvereinheitlichung, GA 2000, 205–223; *Valerius* Das globale Unrechtsbewusstsein, NStZ 2003, 341–346.

---

[181] Schönke/Schröder/*Heine/Weißer* Vor §§ 25 ff. Rn. 95 ff.; zusammenfassend *Rengier* AT § 51 Rn. 15 ff.

[182] *Malek/Popp* Rn. 129.

[183] OLG Stuttgart MMR 2006, 387 (388); siehe auch *Boese* S. 127 ff.; *Flechsig/Gabel* CR 1998, 351 (355); *M. Gercke* CR 2006, 844 (849); differenzierend *Bosbach/Pfordte* K&R Beih. 1/2006, 1 (12 ff.).

[184] LG Karlsruhe MMR 2009, 418 (419); *Vassilaki* CR 1999, 85 (86 f.). Zum Streitstand *Malek/Popp* Rn. 131 ff.; *Bosbach/Pfordte* K&R Beih. 1/2006, 1 (11 ff.).

[185] AG München MMR 1998, 429 (430); vgl. auch *Pelz* wistra 1999, 53 (57).

[186] *Marberth-Kubicki* Rn. 376; aA *Hörnle* MK-StGB (3. Aufl.) § 184d Rn. 21: Täterschaft.

Studienliteratur: *Neumann* Der Verbotsirrtum (§ 17 StGB), JuS 1993, 793–799; *Valerius* Die Berücksichtigung kultureller Wertvorstellungen im Strafrecht, JA 2010, 481–486.

I. Grundlagen

Das Unrechtsbewusstsein ist ein *selbstständiges Element der Schuld*. Der Täter **151** muss sich bewusst sein, gegen die durch das verbindliche Recht gesetzte Werteordnung zu verstoßen. Fehlt dem Täter die Unrechtseinsicht, so unterliegt er einem sog. *Verbotsirrtum*. Erweist sich der Verbotsirrtum als nicht vermeidbar, handelt der Täter gemäß § 17 Satz 1 StGB ohne Schuld. Hätte sich die Fehlvorstellung des Täters dagegen vermeiden lassen, sieht § 17 Satz 2 StGB lediglich eine fakultative Strafmilderung nach § 49 Abs. 1 StGB vor.

1. Unrechtsbewusstsein und Internet

Die besonderen Eigenschaften des Internets stehen dem Unrechtsbewusstsein sei- **152** ner Nutzer mitunter entgegen. Wer etwa von seinem heimischen Rechner aus auf Webseiten surft, fühlt sich in der Regel unerkannt und unbeobachtet. Ähnlich ergeht es demjenigen, der Beiträge in sozialen Netzwerken, Foren oder Chaträumen unter einem Pseudonym verfasst, das keine Rückschlüsse auf seine wahre Identität erlaubt. Dem Nutzer ist dabei häufig nicht bewusst, aussagekräftige Spuren zu hinterlassen, und er glaubt, sich gewissermaßen inkognito in einer virtuellen Öffentlichkeit zu bewegen. Aufgrund des Gefühls der *Anonymität* bleibt ihm im Einzelfall sogar der kriminelle Gehalt seiner Handlungen verborgen.

Dieses Fehlurteil unterstützt die verbreitete Einschätzung, das Internet als einen **153** eigenständigen *virtuellen Raum* zu betrachten. Jedoch bildet der Cyberspace mitnichten eine eigene Welt, die der Nutzer mit der Einwahl in das Internet betritt. Jeder Datenstrom beruht vielmehr auf einem realen Verhalten eines realen Menschen an einem realen Rechner. Viele Nutzer sind sich gleichwohl nicht bewusst, dass ihre scheinbar rein virtuellen Handlungen zum Teil gravierende Auswirkungen in der Realität nach sich ziehen.

Wer sich kostenlos kinderpornographische Bilddateien aus dem Internet herunterlädt, bewertet **154** seine Handlung wohl als unmoralisch, nicht unbedingt aber als kriminelles Unrecht. Schließlich erhält er die digitalisierten Aufnahmen mit nur wenigen Mausklicks und somit mit geringster Energieentfaltung. Außerdem tritt er wegen seiner vermeintlichen Anonymität weder selbst in Erscheinung noch mit anderen Personen in unmittelbaren Kontakt. Der *Realitätsbezug*, z. B. der tatsächliche Missbrauch des abgebildeten Kindes oder die steigende Nachfrage nach der Herstellung kinderpornographischer Darstellungen, wird häufig übersehen oder unterschätzt.[187]

Schließlich gilt es den dezentralisierten und *grenzüberschreitenden Charakter* **155** des Internets zu berücksichtigen. Vor allem frei zugängliche Webseiten sind grundsätzlich von jedem Staat aus abrufbar und können damit – je nach nationaler Ausgestaltung des Strafanwendungsrechts – Bedeutung für eine Vielzahl nationaler

---

[187] Siehe schon *Bertram* JR 2000, 126 (127 f.).

Rechtsordnungen entfalten. Schon diese Dimension seines Handelns wird ein Täter vielfach nicht bzw. nicht vollständig erfassen. Darüber hinaus bleiben die Unterschiede zwischen den nationalen Strafrechtsordnungen zu beachten. Wer Inhalte im Netz veröffentlicht, deren Verbreitung in seinem Heimatland straflos ist, dürfte nur selten bedenken, sich mit seinen Äußerungen in einem anderen Staat strafbar zu machen.

2. Bezugspunkte des Unrechtsbewusstseins

156   Die Unrechtseinsicht verlangt zweierlei: Dem Täter muss zum einen bewusst sein, mit seinem Handeln eine vom verwirklichten Straftatbestand umfasste *spezifische Rechtsgutsverletzung* zu begehen, d. h. das betroffene Rechtsgut in einer Weise zu beeinträchtigen, welche die durch verbindliches Recht erkennbare Wertordnung nicht mehr sanktionslos hinnimmt (Rn. 158 ff.).[188] Dies setzt nach herrschender Ansicht nicht voraus, dass der Täter um die Strafbarkeit seines Verhaltens weiß. Es genüge vielmehr das Bewusstsein, eine Vorschrift des bürgerlichen oder öffentlichen Rechts zu missachten.[189] Nach zunehmend vertretener anderer Auffassung muss der Täter hingegen die Sanktionierbarkeit seines Verhaltens kennen.[190]

157   Bei grenzüberschreitenden Sachverhalten wie der Kommunikation über das Internet muss sich das Unrechtsbewusstsein des Täters zum anderen auf die *jeweilige Rechtsordnung* beziehen, die er verletzt (Rn. 163 ff.). Denn ein Rechtsstaat darf eine Handlung nur dann mit Strafe sanktionieren, wenn der Täter sich zuvor von dem strafrechtlich bewehrten Ge- oder Verbot leiten und lenken lassen konnte.[191] Unrechtsbewusstsein bedeutet somit das Bewusstsein des Täters bei Begehung der Tat, eine spezifische Rechtsgutsverletzung zu verwirklichen, die nach dem Wertegefüge einer bestimmten Rechtsordnung Unrecht darstellt.[192]

II. Verletzung eines spezifischen Rechtsguts

158   Das mangelnde Bewusstsein, ein rechtlich geschütztes Interesse zu verletzen, schließt gemäß § 17 Satz 1 StGB nur dann die Schuld aus, wenn es *unvermeidbar* war. Der Täter hätte hierfür nach seinen individuellen Fähigkeiten auch bei Einsatz

---

[188] BGHSt 15, 377 (383); 45, 97 (101); OLG München NStZ 2007, 97 (98).

[189] BGHSt 10, 35 (41); 52, 227 (240); *Fischer* § 17 Rn. 3; Lackner/Kühl/*Kühl* § 17 Rn. 2; Schönke/Schröder/*Sternberg-Lieben/Schuster* § 17 Rn. 4 und 5.

[190] *Heuchemer* BeckOK-StGB § 17 Rn. 8; *Joecks/Kulhanek* MK-StGB § 17 Rn. 15 f.; *Neumann* NK § 17 Rn. 21; *Laubenthal/Baier* GA 2000, 205 (207 f.); *Neumann* JuS 1993, 793 (795); *Zabel* GA 2008, 33 (45).

[191] *Oehler* Rn. 124 und 592; *Valerius* NStZ 2003, 341 (343). Vgl. auch OLG Stuttgart NJW 2006, 2422 (2424).

[192] Vgl. Schönke/Schröder/*Sternberg-Lieben/Schuster* § 17 Rn. 5; *Neumann* StV 2000, 425 (426). Missverständlich BGHSt 45, 97 (101), wonach es auf die Kenntnis der Strafbarkeit nach deutschem Recht nicht ankomme; ebenso OLG München NStZ 2007, 97 (98).

aller seiner geistigen Erkenntniskräfte und seiner sittlichen Wertvorstellungen nicht zur Unrechtseinsicht gelangen dürfen. Aufkommende Zweifel muss der Täter durch Nachdenken und ggf. durch Einholung verlässlichen und sachkundigen Rechtsrats beseitigen.[193] An diese – häufig bildlich als „Gewissensanspannung" bezeichnete[194] – Selbstprüfung setzt die Rechtsprechung sehr hohe Anforderungen, so dass ein Verbotsirrtum jedenfalls im Kernstrafrecht in der Regel vermeidbar bleibt[195] und lediglich eine fakultative Strafmilderung in Betracht kommt (§ 17 Satz 2 i. V. m. § 49 Abs. 1 StGB).

Bei Straftaten im Internet können die gefühlte Anonymität und die vermeintlich eigenständige **159** virtuelle Sphäre zu der Fehlannahme verleiten, sich in einem *rechtsfreien Raum* zu bewegen. Ein hierauf beruhender Verbotsirrtum ist in aller Regel jedoch vermeidbar. Denn jedermann erkennt nach kurzem Überlegen, dass auch das Internet einen Teil der Wirklichkeit bildet. Seine Kommunikationsdienste vermögen die Welt zu digitalisieren, ggf. zu anonymisieren, sich aber nicht von ihr loszusagen und zu verselbstständigen.

Insbesondere dürfte der *grenzüberschreitende Charakter* des Internets zu Verbotsirrtümern des **160** Nutzers führen. Aufgrund der erheblichen Unterschiede zwischen den einzelnen kulturellen Wertvorstellungen in den einzelnen Staaten sind auch die darauf beruhenden nationalen Strafrechtsvorschriften äußerst verschieden. In diesem Fall wird dem Täter die von der Rechtsprechung geforderte Gewissensanspannung mitunter nicht zur Unrechtseinsicht verhelfen, weil er durch seine eigenen Anschauungen geprägt ist und die Existenz eines damit nicht zu vereinbarenden Verbots einer anderen Strafrechtsordnung überhaupt nicht in Erwägung zieht.[196] Exemplarisch darf auf den unterschiedlichen Stellenwert der Meinungsfreiheit in verschiedenen Staaten verwiesen werden. Versendet etwa ein US-amerikanischer Anbieter einen Newsletter mit beleidigenden Werturteilen auch an Interessenten aus Deutschland, wird er kaum erwägen, hierzulande den Straftatbestand der Beleidigung zu verwirklichen. In den USA darf er seine ehrverletzenden Inhalte aufgrund der großen Bedeutung der Meinungsfreiheit nämlich unbedenklich verbreiten.

Selbst wenn der Täter nach diesen Grundsätzen nicht zur Unrechtseinsicht ge- **161** langen konnte, bedeutet dies jedoch nicht stets die Unvermeidbarkeit seines Verbotsirrtums. Mitunter darf es der Täter nämlich nicht bei einer bloßen Gewissensanspannung belassen, sondern obliegt ihm darüber hinaus, sich über die Rechtslage zu informieren. Eine solche *Erkundigungspflicht* wird vornehmlich bei geschäftlichen Tätigkeiten gefordert.[197]

---

[193] Statt vieler BGHSt 9, 164 (172).

[194] Statt vieler BGHSt GrS 2, 194 (201 f.); 4, 1 (5); 22, 314 (318); kritisch gegenüber dem Begriff Schönke/Schröder/*Sternberg-Lieben/Schuster* § 17 Rn. 15; *Roxin/Greco* AT I § 21 Rn. 46.

[195] *Roxin/Greco* AT I § 21 Rn. 58.

[196] Siehe hierzu *Vogel/Bülte* LK § 17 Rn. 100 f.; *Hilgendorf* ZStW 113 (2001), 650 (676); *Valerius* JA 2010, 481 (485 f.).

[197] *Fischer* § 17 Rn. 12; Schönke/Schröder/*Sternberg-Lieben/Schuster* § 17 Rn. 17; vgl. auch BGH NStZ 1996, 236 (237 f.); OLG München NStZ 2007, 97 (99).

162 Auch bei grenzüberschreitenden Verhaltensweisen im Internet kommt demnach eine Erkundigungspflicht in Betracht. Dies gilt wiederum vor allem bei *geschäftlichen Tätigkeiten* des Täters, etwa bei einem Internetauftritt zu Werbezwecken oder dem Versand von E-Mails.[198] Indizien für eine Intention des Täters, in einem bestimmten Staat zu wirken, sind die inhaltliche Gestaltung einer Webseite, die Aufnahme von sog. Metadaten[199] in der Landessprache, die Auflistung inländischer Kontaktpersonen oder die Verwendung einer Internetadresse mit entsprechender Top-Level-Domain (z. B. „de" für Deutschland oder „ch" für die Schweiz).[200] Allein die Kenntnis der weltweiten Abrufbarkeit frei zugänglicher Inhalte im Internet verpflichtet deren Anbieter nicht, sich über die Rechtsordnungen sämtlicher Staaten zu informieren.

III. Verletzung einer bestimmten Rechtsordnung

163 Unabhängig von der Einsicht, ein spezifisches Rechtsgut zu verletzen und dadurch Unrecht zu begehen, kann das Unrechtsbewusstsein auch deswegen fehlen, weil sich der Täter überhaupt nicht bewusst ist, in den Geltungsbereich einer spezifischen, in aller Regel fremden Rechtsordnung zu treten. Bei Kommunikationen im Internet beruht eine solche Unkenntnis darauf, dass deren *grenzüberschreitender Charakter* in seiner vollständigen Dimension im Einzelfall schwer zu erfassen ist.

164 Wer Newsletter und Rundmails nur an eingetragene Abonnenten verbreitet, vermag im Wesentlichen allein anhand der Top-Level-Domain der E-Mail-Adresse zu erkennen, in welche Staaten er seine Nachrichten sendet und mit welchen Rechtsordnungen er demzufolge in Berührung tritt. So kann dem bereits erwähnten US-amerikanischen Anbieter eines Newsletters der Bezug zur deutschen Rechtsordnung verborgen bleiben, wenn seine hiesigen Abonnenten allesamt E-Mail-Adressen ohne die für Deutschand typische Länderkennung „de" verwenden. Ähnlich verhält es sich bei Unterhaltungen in Chaträumen, bei denen die Herkunft der anderen Diskussionsteilnehmer häufig unbekannt ist: Beteiligt sich ein deutscher Internetnutzer an dem Meinungsaustausch in einem US-amerikanischen Chatraum, werden die anderen Teilnehmer gewöhnlich nicht bedenken, bei herabwürdigenden Äußerungen in Konflikt mit dem deutschen Strafrecht zu geraten.

165 Bei Verbotsirrtümern aufgrund des nicht erkannten Kontakts mit der fremden Rechtsordnung dreht sich das Regel-Ausnahme-Verhältnis bei der Vermeidbarkeit um. Denn die kritische Selbstprüfung kann kaum zur Unrechtseinsicht führen, wenn dem Täter die Verbindung zu dem fremden Staat und somit zu dessen Rechtsordnung überhaupt nicht bewusst ist. Ein darauf beruhender Verbotsirrtum erweist sich daher häufig als *unvermeidbar*.

---

[198] Siehe hierzu *Laubenthal/Baier* GA 2000, 205 (219 ff.).

[199] Metadaten sind (gelegentlich irreführende) Schlagwörter im Kopfbereich von Webseiten, die deren leichterer Auffindung durch Suchmaschinen wie Google dienen.

[200] *Valerius* NStZ 2003, 341 (345).

§ 3 Besonderer Teil

A. Äußerungsdelikte

I. Grundlagen

Bei der heutigen Computerisierung der Gesellschaft und Digitalisierung unserer 1
Lebenswelt kann nahezu jede Straftat über das Internet begangen werden. Denkbar
sind also nicht nur klassische Erscheinungsformen der Computer- und Internetkriminalität wie die Verbreitung von Viren oder das Eindringen in Computersysteme
(sog. Hacking). Vielmehr ist es ebenso ohne weiteres möglich, mittels eines Rechners als Tatwerkzeug höchstpersönliche Rechtsgüter zu verletzen, z. B. indem sich
der Täter über eine Netzwerkverbindung der medizinischen Notfalleinrichtungen
eines Krankenhauses oder der Kontrollsysteme im Luftverkehr bemächtigt.[1] Aufgrund der primären Funktion des Internets als modernes Kommunikationsmittel
nehmen unter den Internetstraftaten aber die sog. *Äußerungsdelikte* (oder auch
Inhaltsdelikte) den größten Anteil ein. Darunter sind sämtliche Straftatbestände zu
verstehen, welche die Verbreitung für sich rechtswidriger Äußerungen sanktionieren. Das Spektrum reicht von Beleidigungen über die Veröffentlichung extremistischen Gedankenguts auf Webseiten, in Internetforen oder sozialen Netzwerken bis
hin zum Austausch kinderpornographischer Bild- und Videodateien in Tauschbörsen oder geschlossenen Benutzersystemen. Zunehmend gerät auch die Verbreitung von Desinformation insbesondere über die sozialen Medien in die rechtspolitische Diskussion.

---

[1] Zum sog. Cyberterrorismus allgemein Jones/Nobis/Röchner/Thal/*Röchner*, S. 66 ff.

II. Pornographiedelikte

Literatur (Auswahl): *Baier* Die Bekämpfung der Kinderpornografie auf der Ebene von Europäischer Union und Europarat, ZUM 2004, 39–51; *Bornemann* Der „Verbreitensbegriff" bei Pornografie in audiovisuellen Mediendiensten. Straferweiternd im Internet und strafverkürzend im Rundfunk?, MMR 2012, 157–161; *Bussweiler* Sexueller Kindesmissbrauch und Kinderpornographie – alles Verbrecher?, ZRP 2021, 84–87; *Duttge/Hörnle/Renzikowski* Das Gesetz zur Änderung der Vorschriften über die Straftaten gegen die sexuelle Selbstbestimmung, NJW 2004, 1065–1072; *Eckstein* Ist das „Surfen" im Internet strafbar?, NStZ 2011, 18–22; *M. Gercke* Defizite des „Schriften"-Erfordernisses in Internet-bezogenen Sexual- und Pornographiedelikten, CR 2010, 798–803; *Harms* Ist das „bloße" Anschauen von kinderpornographischen Bildern im Internet nach geltendem Recht strafbar?, NStZ 2003, 646–650; *M. Heinrich* Neue Medien und klassisches Strafrecht – § 184b IV StGB im Lichte der Internetdelinquenz, NStZ 2005, 361–366; *Hörnle* Pornographische Schriften im Internet, NJW 2002, 1008–1013; *dies.* Die Umsetzung des Rahmenbeschlusses zur Bekämpfung der sexuellen Ausbeutung von Kindern und der Kinderpornographie, NJW 2008, 3521–3525; *Hopf/Braml* Virtuelle Kinderpornographie vor dem Hintergrund des Online-Spiels Second Life, ZUM 2007, 354–363; *Krause* Kinderpornografie – Plädoyer für eine differenzierte Verschärfung, ZRP 2019, 69–71; *Liesching* Anforderungen des Erwachsenenversandhandels nach dem Jugendschutzgesetz, NJW 2004, 3303–3304; *Popp* Strafbarer Bezug von kinder- und jugendpornographischen „Schriften", ZIS 2011, 193–204; *Ritlewski* Virtuelle Kinderpornographie in Second Life, K&R 2008, 94–99; *Röder* Nach der letzten Änderung des § 184b StGB: Ist das Verbreiten sog. „Posing"- Fotos weiterhin straflos?, NStZ 2010, 113–119; *Rückert/Goger* Neue Waffe im Kampf gegen Kinderpornografie im Darknet, MMR 2020, 373–378; *Scheffler* Zur Strafbarkeit des Betrachtens kinderpornographischer Internet-Seiten auf dem PC, in: Festschrift Herzberg, 2008, S. 627–648; *Schreibauer* Das Pornographieverbot des § 184 StGB, 1999; *Schroeder* Pornographie, Jugendschutz und Kunstfreiheit, 1992; *Strauß* Kinderpornografische Schriften im digitalen Zeitalter, NStZ 2020, 708–714; *Wagner* Polizeiliche „Keuschheitsproben" im dark web – Überlegungen zu § 110d StPO, § 184b Abs. 6 StGB, ZStW 133 (2021), 1025–1048; *Wüstenberg* Zum Vorsatz bei digitalen Besitzstraftaten, StraFo 2009, 233–236.

1. Grundlagen

2   Pornographische Filme, Bilder und Magazine werden zunehmend gesellschaftsfähig. Darsteller avancieren mitunter zu Fernseh- und Filmschauspielern oder werden als Gäste in diverse Unterhaltungssendungen eingeladen, ohne dass ein Großteil der Bevölkerung ihre Tätigkeit noch argwöhnisch oder verabscheuend betrachten dürfte. Generell lässt sich in der Gesellschaft die Entwicklung beobachten, in sexuellen Fragen immer offener und freizügiger zu werden.

3   Dieser Trend spiegelt sich in der Gesetzgebungsgeschichte der §§ 184 ff. StGB wider.[2] Befand sich zunächst das strafrechtlich bewehrte Verbot der Verbreitung unzüchtiger Schriften im Einklang mit den in der Gesellschaft vorherrschenden sittlichen Wertvorstellungen, kam es während der „sexuellen Revolution" der 1960er-Jahre zu einem deutlichen Anschauungswandel. Zahlreiche Vorschriften des Sexualstrafrechts, die eine bestimmte Moral gesetzlich festschreiben und nicht der Selbstbestimmung des erwachsenen Menschen überlassen wollten, konnten sich nun nicht mehr auf den Rückhalt in der Bevölkerung stützen. Stellvertretend führte der BGH im „Fanny Hill"-Urteil vom 22. Juli 1969 aus, dass es nicht Aufgabe des Strafrechts sei, „auf geschlechtlichem Gebiet einen moralischen Standard des erwachsenen Bürgers durchzusetzen, sondern [...] die

---

[2] Siehe hierzu *Gercke/Brunst* Rn. 260 ff.

Sozialordnung der Gemeinschaft vor Störungen und groben Belästigungen zu schützen".[3] In diesen Jahren wurden einige Sexualstraftatbestände überarbeitet oder sogar aufgehoben. Auch die Verbreitung pornographischer Schriften wurde durch das 4. Strafrechtsreformgesetz vom 23. November 1973[4] weitgehend legalisiert, nachdem eine generelle Schädlichkeit für die Gemeinschaft nicht nachgewiesen werden konnte.

Unabhängig von der sittlichen Bewertung existieren im Zusammenhang mit   **4**
Pornographie Situationen, in denen Rechtsgüter des Einzelnen gefährdet oder verletzt werden. Dies gilt insbesondere für den sexuellen Missbrauch von Kindern, um kinderpornographisches Material anzufertigen. In solchen Fällen bleibt der Einzelne auch mit Mitteln des Strafrechts vor Beeinträchtigungen seiner Rechtsgüter zu schützen. Der Gesetzgeber hat daher in § 184b StGB Herstellung und Verbreitung kinderpornographischer Inhalte generell untersagt. Ein solches *absolutes Verbreitungsverbot* gilt gemäß § 184c StGB ebenso für jugendpornographische Inhalte mit Personen zwischen 14 und 18 Jahren sowie gemäß § 184a StGB für Gewalt- und Tierpornographie. Diese Arten der Pornographie werden gewöhnlich unter den Oberbegriff der sog. *harten Pornographie* zusammengefasst.[5]

Sonstige, sog. *einfache* (oder weiche) *Pornographie* zu verbreiten, ist hingegen   **5**
nur in bestimmten, im Katalog des § 184 Abs. 1 StGB aufgelisteten Konstellationen strafbar. Diese Verbreitungsverbote beabsichtigen zum Teil den Schutz Einzelner (auch erwachsener Personen) vor ungewollter Konfrontation mit pornographischem Material, dienen aber zumeist dem Jugendschutz.[6] Die Verbreitung einfacher Pornographie ist demnach vor allem dann unter Strafe gestellt, wenn sie eine Gefährdung von Kindern und Jugendlichen befürchten lässt. Ob es im Einzelfall tatsächlich zu einer Gefährdung oder deren Realisierung kommt, bleibt unerheblich und lediglich bei der Strafzumessung zu berücksichtigen. § 184 StGB ist somit ein *abstraktes Gefährdungsdelikt.*[7]

Der Schutz der ungestörten Entwicklung von Jugendlichen wird außerdem durch die *Vorschriften*   **6**
des Jugendschutzgesetzes (JuSchG) berücksichtigt. Es enthält gleichfalls strafbewehrte Verbreitungsverbote bezüglich jugendgefährdender Trägermedien (§ 27 Abs. 1 Nr. 1 und Nr. 2 i. V. m. § 15 Abs. 1 JuSchG), deren Missachtung mit Freiheitsstrafe bis zu einem Jahr oder mit Geldstrafe geahndet wird. Dazu zählt gemäß § 15 Abs. 2 Nr. 1 JuSchG jeder (weiche oder harte) pornographische Inhalt, ohne dass es seiner Aufnahme durch die Bundesprüfstelle für jugendgefährdende Medien in die Liste jugendgefährdender Medien bedarf. Über den Schutz durch § 184 StGB hinaus stellt § 27 Abs. 3 Nr. 1 JuSchG in den Fällen des Absatzes 1 Nr. 1 auch fahrlässiges Handeln unter (im Höchstmaß gegenüber Absatz 1 halbierte) Strafe (siehe auch Rn. 70). Der Jugendmedienschutz-Staatsvertrag (JMStV) ahndet in § 24 Abs. 1 Nr. 1 lit. j und k, Nr. 2 i. V. m. § 4 Abs. 1 Satz 1 Nr. 9 und Nr. 10, Abs. 2 Satz 1 Nr. 1 und Satz 2 die (vorsätzliche oder fahrlässige) Verbreitung pornographischer Rundfunksendungen und Inhalte in Telemedien als Ordnungswidrigkeit.

---

[3] BGHSt 23, 40 (43 f.).

[4] BGBl. I, S. 1725.

[5] *Fischer* § 184 Rn. 5.

[6] Zu den geschützten Rechtsgütern Schönke/Schröder/*Eisele* § 184 Rn. 5; *Fischer* § 184 Rn. 2; *Hörnle* MK-StGB § 184 Rn. 1 ff.; siehe auch *Greco* RW 2011, 275 (286 ff.).

[7] *Hörnle* MK-StGB § 184 Rn. 3; *Ziegler* BeckOK-StGB § 184 Rn. 2.

2. Pornographische Inhalte im Internet

7   Errungenschaften der Informations- und Kommunikationstechnologie sind seit
jeher dafür anfällig, für die Verbreitung rechtswidriger Inhalte missbraucht zu werden. Das Internet bildet hier keine Ausnahme. So existieren zahlreiche *Webportale*,
auf denen pornographische Bilder und Filme ohne Alterskontrolle angesehen oder
heruntergeladen werden können. *Filesharing-Netzwerke* gestatten es ohne Weiteres,
sich pornographisches, häufig auch kinderpornographisches Material zu verschaffen.

8   Zudem birgt das Internet insoweit besondere Gefahren in sich. Wegen der
Massentauglichkeit und weltweiten Zugänglichkeit seiner Kommunikationsdienste
bieten sich dem Nutzer viele Möglichkeiten, Pornographie zu vervielfältigen und
weiter zu verbreiten. Die Anzahl nicht zuletzt kinderpornographischer Inhalte wird
daher weiter unkontrolliert anwachsen. Neben der quantitativen Entwicklung ist
außerdem zu beobachten, dass infolge des mit zunehmendem Konsum eintretenden
Gewöhnungseffekts die Nachfrage nach immer brutaleren Gewaltdarstellungen
steigt.[8] Unterstützt wird dieser Trend durch die *Anonymität*, die beim Gebrauch des
Internets garantiert zu sein scheint. Hinzu tritt ein Gefühl der Gemeinschaftszuge-
hörigkeit, das die Kommunikation mit Gleichgesinnten rund um den Globus vermittelt. Dadurch sinkt die Hemmschwelle, sich rechtswidrige Inhalte zu verschaffen
und diese zu verbreiten.

9   Es ist daher nicht verwunderlich, dass die *Gesetzgebungsgeschichte* der §§ 184 ff. StGB zahlreiche
Reaktionen auf neue Entwicklungen im Medienbereich und die dadurch erleichterte Herstellung
oder Verbreitung pornographischer Inhalte enthält. Beispielsweise dehnte das Informations- und
Kommunikationsdienste-Gesetz (IuKDG) vom 22. Juli 1997[9] unter anderem die Strafbarkeit der
banden- oder gewerbsmäßigen Verbreitung kinderpornographischen Materials und seiner Besitzverschaffung auf Schriften aus, die kein tatsächliches, sondern lediglich ein *wirklichkeitsnahes*,
ggf. mit moderner Bild- und Videobearbeitungssoftware erstelltes oder verfremdetes Geschehen
wiedergeben (siehe dazu Rn. 28).

10   Besonders anschaulich zeigt sich die Anpassung der Pornographiedelikte an gewandelte
Lebenswirklichkeiten auch an der gesetzlichen Bestimmung der vom Gesetz erfassten Tatobjekte.
So stellte zunächst das Gesetz zur Änderung der Vorschriften über die Straftaten gegen die sexuelle
Selbstbestimmung und zur Änderung anderer Vorschriften vom 27. Dezember 2003[10] der seinerzeit
grundsätzlich erforderlichen körperlichen Verbreitung von Schriften neben der über den damals
schon erfassten Rundfunk nun auch die Verbreitung über Medien- und Teledienste gleich, um – zuletzt in § 184d StGB verortet – auch pornographische Live-Darbietungen im Internet zu erfassen.[11]
2021 entschied sich der Gesetzgeber im Bestreben einer lückenlosen Erfassung neuer Realitäten,
die durch eine in aller Regel digitale Verbreitung strafbarer Inhalte gekennzeichnet werden,
schließlich für eine „große Lösung" im Allgemeinen Teil des Strafgesetzbuchs und ersetzte in § 11
Abs. 3 StGB den alten Schriften- durch den *Inhalts*begriff.[12] Der nun nicht mehr erforderliche
§ 184d StGB wurde aufgehoben (siehe dazu Rn. 50).

---

[8] BT-Drucks. 15/29, S. 13.

[9] BGBl. I, S. 1870.

[10] BGBl. I, S. 3007. Siehe hierzu *Duttge/Hörnle/Renzikowski* NJW 2004, 1065 (insbesondere
1069 f.).

[11] BT-Drucks. 15/350, S. 21.

[12] Zur Bedeutung der Ersetzung des Schriftenbegriffs durch den Inhaltsbegriff gerade für das (Kin-
der-)Pornographie-Strafrecht *Strauß* NStZ 2020, 708.

Zunehmend werden über Änderungen der materiellen Strafrechtslage hinaus weitere Möglich- **11** keiten erwogen, um die Verbreitung vornehmlich kinderpornographischer Inhalte im Internet zu verringern. Für öffentliche Diskussionen sorgte etwa das Gesetz zur Erschwerung des Zugangs zu kinderpornographischen Inhalten in Kommunikationsnetzen (*Zugangserschwerungsgesetz* – ZugErschwG) vom 17. Februar 2010.[13] Es sah in seinem § 1 eine vom Bundeskriminalamt geführte Sperrliste von Telemedienangeboten vor, die Kinderpornographie enthalten oder auf entsprechende Angebote verweisen. Diensteanbieter im Sinne des § 8 TMG waren ab einer bestimmten Kundenzahl dazu verpflichtet, geeignete und zumutbare technische Maßnahmen zu ergreifen, um den Zugang zu den in der Sperrliste aufgeführten Telemedienangeboten zu erschweren (§ 2 ZugErschwG), sowie Nutzeranfragen auf eine Stoppmeldung umzuleiten (§ 4 ZugErschwG). Das Zugangserschwerungsgesetz war heftiger Kritik ausgesetzt: Zum einen empfanden Internet-Nutzer die Sperrliste als Einfallstor für eine mögliche Zensur im Internet, zum anderen war die Effektivität von Sperrungen generell fraglich und plädierten viele für eine Löschung kinderpornographischer Inhalte. Trotz der Kritik trat das Gesetz am 23. Februar 2010 – befristet bis Ende 2012 – in Kraft. Allerdings wies das Bundesministerium des Innern unmittelbar danach das Bundeskriminalamt an, keine Sperrlisten zu erstellen. Durch Gesetz vom 22. Dezember 2011[14] wurde das Zugangserschwerungsgesetz schließlich aufgehoben. Auf europäischer Ebene hat die Kommission im Mai 2022 einen Vorschlag einer Verordnung zur Prävention und Bekämpfung des sexuellen Missbrauchs von Kindern vorgelegt (s. bereits § 1 Rn. 118). Sie soll insbesondere dazu dienen, den Missbrauch von Diensten der Informationsgesellschaft wie etwa Hostingdiensten für den sexuellen Kindesmissbrauch einzudämmen. Auch hier scheint eine verstärkte Inpflichtnahme der Provider durch, sollen die einschlägigen Anbieter doch zu Risikominderungsmaßnahmen verpflichtet und Melde- sowie Löschpflichten unterworfen werden.

3. Voraussetzungen der Strafbarkeit

a) Pornographische Inhalte
Pornographie Tatobjekt der §§ 184 ff. StGB sind pornographische Inhalte (zum **12** Inhaltsbegriff § 2 Rn. 46 ff.). Der Gesetzgeber unterscheidet zwischen gewalt- bzw. tier- (jeweils § 184a StGB), kinder- (§ 184b StGB) bzw. jugend- (§ 184c StGB) und einfachen pornographischen Inhalten (§ 184 StGB), die außer dem pornographischen Charakter keinen bestimmten Gehalt aufweisen müssen. Wegen der unterschiedlichen Schutzrichtung und Reichweite der einzelnen Verbreitungsverbote handelt es sich hierbei um *selbstständige Tatbestände*. Mit den verschiedenen Strafrahmen der Vorschriften geht zugleich eine Abstufung im Unrechtsgehalt einher.

Im Einzelfall ist nicht selten umstritten, wann ein Inhalt pornographisch ist. **13** Definitionsversuche werden kaum auf normative Kriterien verzichten können, die aber wenig zur erforderlichen Trennschärfe beitragen. Der BGH verlangt jedenfalls Darstellungen, die „ausschließlich oder überwiegend auf die *Erregung sexueller Reize* abzielen".[15] Das Vorliegen von Pornographie erfordere – grundsätzlich – außerdem etwa „die Darstellung entpersönlichter sexueller Verhaltensweisen, die

---

[13] BGBl. I, S. 78; siehe hierzu *Frey/Rudolph* CR 2009, 644; *Marberth-Kubicki* NJW 2009, 1792; *Schnabel* JZ 2009, 996; *Sieber* JZ 2009, 653.

[14] BGBl. I, S. 2958.

[15] BGHSt 37, 55 (59 f.); 59, 177; Hervorhebung durch die Verfasser.

die geschlechtliche Betätigung von personalen und sozialen Sinnbezügen trennt und den Menschen zum bloßen auswechselbaren Objekt geschlechtlicher Begierde oder Betätigung macht" oder, dass ein Inhalt „unter Hintansetzung sonstiger menschlicher Bezüge sexuelle Vorgänge in grob aufdringlicher, anreißerischer Weise in den Vordergrund" rückt.[16]

14   In einer jüngeren Entscheidung zum Begriff der Kinderpornographie im Sinne des § 184b StGB hat sich der BGH einem Vorschlag aus der Literatur angeschlossen, sich bei der Konkretisierung des Pornographiebegriffs an den jeweils geschützten Rechtsgütern zu orientieren.[17] Das ziehe insbesondere nach sich, dass es für das Vorliegen von Pornographie im Sinne des auch auf den mittelbaren Schutz von Kindern vor sexuellem Missbrauch ausgerichteten § 184b StGB auf einen „vergröbernd-reißerischen" Charakter einer Darstellung nicht ankommen könne und die Wiedergabe sexueller Handlungen von, an oder vor einem Kind mangels ausreichend ausgebildeter sexueller Selbstbestimmung von Kindern stets deren Degradierung zum Objekt sexueller Begierde beinhalte.[18] Das Merkmal „pornographisch" schließt diesem indes nicht unumstrittenen Verständnis zufolge bei § 184b StGB dann noch solche Darstellungen aus, die nicht auf die Erregung sexueller Reize zielen.[19]

15   Im Übrigen gestaltet sich die Zuordnung vor allem dann schwierig, wenn der jeweilige Inhalt beansprucht, Kunst zu sein. Der BGH erteilte dem Exklusivitätsverhältnis zwischen *Kunst und Pornographie* zu Recht eine Absage.[20] Zwar vermögen künstlerische Elemente einer Darstellung den Stempel der Pornographie durchaus zu ersparen, sei es, weil der Urheber eine bestimmte Aussage und nicht vornehmlich sexuelle Reize vermitteln oder auch nur provozieren wollte, oder weil wegen des künstlerischen Charakters der gezeigte sexuelle Vorgang – unter Anknüpfung an die Definition des BGH – in nicht aufdringlicher Weise präsentiert wird. So werden seit Längerem Filme veröffentlicht, die explizite Sexszenen beinhalten, ohne dadurch zugleich als Pornographie

---

[16] BGHSt 37, 55 (59 f.); 59, 177; siehe auch BVerwG NJW 2002, 2966 (2969). Weitere Konkretisierungsversuche bei Schönke/Schröder/*Eisele* § 184 Rn. 10; kritisch *Malek/Popp* Rn. 324 m. w. N. Ausführlich zur Entwicklung des Pornographiebegriffs *Nestler* LK § 184 Rn. 8 ff.

[17] BGHSt 59, 177; aus der Literatur *Schreibauer* S. 126 ff.; *Schroeder* S. 21 ff.; kritisch Schönke/Schröder/*Eisele* § 184 Rn. 9; *Fischer* § 184 Rn. 7b.

[18] BGHSt 59, 177. Die Entscheidung erging vor Erlass des 49. StrÄndG, das den Kreis *kinder*pornographischer Inhalte über die Darstellung sexueller Handlungen hinaus auf die Wiedergabe eines unbekleideten Kindes, seiner unbekleideten Genitalien oder seines unbekleideten Gesäßes erweiterte (Rn. 19 f.). Weil indes diese Wiedergabe selbst „sexuell aufreizend" sein bzw. eine „aufreizend geschlechtsbetonte Körperhaltung" des Kindes zeigen muss (Rn. 19 f.), dürfte anzunehmen sein, dass der BGH die dargestellte Argumentation auch bei Auseinandersetzung mit § 184b StGB n.F. vorgebracht hätte.

[19] BGHSt 59, 177; ähnlich *Greco* SK § 184b Rn. 10; zur Kritik Schönke/Schröder/*Eisele* § 184 Rn. 5 f.; *Popp* jurisPR-ITR 17/2014 Anm. 3. Für die nach Erlass von BGHSt 59, 177 eingeführten Tathandlungen des § 184b Abs. 1 Satz 1 Nr. 1 lit. b und c StGB ist indes kaum denkbar, dass die Darstellung nicht überwiegend auf die Erregung sexueller Reize zielt, weil sie eine „aufreizend geschlechtsbetonte Körperhaltung" des Kindes enthalten bzw. selbst „sexuell aufreizend" sein muss; ähnlich SK *Greco* § 184b Rn. 9.

[20] BGHSt 37, 55 (57 ff.); Schönke/Schröder/*Eisele* § 184 Rn. 11; *Fischer* § 184 Rn. 8; Lackner/Kühl/*Heger* § 184 Rn. 3; *Gercke/Brunst* Rn. 287.

zu gelten. Allerdings können auch künstlerische Darstellungen zugleich pornographisch und somit unter den Voraussetzungen der §§ 184 ff. StGB strafbar sein. Nach zutreffender Auffassung bleibt dann allerdings – wie bei sämtlichen anderen grundsätzlich strafbaren Inhalten – die Kunstfreiheit des Art. 5 Abs. 3 GG als Rechtfertigungsgrund zu erwägen.[21]

Kinder- und Jugendpornographie Weist eine nach den vorstehenden Kriterien als pornographisch einzustufende Darstellung zugleich einen bestimmten Inhalt auf, ist sie nicht nur der einfachen (oder weichen), sondern der *harten Pornographie* zuzuordnen. Dies gilt zunächst für kinderpornographische Inhalte, die nach der Legaldefinition in § 184b Abs. 1 Satz 1 Nr. 1 StGB sexuelle Handlungen von, an oder vor einer *Person unter vierzehn Jahren (Kind)* oder zumindest die sexuell aufreizende Darstellung eines Kindes zum Gegenstand haben. Jugendpornographische Inhalte betreffen gemäß § 184c Abs. 1 Nr. 1 StGB sexuelle Handlungen von, an oder vor *Personen von vierzehn bis einschließlich siebzehn Jahren* bzw. die Wiedergabe einer solchen Person in sexuell aufreizender Darstellung. **16**

Ob das Kind oder der Jugendliche die Handlung oder Pose freiwillig vor- bzw. einnimmt oder über sich ergehen lässt, ist unerheblich. Für § 184b StGB erschließt sich das schon daraus, dass hier häufig ein sexueller Missbrauch von Kindern in Rede stehen wird. Für § 184c gilt das, weil auch diese Vorschrift dem Jugendschutz dient und dem (mittelbaren) Missbrauch minderjähriger Darsteller für die Herstellung pornographischer Inhalte entgegenwirken soll.[22] Auch das Verbot der Verbreitung pornographischer Inhalte nach § 184c StGB beruht mithin auf der Erwägung, dass Minderjährige – hier solche von 14 bis 17 Jahren – in pornographische Aufnahmen ihrer Person (grundsätzlich) nicht wirksam einwilligen können.[23] Dadurch kann es zu Konflikten mit dem Recht Jugendlicher auf sexuelle Selbstbestimmung kommen (siehe Rn. 60 ff.). **17**

Ein kinder- bzw. jugendpornographischer Inhalt liegt insbesondere vor, wenn er *sexuelle Handlungen von, an oder vor minderjährigen Personen* zum Gegenstand hat (§ 184b Abs. 1 Satz 1 Nr. 1 lit. a und § 184c Abs. 1 Nr. 1 lit. a StGB). Dabei ist ein Körperkontakt mit dem minderjährigen Darsteller – der indes in der Variante der sexuellen Handlung „an" einem Kind oder Jugendlichen in der Regel vorliegen wird – nicht erforderlich. **18**

Unter Geltung eines bis 2015 auf sexuelle Handlungen beschränkten Begriffs der Kinder- und Jugendpornographie war umstritten, ob bereits bei aufreizender Darstellung der Genitalien oder der Schamgegend eine sexuelle Handlung „von" einer minderjährigen Person vorliegt (sog. *Posing*).[24] Der Gesetzgeber hat dieser Frage durch eigenständige Regelung des Posings mittlerweile seine Bedeutung genommen und die Strafbarkeit des Umgangs mit entsprechenden Inhalten im Grundsatz be- **19**

---

[21] *Hörnle* MK-StGB § 184 Rn. 30; *Gercke/Brunst* Rn. 301; vgl. auch *Malek/Popp* Rn. 325.

[22] SSW/*Hilgendorf* § 184c Rn. 5.

[23] *Hörnle* MK-StGB § 184c Rn. 17.

[24] Schönke/Schröder/*Eisele* § 184b Rn. 9; Lackner/Kühl/*Heger* § 184b Rn. 2; *Ziegler* BeckOK-StGB § 184b Rn. 4; eingehend *Röder* NStZ 2010, 113 (114 ff.); zweifelnd *Schroeder* GA 2009, 213 (214 f.).

jaht. Durch das 49. StrÄndG vom 21. Januar 2015[25] und durch das 60. StrÄndG vom 30. November 2020[26] wurden die tauglichen Tatobjekte der Kinder- und Jugendpornographie um Darstellungen erweitert, die zwar keine aktiven sexuellen Handlungen im Sinne der § 184b Abs. 1 Satz 1 Nr. 1 lit. a bzw. § 184c Abs. 1 Nr. 1 lit. a StGB beinhalten, aber jedenfalls sexuelle Assoziationen beim Betrachter zu wecken geeignet sein sollen (§ 184b Abs. 1 Satz 1 Nr. 1 lit. b, c, § 184c Abs. 1 Nr. 1 lit. b, c StGB). Demgemäß unterfallen nun auch Aufnahmen von (teilweise) unbekleideten Minderjährigen in *aufreizend geschlechtsbetonter Körperhaltung* und die *sexuell aufreizende Wiedergabe der unbekleideten Genitalien oder des unbekleideten Gesäßes* einer minderjährigen Person der Strafbarkeit.

20   Eine solche „*sexuell aufreizende*" Wiedergabe liegt vor, wenn die genannten Körperteile aus Sicht eines durchschnittlichen Betrachters in sexuell motivierter Weise im Blickfeld stehen.[27] Von den neuen Vorschriften der lit. b und c erfasst werden auch Darstellungen Minderjähriger in natürlicher Körperhaltung, wenn diese zugleich aufreizend geschlechtsbetont bzw. sexuell aufreizend ist. Das kann etwa bei Aufnahmen schlafender oder von der Abbildung im Moment ihrer Anfertigung überraschter – also gerade nicht im eigentlichen Sinne „posierender" – Kinder und Jugendlicher Bedeutung erlangen.[28] Dabei ist indes in besonderem Maße darauf zu achten, ob die Aufnahme eine „sexuelle Konnotation" enthält.[29] Anderenfalls stellen „einfache" Nacktaufnahmen etwa auf Urlaubsfotos, im Schlaf, beim Baden oder Umziehen ebenso wie Abbildungen zu medizinischen, wissenschaftlichen oder künstlerischen Zwecken keine kinder- bzw. jugendpornographischen Inhalte dar.[30]

21   Ein kinder- bzw. jugendpornographischer Inhalt im Sinne der §§ 184b, 184c StGB muss die vorgenannten Handlungen oder Darstellungen *zum Gegenstand haben*. Diese Voraussetzung ist jedenfalls dann erfüllt, wenn es sich bei der dargestellten Person *tatsächlich* um ein Kind oder einen Jugendlichen, d. h. um eine *Person unter 18 Jahren* handelt. Schließlich wollen die Vorschriften Minderjährige davor bewahren, als Darsteller in pornographischen Darstellungen herangezogen zu werden. Unerheblich sind daher vor allem anders lautende Altersangaben des Anbieters eines solchen Inhalts. Ansonsten hätte er es in der Hand, den Rechtsgüterschutz der §§ 184b, 184c StGB durch eine schlichte unwahre Behauptung zu umgehen.[31]

22   Allerdings ist mit Ausnahme der §§ 184b Abs. 1 Satz 1 Nr. 3, 184c Abs. 1 Nr. 3 StGB nicht erforderlich, dass die kinder- oder jugendpornographischen Inhalte ein tatsächliches Geschehen zeigen. Vielmehr genügt grundsätzlich die Wiedergabe

---

[25] BGBl. I, S. 10.
[26] BGBl. I, S. 2600.
[27] BT-Drucks. 18/3202, S. 27; BGH NStZ 2021, 41; für eine inhaltliche Gleichsetzung der Merkmale „aufreizend geschlechtsbetont" und „sexuell aufreizend" *Ziegler* BeckOK-StGB § 184b Rn. 5.
[28] BT-Drucks. 19/19859, S. 21.
[29] So BGH NStZ 2021, 41 für § 184b Abs. 1 Satz 1 Nr. 1 lit. c StGB.
[30] BGH NStZ 2021, 41 für § 184b Abs. 1 Satz 1 Nr. 1 lit. c StGB; *Hörnle* MK-StGB § 184b Rn. 19; *Ziegler* BeckOK-StGB § 184b Rn. 7.
[31] Vgl. BGHSt 47, 55 (60); Schönke/Schröder/*Eisele* § 184b Rn. 18; *Gercke/Brunst* Rn. 321.

eines *fiktiven Geschehens* (siehe dazu indes sogleich Rn. 26 ff.), z. B. in Gestalt eines Comics.[32] Denn solche Darstellungen können den Konsumenten gleichfalls zur Nachahmung anregen und ggf. die Nachfrage nach weiteren Produkten steigern. Ein Inhalt hat also bereits dann Kinder- bzw. Jugendpornographie zum Gegenstand, wenn er im Falle der Realität der Darstellung entsprechende Handlungen oder Abbildungen beinhaltete. § 184b Abs. 1 StGB erfasst daher mit Ausnahme der Nr. 3[33] ebenso Inhalte, die lediglich den Eindruck vermitteln, dass ihre Darsteller Kinder sind, obwohl sie in Wahrheit schon das 14. Lebensjahr vollendet haben (sog. *Scheinkinder*). Entscheidend ist die Sicht eines objektiven Betrachters.[34] Entsprechendes gilt bei § 184c Abs. 1 StGB für sog. *Scheinjugendliche*, die tatsächlich bereits erwachsen sind, aber noch als Minderjährige zwischen 14 und 18 Jahren wirken.[35]

Gewalt- und Tierpornographie Der Gewaltpornographie im Sinne des § 184a StGB sind pornographische Inhalte zuzurechnen, die *Gewalttätigkeiten* zum Gegenstand haben. Dies setzt ein aggressives Handeln mit erheblicher körperlicher Kraftentfaltung voraus, die sich unmittelbar gegen einen Menschen richtet.[36] Drohungen genügen nicht.[37] Entscheidend ist wiederum der Gesamteindruck eines objektiven Betrachters.[38]   **23**

Unerheblich ist, ob die Gewalttätigkeit während der sexuellen Tätigkeit erfolgt oder ihr vorausgeht, etwa um sie erst zu ermöglichen (z. B. Darstellung einer Vergewaltigung). Da § 184a StGB generell vor der Zunahme der Gewaltbereitschaft potentieller Konsumenten schützen will, bleibt ebenso ohne Belang, ob die Gewalttätigkeit im Einverständnis mit dem Opfer erfolgt oder ob sie echt wirkt oder ohne Weiteres als fiktiv entlarvt werden kann.[39]   **24**

Tierpornographische Schriften haben gemäß § 184a StGB *sexuelle Handlungen von Menschen mit* (lebenden oder toten) *Tieren* zum Gegenstand. Ausreichend ist jede erhebliche Ausübung menschlicher Sexualität, die einen Körperkontakt „mit" dem Tier beinhaltet.[40]   **25**

---

[32] Siehe etwa BGH BeckRS 2020, 17186 Rn. 16. Im Internet sind insbesondere japanische Comics (Manga; für Zeichentrickfilme wird auch der Begriff Anime verwendet) pornographischen Inhalts (sog. Hentai) verbreitet.

[33] So auch Schönke/Schröder/*Eisele* § 184b Rn. 18.

[34] BGHSt 47, 55 (62); Schönke/Schröder/*Eisele* § 184b Rn. 18; *Fischer* § 184b Rn. 13.

[35] BVerfG MMR 2009, 178 (178) mit Anm. *Liesching*; Schönke/Schröder/*Eisele* § 184c Rn. 10; *Ziegler* BeckOK-StGB § 184c Rn. 8; *Marberth-Kubicki* Rn. 230; *Reinbacher/Wincierz* ZRP 2007, 195 (197); vgl. auch BayVGH MMR 2009, 351 (352) zu § 4 Abs. 1 Satz 1 Nr. 9 JMStV.

[36] *Fischer* § 184a Rn. 4.

[37] BGH NJW 1980, 65 (66) zur Nötigung einer Frau mit vorgehaltener Pistole zum Oralverkehr; *Malek/Popp* Rn. 327.

[38] *Gercke/Brunst* Rn. 306; *Malek/Popp* Rn. 327.

[39] BGH NStZ 2000, 307 (309); *Ziegler* BeckOK-StGB § 184a Rn. 5; *Gercke/Brunst* Rn. 306; kritisch *Fischer* § 184a Rn. 6 f.

[40] *Fischer* § 184a Rn. 8; Lackner/Kühl/*Heger* § 184a Rn. 2; *Ziegler* BeckOK-StGB § 184a Rn. 6.

26 **Real-, Fiktiv- und wirklichkeitsnahe Pornographie** Sämtliche vorstehende Formen der einfachen und harten Pornographie können grundsätzlich sowohl tatsächliche als auch nicht reale Begebenheiten zum Gegenstand haben (siehe schon Rn. 22). Es steht dem pornographischen Charakter eines Inhalts mit Ausnahme der §§ 184b Abs. 1 Satz 1 Nr. 3, 184c Abs. 1 Nr. 3 StGB nicht entgegen, dass das dargestellte Geschehen rein fiktiv ist und nicht die Wirklichkeit abbildet.[41] So können vor allem Bücher als pornographisch eingestuft werden, obwohl sie sexuelle Vorgänge beschreiben, die lediglich der Phantasie des Autors entsprungen sind. Gleiches gilt für Zeichnungen und Zeichentrickfilme. Strafbar ist somit grundsätzlich nicht nur die Verbreitung von Real-, sondern auch von sog. Fiktivpornographie, die sich überhaupt nicht zugetragen hat.

27 Für die Tatbestände der §§ 184b, 184c StGB gilt das aber nur eingeschränkt, weil die Strafbewehrung des Umgangs mit Kinder- und Jugendpornographie auch Nachahmungseffekten entgegentreten soll und den mittelbaren Schutz von Minderjährigen vor sexuellem Missbrauch als Darsteller pornographischer Inhalte bezweckt.[42] Deshalb sind nach § 184b Abs. 1 Satz 1 Nr. 2, Abs. 2 und Abs. 3 StGB taugliche Tatobjekte des Unternehmens des Zugänglichmachens (im Zwei-Personen-Verhältnis, siehe Rn. 45), der (Eigen- oder Fremd-)Besitzverschaffung, des Besitzes und des Abrufs kinderpornographischer Inhalte sowie der Qualifikation bei gewerbs- oder bandenmäßigem Handeln nur Inhalte, die ein *tatsächliches oder wirklichkeitsnahes Geschehen* wiedergeben. Das gilt auch für jugendpornographische Inhalte – mit der weitergehenden Einschränkung, dass für den Besitz und das Unternehmen der Eigenbesitzverschaffung gemäß § 184c Abs. 3 StGB sogar die Darstellung eines tatsächlichen Geschehens notwendig ist. Einheitlich verlangt dies auch die Strafbarkeit der Herstellung eines kinder- bzw. jugendpornographischen Inhalts zum Eigengebrauch nach §§ 184b Abs. 1 Satz 1 Nr. 3, 184c Abs. 1 Nr. 3 StGB.

28 Die ursprüngliche Beschränkung auf Schriften, die ein tatsächliches Geschehen wiedergeben, beruhte auf dem Gedanken, dass der Besitzer fiktiver Formen von Kinder- oder Jugendpornographie nicht zum Missbrauch von Minderjährigen als Darsteller bei pornographischen Aufnahmen beitrage.[43] Allerdings drohten fortschrittliche Bild- und Videobearbeitungsprogramme die Vorschrift leerlaufen zu lassen. Denn bei digitalisierten Inhalten gelingt kaum noch der Nachweis, ob sie ein, ggf. mit entsprechender Software bearbeitetes, reales Geschehen zum Gegenstand haben oder ob es sich dabei lediglich um fiktive Darstellungen handelt.[44] Das IuKDG (Rn. 9) ergänzte daher den Anwendungsbereich um Darstellungen wirklichkeitsnahen Geschehens. Lediglich in § 184c Abs. 3 StGB beließ es der Gesetzgeber bei der Anknüpfung an Realpornographie, da selbst das Interesse, die Darsteller mittelbar zu schützen, nicht den Einschluss wirklichkeitsnaher Pornographie erfordere.[45]

---

[41] Siehe etwa BGH BeckRS 2020, 17186 Rn. 16.
[42] *Hörnle* MK-StGB § 184b Rn. 1 ff.
[43] Vgl. BT-Drucks. 12/3001, S. 10.
[44] BT-Drucks. 13/7934, S. 41; vgl. schon BT-Drucks. 12/3001, S. 8.
[45] BT-Drucks. 16/9646, S. 18.

Die 2015 eingeführte Strafbarkeit der Herstellung kinder- und jugendpornographischer Inhalte **29**
ohne Verbreitungsabsicht wurde ebenfalls auf die Produktion solcher Darstellungen beschränkt,
die ein tatsächliches Geschehen wiedergeben. Das beruht hinsichtlich § 184b StGB auf der – das
Phänomen sog. *Deepfakes* (siehe Rn. 67, 172) ausblendenden[46] – Erwägung, dass wirklichkeitsnahe kinderpornographische Geschehnisse in der Regel über den ebenfalls neu geschaffenen
§ 184c Abs. 1 Nr. 3 StGB erfasst würden, weil bei wirklichkeitsnahen kinderpornographischen
Inhalten meist „nur" nicht festzustellen sei, ob der Darsteller unter oder über 14 Jahre alt ist und
ein solcher Fall zumindest ein tatsächliches jugendpornographisches Geschehen beinhalte.[47] Die
dann für § 184b Abs. 1 Satz 1 Nr. 3 StGB etwaig verbleibende Herstellung eines nicht wirklichkeitsnahen kinderpornographischen Geschehens sei indes nicht strafwürdig, wenn dessen Herstellung nur für den Eigengebrauch beabsichtigt ist.[48] § 184c Abs. 1 Nr. 3 StGB sei ebenfalls auf
tatsächliche Geschehen zu beschränken, weil junge Erwachsene mit jugendlichem Erscheinungsbild – die zum Darsteller wirklichkeitsnaher jugendpornographischer Inhalte würden – bei fehlender Verbreitungsabsicht ebenso wenig schutzwürdig seien wie junge Erwachsene ohne jugend-
liches Erscheinungsbild.[49]

Ein Geschehen ist *wirklichkeitsnah*, wenn nach dessen äußerem Erscheinungs- **30**
bild ein objektiver Beobachter nicht mehr mit Sicherheit auszuschließen vermag,
dass die gezeigten oder geschilderten Vorgänge real sind.[50] Abgrenzungsschwierigkeiten im Einzelfall lassen sich freilich nicht vermeiden, da die Grenzen zwischen
Realität und Fiktion und somit zwischen Real- und Fiktivpornographie verschwimmen. Anknüpfen lässt sich häufig noch an die äußere Form der Darstellung.
So ergibt sich bei Videoaufnahmen, Filmen oder Bildern in der Regel aus ihnen
selbst, ob sie ein tatsächliches Geschehen wiedergeben, während bei pornographischen Zeichentrickfilmen, Zeichnungen und rein wörtlichen Schilderungen
von der Fiktion des gezeigten Inhalts auszugehen bleibt.[51] Der technische Fortschritt
zieht – man denke insoweit nur an sog. Deepfakes – jedenfalls hinsichtlich filmi-
scher Darstellungen zunehmend aber auch eine solche Unterscheidung in Zweifel.[52]

Jedenfalls als solche nicht eindeutig erkennbare Fiktivpornographie wird dem- **31**
nach mit Ausnahme der §§ 184b Abs. 1 S. 1 Nr. 3, 184c Abs. 1 Nr. 3 StGB von den
Pornographie-Tatbeständen erfasst. *Erkennbar fiktive* Geschehnisse können unter
§ 184b Abs. 1 Satz 1 Nr. 1 und Nr. 4 sowie § 184c Abs. 1 Nr. 1 und Nr. 4 StGB
fallen.[53] Angesichts der hohen Strafdrohung des als Verbrechen eingestuften

---

[46] So zumindest i.E. auch *Strauß* NStZ 2020, 708 (712).

[47] BT-Drucks. 18/2601, S. 30.

[48] BT-Drucks. 18/2601, S. 30.

[49] BT-Drucks. 18/2601, S. 32.

[50] Schönke/Schröder/*Eisele* § 184b Rn. 30; Lackner/Kühl/*Heger* § 184b Rn. 6; *Gercke/Brunst* Rn. 322.

[51] BT-Drucks. 19/19859, 65 f.; BGH NStZ 2013, 642; Lackner/Kühl/*Heger* § 184b Rn. 6; *Ziegler* BeckOK-StGB § 184b Rn. 8, 14. Zur Strafbarkeit von Darstellungen mit kindlichen Avataren in Online-Welten wie „Second Life" *Hopf/Braml* ZUM 2007, 354 (358 ff.); *Ritlewski* K&R 2008, 94 (96 f.).

[52] *Fischer* § 184b Rn. 14.

[53] Siehe etwa BGH BeckRS 2020, 17186 Rn. 16.

Umgangs mit Kinderpornographie sieht § 184b Abs. 1 Satz 2 StGB für diese Fälle eine Privilegierung vor.[54]

b) Tathandlungen

32 **Überblick** Die zentrale Tathandlung der §§ 184 ff. StGB ist gemäß den amtlichen Überschriften die *Verbreitung* pornographischer Inhalte. Unter den Verbreitensbegriff in diesem weiten Sinne fallen verschiedene Tatvarianten. Die größte Bedeutung kommt dabei – sei es für Sachverhalte mit oder ohne Internetbezug – vor allem dem Verbreiten im engeren Sinne (§§ 184a Satz 1 Nr. 1, 184b Abs. 1 Satz 1 Nr. 1, 184c Abs. 1 Nr. 1 StGB; siehe Rn. 46 ff.) und dem Zugänglichmachen (§§ 184 Abs. 1 Nr. 1 und 2, 184a Satz 1 Nr. 1, 184b Abs. 1 Satz 1 Nr. 1, 184c Abs. 1 Nr. 1 StGB, siehe Rn. 35 ff.) zu. §§ 184b und 184c StGB stellen darüber hinaus insbesondere *Herstellung, Abruf* und *Besitz* tatsächlicher bzw. zumindest wirklichkeitsnaher kinder- bzw. jugendpornographischer Inhalte unter Strafe. Abruf und Besitz sind dabei als Unternehmensdelikte ausgestaltet und umfassen in der Besitzvariante neben dem tatsächlichen Besitz auch das Unternehmen sowohl der Eigen- als auch einer Fremdbesitzverschaffung.

33 Im Zusammenhang mit der Verbreitung von Pornographie über das Internet bleibt neben den auf Verbreitung ausgerichteten Vorbereitungshandlungen der §§ 184b Abs. 1 Satz 1 Nr. 4, 184c Abs. 1 Nr. 3 ferner an § 184 Abs. 1 Nr. 6 StGB zu denken. Danach ist strafbar, wer ohne Aufforderung pornographische Schriften an einen anderen *gelangen lässt*, d. h. derart in den Machtbereich eines anderen bringt, dass dieser Kenntnis nehmen kann.[55] Diese Voraussetzung ist etwa beim Versand pornographischer Dateien per E-Mail erfüllt. Dagegen genügt es für die notwendige Verfügungsmacht nicht, dem Empfänger eine Nachricht mit einem Link auf pornographische Inhalte zuzusenden, dem dieser erst aktiv folgen müsste.[56]

34 Verbreiten (im engeren Sinne) und Zugänglichmachen bilden die grundlegenden beiden Tatmodalitäten von Äußerungsdelikten. Sie waren bis zur Ersetzung des Schriftenbegriffs durch den Inhaltsbegriff durch das 60. StrÄndG (§ 2 Rn. 47) nach zutreffender, für das Internet indes umstrittener Auffassung danach abzugrenzen, ob sich die Handlung auf eine Schrift als körperlichen Gegenstand (dann: Verbreiten) oder den darin verkörperten Inhalt bezog (dann: Zugänglichmachen; zur Diskussion um ein nach alter Rechtslage bestehendes Bedürfnis eines *internetspezifischen Begriffsverständnis* des „Verbreitens" siehe Vorauflage Rn. 301 ff.). Jedenfalls aus der Entwurfsbegründung des 60. StrÄndG ergibt sich nun indes, dass nach dem gesetzgeberischen Willen ein Verbreiten digitaler Inhalte auch gänzlich ohne Einbindung

---

[54] Kritisch zur Hochstufung grundsätzlich (Ausnahme: § 184b Abs. 1 Satz 2 StGB) sämtlichen Umgangs mit Kinderpornographie zum Verbrechen durch das Gesetz zur Bekämpfung sexualisierter Gewalt gegen Kinder vom 16. Juni 2021 (BGBl. I, S. 1810) *Bussweiler* ZRP 2021, 84; *Krause* ZRP 2019, 69.

[55] BGH NStZ 2005, 688 (688); *Fischer* § 184 Rn. 17; Lackner/Kühl/*Heger* § 184 Rn. 6c.

[56] *Fischer* § 184 Rn. 17; Lackner/Kühl/*Heger* § 184 Rn. 6c; *Ziegler* BeckOK-StGB § 184 Rn. 20.

eines körperlichen Trägermediums möglich sein soll.[57] Die Abgrenzung des Verbreitens eines Inhalts von seinem Zugänglichmachen verliert damit an Bedeutung (zu weiterhin bestehenden Unterschieden siehe Rn. 46).

Zugänglichmachen Die Tathandlung des Zugänglichmachens erfüllt grundsätzlich bereits das bloße Vorlesen eines pornographischen Textes oder das Zeigen von Bildern bzw. eines Films im Fernsehen oder auf einem Computerbildschirm (siehe aber Rn. 43 zum Erfordernis des Zugänglichmachens für die Öffentlichkeit bei harter Pornographie). Im Falle medial übermittelter Live-Darbietungen ist Täter, wer für die jeweilige Sendung oder den betreffenden Dienst verantwortlich zeichnet. Das gilt z. B. für den Programmdirektor, verantwortlichen Redakteur oder den Anbieter des pornographischen Dienstes, nicht dagegen Personen mit lediglich mittelbarem Bezug wie Autoren, Produzenten und Regisseure.[58] Auch der Darsteller, der als Nutzer eines Internet-Chatrooms andere Nutzer an der Vornahme sexueller Handlungen teilhaben lässt, ist jedenfalls dann kein tauglicher Täter, wenn er nicht in der Lage ist, auf die Dauer und die Modalitäten einer Live-Übertragung im Sinne einer Tatherrschaft Einfluss zu nehmen.[59] Wenn der Darsteller nicht (mehr) auf die Mitwirkung anderer angewiesen ist, kann auch er pornografische Inhalte zugänglich machen.[60] **35**

Eine heutzutage besonders relevante Form des Zugänglichmachens liegt in der Bereitstellung von Dateien pornographischen Inhalts zum Abruf in den Kommunikationsdiensten des Internets, z. B. in Videoportalen oder Tauschbörsen. Ob auch ein Hyperlink auf Dateien, die sich nicht im Herrschaftsbereich des Verweisenden befinden, ein täterschaftliches Zugänglichmachen bedeutet, ist umstritten.[61] Ausreichend ist jeweils bereits, den *Zugriff zu ermöglichen*; einer Wahrnehmung der Inhalte bedarf es nicht.[62] Eine im Internet angebotene Datei pornographischen Inhalts ist daher schon mit ihrer Veröffentlichung zugänglich gemacht, ohne dass irgendjemand die Datei herunterladen oder öffnen muss. **36**

An das Zugänglichmachen eines pornographischen Inhalts knüpfen unter anderem § 184 Abs. 1 Nr. 1 und 2 StGB an. *§ 184 Abs. 1 Nr. 1 StGB* untersagt, pornographische Inhalte einer Person unter achtzehn Jahren anzubieten, zu überlassen oder zugänglich zu machen. Hierfür muss der Täter die Person nicht individualisieren, da dies dem Charakter der Norm als abstraktes Gefährdungsdelikt wider- **37**

---

[57] BT-Drucks. 19/19859, S. 27; so i.E. auch *Fischer* § 184b Rn. 17; Heckmann/Paschke/*Heckmann* jurisPK-Internetrecht Rn. 66; *Hörnle* MK-StGB § 184b Rn. 22.

[58] *Hörnle* MK-StGB § 184 Rn. 83; Schönke/Schröder/*Eisele* § 184d Rn. 18; aA Lackner/Kühl/*Heger* § 184d Rn. 3; *Ziegler* BeckOK-StGB § 184d Rn. 11.

[59] OLG Karlsruhe MMR 2016, 488; *Ziegler* BeckOK-StGB § 184b Rn. 14.

[60] *Hörnle* MK-StGB § 184 Rn. 83.

[61] Bejahend BGH BeckRS 2012, 6061; Schönke/Schröder/*Eisele* § 184b Rn. 24; *Hörnle* MK-StGB § 184b Rn. 24; in diese Richtung auch BT-Drucks. 19/19859, S. 27; für Beihilfe hingegen LG Karlsruhe MMR 2009, 418 (419).

[62] BT-Drucks. 19/19859, S. 27; BGH NStZ-RR 2014, 47; *Ziegler* BeckOK-StGB § 184b Rn. 12.

spräche. Es genügt vielmehr das Angebot an die Allgemeinheit. Bei porno-
graphischen Dateien im Internet reicht die bloße Abrufbarkeit und somit die
Eröffnung der Zugriffsmöglichkeit an sich grundsätzlich aus (zur teleologischen
Reduktion der Vorschrift bei Altersverifikationssystemen siehe Rn. 40 ff.).[63]

38   Bei der Veröffentlichung pornographischer Inhalte im Internet kommt zudem
§ 184 Abs. 1 Nr. 2 StGB in Betracht. Danach ist strafbar, wer pornographische Inhalte an einem Ort zugänglich macht, der Personen unter achtzehn Jahren zugänglich ist oder von ihnen eingesehen werden kann. Zwar wird nach dem allgemeinen
Sprachgebrauch unter „Ort" lediglich ein realer Platz zu verstehen sein, der körperlich betreten werden kann. Das Internet in seiner Eigenschaft als Daten be-
herbergendes Computernetzwerk und insoweit „virtuelle Sphäre" scheidet als Anknüpfungspunkt somit aus.[64] Einen Ort stellen aber räumliche Bereiche dar, von
denen aus auf (schon heruntergeladene oder im Internet angebotene) pornographische Dateien zugegriffen werden kann. Beispiele hierfür sind das heimische
Arbeitszimmer, Internet-Cafés und Computerräume in Schulen.[65] Für die Zugänglichkeit dieser Orte genügt bereits, dass Minderjährige sie ohne Hindernisse aufsuchen können. Die Strafvorschrift des § 184 Abs. 1 Nr. 2 StGB verwirklicht nicht
nur der Anbieter pornographischer Dateien im Internet,[66] sondern auch derjenige,
der den Zugang zu dem jeweiligen Ort gewährt und dadurch den Abruf der Dateien
erst ermöglicht (z. B. der Betreiber eines Internet-Cafés).[67]

39   Um den Anwendungsbereich der Norm nicht unverhältnismäßig auszuweiten, bedarf es aber einer
Einschränkung: Wer einer Person unter achtzehn Jahren lediglich generell die Möglichkeit gewährt, im Internet zu surfen, kann aufgrund der *Sozialadäquanz* dieses Verhaltens nicht strafbar
sein, selbst wenn der Minderjährige die Gelegenheit nutzt, um pornographisches Material einzu-
sehen. Ein Anknüpfungspunkt für eine Strafbarkeit ergibt sich hier allenfalls aus dem Verstoß
gegen Aufsichts- und Kontrollpflichten. Etwas anderes gilt ferner dann, wenn der Minderjährige
bei dem Aufsuchen pornographischer Dateien gezielt unterstützt wird.[68]

40   § 184 Abs. 1 Nr. 1 und 2 StGB sollen die ungestörte sexuelle Entwicklung von
Minderjährigen schützen. Daher ist ein Rückgriff auf diese Vorschriften nicht angezeigt, wenn geeignete Sicherheitsvorkehrungen eine Einsichtnahme der pornographischen Inhalte durch Kinder und Jugendliche auszuschließen vermögen.[69]

---

[63] Schönke/Schröder/*Eisele* § 184 Rn. 16; *Gercke/Brunst* Rn. 291; *M. Gercke* CR 2010, 798 (800);
M. Gercke/Liesching CR 2003, 456 (456 f.); ausführlich *Schreibauer* S. 200 ff.; aA LG Düsseldorf
MMR 2003, 418 (419); *Ziegler* BeckOK-StGB § 184 Rn. 6; *Malek/Popp* Rn. 336.

[64] *Fischer* § 184 Rn. 11a; *Ziegler* BeckOK-StGB § 184 Rn. 8.

[65] KG MMR 2005, 474; Schönke/Schröder/*Eisele* § 184 Rn. 24; *Fischer* § 184 Rn. 11a; *Ziegler*
BeckOK-StGB § 184 Rn. 8.

[66] BVerwG NJW 2002, 2966 (2968); OLG Düsseldorf MMR 2004, 409 (409); *Schreibauer*
S. 213 f.; *Hörnle* NJW 2002, 1008 (1010); kritisch *Schumann* JZ 2008, 741 (742).

[67] Zur Anwendbarkeit des TMG in diesen Fällen § 2 Rn. 88.

[68] *Hörnle* NJW 2002, 1008 (1012); vgl. auch Schönke/Schröder/*Eisele* § 184 Rn. 17; ausführlich
Liesching/Günter MMR 2000, 260 (261 ff.); *Liesching/Knupfer* MMR 2003, 562 (564 f., 568 f.).

[69] BT-Druck. 19/19859, S. 63; BVerwG NJW 2002, 2966 (2968); *Beisel/B. Heinrich* JR 1996, 95
(96 f.); aA *Weigend* ZUM 1994, 133 (134).

Eine solche *teleologische Reduktion* des abstrakten Gefährdungsdelikts verlangt zwar keine Maßnahmen, die jeglichen Missbrauch absolut verhindern können. Einfache, nahe liegende und offensichtliche Umgehungsmöglichkeiten müssen jedoch ausgeschlossen werden. Es bedarf folglich (technischer oder sonstiger) Sicherungsmaßnahmen, die eine *effektive Barriere* darstellen, um Minderjährigen die Wahrnehmung pornographischen Materials zu verwehren.[70]

Hierfür genügen beispielsweise verschlüsselte Übertragungen im Fernsehen (*Pay-TV*), sofern zum **41** einen gewährleistet ist, dass die zur Entschlüsselung erforderlichen Decoder nur an Erwachsene verkauft werden. Dies setzt eine zuverlässige Alterskontrolle voraus, etwa einen persönlichen Kontakt unter Kontrolle des Alters anhand eines mitgeführten Personalausweises. Zum anderen muss im Vertriebs- oder Verbreitungssystem mindestens eine weitere effektive Vorkehrung angelegt sein, um das Zugänglichmachen pornographischer Inhalte an Minderjährige zu vermeiden.[71] So erachtete der BGH beim *Automatenvertrieb* pornographischer Filme es für ausreichend, dass Besichtigung des Angebots und Ausleihe erst nach einem Abgleich von Chipkarte, PIN und Daumenabdruck möglich waren.[72]

Über die Anforderungen an ein wirksames *Altersverifikationssystem* im Internet besteht noch **42** Unklarheit.[73] Die Angabe der Kreditkartennummer genügt wegen der leichten Umgehungsmöglichkeit jedenfalls nicht, ebenso wenig die Abfrage der Personalausweisnummer.[74] Dass der Zugang zu den derart „geschützten" Inhalten zudem die vorherige Installation einer Software erfordert, über die sich der Nutzer kostenpflichtig in das Internet einwählt (sog. Dialer), ändert hieran nichts. Denn dies vermag die Motivation von Jugendlichen zwar zu beeinträchtigen, nicht aber deren Zugriff auf die Inhalte zu verhindern.[75] Überwiegend akzeptiert dürfte das Post-Ident-Verfahren sein, bei dem der Interessent zunächst in eigener Person ein Postamt aufsuchen oder sich gegenüber dem Postboten legitimieren muss, um sich registrieren zu lassen.[76]

Das *Zugänglichmachen harter Pornographie* ist gemäß § 184a Satz 1 Nr. 1 bzw. **43** §§ 184b Abs. 1 Satz 1 Nr. 1, 184c Abs. 1 Nr. 1 StGB grundsätzlich nur strafbar, wenn dies gegenüber der *Öffentlichkeit* geschieht, d. h. einem größeren, in seiner Zahl und Zusammensetzung unbestimmten Personenkreis die Möglichkeit der Kenntnisnahme eröffnet wird.[77] Erfüllt ist das Kriterium vor allem bei frei zugänglichen Kommunikationsdiensten wie nicht geschützten Webseiten, nicht geschlossenen

---

[70] BGH MMR 2003, 582 (584); NJW 2008, 1882 (1884); BVerwG NJW 2002, 2966 (2968); KG ZUM 2004, 571 (573); OLG Düsseldorf MMR 2004, 409 (409); MMR 2005, 611 (612).

[71] Vgl. BVerwG NJW 2002, 2966 (2968); Schönke/Schröder/*Eisele* § 184 Rn. 19; Lackner/Kühl/*Heger* § 184 Rn. 6; aA *Ziegler* BeckOK-StGB § 184 Rn. 9.

[72] BGH MMR 2003, 582 (584).

[73] Ausführlich hierzu *Gercke/Brunst* Rn. 292 ff.; ferner *Vassilaki* K&R 2006, 211 ff.

[74] KG ZUM 2004, 571 (572); OLG Düsseldorf MMR 2005, 611 (612); Schönke/Schröder/*Eisele* § 184 Rn. 19; *Gercke/Brunst* Rn. 295 f.

[75] *Erdemir* MMR 2004, 410 (411); *M. Gercke/Liesching* CR 2003, 456 (457); eingehend *Matzky* Jura 2004, 339 (341 ff.); im Ergebnis auch OLG Düsseldorf MMR 2004, 409 (410).

[76] BGH NJW 2008, 1882 (1885); OLG Düsseldorf MMR 2005, 611 (613); Lackner/Kühl/*Heger* § 184 Rn. 5; *M. Gercke/Liesching* CR 2003, 456 (457); vgl. auch *Gercke/Brunst* Rn. 297 f.; allgemein zum Post-Ident-Verfahren *Möller* NJW 2005, 1605. Einschränkend OLG München NJW 2004, 3344 (3346); kritisch *Liesching* NJW 2004, 3303 (3304).

[77] *Gercke/Brunst* Rn. 309; *Malek/Popp* Rn. 346.

Foren und offenen Tauschbörsen.[78] Dem Nutzer von Tauschbörsen fehlt aber unter Umständen der Vorsatz, wann er die von ihm heruntergeladenen Dateien seinerseits den anderen Teilnehmern bereits zugänglich macht.[79]

44 Nicht der Öffentlichkeit zugänglich gemacht werden Dateien, die lediglich einer individualisierten Personengruppe zum Abruf bereitstehen. Dies gilt etwa für *geschlossene Benutzergruppen*, sofern die Zugangsdaten wie Passwort oder Benutzername-Passwort-Kombination nur bestimmten Personen offenbart werden (siehe aber sogleich Rn. 45). Bloße Scheinhindernisse und ohne Weiteres zu überwindende Beschränkungen – wie etwa der automatische Versand des Passwortes an eine einzugebende E-Mail-Adresse – stehen der Öffentlichkeit nicht entgegen.[80]

45   Schließlich nehmen auch noch §§ 184b Abs. 1 Satz 1 Nr. 2, 184c Abs. 1 Nr. 2 StGB auf die Tathandlung des Zugänglichmachens Bezug und zwar in der Form, dass dessen *Unternehmen zugunsten einer anderen Person* geschieht. Das zielt auf die Verschaffung der Zugriffsmöglichkeit bereits einer einzelnen anderen Person ab und erfasst auch geschlossene Benutzergruppen.[81] Da bei diesen Unternehmensdelikten darüber hinaus Versuchshandlungen genügen, führen § 184b Abs. 1 Satz 1 Nr. 2, 184c Abs. 1 Nr. 2 StGB zu einer nicht unerheblichen Ausdehnung der Strafbarkeit. Sie wird deshalb zumindest dadurch wieder eingeschränkt, dass es sich bei den in Rede stehenden Inhalten um solche handeln muss, die tatsächliche oder wirklichkeitsnahe Geschehnisse wiedergeben müssen.[82]

46 **Verbreiten** Das Verbreiten pornographischer Inhalte setzt einen größeren, nach Zahl und Individualität unbestimmten Empfängerkreis voraus und liegt bei nicht verkörperten Inhalten (jedenfalls) nach der Neufassung des § 11 Abs. 3 StGB vor, wenn die Datei zumindest im flüchtigen Arbeitsspeicher des Rechners anderer Internetnutzer angekommen, d. h. geladen ist, ohne dass diese die Daten selbst permanent auf ihren Rechnern speichern müssten.[83] Anders als das Zugänglichmachen setzt ein Verbreiten danach allerdings jedenfalls einen Lesezugriff des Adressaten

---

[78] *Fischer* § 184b Rn. 18; *Gercke/Brunst* Rn. 324; nach LG Wuppertal NStZ 2008, 463 (464) liegt bei Tauschbörsen ein Zugänglichmachen in Form des Ausstellens vor.

[79] OLG Oldenburg NStZ 2010, 93.

[80] LG Darmstadt StraFo 2012, 195 (196 f.) für das Posten eigener Dateien als Zugangsvoraussetzung; Schönke/Schröder/*Eisele* § 184b Rn. 25; *Gercke/Brunst* Rn. 309.

[81] BT-Drucks. 19/19859, S. 65; *Ziegler* BeckOK-StGB § 184b Rn. 14.

[82] Rein wörtliche oder textliche Schilderungen etwa – auch solche, die von tatsächlich vorgenommenen sexuellen Handlungen oder der Einnahme sexuell aufgeladener Posen von Kindern oder Jugendlichen berichten – sind deshalb nicht erfasst, siehe BT-Drucks. 19/19859, 65 f.; BGH NStZ 2013, 642; *Ziegler* BeckOK-StGB § 184b Rn. 14.

[83] So jetzt ausdrücklich BT-Drucks. 19/19859, S. 27; *Fischer* § 184b Rn. 17; Heckmann/Paschke/*Heckmann* jurisPK-Internetrecht Rn. 66; *Hörnle* MK-StGB § 184b Rn. 22; *Ziegler* BeckOK-StGB § 184b Rn. 10; so auch schon nach alter Rechtslage unter Geltung des Schriftenbegriffs im Sinne eines *internetspezifischen Begriffsverständnisses* BGHSt 47, 55 (58 ff.); BGH NStZ 2013, 642 (643); zur Kritik an dieser Auffassung, die sich auf eine Verwischung der Unterscheidung der Verbreitung von Schriften durch körperliche Übergabe und der gleichwertigen Zugänglichmachung von (ggf. unkörperlichen) Inhalten ohne körperliche Übergabe der Schrift stützt, siehe die Vorauflage, Rn. 301 ff.

voraus und lässt nicht bereits die Möglichkeit des Zugriffs ausreichen.[84] Ein weiterer Unterschied zum öffentlichen Zugänglichmachen liegt darin, dass die Weitergabe in (größeren) geschlossenen Benutzergruppen ebenso erfasst wird wie nach herrschender Auffassung die an einen einzigen Empfänger, wenn der Täter damit rechnet, dass dieser den Inhalt einem in Zahl und Zusammensetzung nicht mehr zu kontrollierenden Personenkreis zugänglich macht.[85]

Herstellung Bei einfachen, gewalt- und tierpornographischen Inhalten erschöpfen   47
sich die strafbaren Tathandlungen in den verschiedenen Formen der Verbreitung im weiteren Sinne. Bei zumindest wirklichkeitsnahen kinder- und jugendpornographischen Inhalten geht die Strafbarkeit weit darüber hinaus. Durch das 49. StrÄndG (Rn. 19) wurde 2015 in den §§ 184b Abs. 1 Satz 1 Nr. 3, 184c Abs. 1 Nr. 3 StGB die Strafbarkeit der Herstellung kinder- und jugendpornographischer Inhalte ohne Verbreitungsabsicht eingeführt und zugleich auf die Produktion solcher Darstellungen beschränkt, die ein *tatsächliches Geschehen* wiedergeben (siehe Rn. 29).

Ein solches Herstellen dürfte bei Anfertigung eines Screenrecords anzunehmen   48
sein, sofern die übertragenen Bilder in einer Weise in einem Datenspeicher fixiert werden, die deren (wiederholte) visuelle Reproduktion und Wahrnehmung ohne Weiteres ermöglicht.[86] Weil Zweck der Vorschrift auch der mittelbare Schutz von Kindern vor sexuellem Missbrauch ist, ist der („lediglich") auf *Eigengebrauch* gerichtete Tatbestand bei Reproduktion einer bereits vorhandenen Aufnahme – etwa durch Abspeichern eines digitalen Fotos – nicht erfüllt (bei Verbreitungsabsicht aber ggf. §§ 184b Abs. 1 Satz 1 Nr. 4, 184c Abs. 1 Nr. 4 StGB).[87]

Unternehmen des Abrufs Bei zumindest wirklichkeitsnahen (siehe im Einzelnen   49
Rn. 27 ff.) kinder- und jugendpornographischen Inhalten ist darüber hinaus deren Besitz(-verschaffung) sowie das Unternehmen unter Strafe gestellt, entsprechende Inhalte abzurufen (§§ 184b Abs. 3 Var. 1, 184c Abs. 3 Var. 1 StGB). Die Strafbarkeit dieser Verhaltensweisen beruht auf der Erkenntnis, Kinderpornographie bereits durch ihren Konsum zu fördern: entweder unmittelbar, wenn der Besitzer das kinderpornographische Material selbst herstellt, oder zumindest mittelbar, wenn er die Inhalte von einem anderen entgegennimmt und damit den Missbrauch von Kin-

---

[84] BGH NStZ-RR 2014, 47; *Fischer* § 184b Rn. 17; Heckmann/Paschke/*Heckmann* jurisPK-Internetrecht Rn. 66; *Hörnle* MK-StGB § 184b Rn. 21.

[85] BT-Drucks. 19/19859, S. 52 für § 80a StGB-E; BGHSt 19, 63; *Fischer* § 184b Rn. 16; nur hinsichtlich Letzterem skeptisch *Hörnle* MK-StGB § 184b Rn. 23.

[86] In diese Richtung BGH NStZ-RR 2019, 341 (342); dafür *Ziegler* BeckOK-StGB § 184b Rn. 16.

[87] BT-Drucks. 18/2601, S. 30; *Hörnle* MK-StGB § 184b Rn. 31.

dern anregt. Der *Konsument* trägt hierfür eine *mittelbare Verantwortlichkeit*, da ohne ihn der Kinderpornographiemarkt überhaupt nicht bestünde.[88]

50 Das Strafgesetzbuch enthält bereits seit Langem die Strafbarkeit des Besitzes von Kinder- und Jugendpornographie. Die Pönalisierung nun auch des (Unternehmens des) *Abrufs* solcher Inhalte ist eine Folge der Digitalisierung unserer Lebenswelt und geht auf die Richtlinie 2011/93/EU zur Bekämpfung des sexuellen Missbrauchs und der sexuellen Ausbeutung von Kindern sowie der Kinderpornographie vom 13. Dezember 2011 zurück. Ausweislich ihrer Erwägungsgründe sollte der Zugriff auf Kinderpornographie durch die Mitgliedstaaten auch dann unter Strafe gestellt werden, wenn entsprechende Dateien nicht heruntergeladen oder gespeichert werden. Der deutsche Gesetzgeber setzte dies – soweit eine ausdrückliche Regelung in Rede steht – erstmals mit der durch das 49. StRÄndG vom 21. Januar 2015 geschaffenen und durch das 60. StRÄndG vom 30. November 2020 (siehe § 2 Rn. 47) bereits wieder aufgehobenen Sondervorschrift des § 184d Abs. 2 StGB um.

51   Die Einfügung der Tathandlung des Unternehmens des *Abrufs* kinder- und jugendpornographischer Inhalte in den §§ 184b Abs. 3 Var. 1, 184c Abs. 3 Var. 1 StGB trägt der technischen Entwicklung Rechnung, dass der Konsum pornographischer Inhalte im digitalen Zeitalter nur noch selten eine – idealtypisch über die Besitzdelikte zu erfassende – körperliche Weitergabe eines Trägermediums oder eine permanente Speicherung digitalisierter Pornographie verlangt.[89] Weil sich auch aus dem neuen Inhaltsbegriff des § 11 Abs. 3 StGB keine Einschränkungen der Strafbarkeit auf den Abruf über bestimmte Medien ergeben, erfasst die Tathandlung des Unternehmens des Abrufs nun jeglichen Zugriff auf inkriminierte Inhalte mittels moderner Medien.[90] Das betrifft etwa auch das sog. (Live-)Streaming.[91]

52   Inhalte werde abgerufen, wenn der Nutzer die Übertragung der Daten veranlasst und sich dadurch die Möglichkeit der Kenntnisnahme von ihrem Inhalt verschafft.[92] Eine tatsächliche Kenntnisnahme ist schon für den Begriff des Abrufs nicht erforderlich.[93] Hinzutritt, dass die Vorschriften als Unternehmensdelikte ausgestaltet sind und deshalb bereits der Versuch des Ingangsetzens der Datenübertragung ausreicht (§ 11 Abs. 1 Nr. 6 StGB).[94]

53   Allerdings bildet selbst die tatsächliche Kenntnisnahme als solche keinen Anknüpfungspunkt für die Strafbarkeit des Betrachters. Der Täter muss es zumindest vorsätzlich „unternehmen", inkriminierte Inhalte abzurufen. Daran fehlt es bei rein

---

[88] BT-Drucks. 12/3001, S. 5 f.; OLG Schleswig NStZ-RR 2007, 41 (42 f.); *M. Heinrich* NStZ 2005, 361 (362 f.); siehe schon *Schroeder* ZRP 1990, 299 (300); *ders.* NJW 1993, 2581 (2582 f.); kritisch Lackner/Kühl/*Heger* § 184b Rn. 8; Schönke/Schröder/*Eisele* § 184b Rn. 37; *Popp* ZIS 2011, 193 (198 ff.); *Scheffler* FS Herzberg, S. 627 (633 ff.); zur Ausweitung auf jugendpornographische Schriften *Hörnle* NJW 2008, 3521 (3524).

[89] *Hörnle* MK-StGB § 184b Rn. 36.

[90] BT-Drucks. 19/19859, S. 67.

[91] BT-Drucks. 19/19859, S. 67; *Fischer* § 184b Rn. 29.

[92] BT-Drucks. 18/2601, S. 34 für § 184d Abs. 2 StGB; *Hörnle* MK-StGB § 184b Rn. 37; *Ziegler* BeckOK-StGB § 184b Rn. 19.

[93] BT-Drucks. 18/2601, S. 34 für § 184d Abs. 2 StGB; *Hörnle* MK-StGB § 184b Rn. 37.

[94] *Hörnle* MK-StGB § 184b Rn. 40.

passivem Betrachten bereits übertragener Darstellungen auf einem Bildschirm, wenn das anstößige Material ohne eigenes Zutun zugeschickt wird oder der potentielle Täter zum Zeitpunkt des Abrufs nicht von Kinder- und Jugend-, sondern anderweitiger Pornographie ausgeht.[95] Ggf. kann für die Folgezeit indes eine Verurteilung wegen Besitzes erfolgen (siehe sogleich Rn. 54 ff.).

Besitz und Unternehmen der Besitzverschaffung Der Strafbarkeit des Besitzes   **54**
(§§ 184b Abs. 3 Var. 3, 184c Abs. 3 Var. 3 StGB) eines kinder- oder jugendpornographischen Inhalts und des Unternehmens, sich (jeweils Absatz 3 Var. 2) oder einem anderen (jeweils Absatz 1 [Satz 1] Nr. 2 Alt. 2) den Besitz hieran zu verschaffen, kommt im Internetstrafrecht meist Auffangcharakter zu und erleichtert oftmals die Beweisführung (siehe etwa Rn. 56 a.E.).[96]

Der *Besitz* setzt die aufgrund eines tatsächlichen Herrschaftsverhältnisses gegebene Möglichkeit voraus, sich oder einem Dritten die Inhalte zugänglich zu machen.[97] Über Computerdaten besteht ein solches Herrschaftsverhältnis erst bei einer gewissen Verkörperung. Dieses Merkmal ist jedenfalls dann erfüllt, wenn eine Datei *dauerhaft* auf einem Datenträger *gespeichert* wird, etwa auf der Festplatte, einem USB-Stick oder einer CD- oder DVD-ROM.[98] Allerdings muss sich der Datenträger auch im Herrschaftsbereich des Täters befinden. Die bloße Zugriffsmöglichkeit auf einen fremden Rechner genügt nicht.[99] Der Fortbestand gelöschter Dateien an Speicherorten, die dem durchschnittlichen Computerbesitzer – anders als bei Verschiebung in den sog. Papierkorb – nicht mehr ohne Weiteres zugänglich sind, führt nicht zur Aufrechterhaltung des aufgegebenen Besitzes.[100]

Zudem bleibt zu beachten, dass das Herrschaftsverhältnis über die Dateien auch   **56**
von einem entsprechenden Besitzwillen getragen sein muss. Dies kann beispielsweise nicht schon daraus geschlossen werden, dass auf Datenträgern, die sich im Besitz des Verdächtigen befinden, kinderpornographische Vorschaubilder (sog. Thumbnails) festgestellt werden, die durch das Betriebssystem des Computers automatisch generiert worden sind.[101] Bei unwissentlich erlangtem Besitz an kinder- oder jugendpornographischen Inhalten – eine Strafbarkeit wegen Abrufs kommt dann nicht in Betracht – beginnt die Strafbarkeit mit entsprechender Kenntniserlangung, wenn das für den Besitz erforderliche Herrschaftsverhältnis aufrecht-

---

[95] *Hörnle* MK-StGB § 184b Rn. 38 f.
[96] *Hörnle* MK-StGB § 184b Rn. 45.
[97] Schönke/Schröder/*Eisele* § 184b Rn. 38; *Gercke/Brunst* Rn. 328; *Malek/Popp* Rn. 350.
[98] *Fischer* § 184b Rn. 34; *Ziegler* BeckOK-StGB § 184b Rn. 19; *Gercke/Brunst* Rn. 329; *Marberth-Kubicki* Rn. 225.
[99] *Fischer* § 184b Rn. 35; Schönke/Schröder/*Eisele* § 184b Rn. 39.
[100] BGH BeckRS 2018, 14123 Rn. 34 f.; BVerwG MMR 2020, 67 (68).
[101] Allerdings soll hierin ein Indiz für das Herunterladen und Abspeichern liegen, vgl. OLG Düsseldorf NStZ 2015, 654.

erhalten wird. Straflos bleibt insoweit nur, wer sich der Inhalte sofort entledigt, diese also vernichtet oder bei den Behörden abliefert.[102]

57   Die Besitzverschaffung erfasst durch den Rückgriff auf die Figur des Unternehmensdelikts sämtliche mit der Besitzübertragung bzw. -begründung verbundene Handlungen, auch wenn sich diese noch im Versuchsstadium befinden (§ 11 Abs. 1 Nr. 6 StGB).[103] Für das Unternehmen, *sich selbst Besitz zu verschaffen* (§§ 184b Abs. 3 Var. 2, 184c Abs. 3 Var. 2 StGB), genügt insbesondere das Herunterladen kinder- oder jugendpornographischer Dateien aus dem Internet oder deren Kopie auf einen Datenträger.[104] Es reicht aber aufgrund der Ausgestaltung als Unternehmensdelikt auch schon ein entsprechender, etwa aufgrund technischer Probleme scheiternder Versuch.[105] Der Tatbestand kann auch durch eigenhändiges Anfertigen entsprechender Fotoaufnahmen erfüllt werden, wenn also die Aufnahme zuvor noch nicht existiert, sondern erst im Sinne der §§ 184b Abs. 1 Satz 1 Nr. 3, 184c Abs. 1 Nr. 3 StGB hergestellt wird.[106] Die *Fremdbesitzverschaffung* (§§ 184b Abs. 1 Satz 1 Nr. 2 Alt. 2, 184c Abs. 1 Nr. 2 Alt. 2 StGB) verwirklicht demgegenüber der Versand per E-Mail an einen (einzelnen) anderen, unabhängig davon, ob der Empfänger die Nachricht tatsächlich abruft.[107] Der „andere" kann auch ein Beteiligter und damit „Darsteller" eines sexuellen Missbrauchs sein, der den Gegenstand der kinderpornografischen Aufnahme bildet.[108] Das Bereitstellen einer Datei zum Abruf auf einem (z. B. Web-)Server reicht zwar nicht aus,[109] stellt aber in der Regel ein Zugänglichmachen dar (siehe Rn. 36 ff.).

58   Durch das nun ausdrückliche Verbot des *Abrufs* ist seit Inkrafttreten des 49. StrÄndG meist nur noch für Altfälle bedeutsam, ob bereits das gezielte Anschauen hart-pornographischer Inhalte *Besitz* begründet oder jedenfalls ein Unternehmen der *Eigenbesitzverschaffung* darstellt. Zum Teil wurde das bereits bejaht, wenn eine solche Darstellung bewusst im Internet aufgerufen und am Bildschirm betrachtet wurde.[110] Selbst ein besitzbegründendes Herrschaftsverhältnis des Betrachters durch Verkörperung der Zugriffsmöglichkeit ließe sich indes meist annehmen, weil im Internet aufgerufene Bild- oder Videodateien in der Regel automatisch in einem bestimmten Ver-

---

[102] OLG Oldenburg MMR 2011, 118; OLG Schleswig NStZ-RR 2007, 41 (43); LG Freiburg CR 2011, 647; Schönke/Schröder/*Eisele* § 184b Rn. 37; kritisch Lackner/Kühl/*Heger* § 184b Rn. 8.

[103] BGH NStZ 2018, 90 für § 184b Abs. 3 StGB.

[104] *Hörnle* MK-StGB § 184b Rn. 41 ff.; Schönke/Schröder/*Eisele* § 184b Rn. 36.

[105] Schönke/Schröder/*Eisele* § 184b Rn. 36.

[106] BGH NStZ 2018, 90; NStZ-RR 2020, 172.

[107] BayObLG NJW 2000, 2911 (2912); *Hörnle* MK-StGB § 184b Rn. 29; *Ziegler* BeckOK-StGB § 184b Rn. 14; *Bär* MMR 2000, 760 (761); aA *Gercke/Brunst* Rn. 334, da der Absender dem Empfänger nicht den Besitz an der pornographische Inhalte enthaltenden Verkörperung, sondern an dem Inhalt vermitteln wolle.

[108] BGH NJW 2021, 3476 (3477) für § 184b Abs. 2 StGB a. F.

[109] Schönke/Schröder/*Eisele* § 184b Rn. 28; *Schreibauer* S. 310; aA für das Zusenden eines Links LG Darmstadt StraFo 2012, 195 (197).

[110] BGH NStZ 2013, 642; OLG Hamburg NJW 2010, 1893 (1896); OLG Schleswig NStZ-RR 2007, 41 (42 f.); zurecht kritisch *Fischer* § 184b Rn. 31 f.; *Brodowski/Freiling* S. 89; *Brodowski* StV 2011, 105 (106 f.); *Eckstein* NStZ 2011, 18 (19 ff.); *Hörnle* NStZ 2010, 704 (705 f.); *Mintas* NJW 2010, 1897; *H.E. Müller* MMR 2010, 344; *Scheffler* FS Herzberg, S. 627 (628 ff.).

zeichnis auf der lokalen Festplatte – etwa in dem Ordner „Temporary Internet Files" – (zwischen-) gespeichert werden. Soweit diese Pufferung (sog. Caching) dazu führte, dass der Nutzer ohne erneute Verbindung zum Internet die betreffenden Dateien erneut betrachten konnte, bedeutete das bloße Anschauen von Bild- und Videodateien im Internet eine hinreichende Verkörperung der Inhalte und somit ihren *Besitz.* Die vorstehenden technischen Vorgänge sind dem Laien allerdings oftmals nicht geläufig, so dass die Strafbarkeit am fehlenden Vorsatz des Benutzers scheitern konnte.[111]

c) Erzieherprivileg

§ 184 Abs. 2 Satz 1 StGB sieht für Personensorgeberechtigte, die ihren Zöglingen **59** einfache pornographische Inhalte gemäß § 184 Abs. 1 Nr. 1 und Nr. 2 StGB anbieten, überlassen oder zugänglich machen, einen *Tatbestandsausschluss* vor. Damit sollte dem Sorgeberechtigten ursprünglich ein erzieherischer Freiraum gewährt werden.[112] Heutzutage streitet für dieses sog. Erzieherprivileg die zunehmend wichtige Aufgabe, seinem Kind Medienkompetenz zu vermitteln.[113] Entsprechend seiner pädagogischen Motivation greift das Erzieherprivileg jedoch nicht ein, wenn der Personensorgeberechtigte durch sein Verhalten seine Erziehungspflicht gröblich verletzt (§ 184 Abs. 2 Satz 1 Halbs. 2 StGB). Entscheidend dürften insoweit die Häufigkeit der Kontakte mit pornographischem Material sowie dessen Machart und Intensität sein. Auch eine Strafbarkeit durch Unterlassen kommt in Betracht, wenn der Personensorgeberechtigte um den wiederholten Konsum pornographischer Inhalte durch den Minderjährigen weiß, dagegen aber nichts unternimmt.[114]

d) Partielle Berücksichtigung des Rechts Jugendlicher auf sexuelle Selbstbestimmung in Zeiten von WhatsApp und Co.

Das geltende Pornographiestrafrecht regelt jedenfalls nicht umfassend, ob und ggf. **60** wie das *sexuelle Selbstbestimmungsrecht* Jugendlicher zu berücksichtigen ist. Gleichwohl besteht zumindest Einigkeit darüber, dass Herstellung und Besitz jugendpornographischer Schriften durch den jugendlichen Darsteller selbst – dessen Schutz § 184c StGB bezweckt – nicht strafbar sind.[115] Schwieriger wird es, wenn mit dem Willen jugendlicher Darsteller Dritte einbezogen werden.

Nach § 184c Abs. 4 StGB ist die Strafbarkeit dieses Dritten wegen Herstellung, des **61** Unternehmens des Abrufs und der Besitzverschaffung sowie des Besitzes *tatbestandlich ausgeschlossen,* wenn diese Handlungen sich auf einen jugendpornographischen Inhalt beziehen, den der Dritte als potentieller *Täter* ausschließlich zum persönlichen

---

[111] *Fischer* § 184b Rn. 38; Schönke/Schröder/*Eisele* § 184b Rn. 40; *Gercke/Brunst* Rn. 332; *Marberth-Kubicki* Rn. 227; *Harms* NStZ 2003, 646 (650); siehe hierzu BGH NStZ 2007, 95; kritisch *Wüstenberg* StraFo 2009, 233 (234).

[112] BT-Drucks. 15/350, S. 20; *Schreibauer* S. 346 ff.; kritisch Lackner/Kühl/*Heger* § 184 Rn. 9.

[113] BT-Drucks. 15/350, S. 20. Kritisch Lackner/Kühl/*Heger* § 184 Rn. 9.

[114] *Duttge/Hörnle/Renzikowski* NJW 2004, 1065 (1069).

[115] BT-Drucks. 16/3439, S. 9; 16/9646, S. 18; 19/19859, S. 68; *Fischer* § 184c Rn. 9; *Ziegler* BeckOK-StGB § 184c Rn. 18; i.E. auch *Hörnle* MK-StGB § 184c Rn. 17, 20.

Gebrauch mit *Einwilligung* der Darsteller hergestellt hat. Die Einwilligung muss sich über die freiwillige Vornahme sexueller Handlungen oder die Einnahme sexuell aufgeladener Posen hinaus gerade auch auf die Herstellung der pornographischen Aufnahme erstrecken und frei von beachtlichen Willensmängeln sein.[116] Dabei kann es sich beim Dritten als Hersteller auch um eine erwachsene Person handeln.[117] Einen dessen Straflosigkeit bewirkenden „persönlichen Gebrauch" dürfte auch die vereinbarte Weiterleitung der Aufnahme an den jugendlichen Akteur darstellen.[118]

62   Die Vorschrift normiert indes nur den Fall, dass die dritte Person den abgerufenen oder in seinem Besitz befindlichen jugendpornographischen Inhalt hergestellt hat.[119] Nicht erfasst ist hingegen das Phänomen des sog. *Sexting*, bei dem Minderjährige über das Smartphone pornographische *Selbst*porträts an ihren Partner bzw. ihre Partnerin oder an Freunde versenden.[120] Für den Empfänger kann das dem Wortlaut nach gemäß § 184c Abs. 3 StGB strafbar sein, weil er die Aufnahme nicht selbst hergestellt hat und die Ausschlussklausel des § 184c Abs. 4 StGB deshalb nicht greift. Darüber hinaus wäre im Ausgangspunkt auch von einer Strafbarkeit des übermittelnden Darstellers auszugehen, weil er einer anderen Person einen jugendpornographischen Inhalt gemäß § 184c Abs. 1 Nr. 2 StGB zugänglich macht.[121]

63   Jedenfalls bei vollumfänglich einverständlich ablaufenden Übertragungsvorgängen dürften die Schutzzwecke des § 184c StGB indes keine Strafbarkeit der vorgenannten Fälle verlangen. Der Empfänger dürfte in diesen Fällen weder mittelbar zum Missbrauch jugendlicher Darsteller beitragen noch seinerseits – soweit die Strafbarkeit des übermittelnden Darstellers nach § 184c Abs. 1 Nr. 2 StGB in Rede steht und der Empfänger selbst noch minderjährig ist – mit den Mitteln des Strafrechts vor einer Konfrontation mit pornographischen Darstellungen einer Person geschützt werden müssen, mit der er im Moment der Aufnahme gewiss nicht immer, aber wohl oft bereits in einer intimen Beziehung steht. Wenn der Empfänger bereits volljährig ist, bliebe zur Legitimation der Strafbarkeit des übermittelnden Darstellers sogar nur ein hart-paternalistischer Schutz des Darstellers vor seiner eigenen „Unvernunft". Die Strafbarkeit des einverständlichen Sexting ist deshalb durch eine *teleologische Reduktion* auszuschließen.[122] Für eine Weiterleitung der Auf-

---

[116] BGH NStZ-RR 2019, 341 (342); BeckRS 2021, 5122 Rn. 21 ff.; *Hörnle* MK-StGB § 184c Rn. 18; *Ziegler* BeckOK-StGB § 184c Rn. 18.

[117] BT-Drucks. 18/3202, S. 27 f.; *Hörnle* MK-StGB § 184c Rn. 17; Schönke/Schröder/*Eisele* § 184c Rn. 19; *Ziegler* BeckOK-StGB § 184c Rn. 18.

[118] *Hörnle* MK-StGB § 184c Rn. 19.

[119] SSW-*Hilgendorf* § 184c Rn. 9.

[120] *Hörnle* MK-StGB § 184c Rn. 21; eingehende Darstellung des Phänomens mit Schwerpunkt auf der elterlichen Fürsorgepflicht bei *Döll* FamRZ 2017, 1728.

[121] *Hörnle* MK-StGB § 184c Rn 21; Matt/Renzikowski/*Eschelbach* § 184d StGB Rn. 8.

[122] Dazu bekennt sich der Gesetzgeber jedenfalls in der Entwurfsbegründung des 60. StÄndG ausdrücklich, siehe BT-Drucks. 19/19859, S. 68; so auch schon BT-Drucks. 16/3439, S. 9; *Hörnle* MK-StGB § 184c Rn. 21; Schönke/Schröder/*Eisele* § 184c Rn. 20, 22; siehe ferner *Wolters/Greco* SK-StGB § 184d Rn. 7; offen gelassen von BGH NStZ-RR 2019, 341 (342); wohl aA *Kudlich* in: Jugendmedienschutz im Informationszeitalter, S. 85 (101).

nahmen durch den Empfänger gelten die vorgenannten Überlegungen nicht mehr und ist unter den allgemeinen Voraussetzungen von der Strafbarkeit der Weiterverbreitung auszugehen (siehe auch Rn. 237, 240 ff. zu § 201a Abs. 1 Nr. 5, Abs. 3 StGB).[123]

e) Erfüllung staatlicher Aufgaben, dienstlicher oder beruflicher Pflichten und Durchführung strafrechtlicher Ermittlungsverfahren

Ebenfalls bereits auf *Tatbestandsebene* tragen die §§ 184b Abs. 5 und Abs. 6, 184c   **64** Abs. 6 StGB dem Umstand Rechnung, dass die Bekämpfung der Kinder- und Jugendpornographie zuweilen nicht ohne Umgang (insbesondere der Strafverfolgungsbehörden) mit entsprechendem Material auskommt.

Danach entfällt eine Strafbarkeit wegen Zugänglichmachung kinder- bzw.   **65** jugendpornographischer Inhalte gegenüber einer anderen Person, des Unternehmens des Abrufs bzw. der (Eigen- oder Fremd-)Besitzverschaffung und des Besitzes, wenn diese Handlungen ausschließlich der rechtmäßigen Erfüllung staatlicher Aufgaben bzw. von Aufgaben, die sich aus Vereinbarungen mit einer zuständigen staatlichen Stelle ergeben oder von dienstlichen oder beruflichen Pflichten dienen (§ 184b Abs. 5, ggf. i. V. m. § 184c Abs. 6 StGB). In Erfüllung dienstlicher oder beruflicher Pflichten nach Nr. 3 handeln insbesondere Polizisten und Staatsanwälte im Rahmen der *Strafverfolgung*, ggf. aber auch Rechtsanwälte oder Sachverständige sowie Ärzte und Psychologen bei der Auswertung beschlagnahmter Materialien.[124] Die Nrn. 1 und 2 erfassen etwa die Tätigkeit staatlicher und privater, in Zusammenarbeit mit dem Bundeskriminalamt handelnder Internet-Beschwerdestellen.[125] Abgeordnete können sich hingegen nicht auf § 184b Abs. 5 StGB berufen, wenn sie zur Gewinnung eigener Erkenntnisse privat recherchieren.[126]

Die Handlungsbefugnisse der Strafverfolgungsbehörden wurden mit der Ein-   **66** führung des § 184b Abs. 5 Satz 2 a. F. – jetzt Abs. 6 – StGB durch das 57. StrÄndG vom 3. März 2020[127] ausgeweitet.[128] Hintergrund ist, dass der Zutritt zu geschlossenen, auf Verbreitung harter Pornographie gerichteten Tauschbörsen häufig das Bestehen einer sog. Keuschheitsprobe voraussetzt. Gerade zur Umgehung verdeckter Ermittlungen verlangen die Betreiber dieser Foren von potentiellen Nutzern vor Aufnahme in einschlägige Foren dann, dass sie zunächst selbst kinder- oder jugendpornographisches Material hochladen.

§§ 184b Abs. 6, 184c Abs. 6 StGB sehen für die Fälle der Herstellung, Ver-   **67** breitung, Zugänglichmachung und Fremdbesitzverschaffung deshalb einen Tat-

---

[123] *Hörnle* MK-StGB § 184c Rn. 22.

[124] BGH NStZ 2014, 514; OLG Frankfurt a.M. NJW 2013, 1107; *Hörnle* MK-StGB § 184b Rn. 50.

[125] BT-Drucks. 18/2601, S. 32; statistische Angaben zur Löschung kinderpornographischer Inhalte bei *Gercke* ZUM 2021, 921 (923) m. w. N.

[126] *Kreutz* DÖV 2010, 599 (600 ff.) zum „Fall Tauss".

[127] BGBl. I, S. 431.

[128] Siehe hierzu *Rückert/Goger* MMR 2020, 373; *Wagner* ZStW 133 (2021), 1025.

bestandsausschluss[129] vor, wenn die Aufklärung des Sachverhalts im Rahmen eines strafrechtlichen Ermittlungsverfahrens sonst wesentlich erschwert wäre und lediglich computergenerierte Inhalte verwendet werden. Bei der Herstellung dieser Inhalte dürfen keine Bildaufnahmen verwendet worden sein, auf denen tatsächlich ein Kind oder ein Jugendlicher abgebildet ist. Die Nutzung von Fotocollagen oder verfremdeten echten Bildaufnahmen ist deshalb nicht erlaubt.[130] Sog. Deepfakes oder sonstige mittels Künstlicher Intelligenz erzeugte Bilder sind damit nur zulässig, wenn sie gänzlich synthetische Gesichter und Körper Minderjähriger generieren. Das schließt indes die Verwendung echter Bilder beim „Trainieren" der Künstlichen Intelligenz nicht aus, weil es sich bei diesem Training um eine der „Herstellung" vorgelagerte Tätigkeit handelt.[131]

f) Sonstiges

68 **Subjektiver Tatbestand** Abgesehen von den Tatvarianten, die eine besondere Absicht verlangen (§§ 184 Abs. 1 Nr. 8, Nr. 9, 184a Satz 1 Nr. 2, 184b Abs. 1 Satz 1 Nr. 4 und 184c Abs. 1 Nr. 4 StGB), genügt für die §§ 184 ff. StGB bedingter Vorsatz, der sich nicht zuletzt auf den *(kinder- bzw. jugend-)pornographischen Charakter* des Inhalts erstrecken muss. Insoweit genügt es, die Umstände zu erfassen, aus denen sich die Einordnung der Darstellung als (kinder- bzw. jugend-[132])pornographisch ergibt. Abweichende Beurteilungen des Täters stellen einen Subsumtionsirrtum dar.[133]

69 Wenn die Strafbarkeit verlangt, dass ein kinder- oder jugendpornographischer Inhalt ein *tatsächliches* oder zumindest *wirklichkeitsnahes Geschehen* wiedergibt (siehe Rn. 26 ff.), hat sich der Vorsatz auf die für diese Beurteilung maßgeblichen Tatsachen zu beziehen. Ob der Täter das gezeigte Geschehen für real hält, ist deshalb bei tatbestandlicher Erfassung auch wirklichkeitsnaher Geschehnisse unerheblich, da ansonsten die bestehenden Beweisschwierigkeiten (Rn. 28) in den subjektiven Tatbestand verschoben würden.

70 Verwirklicht der Täter den § 184 StGB nicht vorsätzlich, kommt eine *Fahrlässigkeitsstrafbarkeit* aus § 27 Abs. 1 Nr. 1, Abs. 3 Nr. 1 JuSchG in Betracht, der auch den sorgfaltswidrigen Umgang mit jugendgefährdenden Trägermedien sanktioniert. Bedeutung erlangt dies vornehmlich bei Inhalten, deren Pornographiecharakter nicht offensichtlich ist. Wer solches Material verbreitet, muss, um seiner Sorgfaltspflicht gerecht zu werden und dem Vorwurf der Fahrlässigkeit zu entgehen, eine Prüfung der Inhalte veranlassen und dazu erforderlichenfalls sachkundigen Rat einholen.[134]

---

[129] BT-Drucks. 19/16543, S. 11; für Tatbestandslosigkeit bereits über § 184b Abs. 5 StGB *Gercke* ZUM 2018, 745 (747).

[130] BT-Drucks. 19/16543, S. 11.

[131] BT-Drucks. 19/16543, S. 11.

[132] Zur Relevanz von Fehlvorstellungen über das Alter der Darsteller bei Kinder- und Jugendpornographie nach §§ 184b, 184c StGB (a. F.) *Mitsch* ZStW 124 (2012), 323.

[133] *Fischer* § 184 Rn. 42; *Ziegler* BeckOK-StGB § 184 Rn. 25.

[134] Vgl. BGHSt 37, 55 (66). Zur Bedeutung möglicher Fehlvorstellungen über die Wirksamkeit eines Altersverifikationssystems KG ZUM 2004, 571 (574); LG Berlin MMR 2005, 481 (482).

Konkurrenzen Die §§ 184a bis 184c StGB verdrängen in der Regel den § 184   71
StGB.[135] Zwischen den einzelnen Tatmodalitäten des § 184 Abs. 1 StGB ist Tateinheit möglich, sofern sie einen selbstständigen Unrechtsgehalt aufweisen; dies gilt
z. B. für das Verhältnis von Nr. 1 und Nr. 6.[136] Bei den §§ 184b, 184c StGB tritt die
Strafbarkeit wegen Besitzes in Bezug auf ein und denselben Inhalt hinter ein etwaiges Verbreiten bzw. öffentliches Zugänglichmachen, einer (Eigen- oder Fremd-)
Besitzverschaffungstat sowie den Abruf zurück, weil diese Handlungen als Be-
tätigungen am Markt gefährdungsintensiver sind.[137] Der subsidiäre Besitztatbestand
lebt aber wieder auf, wenn der Täter den Inhalt nach dem zeitlichen Ende seiner
öffentlichen Zugänglichkeit weiter besitzt oder Sichverschaffen bzw. Abruf verjährt
sind.[138] Herstellen zum Eigengebrauch verdrängt die damit ebenfalls verwirklichte
Eigenbesitzverschaffung.[139] Eine Klammerwirkung des Dauerdelikts des Besitzes
verneint die Rechtsprechung, seitdem die Strafandrohung für die Fremdbesitzverschaffung in § 184b Abs. 2 StGB a. F. (nunmehr § 184b Abs. 1 Satz 1 Nr. 2 StGB)
zum 1. April 2004 erhöht wurde (vgl. auch § 184c Abs. 2 StGB a. F. bzw. § 184c
Abs. 1 Nr. 2 StGB).[140] Werden mehrere Bild- bzw. Videodateien bei einer Internet-
sitzung heruntergeladen, liegt aber eine natürliche Handlungseinheit vor.[141]

Verjährung Die Verjährung richtet sich in der Regel nach den allgemeinen Vor-   72
schriften der §§ 78 ff. StGB. Ein Verstoß gegen das *absolute* Verbreitungsverbot
harter Pornographie kann zwar insbesondere in den Fällen des Verbreitens und
des öffentlich Zugänglichmachens ein *Presseinhaltsdelikt* darstellen. Darunter
sind Straftaten zu verstehen, die durch das Verbreiten *per se* rechtswidriger Inhalte in einer Druckschrift begangen werden.[142] Die Klassifizierung als Presseinhaltsdelikt zieht grundsätzlich Folgen für die Verjährung nach sich: Zum einen
richtet sich die Verjährungsfrist nach den *Medien- und Pressegesetzen der Länder*, die gegenüber der allgemeinen Regelung in § 78 StGB häufig deutlich kür-
zere Fristen enthalten. Zum anderen beginnt die Verjährungsfrist nach der presse-
rechtlichen Verjährungstheorie bereits mit dem ersten Verbreitungsakt, nicht
dagegen wie üblich mit der Beendigung der Tat (§ 78a Satz 1 StGB), d. h. mit

---

[135] Vgl. Schönke/Schröder/*Eisele* § 184a Rn. 8; *Fischer* § 184a Rn. 13.

[136] Schönke/Schröder/*Eisele* § 184 Rn. 92; *Fischer* § 184 Rn. 46; *Ziegler* BeckOK-StGB
§ 184 Rn. 27.

[137] BGH NStZ-RR 2020, 172; *Hörnle* MK-StGB § 184b Rn. 61.

[138] BGH NStZ-RR 2020, 172; NStZ-RR 2020, 212; *Fischer* § 184b Rn. 48.

[139] BGH BeckRS 2021, 11923 Rn. 4; *Hörnle* MK-StGB § 184b Rn. 61.

[140] BGH NStZ 2009, 208; OLG Rostock MMR 2010, 348 (349); *Fischer* § 184b Rn. 48. Zur früheren Rechtslage BGH NStZ 2005, 444 (445); OLG Hamburg JR 2000, 125 (126); *Erstauflage*
Rn. 420 m. w. N.

[141] BGH NStZ-RR 2022, 307; NStZ 2009, 208; OLG Rostock MMR 2010, 348 (348).

[142] Was unter den Begriff der Druckschrift bzw. des Druckwerks fällt, bestimmt sich nach Landes-
recht und kann bei unkörperlichen Veröffentlichungen im Internet problematisch sein, vgl. etwa
BGHSt 45, 41 (43 ff.) für Kopien von Videofilmen; BayObLG NStZ 2004, 702 (703) zum Verkauf
indizierter Computerspiele auf einer Webseite.

dem letzten Verbreitungsakt. Allerdings schließen viele Länder bei bestimmten Straftaten wie zumeist auch den §§ 184(a) ff. StGB zur Vermeidung paradoxer Ergebnisse die kurze presserechtliche Verjährung aus, so dass es bei der Geltung der allgemeinen Regeln der §§ 78 ff. StGB bleibt.

73 Die Anwendung der vorgenannten Privilegien für den Täter kommt von vornherein nur in Betracht, wenn es sich bei seiner Tat ausschließlich um ein Presseinhaltsdelikt handelt, das nicht zugleich die Voraussetzungen sonstiger pornographischer Straftatbestände erfüllt. So ist die Verbreitung von Schriften mit einfacher Pornographie nicht schlechthin untersagt, sondern lediglich dann, wenn die Vorgaben des § 184 Abs. 1 StGB über Zeit, Ort oder Umstände des Verbreitens oder über einen bestimmten Abnehmerkreis missachtet werden.[143] Verwirklicht der Täter also eine der zahlreichen Tatvarianten des § 184 Abs. 1 StGB, denen nicht der Charakter eines Presseinhaltsdelikts zukommt (Ausnahme nur: Abs. 1 Nr. 5 Alt. 2), bleiben die allgemeinen Verjährungsfristen der §§ 78 ff. StGB in jedem Fall anwendbar.

74 Einziehung § 184b Abs. 7 Satz 1 (ggf. i. V. m. § 184c Abs. 6) StGB sieht im Falle einer Straftat nach Absatz 1 Satz 1 Nr. 2 oder Nr. 3 bzw. Absatz 3 die obligatorische Einziehung der betreffenden kinder- bzw. jugendpornographischen Gegenstände vor. Außerdem ermöglicht der Verweis in § 184b Abs. 7 Satz 2 (ggf. i. V. m. § 184c Abs. 6) auf § 74a StGB unter dessen Voraussetzungen auch die Einziehung täterfremder Darstellungen bei Dritten. Ansonsten bleibt es bei den allgemeinen Regeln. Danach sind Verkörperungen harter Pornographie gemäß § 74d Abs. 1 Satz 1 StGB einzuziehen, Materialien mit einfacher Pornographie dagegen nur unter den Voraussetzungen des § 74d Abs. 3 Satz 2 StGB.

III. Gewaltdarstellungen

Literatur (Auswahl): *Erdemir* Killerspiele und gewaltbeherrschte Medien im Fokus des Gesetzgebers, K&R 2008, 223–228; *Höynck* Stumpfe Waffe? Möglichkeiten und Grenzen der Anwendung von § 131 StGB auf gewalthaltige Computerspiele am Beispiel „Der Pate – Die Don Edition", ZIS 2008, 206–217; *Höynck/Pfeiffer* Verbot von „Killerspielen"? Thesen und Vorschläge zur Verbesserung des Jugendmedienschutzes, ZRP 2007, 91–94; *Köhne* Zombies und Kannibalen. Zum Tatbestand der Gewaltdarstellung (§ 131 Abs. 1 StGB), GA 2004, 180–187; *ders.* Verbot von „Killerspielen"?, ZRP 2009, 155–156.

75 In regelmäßigen Abständen – insbesondere angesichts der Amokläufe von Erfurt am 26. April 2002, von Emsdetten am 20. November 2006, von Winnenden am 11. März 2009, von München am 22. Juli 2016 und von Halle am 9. Oktober 2019 – wird debattiert, sog. *Killerspiele* weitgehend zu verbieten.[144] Der unscharfe und von

---

[143] KG ZUM 2004, 571 (571).

[144] Siehe etwa den Gesetzantrag des Freistaates Bayern vom 2. Februar 2007, der mit dem Gesetz zur Verbesserung des Jugendschutzes (JuSchVerbG) unter anderem einen § 131a StGB über „Virtuelle Killerspiele" einführen wollte (BR-Drucks. 76/07); kritisch *Rackow* BeckOK-StGB § 131 Rn. 5.1; *Erdemir* K&R 2008, 223 (225 f.); *Höynck/Pfeiffer* ZRP 2007, 91 (92); *Köhne* ZRP 2009, 155 (156).

vornherein (ab)wertende Begriff soll vor allem Computerspiele erfassen, bei denen das Ziel oder der Weg dorthin darin besteht, virtuelle Gegner zu töten. Einen zunehmend realistischen Anstrich erhalten die Spiele durch die gestiegenen graphischen Darstellungsfähigkeiten sowie die Möglichkeit, das Geschehen aus der Ich-Perspektive zu erleben (sog. *Ego-Shooter*).

Ob und inwiefern solche Spiele jemanden zum Amoklauf bewegen bzw. eine vorhandene Neigung **76** verstärken können, wird wissenschaftlich uneinheitlich bewertet. Mittlerweile dürfte sich jedenfalls die Einsicht durchgesetzt haben, dass es für derartige Bluttaten *keine monokausale Erklärung* gibt.[145] Allerdings bleibt dem Gesetzgeber ein Einschätzungsspielraum zuzugestehen, der ihm bei Unsicherheiten mangels wissenschaftlich-empirischer Nachweise den Rückgriff auf strafrechtliche Mittel gestattet, um Rechtsgüter zu schützen[146] und hier etwa vor denkbaren Nachahmungstaten zu bewahren.[147]

Strafrechtlich schon jetzt einschlägig ist das abstrakte Gefährdungsdelikt des **77** *§ 131 StGB* über Gewaltdarstellungen. Es ähnelt in seinem Aufbau weitgehend den Pornographiedelikten der §§ 184 ff. StGB. Die Tathandlungen des § 131 Abs. 1 Satz 1 Nr. 1 lit. a und Nr. 2 StGB sind identisch mit denen der §§ 184a Satz 1, 184b Abs. 1 Satz 1 Nr. 1 und Nr. 4 sowie 184c Abs. 1 Nr. 1 und Nr. 4 StGB, die Begehungsweise des § 131 Abs. 1 Satz 1 Nr. 1 lit. b StGB entspricht derjenigen des § 184 Abs. 1 Nr. 1 StGB (siehe Rn. 37). § 131 Abs. 2 StGB enthält eine aus (§ 130 Abs. 7 i. V. m.) § 86 Abs. 4 StGB bekannte Sozialadäquanzklausel (siehe unten Rn. 117 ff., 125). Die Einschränkung wurde allerdings nur teilweise übernommen, da sie bei Gewaltdarstellungen nur zugunsten der Berichterstattung über Vorgänge des Zeitgeschehens oder der Geschichte gilt, nicht hingegen für ähnliche Zwecke wie etwa staatsbürgerliche Aufklärung, Forschung oder Lehre. Das Erzieherprivileg in § 131 Abs. 3 StGB stimmt schließlich mit dem des § 184 Abs. 2 Satz 1 StGB überein (siehe Rn. 59).

Gegenstand der Tat sind Inhalte im Sinne des § 11 Abs. 3 StGB, die grausame **78** oder sonst unmenschliche Gewalttätigkeiten gegen Menschen oder menschenähnliche Wesen in einer Art schildern, die eine Verherrlichung oder Verharmlosung solcher Gewalttätigkeiten ausdrückt oder die das Grausame oder Unmenschliche des Vorgangs in einer die Menschenwürde verletzenden Weise darstellt. Unter *Gewalttätigkeiten* ist ein aggressives aktives Tun zu verstehen, das sich unmittelbar auf den Körper und gegen die körperliche Integrität von Menschen richtet. Lediglich die Folgen solcher Vorgänge (z. B. verletzte oder getötete Menschen) zu zeigen, genügt nicht.[148] Die Gewalttätigkeiten müssen grausam oder sonst *unmenschlich*

---

[145] *Krauß* LK § 131 Rn. 5; *Ostendorf* NK § 131 Rn. 6; *Erdemir* K&R 2008, 223 (224).
[146] So zur Sanktionierung der Verbreitung pornographischer Schriften BVerfGE 83, 130 (140 ff.); vgl. auch BVerfG MMR 2010, 48 (49).
[147] Vgl. SSW/*Lohse* § 131 Rn. 4; *Rackow* BeckOK-StGB § 131 Rn. 4.
[148] OLG Stuttgart MMR 2006, 387 (390); *Fischer* § 131 Rn. 5.

sein, d. h. in ihnen muss eine rücksichtslose und menschenverachtende Tendenz zum Ausdruck kommen.[149] Dies ist unter anderem dann der Fall, wenn das dargestellte Opfer nur zum Spaß verletzt oder getötet wird bzw. ihm ein in Art, Intensität oder Dauer besonderes Leid zugefügt wird.[150]

79   Ziel der geschilderten Gewalttätigkeiten sind *Menschen oder menschenähnliche Wesen*, die nach ihrem äußeren Erscheinungsbild für den objektiven Betrachter Ähnlichkeiten mit Menschen aufweisen.[151] Beispiele für solche fiktiven Kreaturen, insbesondere aus der Welt der Computerspiele, sind mutierte Menschen, Dämonen, Untote und Außerirdische.[152]

80   Problematisch im Einzelfall ist, wann eine solche Schrift eine *Verherrlichung oder Verharmlosung* der geschilderten oder ähnlicher Gewalttätigkeiten ausdrückt bzw. deren Grausamkeit oder Unmenschlichkeit in einer Weise darstellt, welche die *Menschenwürde verletzt*. Entscheidend ist der objektive Sinngehalt der Darstellung einschließlich des gesamten Darstellungszusammenhangs für den verständigen und unbefangenen Betrachter.[153] Abgrenzungsprobleme bei dieser dem Tatrichter vorbehaltenen Wertung ergeben sich hier insbesondere bei der Verletzung der Menschenwürde (nicht des gezeigten Opfers, sondern verstanden als fundamentaler Wert- und Achtungsanspruch eines jeden Menschen).[154] Die Rechtsprechung fordert hierfür etwa exzessive Gewaltschilderungen, die in allen Einzelheiten und unter Ausklammerung aller sonstigen menschlichen Bezüge die geschundene menschliche Kreatur in widerwärtiger Weise in den Vordergrund rücken, um dem Betrachter Nervenkitzel besonderer Art, genüsslichen Horror oder sadistisches Vergnügen zu bieten.[155]

---

[149] BVerfGE 87, 209 (226); Lackner/Kühl/*Kühl* § 131 Rn. 4; SSW/*Lohse* § 131 Rn. 11; *Rackow* BeckOK-StGB § 131 Rn. 10.

[150] *Fischer* § 131 Rn. 7.

[151] *Fischer* § 131 Rn. 6; Lackner/Kühl/*Kühl* § 131 Rn. 4; SSW/*Lohse* § 131 Rn. 9; Schönke/Schröder/*Sternberg-Lieben/Schittenhelm* § 131 Rn. 6; kritisch wegen der Unbestimmtheit des Merkmals *Duttge/Hörnle/Renzikowski* NJW 2004, 1065 (1070).

[152] AA für Zombies *Köhne* GA 2004, 180 (183).

[153] BGH NStZ 2000, 307 (308 f.); OLG Koblenz NStZ 1998, 40 (41); OLG Stuttgart MMR 2006, 387 (390); Lackner/Kühl/*Kühl* § 131 Rn. 8; *Rackow* BeckOK-StGB § 131 Rn. 14; *Gercke/Brunst* Rn. 392. Zur Bewertung von Computerspielen am Beispiel „Der Pate – Die Don Edition" *Höynck* ZIS 2008, 206.

[154] BVerfGE 87, 209 (228); OLG Koblenz NStZ 1998, 40 (41); *Fischer* § 131 Rn. 13; *Rackow* BeckOK-StGB § 131 Rn. 17; aA *Köhne* GA 2004, 180 (185 f.).

[155] BVerfGE 87, 209 (228 f.); OLG Koblenz NStZ 1998, 40 (41); OLG Stuttgart MMR 2006, 387 (390).

IV. Extremistische Propaganda

Literatur (Auswahl): *Bertram* Entrüstungsstürme im Medienzeitalter – der BGH und die „Auschwitz-lüge", NJW 1994, 2002–2004; *Bremer* Radikal-politische Inhalte im Internet – ist ein Umdenken erforderlich?, MMR 2002, 147–152; *Holznagel* Verantwortlichkeiten im Internet und Free Speech am Beispiel der Haftung für illegale und jugendgefährdende Inhalte, ZUM 2000, 1007–1028; *ders.* Meinungsfreiheit oder Free Speech im Internet, AfP 2002, 128–133; *Holznagel/Kussel* Möglich-keiten und Risiken bei der Bekämpfung rechtsradikaler Inhalte im Internet, MMR 2001. 347–352; *Köhne* Kennzeichen verfassungswidriger Organisationen in Computerspielen, DRiZ 2003, 210–213; *Körber* Rechtsradikale Propaganda im Internet, Berlin 2003; *Liesching* Hakenkreuze in Film, Fernsehen und Computerspielen, MMR 2010, 309–313; *Morozinis* Die Strafbarkeit der »Auschwitzlüge« im Internet, insbesondere im Hinblick auf »Streaming-Videos«, GA 2011, 475–487; *Schumann* Ist die Ausfuhr von Computerspielen mit NS-Symbolen strafbar?, MMR 2011, 440–443; *Sieber* Die Bekämpfung von Hass im Internet, ZRP 2001, 97–103.

Studienliteratur: *Ludyga* Der Vertrieb von Adolf Hitlers Hetzschrift „Mein Kampf". Urheber- und strafrechtliche Aspekte, jM 2015, 435–438.

1. Extremistische Propaganda im Internet

Ebenfalls zu den Äußerungsdelikten zählt die Verbreitung von propagandistischen Inhalten.[156] Insbesondere rechtsextremistische, fundamentalistische muslimische und christliche Gruppierungen und Parteien missbrauchen die Funktionsweise des Internets, insbesondere dessen Anonymität und Entgrenzung, um unbehelligt ihre Ideologie zu verbreiten, Anhänger zu mobilisieren und um neue Sympathisanten zu werben.[157] Ihre Aktivitäten im Internet reichen von der Veröffentlichung von Web-seiten, wenngleich diese etwa aufgrund von Sperrmaßnahmen seitens der Provider stark fluktuieren und häufig nur eine kurze Lebensdauer haben, dem Versand von Kurznachrichten mittels Twitter, der Verbreitung von selbsterstellten Filmen auf Videoplattformen, über Rückgriffe auf die interaktiven Möglichkeiten des Web 2.0, namentlich die Nutzung von sozialen Netzwerken, bis hin zur Ausstrahlung von produzierten Beiträgen oder Live-Sendungen im Internet-Radio oder Internet-Fernsehen.[158]

81

Bei der juristischen Beurteilung von Propaganda im Internet liegt der juristische Schwerpunkt indes oftmals nicht auf der materiell-strafrechtlichen Würdigung, son-dern auf der rechtlichen *Berücksichtigung des grenzüberschreitenden Charakters* des Internets. So stand im umfassend diskutierten Fall *Toeben*[159] das Strafanwendungs-recht im Mittelpunkt: Ist deutsches Strafrecht anwendbar, wenn ein australischer Staatsbürger den Holocaust auf seiner auf einem australischen Server gespeicherten,

82

---

[156] Zur Hasskriminalität aus kriminologischer Sicht *Schneider* JZ 2003, 497.

[157] *Bundesministerium des Innern* (Hrsg.) Verfassungsschutzbericht 2017, S. 58 ff.

[158] *Bundesministerium des Innern* (Hrsg.) Verfassungsschutzbericht 2017, S. 59 f. Zu den einzelnen Erscheinungsformen extremistischer Propaganda im Internet schon *Sieber* ZRP 2001, 97 (97 f.).

[159] BGHSt 46, 212; ausführlich dazu *Körber* Rechtsradikale Propaganda im Internet.

jedoch in Deutschland abrufbaren Webseite leugnet? Ähnlich ging es beim *Yahoo-Urteil* eines französischen Zivilgerichts, das die Betreiber der gleichnamigen US-amerikanischen Suchmaschine dazu verurteilte, den Zugang zur Online-Auktion von Nazi-Memorabilien für Frankreich zu sperren, primär um Fragen des internationalen Privatrechts.[160] Wiederum Fragen des Strafanwendungsrechts stellen sich, wenn jemand vom Ausland aus Kennzeichen verfassungswidriger Organisationen wie z. B. Hakenkreuze auf auch im Inland frei zugängliche Internetplattformen hochlädt (siehe zur jüngsten Erweiterung der Anwendbarkeit der §§ 86, 86a und 130 StGB durch die Reform des § 5 StGB in 2021 bereits § 2 Rn. 40 ff.).[161]

2. Grundlagen

83   Anders als bei pornographischen Inhalten oder bei Ehrverletzungsdelikten gibt es *keinen geschlossenen Normenkomplex im StGB*, der sich etwa als „Propagandastrafrecht" bezeichnen ließe. Vielmehr verteilen sich die relevanten Strafvorschriften über das gesamte Strafgesetzbuch. Von Bedeutung sind vor allem der Straftatbestand der Volksverhetzung gemäß § 130 StGB und die Strafvorschriften der §§ 86, 86a StGB (Verbreiten von Propagandamitteln bzw. Verwenden von Kennzeichen verfassungswidriger und terroristischer Organisationen).

84   Die Bekämpfung extremistischer Propaganda ist trotz der leidvollen Geschichte Deutschlands kein ausschließlich inländisches, sondern ein *weltweites Anliegen*, nicht zuletzt angesichts einschlägiger Veröffentlichungen in den grenzüberschreitenden Kommunikationsdiensten des Internets. Allerdings beschreiten die einzelnen Staaten bei dem Kampf gegen extremistisches Gedankengut äußerst *unterschiedliche Wege*, die eine staatenübergreifende Zusammenarbeit nicht unwesentlich erschweren. Vor allem zwischen dem europäischen und dem US-amerikanischen Recht bestehen erhebliche Divergenzen: Während in Europa der Rückgriff auf strafrechtliche Mittel zur Bekämpfung extremistischer Propaganda nicht ungewöhnlich ist, erscheint dies der US-amerikanischen Rechtsordnung grundsätzlich unvereinbar mit der Meinungsfreiheit.

85   So beschäftigt sich der *Europarat* schon seit Langem mit der Bekämpfung extremistischer Propaganda, gerade auch im Hinblick auf Veröffentlichungen im Internet. In dem Übereinkommen über Computerkriminalität vom 23. November 2001[162] blieb dieses Anliegen zwar noch unberücksichtigt, da ein strafrechtliches Verbot extremistischer Äußerungen insbesondere am Widerstand der USA scheiterte. Allerdings verpflichtet das (erste) *Zusatzprotokoll zum Übereinkommen über Computerkriminalität betreffend die Kriminalisierung mittels Computersystemen begangener Handlungen rassistischer und fremdenfeindlicher Art*[163] die Unterzeichnerstaaten, bestimmte derartige Tätigkeiten strafrechtlich zu verfolgen. Im Einzelnen sind dies die Verbreitung rassistischen

---

[160] TGI (Tribunal de Grande Instance) Paris MMR 2001, 309 mit Anm. *Namgalies.* Bei dem im Anschluss ergangenen Urteil des US District Court for the Northern District of California (MMR 2002, 26 mit Anm. *Mankowski*) ging es ebenso wenig um die Strafbarkeit des Angebots solcher Devotionalien, sondern um die Anerkennung und Vollstreckbarerklärung ausländischer Entscheidungen in den USA.

[161] Siehe hierzu etwa BGH NStZ 2015, 81.

[162] SEV Nr. 185.

[163] SEV Nr. 189.

und fremdenfeindlichen Materials über Computersysteme (Art. 3), rassistisch und fremdenfeindlich motivierte Drohungen (Art. 4) und Beleidigungen (Art. 5) sowie Leugnungen, grobe Verharmlosungen, Billigungen oder Rechtfertigungen von Völkermord oder Verbrechen gegen die Menschlichkeit (Art. 6).

Auch die jahrelangen Bemühungen der *Europäischen Union* um eine Harmonisierung der mitgliedstaatlichen Strafrechtsordnungen mündeten in einem internationalen Rechtsdokument, namentlich dem *Rahmenbeschluss* 2008/913/JI des Rates vom 28. November 2008 *zur strafrechtlichen Bekämpfung bestimmter Formen und Ausdrucksweisen von Rassismus und Fremdenfeindlichkeit.*[164] Nach dessen Art. 1 Abs. 1 lit. c sollen die Mitgliedstaaten unter anderem „das öffentliche Billigen, Leugnen oder gröbliche Verharmlosen von Völkermord, Verbrechen gegen die Menschlichkeit und Kriegsverbrechen […], das gegen eine Gruppe von Personen oder gegen ein Mitglied einer solchen Gruppe gerichtet ist, die nach den Kriterien der Rasse, Hautfarbe, Religion, Abstammung oder nationale oder ethnische Herkunft definiert werden", unter Strafe stellen, „wenn die Handlung in einer Weise begangen wird, die wahrscheinlich zu Gewalt oder Hass gegen solch eine Gruppe oder gegen ein Mitglied solch einer Gruppe aufstachelt". Dabei richtete sich der Blick ausweislich der Zuständigkeitsregel in Art. 9 Abs. 2 des Rahmenbeschlusses auch auf die Verbreitung entsprechender Inhalte im Rahmen von Informationssystemen. In Deutschland wurden die Vorgaben des Rahmenbeschlusses sowie des (ersten) Zusatzprotokolls zum Übereinkommen des Europarates über Computerkriminalität durch Gesetz vom 16. März 2011[165][166] umgesetzt. Die EU nimmt bei der Bekämpfung der Verbreitung terroristischer Online-Inhalte künftig auch die Anbieter von Hosting-Diensten verstärkt in die Pflicht. Die seit Juni 2022 gültige Verordnung zur Bekämpfung der Verbreitung terroristischer Online-Inhalte (s. bereits § 1 Rn. 118) verpflichtet sie u.a. dazu, entsprechende Inhalte nach Erhalt einer behördlichen Anordnung unverzüglich zu löschen. Verstöße sind nicht straf-, wohl aber bußgeldbewehrt.

86

Vor allem in den Vereinigten Staaten von Amerika wird bei der Bekämpfung rassistischer und fremdenfeindlicher Äußerungen hingegen kaum auf strafrechtliche Mittel zurückgegriffen. Diese Zurückhaltung resultiert aus dem überragenden Stellenwert der Meinungsfreiheit („*freedom of speech*") nach dem Ersten Verfassungszusatz (first amendment).[167] Um einen *freien Marktplatz der Ideen* zu garantieren, ist grundsätzlich jede Äußerung zulässig. Ihre Bewertung obliegt der öffentlichen Diskussion, an der sich zu beteiligen eine aufgeklärte Bürgerschaft nicht nur das Recht, sondern auch die Pflicht hat.[168] Die Antwort auf extremistische Propaganda ist daher kein staatliches Verbot, sondern die Zivilcourage der Bürger.

87

Dementsprechend erachtete der US Supreme Court, das oberste Bundesgericht der Vereinigten Staaten, ein hoheitliches Vorgehen gegen die rassistische Verunglimpfung und Ausgrenzung von Teilen der Bevölkerung als verfassungswidrig. Dies gilt selbst bei der sog. *hate*

88

---

[164] ABl. EU L 328, S. 55 ff.; siehe hierzu *Hellmann/Gärtner* NJW 2011, 961 (961 ff.): *Weber* ZRP 2008, 21; *Zimmermann* ZIS 2009, 1 (6 ff.).

[165] BGBl. I, S. 418.

[166] Das Gesetz beschränkte sich auf geringfügige Änderungen des § 130 Abs. 1 und 2 StGB, während insbesondere § 130 Abs. 3 StGB unberührt blieb; kritisch *Bock* ZRP 2011, 46 (47 f.); aA *Hellmann/Gärtner* NJW 2011, 961 (964 f.).

[167] Eine Gegenüberstellung von Meinungsfreiheit nach Art. 5 Abs. 1 Satz 1 GG und freedom of speech nach dem first amendment findet sich bei *Holznagel* ZUM 2000, 1007 (1025 ff.); *ders.* AfP 2002, 128 (129 f.).

[168] *Bremer* MMR 2002, 147 (149); vgl. auch *Brugger* JA 2006, 687 (691 f.); *Hoffmann-Riem* NJW 2004, 2777 (2780 ff.).

speech, d. h. bei öffentlichen Äußerungen, die willentlich den Hass gegen Teile der Bevölkerung (wegen ihrer Rasse, Religion, ihres Volkstums oder ihrer nationalen Herkunft)
schüren sollen.[169] Nur in bestimmten Fallgruppen dürfen strafrechtliche Vorschriften die
Meinungsfreiheit einschränken, unter anderem bei sog. *fighting words*. Äußerungen können
danach unter Strafe gestellt werden, wenn sie unmittelbar auf rechtswidrige Handlungen gerichtet oder geeignet sind, zu einer unmittelbaren Störung des öffentlichen Friedens zu führen. Allerdings muss die Strafvorschrift generell formuliert werden und darf nicht nur eine
bestimmte Art von Äußerungen (z. B. solche aus rassistischen oder fremdenfeindlichen Mo-
tiven) untersagen.[170]

3. Volksverhetzung (§ 130 StGB)

a) Rechtsgut und Rechtsnatur

89   § 130 StGB soll ein gesellschaftliches Klima verhindern, das die Bereitschaft zu
feindseligen Handlungen gegen einzelne Bevölkerungsgruppen begünstigen könnte
(sog. *Klimadelikt*), und dadurch das friedliche Zusammenleben in Deutschland bewahren. Nach herrschender Auffassung schützt die Strafvorschrift somit in erster
Linie den öffentlichen Frieden (siehe hierzu Rn. 99 f.).[171]

90   Entstehungsgeschichte und Entwicklung der Norm sind geprägt durch jeweils aktuelle Geschehe-
nisse, die der Gesetzgeber zum Anlass für rechtssetzende Tätigkeiten nahm. So trat der durch das
6. StrÄndG vom 30. Juni 1960[172] eingefügte Straftatbestand der Volksverhetzung an die Stelle der
früheren, enger gefassten Vorschrift der „Anreizung zum Klassenkampf", nachdem im Winter
zuvor antisemitische und nazistische Ausschreitungen in Gestalt judenfeindlicher Friedhofs-
schändungen stattgefunden hatten, die sich von der Bundesrepublik aus teilweise bis ins Ausland
ausbreiteten.

91   Ebenso stellte die grundlegende Änderung des § 130 StGB durch das *Verbrechensbekämpfungs-
gesetz* vom 28. Oktober 1994[173] eine Reaktion auf damalige Ereignisse dar: Anfang der 1990er-
Jahre war eine Welle von Hass und Gewalt gegen ausländische Mitbürger, Asylbewerber und deren
Unterkünfte zu verzeichnen, die in den Brandanschlägen in Mölln und Solingen ihren unrühm-
lichen Höhepunkt erreichte. Angesichts dieser Vorfälle führte eine missverständlich formulierte
Pressemitteilung des BGH, der die Verurteilung gegen einen lokalen NPD-Vorsitzenden wegen
Volksverhetzung aufhob, zu einem Sturm der Entrüstung in der Öffentlichkeit.[174] Auslöser der
gesetzgeberischen Tätigkeit war somit letztlich die ungeschickte Wortwahl eines Bundesgerichts
bei der Berichterstattung über ein Urteil, nicht hingegen das Urteil selbst. Dies verdeutlicht, dass
es sich bei § 130 StGB in erster Linie um *symbolisches Strafrecht* handelt, das nur vordergründig
Rechtsgüter schützt. Vielmehr ist das primäre Anliegen der Norm, ein politisches Signal gegen

---

[169] Siehe hierzu *Brugger* JA 2006, 687; *Kübler* AöR 125 (2000), 109 (115 ff.).

[170] Eingehend *Körber* S. 188 ff.

[171] BGH NJW 1995, 340 (341); Lackner/Kühl/*Kühl* § 130 Rn. 1; *Rackow* BeckOK-StGB
§ 130 Rn. 10.

[172] BGBl. I, S. 478.

[173] BGBl. I, S. 3186.

[174] Entgegen der allgemeinen Deutung der Pressemitteilung wurde der Angeklagte durch die Entscheidung in BGHSt 40, 97 jedoch nicht freigesprochen, sondern das erstinstanzliche Urteil wegen
unzureichender Tatsachenfeststellungen aufgehoben und die Sache zu neuer Verhandlung und Entscheidung zurückverwiesen. Zur Reaktion der Öffentlichkeit und der Medien *Bertram* NJW 1994,
2002; *Stegbauer* NStZ 2000, 281 (282).

rechtsextremistische und neonazistische Entwicklungen zu setzen, um die Gesellschaft in Deutschland sowie die ausländische Öffentlichkeit zu beruhigen.[175] Wenngleich ein entschlossenes Auftreten des Gesetzgebers im Kampf gegen extremistische Propaganda begrüßenswert erscheint, darf bezweifelt werden, ob der übereilte Rückgriff auf strafrechtliche Mittel insoweit Erfolg verspricht. Jedenfalls bleibt zu beachten, dass solche Maßnahmen allein in keinem Fall ausreichen, um extremistischen Äußerungen effektiv zu begegnen.[176]

Nicht unerwähnt bleiben darf in diesem Zusammenhang auch die Einfügung des Abs. 4 durch das Gesetz zur Änderung des Versammlungsgesetzes und des Strafgesetzbuches vom 24. März 2005[177]. Wie der Titel des Gesetzes bereits erahnen lässt, war Sinn und Zweck des eingefügten § 130 Abs. 4 StGB, das Versammlungsgesetz zu flankieren und rechtsextremistische Versammlungen unter Verweis auf eine hiernach zu erwartende Straftat leichter untersagen zu können.[178] **92**

Dies stieß auf mitunter heftige Kritik in der Literatur, die das Gesetz unter anderem als „irreguläres Ausnahmestrafrecht" bezeichnete und von einem „weit vorangetriebenen deutschen Sonderweg" sprach.[179] Das BVerfG erachtete § 130 Abs. 4 StGB in seinem *Wunsiedel-Beschluss*[180] zwar nicht mehr als allgemeines Gesetz im Sinne des Art. 5 Abs. 2 GG, sondern klassifizierte die Norm ausdrücklich als „Sonderrecht zur Abwehr von speziell solchen Rechtsgutverletzungen, die sich aus der Äußerung einer bestimmten Meinung, nämlich der Gutheißung der nationalsozialistischen Gewalt- und Willkürherrschaft, ergeben".[181] Dennoch sei die neue Norm mit Art. 5 Abs. 1 und Abs. 2 GG vereinbar, da diese Grundrechte als Gegenentwurf zu dem sich allgemeinen Kategorien entziehenden Unrecht und dem Schrecken der nationalsozialistischen Herrschaft zu verstehen seien und ihnen daher für Bestimmungen, die entsprechenden propagandistischen Äußerungen Grenzen setzen, eine Ausnahme vom Verbot des Sonderrechts für meinungsbezogene Gesetze immanent sei. Dies bedeute indes nicht, dass das Grundgesetz ein allgemeines Verbot der Verbreitung rechtsradikalen oder auch nationalsozialistischen Gedankenguts schon in Bezug auf die geistige Wirkung seines Inhalts rechtfertige.[182] Daran anknüpfend hat das BVerfG mit Verweis auf die (indes nur) bei einem eingegrenzten Verständnis des Begriffs des öffentlichen Friedens legitimierende Wirkung des Merkmals der Eignung zur Friedensstörung nun auch die Verfassungsmäßigkeit des § 130 Abs. 3 StGB bestätigt (siehe § 1 Rn. 28).[183] **93**

---

[175] Kritisch *Bertram* NJW 1994, 2002 (2004): „Empörung ist im Strafrecht ein zweifelhafter Ratgeber"; *Neumann* StV 1994, 273 (274) spricht in diesem Zusammenhang von Kurzatmigkeit und weist zu Recht darauf hin, dass zur bewusstseinsbildenden und friedensstiftenden Kraft auch die Kontinuität des Strafrechts gehöre; zur Diskussion ferner *Fischer* § 130 Rn. 24 ff.; *Ostendorf* NK § 130 Rn. 8; *Roxin/Greco* AT I § 2 Rn. 41 f.

[176] Zur facettenreichen Diskussion Lackner/Kühl/*Kühl* § 130 Rn. 8a; *Dietz* KJ 1995, 210 (213 ff.); *Holznagel/Kussel* MMR 2001, 347 (347 ff.); *Stegbauer* NStZ 2000, 281 (286); eingehend *Körber* S. 86 ff.; *Kübler* AöR 125 (2000), 109 (112 ff., 123 ff.); allgemein zur Bekämpfung des Rechtsextremismus *Volkmann* JZ 2010, 209.

[177] BGBl. I, S. 969.

[178] Kritisch *Leist* NVwZ 2005, 500 (502 f.); *Poscher* NJW 2005, 1316 (1318).

[179] So jeweils *Bertram* NJW 2005, 1476 (1476).

[180] BVerfGE 124, 300 mit Bespr. unter anderem von *Degenhart* JZ 2010, 306, *Hörnle* JZ 2010, 310, *Lepsius* Jura 2010, 527 und *Volkmann* NJW 2010, 417.

[181] BVerfGE 124, 300 (326).

[182] BVerfGE 124, 300 (327 ff.); so auch BVerfG NJW 2021, 297 f.

[183] BVerfG NJW 2018, 2858; NJW 2018, 2861.

b) Die einzelnen Tatbestände des § 130 StGB

94 **Äußerungstatbestand des § 130 Abs. 1 StGB** Die Vorschrift schützt *Teile der Bevölkerung*, d. h. jegliche zahlenmäßig nicht unerhebliche Personenmehrheit, die von der Gesamtheit der in Deutschland lebenden Bevölkerung aufgrund gemeinsamer äußerer oder innerer Merkmale abgrenzbar ist.[184] Hierzu zählen außer den ausdrücklich benannten nationalen, rassischen, religiösen oder durch ihre ethnische Herkunft *bestimmten Gruppen* etwa auch politische, wirtschaftliche, berufliche oder soziale Gruppierungen.[185] Erfasst sind unter anderem Katholiken, Protestanten und Juden,[186] ausländische[187] und andersfarbige Mitbürger,[188] nicht jedoch Anhänger eines Fußballvereins wegen der wechselnden Mitglieder dieser Personenmehrheit[189] oder „Linke und Antifa-Brut".[190] Darüber hinaus ist seit der Gesetzesreform vom 16. März 2011 auch der *Einzelne* geschützt, der wegen seiner Zugehörigkeit zu einer der vorbezeichneten Gruppen oder zu einem Teil der Bevölkerung zum Angriffsobjekt der Tathandlungen wird.

95 Die Tathandlungen bestehen in bestimmten Formen der Äußerung. *Nr. 1* sanktioniert das Aufstacheln zum Hass und die Aufforderung zu Gewalt- oder Willkürmaßnahmen. Für die Tatbestandsverwirklichung genügt die Vornahme dieser Tätigkeiten. Nicht erforderlich ist, dass es dadurch tatsächlich zu Aktionen gegen die Betroffenen kommt.

96 *Aufstacheln zum Hass* (Var. 1) bedeutet eine nachhaltige Einwirkung auf die Gefühle anderer. Sie muss objektiv geeignet und subjektiv bestimmt sein, eine gesteigerte, über die bloße Ablehnung und Verachtung hinausgehende feindselige Haltung gegen die Betroffenen zu erzeugen oder zu steigern (z. B. durch Wahlplakate oder Wahlfernsehspots).[191] Erfüllt sind diese Voraussetzungen in der Regel bei antisemitischer Agitation, die sich bewusst an das nationalsozialistische Vorbild hält.[192] Das *Auffordern zu Gewalt- oder anderen Willkürmaßnahmen* (Var. 2), also zu gewaltsamen oder sonstigen diskriminierenden Eingriffen unter Strafe, geht über das bloße Befürworten hinaus, indem es erkennbar in (einem) anderen den Entschluss zu einem bestimmten Handeln hervorrufen will.[193] Es genügt der Wille des Täters, dass seine Aufforderung ernst genommen wird.[194]

---

[184] OLG Braunschweig StraFo 2007, 212; OLG Stuttgart NStZ 2010, 453 (454); *Fischer* § 130 Rn. 4; Lackner/Kühl/*Kühl* § 130 Rn. 2.

[185] Lackner/Kühl/*Kühl* § 130 Rn. 2.

[186] BGHSt 21, 371 (372); 31, 226 (231); BGH NStZ-RR 2006, 305 (306).

[187] BGH NStZ 2007, 216 (217); OLG Frankfurt a.M. NStZ-RR 2000, 368 (368).

[188] OLG Stuttgart NStZ 2010, 453 (454); OLG Zweibrücken NStZ 1994, 490 (491).

[189] OLG Braunschweig StraFo 2007, 212.

[190] BGH NStZ-RR 2009, 13 (13).

[191] BGHSt 21, 371 (372); 40, 97 (102); Lackner/Kühl/*Kühl* § 130 Rn. 4; SSW/*Lohse* § 130 Rn. 15; Schönke/Schröder/*Sternberg-Lieben/Schittenhelm* § 130 Rn. 5a.

[192] *Krauß* LK § 130 Rn. 47; Lackner/Kühl/*Kühl* § 130 Rn. 4.

[193] OLG Brandenburg NJW 2002, 1440 (1441); SSW/*Lohse* § 130 Rn. 16.

[194] *Fischer* § 130 Rn. 10.

Nr. 2 stellt das Beschimpfen, böswillige Verächtlichmachen und Verleumden der **97** vorbezeichneten Gruppen, Teile der Bevölkerung oder einzelner Mitglieder unter Strafe. Dadurch muss zugleich die *Menschenwürde* anderer angegriffen werden. Dazu ist erforderlich, dass die Betroffenen im Kern ihrer Persönlichkeit berührt werden, indem sie unter Missachtung des Gleichheitssatzes als minderwertig dargestellt werden und ihr Lebensrecht als gleichwertige Persönlichkeit in der staatlichen Gemeinschaft bestritten wird.[195] Dies ist in der Regel gegeben, wenn sich der Täter mit der nationalsozialistischen Rassenideologie identifiziert oder seine Äußerungen damit im Zusammenhang stehen.[196] Bloße Ehrverletzungen und Verletzungen des allgemeinen Persönlichkeitsrechts reichen hingegen nicht aus.

Beschimpfen (Var. 1) ist eine nach Form oder Inhalt besonders verletzende Kundgabe der Miss- **98** achtung.[197] *Verächtlichmachen* (Var. 2) bedeutet, jemanden als der Achtung der Bürger unwert oder unwürdig darzustellen. Böswillig geschieht dies, wenn die Äußerung aus feindseliger Gesinnung in Kränkungsabsicht erfolgt.[198] Eine *Verleumdung* (Var. 3) setzt in Anlehnung an § 187 StGB das Behaupten oder Verbreiten wissentlich unwahrer Tatsachenbehauptungen voraus, die geeignet sind, das Ansehen des Betroffenen herabzusetzen.[199] Für die Auslegung entscheidet jeweils das Verständnis eines Unbefangenen.

Die Tathandlungen müssen jeweils dazu geeignet sein, den *öffentlichen Frieden* **99** zu stören. Er bezeichnet einen Zustand, in dem objektiv Rechtssicherheit herrscht und die Bevölkerung frei von Furcht gemeinsam leben kann sowie subjektiv die Bürger darauf vertrauen, in Ruhe und Frieden leben zu können.[200] Die (nicht nur abstrakte, sondern konkrete) Eignung zur Friedensstörung bestimmt sich aufgrund einer Gesamtwürdigung der Umstände des Einzelfalls.

Es reicht etwa aus, dass die Erschütterung des Vertrauens der betroffenen Be- **100** völkerungsgruppe zu befürchten ist oder dass in empfänglichen Kreisen die Neigung zu Rechtsbrüchen gegen die angegriffene Gruppe geweckt oder verstärkt werden könnte.[201] Nicht tragfähig ist im Lichte der Meinungsfreiheit aus Art. 5 Abs. 1 GG allerdings ein Verständnis des öffentlichen Friedens, das bereits auf den bloßen Schutz vor subjektiver Beunruhigung der Bürger durch die Konfrontation mit provokanten Meinungen und Ideologien zielt.[202] Ein legitimes Schutzgut ist der öffentliche Friede hingegen in einem Verständnis als Gewährleistung von Friedlichkeit.[203]

---

[195] BVerfG NJW 2010, 2193 (2195); BGHSt 36, 83 (90); OLG Hamm NStZ-RR 2010, 173; OLG München NJW 2010, 2150 (2151); Schönke/Schröder/*Sternberg-Lieben/Schittenhelm* § 130 Rn. 6; *Ostendorf* NK § 130 Rn. 15. Zu den verschiedenartigen Facetten des Menschenwürdebegriffs *Hilgendorf* JRE 7 (1999), 137 (148 ff.).

[196] BVerfG NJW 2001, 61 (63); BGHSt 40, 97 (100); BGH NStZ-RR 2006, 305 (306).

[197] OLG Hamburg NJW 1975, 1088 (1089); *Fischer* § 130 Rn. 11.

[198] OLG Stuttgart NStZ 2010, 453 (454); *Rackow* BeckOK-StGB § 130 Rn. 20.

[199] *Fischer* § 130 Rn. 11; SSW/*Lohse* § 130 Rn. 20.

[200] *Krauß* LK § 130 Rn. 72 ff.; *Schäfer/Anstötz* MK-StGB § 130 Rn. 22.

[201] BGH NStZ-RR 2006, 305 (306); OLG Hamburg NJW 1975, 1088 (1089); OLG Stuttgart NStZ 2010, 453 (455); *Rackow* BeckOK-StGB § 130 Rn. 22.

[202] BVerfG NJW 2018, 2861 (2862).

[203] BVerfG NJW 2018, 2861 (2862).

Es geht dann um den Schutz vor Äußerungen, die ihrem Inhalt nach erkennbar auf rechtsgutgefährdende Handlungen hin angelegt sind.[204] Die Wahrung des öffentlichen Friedens bezieht sich insoweit auf die *Außen*wirkungen von Meinungsäußerungen etwa durch Appelle oder Emotionalisierungen, die bei den Angesprochenen Handlungsbereitschaft auslösen oder Hemmschwellen herabsetzen oder Dritte *unmittelbar* einschüchtern.[205] Nicht erforderlich ist allerdings, dass der öffentliche Frieden konkret gefährdet oder tatsächlich gestört wird. § 130 Abs. 1 StGB stellt demnach ein abstrakt-konkretes bzw. *potentielles Gefährdungsdelikt* dar.[206]

101   Der Äußerungstatbestand des § 130 Abs. 1 StGB kann gerade durch Veröffentlichungen in den Kommunikationsdiensten des Internets verwirklicht werden. Zur Störung des öffentlichen Friedens sind online veröffentlichte Inhalte insbesondere dann geeignet, wenn sie *frei abrufbar* und somit grundsätzlich jedem Nutzer in Deutschland zugänglich sind. Allerdings ist nicht allein aus diesem Grund damit zu rechnen, dass die Äußerungen einer breiteren Öffentlichkeit bekannt werden.[207] Schon wegen der unüberschaubaren Masse von Angeboten im Internet wird nicht jede Online-Veröffentlichung auch nur von einem einzigen Nutzer in Deutschland abgerufen oder sogleich so häufig gelesen, um sich für eine Störung des öffentlichen Friedens zu eignen. Dies gilt erst recht bei Publikationen in *zugangsgeschützten Bereichen*, etwa innerhalb geschlossener Benutzergruppen. Entscheidend sind allerdings stets die (weiteren) Umstände des Einzelfalls. Hierbei ist unter anderem zu berücksichtigen, dass Webseiten mit volksverhetzenden Inhalten auf ein erhöhtes Interesse stoßen dürften, da das Internet unter Rechtsextremisten ausgiebig zur Verbreitung ihrer Ideologien genutzt wird (siehe schon Rn. 81). Auch im Fall Toeben war daher – nicht zuletzt aufgrund des Bekanntheitsgrades des Angeklagten in den einschlägigen Kreisen – vertretbar, die Eignung der Webseite zur Störung des öffentlichen Friedens zu bejahen, obwohl deren Inhalte in englischer Sprache verfasst waren.[208]

102   **Verbreitungstatbestand des § 130 Abs. 2 StGB** Während § 130 Abs. 1 StGB bestimmte Äußerungen unter Strafe stellt, sanktioniert Absatz 2 insbesondere deren *Verbreitung* bzw. *öffentliches Zugänglichmachen* in Verkörperungen oder mittels Informations- und Kommunikationstechnik (Nr. 1) und darauf gerichtete Vorbereitungshandlungen (Nr. 2).[209] Eine Eignung zur Störung des öffentlichen Friedens setzt Absatz 2 – außer bei Auslandstaten nach § 5 Nr. 5a lit. c StGB – nicht voraus; für die Verwirklichung des Tatbestands genügt vielmehr die Verbreitung etc. als solche. Erfasst sind die in Absatz 1 genannten Gruppen daher auch dann, wenn sie ausschließlich im Ausland leben.[210] In Verbindung mit Absatz 5 gilt § 130 Abs. 2 StGB zudem für in den Absätzen 3 und 4 beschriebene Inhalte.

---

[204] BVerfG NJW 2018, 2861 (2862).

[205] BVerfG NJW 2018, 2861 (2862).

[206] BGHSt 46, 212 (218); *Fischer* § 130 Rn. 13; Schönke/Schröder/*Sternberg-Lieben/Schittenhelm* § 130 Rn. 11.

[207] Siehe aber BGHSt 46, 212 (219); ebenso wohl OLG Stuttgart MMR 2006, 387 (388); SSW/*Lohse* § 130 Rn. 9; *Schäfer/Anstötz* MK-StGB § 130 Rn. 26; *Jeßberger* JR 2001, 432 (433); kritisch dagegen *Koch* JuS 2002, 123 (126); *ders.* GA 2002, 703 (708); zurückhaltend mittlerweile BGH NStZ 2007, 216 (217).

[208] So im Ergebnis BGHSt 46, 212 (219 f.); kritisch *Körber* S. 116 ff.; *Vassilaki* CR 2001, 262 (264 f.).

[209] Zur Auslegung der einzelnen Tatbestandsvarianten vgl. die Ausführungen zu den §§ 184 ff. StGB, insbesondere Rn. 32 ff.; zur Behandlung von Streaming-Videos *Morozinis* GA 2011, 475 (483 f.).

[210] Lackner/Kühl/*Kühl* § 130 Rn. 10; *Malek/Popp* Rn. 386; kritisch *Fischer* § 130 Rn. 16.

Leugnungstatbestand des § 130 Abs. 3 StGB Im Mittelpunkt der rechtswissen- **103** schaftlichen Diskussion um den Tatbestand der Volksverhetzung steht der Leugnungstatbestand des § 130 Abs. 3 StGB. Hiernach macht sich strafbar, wer in einer Weise, die zur Störung des öffentlichen Friedens geeignet ist (siehe Rn. 99 f.), eine unter dem NS-Regime begangene Handlung billigt, leugnet oder verharmlost, die einen Völkermord im Sinne des § 6 Abs. 1 VStGB darstellt. Genozide durch andere, insbesondere jüngere oder gegenwärtige Gewalt- oder Willkürherrschaften sind – anders als in § 194 StGB – nicht erfasst.

Die Abgrenzung zwischen den einzelnen Tathandlungen ist fließend, aber be- **104** deutsam. Nach der Rechtsprechung des BVerfG sollen nämlich (nur) die Tatbestandsmerkmale der Billigung und Leugnung (und nicht auch das der Verharmlosung) eine tatbestandsmäßige Eignung zur Störung des öffentlichen Friedens indizieren.[211] Während für das *Leugnen* bloßes Bestreiten genügt, setzt das *Billigen* voraus, eine konkrete begangene Tat gutzuheißen. Erforderlich ist eine eindeutige, aus sich heraus nach Form oder Inhalt für den Durchschnittsadressaten verständliche Kundgabe eigener Zustimmung.[212] *Verharmlosen* bedeutet, den nationalsozialistischen Völkermord herunterzuspielen, zu beschönigen oder dessen wahres Gewicht zu verschleiern, z. B. indem quantitativ die Zahl der Opfer heruntergespielt oder qualitativ der Unrechtsgehalt der Taten bagatellisiert wird.[213] Auf welche Weise die Tathandlungen begangen werden, z. B. durch die vorgetäuschte Distanzierung von den Taten des NS-Regimes, bleibt unerheblich.

Den Hauptanwendungsfall des § 130 Abs. 3 StGB bildet das Abstreiten der Gaskammermorde in **105** den Konzentrationslagern, oftmals kurz als „Auschwitzlüge" bezeichnet. Vorzugswürdig ist wegen des Wortlauts des Absatzes 3 der Begriff der *„Auschwitzleugnung"*. Zudem wird der Begriff der „Auschwitzlüge" von den sog. Revisionisten verwandt, welche die Gaskammermorde in der damaligen Zeit für undurchführbar halten (wollen) und ihrerseits die gängige Geschichtsforschung der Lüge bezichtigen.[214]

Bis zum Verbrechensbekämpfungsgesetz vom 28. Oktober 1994 war nur die sog. *qualifizierte* **106** *Auschwitzleugnung* von § 130 Nr. 3 StGB a. F. erfasst, der einen Angriff auf die Menschenwürde voraussetzte. Hierzu musste sich der Täter mit der nationalsozialistischen Rassenideologie identifizieren oder mussten seine Äußerungen sonst damit im Zusammenhang stehen, etwa indem er die Tatsache der systematischen Morde an Juden als Lügengeschichte darstellte, die absichtlich zur Knebelung und Ausbeutung Deutschlands zugunsten der Juden erfunden wurde.[215] Mit der Einführung des § 130 Abs. 3 StGB verzichtete der Gesetzgeber auf das einschränkende Merkmal des Angriffs auf die Menschenwürde und formulierte den Tatbestand derart um, dass nunmehr das

---

[211] BVerfG NJW 2018, 2858 (2860); NJW 2018, 2861 (2862).

[212] Lackner/Kühl/*Kühl* § 130 Rn. 8; vgl. BGHSt 22, 282 (287).

[213] BGHSt 46, 36 (40); BGH NJW 2005, 689 (691); eingehend *Rackow* ZIS 2010, 366 (369 ff.); zur Verwirklichung der Verharmlosungsvariante durch Verwendung eines sog. „Judensterns" mit der Inschrift „Nicht geimpft" im Zuge des Protestes gegen Corona-Schutzmaßnahmen in den beginnenden 2020er Jahren LG Würzburg NStZ-RR 2022, 242.

[214] *Stegbauer* NStZ 2000, 281 (281); vgl. auch *Fischer* § 130 Rn. 25.

[215] BGHSt 40, 97 (100); BGH NStZ 1994, 140.

bloße Bestreiten der Gaskammermorde auch ohne jegliche Agitation des Täters (sog. *einfache Auschwitzleugnung*) unter Strafe gestellt ist.

107   Bei der Auslegung von Äußerungen ist wiederum die *Meinungsfreiheit* aus Art. 5 Abs. 1 Satz 1 GG zu berücksichtigen (siehe schon § 1 Rn. 28 ff.). Sie verlangt zunächst insbesondere bei mehrdeutigen Äußerungen, deren Inhalt unter Berücksichtigung auch des Kontextes und der sonstigen Begleitumstände zutreffend zu erfassen. Die Gerichte dürfen nicht von einer zur Verurteilung führenden Deutung ausgehen, solange sie nicht andere Interpretationsmöglichkeiten mit tragfähigen Gründen ausgeschlossen haben, was das BVerfG überprüfen darf.[216] Bei Äußerungen im Wahlkampf darf nicht außer Acht gelassen werden, dass die Verwendung plakativer, vereinfachender und polemischer Ausdrucksweisen nicht unüblich ist, um den eigenen Standpunkt zu verdeutlichen und sich gegenüber dem politischen Gegner abzugrenzen oder potentielle Wähler zu überzeugen.[217]

108   Zudem ist bei der Auslegung der einzelnen Tatbestandsmerkmale zwischen der Meinungsfreiheit und dem widerstreitenden Rechtsgut abzuwägen. Dabei darf die Strafvorschrift nicht in einer Weise interpretiert werden, welche die Erfordernisse des zu schützenden Rechtsguts überschreitet. Sobald eine Äußerung die Menschenwürde tangiert, tritt die Meinungsfreiheit aber dahinter zurück (vgl. schon § 1 Rn. 32 und unten Rn. 195). Dies gilt nicht bei der Beeinträchtigung von Persönlichkeitsrechten, etwa durch ehrverletzende Äußerungen. Allerdings soll bei Ehrverletzungen im Rahmen öffentlicher politischer Auseinandersetzungen das Anliegen des Gesetzgebers, jedem Wiederaufleben nationalsozialistischen Gedankenguts zu begegnen, bei der Abwägung zu berücksichtigen sein.[218]

109   Die Tathandlungen des § 130 Abs. 3 StGB müssen öffentlich oder in einer Versammlung begangen werden. *Öffentlich* ist die Äußerung, wenn sie von einem nach Zahl und Individualität unbestimmten Kreis von Personen unmittelbar wahrgenommen werden kann.[219] Dies setzt nicht die Öffentlichkeit des Ortes voraus, an dem die Äußerung erfolgt.

110   Inhalte im Internet sind öffentlich, wenn sie in *jedermann zugänglichen Kommunikationsdiensten*, z. B. auf frei abrufbaren Webseiten, in Chaträumen und Foren veröffentlicht werden. Treffen die Anbieter dagegen Sicherheitsvorkehrungen, damit nur bestimmte Nutzer auf ihre Inhalte oder Angebote zugreifen können, fehlt es an dem Merkmal der Öffentlichkeit. Allerdings müssen die Maßnahmen den Zugang wirksam beschränken und dürfen nicht nur zum Schein vorgenommen werden. So vermag es die Öffentlichkeit nicht auszuschließen, wenn der Interessent vor dem Zugriff auf das fragliche Angebot zwar seine E-Mail-Adresse anzugeben hat, an die dann aber automatisch und ohne weitere Einschränkung das notwendige Passwort versendet wird. Ebenso wenig genügt der bloße Hinweis, dass bestimmten Personengruppen (wie insbesondere den Strafverfolgungsbehörden) der Zugang zu den weiteren Bereichen der Webseite untersagt sei, sofern dem kein tatsächliches Hindernis entgegensteht.

---

[216] Siehe die Nachweise in § 1 Fn. 39.

[217] Vgl. BGH NStZ 2002, 592 (593); siehe ferner OLG München NJW 2010, 2150 (2151 f.).

[218] BayObLG NStZ-RR 2002, 210 (213).

[219] *Rackow* BeckOK-StGB § 130 Rn. 35.

Eine *Versammlung* liegt vor, wenn eine Personenmehrheit zusammenkommt, um   **111**
einen bestimmten Zweck zu verfolgen. Anders als beim Merkmal „öffentlich" müssen Zahl und Identität der Teilnehmer nicht unbestimmt sein. Vielmehr sind auch
geschlossene Veranstaltungen erfasst, sofern es sich um eine größere Anzahl von
Personen handelt, die sich nicht mit einem Blick überschauen lässt.[220]

Fraglich ist, ob geschlossene Benutzergruppen im Internet eine Versammlung im Sinne des § 130   **112**
Abs. 3 StGB darstellen. Diese Auslegung liegt vor allem bei einer Echtzeitkommunikation mehrerer verabredeter Personen in einem Chatraum nahe. Allerdings ist zweifelhaft, ob der Begriff der
Versammlung ohne Verstoß gegen den Bestimmtheitsgrundsatz aus Art. 103 Abs. 2 GG derart ausgelegt werden kann, dass er auf ein räumlich-körperliches Zusammentreffen der Teilnehmer
verzichtet.

Billigungstatbestand des § 130 Abs. 4 StGB Der durch Gesetz vom 24. März   **113**
2005 eingefügte Absatz ist zwar auf Äußerungen bei Versammlungen (Rn. 111 f.)
ausgerichtet, kann aber über die Alternative „*öffentlich*" (Rn. 109 f.) ebenso über die
Kommunikationsdienste des Internets begangen werden. *Tathandlungen* sind das
Billigen, Verherrlichen und Rechtfertigen der nationalsozialistischen Gewalt- und
Willkürherrschaft. Anders als bei § 130 Abs. 1 und 3 StGB muss hierdurch der öf-
fentliche Frieden tatsächlich und zudem in einer die Würde der Opfer des NS-
Regimes verletzenden Weise gestört werden. Es handelt sich somit um ein
Erfolgsdelikt.[221]

Zum *Billigen* siehe Rn. 104. *Verherrlichen* setzt voraus, die nationalsozialistische Gewalt- und   **114**
Willkürherrschaft in einen positiven Bewertungszusammenhang zu setzen, sie beispielsweise als
großartig, imposant oder heldenhaft zu preisen.[222] *Gerechtfertigt* wird die NS-Herrschaft, wenn sie
verteidigt, etwa als notwendige Härte, erforderlich oder unvermeidlich dargestellt wird.[223]

Subjektiver Tatbestand Für den subjektiven Tatbestand genügt grundsätzlich *be-*   **115**
dingter Vorsatz, der sich unter anderem auf die Eignung des jeweiligen Verhaltens,
den öffentlichen Frieden zu stören (Absätze 1 und 3), bzw. auf dessen tatsächliche
Störung (Absatz 4) erstrecken muss. Darüber hinaus ist bei der angestrebten (Ermöglichung der) Verwendung in Absatz 2 Nr. 2 Absicht sowie beim Aufstacheln
zum Hass bzw. der Aufforderung zu Willkürmaßnahmen gemäß Absatz 1 Nr. 1 zielgerichtetes Handeln erforderlich.[224]

Beim Leugnen im Sinne des § 130 Abs. 3 StGB musste sich nach früherer Rechtsprechung des   **116**
BGH der Vorsatz lediglich darauf beziehen, dass der Inhalt der eigenen Äußerung von der anerkannten Geschichtsforschung abweicht. Unerheblich sei dagegen, ob der Täter seine Auffassung
für wahr halte oder nicht; einer bewussten Lüge bedürfe es demnach nicht. Dies folge bereits aus

---

[220] BGH NJW 2005, 689 (691); SSW/*Lohse* § 130 Rn. 37; *Ostendorf* NK § 130 Rn. 25.

[221] OLG Rostock StraFo 2007, 515 (515); Lackner/Kühl/*Kühl* § 130 Rn. 8b; siehe hierzu *Fischer*
§ 130 Rn. 14b und 40.

[222] SSW/*Lohse* § 130 Rn. 42; *Rackow* BeckOK-StGB § 130 Rn. 39.

[223] *Fischer* § 130 Rn. 35.

[224] *Fischer* § 130 Rn. 42; *Rackow* BeckOK-StGB § 130 Rn. 44.

dem Ziel des Gesetzgebers, mit dem Leugnungstatbestand auch den Unbelehrbaren zu begegnen.[225] Dem bleibt jedoch mit einer jüngeren Entscheidung des dritten Strafsenats des BGH bereits der Wortsinn des Leugnens entgegenzuhalten, so dass nach zutreffender Auffassung sich der Vorsatz auch auf die Wahrheitswidrigkeit der Äußerung beziehen muss.[226] Auf Ebene der Beweiswürdigung sind – wenn der Äußernde die Realität bewusst ignoriert und nicht wahrhaben will, dass es sich beim Holocaust um eine historische Tatsache handelt – die Anforderungen an den Nachweis des Vorsatzes angesichts der Offenkundigkeit nationalsozialistischer Massenmorde eher gering, da Eventualvorsatz und damit ein für Möglich-Halten und billiges Inkaufnehmen genügt.[227]

117 **Sozialadäquanzklausel des § 130 Abs. 7 StGB** § 130 Abs. 7 StGB verweist auf die Sozialadäquanzklausel des § 86 Abs. 4 StGB. Danach ist der Tatbestand ausgeschlossen, wenn die Tat der staatsbürgerlichen Aufklärung, der Abwehr verfassungswidriger Bestrebungen, Kunst, Wissenschaft, Forschung oder Lehre, der aktuellen oder historischen Berichterstattung oder ähnlichen Zwecken dient. Anwendung findet die Klausel nach dem ausdrücklichen Wortlaut des § 130 Abs. 7 StGB nur auf § 130 Abs. 2 bis 5 StGB, nicht dagegen auf Absatz 1.

118 Solche anerkannten Zwecke (insbesondere die Berichterstattung über Vorgänge des Zeitgeschehens oder der Geschichte) verfolgen nicht selten die *Medien*, etwa auch bei Auftritten im Internet. Insoweit stellt die Sozialadäquanzklausel zugleich eine Ausprägung der Meinungsfreiheit dar. Dem betreffenden Zweck zu dienen bedeutet, ihn überwiegend zu fördern. Ob diese Voraussetzung erfüllt ist, bestimmt sich nach objektiven Kriterien. Nur subjektiv einen legitimen Zweck zu verfolgen, genügt nicht, erst recht nicht ein bloßer entsprechender Vorwand.[228]

119 Ein „ähnlicher Zweck" im Sinne des (§ 130 Abs. 7 i. V. m.) § 86 Abs. 4 StGB ist die *Strafverteidigung*. Beweisanträge von Rechtsanwälten auf Feststellung des Nichtgeschehens der Gaskammermorde bleiben aber wegen Offenkundigkeit nach § 244 Abs. 3 StPO abzulehnen.[229] Ein solches Gebaren bedeutet in der Regel zudem ein verteidigungsfremdes Verhalten, das sich nur äußerlich den Anschein der Verteidigung gibt, dazu aber nichts beizutragen vermag. Da es demzufolge an einem „dienen" fehlt, kann sich der Verteidiger nach § 130 Abs. 3 StGB strafbar machen.[230]

120 **Konkurrenzen** *Innerhalb des § 130 StGB* verdrängt der Äußerungstatbestand des Absatzes 1 den Verbreitungstatbestand des Absatzes 2, wenn jemand seine eigenen Äußerungen durch Verkörperungen oder mittels Informations- und Kommunikationstechnik (§ 11 Abs. 3 StGB) selbst verbreitet. Dagegen ist grundsätzlich allein Absatz 2 einschlägig, wenn der Täter fremde Äußerungen weitergibt.[231] Anderes ist nur denkbar, wenn sich der Täter die Äußerung ausdrücklich oder konkludent derart zu

---

[225] BGHSt 47, 278 (281 f.); *Ostendorf* NK § 130 Rn. 37; *Rackow* BeckOK-StGB § 130 Rn. 44.

[226] BGH NStZ-RR 2019, 375 (376); *Fischer* § 130 Rn. 46 ff.; Lackner/Kühl/*Kühl* § 130 Rn. 8; Schönke/Schröder/*Sternberg-Lieben/Schittenhelm* § 130 Rn. 20.

[227] BGH NStZ-RR 2019, 375 (376).

[228] OLG Stuttgart MMR 2006, 387 (389).

[229] BGHSt 40, 97 (99); 47, 278 (283 ff.).

[230] BGHSt 46, 36 (43 ff.); 47, 278 (282 f.).

[231] *Hörnle* NStZ 2002, 113 (116).

eigen macht, dass er selbst aufstachelt oder leugnet.[232] Tateinheit ist denkbar zwischen dem Leugnungstatbestand des Absatzes 3 und dem Äußerungstatbestand des Absatzes 1.[233]

Im Verhältnis zu *anderen Delikten* ist Tateinheit zwischen § 130 StGB und § 111, §§ 185 ff. oder auch § 140 StGB denkbar. Lediglich § 140 Nr. 2 wird von § 130 Abs. 3 Var. 1 StGB verdrängt, ebenso § 27 Abs. 1 Nr. 1 JuSchG von § 130 Abs. 2 Nr. 1 StGB.   **121**

Verjährung Auch die Verbreitung volksverhetzender Inhalte kann ein *Presseinhaltsdelikt* darstellen (vgl. Rn. 72 f.). Verjährungsfrist und -beginn der Straftat richten sich dann nach den Medien- und Pressegesetzen der Länder und können sich zugunsten des Täters verkürzen bzw. vorverlegen. Nicht wenige Länder schließen jedoch bei Straftaten wie § 130 StGB die kurze presserechtliche Verjährung aus, so dass insoweit die allgemeinen Regeln der §§ 78 ff. StGB gelten.[234]   **122**

4. Verbreiten von Propagandamitteln verfassungswidriger und terroristischer Organisationen (§ 86 StGB)

§ 86 Abs. 1 StGB stellt unter Strafe, Propagandamittel verfassungswidriger Organisationen zu verbreiten, der Öffentlichkeit zugänglich zu machen oder ihre Verbreitung in bestimmter Weise vorzubereiten. *Propagandamittel* im Sinne des Absatzes 1 sind nach der Legaldefinition des § 86 Abs. 3 Satz 1 StGB Inhalte im Sinne des § 11 Abs. 3 StGB, die sich gegen die freiheitliche demokratische Grundordnung oder den Gedanken der Völkerverständigung richten. Diese aktive kämpferische, aggressive Tendenz muss im Inhalt selbst zum Ausdruck kommen. Die Motive des Anbieters des Propagandamittels sind unerheblich.[235]   **123**

Da Schutzgut des *abstrakten Gefährdungsdelikts* des § 86 Abs. 1 StGB der demokratische Rechtsstaat des Grundgesetzes ist, erfasst die Norm nur nachkonstitutionelle Inhalte.[236] Aus diesem Grund war etwa die Verbreitung von Hitlers „Mein Kampf" niemals tatbestandsmäßig im Sinne des § 86 StGB. Einziges Mittel zur Verhinderung der Vervielfältigung von „Mein Kampf" ist nach Ablauf von dessen Schutzfrist im Jahr 2016 somit § 130 Abs. 2 StGB unter Beachtung der durch § 130 Abs. 7 StGB gezogenen Grenze.[237]   **124**

Der Straftatbestand kann vornehmlich für die *Medien* von Bedeutung sein, wenn von ihnen recherchiertes und verbreitetes Ton- und Bildmaterial Propagandamittel im Sinne des § 86 StGB enthält. Insofern bleibt wiederum die Sozialadäquanzklausel des § 86 Abs. 4 StGB zu beachten.   **125**

---

[232] BGH NStZ 2015, 512 (513); NStZ 2018, 589 (590); NStZ-RR 2019, 108.

[233] BGHSt 46, 212 (217); BGH NStZ-RR 2019, 375 (377); *Fischer* § 130 Rn. 56; Lackner/Kühl/*Kühl* § 130 Rn. 13.

[234] Siehe die Übersicht bei *Rackow* BeckOK-StGB § 130 Rn. 63.1.

[235] BGHSt 23, 64 (73); BGH NStZ 2015, 512; *Ellbogen* BeckOK-StGB § 86 Rn. 10; *Fischer* § 86 Rn. 5a.

[236] BGHSt 29, 73 (80); *Fischer* § 86 Rn. 4; Lackner/Kühl/*Kühl* § 86 Rn. 4.

[237] Vgl. hierzu *Ludyga* jM 2015, 435.

126 Durch das Gesetz zur [...] Verbesserung der [...] Bekämpfung von Propagandamitteln und Kennzeichen verfassungswidriger und terroristischer Organisationen vom 14. September 2021[238] wurde in § 86 Abs. 2 StGB ein eigenständiger Tatbestand der *Verbreitung von Propagandamitteln terroristischer Organisationen* eingeführt.

127 Dies konnte bisher nur über § 86 Abs. 1 Nr. 2 StGB erfasst werden und setzte voraus, dass gegen die Terrorgruppe ein Vereinsverbot erlassen wurde. Das war selbst dann erforderlich, wenn die Vereinigung auf Ebene der EU bereits als terroristische Organisation gelistet wurde und restriktiven Maßnahmen wie etwa dem Einfrieren von Geldern ausgesetzt war.[239] Dass dann nicht stets auch ein Vereinsverbot ergeht, kann darauf gründen, dass dies nach deutschem Recht voraussetzt, dass die Vereinigung Organisationsstrukturen im Inland aufweist oder hier tätig wird.[240] Nun führt durch die Ausgestaltung als *Blanketttatbestand* bereits eine solche Listung auf EU-Ebene zur Einbeziehung der terroristischen Organisation in den Anwendungsbereich des § 86 (Abs. 2) StGB.[241] Tatgegenstand sind Propagandamittel, die sich gegen den Bestand oder die Sicherheit (irgend-[242])eines Staates oder einer internationalen Organisation oder gegen die Verfassungsgrundsätze der Bundesrepublik Deutschland richten.

5. Verwenden von Kennzeichen verfassungswidriger und terroristischer Organisationen (§ 86a StGB)

128 Nicht nur der Einsatz von Propagandamitteln verfassungswidriger und terroristischer Organisationen, sondern bereits die Verbreitung oder Verwendung ihrer Kennzeichen vermag den Anschein zu erwecken, dass solche Organisationen und ihre verfassungsfeindlichen Ziele wiederbelebt werden. Zudem dienen die Kennzeichen der Selbstdarstellung der Organisationen und drücken die innere Verbundenheit ihrer Träger mit dem durch das Zeichen repräsentierten Gedankengut aus. Aufgrund dieser *Symbolwirkung* stellt § 86a StGB die (Vorbereitung der) Verbreitung oder Verwendung solcher Kennzeichen unter Strafe. Schutzgüter des abstrakten Gefährdungsdelikts sind der demokratische Rechtsstaat und der politische Frieden.[243]

129 Zu den *Kennzeichen* zählen gemäß § 86a Abs. 2 Satz 1 StGB außer Fahnen, Abzeichen und Uniformstücken auch Parolen (z. B. Lieder[244]) und Grußformen

---

[238] BGBl. I, S. 4250.

[239] BT-Drucks. 19/31115, S. 9.

[240] BT-Drucks. 19/31115, S. 9.

[241] Im Juli 2022 enthält die Vorschrift indes eine statische Verweisung auf den Anhang der Durchführungsverordnung (EU) 2021/138 des Rates vom 5. Februar 2021. Diese Durchführungsverordnung wurde bereits zum 20. Juli 2021 durch die Durchführungsverordnung (EU) 2021/1188 aufgehoben. Derzeit gilt die Durchführungsverordnung (EU) 2022/147 des Rates vom 3. Februar 2022. Siehe zur bei Aufhebung des Verweisungsobjekts einer statischen Verweisung aufkommenden Gefahr eines „Leerlaufens" des Blanketttatbestands *Hecker* Kap. 7 Rn. 68 ff., aber auch BVerfG NVwZ-RR 1992, 521.

[242] *Fischer* § 86 Rn. 4a.

[243] BVerfG NJW 2009, 2805 (2806); BayObLG NJW 1988, 2901 (2902); *Fischer* § 86a Rn. 2.

[244] BGH MDR 1965, 923; OLG München NStZ 2007, 97 (97).

(z. B. der Hitler-Gruß[245]). Wie die nicht abschließende Aufzählung („namentlich") zeigt, müssen Kennzeichen nicht notwendig gegenständlich sein.

Den genannten Kennzeichen stehen gemäß § 86a Abs. 2 Satz 2 StGB solche   **130** gleich, die ihnen *zum Verwechseln ähnlich* sind. Dies setzt voraus, dass das abgeänderte Zeichen mit dem Original in den wesentlichen wahrnehmbaren Merkmalen übereinstimmt. Entscheidend ist der Gesamteindruck des durchschnittlichen Betrachters, Hörers oder Lesers.[246] Reine Fantasiekennzeichen sowie die Übersetzung von Parolen in eine Fremdsprache genügen hingegen nicht, selbst wenn der Zusammenhang zum Original leicht zu erkennen ist.[247]

Ohne Bedeutung bleibt der Bekanntheitsgrad der Kennzeichen. Nach dem Gesetzeszweck sollen   **131** alle Symbole verfassungswidriger und terroristischer Organisationen verbannt werden. Zudem vermag auch ein weitgehend unbekanntes Symbol beim Sachkundigen den Eindruck zu erwecken, dass in Deutschland rechtsstaatswidrige Entwicklungen geduldet würden.[248]

Allerdings ist § 86a StGB ausgeschlossen bei Handlungen, die dem Schutzzweck   **132** ersichtlich nicht zuwiderlaufen oder sogar im Sinne der Norm wirken.[249] Eine solche *teleologische Reduktion* des Tatbestands ist vor allem dann vorzunehmen, wenn das Kennzeichen in einer Weise dargestellt wird, die offenkundig und eindeutig die verbotene Vereinigung oder deren Ideologie bekämpft (z. B. ein deutlich durchgestrichenes Hakenkreuz).[250]

Das *Verwenden* umfasst jeden Gebrauch, der die optische oder akustische   **133** Wahrnehmung des Kennzeichens ermöglicht.[251] Da die Wahrnehmbarkeit dadurch zum Bestandteil der tatbestandlichen Handlungsbeschreibung wird, war nach früher wohl herrschender Ansicht Handlungsort des Verwendens im Sinne des § 9 Abs. 1 Var. 1 StGB auch derjenige Ort, an dem das Kennzeichen wahrgenommen werden konnte.[252] Dem ist seit jeher entgegenzuhalten, dann mit einer einzigen Handlung eine Unzahl von Handlungsorten zu begründen und dadurch den Handlungsort im Sinne des § 9 Abs. 1 Var. 1 StGB aufzuweichen und

---

[245] KG NJW 1999, 3500; OLG Oldenburg NStZ-RR 2010, 368.

[246] BVerfG NJW 2009, 2805 (2806); BGHSt 54, 61 (63); BGH NStZ 2006, 335 (335).

[247] BGHSt 54, 61 (63); Schönke/Schröder/*Sternberg-Lieben* § 86a Rn. 4; siehe auch BVerfG NJW 2006, 3050 (3051).

[248] BGHSt 47, 354 (357 ff.); *Fischer* § 86a Rn. 8a.

[249] BVerfG NJW 2009, 2805 (2806); BGHSt 52, 364 (375 m. w. N.); BayObLG NJW 1988, 2901 (2902); kritisch *Fischer* § 86a Rn. 19; SSW/*Güntge* § 86a Rn. 9 f.

[250] BGHSt 51, 244 (246 ff.); *Ellbogen* BeckOK-StGB § 86a Rn. 32; Lackner/Kühl/*Kühl* § 86a Rn. 4; weiter *Paeffgen* NK § 86a Rn. 14; Schönke/Schröder/*Sternberg-Lieben* § 86a Rn. 6.

[251] KG NJW 1999, 3500 (3502); OLG Frankfurt a.M. NStZ 1999, 356 (357); *Ellbogen* BeckOK-StGB § 86a Rn. 25; *Fischer* § 86a Rn. 14; Lackner/Kühl/*Kühl* § 86a Rn. 4.

[252] KG NJW 1999, 3500 (3502); *Fischer* § 86a Rn. 16; Schönke/Schröder/*Sternberg-Lieben* § 86a Rn. 9.

nicht mehr hinreichend zwischen der Handlung als solcher und ihren Folgen trennen zu können (vgl. schon § 2 Rn. 24).[253]

134   Nachdem sich in einer jüngeren Entscheidung auch der BGH dieser Auffassung angeschlossen und beim Heraufladen von Hakenkreuzen von Tschechien aus auf das Internet-Videoportal YouTube eine Strafbarkeit nach § 86a Abs. 1 Nr. 1 StGB mangels Inlandstat im Sinne der Vorschrift abgelehnt hatte,[254] hat der Gesetzgeber in Reaktion auf diese Rechtsprechung den Anwendungsbereich des § 86a StGB auf Auslandstaten nun allerdings durch die Schaffung des § 5 Nr. 3 lit. b StGB ausgedehnt (siehe schon § 2 Rn. 30, 40 ff.). Angesichts des dort eindeutig geäußerten gesetzgeberischen Willens dürfte das tatbestandliche Erfordernis der Verwendung „im Inland" aus § 86a Abs. 1 Nr. 1 StGB so zu verstehen sein, dass ein von § 5 Nr. 3 lit. b StGB erfasstes Handeln im Ausland genügt, wenn das Kennzeichen im Inland wahrnehmbar verbreitet oder in einem im Inland *wahrnehmbar* verbreiteten Inhalt verwendet wird.[255]

135   Jedenfalls nach neuer Rechtslage ist § 86a Abs. 1 Nr. 1 StGB deshalb anwendbar, wenn Kennzeichen verfassungswidriger Organisationen unter Zuhilfenahme von Medien in Deutschland wahrnehmbar gemacht werden, etwa Zuschauer im Rahmen eines nach Deutschland übertragenen Fußballspiels *im Ausland* den Hitlergruß zeigen.[256]

136   Die Verwendung muss öffentlich (vgl. Rn. 109 f.), in einer Versammlung (vgl. Rn. 111 f.) oder in einem verbreiteten Inhalt im Sinne des § 11 Abs. 3 StGB (siehe § 2 Rn. 46 ff.) geschehen. Ebenso wie bei § 130 Abs. 3 StGB setzt dies nicht die Öffentlichkeit des Ortes voraus. Entscheidend ist nur, dass ein größerer, durch persönliche Beziehungen nicht mehr zusammenhängender Personenkreis die Kennzeichen wahrnehmen kann.[257]

137   Demnach kann der Tatbestand des § 86a StGB vor allem über nicht zugangsbeschränkte Kommunikationsdienste des Internets verwirklicht werden. Strafbar kann etwa die Verwendung von Kennzeichen verfassungswidriger Organisationen in einem Facebook-Profil oder einem Computerspiel sein, das über eine frei zugängliche Mail-Box verbreitet wird.[258] Aus diesem Grund verzichten viele in Deutschland veröffentlichte *Computerspiele* auf die Darstellung von Hakenkreuzen und anderen Kennzeichen des NS-Regimes. Bekannt wurde insoweit der in Deutschland indizierte Ego-Shooter „Wolfenstein 3D", in dem sich der Spieler als US-amerikanischer Gefangener aus einer fiktiven gleichnamigen Burg befreien muss, an deren Wänden Hakenkreuzfahnen hingen. Anders als bei Filmen wird hier ein Rückgriff auf die *Sozialadäquanzklausel* des (§ 86a Abs. 3 i. V. m.) § 86 Abs. 4 StGB nach wie vor selten erwogen, da Computerspiele jedenfalls

---

[253] Zu Recht kritisch daher *Böse* NK § 9 Rn. 4; SSW/*Satzger* § 9 Rn. 17; *Werle/Jeßberger* LK § 9 Rn. 84; *B. Heinrich* NStZ 2000, 533 (534).

[254] BGH NStZ 2015, 81 (82).

[255] *Anstötz* MK-StGB § 86a Rn. 4; skeptisch *Ellbogen* BeckOK-StGB § 86a Rn. 45.

[256] BT-Drucks. 19/19859, S. 44.

[257] BayObLG NStZ-RR 2003, 233 (233 f.); OLG Frankfurt a.M. NStZ 1999, 356 (357); SSW/*Güntge* § 86a Rn. 7.

[258] Zu Facebook OLG Braunschweig BeckRS 2022, 27733; zur Verwendung in Computerspielen OLG Frankfurt a.M. NStZ 1999, 356 (357); zur Strafbarkeit der Ausfuhr von Computerspielen *Schumann* MMR 2011, 440.

bislang wegen des im Vordergrund stehenden Unterhaltungscharakters überwiegend nicht als Kunst angesehen werden.[259] Auch in dem 2017 erschienenen, mehrfach prämierten Nachfolger „Wolfenstein II: The New Colossus" – in dem der Spieler in eine alternative Welt versetzt wird, in der Nazideutschland den Zweiten Weltkrieg gewonnen hat und die USA besetzt hält – wurden daher sämtliche Hakenkreuze und sonstige NS-Symbole entfernt. Allerdings wird es inzwischen keinesfalls mehr durchweg abgelehnt, Computerspiele als Kunst zu begreifen.[260] Auch die Unterhaltungssoftware Selbstkontrolle (USK) misst ihnen mittlerweile künstlerischen Charakter bei.[261]

V. Gefährdendes Verbreiten personenbezogener Daten (§ 126a StGB)

Durch das Gesetz zur Verbesserung des strafrechtlichen Schutzes gegen sogenannte Feindeslisten […] vom 14. September 2021[262] wurde in § 126a StGB der Straftatbestand des Gefährdenden Verbreitens personenbezogener Daten eingeführt. Unter dem Begriff der *„Feindesliste"* sind der Sache nach Datensammlungen zu verstehen, die Adressen, Fotos oder sonstige persönliche Informationen über meist politisch oder gesellschaftlich engagierte Personen enthalten und die – oftmals mit subtilen oder sogar ausdrücklichen Drohungen verbunden – vorwiegend im Internet verbreitet werden.[263]   **138**

Die Schaffung der Vorschrift bettet sich in das bereits recht weit fortgeschrittene gesetzgeberische Vorgehen gegen die empfundene Verrohung der Diskussionskultur sowie die Beeinträchtigung des freien gesellschaftspolitischen Diskurses im Internet und damit im weiteren Sinne gegen das Phänomen der sog. *Hasskriminalität* ein (siehe dazu etwa auch Rn. 158 ff.). Sie soll der Einschüchterung potentiell Betroffener und der Förderung der Bereitschaft Dritter zur Begehung gegen sie gerichteter Straftaten vorbeugen.   **139**

Strafbarkeitslücken konnten insoweit bislang etwa deshalb bestehen, weil gänzlich unkonkretisierte, *subtile* Einschüchterungen von den Tatbeständen z. B. der öffentlichen Aufforderung zu Straftaten nach § 111 StGB, der Störung des öffentlichen Friedens durch Androhung von Straftaten im Sinne des § 126 StGB oder der Bedrohung nach § 241 StGB nicht erfasst werden. Schutzgut der Vorschrift ist neben den Persönlichkeitsrechten der Betroffenen insbesondere der öffentliche Frieden.[264]   **140**

---

[259] Von OLG Frankfurt a.M. NStZ 1999, 356 wurde dies etwa nicht einmal thematisiert; siehe hiergegen aber *Köhne* DRiZ 2003, 210 (211 f.); *Liesching* MMR 2010, 309.

[260] Vgl. etwa OLG Hamburg MMR 2004, 413 bzgl. § 23 Abs. 1 Nr. 4 KUG; VG Köln BPjM-Aktuell 4/2013, S. 17 ff. bzgl. § 18 Abs. 3 Nr. 2 JuSchG; *Schwiddessen* CR 2015, 92 zu § 86a Abs. 3 StGB.

[261] Siehe Leitkriterien der USK für die jugendschutzrechtliche Bewertung von Computer- und Videospielen mit Stand 2020, S. 4, abrufbar unter http://www.usk.de/fileadmin/documents/2020_Leitkriterien_USK.pdf (Juli 2022).

[262] BGBl. I, S. 4250.

[263] BT-Drucks. 19/28678, S. 1.

[264] *Fischer* § 126a Rn. 2 f.; Beschränkung auf den öffentlichen Frieden bei *Rackow* BeckOK-StGB § 126a Rn. 3.

141   **Tatgegenstand** Tauglicher Tatgegenstand sind personenbezogene Daten im Sinne des Art. 4 Nr. 1 der Verordnung (EU) 2016/679 des Europäischen Parlaments und des Rates vom 27. April 2016 zum Schutz natürlicher Personen bei der Verarbeitung personenbezogener Daten, zum freien Datenverkehr und zur Aufhebung der Richtlinie 95/46/EG (*Datenschutz-Grundverordnung [DS-GVO]*; siehe Rn. 576 ff.),[265] also sämtliche Informationen, die sich auf eine identifizierte oder identifizierbare natürliche Person beziehen. Aus einem Umkehrschluss aus dem Qualifikationstatbestand des § 126a Abs. 2 StGB ergibt sich, dass auch allgemein zugängliche Daten (siehe ansonsten etwa Rn. 354) unter friedensstörenden Umständen nicht weitergegeben werden dürfen.

142   **Tathandlung** Tathandlung ist das *Verbreiten* der vorgenannten Daten. Damit ist im Ausgangspunkt zwar bereits die Mitteilung auch nur gegenüber einer anderen Person gemeint.[266] Tatbestandsmäßig ist das Verbreiten indes nur, wenn es *öffentlich*, in einer *Versammlung* oder durch Verbreiten eines *Inhalts* (§ 11 Abs. 3 StGB) erfolgt. Das „öffentliche" Verbreiten erfasst jede Mitteilung in der analogen oder digitalen Welt, solange sie nur dazu führt, dass ein nicht mehr überschaubarer Empfängerkreis ohne nennenswerte Hindernisse auf die Daten zugreifen kann. Damit sind Feindeslisten bereits öffentlich verbreitet, wenn sie „ins Netz gestellt" werden.[267] Über die Tatvariante des Verbreitens eines Inhalts kann auch die Zugänglichmachung gegenüber größeren, indes geschlossenen Benutzergruppen – wie etwa im Rahmen der Kommunikation über E-Mail- oder Messengerdienste wie WhatsApp oder Telegram – erfasst werden.[268]

143   **Eignungs- und Bestimmungsklausel** § 126a StGB ist ein *Eignungsdelikt*. Die Art und Weise der Verbreitung muss geeignet und nach den Umständen dazu bestimmt sein, die betroffene oder eine ihr nahestehende Person der Gefahr eines gegen sie gerichteten Verbrechens (Abs. 1 Nr. 1) oder einer gegen sie gerichteten sonstigen rechtswidrigen Tat gegen die sexuelle Selbstbestimmung, die körperliche Unversehrtheit, die persönliche Freiheit oder gegen eine Sache von bedeutendem Wert (Abs. 1 Nr. 2) auszusetzen.

144   Eine *Gefährdungseignung* soll nach dem Willen des Gesetzgebers vorliegen, wenn bei einer Gesamtwürdigung der Umstände „die Besorgnis gerechtfertigt ist, es könne zu einer rechtswidrigen Tat kommen".[269] Dass dies eine offenkundig äußerst vage Merkmalsumschreibung darstellt, ist angesichts der für die Unrechtsbegründung zentralen Bedeutung der Eignungsklausel nicht unbedenklich.[270] Bei der Verbreitung im Internet kommt vor allem begleitend miterklärten und dabei gerade auch subtilen Drohungen bzw. Aufforderungen – wie etwa der, dass man der

---

[265] BT-Drucks. 19/28678, S. 11.

[266] BT-Drucks. 19/28678, S. 10.

[267] BT-Drucks. 19/28678, S. 11.

[268] BT-Drucks. 19/28678, S. 11.

[269] BT-Drucks. 19/28678, S. 11.

[270] *Rackow* BeckOK-StGB § 126a Rn. 8; sogar Verfassungsmäßigkeit bezweifelnd *Grözinger* MAH Strafverteidigung § 50 Rn 113.

oder dem Betroffenen „mal einen Besuch abstatten" könne – und ggf. auch einer etwaig extremistischen Ausrichtung der Veröffentlichungsplattform Indizwirkung für eine Gefährdungseignung zu.[271]

Eine *sachlich-informative Berichterstattung* etwa über Verfehlungen Prominen- **145** ter scheidet demgegenüber jedenfalls über die Bestimmungsklausel aus.[272] Dabei soll es sich um ein „subjektives Element" handeln, da die Datenverbreitung mit der „Zielsetzung" erfolgen müsse,[273] den Betroffenen potentiellen Übergriffen Dritter auszusetzen. Wenn man in die Bestimmungsklausel indes kein Absichtserfordernis hineinliest, bleibt zweifelhaft, ob sie den Tatbestand in beachtenswerter Weise einzuschränken vermag.[274]

Sonstiges Im Übrigen genügt auf Ebene des subjektiven Tatbestands bedingter **146** Vorsatz. Es reicht insoweit aus, dass der Täter die Eignung zur Verursachung einer abstrakten Gefahr der etwaigen Begehung einer Katalogtat in Kauf nimmt.[275] Absatz 2 enthält eine Qualifikation für den Fall der Verbreitung nicht allgemein zugänglicher Daten.

VI. Beleidigungsdelikte

Literatur (Auswahl): *Beater* Auslegung massenmedialer Äußerungen, JZ 2006, 432–439; *S.M. Beck* Lehrermobbing durch Videos im Internet – ein Fall für die Staatsanwaltschaft?, MMR 2008, 77–82; S. *Beck* Internetbeleidigung de lege lata und de lege ferenda, MMR 2009, 736–740; *Ebner/Kulhanek* Verhetzende Beleidigung (§ 192a StGB), ZStW 133 (2021), 984–1000; *Engländer* Die Änderungen des StGB durch das Gesetz zur Bekämpfung des Rechtsextremismus und der Hasskriminalität, NStZ 2021, 385–390; *Gomille* Prangerwirkung und Manipulationsgefahr bei Bewertungsforen im Internet, ZUM 2009, 815–824; *Hilgendorf* Ehrenkränkungen („flaming") im Web 2.0, ZIS 2010, 208–215; *Holznagel* Phänomen „Fake News" – Was ist zu tun? Ausmaß und Durchschlagskraft von Desinformationskampagnen, MMR 2018, 18–21; *Hoven/Witting* Das Beleidigungsunrecht im digitalen Zeitalter, NJW 2021, 2397–2401; *dies.* Die Verhetzende Beleidigung in § 192a StGB - Zum strafrechtlichen Umgang mit gruppenbezogenen Beleidigungen, NStZ 2022, 589; *KriPoZ*-Sonderheft „Strafbarkeit von digitalem Hass" (in Vorbereitung für 2023); *Krupar* Die Rechtliche Behandlung algorithmischer Kommunikate, in: Taeger (Hrsg.) Recht 4.0 – Innovationen aus den rechtswissenschaftlichen Laboren, 2017, S. 275–287; *Reinbacher* Die „Weiterverbreitung" von Hate Speech in sozialen Medien – Fragen der Beteiligung an einer gemäß § 185 StGB strafbaren Beleidigung, JZ 2020, 558–563; *ders.* Die Beleidigung im Internet – Der Regierungsentwurf eines Gesetzes zur Bekämpfung des Rechtsextremismus und der Hasskriminalität, NK 2020, 186–198; *Six* Die Beschimpfung im Internet, in: Strafrecht als Herausforderung, 1999, S. 313–331; *Steinbach* Social Bots im Wahlkampf, ZRP 2017, 101–105; *Valerius* Hasskriminalität – Vergleichende Analyse unter Einschluss der deutschen Rechtslage, ZStW 132 (2020), 666–689.

---

[271] BT-Drucks. 19/28678, S. 11.

[272] Skeptisch *Rackow* BeckOK-StGB § 126a Rn. 6.

[273] BT-Drucks. 19/31115, S. 10.

[274] *Rackow* BeckOK-StGB § 126a Rn. 12; skeptisch auch *Fischer* § 126a Rn. 8, 11; uneindeutig BT-Drucks. 19731115, S. 10.

[275] *Fischer* § 126a Rn. 12.

Studienliteratur: *Eppner/Hahn* Allgemeine Fragen der Beleidigungsdelikte, JA 2006, 702–707; *dies.* Die Tatbestände der Beleidigungsdelikte, JA 2006, 860–863; *Geppert* Zur Systematik der Beleidigungsdelikte und zur Bedeutung des Wahrheitsbeweises im Rahmen der §§ 185 ff. StGB, Jura 2002, 820–825; *ders.* Zur passiven Beleidigungsfähigkeit von Personengemeinschaften und von Einzelpersonen unter einer Kollektivbezeichnung, Jura 2005, 244–247; *Hoven/Krause* Die Strafbarkeit der Verbreitung von „Fake News", JuS 2017, 1167–1171; *Krischker* „Gefällt mir", „Geteilt", „Beleidigt"? – Die Internetbeleidigung in sozialen Netzwerken, JA 2013, 488–493; *Mavany* Die Beleidigungsdelikte (§§ 185 ff. StGB) in der Fallbearbeitung, Jura 2010, 594–599.

1. Ehrverletzungen im Internet

147   Ein weiteres Äußerungsdelikt, das im Internet häufig begangen wird, sind Beleidigungen im Sinne der §§ 185 ff. StGB. Wie im realen Leben gehören ehrverletzende Aussagen auch bei der virtuellen Kommunikation zur Tagesordnung. Wegen der Anonymität des Internets und der grundsätzlich unbeschränkten Verbreitung der veröffentlichten Inhalte ist aber zu erwägen, ob hier auch in rechtlicher Hinsicht Besonderheiten gelten.

148   Herabwürdigende Inhalte sind vornehmlich in den *interaktiven Massendiensten* wie sozialen Medien, Foren, Chaträumen und Gästebüchern zu verzeichnen. Hier gehen die einzelnen Teilnehmer gegenseitig auf ihre Beiträge oder Aussagen ein, was mitunter zu Kommentaren führt, die nur noch auf die Diffamierung des Gesprächspartners abzielen (sog. Flames).[276] Das Spektrum reicht von ehrverletzenden Bewertungen von Käufern und Verkäufern bei Online-Kaufhäusern und Versteigerungsportalen[277] über verrohte Diskussionen auf Facebook und Co. bis hin zu speziellen Angeboten im Netz, die ihren Nutzern ehrbeeinträchtigende Bemerkungen über andere gerade ermöglichen wollen. Exemplarisch gestattet das von Deutschland aus nicht mehr erreichbare Portal http://www.rottenneighbor.com anonyme Äußerungen, Unterstellungen und Beschimpfungen über unliebsame Nachbarn.[278]

149   Soziale Netzwerke und Blogs verdienen in Zusammenhang mit den Beleidigungsdelikten auch deshalb besondere Aufmerksamkeit, weil sie zunehmend als Informationsquelle genutzt werden und die Kommunikation auf Online-Plattformen damit wesentlich zur öffentlichen Meinungsbildung beiträgt. Sie werden dadurch auch zu einem probaten Mittel der Verbreitung sog. *Fake News*.[279] Die hiermit verbundenen rechtlichen Problemfelder betreffen über die Dogmatik der §§ 185 ff. StGB (siehe etwa Rn. 155, 206) hinaus auch die Rechtspolitik. Diskutiert wird insoweit ein etwaiges Bedürfnis einer spezialgesetzlichen Erfassung des Verhaltens des Desinformation verbreitenden Nutzers, bereits in Angriff genommen wurde die verstärkte Inpflichtnahme der Plattformbetreiber für die in ihren Netzwerken veröffentlichten Inhalte (siehe § 2 Rn. 114 ff.).

150   Aus dem Blickwinkel der Ehrverletzungsdelikte problematisch erscheinen ferner *Videoportale*, bei denen jeder eigene Filme heraufladen und anderen Nutzern zur freien Verfügung stellen kann. Da sich Videodateien mittlerweile mit nahezu jedem Mobiltelefon aufnehmen lassen, steigen Angebot und Nachfrage an solchen Inhalten stetig und erfreuen sich diese Dienste wachsender Beliebtheit. Zuweilen zeigen diese Dateien jedoch auch peinliche oder intime Momente, so dass

---

[276] Zu ehrverletzenden Äußerungen im Internet *Hilgendorf* ZIS 2010, 208 (209 ff.); siehe speziell zu Internetforen auch *Gomille* ZUM 2009, 815.

[277] Zur Ehrverletzung durch eine Bewertung beim Internetauktionshaus eBay AG Bremen NJW-RR 2010, 1426; AG Koblenz MMR 2004, 638; NJW-RR 2006, 1643 (1644 f.).

[278] Siehe hierzu etwa Jones/Nobis/Röchner/Thal/*Thal*, S. 47 f.

[279] Siehe hierzu *Hoven/Krause* JuS 2017, 1167; *Hoven* ZStW 2017 (129), 718; *Holznagel* MMR 2018, 18; *Drexl* ZUM 2017, 529 (540 f.); *Steinbach* ZRP 2017, 101.

deren Veröffentlichung eine Herabwürdigung des Betroffenen bedeutet. Auch insoweit haben sich im Internet Spiel- bzw. Unarten entwickelt, die gerade die Bloßstellung des Abgebildeten beabsichtigen. Verbreitet sind etwa Aufnahmen von Lehrern während unvorteilhafter Momente im Unterricht (zum Teil auch, nachdem ihnen von Schülern die Hose heruntergezogen wurden) oder auf der Toilette.

2. Strafrechtliche Würdigung

Die Strafbarkeit ehrverletzender Inhalte ergibt sich im Wesentlichen aus den Beleidigungsdelikten der §§ 185 ff. StGB. Besteht die Herabwürdigung in der Veröffentlichung von Audio- oder Videodateien, bilden zudem Aufnahme und Verbreitung eigenständige Anknüpfungspunkte für die Straftaten der §§ 201, 201a StGB, auf die an gesonderter Stelle einzugehen bleibt (Rn. 217 ff.).   **151**

a) Rechtsgut

Die §§ 185 ff. StGB schützen die *Ehre* (zur aufkommenden Diskussion um eine Neuausrichtung des Schutzgutskonzepts der Beleidigungsdelikte insbesondere aufgrund der gestiegenen Bedeutung digitaler Medien für die öffentliche Meinungsbildung siehe Rn. 163 ff.). Sie entzieht sich einer allgemein anerkannten Definition, da sich die gesellschaftlichen Vorstellungen über ihren Inhalt zeitabhängig wandeln können und zum Teil erheblich divergieren. Dies gilt nicht zuletzt in Zeiten zunehmender Multikulturalität, die sich nicht nur in der realen Zusammensetzung der inländischen Bevölkerung widerspiegelt, sondern gerade auch in den internationalen Kommunikationsdiensten des Internets, in denen Nutzer aus zahlreichen Staaten und Kulturen aufeinandertreffen.   **152**

Nach dem sog. *normativ-faktischen Ehrbegriff* der Rechtsprechung lässt sich zwischen einer inneren und einer äußeren Ehre unterscheiden.[280] Die innere Ehre bildet der Achtungsanspruch, der jedem Menschen als Träger geistiger und sittlicher Werte zuteil wird; insoweit soll der Ehre durch Rückgriff auf normative Maßstäbe wie etwa die Menschenwürde eine Kontur verliehen werden. Die äußere Ehre besteht hingegen aus dem Ansehen und dem guten Ruf, den der Einzelne (faktisch und überprüfbar) in der Gesellschaft genießt. Die Folge dieser Differenzierung ist ein dualistisches Ehrverständnis, das auch den §§ 185 ff. StGB entnommen wird: § 185 StGB schützt demnach im Wesentlichen die innere, die §§ 186 f. StGB die äußere Ehre (zur Systematik siehe unten Rn. 166 f.). In der Literatur wird hingegen ein *einheitlicher Ehrbegriff* favorisiert, der sich im Wesentlichen auf normative Aspekte konzentriert und demzufolge unter Ehre den Achtungsanspruch des Einzelnen versteht, der aus seiner Personenwürde und dem ihm somit berechtigterweise zustehenden Geltungswert fließt. Darüber hinaus werden häufig noch personale und soziale Aspekte beachtet, die unter anderem die Rolle des Betroffenen in der Gesellschaft berücksichtigen.[281] Auf die Behandlung des konkreten Einzelfalls wirken sich die Unterschiede der einzelnen Ansätze zumeist nicht aus.[282] Eine Ausnahme stellt die Beleidigungsfähigkeit von Personengemeinschaften dar (siehe sogleich Rn. 157).   **153**

---

[280] Siehe insbesondere BGHSt 11, 67 (70 f.).

[281] Zusammenfassend zum Ehrbegriff *Hilgendorf* LK Vor § 185 Rn. 1 ff. und insbesondere 7 ff. (dort auch zur möglichen Ausfüllung des altmodisch angehauchten Ehrkonzepts durch Konstruktion eines Anspruchs auf minimale Achtung bzw. minimalen Respekt); *Regge/Pegel* MK-StGB Vor § 185 Rn. 7 ff.

[282] *Fischer* Vor § 185 Rn. 3; *Hilgendorf* LK Vor § 185 Rn. 23; *Rengier* BT II § 28 Rn. 3.

154   Unstreitig ist darüber hinaus, dass die Ehre nur einen *Teil der Personenwürde* darstellt. Nicht jede Verletzung der Persönlichkeit beinhaltet demnach sogleich eine Beeinträchtigung auch der Ehre. Dies gilt selbst für die Missachtung der Intimsphäre. So bedeutet das Beobachten eines Liebespaares im Park[283] ebenso wenig eine Ehrverletzung wie Bild- oder Videoaufnahmen in peinlichen Situationen.[284] Solche Verhaltensweisen bleiben in erster Linie durch diejenigen Normen sanktioniert, die den persönlichen Lebens- und Geheimbereich schützen (siehe unten Rn. 213 ff.). So ist bei Bildaufnahmen oder -übertragungen durch eine versteckte Webcam insbesondere an § 201a StGB und ggf. § 184k StGB zu denken,[285] während eine Beleidigung lediglich dann in Betracht kommt, wenn sich aus den Gesamtumständen ein eigener Ehrangriff ergibt (siehe unten Rn. 171 ff.).

155   Ein jüngeres Phänomen, welches das nur begrenzte Schutzgut der Beleidigungsdelikte verdeutlicht, ist die Verbreitung von *„Fake News“*. Wenn bestimmte oder zumindest bestimmbare (oftmals prominente) Individuen Gegenstand von Fake News sind, werden sie zwar in der Regel in ihrem Allgemeinen Persönlichkeitsrechtsrecht verletzt. Mit der Schädigung der Reputation – etwa, wenn dem Betroffenen bestimmte politische Auffassungen „in den Mund gelegt“ werden – muss aber nicht unbedingt zugleich auch die Schwelle der Ehrenrührigkeit überschritten werden.[286]

156   *Träger* des Rechtsguts Ehre und somit beleidigungsfähig sind zunächst *natürliche Personen*. Im Regelfall werden sie durch Äußerungen in ihrer Ehre beeinträchtigt, die das betroffene Individuum unmittelbar benennen (z. B. „Minister A ist bestechlich!“). Die Beleidigung eines Einzelnen ist aber ebenso durch eine Aussage möglich, die mehrere Personen betrifft. Eine solche *Beleidigung unter einer Kollektivbezeichnung* liegt indes nur vor, wenn sie sich auf einen deutlich aus der Allgemeinheit hervortretenden Personenkreis bezieht, der klar abgrenzbar und überschaubar ist und dessen Mitglieder sich zweifelsfrei bestimmen lassen.[287] Beleidigt sind in diesem Fall sämtliche Mitglieder des Kollektivs. Unerheblich ist, ob die fragliche Äußerung die gesamte genannte Personengruppe (z. B. „Alle Minister der Regierung sind bestechlich!“) oder nur ein einziges, wenige oder einige Mitglieder (z. B. „Zwei Minister der Regierung sind bestechlich!“) betrifft; in dem letzten Fall liegt die Ehrverletzung in dem ausgesprochenen Verdacht, der auf jedes Mitglied des Kollektivs fällt.[288] Ist die bezeichnete Personengruppe hingegen zu groß (z. B. „Alle Juristen sind Rechtsverdreher!“), darf sich der Einzelne nicht mehr angesprochen fühlen, so dass sich eine solche Pauschalbeschimpfung in der Anonymität verliert.[289]

157   Umstritten ist, ob die §§ 185 ff. StGB auch *Personengemeinschaften* als solche, z. B. Unternehmen und Vereinigungen, schützen. Dies erscheint fraglich, da sie keine Personenwürde besitzen, aus der sich bei Individuen der Geltungswert und der daraus abzuleitende Achtungsanspruch ergibt. Sofern aber faktische oder so-

---

[283] BayObLG NJW 1980, 1969.

[284] *S.M. Beck* MMR 2008, 77 (79); vgl. auch OLG Nürnberg NStZ 2011, 217 (218) für heimliche Aufnahmen.

[285] Siehe etwa AG Düren K&R 2011, 216.

[286] *Hoven* ZStW 129 (2017), 718 (725, 727); *Hoven/Krause* JuS 2017, 1167 (1169); siehe ferner *Schünemann* GA 2019, 620.

[287] BGHSt 36, 83 (85 ff.); BayObLG NJW 1990, 921 (922); Schönke/Schröder/*Eisele/Schittenhelm* Vor § 185 Rn. 7a f.; Lackner/Kühl/*Kühl* Vor § 185 Rn. 3.

[288] *Zaczyk* NK Vor § 185 Rn. 27; *Geppert* Jura 2005, 244 (246).

[289] Vgl. BGHSt 2, 38 (39); *Wessels/Hettinger/Engländer* Rn. 430.

ziale Elemente des Ehrbegriffs akzeptiert werden (siehe soeben Rn. 153), bilden der gute Ruf und das Ansehen der Personengemeinschaft in der Gesellschaft die Grundlage für einen strafrechtlichen Ehrenschutz, so dass die herrschende Meinung Personengemeinschaften als beleidigungsfähig ansieht.[290] Dies setzt nach der Rechtsprechung jedoch voraus, dass die Personengemeinschaft eine rechtlich anerkannte soziale Funktion erfüllt und einen einheitlichen Willen bilden kann.[291] Angenommen wurde dies unter anderem für Kapitalgesellschaften[292], politische Parteien[293] und die Bundeswehr[294]. Keine eigene Ehre weist jedoch z. B. die Familie auf, da sie nicht in der Lage ist, einen einheitlichen Willen zu bilden.[295]

Das Rechtsgutkonzept der §§ 185 ff. StGB gerät derzeit wieder einmal in die Diskussion. Stoff liefert etwa (siehe ferner Rn. 163 ff.) die Einführung des Straftatbestands der „*Verhetzenden Beleidigung*" in § 192a StGB zum 22. September 2021[296]. Das gründet zum einen schon auf seiner Bezeichnung als „Verhetzende" Beleidigung, zum anderen aber auch auf dem Umstand, dass der Regelungsgehalt der Norm einen Schutz von Gruppenidentitäten andeutet. **158**

Die Vorschrift bezweckt für bestimmte Fälle der „Volksverhetzung im Zwei-Personen-Verhältnis" die Schließung von Strafbarkeitslücken, die sich – neben dem tatbestandlichen Erfordernis der Eignung zur Friedensstörung bei § 130 StGB (siehe Rn. 99) gerade auch – aus den vorgenannten Grundsätzen zur Beleidigungsfähigkeit von Kollektiven sowie des Einzelnen unter einer Kollektivbezeichnung ergeben können.[297] **159**

Strafbar ist nach § 192a StGB, wer einen Inhalt im Sinne des § 11 Abs. 3 StGB, „der geeignet ist, die Menschenwürde anderer dadurch anzugreifen, dass er eine durch nationale, rassische, religiöse oder ethnische Herkunft, ihre Weltanschauung, ihre Behinderung oder ihre sexuelle Orientierung bestimmte Gruppe oder einen Einzelnen wegen seiner Zugehörigkeit zu einer dieser Gruppen beschimpft, böswillig verächtlich macht oder verleumdet, an eine andere Person, die zu einer der vorbezeichneten Gruppen gehört, gelangen lässt, ohne von dieser Person hierzu aufgefordert zu sein". **160**

Anlass der Schaffung dieses Sprachungetüms waren insbesondere Berichte über die Versendung antisemitischer und islamfeindlicher Inhalte an den Zentralrat der Juden bzw. muslimische Personen und Islamgemeinschaften.[298] Da die difamieren- **161**

---

[290] BGHSt 6, 186 (189 ff.); Schönke/Schröder/*Eisele/Schittenhelm* Vor § 185 Rn. 3; *Hilgendorf* LK Vor § 185 Rn. 27; *Rengier* BT II § 28 Rn. 10; aA *Fischer* Vor § 185 Rn. 12a; *Zaczyk* NK Vor § 185 Rn. 12; *Wessels/Hettinger/Engländer* Rn. 425.

[291] BGHSt 6, 186 (191).

[292] BGHSt 6, 186 (191).

[293] OLG Düsseldorf NJW 1979, 2525.

[294] BGHSt 36, 83 (88); OLG Frankfurt a.M. NJW 1989, 1367 (1367).

[295] BGHSt 6, 186 (192); Schönke/Schröder/*Eisele/Schittenhelm* Vor § 185 Rn. 4; *Valerius* BeckOK-StGB § 185 Rn. 13; *Rengier* BT II § 28 Rn. 11; *Mavany* Jura 2010, 594 (597).

[296] BGBl. I, S. 4250.

[297] BT-Drucks. 19/31115, S. 14 f.; *Valerius* BeckOK-StGB § 192a Rn. 1 f.

[298] BT-Drucks. 19/31115, S. 14.

den Inhalte in solchen Fällen eben nur einem eng umgrenzten Personenkreis übermittelt und nicht öffentlich bekannt werden, fehlt es oftmals an der Eignung der Handlung zur Störung des öffentlichen Friedens.[299] Eine Beleidigung Einzelner unter einer Kollektivbezeichnung nach § 185 StGB kommt nur in Betracht, wenn man in der Adressatenauswahl eine hinreichende Individualisierung der Herabwürdigung sieht, angesichts derer sich dann die Pauschalbeleidigung einer großen Gruppe gerade nicht in deren Anonymität verliert.[300] Anderenfalls[301] ließe sich eine Strafbarkeit nach § 185 StGB regelmäßig auch nicht über die Beleidigungsfähigkeit von Kollektiven begründen, weil etwa „die Muslime" mangels Fähigkeit einheitlicher Willensbildung nicht beleidigungsfähig sind.[302]

162 In Aufweichung der vorgenannten Grundsätze zur Beleidigung des *Einzelnen* unter einer Kollektivbezeichnung unterstellt § 192a StGB deshalb nun ein „Durchschlagen" der Diffamierung der dort genannten Gruppen oder eines einzelnen Gruppenmitglieds wegen seiner Gruppenzugehörigkeit auf mit dieser Herabwürdigung konfrontierte (andere) Gruppenangehörige.[303] Nach überwiegender Auffassung bezweckt der in seiner Ausgestaltung deutlich an die Volksverhetzung des § 130 StGB angelehnte Tatbestand der Verhetzenden Beleidigung mithin nicht etwa den Schutz des öffentlichen Friedens, sondern (jedenfalls primär) den Schutz der Ehre des *Adressaten* des Gelangen-Lassens einer gruppenbezogenen Herabwürdigung und damit Individualrechtsgüterschutz.[304] Obwohl die Norm – jedenfalls in ihrer ersten Alternative – eine individualisierte Herabsetzung eines Gruppenmitglieds nicht verlangt, sondern auch die Beschimpfung einer Gruppe ausreichen lässt, ist ihr demgegenüber keine von den vorgenannten Grundsätzen abweichende Regelung zur Beleidigungsfähigkeit der dort genannten Kollektive zu entnehmen. Diese kann deshalb weiterhin nur bei § 185 StGB eine Rolle spielen.

---

[299] BT- Drucks. 19/31115, S. 14; *Valerius* BeckOK-StGB § 192a Rn. 1.1; *Kubiciel* jurisPR-StrafR 13/2021 Anm. 1; *Hestermann/Hoven/Autenrieth* KriPoZ 2021, 204 (207); aA *Fischer* § 192a Rn. 8.

[300] In diese Richtung *Rostalski/Weiss* und *Witting* KriPoZ-Sonderheft „Digitaler Hass"; *Hestermann/Hoven/Autenrieth* KriPoZ 2021, 204 (207 mit Fn. 40); zum Sonderfall der Beleidigungsfähigkeit jedes einzelnen Juden unter einer Kollektivbezeichnung BGHSt 11, 207; BGH NJW 1980, 45.

[301] Für den Regelfall gegen hinreichende Individualisierung neben BT-Drucks. 19/31115, S. 14 etwa *Valerius* BeckOK-StGB § 192a Rn. 1.1; *Kubiciel* jurisPR-StrafR 13/2021 Anm. 1; tendenziell auch *Nussbaum* KriPoZ 2021, 335 (336 f.).

[302] *Nussbaum* KriPoZ 2021, 335 (336).

[303] Zu den damit verbundenen Auslegungsschwierigkeiten *Kusche* KriPoZ-Sonderheft „Digitaler Hass".

[304] *Valerius* BeckOK-StGB § 192a Rn. 2; *Nussbaum,* KriPoZ 2021, 335 (338); für primären Schutz des öffentlichen Interesses an friedlichem Zusammenleben hingegen *Fischer* § 192a Rn. 2; siehe zur Diskussion um das § 192a StGB zugrunde liegende Rechtsgutkonzept ferner die Beiträge von *Beck/Nussbaum, Rostalski/Weiss* und *Witting* sowie – insbesondere zu einer etwaigen Einbeziehung des öffentlichen Friedens in das Schutzgutkonzept und den nach methodischer Auslegung der Norm verbliebenen Uneindeutigkeiten bei der Bestimmung des geschützten Rechtsguts und seines Trägers, die selbst den Schutz einer quantitativen Menschenwürde oder sogar der Menschenwürde als abstraktem Rechtswert nicht von vornherein als ausgeschlossen erscheinen lassen – *Kusche* KriPoZ-Sonderheft „Digitaler Hass".

Anlässlich der zunehmenden Verbreitung digitalen Hasses wird in Rechtspolitik und Fachliteratur **163** auch ungeachtet gerade gruppenbezogener Herabwürdigungen über ein etwaiges Bedürfnis einer Neuausrichtung des Rechtsgutskonzepts der Beleidigungsdelikte diskutiert.[305] *Hate Speech* in sozialen Medien scheint geeignet zu sein, (nicht nur) Betroffene zum Rückzug aus sozialen Medien zu drängen. Weil diese Plattformen den öffentlichen Diskurs heutzutage ganz maßgeblich prägen, wird dadurch diskutabel, ob die Anwendung der Beleidigungsdelikte auch auf den Schutz der *Meinungsäußerungsfreiheit* und der *demokratischen Willensbildung* ausgerichtet werden sollte.

Insoweit zeigt sich neuerdings zumindest eine gewisse rechtspolitische Aufgeschlossenheit, **164** wenn es etwa in der Entwurfsbegründung des Gesetzes zur Bekämpfung des Rechtsextremismus und der Hasskriminalität vom 30. März 2021[306] heißt, dass durch Hassrede „nicht nur das allgemeine Persönlichkeitsrecht der Betroffenen, sondern auch der politische Diskurs in der demokratischen und pluralistischen Gesellschaftsordnung angegriffen" und „der freie Meinungsaustausch im Internet und letztendlich die Meinungsfreiheit gefährdet" werde.[307]

Demgegenüber ließe sich eine Aufrechterhaltung der Beschränkung des Schutzgutskonzepts **165** auf die „Ehre" zwar nicht auf den Gesetzeswortlaut der §§ 185 ff. StGB stützen, da der Ausdruck im Gesetz überhaupt nicht erwähnt wird. Dafür könnte aber jedenfalls ins Feld geführt werden, dass Herabwürdigungen (und zwar auch solche im Internet) zu vielgestaltig sind, um pauschal die Annahme einer Gefährdung des öffentlichen Diskurses zu rechtfertigen.[308] Selbst bei Verneinung überindividueller Schutzgutkomponenten offenbart indes die Diskussion das Bedürfnis einer Reflexion der Passgenauigkeit des geltenden Strafrechts zur Bewältigung der Herausforderungen moderner Online-Kommunikation im digitalen Zeitalter (siehe z. B. zu einer etwaigen – nicht zuletzt auf den Schutz des öffentlichen Diskurses gerichteten – spezialgesetzlichen Regulierung der Fake News-Verbreitung nach künftigem Recht Rn. 204 ff.).

b) Systematik

Grundlagen der Systematik der §§ 185–188 StGB Die wesentlichen Straftatbe- **166** stände der Ehrverletzungsdelikte sind die Beleidigung (§ 185 StGB), die üble Nachrede (§ 186 StGB) und die Verleumdung (§ 187 StGB). Ihr Anwendungsbereich orientiert sich an zwei Differenzierungen: der Abgrenzung von Tatsachenaussagen und Werturteilen einerseits und der Personenidentität von Betroffenem und Adressaten der herabwürdigenden Äußerung andererseits. Die *§§ 186, 187 StGB* erfassen nur *Tatsachenaussagen* („Wer […] eine Tatsache behauptet oder verbreitet"), die *gegenüber einem Dritten* („in Beziehung auf einen anderen"), also nicht gegenüber dem Betroffenen selbst kundgegeben werden. Für alle sonstigen Äußerungen, d. h. Tatsachenaussagen gegenüber dem Betroffenen sowie Werturteile unabhängig von ihrem Adressaten, d. h. sowohl gegenüber Dritten als auch gegenüber dem Betroffenen, ist von vornherein nur § 185 StGB einschlägig. *§ 185 StGB* stellt somit einen *Auffangtatbestand* dar.

---

[305] Siehe etwa die Entwurfsbegründung des Gesetzes zur Bekämpfung des Rechtsextremismus und der Hasskriminalität (siehe Rn. 164), BT-Drucks. 19/17741, S. 1; aus der Literatur etwa *Hoven/Witting* NJW 2021, 2397 (2399 f.); *Kubiciel* jurisPR-StrafR 24/2019 Anm. 1 und ferner die Beiträge von *Großmann, Hoven, Schmidt* und *Valerius* KriPoZ-Sonderheft „Digitaler Hass".

[306] BGBl. I, S. 441; siehe dazu etwa *Engländer* NStZ 2021, 385; *Reinbacher* NK 2020, 186; *Valerius* ZStW 132 (2020), 666.

[307] BT-Drucks. 19/17741, S. 1.

[308] *Valerius* KriPoZ-Sonderheft „Digitaler Hass".

167 Zwischen der üblen Nachrede gemäß § 186 StGB und ihrer Qualifikation der Verleumdung gemäß § 187 StGB gibt es zwei wesentliche Unterschiede.

- Während § 186 StGB zum einen voraussetzt, dass die behauptete oder verbreitete Tatsache *nicht erweislich wahr* ist, bedarf es für § 187 StGB einer *unwahren* Tatsache. Für die Strafbarkeit wegen übler Nachrede genügt somit, dass sich die Wahrheit der geäußerten Tatsache nicht nachweisen lässt. Beweisschwierigkeiten gehen folglich zu Lasten des Täters. Die Verurteilung wegen Verleumdung erfordert hingegen den Nachweis der Unwahrheit.
- Zum anderen stellt die Nichterweislichkeit bei der üblen Nachrede gemäß § 186 StGB eine *objektive Strafbarkeitsbedingung* dar, auf die sich der Vorsatz des Täters nicht beziehen muss. In der Fallbearbeitung kommt dies darin zum Ausdruck, dass die Bedingung als Tatbestandsannex hinter dem objektiven und subjektiven Tatbestand geprüft wird. Bei der Verleumdung ist die Unwahrheit der behaupteten oder verbreiteten Tatsache hingegen ein *objektives Tatbestandsmerkmal*, weswegen diesbezüglich der Täter grundsätzlich vorsätzlich, bei § 187 StGB sogar *wissentlich* („wider besseres Wissen"), also mit dolus directus zweiten Grades handeln muss.

168 **Tatsachenaussagen und Werturteile** *Tatsachenaussagen* sind Äußerungen über Tatsachen, d. h. über konkrete Geschehnisse oder Zustände der Innen- oder Außenwelt, der Vergangenheit oder Gegenwart, die wahrnehmbar in die Wirklichkeit getreten und dem Beweis daher zugänglich sind[309] (z. B. „A hat seine Ehefrau betrogen!"). *Werturteile* zeichnen sich hingegen durch ein Element der Stellungnahme, des Meinens und des Dafürhaltens aus und sind somit durch ihre Subjektivität geprägt (z. B. „A ist ein gemeiner Lügner!"). Während Aussagen über Tatsachen aufgrund deren Beweisbarkeit als (objektiv) wahr oder unwahr eingestuft werden können, erscheinen Werturteile lediglich als (subjektiv) richtig oder unrichtig, je nachdem, ob die Meinung ihres Urhebers nach der eigenen Überzeugung geteilt werden kann.[310]

169 Die *Abgrenzung* der beiden Erscheinungsformen gestaltet sich zuweilen schwierig, da sich wertende Äußerungen häufig auf tatsächliche Umstände beziehen. Eine Tatsachenaussage liegt in diesen Grenzfällen dann vor, wenn sich die daran anknüpfende Beurteilung bereits unmittelbar aus der verbreiteten Tatsache ergibt, welche die Wertung somit nahelegt, so dass diese als adäquat erscheint (sog. Wertungsadäquanz; z. B. „A ist ein gemeiner Lügner, da er seine Frau betrügt."). Geht die Wertung jedoch über den Anlass hinaus oder besteht überhaupt kein Zusammenhang zwischen dem verbreiteten Umstand und der eigenen Stellungnahme (z. B. „A ist ein gemeiner Lügner, weil er gestern den B höflich gegrüßt hat."), bleibt ein Werturteil anzunehmen.[311]

---

[309] Schönke/Schröder/*Eisele/Schittenhelm* § 186 Rn. 3; *Wessels/Hettinger/Engländer* Rn. 451.

[310] OLG Brandenburg NJW 1999, 3339 (3341); Schönke/Schröder/*Eisele/Schittenhelm* § 186 Rn. 3; *Valerius* BeckOK-StGB § 186 Rn. 4.

[311] BGHSt 12, 287 (291 f.); OLG Frankfurt a.M. NJW 1989, 1367 (1368); Schönke/Schröder/*Eisele/Schittenhelm* § 186 Rn. 4; *Hilgendorf* LK § 185 Rn. 5 ff.; *Geppert* Jura 2002, 820 (821 f.). Ausführlich zur Abgrenzung von Werturteilen und Tatsachenaussagen im Strafrecht *Hilgendorf* Tatsachenaussagen und Werturteile im Strafrecht, S. 179 ff.

In Zeiten, in denen sich Informationsvermittlung und -beschaffung in den digita-   **170**
len Raum verlagern, erreicht die Bedeutung einer trennscharfen Abgrenzung von
Tatsachenaussagen und Werturteilen neue Dimensionen. Durch die massenhafte
Weiterverbreitung von *Desinformationen* über das Internet entstehen „Parallelwahr-
heiten", bei deren Wiedergabe die Einstufung als Werturteil oder (falsche) Tatsachenbehauptung problematisch sein kann.[312]

Im Internet erweist sich daneben vor allem die strafrechtliche Beurteilung von   **171**
gegen oder ohne den Willen des Betroffenen veröffentlichten (echten) *Audio-, Bild-*
und Videodateien als problematisch. Die einzelnen Mitschnitte konservieren und
geben bestimmte Augenblicke aus dem Leben des Aufgezeichneten wieder und verletzen somit dessen Persönlichkeitsrecht, was ggf. eine Strafbarkeit nach § 184k
oder den §§ 201, 201a StGB nach sich zieht (siehe Rn. 217 ff.). Bei diesen Dateien
handelt es sich um Tatsachenbehauptungen, da sie ein reales Geschehen zeigen.
Werden Originalbilder oder -filme im Internet verbreitet, die unverfälschte Ereignisse zeigen, liegt demnach eine *wahre Tatsachenaussage* vor, die grundsätzlich
nicht strafbar ist.

Unwahre Tatsachenaussagen, welche die Straftatbestände der §§ 186, 187 StGB verwirklichen   **172**
können, sind demnach vor allem dann gegeben, wenn Dateien derart bearbeitet werden, dass sie –
worin ein Brückenschlag zum Phänomen der Desinformation liegen kann – eine in Wahrheit nicht
aufgenommene Person zeigen und/oder einen anderen als den tatsächlich stattgefundenen Vorgang
zu belegen scheinen.[313] Allerdings bleibt auch hier nach allgemeinen Auslegungsgrundsätzen zu
beachten, dass insbesondere Bild- und Videomanipulationen als solche noch nicht per se ehrver-
letzend sind. Dies gilt etwa für falsche Nacktaufnahmen, bei denen das Gesicht einer Person auf
den unbekleideten Körper eines anderen Menschen montiert wird (etwa im Rahmen sog.
Deepfakes).

Auch bei der Verbreitung unverfälschter Audio-, Bild- oder Videoaufnahmen des   **173**
Betroffenen kommen im Einzelfall Ehrverletzungsdelikte in Betracht. Zum einen
sind wahre Tatsachenbehauptungen strafbar, wenn sich die Beleidigung zwar nicht
aus dem Inhalt, aber aus der Form der Behauptung oder Verbreitung oder aus deren
Umständen ergibt (vgl. § 192 StGB). Eine solche *Formalbeleidigung* bleibt vor
allem dann zu erwägen, wenn eine lange zurückliegende Begebenheit unsachgemäß
in Erinnerung gerufen wird (sog. Reaktualisierung)[314] oder eine Tatsache in einem
Ausmaß verbreitet wird, das zu ihrer Bedeutung in einem auffälligen Missverhältnis
steht (sog. Publikationsexzess).[315] Gerade die Fallgruppe des Publikationsexzesses

---

[312] Zum Ganzen *Hoven* ZStW 129 (2017), 718; *Hoven/Krause* JuS 2017, 1167 (1169); s. ferner
Schünemann GA 2019, 620; aus empirischer Perspektive *Sängerlaub/Meier/Rühl* Fakten statt
Fakes – Verursacher, Verbreitungswege und Wirkungen von Fake News im Bundestagswahlkampf
2017, 2018; *Steinebach/Bader/Rinsdorf/Krämer/Roßnagel* (Hrsg.) Desinformation aufdecken und
bekämpfen, 2020, jeweils m.w.N; im Allgemeinen *Uhle* (Hrsg.) Information und Einflussnahme –
Gefährdungen der Offenheit des demokratischen Willensbildungsprozesses, 2018.

[313] Vgl. *Beater* JZ 2006, 432 (436 f.); S. *Beck* MMR 2009, 736 (737 f.).

[314] *Hilgendorf* LK § 192 Rn. 8; *Regge/Pegel* MK-StGB § 192 Rn. 8.

[315] *Hilgendorf* LK § 192 Rn. 7; Lackner/Kühl/*Kühl* § 192 Rn. 2; *Eppner/Hahn* JA 2006, 860 (861);
aA Schönke/Schröder/*Eisele/Schittenhelm* § 192 Rn. 1.

kommt bei Äußerungen im Internet häufig in Betracht, z. B. bei der namentlichen Nennung von Kriminellen in einem sog. Internetpranger.

174   Zum anderen ist es gerade bei der Veröffentlichung von Bild- oder Videodateien auf entsprechenden Portalen üblich, die Aufnahme mit einer *Überschrift* und ggf. mit einer kurzen *Inhaltsangabe* zu versehen. Diese begleitenden Elemente bilden ebenso einen Anknüpfungspunkt für eine Strafbarkeit wegen eines Ehrverletzungsdelikts, wenn sie ein Werturteil enthalten oder der Publikation insgesamt einen solchen Charakter verleihen. Nach den soeben dargestellten Grundsätzen (Rn. 168 f.) ist dies der Fall, wenn sich ihr herabwürdigender Gehalt nicht bereits unmittelbar aus dem gezeigten Bild oder Video ergibt oder die Angaben in überhaupt keinem Zusammenhang mit dem wiedergegebenen Geschehen stehen. Dies wird vor allem bei bloßstellenden Videoaufnahmen der Fall sein, die mit einem entsprechend herabwürdigenden Titel versehen werden.[316]

175   **Verhetzende Beleidigung (§ 192a StGB)** Den vorgenannten Grundsätzen dürfte bei der Verhetzenden Beleidigung nach § 192a StGB nur geringe Bedeutung zukommen. Dafür spricht zunächst, dass die Norm sowohl die Verbreitung von Inhalten erfasst, die „beschimpfen" oder „böswillig verächtlich machen", als auch solche, die „verleumden" (siehe Rn. 98). Auf eine Unterscheidung von Tatsachenbehauptungen und Werturteilen kommt es hier also schon grundsätzlich nicht an. Hinzutritt, dass wahre Tatsachenbehauptungen nur in den seltensten Fällen geeignet sein dürften, die Menschenwürde anderer anzugreifen.

c) Beleidigung als Äußerungsdelikt

176   Die Ehrverletzungsdelikte der §§ 185 ff. StGB sind Kundgabedelikte, d. h. die herabwürdigende Äußerung muss nach außen kommuniziert und grundsätzlich von einem anderen auch wahrgenommen sowie nach herrschender Ansicht inhaltlich verstanden werden.[317] § 192a StGB verlangt als Tathandlung indes nur ein „Gelangen-Lassen" an einen Gruppenangehörigen und damit lediglich das „Überführen" in dessen „Verfügungsbereich" bzw. den „Gewahrsam" eines anderen, sodass dieser Kenntnis nehmen kann.[318] Einer tatsächlichen Kenntnisnahme des Inhalts bedarf es hier nach dem ausdrücklichen Willen des Gesetzgebers nicht.[319]

177   § 192a StGB ist demzufolge früher vollendet als die Tatbestände der §§ 185–188 StGB. Eine Verhetzende Beleidigung dürfte dann nämlich etwa nicht erst vorliegen, wenn eine E-Mail vom Empfänger gelesen wird, sondern bereits, wenn die Daten an den empfangenden Server übermittelt werden und der Adressat deshalb auf die Mail zugreifen kann.[320]

---

[316] Siehe hierzu *S.M. Beck* MMR 2008, 77 (80).

[317] BGHSt 9, 17 (19); *Hilgendorf* LK § 185 Rn. 27; *Zaczyk* NK Vor § 185 Rn. 19; *Rengier* BT II § 28 Rn. 22.

[318] BT-Drucks. 19/31115, S. 15.

[319] BT-Drucks. 19/31115, S. 15.

[320] So für § 206 Abs. 2 Nr. 2 StGB OLG Karlsruhe MMR 2005, 178; *Heidrich/Tschoepe* MMR 2004, 75.

An einer *Kundgabe* fehlt es indes jedenfalls, wenn der Urheber seine fragliche **178** Aussage noch nicht an einen anderen gelangen lassen wollte (z. B. eine noch nicht abschließend formulierte beleidigende E-Mail im Entwurfsordner belässt) oder er mit engsten Vertrauten kommuniziert, welche die Allgemeinheit nicht repräsentieren. Denn ehrverletzende Äußerungen in diesem Kreis verwirklichen anerkannterweise nicht den Tatbestand der Beleidigungsdelikte, da dem Einzelnen ein Rückzugsraum verbleiben muss, in dem er offen und frei von der Angst vor Sanktionen sprechen darf, solange es sich nicht um Verleumdungen im Sinne des § 187 StGB handelt.[321] Eine solche sog. *beleidigungsfreie Sphäre* existiert jedenfalls bei Familienmitgliedern und engen Freundschaften,[322] darüber hinaus nach zunehmender Ansicht nach den konkreten Umständen des Einzelfalls auch gegenüber Berufsgeheimnisträgern wie Ärzten oder Rechtsanwälten.[323]

Dass eine herabwürdigende Äußerung in einem geschlossenen Personenkreis getätigt wird, genügt **179** diesen Anforderungen allein noch nicht, da nicht die Größe des Empfängerkreises, sondern dessen Vertrautheit im Vordergrund steht. Es bleibt jedoch zu beachten, dass über das Internet geknüpfte Kontakte an Bedeutung gewinnen und aufgrund der zunehmenden Verlagerung des Soziallebens auf Online-Kommunikationsdienste daher nicht von vornherein, wenngleich nach wie vor in der Regel als enge Freundschaft auszuschließen sind.[324]

Die klassischen Ehrdelikte der §§ 185–188 StGB Die Ehrverletzungsdelikte der **180** §§ 185–188 StGB setzen eine *Miss- oder Nichtachtung* des Betroffenen dergestalt voraus, dass ihm sein sittlicher, personaler oder sozialer Geltungswert ganz oder teilweise abgesprochen wird. Ob einer Aussage dieser Gehalt zukommt, ergibt sich stets erst durch ihre *Auslegung*. Hierbei ist weder von Bedeutung, wie der Täter seine Äußerung verstanden haben wollte noch wie der Empfänger sie tatsächlich verstanden hat. Entscheidend ist allein die Sicht eines unvoreingenommenen und verständigen Dritten.[325] Kriterien für die Auslegung sind außer dem Sinnzusammenhang sämtliche erkennbare Begleitumstände des konkreten Einzelfalls einschließlich des Umgangstons im Umfeld der Beteiligten, regionaler und zeitlicher

---

[321] BVerfGE 90, 255 (259 ff.); Schönke/Schröder/*Eisele/Schittenhelm* Vor § 185 Rn. 9a f.; *Hilgendorf* LK § 185 Rn. 13 f.

[322] BVerfGE 90, 255 (260 f.); BVerfG NJW 2007, 1194 (1195); NJW 2010, 2937 (2939); *Fischer* § 185 Rn. 12c; *Hilgendorf* LK § 185 Rn. 13; *Wessels/Hettinger/Engländer* Rn. 442 f.; enger *Eppner/Hahn* JA 2006, 702 (705).

[323] Schönke/Schröder/*Eisele/Schittenhelm* Vor § 185 Rn. 9b; Lackner/Kühl/*Kühl* § 185 Rn. 9; *Zaczyk* NK Vor § 185 Rn. 40; *Rengier* BT II § 28 Rn. 28; offen gelassen von BVerfG NJW 2010, 2937 (2939); BGH NJW 2009, 2690 (2692).

[324] Zurückhaltend schon *Hilgendorf* ZIS 2010, 208 (210).

[325] BVerfGE 93, 266 (295); BVerfG NJW 2009, 3016 (3018); BGHSt 19, 235 (237); BayObLG NStZ-RR 2002, 210 (211); OLG Düsseldorf NJW 1989, 3030.

Besonderheiten sowie der jeweiligen sprachlichen, gesellschaftlichen und auch generell kulturellen Ebene.[326] Es existieren keine per se beleidigenden Äußerungen.[327]

181 Die Verwendung an sich *neutraler Begriffe* schließt zwar eine Ehrverletzung durch Tatsachenäußerung, nicht aber durch Werturteil aus. So bedeutet der Ausdruck „Jude" oder „Ausländer" zwar grundsätzlich ebenso wenig eine Herabsetzung wie „Christ" oder „Deutscher". Allerdings kann sich aus den äußeren Umständen des Einzelfalls anderes ergeben, insbesondere wenn der Äußernde sich bei dem Gebrauch dieser Bezeichnungen mit der nationalsozialistischen Rassenideologie identifiziert oder seine Erklärungen in einem sonstigen Zusammenhang damit stehen.[328]

182 Dass es immer darauf ankommt, „wer was zu wem sagt und unter welchen Umständen dies geschieht"[329], gilt nicht zuletzt im *Internet*.[330] Hier sind wie bei sämtlichen Äußerungen, die ohne unmittelbaren Kontakt der Gesprächspartner stattfinden, Scherz oder Ironie nicht immer leicht zu erkennen. Zu den bei der Auslegung zu berücksichtigenden Begleitumständen gehören daher unter anderem die sog. *Emoticons*[331] wie etwa der Smilie :-) oder das Augenzwinkern ;-). Auch hierbei ist zu beachten, dass die Auslegung nicht dem Wortlaut verhaftet bleibt, eine Verwendung bestimmter Emoticons eine tatsächlich entgegengesetzte Position des Äußernden folglich nicht ausschließt.

183 Unterschiedlich bewertet wird deshalb auch die Strafbarkeit des *Likens* oder *Teilens* der Beiträge anderer Nutzer in sozialen Netzwerken. In Deutschland[332] sind bisher keine entsprechenden Verurteilungen ersichtlich. Grundsätzlich sind der „Like-Button" auf Facebook oder die „Double Tap To Like"-Mechanik bei Instagram gewiss auf die Bekundung von Zustimmung gerichtet. Die Bedeutung eines „Likes" oder der kommentarlosen Einbettung eines Beitrags in das eigene Profil durch „Teilen" kann im Einzelfall aber auch bezwecken, auf die getätigte Aussage aufmerksam zu machen und eine streitige Diskussion anzuregen.[333] Über solche „Sonderfälle" hinaus stellt sich indes bereits im Grundsatz die Frage, ob die bloße Betätigung dieser Funktionen als Zustimmung gewertet werden kann, da sie nicht immer mit Bedacht, sondern inflationär und zuweilen sogar gedankenlos genutzt werden.[334]

184 Darüber hinaus stellt sich die Frage, ob sich das im Einzelfall in einem ersten Schritt als grundsätzliche Zustimmung gewertete Liken oder Teilen als Kundgabe einer für die täterschaftliche Verwirklichung zumindest bei § 185 StGB erforderlichen *eigenen* Missachtung darstellt oder als – ggf. über die Teilnahme zu erfassende – bloße Zustimmung zu fremder Missachtung.[335] Bei der Weiter-

---

[326] *Fischer* § 185 Rn. 8; *Hilgendorf* LK § 185 Rn. 23; *Valerius* BeckOK-StGB § 185 Rn. 24.

[327] OLG Hamm NJW 1982, 659 (660); *Hilgendorf* LK § 185 Rn. 19; Lackner/Kühl/*Kühl* § 185 Rn. 4; *Zaczyk* NK § 185 Rn. 7.

[328] BVerfG NJW 2001, 61 (63); BGHSt 8, 325 (326); siehe hierzu allgemein *Fischer* § 186 Rn. 6; SSW/*Sinn* § 186 Rn. 12.

[329] *Wessels/Hettinger/Engländer* Rn. 470.

[330] Zur Auslegung massenmedialer Äußerungen *Beater* JZ 2006, 432 (434 ff.); zu Äußerungen im Internet *Hilgendorf* ZIS 2010, 208 (211 f.); *Mavany* Jura 2010, 594 (596).

[331] Emoticons sind aus Satzzeichen und Buchstaben zusammengesetzte „Gefühlssymbole" („emotion" + „icon"), die bei der Online-Kommunikation genutzt werden, um die fehlenden mimischen Möglichkeiten auszugleichen.

[332] Anders in der Schweiz, vgl. BezG Zürich BeckRS 2017, 126985.

[333] *S. Beck* in: Hilgendorf/Liang (Hrsg.) Beteiligungslehren (im Erscheinen).

[334] Zum Regelfall der Zustimmung *Krischker* JA 2013, 488 (490).

[335] Zum Erfordernis der Kundgabe eigener Missachtung bei § 185 StGB *Valerius* BeckOK-StGB § 185 Rn. 23. Die Weitergabe fremder Missachtung kann im Rahmen der klassischen Beleidigungsdelikte der §§ 185–188 StGB täterschaftlich allenfalls ein „Verbreiten" einer Tatsachenbehauptung nach §§ 186, 187 StGB darstellen. Zum fehlenden Erfordernis eigener Missachtung bei § 192a StGB Rn. 193.

gabe eines von einem anderen geschaffenen Inhalts setzt der Ausdruck eigener Missachtung voraus, dass sich der Weiterverbreitende die Äußerung „zu Eigen macht". Eine dies bejahende Rechtsauffassung deutet sich insbesondere hinsichtlich der Betätigung des Like-Buttons an.[336] Bereits längere Tradition hat diese Sichtweise in der arbeitsgerichtlichen Rechtsprechung.[337] Für die Betätigung der Teilen-Funktion erscheint die Frage als noch weitgehend ungeklärt.[338]

Gegen ein solches „zu Eigen-Machen" wird sowohl hinsichtlich der Betätigung des „Like"- als auch des „Teilen"-Buttons vorgebracht, dass die ursprüngliche Rollenverteilung zwischen dem „Postenden" als Urheber der Nachricht und dem diese lediglich Weiterverbreitenden durch das Plattformdesign für alle Nutzer sichtbar ist.[339] Das gilt insbesondere für den „Like", weil der Ursprungsbeitrag hier nicht in die eigene Profilseite des weiterverbreitenden Nutzers eingebettet wird. Das Argument der aufrecht erhaltenen Rollenverteilung lässt sich auch gegen ein „zu Eigen-Machen" durch Teilen vorbringen. Wer einen Beitrag „teilt", inkorporiert ihn aber immerhin in die eigene Profilseite.[340]   185

Da die §§ 185–188 StGB die Kenntnisnahme der Kundgabe von Missachtung voraussetzen, werden auch Tatherrschaftsüberlegungen gegen die Annahme von Täterschaft durch den Weiterbreitenden ins Feld geführt. Es heißt dann, dass der Verbreitungsakt von der Bildfläche verschwindet, wenn der Urheber den Ursprungsbeitrag löscht. Mangels Tatherrschaft des Likenden oder Teilenden soll deshalb nur Teilnahme in Frage kommen.[341] Jedenfalls in Hinblick auf eine täterschaftliche Beleidigung im Sinne des § 185 StGB dürfte eine solche Argumentation allein indes nicht durchgreifen, da ein einmal getätigter – ggf. als zustimmendes, eigene Missachtung (siehe Rn. 184) ausdrückendes Werturteil interpretierter – Like nur vor einer etwaigen Löschung des Beitrags getätigt werden kann und dann jedenfalls dem Urheber des Beitrags angezeigt wird.   186

Bei Annahme von Teilnahme stellt sich die Frage, ob diese im Moment des Likens oder Teilens zeitlich überhaupt noch möglich ist.[342] Die Haupttat des Urhebers des Postings ist nämlich im Moment der erstmaligen Kenntnisnahme des Beitrags durch einen anderen Nutzer vollendet (und zugleich beendet), sodass eine Teilnahme nach allgemeinen Grundsätzen nicht mehr möglich ist. Anderes gilt nur, wenn man die vorgenannten Grundsätze unter Berufung auf die strukturellen Besonderheiten der Beleidigung im Internet aufweicht, um etwa der potentiell erheblichen Intensivierung der Beeinträchtigung der Persönlichkeitsrechte des Betroffenen durch Weiterverbreitung entgegenzuwirken.[343]   187

In den einzelnen Kommunikationsdiensten ist auch wie sonst im realen Leben (z. B. Opernhaus oder Fußballplatz) der jeweilige *Umgangston* zu berücksichtigen. Herrscht etwa in einem Chatraum oder in einem Forum eine derbere Ausdrucksweise, ist die Schwelle für eine strafbare Ehrverletzung höher anzusetzen. Aller-   188

[336] Ausdrücklich *Zaczyk* NK Vor §§ 185 ff. Rn. 22a; *Steenhoff* NVwZ 2013, 1190 (1193); tendenzielle Befürwortung auch durch OLG Frankfurt a.M. GRUR-RR 2016, 307; aA OLG Dresden MMR 2017, 542; *Krischker* JA 2013, 488 (491 f.), der eine Strafbarkeit in Form der Beihilfe annimmt.

[337] ArbG Dessau-Roßlau K&R 2012, 442 (das den Like als eine die Kündigung rechtfertigende „beleidigende Äußerung" eingestuft).

[338] Bejahend *Krischker* JA 2013, 488 (493); dagegen OLG Frankfurt a.M. GRUR-RR 2016, 307.

[339] Heckmann/Paschke/*Heckmann* jurisPK-Internetrecht Rn. 447; ähnlich, wenngleich primär für das Teilen *Reinbacher* JZ 2020, 558 (559); *Schulte/Kanz* ZJS 2013, 24 (26); aA *Zaczyk* NK Vor § 185 Rn. 22a: Täterschaft.

[340] Für Täterschaft daher *Krischker* JA 2013, 488 (490 ff.); umgekehrt vor zivilrechtlichem Hintergrund OLG Dresden MMR 2017, 542.

[341] Heckmann/Paschke/*Heckmann* jurisPK-Internetrecht, Rn. 447; zwischen „Liken" und „Teilen" diff. *Krischker* JA 2013, 488 (490 ff.).

[342] Näher *Reinbacher* JZ 2020, 558 (559 ff.).

[343] In diese Richtung *Hoven* ZWH 2018, 97 (100); *Reinbacher* JZ 2020, 558 (559 ff.); siehe ferner *Krischker* JA 2013, 488 (491 ff.); *Zieschang* GA 2020, 57 (68 f.).

dings verliert die Beleidigung eines Teilnehmers ihren strafbaren Charakter nicht
allein dadurch, dass in dem jeweiligen Kommunikationsdienst herabwürdigende
Unterhaltungen an der Tagesordnung sind.[344]

189   Die im Internet häufig gewahrte *Anonymität* des Nutzers steht der Strafbarkeit wegen eines Ehrverletzungsdelikts nicht entgegen. So muss sich der *Täter* nicht als Urheber der beleidigenden Äußerung zu erkennen geben, da auch Beleidigungen unter fremdem Namen und sogar anonyme Beleidigungen strafbar sind.[345] Lediglich der *Betroffene* muss bei Beleidigungen nach den §§ 185–188
StGB erkennbar und hinreichend bestimmt bzw. bestimmbar sein,[346] was sich wiederum im Wege
der Auslegung der fraglichen Äußerung ergibt. In der Regel reicht es etwa aus, einen anderen Nutzer unter seinem Pseudonym („nickname") anzusprechen und dadurch zu konkretisieren. Auch
wenn der reale Name des Betroffenen nach wie vor unbekannt bleibt, können ihn die anderen
Nutzer des jeweiligen Kommunikationsdienstes (z. B. des Chatraums) jedenfalls anhand eines
regelmäßig verwendeten Pseudonyms identifizieren, die herabwürdigende Bemerkung also einer
bestimmten Person zuordnen.[347]

190   Bei der Auslegung einer Äußerung bleibt außerdem die *Meinungsfreiheit* aus
Art. 5 Abs. 1 Satz 1 GG zu berücksichtigen. So dürfen die Strafgerichte bei mehrdeutigen Aussagen nur dann von einer zur Verurteilung führenden Deutung ausgehen, wenn andere Interpretationsmöglichkeiten mit tragfähigen Gründen ausgeschlossen werden.[348]

191   **Besonderheiten der Verhetzenden Beleidigung nach § 192a StGB**   Bei der *Verhetzenden Beleidigung* nach § 192a StGB wird ein Inhalt erst zum tauglichen Tatgegenstand, wenn die in ihm enthaltene Beschimpfung bzw. das böswillige Verächtlich-
Machen oder Verleumden „geeignet ist, die Menschenwürde anderer anzugreifen".

192   Das dürfte über die „bloße" Behauptung des Vorliegens eines Mangels an personalem oder sozialem Geltungswert hinaus einen besonders intensiven Angriff verlangen. Eine Anlehnung an die Auslegung bei § 130 Abs. 1 Nr. 2 StGB (siehe
Rn. 97) bietet sich hier jedenfalls insoweit an, als dass der Adressat[349] der gruppenbezogenen Herabwürdigung – in der Regelkonstellation des § 192a StGB indes gewiss nur „mittelbar" (siehe bereits Rn. 162) – im „Kern seiner Persönlichkeit" betroffen sein muss. Das dürfte den Kreis im Sinne des § 192a StGB tatbestandsmäßiger
Kundgaben von Missachtung gegenüber den §§ 185–188 StGB von vornherein

---

[344] Vgl. dazu ausführlich *Six* in: Strafrecht als Herausforderung, S. 313 (314 ff.).

[345] *Hilgendorf* LK § 185 Rn. 10; vgl. BGH NStZ 1984, 216.

[346] BGHSt 9, 17 (18); Schönke/Schröder/*Eisele/Schittenhelm* § 185 Rn. 9; *Valerius* BeckOK-StGB
§ 185 Rn. 20.

[347] *Schmidbauer* auf http://www.internet4jurists.at/news/aktuell6.htm (29.6.2022).

[348] BVerfGE 93, 266 (295 f.); BVerfG NJW 2001, 61 (62); NJW 2009, 3016 (3018); BayObLG
NStZ-RR 2002, 210 (211).

[349] Zu den nach methodischer Auslegung des § 192a StGB verbliebenen Mehrdeutigkeiten bei der
Bestimmung des geschützten Rechtsgutsträgers – auch der Schutz einer quantitativen Menschenwürde oder sogar der Menschenwürde als abstraktem Rechtswert erscheinen nicht von vornherein
als ausgeschlossen – *Kusche* KriPoZ-Sonderheft „Digitaler Hass".

deutlich einengen, wenngleich die besonderen Umstände des Einzelfalls auch hier im Wege der Auslegung zu berücksichtigen sind.[350] Die Rechtsprechung ist hier gehalten, das dem Erfordernis des Angriffs auf die Menschenwürde zu entnehmende Gebot restriktiver Tatbestandsauslegung nicht durch Berufung auf die Ausgestaltung als Eignungsmerkmal auszuhebeln.[351]

Zu beachten ist indes auch, dass § 192a StGB ausweislich seines Wortlauts nicht **193** verlangt, dass der Schöpfer des Inhalts und der potentielle Täter personenidentisch sind. Da außerdem als Tathandlung das „Gelangen-Lassen" an einen Gruppengehörigen genügt, erfordert die Verhetzende Beleidigung keinen Ausdruck *eigener* Missachtung.[352]

Diskussionsbedürftig ist, ob ein „Gelangen-Lassen" im Sinne des § 192a StGB wie bei § 184 Abs. 1 **194** Nr. 6 StGB ausscheidet, wenn die Möglichkeit der Kenntnisnahme durch Gruppenangehörige deren aktives Tun voraussetzt (siehe Rn. 33).[353] Bedeutung könnte das erlangen, wenn gruppenbezogene Herabwürdigungen nicht an einzelne Empfänger versendet, sondern etwa in den sozialen Medien auf der eigenen Profilseite „gepostet" oder solche Postings Dritter gelikt oder geteilt werden.[354]

d) Wahrnehmung berechtigter Interessen (§ 193 StGB)
Einen *besonderen Rechtfertigungsgrund* nur für Beleidigungen stellt § 193 StGB **195** dar. Er ist auf sämtliche ehrverletzende Tatsachenaussagen und Werturteile anwendbar und lediglich bei Formalbeleidigungen (vgl. § 193 StGB a.E.) sowie grundsätzlich bei Verleumdungen gemäß § 187 StGB ausgeschlossen.[355] Die demnach gestattete Wahrnehmung berechtigter Interessen folgt den Grundsätzen der Güterabwägung, in deren Rahmen vor allem das Grundrecht der Meinungsfreiheit mit den kollidierenden Rechtspositionen in praktische Konkordanz zu bringen ist.[356] Bei dieser Gesamtwürdigung erfährt die öffentliche Meinungsbildung ein besonderes Gewicht, so dass bei hierfür wichtigen Äußerungen nach dem BVerfG eine

---

[350] Die Frage nach der Berücksichtigungsfähigkeit der besonderen Umstände des Einzelfalls kann sich etwa stellen, wenn eine für Außenstehende zum Angriff auf die Menschenwürde geeignete gruppenbezogene Herabwürdigung gegenüber einem Gruppenangehörigen geäußert wird, der sich mit dem Kollektiv nicht identifiziert, siehe *Kusche* KriPoZ-Sonderheft „Digitaler Hass".

[351] *Valerius* BeckOK-StGB § 192a Rn. 4; *Ebner/Kulhanek* ZStW 133 (2021), 984 (995).

[352] So grundsätzlich auch *Ebner/Kulhanek* ZStW 133 (2021), 984 (997); *Nussbaum* KriPoZ 2021, 335 (340 f.); die Kundgabe fremder Missachtung kann im Rahmen der klassischen Beleidigungsdelikte der §§ 185–188 StGB demgegenüber täterschaftlich allenfalls ein „Verbreiten" einer Tatsachenbehauptung nach §§ 186, 187 StGB darstellen.

[353] So *Ebner/Kulhanek* ZStW 133 (2021), 984 (997).

[354] Siehe dazu etwa *Ebner/Kulhanek* ZStW 133 (2021), 984 (997); *Nussbaum* KriPoZ 2021, 335 (340).

[355] BGHSt 14, 48 (51); BGH NStZ 1995, 78; Schönke/Schröder/*Eisele/Schittenhelm* § 193 Rn. 2; Lackner/Kühl/*Kühl* § 193 Rn. 3; SSW/*Sinn* § 193 Rn. 5.

[356] BVerfGE 12, 113 (125); 93, 266 (293); *Fischer* § 193 Rn. 17; *Valerius* BeckOK-StGB § 193 Rn. 29 f. Zur Kollision der Meinungsfreiheit im Netz mit anderen Rechtsgütern schon *Pichler* AfP 1999, 429 (430 ff.).

Vermutung für die Zulässigkeit der freien Rede spricht.[357] Im Ergebnis waren Betroffene gegenüber einer ehrverletzenden Berichterstattung jedenfalls vor der 2020
im Rahmen der sog. Mai-Beschlüsse zumindest angedeuteten Rücknahme einer
äußerst weiten Interpretation der Meinungsfreiheit gerade im Bereich politischen
Wirkens weitgehend schutzlos.[358] Die Meinungsfreiheit tritt aber zurück bei Verletzungen der Menschenwürde,[359] bei Formalbeleidigungen im verfassungsrechtlichen Sinne und bei der sog. *Schmähkritik*, bei der nicht mehr die Auseinandersetzung in der Sache, sondern die persönliche Diffamierung des Einzelnen im
Vordergrund steht.[360]

196 Steht auch die Meinungsfreiheit einer Verurteilung nicht entgegen, so bleibt ihre wertsetzende Bedeutung bei der Strafzumessung zu berücksichtigen.[361]

e) Konkurrenzen

197 Erfolgt eine ehrverletzende Tatsachenaussage sowohl gegenüber dem Betroffenen
als auch gegenüber einem oder mehreren Dritten, stehen nach herrschender Auffassung § 185 StGB einerseits und § 186 bzw. § 187 StGB andererseits in Tateinheit
(§ 52 StGB).[362] Wer z. B. in einem Chatraum über einen Teilnehmer wissentlich
herabwürdigende Lügen verbreitet, begeht demnach sowohl eine Beleidigung
(gegenüber dem Betroffenen selbst) als auch eine Verleumdung (zum Nachteil des
Betroffenen gegenüber den sonstigen Teilnehmern). Er macht sich folglich strafbar
nach §§ 185, 187, 52 StGB. Die Verhetzende Beleidigung des § 192a StGB kann mit
§ 130 StGB wegen der (jedenfalls teilweise) unterschiedlichen Schutzgüter in Tateinheit stehen. Das Verhältnis zu § 185 StGB ist noch ungeklärt.

3. Rechtsfolgen und Verfahren

198 Beleidigung gemäß § 185 StGB und üble Nachrede gemäß § 186 StGB werden mit
einer Freiheitsstrafe bis zu einem Jahr oder mit Geldstrafe bedroht, Verleumdungen
gemäß § 187 StGB mit einer Freiheitsstrafe von bis zu zwei Jahren oder Geldstrafe.
Das Höchststrafmaß wird auf bis zu zwei bzw. sogar bis zu fünf Jahren erhöht,
wenn die Tat öffentlich, in einer Versammlung oder durch Verbreiten eines Inhalts
(§ 11 Abs. 3 StGB) begangen wird. Eine weitere Qualifikation der §§ 185–187

---

[357] BVerfGE 7, 198 (212); 61, 1 (11); 93, 266 (294); BVerfG NJW 2009, 3016 (3017).

[358] Kritisch etwa Schönke/Schröder/*Eisele/Schittenhelm* § 193 Rn. 15; *Ossenbühl* JZ 1995, 633
(638 ff.); *Otto* Jura 1997, 139 (140 ff.); hiergegen *Kübler* NJW 1999, 1281 (1282 ff.). Siehe hierzu
auch *Fischer* § 193 Rn. 26 f.; zu den „Mai-Beschlüssen" des BVerfG siehe etwa BVerfG NJW
2020, 2629.

[359] BVerfGE 93, 266 (293); vgl. auch BVerfGE 75, 369 (380) zur Kunstfreiheit.

[360] BVerfGE 82, 272 (284); 93, 266 (294); BVerfG NJW 2009, 749 (749 f.); NJW 2009, 3016 (3017).

[361] Vgl. BGH NStZ 2003, 145 (146) m. w. N.

[362] BayObLG NJW 1962, 1120 (1120); *Fischer* § 185 Rn. 20; aA *Hilgendorf* LK Vor § 185 Rn. 45.

StGB enthält § 188 StGB für gegen eine im politischen Leben des Volkes stehende Person gerichtete Herabwürdigungen.

Öffentlich in diesem Sinne bedeutet, dass ein größerer, nach Zahl und Zusammensetzung unbestimmter und nicht durch persönliche Beziehungen verbundene Personenkreis die Äußerung wahrnehmen kann.[363] Diese Voraussetzung ist bei Veröffentlichungen im Internet (z. B. bei einer frei abrufbaren Webseite) zumeist erfüllt. Denn sofern eine Äußerung nicht innerhalb einer geschlossenen Benutzergruppe oder an ausgewählte Adressaten z. B. per E-Mail erfolgt, sondern in einem frei zugänglichen Kommunikationsdienst verbreitet wird, kann grundsätzlich jeder Nutzer weltweit die jeweilige Ehrverletzung aufrufen. Strafbare Herabwürdigungen im Internet verwirklichen daher in der Regel die Qualifikationstatbestände der §§ 185 Halbs. 2 Var. 1, 186 Halbs. 2 Var. 1 bzw. § 187 Halbs. 2 Var. 1 StGB.[364]																						**199**

§ 185 StGB sah lange keinen erhöhten Strafrahmen für öffentliche Werturteile vor. Das ließ sich damit rechtfertigen, dass der Unrechtsgehalt insbesondere bei nicht nachvollziehbaren Werturteilen aufgrund ihrer persönlichen Stellungnahme mit zunehmender Öffentlichkeit nicht unbedingt wächst. Zudem kann der Strafrichter in der Praxis solche Aspekte ohnehin im Rahmen der Strafzumessung berücksichtigen. Zunehmend wurde die Rechtslage aber kritisiert, da Veröffentlichungen im Internet aufgrund ihrer grundsätzlich weltweiten und zeitlich unmittelbaren Verbreitung sowie der beschränkten Löschungsmöglichkeiten das Opfer jedenfalls potentiell in viel stärkerem Maße beeinträchtigen als Beleidigungen im direkten sozialen Umfeld.[365] Daher hat das Gesetz zur Bekämpfung des Rechtsextremismus und der Hasskriminalität (Rn. 164) – das ausweislich seiner Entwurfsbegründung eine Reaktion auf die Verrohung der Diskussionskultur gerade im Internet darstellt[366] – den § 185 StGB um das entsprechende Qualifikationsmerkmal (wie auch das der Begehung in einer Versammlung oder durch Verbreiten von Inhalten) erweitert.[367]																						**200**

Bei rechtlichen Schritten gegen ehrverletzende Veröffentlichungen ist nicht zu vergessen, dass dem Betroffenen in erster Linie außerstrafrechtliche Mittel zur Verfügung stehen. Gerade bei unwahren Berichten der Medien, die auch oder sogar ausschließlich in den jeweiligen Internetauftritten gelesen werden können, behelfen sich die Verletzten daher nicht zuletzt mit zivilrechtlichen Mitteln. In Betracht kommen neben Widerrufs- und Unterlassungsklagen vor allem Ansprüche auf Geldentschädigung wegen Verletzung des durch § 823 Abs. 1 BGB als sonstiges Recht geschützten allgemeinen Persönlichkeitsrechts aus Art. 1 Abs. 1 i. V. m. Art. 2 Abs. 1 GG.[368]																						**201**

Gemäß § 194 Abs. 1 Satz 1 StGB werden alle Ehrverletzungsdelikte der §§ 185 ff. StGB nur auf Antrag verfolgt. Sie stellen somit grundsätzlich – mit Ausnahme des § 188 und des § 192a StGB – *absolute Antragsdelikte* dar.																						**202**

Von Amts wegen zulässig ist eine Strafverfolgung nur, wenn der Verletzte als Angehöriger einer inländischen Gruppe unter der nationalsozialistischen oder einer anderen Gewalt- oder Willkür-																						**203**

---

[363] Schönke/Schröder/*Eisele/Schittenhelm* § 186 Rn. 19; *Zaczyk* NK § 186 Rn. 27.

[364] BT-Drucks. 19/17741, S. 35; siehe auch *Fischer* § 186 Rn. 19.

[365] *Hilgendorf* LK Vor § 185 Rn. 41; Arzt/Weber/Heinrich/Hilgendorf/*Hilgendorf* § 7 Rn. 29; S. *Beck* MMR 2009, 736 (738 f.); *Hilgendorf* ZIS 2010, 208 (212 f.).

[366] BT-Drucks. 19/17741, S. 35.

[367] Siehe dazu schon S. *Beck* MMR 2009, 736 (739 f.); kritisch wegen des fehlenden Zusammenhangs mit den Charakteristika der Hasskriminalität *Valerius* ZStW 132 (2020), 666 (688 f.).

[368] Vgl. BGHZ 128, 1 (15); 160, 298 (302); BGH NJW 1996, 984 (985); Arzt/Weber/Heinrich/Hilgendorf/*Hilgendorf* § 7 Rn. 11.

herrschaft verfolgt wurde und die ehrverletzende Äußerung damit in Zusammenhang steht (§ 194 Abs. 1 Satz 2 StGB). Dies gilt allerdings nur, wenn die Beleidigung als Inhalt im Sinne des § 11 Abs. 3 StGB verbreitet oder der Öffentlichkeit zugänglich gemacht bzw. in einer Versammlung geäußert wurde. In den Fällen der §§ 188 und 192a StGB wird die Tat auch dann verfolgt, wenn die Strafverfolgungsbehörde wegen des besonderen öffentlichen Interesses an der Strafverfolgung ein Einschreiten von Amts wegen für geboten hält. Der Antragsberechtigte kann die Strafverfolgung von Amts wegen in diesen Fällen jedoch durch seinen Widerspruch ausschließen (§ 194 Abs. 1 Satz 4 StGB). Für die Verunglimpfung des Andenkens Verstorbener gemäß § 189 StGB sieht § 194 Abs. 2 StGB eine entsprechende Regelung vor, wobei das Antragsrecht den Angehörigen des Verstorbenen zusteht.

VII. Ausblick: Gesetzgeberischer Handlungsbedarf bei der Bekämpfung von Desinformation?

Literatur (Auswahl): *Appel* Die Psychologie des Postfaktischen, 2020; *Bader u. a.* Desinformation aufdecken und bekämpfen – Interdisziplinäre Ansätze gegen Desinformationskampagnen und für Meinungspluralität, 2020; *Hoven* Zur Strafbarkeit von Fake News – de lege lata und de lege ferenda, ZStW 129 (2017), 718–744; *Kusche* „Fake News" – ein Fall für den Strafgesetzgeber?, in: Festgabe RobotRecht, 2020, S. 421–438; *Schünemann* Gefährden Fake News die Demokratie, wächst aber im Strafrecht das Rettende auch?, GA 2019, 620–640; *Valerius* Wahlstrafrecht und soziale Medien, in: Festschrift Kindhäuser, 2019, S. 827–839.

204 **Ausgangslage** Die gestiegene Bedeutung moderner Online-Plattformen als Medium der Kommunikation und der Meinungsbildung schafft neue Herausforderungen auch für das Strafrecht. In Hinblick auf den rechtswidrige Inhalte veröffentlichenden Plattformnutzer sind in den letzten Jahren deutliche Tendenzen zu einem gesetzgeberisch ausgeweiteten Zugriff durch das Strafrecht auszumachen. Das gilt jedenfalls für die Bekämpfung von „*Hasskriminalität*". Die Verbreitung von Hate Speech kann etwa durch die Straftatbestände der Beleidigung (§§ 185 ff. StGB), Volksverhetzung (§ 130 StGB), öffentlichen Aufforderung zu oder Billigung von Straftaten (§§ 111, 140 StGB), Bedrohung (§ 241 StGB) oder Nötigung (§ 240 StGB) erfasst werden. Diese Vorschriften wurden 2021 durch das Gesetz zur Bekämpfung des Rechtsextremismus und der Hasskriminalität (siehe Rn. 164) in Teilen speziell an das Phänomen Hate Speech angepasst und durch die Schaffung des neuen Straftatbestands der Verhetzenden Beleidigung nach § 192a StGB ergänzt.[369]

205 Demgegenüber erfasst das geltende Strafrecht die Verbreitung von Fake News nur rudimentär. Denkbar ist das im Einzelfall über den Tatbestand des Vortäuschens einer Straftat (§ 145d StGB) und strukturell am ehesten noch über die Beleidigungsdelikte sowie den Tatbestand der Volksverhetzung, wenn bestimmte Teile der Bevölkerung verleumdet werden.[370] Allerdings sind diese Vorschriften keinesfalls auf typische Fake News-Szenarien zugeschnitten.

---

[369] Siehe dazu etwa *Engländer* NStZ 2021, 385; *Reinbacher* NK 2020, 186; *Valerius* ZStW 132 (2020), 666.

[370] *Hoven* ZStW 129 (2017), 718 (719); *Mafi-Gudarzi* ZRP 2019, 65 (67); zur (fehlenden) Erfassung durch das sog. Wahlstrafrecht der §§ 107 ff. StGB *Valerius* FS Kindhäuser, S. 827 (834 ff.).

Eine *Beleidigung* etwa muss sich gegen eine individualisierbare Person richten und liegt auch dann   **206**
nur bei der unberechtigten Behauptung eines Mangels an personalem oder sozialem Geltungswert
vor. Die bislang eher raren Erkenntnisse zur Fake News-Verbreitung in Deutschland deuten indes
darauf hin, dass Desinformationskampagnen hierzulande im Regelfall überindividuelle Bezugs-
gegenstände aufweisen und – im Bestreben unterschwelliger gesellschaftspolitischer Einflussnahme – eher der Verzerrung des politischen Diskurses als der über eine Persönlichkeitsverletzung
hinausgehenden, die Ehre des Betroffenen tangierenden Diffamierung des Einzelnen zu dienen
scheinen.[371]

Auch der Tatbestand der *Volksverhetzung* nach § 130 StGB ist strukturell nicht auf die Ver-   **207**
breitung von Falschinformationen ausgelegt. Wenn nämlich etwa § 130 Abs. 2 Nr. 1 lit. a StGB ein
Aufstacheln zum Hass verlangt, erfasst dies nur Verhaltensweisen, die dazu bestimmt sind, eine
gesteigerte, über die bloße Ablehnung hinausgehende feindselige Haltung gegen einen bestimmten
Bevölkerungsteil zu erzeugen.[372] Das ist zwar auch bei scheinbar neutralen Darstellungen, wie sie
in Fake News-Fällen häufig vorliegen, möglich – aber wohl jedenfalls nicht die Regel.[373]

Herausforderungen Das eröffnet erheblichen Handlungsspielraum bei der Suche   **208**
nach rechtspolitischen Ansatzpunkten einer angemessenen Bekämpfung der Fake
News-Verbreitung über Online-Plattformen. Soweit hier die Schaffung eigenständiger Straftatbestände diskutiert wird,[374] liegen die neuralgischen Punkte bei der
Bestimmung des zu schützenden Rechtsguts, der Strafbedürftigkeit und der
gesetzestechnischen Normausgestaltung. Das verbindet rechtspolitische mit straf-
rechtsdogmatischen, verfassungsrechtlichen und empirischen Fragestellungen.[375]

Die potentielle *Rechtsgutsfrage* – Schutz etwa der Reputation des Einzelnen,   **209**
der Unverfälschtheit politischer Entscheidungsprozesse, der Meinungs- und
Informationsfreiheit oder des öffentlichen Friedens – lässt sich gut begründet erst
entscheiden, wenn feststeht, ob (und wie) die Verbreitung von Desinformation in
Europa tatsächlich primär auf die Verzerrung des gesellschaftspolitischen Diskurses
abzielt (oder, wie es in den USA recht häufig vorkommt, womöglich doch auf die
personalisierte Diffamierung des Einzelnen). Ob dann zum Schutz eines so identi-
fizierten Rechtsguts tatsächlich der Einsatz des „scharfen Schwerts" des Strafrechts
nötig ist,[376] ist im Ausgangspunkt ebenfalls eine empirische Frage, die erheblich von
der Art und dem Ausmaß durch (massenhafte) Fake News-Verbreitung bewirkter
(gesellschaftlicher) Schäden abhängt.

Selbst die *konkrete gesetzestechnische Ausgestaltung* einer etwaigen neuen   **210**
Strafnorm sollte auf empirischem Wissen gründen: Ob etwa – vorbehaltlich verfassungsrechtlicher Einschränkungen der gesetzgeberischen Entscheidungsfrei-
heit – nur das Aufstellen falscher Tatsachenbehauptungen oder auch die verzerrende

---

[371] *Bader u.a.* Desinformation aufdecken und bekämpfen, 2020, S. 49; *Hoven* ZStW 129 (2017),
718 (727).

[372] *Schäfer/Anstötz* MK-StGB § 130 Rn. 40 m. w. N.

[373] *Hoven* ZStW 129 (2017), 718 (731 ff.); skeptisch *Mafi-Gudarzi* ZRP 2019, 65 (67).

[374] Grundsätzliche Offenheit etwa bei *Hoven* ZStW 129 (2017), 718; *Schünemann* GA 2019, 620;
ablehnend *Valerius* FS Kindhäuser, S. 827 (837 ff.).

[375] Näher *Kusche* FG RobotRecht, S. 421 (429 ff.).

[376] Skeptisch *Valerius* FS Kindhäuser, S. 827 (837 ff.).

Darstellung unter Strafe gestellt wird, sollte ebenso wenig ohne Berücksichtigung der tatsächlichen Strukturen von Desinformationskampagnen beurteilt werden wie die Ausgestaltung der subjektiven Tatseite. Für die Schwierigkeiten einer angemessenen Strafwürdigkeitsbestimmung auf subjektiver Ebene steht beispielhaft die Diskussion um „Echokammern" und „Filterblasen". Ginge man davon aus, dass jedenfalls die Weiterverbreitung von Desinformation – weil man glaubte, was man glauben will – oftmals gutgläubig geschieht, stellt sich die Frage nach der Notwendigkeit und Zulässigkeit einer etwaigen Sanktionierung auch der Streuung (grob) fahrlässig verkannter Falschmeldungen.[377]

211   In der Diskussion um eine etwaige Pönalisierung der Fake News-Verbreitung darf die *verfassungsrechtliche Bedeutung* nicht übersehen werden, die der (aktiven) Nutzung von Internetdiensten aus Sicht der inhalte-generierenden User zukommt. Falls sich etwa herauskristallisieren sollte, dass Fake News in Deutschland typischerweise nicht aus schlichten Lügen, sondern Gegebenes verzerrenden Darstellungen bestehen und jedenfalls ihre Weiterverbreitung durch Dritte oftmals gutgläubig geschieht, würden Friktionen eines diese Strukturen erfassenden Straftatbestands der „Fake-News-Verbreitung" mit der Meinungsäußerungsfreiheit des (Weiter-)Verbreitenden offenkundig.

212   Vor einer etwaigen kern-juristischen Arbeit am potentiellen Gesetzeswortlaut oder dem schlichten rechtspolitischen „Meinen" zu Sinn und Unsinn strafgesetzgeberischen Handelns stehen Politik und Wissenschaft also zunächst vor der nur durch interdisziplinäre Zusammenarbeit lösbaren *Aufgabe empirischer Rekonstruktion der Wirklichkeit.*

B. Eingriffe in den persönlichen Lebensbereich

I. Grundlagen

Literatur (Auswahl): *Cornelius* Plädoyer für einen Cybermobbing-Straftatbestand, ZRP 2014, 164–167; *Valerius* Zum strafrechtlichen Schutz des persönlichen Lebensbereichs im Internet, JRE 23 (2015), 377–392.

213   Das Internet zeichnet sich in den letzten Jahren durch *zunehmende Interaktivität* aus. Im sog. Web 2.0 wird der Nutzer mehr und mehr in die einzelnen Kommunikationsdienste eingebunden, indem er Beiträge und Stellungnahmen abgeben (posten) sowie Dateien wie Bilder und Filme hochladen und anderen Teilnehmern des jeweiligen Internetangebots zur Verfügung stellen kann. Exemplarisch für diese neue Entwicklung stehen Videoplattformen wie YouTube sowie soziale Netzwerke wie Twitter, Instagram und Facebook.

214   Auch diese neuen Technologien weisen ihre Schattenseiten auf. Zu ihnen zählt auch (siehe bereits § 2 Rn. 114 ff. und oben Rn. 204 ff.), dass zunehmend (ggf.

---

[377] Siehe dazu schon *Hoven* ZStW 129 (2017), 718 (725 f.); ferner *Kusche* FG RobotRecht, S. 421 (432 ff.).

sogar verfälschte) *Audio-, Bild- und Videodateien ohne Zustimmung* des Aufgezeichneten oder Abgebildeten veröffentlicht werden. Nicht selten erfolgt schon die Anfertigung von Photographien und Filmen ohne oder gegen den Willen des Betroffenen, um sie zu dessen Bloßstellung anschließend im Internet zu veröffentlichen. Zu denken ist etwa an Videoaufnahmen, bei denen Schüler heimlich ihre Lehrer mit Mobiltelefonen filmen, wie ihnen ein anderer Schüler vor der Klasse die Hose herunterzieht (siehe schon Rn. 150). Zum anderen gestatten die wachsenden Interaktionsmöglichkeiten im Internet, belästigende und verletzende Kommunikation virtuell vorzunehmen, über *Hassrede* auf Facebook, Instagram und Twitter hinaus zum Teil auf eigens hierzu eingerichteten Plattformen wie den umstrittenen bzw. indizierten Portalen iShareGossip und Rotten Neighbor. Aus dem Mobbing von Schul-, Studien- und Arbeitskollegen wurde das (mitunter bereits tödlich verlaufende) *Cybermobbing*, aus dem Stalking von angebeteten Personen das *Cyberstalking*.[378]

Wie bei den Äußerungsdelikten knüpft die Strafbarkeit letztlich wiederum an die Inhalte von Kommunikationsvorgängen an. Während sich bei den Äußerungsdelikten (z. B. der Verbreitung pornographischer oder volksverhetzender Inhalte) der Unrechtsgehalt aber im Wesentlichen aus dem Inhalt selbst ergibt, stehen bei den soeben geschilderten Verhaltensweisen Beeinträchtigungen von *Freiheiten und Persönlichkeitsrechten* im Vordergrund. Wesentlich ist vor allem, ob die entsprechenden Vorgänge, z. B. die Veröffentlichung bestimmter Filme, die Kontaktaufnahme per E-Mail etc., mit dem oder gegen den Willen des Betroffenen geschieht. Er darf nämlich selbst darüber bestimmen, ob sein Wort oder Bild im Internet für jedermann frei verfügbar ist. Ebenso hat er grundsätzlich das Recht, in Ruhe gelassen zu werden und von unerwünschter Kommunikation verschont zu bleiben (siehe zu diesem Aspekt des Allgemeinen Persönlichkeitsrechts schon Rn. 75). **215**

Spezielle Strafvorschriften zur Erfassung der geschilderten neuen kriminellen Erscheinungsformen des Cybermobbings und des Cyberstalkings gibt es nicht.[379] Allerdings erscheint dies auch nicht notwendig, da die virtuellen Angriffe nur weitere, moderne Eingriffsformen in die Freiheiten des Einzelnen darstellen und demzufolge auf die bestehenden, ggf. entsprechend geänderten Straftatbestände zurückgegriffen werden kann.[380] Allerdings wurde – nicht zuletzt wegen der Missbrauchsmöglichkeiten des Internets – der Schutz der Selbstbestimmung durch das StGB in letzter Zeit nach und nach erweitert. **216**

- So wurde das *Recht am nichtöffentlich gesprochenen Wort* etwa seit Ende 1967 vor unbefugten Angriffen durch § 201 StGB (bis 1974 § 298 StGB a. F.) geschützt.
- Das *Recht am eigenen Bild* hingegen wurde erst durch die Vorschrift des § 201a StGB, eingefügt durch das 36. StrÄndG vom 30. Juli 2004[381], als strafrechtliches Schutzgut eingeführt, wenn von der früheren, allerdings engen Vorschrift des

---

[378] Siehe hierzu etwa *Valerius* JRE 23 (2015), 377 (380 f., 383 f., 388 ff. und passim).

[379] Für eine Einführung eines Cybermobbing-Straftatbestandes *Cornelius* ZRP 2014, 164 (167).

[380] *Valerius* JRE 23 (2015), 377 (385).

[381] BGBl. I, S. 2012.

§ 33 KunstUrhG abgesehen wird. Der zuvor auf Bildaufnahmen in gegen Einblick besonders geschützte Räume wie insbesondere Wohnungen beschränkte Anwendungsbereich des § 201a StGB wurde sodann durch das 49. StrÄndG vom 21. Januar 2015[382] erheblich erweitert. So ist in dessen Absatz 2 nun unter Strafe gestellt, Bildaufnahmen des Opfers, die geeignet sind, dessen Ansehen erheblich zu schaden, Dritten zugänglich zu machen. Der Gesetzgeber wollte hierdurch einen Großteil der als Cybermobbing bezeichneten Verhaltensweisen pönalisieren.[383] Nach Absatz 3 wird seitdem bestraft, wer eine Bildaufnahme, die die Nacktheit eines Minderjährigen zeigt, herstellt oder anbietet, um sie einem Dritten gegen Entgelt zu verschaffen oder wer sich oder einem Dritten eine solche Aufnahme gegen Entgelt verschafft. Das verzahnt den Schutz der Persönlichkeitsrechte in § 201a StGB mit der Kinder- und Jugendpornographie nach den §§ 184b, 184c StGB (siehe Rn. 2 ff.). Ergänzt wird die Norm für Opfer sämtlicher Altersgruppen durch den Straftatbestand des § 184k StGB, der seit seiner Einfügung durch das 59. StrÄndG vom 9. Oktober 2020[384] die Verletzung des Intimbereichs durch Bildaufnahmen unter Strafe stellt, um nicht zuletzt das sog. Upskirting und Downblousing zu erfassen.

- Das Phänomen des Stalkings wurde als solches, d. h. auch soweit die einzelnen belästigenden Aktionen für sich keinen Straftatbestand verwirklichen, durch das Gesetz zur Strafbarkeit beharrlicher Nachstellungen vom 30. März 2007[385] in § 238 StGB unter Strafe gestellt. Zuvor war die *Freiheit der Lebensgestaltung* lediglich mittelbar insoweit geschützt, als § 4 GewSchG die Missachtung einer vollstreckbaren zivilgerichtlichen Kontaktsperre mit Freiheitsstrafe bis zu einem Jahr ahndet. Der Opferschutz wurde zunächst durch das Gesetz zur Verbesserung des Schutzes gegen Nachstellungen vom 1. März 2017[386] verstärkt, indem anstatt der zuvor erforderlichen schwerwiegenden Beeinträchtigung der Lebensgestaltung des Opfers fortan die entsprechende Eignung der Nachstellung genügen sollte. Durch das Gesetz zur […] effektiveren Bekämpfung von Nachstellungen und besseren Erfassung des Cyberstalkings vom 10. August 2021[387] wurden sodann die Eignung zur schwerwiegenden durch die Eignung zur nicht unerheblichen Beeinträchtigung der Lebensgestaltung sowie das auch subjektive Elemente enthaltende Merkmal „beharrlich" durch das rein objektive Kriterium „wiederholt" ersetzt. Auch im Übrigen wurde die Vorschrift erneut wesentlich ausgeweitet – unter anderem mit dem schon aus dem Gesetzestitel ersichtlichen Ansinnen, durch die Einführung der Nrn. 5–7 des Absatzes 1 auch das Cyberstalking passgenauer zu erfassen.

---

[382] BGBl. I, S. 10.
[383] BT-Drucks. 18/2601, S. 37.
[384] BGBl. I, S. 2075.
[385] BGBl. I, S. 354.
[386] BGBl. I, S. 386.
[387] BGBl. I, S. 3513.

II. Recht am eigenen Wort und Bild

1. Systematik

Einen wesentlichen Aspekt des persönlichen Lebensbereichs bildet das *Allgemeine* 217
Persönlichkeitsrecht, das sowohl der BGH[388] als auch das BVerfG[389] aus Art. 2
Abs. 1 i. V. m. Art. 1 Abs. 1 GG ableiten (zum verfassungsrechtlichen Allgemeinen
Persönlichkeitsrecht siehe schon Rn. 74 ff.). Einzelne Ausprägungen sind das Recht
am eigenen Wort und das Recht am eigenen Bild; im Privatrecht wird insoweit
jedenfalls beim durch § 22 KunstUrhG geschützten Recht am eigenen Bild auch
von einem *Besonderen Persönlichkeitsrecht* gesprochen. Verstorbenen steht ein
postmortaler Persönlichkeitsschutz zu.[390]

Das Recht am eigenen Wort bzw. Bild kann auf zwei verschiedene Arten verletzt 218
werden. Zum einen ist eine Beeinträchtigung dadurch möglich, gegen oder ohne
den Willen des Berechtigten dessen Wort oder Bild wahr- bzw. aufzunehmen, vor
allem durch technische Mittel zu *konservieren*. Wer ungefragt jemanden mit einem
Richtmikrophon abhört oder ein Telefongespräch mitschneidet bzw. das Bild des
Betroffenen mit einer versteckten Kamera überträgt oder aufnimmt, verletzt schon
hierdurch dessen Recht am eigenen Wort bzw. Recht am eigenen Bild.

Zum anderen missachtet die *Verbreitung* des konservierten Wortes bzw. Bildes 219
die Rechte des Betroffenen. Geschah bereits die Aufnahme ohne oder gegen den
Willen des Betroffenen, bedeutet dies eine Intensivierung und Perpetuierung des
schon erfolgten Eingriffs. Wird hingegen eine einverständlich angefertigte Aufnahme ohne oder gegen den Willen des Betroffenen verbreitet (z. B. eine intime
Bild- oder Videoaufnahme durch den Partner im Internet veröffentlicht), liegt hierin
eine eigenständige Verletzung des Rechts am eigenen Wort bzw. Bild.

Diese Differenzierung kommt insbesondere auch in § 201 StGB zum Ausdruck. 220
So betreffen § 201 Abs. 1 Nr. 1 und Abs. 2 Satz 1 Nr. 1 StGB den ersten Akt der
Aufnahme bzw. des Abhörens des nichtöffentlich gesprochenen Wortes, § 201
Abs. 1 Nr. 2 und Abs. 2 Satz 1 Nr. 2 StGB hingegen den zweiten Akt des Gebrauchens oder Zugänglichmachens der unbefugt hergestellten Aufnahme bzw. der
öffentlichen Mitteilung des aufgenommenen oder abgehörten Wortes. Bei § 201a
StGB ist diese Unterscheidung ebenfalls erkennbar. § 201a Abs. 1 Nrn. 1–3 StGB
betreffen das (unbefugte) Herstellen bzw. Übertragen einer Bildaufnahme, § 201a
Abs. 1 Nr. 4 StGB das Gebrauchen bzw. Zugänglichmachen einer unbefugt hergestellten und § 201a Abs. 1 Nr. 5 StGB das Zugänglichmachen einer befugt hergestellten Bildaufnahme. Eine ähnliche Differenzierung liegt § 184k Abs. 1 Nr. 1
StGB einerseits und § 184k Abs. 1 Nr. 2 und Nr. 3 StGB andererseits zugrunde.

2. Verletzung der Vertraulichkeit des Wortes (§ 201 StGB)

Schutzobjekt der Vorschrift ist das *nichtöffentlich*, d. h. nicht an die Allgemeinheit, 221
sondern an einen durch persönliche oder sachliche Beziehungen miteinander ver-

---

[388] BGHZ 13, 334 (338); 24, 72 (76); 26, 349 (354).
[389] BVerfGE 35, 202 (219); 54, 148 (153); 82, 236 (269).
[390] BVerfGE 30, 173 (194).

bundenen Personenkreis gerichtete, *gesprochene Wort*.[391] Die Art und Weise des gesprochenen Wortes ist unerheblich; erfasst ist jegliche unmittelbare, akustisch wahrnehmbare Äußerung von Gedankeninhalten mittels lautbarer Zeichen, also auch das „gesungene Wort".[392]

222   Angriffsformen, die sich unmittelbar gegen das gesprochene Wort richten (siehe Rn. 218), sind zunächst einmal die Aufnahme auf einem Tonträger (Absatz 1 Nr. 1) sowie das Abhören mit einem Abhörgerät, sofern das nichtöffentlich gesprochene Wort nicht zur Kenntnis des Abhörenden bestimmt ist (Absatz 2 Satz 1 Nr. 1). Während die *Aufnahme* jegliches Konservieren des Wortes umfasst, das dessen akustische Wiedergabe ermöglicht,[393] beschränkt sich das *Abhören* darauf, mit einer technischen Vorrichtung („Abhörgerät") das nicht zur Kenntnis bestimmte gesprochene Wort über dessen normalen Klangbereich hinaus durch Verstärkung oder Übertragung unmittelbar wahrnehmbar zu machen.[394] Ein Fixieren des übertragenen Wortes ist hier nicht erforderlich. Zu den technischen Vorrichtungen zählen etwa Richtmikrophone und Wanzen, nicht hingegen Einrichtungen, die zur Standardausstattung gehören, z. B. Lautsprecher oder Zweithörer bei Telefongeräten.[395] Ebenso wenig ist das einfache Belauschen erfasst.[396]

223   Wie bereits aufgezeigt (Rn. 219), vermag auch die Verbreitung des aufgenommenen bzw. abgehörten Wortes erneut bzw. erstmalig das Recht des Betroffenen an seinem eigenen Wort zu verletzen. Dies kann zum einen gemäß Absatz 1 Nr. 2 dadurch geschehen, dass jemand eine hergestellte Aufnahme *gebraucht*, d. h. sie z. B. durch Abspielen oder durch Herstellen einer Kopie verwendet,[397] oder einem Dritten *zugänglich macht*, d. h. den Zugriff auf die Aufnahme oder deren Kenntnisnahme ermöglicht (z. B. durch körperliche Übergabe oder durch Abspielen der Konserve).[398] Vor allem die Veröffentlichung von Audiodateien im Internet kann demnach § 201 Abs. 1 Nr. 2 StGB verwirklichen.

224   Zu beachten ist insoweit, dass Absatz 1 Nr. 2 an eine „*so* hergestellte Aufnahme" anknüpft und dadurch ausdrücklich Bezug auf Absatz 1 Nr. 1 nimmt. Nach überwiegender Deutung beinhaltet dies auch die Unbefugtheit der Aufnahme des nichtöffentlich gesprochenen Wortes, da nur typische Verwertungshandlungen erfasst werden sollen, die eine bereits geschehene Verletzung des

[391] *Fischer* § 201 Rn. 3.

[392] *Fischer* § 201 Rn. 3; *Heuchemer* BeckOK-StGB § 201 Rn. 3; *Wessels/Hettinger/Engländer* Rn. 487.

[393] SSW/*Bosch* § 201 Rn. 4; *Heuchemer* BeckOK-StGB § 201 Rn. 5.

[394] Lackner/Kühl/*Kühl* § 201 Rn. 5; *Wessels/Hettinger/Engländer* Rn. 499, 502 f.

[395] BGHSt 39, 335 (343); *Heuchemer* BeckOK-StGB § 201 Rn. 11.

[396] *Wessels/Hettinger/Engländer* Rn. 501.

[397] *Wessels/Hettinger/Engländer* Rn. 491 f.

[398] *Heuchemer* BeckOK-StGB § 201 Rn. 7; *Wessels/Hettinger/Engländer* Rn. 491 f.

Persönlichkeitsrechts erneuern oder perpetuieren.[399] *Unbefugt* ist nach herrschender Auffassung nur ein Verweis auf das allgemeine Verbrechensmerkmal der Rechtswidrigkeit, die vor allem bei (ausdrücklicher oder mutmaßlicher) Einwilligung des Betroffenen entfällt.[400]

Das Recht am eigenen Wort wird nicht nur durch Verbreitung einer Tonkonserve **225** verletzt. Auch jegliche sonstige (mittelbare) Verbreitung des Inhalts lässt das nicht-öffentlich gesprochene Wort nach außen dringen, ohne dass dies von dem Willen des Sprechers gedeckt ist. Demgemäß stellt Absatz 2 Satz 1 Nr. 2 unter Strafe, das unbefugt nach Absatz 1 Nr. 1 aufgenommene oder nach Absatz 2 Satz 1 Nr. 1 abgehörte nichtöffentlich gesprochene Wort im Wortlaut oder seinem wesentlichen Inhalt nach *öffentlich mitzuteilen*. Dies setzt eine Adressierung eines größeren, nach Zahl und Individualität unbestimmten oder durch nähere Beziehungen nicht verbundenen Personenkreises voraus, der die Mitteilung unmittelbar zur Kenntnis nehmen kann.[401] Auch diese Tatvariante ist bei entsprechenden Inhalten im Internet verwirklicht. Nicht nur hierbei bleibt zu beachten, dass die Möglichkeit der Kenntnisnahme genügt, es zur Vollendung (der Versuch ist gemäß Absatz 4 strafbar) einer tatsächlichen Kenntnisnahme somit nicht bedarf.[402]

Einschränkend fordert insoweit die Bagatellklausel des Absatzes 2 Satz 2 die Eignung der öffent- **226** lichen Mitteilung, *berechtigte Interessen* eines anderen *zu beeinträchtigen*. Mitteilungen banalen Inhalts sind daher bereits tatbestandlich ausgeschlossen.[403] Absatz 2 Satz 3 sieht außerdem einen Rechtfertigungsgrund vor, wenn durch die öffentliche Mitteilung *überragende öffentliche Interessen wahrgenommen* werden.

3. Verletzung des höchstpersönlichen Lebensbereichs und von Persönlichkeitsrechten durch Bildaufnahmen (§ 201a StGB)

Literatur (Auswahl): *Beck* Lehrermobbing durch Videos im Internet – ein Fall für die Staatsanwaltschaft?, MMR 2008, 77–82; *Bosch* Der strafrechtliche Schutz vor Foto-Handy-Voyeuren und Paparazzi, JZ 2005, 377–385; *Eisele/Sieber* Notwendige Begrenzungen des § 201a StGB nach dem 49. StÄG, StV 2015, 312–319; *B. Heinrich* Die strafrechtliche Verantwortlichkeit von Pressemitarbeitern bei der unbefugten Herstellung und Verbreitung fotografischer Darstellungen von Personen, ZIS 2011, 416–430; *Koch* Strafrechtlicher Schutz vor unbefugten Bildaufnahmen, GA 2005, 589–605; *Kühl* Zur Strafbarkeit unbefugter Bildaufnahmen, AfP 2004, 190–197; *Rahmlow* Einzelne Probleme des Straftatbestands der „Verletzung des höchstpersönlichen Lebensbereiches durch Bildaufnahmen" (§ 201a StGB), HRRS 2005, 84–93.
Studienliteratur: *Bosch* Die Ausweitung des Schutzes des höchstpersönlichen Lebensbereichs vor einer Verletzung durch Bildaufnahmen (§ 201a StGB), Jura 2016, 1380–1388; *Heuchemer/*

---

[399] KG JR 1981, 254 (255); OLG Düsseldorf NJW 1995, 975 (975); *Fischer* § 201 Rn. 6; *Wessels/Hettinger/Engländer* Rn. 496 f.
[400] *Fischer* § 201 Rn. 9 ff.; *Heuchemer* BeckOK-StGB § 201 Rn. 6; *Rengier* BT II § 31 Rn. 7; vgl. auch BGHSt 31, 304 (306); aA SSW/*Bosch* § 201 Rn. 12; Lackner/Kühl/*Kühl* § 201 Rn. 9: tatbestandsausschließendes Einverständnis; vermittelnd *Graf* MK-StGB § 201 Rn. 40; Schönke/Schröder/*Eisele* § 201 Rn. 13: Doppelfunktion.
[401] *Heuchemer* BeckOK-StGB § 201 Rn. 15; Lackner/Kühl/*Kühl* § 201 Rn. 7.
[402] *Heuchemer* BeckOK-StGB § 201 Rn. 14.
[403] SSW/*Bosch* § 201 Rn. 11; *Fischer* § 201 Rn. 12.

Paul Die Strafbarkeit unbefugter Bildaufnahmen – Tatbestandliche Probleme des § 201a StGB, JA 2006, 616–620; *Mitsch* „Saddam Hussein in Unterhose" – Strafbares Fotografieren, Jura 2006, 117–120.

227   **Grundlagen** Die durch das 36. StrÄndG vom 30. Juli 2004[404] eingefügte Vorschrift stellt die Verletzung des höchstpersönlichen Lebensbereichs und von Persönlichkeitsrechten durch Bildaufnahmen unter Strafe. Vor Verabschiedung des § 201a StGB schützte das StGB nur das gesprochene Wort vor unbefugtem Aufnehmen, Abhören und Verbreiten, nicht aber das Recht am eigenen Bild. Dies hatte etwa zur Folge, dass der Inhaber einer Frauenarztpraxis, der seine Patientinnen mit versteckter Kamera während der Untersuchung filmte, nur verurteilt werden konnte, weil er auch den Ton aufzeichnete und dadurch den Tatbestand des § 201 Abs. 1 Nr. 1 StGB verwirklichte.[405] Die hierdurch zugleich erfolgte Missachtung des Rechts am eigenen Bild war dagegen strafrechtlich nicht erfasst. Die insoweit einzig einschlägige nebenstrafrechtliche Vorschrift des § 33 KunstUrhG stellt lediglich die Verbreitung eines Bildnisses unter Strafe, betrifft folglich erst den zweiten Akt der Verbreitung und nicht bereits den ersten Akt der Aufnahme. Es bestand somit eine Regelungslücke, die es auch im Hinblick auf das neue Medium Internet, in dessen Diensten immer wieder Bilder von Personen ohne deren Wissen veröffentlicht werden, zu schließen galt.[406]

228   Durch das 49. StrÄndG vom 21. Januar 2015[407] wurde § 201a StGB inhaltlich geändert und strukturell neu gefasst. Erweitert wurde der Straftatbestand zunächst auf Bildaufnahmen, welche die Hilflosigkeit einer anderen Person zur Schau stellen (siehe dazu sogleich Rn. 229, 234). Zudem sollte der wachsenden Bedeutung des Internets und der rasanten Verbreitung und technischen Entwicklung von Smartphones Rechnung getragen und das sog. Cybermobbing bekämpft werden. Zu diesem Zweck stellt § 201a Abs. 2 StGB nunmehr unter Strafe, Bildaufnahmen des Opfers, die geeignet sind, dessen Ansehen erheblich zu schaden, Dritten zugänglich zu machen (siehe Rn. 238 f.).[408] Ziel der Novellierung war darüber hinaus, die europäischen Vorgaben der Richtlinie 2011/93/EU noch effektiver umzusetzen. Diesem Anliegen dient die neue Regelung in § 201a Abs. 3 StGB, die Bildaufnahmen betrifft, welche die Nacktheit einer Person unter 18 Jahren zum Gegenstand haben (siehe hierzu Rn. 240 ff.).[409]

229   § 201a StGB erfüllt seinen Zweck indessen mitunter nach wie vor nur halbherzig. *Räumlich* wird etwa in dem Hauptanwendungsbereich der Norm in Gestalt des Absatzes 1 Nr. 1 das Recht am eigenen Bild lediglich geschützt, wenn sich der Betroffene zum Zeitpunkt der Aufnahme oder Übertragung in einer Wohnung oder einem gegen Einblick besonders geschützten Raum befindet.

---

[404] BGBl. I, S. 2012.

[405] Berichtet in einem Interview mit *Werwigk-Hertneck* ZRP 2003, 293 (293).

[406] BT-Drucks. 15/361, S. 3; zur Strafbedürftigkeit auch *Kühl* AfP 2004, 190 (193).

[407] BGBl. I, S. 10.

[408] BT-Drucks. 18/2601, S. 37.

[409] Siehe hierzu BT-Drucks. 18/2601, S. 2; *Eisele/Sieber* StV 2015, 312 (312).

Aufnahmen in der Öffentlichkeit, mögen sie auch noch so intim sein (z. B. Bilder vor dem auf offener Straße schwer verletzten Unfallopfer oder von trauernden Angehörigen am Grab), sind insoweit nicht erfasst.[410] Dem wurde immerhin durch den ebenfalls durch das 49. StrÄndG neu eingefügten Absatz 1 Nr. 2 Rechnung getragen, der seitdem die Herstellung oder Übertragung von Bildaufnahmen, welche die Hilflosigkeit einer anderen Person unabhängig von einer solchen räumlichen Komponente zur Schau stellen, mit Strafe sanktioniert, sofern dadurch der höchstpersönliche Lebensbereich der abgebildeten Person verletzt wird. Mit diesem tatbestandlichen Erfolgsmerkmal ist zugleich eine wesentliche *inhaltliche* Beschränkung angesprochen, die sich ebenso in den Tatmodalitäten des Absatzes 1 Nr. 1 und Nr. 5 wiederfindet. Dieser Taterfolg setzt voraus, die innere Gedanken- und Gefühlswelt sowie von Natur aus geheimhaltungsbedürftige Angelegenheiten (insbesondere Krankheit, Tod und Sexualität) zu betreffen.[411] Im Wesentlichen beschränkt sich der höchstpersönliche Lebensbereich somit auf die Intimsphäre, was den strafrechtlichen Schutz des Rechts am eigenen Bild erheblich verengt. Lediglich § 201a Abs. 2 und Abs. 3 StGB verzichten sowohl auf eine Beschränkung des Schutzbereichs auf eine Wohnung oder einen gegen Einblicke besonders geschützten Raum als auch auf das Erfordernis der Verletzung des höchstpersönlichen Lebensbereichs.[412]

Herstellung und Übertragung von Bildaufnahmen Absatz 1 Nr. 1–3 beschreiben   230
Verletzungen des Rechts am eigenen Bild durch die unbefugte Herstellung oder Übertragung von Bildaufnahmen. Unter *Bildaufnahmen* sind sämtliche Reproduktionen der Wirklichkeit durch technische Mittel zu verstehen, z. B. Einzelaufnahmen (Photographien und Bilddateien) oder bewegte Bilderfolgen (Filme und Videodateien).[413] Für die *Herstellung* (jeweils Var. 1) genügt jede dauerhafte und reproduzierbare Fixierung des Bildes,[414] sei es in gegenständlicher (z. B. Filmnegativ einer analogen Kamera) oder digitaler (z. B. Bild- und Videodateien auf einer Speicherkarte bei digitalen Kameras) Form. *Übertragen* (jeweils Var. 2) bedeutet, anderen die Wahrnehmung der Bildaufnahme auf Bildschirmen oder sonstigen Wiedergabegeräten zu ermöglichen (z. B. durch das auf einen Monitor übertragene Bild einer Überwachungskamera oder durch den im Internet gesendeten Live-Stream einer Webcam). Einer Konservierung des Gezeigten bedarf es insoweit nicht.[415]

Herstellung und Übertragung müssen *unbefugt* erfolgen. Hierbei handelt es sich   231
nach zutreffender herrschender Auffassung wiederum nur um einen Hinweis auf das allgemeine Deliktsmerkmal der Rechtswidrigkeit (vgl. Rn. 224).[416] Allerdings ist zu

---

[410] Lackner/Kühl/*Kühl* § 201a Rn. 2.

[411] *Heuchemer* BeckOK-StGB § 201a Rn. 14 f.; Lackner/Kühl/*Kühl* § 201a Rn. 3; *Wessels/Hettinger/Engländer* Rn. 507; vgl. auch *Bosch* JZ 2005, 377 (379).

[412] Auf Absatz 1 Nr. 3 passt ein etwaiges Erfordernis der Verletzung des höchstpersönlichen Lebensbereichs schon inhaltlich und begrifflich nicht, da dort Verstorbene abgebildet sein müssen, siehe BT-Drucks. 19/17795, S. 13.

[413] *Fischer* § 201a Rn. 4; *Valerius* LK § 201a Rn. 25.

[414] Lackner/Kühl/*Kühl* § 201a Rn. 4; *Heuchemer/Paul* JA 2006, 616 (617); *Mitsch* Jura 2006, 117 (119).

[415] Lackner/Kühl/*Kühl* § 201a Rn. 5; Schönke/Schröder/*Eisele* § 201a Rn. 13.

[416] *Fischer* § 201a Rn. 35; Lackner/Kühl/*Kühl* § 201a Rn. 9; Schönke/Schröder/*Eisele* § 201a Rn. 17; *Rengier* BT II § 31 Rn. 19; *B. Heinrich* ZIS 2011, 416 (419).

beachten, dass mit der Zustimmung des Betroffenen in die Herstellung oder Übertragung der Bildaufnahme in der Regel zugleich der höchstpersönliche Lebensbereich aufgegeben wird und die Zustimmung damit im Ergebnis ein tatbestandsausschließendes Einverständnis darstellt.[417]

232   In den Fällen des Absatzes 1 Nr. 1 muss sich die abgebildete Person zum Zeitpunkt der Herstellung oder Übertragung in einer Wohnung oder in einem gegen Einblick besonders geschützten Raum befinden. Der *Wohnungsbegriff* bleibt nach vorzugswürdiger Auffassung wegen des Schutzguts des Rechts am eigenen Bild eigenständig und eng auszulegen. Erfasst sind Räumlichkeiten, die den Mittelpunkt des privaten, ungestörten Lebens bilden,[418] z. B. Gäste- und Hotelzimmer, Wohnwagen und Zelte,[419] weder hingegen Nebenräume wie Hausflure, Treppenhäuser und Sammelgaragen noch außenliegende Teile einer Wohnung wie Terrassen und Balkone.[420] Ein *gegen Einblick besonders geschützter Raum* liegt vor, wenn er mit Vorkehrungen versehen ist, die eine visuelle Wahrnehmbarkeit von Vorgängen in der jeweiligen Räumlichkeit deutlich erschweren.[421] Der Gesetzgeber dachte an Toiletten, Umkleidekabinen und ärztliche Behandlungszimmer.[422] Nach dem Wortlaut der Norm bedarf es dieses besonderen Sichtschutzes nur bei Räumen, nicht hingegen bei der Wohnung, die somit absolut geschützt wird.[423]

233   Unerheblich ist jeweils, wo sich der Täter befindet. Den Straftatbestand kann somit ebenso verwirklichen, wer die Aufnahmen von inmitten der geschützten Räumlichkeiten anfertigt oder überträgt (z. B. als Gast einer Veranstaltung oder auch als Journalist mit versteckter Kamera).[424]

234   Der neue Absatz 1 Nr. 2 stellt ebenfalls das unbefugte Herstellen oder Übertragen von Bildaufnahmen unter Strafe. Allerdings sind insofern auch Bildaufnahmen geschützt, die Personen außerhalb eines besonders geschützten Raums zeigen. Im Gegenzug ist jedoch erforderlich, dass die Aufnahmen die *Hilflosigkeit* einer anderen Person zur Schau stellen. Der Gesetzgeber hatte insbesondere Fälle im Blick, in denen sich etwa ein stark Betrunkener auf dem Heimweg befindet oder ein Opfer einer Gewalttat verletzt am Boden liegt.[425] Unter Hilflosigkeit ist demzufolge ein Zustand zu verstehen, in dem die betroffene Person aus inneren oder äußeren Gründen nicht in der Lage ist, sich ihr drohender Gefahren zu erwehren oder die

---

[417] *Valerius* LK § 201a Rn. 82.

[418] *Valerius* LK § 201a Rn. 33; *Kühl* AfP 2004, 190 (194); vgl. auch *Wessels/Hettinger/Engländer* Rn. 508; *Heuchemer/Paul* JA 2006, 616 (617 f.).

[419] Schönke/Schröder/*Eisele* § 201a Rn. 9; *Wessels/Hettinger/Engländer* Rn. 508.

[420] *Fischer* § 201a Rn. 9.

[421] *Valerius* LK § 201a Rn. 36; *Koch* GA 2005, 589 (600); *Rahmlow* HRRS 2005, 84 (88).

[422] BT-Drucks. 15/2466 S. 5; 15/1891 S. 7; siehe auch *Heuchemer* BeckOK-StGB § 201a Rn. 12; Lackner/Kühl/*Kühl* § 201a Rn. 2.

[423] *Fischer* § 201a Rn. 9; Schönke/Schröder/*Eisele* § 201a Rn. 9; *Kühl* AfP 2004, 190 (194).

[424] BGH CR 2017, 395; *Fischer* § 201a Rn. 13; Lackner/Kühl/*Kühl* § 201a Rn. 3; *Rengier* BT II § 31 Rn. 13.

[425] BT-Drucks. 18/3202 (neu), S. 28.

Anforderungen der konkreten Lebenssituation zu erfüllen.[426] Wer diesen Zustand verursacht hat, bleibt unerheblich. Ebenso ist ohne Belang, ob die Situation verschuldet oder unverschuldet vom Opfer hervorgerufen wurde.[427] *Zur Schau gestellt* wird die Hilflosigkeit dann, wenn sie als Bildinhalt besonders hervorgehoben wird und nicht bloßes „Beiwerk" der Aufnahme ist.[428] Erfasst ist somit beispielsweise das neuerdings häufiger auftretende Phänomen des Fotografierens oder Filmens von Opfern bei Verkehrsunfällen (siehe dazu jetzt auch § 323c Abs. 2 StGB).

In eine ähnliche Richtung geht Absatz 1 Nr. 3. Die Vorschrift pönalisiert seit Inkrafttreten des Gesetzes zur Verbesserung des Persönlichkeitsschutzes bei Bildaufnahmen am 22. September 2021[429] die unbefugte Herstellung oder Übertragung einer Bildaufnahme, die in grob anstößiger Weise eine verstorbene Person zur Schau stellt. Das soll einer zunehmenden Verletzung der postmortalen Persönlichkeitsrechte Verstorbener Rechnung tragen, die ebenfalls insbesondere in Unfallsituationen aufzutreten scheint (siehe dazu jetzt auch § 323c Abs. 2 StGB) und sich anschließend oft im Internet wiederfindet (dann auch Absatz 1 Nr. 4, siehe sogleich Rn. 236).[430] Regelmäßig erfasst sind „Schnappschüsse" lebloser Körper, die blutend oder entblößt am Boden liegen, oder von groben Entstellungen.[431] Nicht erforderlich ist, dass die Darstellung geeignet ist, das Ansehen des Toten zu schädigen (siehe dazu Rn. 238 f.).[432] **235**

Verbreitung von Bildaufnahmen An die mit dem Akt der Verbreitung einer Bildaufnahme einhergehende Verletzung des Rechts am eigenen Bild knüpft insbesondere § 201a Abs. 1 Nr. 4 StGB an. Die Vorschrift betrifft Taten nach Absatz 1 Nr. 1–3, folglich *unbefugt* hergestellte Bildaufnahmen, und stellt deren Gebrauchen oder Zugänglichmachen unter Strafe. Hierin kommt zum Ausdruck, dass die unbefugte Nutzung einer tatbestandlichen Bildaufnahme ebenso strafwürdig ist wie die vorangegangene Herstellung.[433] *Gebrauchen* erfasst wie bei § 201 StGB (Rn. 223) jegliche Verwendung der Bildaufnahme, insbesondere durch Speichern, Archivieren oder Kopieren der Aufnahme.[434] Für das *Zugänglichmachen* genügt es wiederum, den Zugriff auf die Aufnahme oder auch nur deren Kenntnisnahme zu **236**

---

[426] *Fischer* § 201a Rn. 18. Enger *Eisele/Sieber* StV 2015, 312 (313 f.), wonach in Anlehnung an § 221 StGB erforderlich sei, dass sich das Opfer drohender schwerwiegender Gefahren nicht erwehren könne. Bildaufnahmen alkoholisierter Personen seien daher grundsätzlich nicht erfasst.

[427] *Fischer* § 201a Rn. 18; *Kargl* NK § 201a Rn. 7.

[428] BGH NJW 2017, 1891 (1893) mit Anm. *Cornelius*; *Bosch* Jura 2016, 1380 (1385); *Eisele/Sieber* StV 2015, 312 (314).

[429] BGBl. I, S. 4250.

[430] BT-Drucks. 19/17795, S. 9.

[431] BT-Drucks. 19/17795, S. 13.

[432] BT-Drucks. 19/17795, S. 13; *Fischer* § 201a Rn. 21.

[433] BT-Drucks. 15/2466, S. 5.

[434] *Fischer* § 201a Rn. 24; *Heuchemer* BeckOK-StGB § 201a Rn. 19; Lackner/Kühl/*Kühl* § 201a Rn. 6; *B. Heinrich* ZIS 2011, 416 (419).

ermöglichen (vgl. Rn. 223),[435] z. B. durch die Verbreitung der Bildaufnahme in den Kommunikationsdiensten des Internets.[436]

237   Absatz 1 Nr. 5 hingegen erstreckt sich auf Bildaufnahmen, die *befugt* hergestellt wurden, dann aber unbefugt einer dritten Person zugänglich gemacht werden. Das betrifft z. B. einverständlich angefertigte Nacktaufnahmen des Intimpartners oder von diesem selbst gefertigte Aufnahmen (sog. Sexting), die nach Ende der Beziehung im Internet veröffentlicht werden.[437] Die Tatmodalität verdeutlicht, dass auch die Verbreitung eine eigenständige Verletzung des Rechts am eigenen Bild bedeuten kann. Allerdings muss gemäß Absatz 1 Nr. 5 der Akt der Verbreitung für sich den höchstpersönlichen Lebensbereich des Abgebildeten verletzen. Außerdem verlangt das Gesetz einschränkend *Wissentlichkeit* in Bezug auf die fehlende Befugnis zur Verbreitung; bei dem Merkmal „unbefugt" handelt es sich hierbei demnach – anders als in Absatz 1 Nr. 1 und Nr. 2 (Rn. 231) – um ein Tatbestandsmerkmal.

238   **Zugänglichmachen ansehensgefährdender Bildaufnahmen** Der durch das 49. StrÄndG neu eingefügte und durch das Gesetz zur Verbesserung des Persönlichkeitsschutzes bei Bildaufnahmen vom 9. Oktober 2020[438] auf Aufnahmen verstorbener Personen erweiterte Absatz 2 sanktioniert das unbefugte Zugänglichmachen (siehe Rn. 236) einer Bildaufnahme, die *geeignet* ist, dem *Ansehen der abgebildeten Person erheblich zu schaden*. Die Einfügung des Satzes 2 erklärt sich dadurch, dass nicht jede Bildaufnahme, die geeignet ist, dem Ansehen der abgebildeten verstorbenen Person erheblich zu schaden, diese auch in grob anstößiger Weise zur Schau stellt.[439]

239   Von der Sanktionierung der Herstellung wurde abgesehen, um die Strafbarkeit nicht ausufern zu lassen.[440] Die notwendige Eignung zur erheblichen Ansehensschädigung soll anzunehmen sein, wenn Personen in Situationen gezeigt werden, die nach allgemeiner Anschauung als peinlich, entwürdigend oder minderwertig verstanden werden.[441] Allerdings erweist es sich nicht nur im Einzelfall als schwierig, die Eignung einer Bildaufnahme zu einer erheblichen Ansehensschädigung zu bestimmen.[442] Demzufolge bleibt schon aus diesem Grund fraglich, ob das mit Ab-

---

[435] Lackner/Kühl/*Kühl* § 201a Rn. 7; Schönke/Schröder/*Eisele* § 201a Rn. 29.

[436] *Fischer* § 201a Rn. 25; *Heuchemer/Paul* JA 2006, 616 (619); *Beck* MMR 2008, 77 (79).

[437] Zur Erfassung auch von Selbstaufnahmen des späteren Tatopfers der unbefugten Weitergabe BGH NJW 2020, 3609 mit Anm. *Busch* sowie *Kudlich* JA 2020, 952 und *Schork* ZUM 2021, 360; siehe dazu auch *Handel* K& R 2021, 448 (453).

[438] BGBl. I, S. 2075.

[439] BT-Drucks. 19/17795, S. 14.

[440] BT-Drucks. 18/3202, S. 28.

[441] Vgl. BT-Drucks. 18/2954, S. 12; *Heuchemer* BeckOK-StGB § 201a Rn. 21; kritisch und in Anlehnung an §§ 185 ff. StGB auslegend *Eisele/Sieber* StV 2015, 312 (314 f.).

[442] *Fischer* § 201a Rn. 34.

satz 2 verfolgte Anliegen, ein Signal gegen Cybermobbing zu setzen, überhaupt erreicht werden kann.

Nacktaufnahmen von Minderjährigen Nach dem gleichsam durch das   **240**
49. StrÄndG eingeführten Absatz 3 macht sich strafbar, wer eine Bildaufnahme, welche die Nacktheit einer anderen Person unter achtzehn Jahren zum Gegenstand hat, herstellt oder anbietet, um sie einer dritten Person gegen Entgelt zu verschaffen (Nr. 1), oder sich oder einer dritten Person gegen Entgelt verschafft (Nr. 2). Das nicht gerade bestimmte Merkmal der *Nacktheit* dürfte nur vorliegen, wenn die abgebildete minderjährige Person zumindest im Wesentlichen unbekleidet ist.[443] Nach aA soll hingegen schon die Abbildung eines Minderjährigen in üblicher Badekleidung oder Unterwäsche tatbestandlich erfasst sein.[444] Dies trägt zwar dem Umstand Rechnung, dass in pädophil-nudistischen Magazinen häufig Bildaufnahmen abgedruckt werden, die Jugendliche bei Spiel und Sport, insbesondere am Strand zeigen.[445] Dennoch dürfte einer derart extensiven Auslegung der Wortsinn des Merkmals „Nacktheit" entgegenstehen, gilt doch auch Bademode als Bekleidung.

Anbieten bedeutet, sich zu einer entgeltlichen Überlassung bereit zu zeigen.[446]   **241**
Das notwendige *Entgelt* ist nicht nur dann anzunehmen, wenn die Abbildungen gegen klassische Zahlung erworben werden, sondern auch dann, wenn sie im Rahmen eines Tauschsystems (etwa im Rahmen eines Online-Forums) erlangt oder vertrieben werden und die Gegenleistung einen Vermögenswert darzustellen vermag.[447] Ein solcher Wert ist bereits der bloßen Gewährung der Zugriffsmöglichkeit auf vergleichbare Nacktaufnahmen in einem Forum zuzuschreiben.[448] Das Kriterium der Entgeltlichkeit beugt zudem der Kriminalisierung harmloser Urlaubsfotos der Eltern von ihren am Strand spielenden Kindern vor.

Absatz 3 sieht sich, insbesondere aufgrund des gesetzgeberischen Anlasses in Gestalt der sog. Eda-   **242**
thy-Affäre und seines Ziels, enormer *Kritik* ausgesetzt.[449] Schließlich greife der Gesetzgeber dadurch moralisierend und paternalistisch in die Alltagskultur ein und bewege sich an der Grenze des rechtlich Regelbaren.[450] Die Remoralisierung des Strafrechts werde nicht zuletzt dadurch belegt, dass nicht nur die Produzenten, sondern auch die Konsumenten derartiger Bilder strafrechtlich belangt würden.[451] Zudem sei die Norm unbestimmt und aufgrund des schwer feststellbaren Alters der abgebildeten Personen ein Türöffner für willkürliches Vorgehen im Ermittlungsverfahren.[452]

---

[443] *Eisele/Sieber* StV 2015, 313 (317).

[444] *Fischer* § 201a Rn. 37; *Kargl* NK § 201a Rn. 11.

[445] Vgl. *Fischer* § 201a Rn. 37.

[446] *Wessels/Hettinger/Engländer* Rn. 514.

[447] *Kargl* NK § 201a Rn. 11; *Eisele/Sieber* StV 2015, 313 (316).

[448] *Eisele/Sieber* StV 2015, 313 (316).

[449] Zur Vorgeschichte etwa *Jahn/Ziemann* FS Kargl, S. 227 (229).

[450] So *Fischer* § 201a Rn. 36; *Kargl* NK § 201a Rn. 12.

[451] *Kargl* NK § 201a Rn. 13.

[452] *Kargl* NK § 201a Rn. 12.

243 **Wahrnehmung überwiegender berechtigter Interessen** In Absatz 4 wurde durch
das 49. StrÄndG zudem ein Tatbestandsausschluss[453] für sozialadäquate Handlungen eingefügt. Er bezieht sich auf alle Tatmodalitäten mit Ausnahme von Absatz 1 Nr. 1. Der dort geschützte letzte Rückzugsbereich steht der Abwägung somit
nicht offen, wodurch der Rechtsprechung des BVerfG Rechnung getragen wird.
Den Hauptanwendungsbereich von § 201a Abs. 4 StGB dürfte die Presseberich-
terstattung bilden, auch wenn die Berichterstattung über Vorgänge des Zeitgeschehens oder der Geschichte nur eines der genannten berechtigten Interessen
bildet, zu denen auch Kunst und Wissenschaft, Forschung und Lehre sowie ähnliche
Zwecke zählen.

III. Beeinträchtigungen der Lebensgestaltung

1. Grundlagen

244 Die Kommunikationsdienste des Internets können auch dazu verwendet werden,
unerwünscht mit anderen Personen in Kontakt zu treten. Das Persönlichkeitsrecht
der Betroffenen wird dadurch insoweit missachtet, als das Recht des Einzelnen, in
Ruhe gelassen zu werden, nicht anerkannt wird. Ein Paradebeispiel dafür sind un-
verlangt zugesendete Massen-E-Mails mit werbendem oder sogar betrügerischem
Inhalt (sog. *Spam-Mails*). Mitunter geht die Kontaktaufnahme über das Internet
aber weit über solche bloßen Belästigungen hinaus und kann auch andere Rechtsgüter des Betroffenen gefährden oder verletzen (zum Gefährdenden Verbreiten
personenbezogener Daten nach § 126a StGB siehe Rn. 138 ff.). Dies gilt vor allem
für dauerhafte Nachstellungen, bekannt unter dem Begriff des *„Stalking"*.

245 Eine nähere Bestimmung des Phänomens des „Stalking" erweist sich wegen der Vielgestaltigkeit
der möglichen nachstellenden Handlungen als schwierig. Einzelne Nachstellungen bestehen in
belästigenden Telefonanrufen und E-Mails, dem Auftauchen vor der Privatwohnung oder am
Arbeitsplatz, Bestellungen von Waren und Dienstleistungen im Namen des Betroffenen, ehrverletzenden Äußerungen und Sachbeschädigungen bis hin zu Bedrohungen und tätlichen Angriffen.
Charakteristisch für das Stalking – und Grund für die gesetzgeberische Tätigkeit – ist, dass es nicht
bei einzelnen Belästigungen bleiben muss, sondern der Täter unter Umständen nach und nach zu
gravierenderen Maßnahmen greift. Eine solche *Eskalationsspirale* kann sogar in dem Tod des
Opfers enden. Gleichwohl ist die Strafwürdigkeit des Stalkings nicht unumstritten. Abgesehen von
den Problemen, angesichts der zahlreichen Erscheinungsformen einen bestimmten Tatbestand zu
formulieren (siehe auch Rn. 251), wird vor allem bemängelt, außerstrafrechtliche Mittel nicht ausreichend auszuschöpfen.[454]

246 Die Anonymität des Internets bietet auch für die Nachstellung einen neuen Deckmantel für ein
bekanntes Handlungsschema. Als *Cyberstalking*[455] wird bezeichnet, zur Belästigung von Personen
auf E-Mails oder andere Kommunikationsdienste des Internets zurückzugreifen. Die Problematik
sei an zwei realen Beispielen illustriert: Lediglich als geschmackloser Scherz mag ggf. noch an-

---

[453] So die herrschende Ansicht, vgl. etwa *Fischer* § 201a Rn. 41; *Heuchemer* BeckOK-StGB § 201a
Rn. 24; *Kargl* NK § 201a Rn. 23; aA *Eisele/Sieber* StV 2015, 313 (318): Rechtfertigungsgrund.

[454] *Frommel* NK 2005, 86 (87 f.); *Neubacher* ZStW 118 (2006), 855 (865 ff.); *Steinberg* JZ 2006,
30 (33). Zu den Bedenken siehe auch *Erstauflage* Rn. 754.

[455] Siehe hierzu *Hilgendorf/Hong* K&R 2003, 168.

gesehen werden, dass in einer Nachricht in einem Internetforum zu lesen war, eine Frau stünde jederzeit für Sex zur Verfügung; private Telefonnummer und Adresse des Opfers waren dabei ausdrücklich genannt. Wie schnell Belästigungen in körperliche Übergriffe münden können verdeutlicht indessen ein weiterer Fall, in dem der Täter von einer 28-jährigen Frau, die seine Annäherungsversuche in einem Chatroom zuvor abgewiesen hatte, Telefonnummer und Adresse veröffentlichte und von der er behauptete, dass sie die Phantasie einer Vergewaltigung hege. Daraufhin erschienen wenigstens sechs Personen in der Absicht bei der Frau, sie zu „vergewaltigen".

2. Nachstellung (§ 238 StGB)

Literatur (Auswahl): *Buß* Zum Referentenentwurf des Bundesministeriums der Justiz und für Verbraucherschutz eines Gesetzes zur Verbesserung des Schutzes gegen Nachstellungen, JR 2016, 356–360; *Hilgendorf/Hong* Cyberstalking, K&R 2003, 168–172; *Mitsch* Der neue Stalking-Tatbestand im Strafgesetzbuch, NJW 2007, 1237–1242; *Mosbacher* Nachstellung – § 238 StGB, NStZ 2007, 665–671; *ders.* Neuregelung der Stalking-Strafbarkeit, NJW 2017, 983–986; *Neubacher/Seher* Das Gesetz zur Strafbarkeit beharrlicher Nachstellungen (§ 238 StGB), JZ 2007, 1029–1036; *Steinberg* Die missratene Änderung des § 238 StGB, JZ 2017, 676–680.

Studienliteratur: *Kinzig/Zander* Der neue Tatbestand der Nachstellung (§ 238 StGB), JA 2007, 481–487; *Mitsch* Strafrechtsdogmatische Probleme des neuen „Stalking"-Tatbestandes, Jura 2007, 401–407; *Nowak* Nachstellung als konkretes Eignungsdelikt, JuS 2018, 1180–1184; *Valerius* Stalking: Der neue Straftatbestand der Nachstellung in § 238 StGB, JuS 2007, 319–324.

Tathandlung Zum Schutz vor Stalking wurde durch das Gesetz zur Strafbarkeit   **247** beharrlicher Nachstellungen vom 30. März 2007[456] der Straftatbestand der Nachstellung in § 238 StGB eingeführt. Mit den Gesetzen zur Verbesserung des Schutzes gegen Nachstellungen vom 1. März 2017[457] und zur […] effektiveren Bekämpfung von Nachstellungen und besseren Erfassung des Cyberstalkings vom 10. August 2021 (siehe Rn. 216) wurde die Vorschrift in ein Eignungsdelikt umgestaltet und wurden die Erfordernisse „beharrlichen" Handelns und einer (potentiellen) „schwerwiegenden" Beeinträchtigung der Lebensgestaltung durch die „wiederholten" Handelns und einer „nicht unerheblichen" Beeinträchtigung ersetzt, um im Interesse der Opfer die tatbestandlichen Hürden für eine Verurteilung abzusenken. Tathandlung ist das *Nachstellen*. Der aus der Jägersprache stammende Begriff erfasst sämtliche (unmittelbare und mittelbare) Annäherungen an das Opfer, die in dessen persönlichen Lebensbereich eingreifen und dadurch dessen Handlungs- und Entschließungsfreiheit beeinträchtigen sollen, namentlich durch ungewollte Kommunikation.[458]

Das Nachstellen muss in einer der in den Nrn. 1 bis 8 aufgelisteten Vorgehens-   **248** weisen geschehen. Abgesehen von dem Aufsuchen räumlicher Nähe gemäß Nr. 1, z. B. durch Auflauern vor der Wohnung oder am Arbeitsplatz, kommen für die Tatbegehung im Internet sämtliche *Varianten* in Betracht. Dies gilt vornehmlich für den Versuch, mit dem Opfer nach Nr. 2 Kontakt herzustellen, sei es unter Ver-

---

[456] BGBl. I, S. 354.
[457] BGBl. I, S. 386; hierzu *Buß* JR 2016, 356; *Mosbacher* NJW 2017, 983; *Steinberg* JZ 2017, 676.
[458] BGHSt 54, 189 (193); OLG Brandenburg NStZ 2010, 519 (519).

wendung von Mitteln der Kommunikation – z. B. der einzelnen Internetdienste wie E-Mails oder sozialen Netzwerke – oder über Dritte, wenngleich es insoweit keines Rückgriffs auf Kommunikationsmittel bedarf. Ausreichend ist bereits der Versuch, den Kontakt herzustellen. Einer Antwort des Opfers oder auch nur einer Wahrnehmung der Bemühungen des Täters (wenn das Opfer z. B. die in einem Internetforum gepostete Nachricht überhaupt nicht liest) bedarf es nicht.[459]

249   Der Tatbestand der Nachstellung kann des Weiteren nach Nr. 3 verwirklicht werden, indem der Täter personenbezogene Daten des Opfers missbräuchlich verwendet, um Waren oder Dienstleistungen für ihn zu bestellen oder Dritte zu veranlassen, mit dem Opfer Kontakt aufzunehmen.[460] Ebenso im Internet denkbar sind ferner Drohungen gemäß Nr. 4, welche die Verletzung von Leben, körperlicher Unversehrtheit, Gesundheit oder (körperlicher Bewegungs-)Freiheit des Opfers oder einer ihm nahe stehenden Person in Aussicht stellen. Während die Drohung an das Stalking-Opfer selbst gerichtet sein muss, kann das in Aussicht gestellte Übel auch einen Dritten betreffen.

250   Die Einführung der Tatmodalitäten der Nr. 5–7 des Absatzes 1 soll auf spezifische Vorgehensweisen des Cyberstalkings reagieren. Absatz 1 Nr. 5 erfasst Taten nach den §§ 202a, 202b und 202c StGB zulasten des Stalking-Opfers oder einer ihm nahestehenden Person. Das soll Fälle erfassen, in denen sich der Täter durch Einsatz von Hacking-Methoden, sog. Stalkingware oder schlichtes Erraten von Passwörtern Zugang zu E-Mail- bzw. Social-Media-Konten oder sonstigen, auf PC oder Smartphone des Opfers belegenen Daten verschafft.[461] Die Strafdrohung des Grundtatbestands des § 238 Abs. 1 StGB ist zwar jedenfalls nicht höher als die des § 202a StGB. Die Inbezugnahme der vorgenannten Software-Angriffe ermöglicht aber ggf. über die Strafzumessungsvorschrift des § 238 Abs. 2 StGB eine Verschärfung des Strafrahmens (siehe dazu insbesondere § 238 Abs. 2 Satz 2 Nr. 4–6 StGB).[462] Absatz 1 Nr. 6 erfasst die Verbreitung und öffentliche Zugänglichmachung von Abbildungen der von der Nachstellung betroffenen Person oder einer ihr nahestehenden Person. Das kann Schnittstellen der Nachstellung mit § 201a StGB oder den Pornographiedelikten begründen, etwa wenn sog. „Revenge Porn" in Rede steht.[463] Absatz 1 Nr. 7 erfasst z. B. die Veröffentlichung vermeintlicher sexueller oder krimineller Fantasien oder Vorhaben unter dem Namen des Opfers in den sozialen Medien wie etwa die Ankündigung eines Amoklaufs oder das Äußern des Wunsches, Sex mit Kindern zu haben.[464]

251   Als problematisch erweist sich schließlich Nr. 8, wonach mit den Nrn. 1 bis 7 in Art und Schwere *vergleichbare Handlungen* ebenso ein Nachstellen bedeuten können. Das Merkmal verdeutlicht

---

[459] *Eisele* § 3 Rn. 39; *Mitsch* NJW 2007, 1237 (1239); *Neubacher/Seher* JZ 2007, 1029 (1032); *Valerius* JuS 2007, 319 (321).

[460] Zur Strafbarkeit einer Warenbestellung auf fremdem Namen als Betrug LG Kiel NStZ 2008, 219.

[461] BT-Drucks. 19/28679, S. 12.

[462] BT-Drucks. 19/28679, S. 12.

[463] BT-Drucks. 19/28679, S. 12.

[464] BT-Drucks. 19/28679, S. 12.

die Schwierigkeit für den Gesetzgeber, als Stalking zu bewertende Verhaltensweisen abschließend zu normieren. Unbedenklich ist eine solche Auffangvariante im Hinblick auf den Bestimmtheitsgrundsatz nicht.[465] Auch anlässlich der Umgestaltung der Norm im Jahr 2017 wurde daher ihre Streichung diskutiert.[466] Hiervon wurde jedoch letztlich abgesehen, um der Vielfalt möglicher Nachstellungshandlungen weiterhin entgegentreten zu können.[467] Es handelt sich bei Nr. 8 um eine innertatbestandliche Analogie, deren Handhabung nach dem Willen des Gesetzgebers maßgeblich nach der Schwere der Beeinträchtigung vorzunehmen bleibt.[468] Mögliche Beispiele für andere vergleichbare Handlungen sind die Diskreditierung des Opfers im persönlichen und beruflichen Umfeld[469] oder die Veröffentlichung persönlicher Daten im Internet.[470]

Die Tatvarianten der Nachstellung in den Nrn. 1 bis 8 müssen allesamt *wieder-* **252** *holt* vorgenommen werden. Unerheblich ist, ob dies durch ein und dieselbe Variante der Nachstellung oder durch verschiedene Erscheinungsformen geschieht.[471] Wie viele Wiederholungen dafür erforderlich sind, ist Einzelfallfrage.[472] Bei schwerwiegenden Einzelhandlungen wäre Tatbestandsmäßigkeit bereits bei zweimaligem Handeln konstruierbar.[473] Entscheidend ist eine Gesamtwürdigung des Verhaltens des Täters, die unter anderem den zeitlichen Abstand der einzelnen Belästigungen, ihren inneren Zusammenhang und die mögliche Entwicklung berücksichtigt.[474]

Umstritten ist die Bedeutung des Merkmals *„unbefugt"*. Nach einer Ansicht sowie nach dem Wil- **253** len des Gesetzgebers liegt hierin ein Tatbestandsmerkmal, so dass sich der Vorsatz des Täters hierauf zu erstrecken hat.[475] Andere sehen hierin indessen nur einen allgemeinen Hinweis auf die Rechtswidrigkeit, während eine vermittelnde Ansicht schließlich insoweit differenziert, als die Unbefugtheit nur in den Nrn. 1 und 2 (und jetzt wohl auch Nr. 6) ein Tatbestandsmerkmal bilde, während sich die Strafwürdigkeit bei den Nrn. 3 und 4 (und jetzt wohl auch den Nrn. 5 und 7) schon aus den dort beschriebenen Fällen ergebe.[476] Zu beachten bleibt jedenfalls, dass die Unbefugtheit teilbar ist, d. h. von Handlung zu Handlung getrennt beurteilt werden muss. So steht der Unbefugtheit einzelner Belästigungen nicht entgegen, wenn das Opfer der Kontaktaufnahme des

---

[465] Kritisch unter anderem BGHSt 54, 189 (193 f.); Lackner/Kühl/*Kühl* § 238 Rn. 5; *Kinzig/Zander* JA 2007, 481 (485 f.); *Mitsch* NJW 2007, 1237 (1239).

[466] So sah etwa der ursprüngliche Gesetzentwurf der Bundesregierung die Streichung der Klausel vor; siehe hierzu BT-Drucks. 18/9946, S. 11, 14.

[467] BT-Drucks. 18/10654, S. 5; zustimmend *Gericke* MK-StGB § 238 Rn. 36 ff.; *Mosbacher* ZRP 2016, 161; *ders.* NJW 2017, 983 (984 f.).

[468] Eingehend hierzu *Gericke* MK-StGB § 238 Rn. 37 f.

[469] *Mosbacher* NStZ 2007, 665 (668).

[470] *Kinzig/Zander* JA 2007, 481 (484).

[471] BT-Drucks. 19/28679, S. 12; BGHSt 54, 189 (196); Schönke/Schröder/*Eisele* § 238 Rn. 25; *Wessels/Hettinger/Engländer* Rn. 342; *Neubacher/Seher* JZ 2007, 1029 (1032); *Valerius* JuS 2007, 319 (322).

[472] BT-Drucks. 19/28679, S. 12.

[473] BGHSt 54, 189 (196); Schönke/Schröder/*Eisele* § 238 Rn. 25; *Neubacher/Seher* JZ 2007, 1029 (1032); *Valerius* JuS 2007, 319 (322).

[474] BGHSt 54, 189 (195); OLG Brandenburg NStZ 2010, 519 (520).

[475] BT-Drucks. 16/575, S. 7; *Rengier* BT II § 26a Rn. 8; *Wessels/Hettinger/Engländer* Rn. 343; *Kinzig/Zander* JA 2007, 481 (483); *Mosbacher* NStZ 2007, 665 (667); *Valerius* JuS 2007, 319 (322).

[476] Schönke/Schröder/*Eisele* § 238 Rn. 26; *Fischer* § 238 Rn. 36; *Mitsch* Jura 2007, 401 (401 ff.).

Täters zwar prinzipiell nicht abgeneigt ist, dieser aber hierbei über das gewünschte Maß, vor allem in Art und Häufigkeit, hinausgeht.[477]

254 **Eignung zur nicht unerheblichen Beeinträchtigung der Lebensgestaltung** Ursprünglich musste die Nachstellung kausal („dadurch") zu einer schwerwiegenden Beeinträchtigung der Lebensgestaltung des Opfers führen. Dies setzte voraus, das Opfer zu einem Verhalten zu veranlassen, das es ohne die Handlung des Täters nicht vorgenommen hätte.[478] In dieser *früheren Ausgestaltung als Erfolgsdelikt* vermochte § 238 StGB selbst noch so belästigende Verhaltensweisen nicht zu erfassen, wenn das Opfer sich davon nicht beeindrucken, jedenfalls nicht schwerwiegend in seiner Lebensgestaltung beeinträchtigen ließ. Dies galt auch für die Fälle, in denen das Opfer sich einen Umzug oder Arbeitsplatzwechsel schlicht nicht leisten konnte und einzig deshalb eine schwerwiegende Beeinträchtigung der Lebensgestaltung ausblieb.[479] Auch der Versuch war (und ist nach wie vor) nicht strafbar.

255   In einem ersten Reformschritt lag das zentrale Bestreben des Gesetzes zur Verbesserung des Schutzes gegen Nachstellungen vom 1. März 2017 (siehe Rn. 216) deshalb in der Umgestaltung des § 238 StGB in ein *Eignungsdelikt*. Fortan genügte die Eignung der Nachstellung, die Lebensgestaltung des Opfers schwerwiegend zu beeinträchtigen. Seit Oktober 2021 genügt nun bereits die Eignung zur *nicht unerheblichen* Beeinträchtigung. Eine tatsächliche konkrete Reaktion des Opfers als Taterfolg ist nicht mehr notwendig.

256   Die Eignung zur Beeinträchtigung ist anhand eines *objektivierten Maßstabes* zu bestimmen.[480] Die Einführung des Merkmals „nicht unerheblich" hat dabei indes zu einer deutlichen Absenkung der Strafbarkeitsschwelle geführt. Nicht unerheblich ist eine Beeinträchtigung der Lebensumstände bereits dann, wenn das Verhalten des Täters negative Veränderungen für das Opfer mit sich bringt, die jenseits einer durch „besonnene Selbstbehauptung" hinzunehmenden Bagatellgrenze liegen.[481] Sie wird nur dann anzunehmen sein, wenn die in Rede stehenden Folgen ernst zu nehmen sind sowie über durchschnittliche, regelmäßig hinzunehmende und zumutbare Modifikationen der Lebensgestaltung erheblich und objektivierbar hinausgehen.[482] Der Tatbestand kann deshalb etwa erfüllt sein, wenn das Opfer aus Sorge weiterer übergriffiger Kontaktaufnahmen im Rahmen eines Vereinslebens aus dem Verein austritt.[483] Auch nach der Neufassung weiterhin hinzunehmen sind hingegen „alltägliche" Streitereien und Konflikte (etwa im Rahmen scheiternder Beziehungen).[484]

---

[477] Schönke/Schröder/*Eisele* § 238 Rn. 27; zurückhaltender *Valerius* BeckOK-StGB § 238 Rn. 14.

[478] BGHSt 54, 189 (196).

[479] Insofern kritisch *Mitsch* NStZ 2010, 513 (514); *Seher* JZ 2010, 582 (583).

[480] *Gericke* MK-StGB § 238 Rn. 47 f.; *Valerius* BeckOK-StGB § 238 Rn. 17 f.; *Mosbacher* NJW 2017, 983 (983 f.); kritisch zur Reform *Buß* JR 2016, 356 (357 f.); *Köhne* ZRP 2014, 141 (142).

[481] BT-Drucks. 19/31111, S. 5; *Valerius* BeckOK-StGB § 238 Rn. 18.

[482] *Valerius* BeckOK-StGB § 238 Rn. 17 ff.

[483] BT-Drucks. 19/28679, S. 11.

[484] *Eisele* KriPoZ 2021, 147 (148); *Valerius* BeckOK-StGB § 238 Rn. 18.

Absatz 2 normiert eine Strafzumessungsvorschrift, innerhalb derer die *Regelbeispiele* des Satzes 2   **257**
Nrn. 4–6 einen besonders engen Bezug zur Tatbegehung über das Internet aufweisen. Absatz 3
enthält eine *Erfolgsqualifikation* für die schwere Folge, dass die Tat zu dem Tod des Opfers, eines
seiner Angehörigen oder einer anderen ihm nahestehenden Person führt.[485]

3. Sonstige Tatbestände und Konkurrenzen

Die einzelnen nachstellenden Teilhandlungen können auch schon für sich gesehen   **258**
Strafvorschriften verwirklichen. Im Kernstrafrecht kommen hinsichtlich der
Nrn. 1–4 des Absatzes 1 vor allem Hausfriedensbruch (§ 123 StGB), Sachbeschädigung (§ 303 StGB), falsche Verdächtigung (§ 164 StGB), Beleidigung
(§§ 185 ff. StGB), Nötigung (§ 240 StGB) und Bedrohung (§ 241 StGB), Körperverletzungsdelikte (§§ 223 ff. StGB) und sexuelle Nötigung (§ 177 StGB) in Betracht. Absatz 1 Nr. 5 ist an Software-Angriffe nach §§ 202a ff. StGB gekoppelt,
Absatz 1 Nr. 6 kann bei die Intimsphäre betreffenden Abbildungen etwa mit den
Pornographiedelikten der §§ 184b und 184c sowie mit § 184k und § 201a StGB zusammentreffen. Vor allem zu Beginn der beschriebenen Eskalationsspirale (Rn. 245)
bleiben aber die einzelnen Handlungen häufig unter der Strafbarkeitsschwelle der
einschlägigen Tatbestände und sind – außer in ihrer Gesamtheit ggf. durch § 238
StGB – strafrechtlich überhaupt nicht erfasst.

Auch der Cyberstalker bewegt sich oft im *Vorfeld krimineller Handlungen*. Eine Beleidigung ge-   **259**
mäß § 185 StGB liegt etwa nur bei ehrverletzenden Postings im Netz vor. Eine denkbare Nötigung
gemäß § 240 StGB setzte voraus, dass der Täter eine spezielle Reaktion des Opfers als tatbestandlichen Nötigungserfolg bezweckt und es ihm nicht um die Belästigung als solche geht. Ansonsten
sind Drohungen nur dann strafbar, wenn sie die Begehung eines in § 241 StGB genannten Delikts
in Aussicht stellen.[486]

Im Nebenstrafrecht kommt des Weiteren eine Strafbarkeit nach dem Anfang   **260**
2002 in Kraft getretenen Gewaltschutzgesetz (GewSchG) in Betracht. *§ 4 GewSchG*
stellt das Handeln zuwider einer vollstreckbaren Anordnung oder eines gerichtlich
bestätigten Vergleichs nach § 214a FamFG unter Strafe. In einer Anordnung kann
dem Antragsgegner nach § 1 Abs. 1 Satz 3 GewSchG im Einzelnen untersagt werden, die Wohnung der verletzten Person zu betreten, sich in einem bestimmten Um-
kreis dieser Wohnung aufzuhalten, zu bestimmende andere Orte aufzusuchen, an
denen sich die verletzte Person regelmäßig aufhält, Verbindung zur verletzten Person, auch unter Verwendung von Fernkommunikationsmitteln, aufzunehmen oder
das Zusammentreffen mit der verletzten Person herbeizuführen.

Anlass einer solchen Anordnung kann nach § 1 Abs. 2 Satz 1 Nr. 2 lit. b GewSchG sein, eine an-   **261**
dere Person dadurch unzumutbar belästigt zu haben, dass ihr gegen den ausdrücklich erklärten

---

[485] Zum gefahrspezifischen Zusammenhang bei Opfersuizid BGHSt 62, 49.
[486] *Hilgendorf/Hong* K&R 2003, 168 (170).

Willen wiederholt nachgestellt oder sie unter Verwendung von Fernkommunikationsmitteln verfolgt wurde. Für das Cyberstalking ist die letztgenannte Variante relevant, die jegliche *Verfolgung mittels Fernkommunikationsmitteln* erfasst, folglich auch die Nutzung der Kommunikationsdienste des Internets. Die Kommunikation muss nicht zwischen Täter und Opfer erfolgen, sondern kann ebenso öffentlich geschehen, wie z. B. in Chatrooms, sozialen Netzwerken oder auf Message-Boards. Das Beobachten und Sammeln von Daten ist allerdings noch kein Verfolgen im Sinne der Vorschrift, wohl aber das Publizieren belästigender Inhalte[487] oder auch das wiederholte und andauernde Versenden von E-Mails an das Opfer.

262 Anknüpfungspunkt der *Strafbarkeit* in § 4 GewSchG ist in Satz 1 Nr. 1 die Zuwiderhandlung einer gerichtlichen Anordnung. Schutzgut ist somit nicht etwa ein Individualrechtsgut des Opfers, sondern die Rechtsordnung, die durch die effektive Umsetzung gerichtlicher Anordnungen geschützt werden soll – was letztlich nicht Aufgabe des Strafrechts ist, sondern durch andere Zwangsmittel gewährleistet werden muss. Der Einzelne wird allenfalls mittelbar geschützt. Dies wird auch daran deutlich, dass die Strafbarkeit eine wirksame Zustellung der vollstreckbaren Anordnung voraussetzt.[488] Mit dem Gesetz zur Verbesserung des Schutzes gegen Nachstellungen vom 1. März 2017[489] wurde die Strafvorschrift des § 4 Satz 1 GewSchG um eine Nr. 2 erweitert. Danach wird auch das Zuwiderhandeln gegen eine in einen gerichtlichen Vergleich aufgenommene Verpflichtung unter Strafe gestellt. Dies trägt dem Umstand Rechnung, dass beispielsweise im Jahr 2014 etwa 25 % der Gewaltschutzsachen durch einen Vergleich erledigt wurden und ein Verstoß gegen die in einem Vergleich aufgenommene Verpflichtung bislang nicht nach § 4 Satz 1 GewSchG geahndet werden konnte.[490] Voraussetzung ist nach dem zeitgleich neu geschaffenen § 214a Satz 1 FamFG allerdings, dass das Gericht den Vergleich so weit bestätigt hat, wie es die in § 1 GewSchG genannten und in den Vergleich aufgenommenen Schutzmaßnahmen selbst hätten anordnen können.[491] Die Strafbarkeit nach anderen Vorschriften (siehe etwa Rn. 258) bleibt gemäß § 4 Satz 2 GewSchG unberührt.

263 Beim Zusammentreffen mehrerer Straftaten entscheiden die *Konkurrenzen* über den Schuldspruch des Täters. Auch wenn sich jede Nachstellung aus mehreren einzelnen Akten zusammensetzt, die sich über einen längeren Zeitraum erstrecken, handelt es sich mangels kontinuierlicher Beeinträchtigung des Rechtsguts nicht um ein Dauerdelikt.[492] Die Folgen dieses Befunds sind allerdings umstritten. Nach der Rechtsprechung kann die Nachstellung gleichwohl einzelne, weniger schwerwiegende Straftaten verklammern, so dass die Nachstellung mit sämtlichen Teilakten (z. B. Beleidigungen und Bedrohungen) in Tateinheit stünde.[493] § 238 Abs. 1 Nr. 5 StGB verdrängt die §§ 202a ff. StGB im Wege der Spezialität.[494]

---

[487] *Hilgendorf/Hong* K&R 2003, 168 (171).

[488] BGH NStZ 2007, 484 (484); aA OLG Oldenburg NStZ 2005, 411 (411 f.).

[489] BGBl. I, S. 386.

[490] BT-Drucks. 18/9946, S. 15.

[491] BT-Drucks. 18/9946, S. 15.

[492] BGHSt 54, 189 (199); OLG Brandenburg NStZ 2010, 519 (520); Schönke/Schröder/*Eisele* § 238 Rn. 39. *Hochmayr* ZStW 122 (2010), 757 (770 ff.) bezeichnet den Tatbestand der Nachstellung als „sukzessives Delikt".

[493] BGHSt 54, 189 (201); Schönke/Schröder/*Eisele* § 238 Rn. 39; *Hochmayr* ZStW 122 (2010), 757 (781); *Mosbacher* NStZ 2007, 665 (670); aA *Valerius* JuS 2007, 319 (323 f.).

[494] BT-Drucks. 19/28679, S. 12.

C. Betrug und Computerbetrug

I. Grundlagen

Computer und Computernetzwerke wie das Internet können nicht nur dazu ver- **264** wendet werden, durch die veröffentlichten Inhalte als solche die Rechtsgüter eines anderen zu beeinträchtigen. Außer den Äußerungsdelikten und den möglichen Eingriffen in den persönlichen Lebensbereich durch Veröffentlichungen im Internet können im Zusammenhang mit Computern und Computernetzwerken weitere Straftaten verwirklicht werden, bei denen der Computer entweder in sonstiger Form als Tatmittel oder als Tatobjekt fungiert. Als *Tatmittel* wird der Computer bei jeglicher Form von Kommunikation missbraucht, die Rechtsgüter gefährdet oder verletzt. Exemplarisch bleibt auf trügerische Verhaltensformen zu verweisen, die entweder gegenüber einem Menschen (Betrug gemäß § 263 StGB) oder auch unmittelbar gegenüber einer Datenverarbeitungsanlage (Computerbetrug gemäß § 263a StGB) begangen werden, ferner auf Urkundenfälschungen mittels eines Rechners (§§ 267 ff. StGB). Zum *Tatobjekt* wird der Computer, wenn Angriffe auf seine Hard- oder Software geführt werden. Hierfür sind vor allem die Vorschriften der §§ 202a ff. und der §§ 303a f. StGB einschlägig.

Die moderne Computertechnik beschäftigt schon seit den 1980er-Jahren das Strafrecht[495] und lässt **265** es mitunter an seine Grenzen stoßen. Problematisch ist in vielerlei Hinsicht, dass Tatmittel oder Tatobjekt nunmehr unkörperliche Gegenstände sind, die von den klassischen Straftatbeständen nicht erfasst werden. Daten, Netzwerke, Software, Computer und sonstige Automatisierung und Digitalisierung geben dem Strafrecht ein neues Anwendungsfeld. Einen ersten Meilenstein in der Diskussion markierte das *Zweite Gesetz zur Bekämpfung der Wirtschaftskriminalität* (2. WiKG) vom 15. Mai 1986[496]. Es führte zahlreiche neue Vorschriften in das StGB ein, unter anderem § 263a, §§ 269 f., § 202a sowie §§ 303a ff. StGB, mit deren Hilfe die Computerkriminalität bekämpft werden sollte.[497] Heute, bald 40 Jahre später, sind diese Vorschriften immer noch aktuell und vergrößert sich ihr Anwendungsbereich stetig.

II. Betrug (§ 263 StGB)

Literatur (Auswahl): *Becker/Ulbrich/Voß* Tele-Gewinnspiele im „Hot-Button-Verfahren": Betrug durch Moderatoren?, MMR 2007, 149–155; *Buggisch* Dialer-Programme, NStZ 2002, 178–182; *Ceffinato* Vermögensstraftaten im und über das Internet, NZWiSt 2016, 464–467; *Eiden* „Wenn Ochsen Milch geben" – Fernsehgewinnspiel und Täuschungsbegriff, ZIS 2009, 59–67; *Eisele* Zur Strafbarkeit von sog. „Kostenfallen" im Internet, NStZ 2010, 193–199; *Frank* „You've got (Spam-)Mail". Zur Strafbarkeit von E-Mail-Werbung, CR 2004, 123–129; *Fülling/Rath*

---

[495] Siehe *Sieber* Computerkriminalität und Strafrecht, 1980; *ders.* Informationstechnologie und Strafrechtsreform, 1985.

[496] BGBl. I, S. 721. Siehe hierzu allgemein *Achenbach* NJW 1986, 1835; *Hilgendorf/Frank/Valerius* in: Das Strafgesetzbuch, S. 258 (294 ff.); *Weber* NStZ 1986, 481.

[497] Zur Bekämpfung der Computerkriminalität durch das 2. WiKG *Haft* NStZ 1987, 6; *Lenckner/Winkelbauer* CR 1986, 483, 654, 824; *Möhrenschlager* wistra 1986, 128.

Internet-Dialer, JuS 2005, 598–602; *Jaguttis/Parameswaran* Bei Anruf: Betrug – erschlichene „Zuneigungsgeschäfte" am Telefon, NJW 2003, 2277–2281; *Noltenius* Quizsendungen von „Neun Live" und der Tatbestand des Betrugs, wistra 2008, 285–291; *Oehme* Call-in Shows im deutschen Fernsehen – Betrug als alltägliche Form der Unterhaltung?, JA 2009, 39–43; *Popp* Strafbarkeit des regelwidrigen Mitbietens bei so genannten Internetauktionen?, JuS 2005, 689–694; *Schröder/Thiele* »Es ist machbar!« – Die Betrugsrelevanz von Telefon-Gewinnspielen im deutschen Fernsehen, Jura 2007, 814–823.

Studienliteratur: *Hatz* Die Strafbarkeit von sog. „Abofallen" im Internet, JA 2012, 186–189; *Jäger* Die drei Unmittelbarkeitsprinzipien beim Betrug, JuS 2010, 761–766; *Kindhäuser/Nikolaus* Der Tatbestand des Betrugs (§ 263 StGB), JuS 2006, 193–198; 293–298; *Satzger* Probleme des Schadens beim Betrug, Jura 2009, 518–528; *Waszcynski* Klausurrelevante Problemfelder des Vermögensschadens bei § 263 StGB, JA 2010, 251–257.

1. Betrug im Internet

266   Während der Betrug und seine „Derivate" (§§ 263 ff. StGB) in den klassischen Medien eine untergeordnete Rolle spielen, begründen die neuen Medien, allen voran das Internet, neuartige Gefahren für den Verbraucher. Unter anderem erweitern Homebanking (zum Phishing siehe etwa Rn. 286, 319), E-Commerce[498], Online-Gaming[499], Verschlüsselungstrojaner (sog. Ransomware) und der Verkauf illegaler Kopien von Software oder sogar von Know-how die strafbaren Handlungsmöglichkeiten für potentielle Täter (zum „Cybercrime-as-a-Service" siehe etwa den neuen Straftatbestand des Betriebs krimineller Handelsplattformen nach § 127 StGB n.F., Rn. 474 ff.). Zum Teil werden auch nur neue Möglichkeiten der Kommunikationstechnologie zu betrügerischen Verhaltensweisen ausgenutzt.[500]

267   Betrügereien im Internet sind auf zweierlei Weise denkbar. Zum einen kann die Täuschungshandlung *gegenüber einem Computersystem* vorgenommen werden, um das Ergebnis eines Datenverarbeitungsvorgangs zu beeinflussen. Derartige Manipulationen stellt die Vorschrift des § 263a StGB (Computerbetrug) unter Strafe (Rn. 299 ff.). Zum anderen kann die Täuschung auf herkömmliche Art *gegenüber einem Menschen* erfolgen. Dieser klassische Betrug im Sinne des § 263 StGB hat durch das Internet neue Begehungsformen gefunden. In vielen Fällen handelt es sich um bekannte Formen des Betrugs in einem neuen Kleid, so dass sich im Rahmen der Strafbarkeit keine Besonderheiten ergeben. Dabei macht sich der Täter die Vorteile des Internets zu Nutze: Jederzeit und überall kann auf das Internet zugegriffen werden, wobei der Nutzer überdies anonym bleibt. Zudem ist die Wirkung schnell und effektiv, da praktisch ohne Zeitverzögerung viele Adressaten erreicht werden, die sofort auf eine Nachricht reagieren können. Anders als beim klassi-

---

[498] Siehe etwa BGH NStZ 2011, 401 zur Verlosung einer Doppelhaushälfte im Internet, OLG Jena NJW 2002, 2404 zum Betrug durch angebliche Kreditvermittlung im Internet oder OLG Frankfurt a.M. NJW 2011, 398 mit Anm. *Eisele* MMR 2011, 273 zu Abo-Fallen im Internet (siehe Rn. 276).

[499] Zur Strafbarkeit von „Diebstählen" virtueller Gegenstände in Online-Spielen *Heghmanns/Kusnik* CR 2011, 248.

[500] Siehe OLG Oldenburg MMR 2010, 791 mit Bespr. *Eiden* Jura 2011, 863 zur Strafbarkeit sog. Ping-Anrufe, um den Angerufenen zum Rückruf einer kostenpflichtigen Nummer zu veranlassen; siehe hierzu auch *Brand/Reschke* NStZ 2011, 379 (381 ff.).

schen Betrug ist das Opfer dem Täter meist völlig unbekannt, d. h. nicht nur der Täter ist im Netz anonym, sondern auch das Opfer.

2. Objektiver Tatbestand

Wenngleich der Wortlaut des § 263 StGB dies nur unzureichend erkennen lässt, besteht der objektive Tatbestand des Betrugs aus vier Prüfungspunkten: Täuschungshandlung, Irrtum, Vermögensverfügung und Vermögensschaden. Zwischen diesen Merkmalen bedarf es eines durchgehenden *Ursachenzusammenhangs*: Der Täter täuscht sein Opfer und verursacht dadurch bei diesem einen Irrtum. Dieser Irrtum wiederum veranlasst den Getäuschten zu einer Vermögensverfügung, wodurch schließlich ein Vermögensschaden entsteht. Während Getäuschter und Verfügender ein und dieselbe Person sein müssen, ist zwischen Verfügendem und Geschädigtem keine Identität erforderlich.[501] Es ist daher möglich, jemanden täuschungsbedingt zu einer irrtumsbasierten Vermögensverfügung zu veranlassen, um sich an dem Vermögen eines Dritten zu bereichern, über das der Getäuschte verfügt (siehe hierzu Rn. 289).

268

a) Täuschung über Tatsachen

Aus der von § 263 StGB geforderten „Vorspiegelung falscher oder [...] Entstellung oder Unterdrückung wahrer Tatsachen" wird als erstes Tatbestandsmerkmal des Betrugs die *Täuschung* über Tatsachen abgeleitet. Hierunter ist jede Einwirkung auf die Vorstellung eines anderen zu verstehen.[502] Der Täter muss die Täuschung weder selbst noch allein vornehmen, sondern kann sich der Hilfe Dritter bedienen.[503]

269

Tatsachen sind nach herrschender Auffassung gegenwärtige oder vergangene Verhältnisse, Zustände oder Geschehnisse, die dem Beweis zugänglich sind.[504] Ausreichend ist eine generelle Beweisbarkeit. Der Tatsachencharakter geht folglich nicht dadurch verloren, dass im konkreten Fall der Beweis nicht erbracht werden kann (z. B. weil der einzige Zeuge verstorben ist).[505] Erfasst werden äußere wie auch innere Tatsachen, z. B. bestimmte Überzeugungen oder Absichten und Kenntnisse.

270

Von den Tatsachen selbst sind *Tatsachenaussagen*, d. h. Aussagen über Tatsachen, zu unterscheiden. Streng genommen können nur Tatsachenaussagen wahr oder falsch sein, nicht aber Tatsachen.[506] Von Tatsachenaussagen sind wiederum *Werturteile* abzugrenzen, die sich durch ein Element des Meinens und der persönlichen Stellungnahme auszeichnen. Sie entziehen sich daher einer Bewertung als wahr oder unwahr und können je nach subjektiver Überzeugung lediglich als richtig oder unrichtig bezeichnet werden (vgl. schon Rn. 168). Werturteile sind nicht von

271

---

[501] BGH NJW 2002, 2117 (2117); *Fischer* § 263 Rn. 79; Lackner/Kühl/*Kühl* § 263 Rn. 28.

[502] BGHSt 47, 1 (3); *Rengier* BT I § 13 Rn. 9; *Wessels/Hillenkamp/Schuhr* Rn. 514.

[503] BGHSt 43, 317 (320); *Wessels/Hillenkamp/Schuhr* Rn. 515.

[504] *Fischer* § 263 Rn. 6; *Rengier* BT I § 13 Rn. 4.

[505] *Fischer* § 263 Rn. 6; *Hilgendorf/Valerius* BT II § 7 Rn. 14.

[506] *Fischer* § 263 Rn. 6; *Hilgendorf* Tatsachenaussagen und Werturteile im Strafrecht, S. 126 f.

§ 263 StGB erfasst, der lediglich bei täuschenden Tatsachenaussagen verwirklicht ist.

272 Die demnach erforderliche *Abgrenzung* zwischen Tatsachenbehauptungen und Werturteilen ist fließend und erweist sich im Einzelfall als schwierig. Dies gilt vor allem bei unsubstantiierten Behauptungen, Rechtsausführungen (z. B. beim Verkauf von akademischen Graden über das Internet), Prognosen, übertreibenden Anpreisungen oder marktschreierischer Reklame (etwa beim Online-Vertrieb zwielichtiger pharmazeutischer Produkte).[507] Die Schwelle zum Betrug überschritten ist nach herrschender Auffassung bei unzutreffenden Äußerungen des Moderators einer *Gewinnspielsendung* im Fernsehen, z. B. wenn er behauptet, kostenpflichtige Anrufe hätten zu einem bestimmten Zeitpunkt höhere Chancen, ins Studio durchgestellt zu werden.[508]

273 Die Täuschung erfolgt in erster Linie durch ein aktives Tun des Täters. Sofern nicht *ausdrücklich* über eine Tatsache getäuscht wird, kann dem Verhalten des Täters auch *konkludent* ein bestimmter Erklärungswert zukommen. Maßgeblich ist die Verkehrsauffassung.[509] Wer beispielsweise einen Vertrag abschließt, behauptet damit stillschweigend sowohl seine Erfüllungsfähigkeit als auch -willigkeit.[510] Das Geltendmachen einer Forderung bringt konkludent zum Ausdruck, Inhaber eines entsprechenden Anspruchs zu sein.[511]

274 So liegt eine Täuschung vor, wenn jemand lediglich vorgibt, unter einer *Mehrwertdienstenummer* (z. B. 0900-Nummern; ergänzend Rn. 282) wertvolle Informationen etwa zum Faxabruf bereitzuhalten oder telefonisch zu erbringen, es ihm aber tatsächlich nur um den Erhalt seines Anteils der Gebühren geht und er bestenfalls bereits erteilte Informationen wiederholt.[512]

275 Gleiches gilt für einen Täter, der im *Online-Handel* Waren zum Kauf gegen Vorkasse oder per Nachnahme anbietet, aber die bestellten Waren entweder überhaupt nicht (bei Vorkasse) oder nur eine leere Sendung oder einen geringerwertigen Artikel (bei Nachnahme) liefert. Bei den einzelnen Handlungen handelt es sich um selbstständige Taten.[513]

276 Eine konkludente Erklärung kann sich nicht nur aus deren Inhalt, sondern auch aus der äußeren Gestaltung ergeben. Vermittelt eine Webseite beispielsweise durch ihre Aufmachung den Eindruck, nach einer erforderlichen Registrierung unentgeltliche Leistungen anzubieten, kann nicht darauf verwiesen werden, dass die Entgeltlichkeit der Leistungen und die Eingehung einer vertraglichen Bindung für den Benutzer bei sorgfältiger Prüfung der Webseite (im konkreten Fall durch Lesen eines Sternchenhinweises über der Anmeldemaske ohne Bezug zum konkreten Angebot) ohne Weiteres erkennbar gewesen sei. Bei einer solchen *Abo-Falle* wird vielmehr stillschweigend die Unentgeltlichkeit miterklärt.[514]

---

[507] *Fischer* § 263 Rn. 10 ff.; *Wessels/Hillenkamp/Schuhr* Rn. 519.

[508] Siehe hierzu *Becker/Ulbrich/Voß* MMR 2007, 149 (151 ff.); *Eiden* ZIS 2009, 59 (62 ff.); *Noltenius* wistra 2008, 285 (287 ff.); *Oehme* JA 2009, 39 (39 ff.); *Schröder/Thiele* Jura 2007, 814 (816 ff.).

[509] BGHSt 47, 1 (3); 51, 165 (170); *Wessels/Hillenkamp/Schuhr* Rn. 520.

[510] *Fischer* § 263 Rn. 33; Lackner/Kühl/*Kühl* § 263 Rn. 9.

[511] *Rengier* BT I § 13 Rn. 11; *Kindhäuser/Nikolaus* JuS 2006, 193 (195).

[512] BGH NJW 2002, 3415 (3417); *Stöber* NStZ 2003, 515 (519).

[513] BGH K&R 2010, 820 (821).

[514] BGH NJW 2014, 2595 (2596 ff.); OLG Frankfurt a.M. NJW 2011, 398 (400 f.); AG Marburg CR 2010, 479 (479 f.); eingehend *Eisele* NStZ 2010, 193 (194 ff.); *Hatz* JA 2012, 186 (187 f.); zustimmend *Brodowski/Freiling* S. 108; vgl. auch BGHSt 47, 1 (5); BGH NStZ-RR 2004, 110 (111).

Ein weiteres Beispiel für eine betrugsrelevante Täuschungshandlung im Internet ist das Ver- **277** halten eines Anbieters in einer *Online-Auktion* (siehe auch Rn. 291), der bei der eigenen Versteigerung mitbietet, um den Preis nach oben zu treiben.[515] Zwar erscheint diskussionswürdig, ob dadurch schon der Bereich tatbestandlichen Verhaltens erreicht ist oder ob sich der Täter noch im Bereich der erlaubten Geschäftstüchtigkeit bewegt.[516] Schließlich trägt der Bieter das Risiko, auf der Ware sitzen zu bleiben. Zudem steht es den Interessenten an dem angebotenen Artikel völlig frei, das vermeintliche Konkurrenzgebot zu erhöhen. Allerdings untersagen die Allgemeinen Geschäftsbedingungen der Auktionsplattformen in der Regel ein solches Verhalten, was sich auch auf den Erklärungswert der Abgabe eines Gebots auswirkt.[517]

Scheidet eine ausdrückliche oder konkludente Täuschung aus, kann sie auch in **278** einem *Unterlassen* erblickt werden. Tatbestandsmäßig ist nur ein pflichtwidriges Unterlassen, d. h. der Täter muss die Stellung eines Garanten nach § 13 StGB innehaben.[518] Hierfür genügt der bloße Abschluss eines Austauschvertrages nicht, sondern bedarf es eines besonderen Vertrauensverhältnisses (z. B. aufgrund einer langjährigen Geschäftspartnerschaft), das über die vertragliche Pflichtenstellung hinausgeht.[519] Außer der Garantenstellung ist erforderlich, dass das Untätigbleiben seinem sozialen Sinngehalt nach einer Täuschung durch aktives Tun entspricht.[520]

Über eine Täuschung durch Unterlassen ließe sich etwa beim sog. *Cardsharing* diskutieren. Dabei **279** wird eine Entschlüsselungskarte (sog. Smartcard) für Pay-TV-Sender für mehrere Empfangsgeräte zugleich verwendet. Konstruierbar wäre hier eine Pflicht des Abonnenten, den Pay-TV-Anbieter über den zweck- und vertragswidrigen Einsatz der Smartcard zu informieren.[521] Mangels Einschaltung eines getäuschten Mitarbeiters in das Prozedere kommt letztlich indes nur ein Computerbetrug in Betracht (siehe Rn. 321 f.).[522]

b) Irrtum

Die Täuschung muss beim Getäuschten (zumindest mit-)ursächlich einen Irrtum **280** hervorrufen. Ein Irrtum ist jedes *Abweichen der Vorstellung von der Wirklichkeit*.[523] Erforderlich ist eine konkrete Fehlvorstellung, wofür allerdings ein unreflektiertes, sachgedankliches Mitbewusstsein genügt, ebenso die aus bestimmten Tatsachen abgeleitete Vorstellung, dass „alles in Ordnung" sei. Ein reines Nichtwissen, d. h. die

---

[515] Siehe hierzu *Popp* JuS 2005, 689.

[516] Näher zu dieser Abgrenzungsfrage *Hilgendorf* Tatsachenaussagen und Werturteile im Strafrecht, S. 26 ff., 107 f.

[517] *Gercke/Brunst* Rn. 206; *Marberth-Kubicki* Rn. 197; *Beukelmann* NJW-Spezial 2004, 135 (135); *Popp* JuS 2005, 689 (690 f.).

[518] BGHSt 39, 392 (398); 46, 196 (202); *Fischer* § 263 Rn. 38; *Rengier* BT I § 13 Rn. 29; *Wessels/ Hillenkamp/Schuhr* Rn. 530.

[519] BGHSt 39, 392 (399); 46, 196 (203); BGH NStZ 2010, 502 (502); *Fischer* § 263 Rn. 46; *Rengier* BT I § 13 Rn. 30 ff.

[520] BayObLG NJW 1987, 1654 (1654); *Fischer* § 263 Rn. 52; Lackner/Kühl/*Kühl* § 263 Rn. 12; *Wessels/Hillenkamp/Schuhr* Rn. 530.

[521] *Planert* StV 2014, 430 (431).

[522] AA *Esser/Rehaag* wistra 2017, 81 (86).

[523] *Fischer* § 263 Rn. 54; *Rengier* BT I § 13 Rn. 41 f.

bloße Unkenntnis einer Tatsache (sog. ignorantia facti), begründet hingegen keinen Irrtum.[524]

281 Ob der Getäuschte von den falschen Angaben völlig überzeugt ist, bleibt unerheblich. Er muss lediglich in Betracht ziehen, dass die vorgetragenen Tatsachen der Wahrheit entsprechen. Das bloße Für-möglich-Halten reicht somit aus, zumindest wenn der Getäuschte die Wahrheit für wahrscheinlicher als ihr Gegenteil hält.[525] Selbst *Leichtgläubigkeit* oder mitwirkende Fahrlässigkeit des Getäuschten vermögen den Ursachenzusammenhang zwischen Täuschung und Irrtum nicht auszuschließen.[526] Dem Betrug im deutschen Strafrecht sind viktimodogmatische Elemente vielmehr fremd.

282 So ist zwar gemeinhin bekannt, dass *Mehrwertdienstenummern*, die mit der Ziffernfolge 0900 beginnen, ein erhöhter Tarif zu Grunde liegen kann. Nutzt der Irrende täuschungsbedingt (z. B. weil er eine SMS von einer vermeintlichen Verehrerin erhalten hat, die ihn zum Rückruf einer kostenpflichtigen Nummer auffordert und dort auf ihn wartet) eine solche Nummer, so ist der Kausalzusammenhang allein wegen der Unbedarftheit des Anrufers nicht unterbrochen.[527]

283 Auch *Spam-Mails* mit offensichtlich unwahren Tatsachenäußerungen nutzen die Leichtgläubigkeit der Opfer aus, ohne dass dies die Strafbarkeit entfallen ließe. Ein moderner Klassiker sind insoweit die E-Mails der sog. *Nigeria-Connection*.[528] Hier teilt der Absender einer E-Mail mit, eine sehr hohe Geldsumme aus einem afrikanischen Staat außer Landes bringen zu müssen. Der Empfänger der Nachricht solle zu diesem Zweck ein Konto zur Verfügung stellen, wofür ihm eine Provision in beträchtlicher Höhe versprochen wird. Bevor der Transfer jedoch durchgeführt wird, sind Gebühren oder sonstige Entgelte zu entrichten. Sobald diese bezahlt sind, hört das Opfer nichts mehr von seinem Geschäftspartner. Obwohl solche Betrügereien zumeist nicht über das Versuchsstadium hinausgelangen, entsteht hierdurch jährlich ein nicht geringer Schaden.

c) Vermögensverfügung
284 Der Getäuschte muss aufgrund des Irrtums über Vermögen verfügen. Eine Vermögensverfügung ist jedes Tun, Dulden oder Unterlassen, das sich *unmittelbar* (im wirtschaftlichen Sinne) *vermögensmindernd* auswirkt.[529] Der Begriff der Verfügung ist rein tatsächlich zu verstehen und vom zivilrechtlichen Verfügungsbegriff zu unterscheiden. Es handelt sich um ein ungeschriebenes Tatbestandsmerkmal, das als Bindeglied zwischen Irrtum und Vermögensschaden fungiert.

285 Die notwendige *unmittelbare* Vermögensminderung setzt voraus, dass das abgetäuschte Verhalten des Opfers ohne weitere Handlungen des Täters oder nicht dem Risikobereich des Opfers zuzurechnender Dritter die Vermögensminderung

---

[524] *Fischer* § 263 Rn. 57; Lackner/Kühl/*Kühl* § 263 Rn. 18; *Wessels/Hillenkamp/Schuhr* Rn. 537.

[525] BGHSt 47, 83 (88); BGH NStZ 2003, 313 (314); *Rengier* BT I § 13 Rn. 53; siehe hierzu *Kindhäuser/Nikolaus* JuS 2006, 193 (196 f.).

[526] BGHSt 34, 199 (201); BGH NStZ 2003, 313 (314); NStZ-RR 2004, 110 (111); *Rengier* BT I § 13 Rn. 54 f.

[527] *Jaguttis/Parameswaran* NJW 2003, 2277 (2279); vgl. auch *Frank* CR 2004, 123 (126); *Fülling/Rath* JuS 2005, 598 (599 f.) zur Einwahl über Dialer.

[528] Siehe hierzu auch *Gercke/Brunst* Rn. 215 f.

[529] BGHSt 14, 170 (171); 50, 174 (178); *Fischer* § 263 Rn. 70; Lackner/Kühl/*Kühl* § 263 Rn. 22; *Rengier* BT I § 13 Rn. 70; *Wessels/Hillenkamp/Schuhr* Rn. 543.

bewirkt.[530] Es gereicht insbesondere nicht zum Betrug, wenn die Täuschung lediglich die Wegnahme einer Sache ermöglicht oder erleichtert, dieser Akt aber noch einen eigenen wesentlichen Zwischenschritt darstellt, um das geschützte Vermögen zu beeinträchtigen. Die erschlichene Gewahrsamslockerung bedeutet folglich keinen Betrug, sondern lediglich eine Vorbereitungshandlung zum Diebstahl.

Problematisch ist die Unmittelbarkeit der Vermögensverfügung vornehmlich beim *Phishing* (siehe dazu auch Rn. 319). Das aus „Password" und „Fishing" zusammengesetzte Kunstwort beschreibt die kriminelle Verhaltensweise, Internetnutzer beispielsweise mittels vermeintlich von der Bank des Angesprochenen stammender E-Mail dazu aufzufordern, Zugangsdaten wie PIN (Persönliche Identifikationsnummer) und TANs (Transaktionsnummer) für das Online-Banking mitzuteilen. Das vermögensmindernde Verhalten besteht zwar unstreitig in der Mitteilung der Zugangsdaten, die dem Phisher den Online-Zugriff auf das betreffende Konto gestatten. Allerdings bedarf es noch eines weiteren wesentlichen Zwischenschritts des Täters, der die gephishten Daten erst einsetzen muss, um auf das Vermögen des betroffenen Kontoinhabers tatsächlich zuzugreifen. Die (vorbereitende) Preisgabe der Zugangsdaten selbst führt daher nicht unmittelbar zu einer Vermögensminderung, auch nicht in Gestalt einer schadensgleichen Vermögensgefährdung (siehe dazu sogleich Rn. 293 f.).[531] Denkbar ist eine schadensgleiche Vermögensgefährdung jedoch dann, wenn sich der Täter im Besitz einer vom Mobilfunkanbieter des Opfers beschafften Ersatz-SIM-Karte befindet und damit im sog. mTAN-Verfahren Transaktionsnummern auf sein Mobiltelefon erhält.[532]

Für die erforderliche *Kausalität* zwischen Irrtum und Vermögensverfügung reicht es aus, dass der Irrtum die Verfügung mitverursacht. Dass der Getäuschte die Vermögensverfügung auch bei Erkennen der wahren Zusammenhänge getroffen hätte, schließt den ursächlichen Zusammenhang demnach nicht aus. An der Kausalität fehlt es dagegen, wenn die Vermögensverfügung aus anderen Gründen als dem Irrtum erfolgt, z. B. der in Eile befindliche Passant einem (vermeintlichen) Bettler Geld gibt, um ihn loszuwerden und nicht um dessen vermeintliche Hilfsbedürftigkeit zu lindern.[533]

Der Getäuschte muss sich der vermögensmindernden Wirkung seiner Verfügung grundsätzlich nicht bewusst sein. Ein *Verfügungsbewusstsein* ist vor allem bei Forderungen, Rechten und Erwerbsaussichten nicht notwendig, da die Täuschung zumeist gerade zum Zweck hat, dem Opfer den Vermögensbezug seiner Handlung zu verschleiern.[534] Eine Ausnahme bildet die täuschungsbedingte Verfügung über eine Sache (sog. *Sachbetrug*), weil es hier den Betrug als Selbstschädigungsdelikt gegenüber dem Diebstahl als Fremdschädigungsdelikt abzugrenzen gilt.[535]

286

287

288

---

[530] BGHSt 50, 174 (178); *Beukelmann* BeckOK-StGB § 263 Rn. 32; siehe hierzu *Jäger* JuS 2010, 761 (761 ff.).

[531] *Hefendehl* MK-StGB § 263 Rn. 961; *Marberth-Kubicki* Rn. 73; *Ceffinato* NZWiSt 2016, 464 (465 f.); *M. Gercke* CR 2005, 606 (608); *Graf* NStZ 2007, 129 (130); *Popp* NJW 2004, 3517 (3518); aA Erstauflage Rn. 765; *Stuckenberg* ZStW 118 (2006), 878 (903 f.); *Weber* HRRS 2004, 406 (408 f.).

[532] *Ceffinato* NZWiSt 2016, 464 (466).

[533] *Fischer* § 263 Rn. 87; *Wessels/Hillenkamp/Schuhr* Rn. 552.

[534] BGHSt 14, 170 (172); *Rengier* BT I § 13 Rn. 72.

[535] BGHSt 41, 198 (201 f.); *Rengier* BT I § 13 Rn. 71; *Wessels/Hillenkamp/Schuhr* Rn. 546.

d) Vermögensschaden

289 Die Vermögensverfügung des Getäuschten muss kausal zu einem Schaden im Vermögen des Getäuschten oder eines Dritten führen. Anders als Getäuschter und Verfügender müssen Verfügender und Geschädigter nicht ein und dieselbe Person sein (siehe schon Rn. 268). Damit die Vermögensverfügung des Getäuschten dem Geschädigten aber als Selbstschädigung zugerechnet werden kann und ein sog. *Dreiecksbetrug* vorliegt, bedarf es einer bestimmten Position des Getäuschten zu dem durch seine Verfügung beeinträchtigten Vermögen. Nach herrschender Ansicht muss der Verfügende ein besonderes Näheverhältnis zu dem jeweiligen Vermögen aufweisen, bildlich im Lager des Geschädigten stehen (sog. *Lagertheorie*).[536] Ohne eine solche Nähebeziehung stellt der Verfügende nur das Werkzeug des Täuschenden als mittelbaren Täters eines Diebstahls dar.

290   Um den Vermögensschaden zu bestimmen, ist der wirtschaftliche Wert des Vermögens vor und nach der irrtumsbedingten Verfügung zu saldieren (*Prinzip der Gesamtsaldierung*). Ergibt dieser Vergleich eine negative Differenz, die nicht durch ein gleichwertiges Äquivalent ausgeglichen wird, liegt grundsätzlich ein Vermögensschaden vor.[537] Etwaige Kompensationen sind nur zu berücksichtigen, wenn der Geschädigte sie bereits zum Zeitpunkt der Vermögensverfügung erhält. Ein späterer Ausgleich, etwa durch Schadensersatzzahlungen oder Versicherungsleistungen, ist unerheblich und vermag den bereits eingetretenen tatbestandlichen Vermögensschaden nicht zu beseitigen. Ebenso bleiben zivilrechtliche Rückwirkungsfiktionen, z. B. durch Anfechtung eines Rechtsgeschäfts, außer Betracht.[538]

291 Bei Austauschverträgen kommen für den Eintritt des notwendigen Vermögensschadens sowohl der Zeitpunkt des Vertragsschlusses als auch der Zeitpunkt der Verfügungsgeschäfte in Betracht. Verdeutlicht sei dies am Beispiel einer *Auktion im Internet*: Ist hier der Täter von Anfang an, d. h. schon beim Abschluss des Verpflichtungsgeschäfts nicht willens oder fähig, die angebotene Sache zu übereignen bzw. umgekehrt das hierfür abgegebene Gebot zu entrichten (zur zumindest konkludenten Täuschung Rn. 277), begeht er schon zu diesem Zeitpunkt einen vollendeten *Eingehungsbetrug*.[539] Der Vermögensschaden des über die Erfüllungsfähigkeit bzw. -willigkeit getäuschten Vertragspartners resultiert hier daraus, dass seiner eingegangenen Vertragsverpflichtung aus wirtschaftlicher Sicht keine gleichwertige Gegenleistung gegenübersteht. Gleiches gilt bei einer Täuschung des Anbieters über Eigenschaften der zum Verkauf stehenden Sache, aufgrund derer sie den erzielten Auktionspreis nicht wert ist.[540] Ersteigert ein Bieter hingegen die Ware zu einem Preis, den sie wert ist, scheidet ein Vermögensschaden aus.[541] Denn der Betrug schützt nur das Vermögen, weder hingegen die Dispositionsfreiheit noch die Wahrheit im Geschäftsverkehr.[542]

---

[536] BGH NStZ 1997, 32 (33); *Beukelmann* BeckOK-StGB § 263 Rn. 35.

[537] BGHSt 16, 220 (221); 30, 388 (389); 54, 69 (122); *Fischer* § 263 Rn. 110 f.; *Wessels/Hillenkamp/Schuhr* Rn. 566; *Satzger* Jura 2009, 518 (521).

[538] *Beukelmann* BeckOK-StGB § 263 Rn. 57; *Lackner/Kühl/Kühl* § 263 Rn. 36a; *Satzger* Jura 2009, 518 (521).

[539] *Gercke/Brunst* Rn. 202; *Marberth-Kubicki* Rn. 197; allgemein hierzu *Waszcynski* JA 2010, 251 (254 f.).

[540] BGHSt 16, 220 (222).

[541] *Gercke/Brunst* Rn. 207; *Marberth-Kubicki* Rn. 197; aA wohl *Malek/Popp* Rn. 240, der darauf abstellt, welchen Preis der Ersteigerer ohne das Mitbieten des Verkäufers bezahlt hätte; siehe auch *Popp* JuS 2005, 689 (692 ff.).

[542] BGHSt 16, 321 (325); *Lackner/Kühl/Kühl* § 263 Rn. 2.

Einen (echten) *Erfüllungsbetrug* verwirklicht der Anbieter dagegen, wenn die Täuschung erst **292** beim Austausch der Leistungen, mithin nach Vertragsschluss geschieht, z. B. hier eine andere – geringerwertige – Sache als die geschuldete übereignet wird.[543] Hiervon zu unterscheiden ist der unechte Erfüllungsbetrug, der einen zum Zeitpunkt des Verpflichtungsgeschäfts bewirkten täuschungsbedingten Irrtum lediglich fortwirken lässt, etwa indem die Kaufsache, über deren Eigenschaften beim Abschluss des Kaufvertrags getäuscht wurde, tatsächlich übereignet wird.[544]

Nach herrschender Auffassung genügt für den Vermögensschaden auch eine sog. **293** *schadensgleiche Vermögensgefährdung.* Danach reicht bereits das Risiko eines (endgültigen) Vermögensschadens aus, wenn die Wahrscheinlichkeit seiner Verwirklichung so groß ist, dass sich die Gefährdung schon jetzt nach der maßgeblichen wirtschaftlichen Betrachtung als eine objektive Minderung des Vermögens darstellt.[545] Die Berechtigung des Begriffs der „schadensgleichen Vermögensgefährdung" wurde zuletzt zwar in Frage gestellt.[546] Ungeachtet der Terminologie ist aber im Wesentlichen anerkannt, dass sich die Vollendung des Betrugstatbestandes an wirtschaftlichen Maßstäben orientiert.

Die Figur der schadensgleichen Vermögensgefährdung gelangt etwa bei Pyramidenspielen und **294** Schneeballsystemen zur Anwendung. In beiden Geschäftsmodellen erhält der Initiator Geld von den geworbenen Kunden, damit sie an dem System teilnehmen dürfen. Die Teilnehmer versuchen dann ihrerseits Geld zu verdienen, indem sie weitere Investoren für das Programm rekrutieren. Werden keine Investoren und kein Kapital mehr gefunden, bricht das System zusammen und diejenigen, die ihren Verlust nicht ausgleichen können, erleiden einen Vermögensverlust. Der Unterschied zwischen den beiden Systemen besteht darin, dass beim *Pyramidenspiel* der Veranstalter nur Vertragspartner der Erstkunden ist, die mit den weiteren Teilnehmern eigene Verträge schließen. Beim *Schneeballsystem* erfolgen hingegen sämtliche Vertragsschlüsse, d. h. auch mit den später hinzutretenden Teilnehmern, mit dem Veranstalter.[547] In beiden Konstellationen wird das Vermögen der Teilnehmer bereits zum Zeitpunkt ihrer Anwerbung schadensgleich gefährdet. Denn dem Angebot, für ein gewisses Entgelt an dem Spiel teilzunehmen, steht die hohe Wahrscheinlichkeit gegenüber, keine oder zumindest nicht so viele weitere Spieler zu rekrutieren, um seine Investition zurückzuerhalten. Sollte es dem einzelnen Teilnehmer später gleichwohl gelingen, durch neue Rekrutierungen seinen Vorschuss auszugleichen, steht dies der Vollendung des Betrugs nicht entgegen, sondern wirkt sich allenfalls auf die Strafzumessung aus.

3. Subjektiver Tatbestand

Der subjektive Tatbestand des Betrugs erfordert zunächst zumindest bedingten *Vor-* **295** *satz* hinsichtlich der objektiven Merkmale des § 263 StGB. In Bezug auf den Adressaten der Täuschung genügt es, sich der Grundzüge der Tat bewusst zu sein. Es ist nicht erforderlich, das Betrugsopfer konkret zu kennen. Dass eine Täuschungshandlung im Internet oder in Printmedien an eine unbestimmte Vielzahl von Personen gerichtet ist, bleibt demnach unerheblich.

---

[543] *Fischer* § 263 Rn. 177; *Rengier* BT I § 13 Rn. 192; *Wessels/Hillenkamp/Schuhr* Rn. 572; *Satzger* Jura 2009, 518 (527).

[544] *Rengier* BT I § 13 Rn. 196; *Wessels/Hillenkamp/Schuhr* Rn. 572; *Satzger* Jura 2009, 518 (528).

[545] BGHSt 51, 165 (177); *Satzger* Jura 2009, 518 (524).

[546] Siehe vor allem BGHSt 53, 199 (202); zur Diskussion statt vieler *Fischer* StraFo 2008, 269 und *Nack* StraFo 2008, 277.

[547] Köhler/Bornkamm/Feddersen/*Bornkamm* § 16 UWG Rn. 35.

296   Als Delikt mit überschießender Innentendenz verlangt der Betrug darüber hinaus die Absicht des Täters, sich oder einem Dritten einen rechtswidrigen Vermögensvorteil zu verschaffen (*Bereicherungsabsicht*). Die *Rechtswidrigkeit* der erstrebten Bereicherung ist ein objektives und somit vorsatzbedürftiges Tatbestandsmerkmal. In einem Tatumstandsirrtum gemäß § 16 Abs. 1 Satz 1 StGB befindet sich somit, wer davon ausgeht, einen fälligen und durchsetzbaren Anspruch auf den abgelisteten Vermögenswert zu haben.

297   Ungeschriebene Voraussetzung des Betrugs als Vermögensverschiebungsdelikt ist, dass der erstrebte Vermögensvorteil unmittelbar zu Lasten des Geschädigten geht. Diese sog. *Stoffgleichheit* liegt vor, wenn der Vorteil die Kehrseite des Schadens bildet, d. h. Schaden und Vorteil auf ein und derselben Vermögensverfügung beruhen.[548]

298   Die notwendige Stoffgleichheit fehlt, wenn ein Täter Investoren durch Täuschung davon überzeugt, *Aktien* eines bestimmten Unternehmens zu kaufen, damit sein eigener Aktienbestand an Wert gewinnt. Bei einem überhöhten Preis der Aktie erleiden die Anleger zwar einen Vermögensschaden, da dann dem Kaufpreis der Aktie kein angemessenes Äquivalent gegenübersteht. Der Vermögensvorteil des Täters resultiert aber aus dem Wertzuwachs seiner eigenen Aktien, deren Kurs wegen der (aufgrund der Täuschung) erhöhten Nachfrage gestiegen ist. Ein Betrug scheidet insoweit daher aus. In Betracht kommt allerdings eine Strafbarkeit nach § 264a StGB (Kapitalanlagebetrug) oder §§ 119 Abs. 1 Nr. 2, 120 Abs. 2 Nr. 3 WpHG i. V. m. Art. 15, 12 VO (EU) Nr. 596/2014 (Market Abuse Regulation – MAR) (Marktmanipulation).

III. Computerbetrug (§ 263a StGB)

Literatur (Auswahl): *Beucher/Engels* Harmonisierung des Rechtsschutzes verschlüsselter Pay-TV-Dienste gegen Piraterieakte, CR 1998, 101–110; *Buggisch* Dialer-Programme, NStZ 2002, 178–182; *Busch/Giessler* SIM-Lock und Prepaid-Bundles, MMR 2001, 586–596; *Dressel* Strafbarkeit von Piraterie-Angriffen gegen Zugangsberechtigungssysteme von Pay-TV-Anbietern, MMR 1999, 390–395; *Fülling/Rath* Internet-Dialer, JuS 2005, 598–602; *M. Gercke* Ist die Mehrfachnutzung kostenloser Internettestzugänge strafbar?, ZUM 2001, 567–573; *Hecker* Herstellung, Verkauf, Erwerb und Verwendung manipulierter Telefonkarten, JA 2004, 762–769; *Scheffler* Einsatz einer Pay-TV Piraten-SmartCard, CR 2002, 151–156.

Studienliteratur: *Eisele/Fad* Strafrechtliche Verantwortlichkeit beim Missbrauch kartengestützter Zahlungssysteme, Jura 2002, 305–312; *Hilgendorf* Grundfälle zum Computerstrafrecht, 5. Teil, JuS 1997, 130–136; 6. Teil, JuS 1997, 323–331; *Kraatz* Der Computerbetrug (§ 263a StGB), Jura 2010, 36–46; *Popp* Informationstechnologie und Strafrecht, JuS 2011, 385–392; *Valerius* Täuschungen im modernen Zahlungsverkehr, JA 2007, 514–519; 778–783.

1. Betrug und Computerbetrug
299   Der Straftatbestand des Computerbetrugs wurde durch das 2. WiKG vom 15. Mai 1986[549] in das StGB eingefügt. Er stellt Angriffe auf das Individualvermögen unter Strafe, die durch die Beeinflussung des Ergebnisses eines Datenverarbeitungsvor-

---

[548] BGHSt 6, 115 (116); 34, 379 (391); *Fischer* § 263 Rn. 187; Lackner/Kühl/*Kühl* § 263 Rn. 59; *Kindhäuser/Nikolaus* JuS 2006, 293 (298); siehe hierzu *Jäger* JuS 2010, 761 (765 f.).

[549] BGBl. I, S. 721.

gangs herbeigeführt werden, und erfasst somit neue Tathandlungen im Bereich der Computerkriminalität. Dadurch sollen *Strafbarkeitslücken* geschlossen werden, die darauf beruhen, dass § 263 StGB einen *menschlichen Irrtum* voraussetzt, an dem es bei der Einwirkung auf eine Datenverarbeitungsanlage häufig fehlt.[550]

An die Stelle des menschlichen Irrtums tritt bei § 263a StGB demzufolge das **300** Merkmal der Beeinflussung des Ergebnisses eines Datenverarbeitungsvorgangs.[551] Sie hat durch eine der vier aufgezählten Manipulationsvarianten zu erfolgen, die der Täuschung beim klassischen Betrug entsprechen. Problematisch erweist sich die *Abgrenzung* von Betrug und Computerbetrug dann, wenn das Ergebnis eines Datenverarbeitungsvorgangs noch von einem Menschen überprüft wird. Hier ist jedenfalls dann ein Betrug gemäß § 263 StGB verwirklicht, wenn die *Kontrollperson* über inhaltliche Entscheidungsbefugnisse verfügt und sich nicht nur auf einzelne Stichproben beschränkt.[552]

Vor allem bei (teil-)automatisierten Anmeldungen für Dienste im Internet gestaltet sich die Grenz- **301** ziehung zwischen Betrug und Computerbetrug als schwierig. Dies betrifft etwa das sog. *Faking*, d. h. das Erschleichen des Zugangs zum Internet unter falschem Namen (ergänzend Rn. 331, 498), das vor dem Durchbruch von Internet-Flatrates weit verbreitet war. Oft wurde hierbei entgegen dem Willen des Providers auf immer wieder neue kostenlose Probezugänge zurückgegriffen. Ein solches Verhalten kann nur dann einen Betrug darstellen, wenn ein Mensch über die Freischaltung des Zugangs entscheidet. Wird der Zugang hingegen ausschließlich über EDV abgewickelt, kommt von vornherein lediglich § 263a StGB in Betracht.[553] Entsprechendes gilt für die sonstige Mehrfachnutzung unentgeltlicher Probezugänge, beispielsweise für kostenpflichtige zugangsbeschränkte Angebote auf Webseiten (etwa kostenlose Probemonate bei Video-on-Demand-Diensten). Daneben kann die Abgrenzung auch bei Warenbestellungen im Internet (siehe dazu Rn. 277, 291 f.) problematisch sein, weil sie davon abhängt, ob eine natürliche Person über die Versendung der Ware entscheidet.[554] Lassen sich im Einzelfall die abgrenzungserheblichen Umstände nicht ermitteln, ist eine Wahlfeststellung zwischen Betrug und Computerbetrug zulässig.[555]

Ansonsten ist § 263a StGB weitgehend an § 263 StGB angelehnt. So erfordern **302** beide Vorschriften im objektiven Tatbestand eine Vermögensverfügung, entweder durch den Menschen (§ 263 StGB) oder als Ergebnis eines Datenverarbeitungsvorgangs (§ 263a StGB), die kausal zu einem Vermögensschaden führt. Im subjektiven Tatbestand bedarf es unterschiedslos jeweils der Absicht des Täters, sich oder einem Dritten einen rechtswidrigen (und stoffgleichen) Vermögensvorteil zu verschaffen. Schließlich verweist § 263a Abs. 2 StGB auf § 263 Abs. 2 bis 6 StGB. Die aufgezeigte *Wert- und Strukturgleichheit mit dem Betrug* bleibt bei der Auslegung der

---

[550] BGHSt 47, 160 (162); *Fischer* § 263a Rn. 2; *Hilgendorf/Valerius* BT II § 8 Rn. 1.

[551] Lackner/Kühl/*Heger* § 263a Rn. 16; *Popp* JuS 2011, 385 (391).

[552] Lackner/Kühl/*Heger* § 263a Rn. 18; Arzt/Weber/Heinrich/Hilgendorf/*Heinrich* § 21 Rn. 34.

[553] Ausführlich hierzu *M. Gercke* ZUM 2001, 567 (569 ff.).

[554] BGH BeckRS 2020, 28985.

[555] BGH NJW 2008, 1394 (1395); *Fischer* § 263a Rn. 23; *Rengier* BT I § 14 Rn. 71; *Hilgendorf/ Valerius* BT II § 8 Rn. 46; siehe aber auch OLG Hamm BeckRS 2020, 13351.

einzelnen Tatbestandsmerkmale des § 263a StGB zu berücksichtigen (siehe vor allem Rn. 313).

2. Objektiver Tatbestand

a) Tathandlungen

303 **Unrichtige Gestaltung des Programms (Var. 1)** Die erste von vier Varianten, einen Vermögensschaden mittels Manipulation eines Datenverarbeitungsvorgangs herbeizuführen, ist die unrichtige Gestaltung des Programms. Ein *Programm* ist eine durch Daten fixierte Arbeitsanweisung an den Computer.[556] Da auch die Programme selbst somit als Daten anzusehen sind,[557] handelt es sich bei der Programmmanipulation gemäß der Var. 1 nur um einen *Spezialfall der Inputmanipulation*, die von der zweiten Handlungsvariante im Allgemeinen erfasst wird (siehe Rn. 309).[558]

304 Ein Programm wird unter anderem *gestaltet* durch das Überschreiben, Verändern, Ergänzen oder Löschen von Programmteilen.[559] *Unrichtig* ist die Programmgestaltung nach herrschender Ansicht, wenn durch die Arbeitsanweisung die Daten zu einem Ergebnis verarbeitet werden, das objektiv von demjenigen Ergebnis abweicht, welches am Ende eines unbeeinflussten Datenverarbeitungsvorgangs stünde.[560] Der Computer muss somit aufgrund der Einwirkung zu einem anderen Ergebnis gelangen als ohne die erfolgte Einwirkung. Unerheblich ist hingegen, ob das Ergebnis inhaltlich zutrifft (z. B. weil bereits das nicht manipulierte Programm einen Fehler enthält, das falsche Ergebnisse hervorruft).

305 Der Betreiber eines *Cardsharing*-Servers (dazu insbesondere Rn. 321 f.) nimmt keine unrichtige Gestaltung des Programms vor, vielmehr entschlüsselt seine Smartcard korrekterweise alle an den Receiver gesendeten Kontrollwörter.[561] Aufgrund des objektiven Verständnisses des Merkmals „Unrichtigkeit" ist die Tatbegehungsvariante der Var. 1 nicht erfüllt.

306 Werden Mobiltelefone bei Abschluss eines Telekommunikationsvertrags verbilligt erworben, sind sie häufig durch eine Sperre an die SIM-Karte des vertragschließenden Telekommunikationsunternehmens gebunden (sog. *SIM-Lock*).[562] Ohne Eingabe des Entsperrcodes, der vor Ablauf der Vertragszeit zumeist kostenpflichtig ist, kann das Telefon daher nicht mit den SIM-Karten anderer Telekommunikationsunternehmen genutzt werden. Die unberechtigte Eingabe des Codes bedeutet

---

[556] Lackner/Kühl/*Heger* § 263a Rn. 3; *Schmidt* BeckOK-StGB § 263a Rn. 11.

[557] Lackner/Kühl/*Heger* § 263a Rn. 3.

[558] *Fischer* § 263a Rn. 6; *Gercke/Brunst* Rn. 179; *Wessels/Hillenkamp/Schuhr* Rn. 642; aA *Lenckner/Winkelbauer* CR 1986, 654 (655).

[559] *Fischer* § 263a Rn. 6.

[560] Lackner/Kühl/*Heger* § 263a Rn. 7; *Schmidt* BeckOK-StGB § 263a Rn. 13; *Marberth-Kubicki* Rn. 56; *Rengier* BT I § 14 Rn. 9; *Wessels/Hillenkamp/Schuhr* Rn. 642; aA *Kindhäuser* NK § 263a Rn. 14; Schönke/Schröder/*Perron* § 263a Rn. 5: Wille des Verfügungsberechtigten entscheidet.

[561] *Esser/Rehaag* wistra 2017, 81 (82).

[562] Zur Strafbarkeit insbesondere wegen Betrugs beim Erwerb sog. Prepaid-Bundles in der Absicht, den SIM-Lock zu umgehen, *Schwalbe/Hartmann* MMR 2009, 163 (164 ff.).

ein unbefugtes Verwenden von Daten im Sinne der Var. 3.[563] Es ist jedoch ebenso möglich, die Sperre durch Aufspielen einer neuen Betriebssoftware auf das Mobiltelefon zu umgehen. Dadurch verwirklichte der Täter einen Computerbetrug im Sinne der Var. 1.[564]

Verwendung unrichtiger oder unvollständiger Daten (Var. 2) *Daten* im Sinne der Var. 2 sind nach herrschender Auffassung nur kodierte Informationen.[565] *Unrichtigkeit* und *Unvollständigkeit* sind wie bei der Unrichtigkeit der Programmgestaltung nach Var. 1 objektiv zu bestimmen.[566] **307**

Unrichtig sind beispielsweise Daten auf einer *Telefonkarte*, die durch eine Manipulationshandlung wieder aufgeladen wird. Die Daten bringen die Berechtigung des Inhabers der Karte zum Ausdruck, Kartentelefone bis zu dem gespeicherten Betrag zu nutzen, was jedoch mangels vorheriger Entrichtung eines entsprechenden Entgelts nicht zutrifft. Ein Computerbetrug kommt hier allerdings nur in Betracht, wenn kostenpflichtige Servicenummern angerufen werden und somit die hergestellte Telekommunikation ihrerseits eine vermögenswerte Leistung darstellt. Ansonsten, d. h. bei der Verwendung der vermeintlichen Gebührenbeiträge für herkömmliche Gespräche, ist lediglich ein Erschleichen von Leistungen gemäß § 265a Abs. 1 Var. 2 StGB gegeben (siehe Rn. 498).[567] **308**

Unrichtige oder unvollständige Daten werden *verwendet*, wenn sie in einen Datenverarbeitungsvorgang eingeführt werden. Erfasst wird daher vor allem die *Inputmanipulation* (siehe schon Rn. 303), bei der eingegebene Daten in einen anderen Zusammenhang gebracht oder unterdrückt werden. Die Tat kann auch durch Unterlassen begangen werden. Dazu ist allerdings erforderlich, dass ein Datenverarbeitungsvorgang bereits stattfindet und den Täter eine Garantenpflicht trifft, bestimmte Daten einzugeben.[568] § 263a StGB ist dagegen nicht einschlägig, wenn die Untätigkeit das Ingangsetzen eines Datenverarbeitungsvorgangs verhindert, weil in diesem Fall überhaupt keine Daten verwendet werden.[569] **309**

Unbefugte Verwendung von Daten (Var. 3) In Abgrenzung zu Var. 2 betrifft die dritte Tatvariante nicht die (ggf. befugte) Verwendung unrichtiger oder unvollständiger Daten, sondern die unbefugte Verwendung von (ggf. richtigen oder vollständigen) Daten. Zu den Begriffen der Verwendung und der Daten siehe Rn. 307 und 309. **310**

---

[563] *Busch/Giessler* MMR 2001, 586 (592).

[564] *Gercke/Brunst* Rn. 177; *Marberth-Kubicki* Rn. 58; *Busch/Giessler* MMR 2001, 586 (594). Nach *Sasdi* CR 2005, 235 (239) soll es aber an der notwendigen Vermögensdisposition fehlen.

[565] *Fischer* § 263a Rn. 3; *Schmidt* BeckOK-StGB § 263a Rn. 6; *Tiedemann/Valerius* LK § 263a Rn. 21; aA *Rengier* BT I § 14 Rn. 4: auch kodierbare Informationen.

[566] *Fischer* § 263a Rn. 7; Lackner/Kühl/*Heger* § 263a Rn. 10; *Gercke/Brunst* Rn. 181.

[567] BGH NStZ-RR 2003, 265 (268); *Schmidt* BeckOK-StGB § 263a Rn. 18.2; *Hecker* JA 2004, 762 (768 f.); aA LG Würzburg NStZ 2000, 374 (374) mit kritischer Anm. *Schnabel* NStZ 2001, 374.

[568] *Fischer* § 263a Rn. 8; *Kindhäuser* NK § 263a Rn. 9.

[569] Lackner/Kühl/*Heger* § 263a Rn. 10; *Schmidt* BeckOK-StGB § 263a Rn. 16; *Lenckner/Winkelbauer* CR 1986, 654 (657).

311   Umstritten ist die Auslegung des Merkmals *„unbefugt"*. Nach einer Auffassung werden Daten unbefugt verwendet, wenn dies gegen den Willen des Berechtigten geschieht (sog. *subjektivierende Auslegung*).[570] Diese Ansicht dehnt den Anwendungsbereich des § 263a StGB sehr weit aus, der dann nicht nur betrugsspezifisches Verhalten, sondern jedes vertrags- oder zweckwidrige Verwenden erfasste. In der heutigen Zeit arbeiten aber selbst einfache Geräte häufig mit Chips oder kleinen Festplatten, um Daten zu speichern (angefangen vom mp3-Player bis hin zum smarten Kühlschrank). Jede Nutzung gegen den Willen des Berechtigten hätte dann eine Straftat nach § 263a StGB zur Folge.[571]

312   Ein sehr enges Verständnis des Begriffs „unbefugt" weist hingegen die *computerspezifische Auffassung* auf. Danach muss sich der Wille des Betreibers, welcher der Datenverwendung entgegensteht, im Computerprogramm niederschlagen, d. h. in der Programmgestaltung zum Ausdruck kommen.[572] Nach anderer Ansicht müssen die verwendeten Daten gerade den Datenverarbeitungsvorgang betreffen.[573] Je nach Interpretation könnte dies dazu führen, dass sogar die Benutzung eines Geldautomaten mit einer gefälschten oder entwendeten ec-Karte nicht unbefugt geschähe. Dies widerspräche jedoch dem ausdrücklichen Willen des Gesetzgebers, der die Var. 3 eigens einführte, um den (bis dahin in seiner Strafbarkeit umstrittenen) Missbrauch von Geldautomaten zu sanktionieren.[574] Die computerspezifische Interpretation bleibt daher ebenso abzulehnen.

313   Einen Mittelweg beschreitet die *betrugsspezifische Auslegung*. Sie stützt sich auf die Struktur- und Wertgleichheit des Computerbetrugs mit dem Betrugstatbestand (siehe Rn. 302). Unbefugt ist eine Verwendung von Daten demnach dann, wenn sie eine Täuschung gemäß § 263 StGB bedeutete, sofern sie gegenüber einem Menschen erfolgte.[575] Diese Grundsätze sind im Einzelfall freilich nicht immer einfach anzuwenden, da sich das Folgeproblem stellt, *was* bei der jeweiligen Datenverwendung gegenüber einem Menschen im Einzelnen konkludent erklärt wird. So ist im klassischen Fall des *ec-Karten-Missbrauchs* durch den Berechtigten durch Überziehung seines Kontos fraglich, ob die zum Vergleich herangezogene Vorlage der ec-Karte gegenüber einem Menschen eine Erklärung über die Bonität beinhaltet (siehe sogleich Rn. 316). Wegen dieser Unsicherheiten wird vorgeschlagen, die angestrebte Betrugsnähe nicht an der Täuschungshandlung, sondern am Irrtum festzumachen. § 263a StGB liege demnach nur dann vor, wenn die manipulierte Datenver-

---

[570] *Kindhäuser* NK § 263a Rn. 27; *Hilgendorf* JuS 1997, 130 (132); *Lenckner/Winkelbauer* CR 1986, 654 (657); *Popp* JuS 2011, 385 (392); siehe auch noch BGHSt 40, 331 (334 f.).

[571] Zur Kritik *Tiedemann/Valerius* LK § 263a Rn. 43; *Hefendehl/Noll* MK-StGB § 263a Rn. 76 ff.

[572] LG Freiburg NJW 1990, 2635 (2636 f.).

[573] OLG Celle NStZ 1989, 367; zustimmend LG Ravensburg StV 1991, 214 (215); *Neumann* JuS 1990, 535 (537); JR 1991, 302 (305).

[574] *Fischer* § 263a Rn. 10a; *Popp* JuS 2011, 385 (391).

[575] Statt vieler BGHSt 47, 160 (163); OLG Düsseldorf NStZ-RR 1998, 137 (137); OLG Karlsruhe NStZ 2004, 333 (334); OLG Köln NJW 1992, 125 (126); *Fischer* § 263a Rn. 11; *Lackner/Kühl/Heger* § 263a Rn. 13; *Rengier* BT I § 14 Rn. 15 ff.; *Wessels/Hillenkamp/Schuhr* Rn. 647.

arbeitung in ihrer Funktion *dem Intellekt einer Person gleichgestellt* werden könne und gerade diese Funktion umgangen werde.[576]

Die in der Praxis häufigste und auch in der Wissenschaft am meisten diskutierte Fallkonstellation **314** einer unbefugten Verwendung von Daten ist der Missbrauch von Bankautomaten. Unstreitig liegt ein Computerbetrug bei einer Geldabhebung durch den *Nichtberechtigten* vor, d. h. durch denjenigen, der sich ohne Erlaubnis Geld von einem fremden Konto auszahlen lässt. Dies gilt unabhängig davon, ob der Täter eine gefälschte oder manipulierte Karte benutzt oder eine durch verbotene Eigenmacht (insbesondere durch Diebstahl) erlangte Originalkarte.[577]

Umstritten ist die Beurteilung hingegen, wenn ein Dritter eine vom Berechtigten überlassene **315** Karte lediglich *abredewidrig benutzt*, d. h. mehr Geld abhebt als ihm aufgetragen wurde. Nach der subjektivierenden Auslegung ist hier ein Computerbetrug verwirklicht, da die Allgemeinen Geschäftsbedingungen der Banken dem Kontoinhaber die Überlassung der ec-Karte an einen anderen generell untersagen. Die Verwendung der Daten auf dem Magnetstreifen sowie der PIN am Geldautomaten widerspreche daher dem Willen des (am Datenverarbeitungsvorgang) berechtigten Kreditinstituts und sei daher unbefugt im Sinne der Var. 3.[578] Rechtsprechung und herrschende Lehre lehnen hier auf dem Boden der betrugsspezifischen Auslegung ein täuschungsgleiches Verhalten hingegen ab und verweisen auf den Erklärungsgehalt der Verwendung der vom Kontoinhaber überlassenen ec-Karte am Geldautomaten. Durch die Eingabe der PIN und des Geldbetrages bringe der Abhebende nur zum Ausdruck, zur Geldabhebung berechtigt zu sein, nicht jedoch, dass auch der tatsächlich abgehobene Betrag den Vorgaben des Kontoinhabers entspreche.[579] Der Vierte Strafsenat des BGH äußerte in einem obiter dictum nun jedoch Zweifel an der bislang herrschenden Auffassung, soweit die AGB der kontoführenden Bank eine Bevollmächtigung Dritter generell ausschließen.[580]

Ein Missbrauch am Bankautomaten kommt aber auch durch den *berechtigten* Kontoinhaber in **316** Betracht, der durch eine Abhebung den Kreditrahmen seines Kontos überschreitet. Während die subjektivierende Auslegung hier wiederum bereits deswegen zu einer Strafbarkeit wegen Computerbetrugs gelangt, da der entgegenstehende Wille der Bank missachtet wird,[581] ist die Behandlung dieser Fallkonstellation unter den Vertretern der betrugsspezifischen Auslegung umstritten. Zum Teil wird ein betrugsspezifisches Verhalten bejaht, weil die Befugnis des Kontoinhabers zur Geldabhebung bei der Bankautomatenbenutzung selbstverständliche Geschäftsgrundlage sei und der Kontoinhaber daher mit dem Abhebevorgang erkläre, zur Geldabhebung in der vorgenommenen Höhe berechtigt zu sein. Die unbefugte Verwendung von Daten liege in diesen Fällen folglich nicht in der Eingabe der PIN, sondern in der Wahl des den Kreditrahmen überschreitenden Geldbetrags.[582] Die inzwischen wohl herrschende Auffassung lehnt diese Erwägungen jedoch ab, zumal die Kontoführung Aufgabe der Bank ist und sie sich daher um die Wahrung des Kreditlimits zu kümmern hat. Aufgrund dieser Pflichtenverteilung kommt dem Ab-

---

[576] *Hilgendorf* JuS 1999, 542 (543 f.).

[577] BGHSt 47, 160 (162); *Fischer* § 263a Rn. 12a; Lackner/Kühl/*Heger* § 263a Rn. 14; *Rengier* BT I § 14 Rn. 28 ff. Zu den möglichen Fallkonstellationen *Eisele/Fad* Jura 2002, 305 (306 ff.); *Valerius* JA 2007, 778 (779 ff.).

[578] *Hilgendorf* JuS 1997, 130 (134).

[579] OLG Dresden StV 2005, 443; OLG Düsseldorf NStZ-RR 1998, 137 (137); OLG Jena wistra 2007, 236 (237); OLG Köln NJW 1992, 125 (127); *Fischer* § 263a Rn. 13; Schönke/Schröder/*Perron* § 263a Rn. 12; *Hilgendorf/Valerius* BT II § 8 Rn. 28; *Kraatz* Jura 2010, 36 (42 f.). *Valerius* JA 2007, 778 (780 f.); aA Lackner/Kühl/*Heger* § 263a Rn. 14; Arzt/Weber/Heinrich/Hilgendorf/*Heinrich* § 21 Rn. 40; *Rengier* BT I § 14 Rn. 34; *Eisele/Fad* Jura 2002, 305 (310).

[580] BGH NZWiSt 2017, 238 mit Anm. *Stam*.

[581] *Kindhäuser* NK § 263a Rn. 47; *Hilgendorf* JuS 1997, 130 (134).

[582] Lackner/Kühl/*Heger* § 263a Rn. 14; *Wessels/Hillenkamp/Schuhr* Rn. 649; *Eisele/Fad* Jura 2002, 305 (311).

hebevorgang des Kontoinhabers von vornherein nicht der Erklärungswert zu, zur Geldabhebung in der vorgenommenen Höhe befugt zu sein.[583]

317 Es stellt sich nach herrschender Auffassung sodann die Frage, ob das Überschreiten des Kreditrahmens einen Missbrauch von Scheck- und Kreditkarten gemäß § 266b StGB bedeutet. In Betracht kommt eine Strafbarkeit nach dieser Vorschrift von vornherein nur im Drei-Partner-System, d. h. wenn der Kontoinhaber an dem Geldautomaten eines anderen Kreditinstituts abhebt und dadurch die Garantiefunktion der ec-Karte bemüht.[584] Allerdings ist bereits problematisch, ob ec-Karten Scheck- bzw. Kreditkarten im Sinne des § 266b StGB sind. Während das „ec" bis Ende 2001 für „eurocheque" stand und die ec-Karte aufgrund ihrer Garantiefunktion für Euroschecks noch als Scheckkarte angesehen werden konnte,[585] ist nach dem Wegfall dieser Funktion eine solche Qualität mehr als fraglich. Nach vorzugswürdiger Auslegung findet § 266b StGB daher keine Anwendung mehr auf ec-Karten.[586]

318 Infolge des zunehmenden Einsatzes von Computern und Computernetzwerken gesellen sich zu der klassischen Konstellation des Missbrauchs von Bankautomaten zahlreiche weitere Fallgruppen, deren Behandlung als unbefugte Verwendung von Daten nach Var. 3 zur Diskussion steht. Dies gilt zum einen für die modernen Nachfolger von Abhebungen am Geldautomaten in Gestalt des Home- oder Online-Bankings. Die Auslegung des Merkmals „unbefugt" ist aber ebenso für weitere Errungenschaften des technischen Fortschritts von Bedeutung, z. B. für die Nutzung von Telekommunikationsleistungen, die Entschlüsselung von Bezahlfernsehen und das Einkaufen auf Webseiten.

319 Für Zahlungsvorgänge im *Online-Banking* gelten die vorstehenden Grundsätze zum Missbrauch von Bankautomaten entsprechend.[587] Demnach liegt eine unbefugte Verwendung von Daten vor, wenn sich der Täter mit einer fremden PIN als Kontoinhaber einloggt und mittels Transaktionsnummer (TAN) eine Überweisung vornimmt. Eine beliebte Möglichkeit, an PIN und TAN eines Kontoinhabers zu gelangen, ist das sog. *Phishing*, bei dem der Betroffene etwa in einer E-Mail, die von seinem Kreditinstitut zu stammen scheint, aus Sicherheitsgründen zur Übermittlung der PIN und mehrerer TAN aufgefordert wird (zur Strafbarkeit siehe insbesondere Rn. 394 und 459).

320 Eine verbreitete Variante des elektronischen Zahlungsverkehrs ist ferner das sog. *Point-of-Sale-Verfahren* (POS-Verfahren). Zahlungsmittel ist hier ebenso die ec-Karte, wobei sich der Karteninhaber gegenüber dem Händler durch die Eingabe der PIN als berechtigt legitimiert. Dadurch wird zugleich der Kontostand überprüft und bei vorhandener Deckung eine Zahlungsgarantie der kartenausgebenden Bank begründet. Auch in diesem Fall stellt die Eingabe der fremden PIN eine unbefugte Verwendung von Daten dar und sind die Grundsätze zum Missbrauch von Bankautomaten entsprechend anwendbar. Etwas anderes gilt, wenn – wie bis Ende 2006 im sog. „Point of Sale

---

[583] BGHSt 47, 160 (163 f.); *Fischer* § 263a Rn. 14a; Schönke/Schröder/*Perron* § 263a Rn. 11; *Heghmanns* HWSt 6. Teil Rn. 210; Arzt/Weber/Heinrich/Hilgendorf/*Heinrich* § 21 Rn. 42 f.; *Kraatz* Jura 2010, 36 (43); *Valerius* JA 2007, 778 (782).

[584] *Fischer* § 263a Rn. 14a.

[585] So insbesondere BGHSt 47, 160 (164 f.); OLG Stuttgart NJW 1988, 981 (982); aA Lackner/Kühl/*Heger* § 266b Rn. 3.

[586] Lackner/Kühl/*Heger* § 266b Rn. 3; Arzt/Weber/Heinrich/Hilgendorf/*Heinrich* § 21 Rn. 43a; *Rengier* BT I § 19 Rn. 2; *Wessels/Hillenkamp/Schuhr* Rn. 642; *Baier* ZRP 2001, 454 (455 f.); *Valerius* JA 2007, 778 (783); aA *Brand* JR 2008, 496 (499 ff.).

[587] Statt vieler *Fischer* § 263a Rn. 16; *Schmidt* BeckOK-StGB § 263a Rn. 32.

ohne Zahlungsgarantie"-Verfahren (POZ-Verfahren) – elektronisch etwa lediglich abgefragt wird, ob die Karte gesperrt ist. Seine Berechtigung zur Verwendung der ec-Karte zeigt der Täter dann ausschließlich durch seine Unterschrift an. Er verwirklicht daher einen Betrug zum Nachteil des Händlers, da die Bank mangels Abfrage der Kontodeckung keine Zahlungsgarantie übernimmt.[588]

Die widerrechtliche Decodierung des Signals eines *Pay-TV*-Senders (ergänzend insbesondere Rn. 329, 337 und 598 ff.) mittels einer Piratenkarte oder eines gehackten Verschlüsselungscodes bedeutet ebenso ein unbefugtes Verwenden von Daten.[589] Auch das Phänomen des *Cardsharing* (vgl. dazu auch Rn. 279, 305, 321 f., 357, 575 und 598 ff.) könnte unter Var. 3 zu subsumieren sein. Dessen technische Funktionsweise lässt sich im Wesentlichen so beschreiben:[590] Anbieter von Pay-TV senden an jeden Fernsehempfänger ihr unter Verwendung eines Kontrollworts verschlüsseltes TV-Programm. Durch die Verschlüsselung wird das Programm verzerrt und kann nicht ohne weiteres angesehen werden. Abonnenten des Pay-TV-Anbieters erhalten von diesem ein Empfangsgerät (Receiver) mitsamt zugehöriger Smartcard, auf der die Berechtigungen des jeweiligen Abonnenten gespeichert sind. Der Receiver zerlegt das empfangene Signal in das Fernsehprogramm einerseits und das Kontrollwort andererseits. Bei entsprechender Berechtigung für das aufgerufene Programm entschlüsselt die Smartcard das Kontrollwort, das seinerseits anschließend das Fernsehprogramm entschlüsselt. Sodann überträgt der Receiver das entschlüsselte Programm an das TV-Gerät, auf dem es für den Nutzer sichtbar wird. Der Täter, selbst Abonnent des Pay-TV-Anbieters, stellt seinen Kunden, die ihrerseits nicht Abonnenten sind, modifizierte Receiver zur Verfügung, die über das Internet mit einem vom Täter betriebenen Server verbunden sind und an diesen die verschlüsselten Kontrollwörter senden. Dieser Server ist mit vom Täter rechtmäßig erworbenen Smartcards verbunden, durch die die übermittelten Kontrollwörter entschlüsselt werden. Anschließend werden die entschlüsselten Kontrollwörter über den Server zurückgesandt und beim Cardsharing-Kunden zur Entschlüsselung des Programms verwendet. Somit kann dieser Pay-TV-Programme ansehen, ohne selbst Vertragspartner des Pay-TV-Anbieters zu sein.

Unter Zugrundelegung der betrugsspezifischen Auslegung des Begriffs „unbefugt" ist zu fordern, dass die Verwendung der Daten durch den Täter gegenüber einer natürlichen Person Täuschungscharakter hätte (vgl. dazu schon Rn. 313). Bei der Zurücksendung der entschlüsselten Kontrollwörter erklärt der Täter gegenüber einer fiktiven natürlichen Person, die zur Entschlüsselung erforderliche Smartcard nur für eigene, private Zwecke zu nutzen.[591] Der Betreiber eines Cardsharing-Servers erfüllt daher die Tatvariante der unbefugten Verwendung von Daten nach § 263a Abs. 1 Var. 3 StGB.

321

322

---

[588] *Fischer* § 263a Rn. 15a; Schönke/Schröder/*Perron* § 263a Rn. 13; *Marberth-Kubicki* Rn. 66 f.

[589] *Fischer* § 263a Rn. 17; *Kindhäuser* NK § 263a Rn. 59; *Marberth-Kubicki* Rn. 68; *Beucher/Engels* CR 1998, 101 (104); *Dressel* MMR 1999, 390 (392); *Scheffler* CR 2002, 151 (152).

[590] Vgl. hierzu die Tatsachenfeststellungen des LG Verden Urteil vom 10.2.2016 – 14 Ns 1/14 sowie bezugnehmend OLG Celle CR 2017, 130.

[591] OLG Celle CR 2017, 130 (131); zustimmend *Esser/Rehaag* wistra 2017, 81 (82); aA *Planert* StV 2014, 430 (432).

323   Ob sich eine Datenverwendung als unbefugt erweist, bestimmt sich nach der Berechtigung gegenüber dem Verantwortlichen des Datenverarbeitungsvorgangs. Eine nur *im Verhältnis zu einem Dritten unbefugte Nutzung* der Daten verwirklicht nicht den Tatbestand des Computerbetrugs. Beispielsweise ist die unbefugte Nutzung einer vom Arbeitgeber zur Verfügung gestellten Tank-[592] oder Mobilfunkkarte[593] und die Benutzung dienstlicher Internet-Zugänge oder E-Mail-Adressen für private Zwecke nicht nach § 263a StGB strafbar.[594]

324   Ebenso wenig erfasst die Vorschrift die von dem jeweiligen Datenverarbeitungsvorgang gestattete Verwendung von Daten, die lediglich infolge eines *fehlerhaften Programmablaufs* zu unerwünschten und vermögensschädigenden Ergebnissen führt. So stellt die Inanspruchnahme von Telekommunikationsleistungen keine unbefugte Datenverwendung dar, wenn der Nutzer nur den Programmfehler eines Mobilfunkbetreibers ausnutzt, der ihm bei der Wahl eines zwar unüblichen, aber technisch zulässigen Signalisierungsverfahrens sämtliche Gebühren erspart.[595]

325   **Sonstige unbefugte Einwirkung auf den Ablauf (Var. 4)** Die vierte Variante bildet einen *Auffangtatbestand* für strafwürdige Manipulationen, die keine der anderen Handlungsmodalitäten erfüllen. Var. 4 kann daher auch noch unbekannte Techniken erfassen. Hauptanwendungsbereich sind Hardware- und Outputmanipulationen, d. h. Einwirkungen auf die Datenverarbeitungsanlage selbst oder auf die Ausgabe bzw. Aufzeichnung der Ergebnisse des Datenverarbeitungsvorgangs, z. B. durch Verhinderung des Ausdrucks.[596]

326   Als klassisches Beispiel für die sonstige unbefugte Einwirkung auf den Ablauf eines Datenverarbeitungsvorgangs gilt das systematische *Leerspielen von Geldspielautomaten*. Die Täter ermitteln hier, zu welchem Zeitpunkt des Spiels die Risikotaste gedrückt werden muss, um die Gewinne zu erhöhen. Diese Kenntnis ermöglicht ihnen, das Ergebnis der Datenverarbeitungsvorgänge des Geldspielautomaten, namentlich die Gewinnausschüttung, zu ihren Gunsten zu beeinflussen und den Automaten leerzuspielen. Sofern hierin nicht bereits eine unbefugte Verwendung von Daten nach Var. 3 erblickt wird, weil der Spieler durch das Drücken der Risikotaste konkludent erkläre, keinen Informationsvorsprung der genannten Art aufzuweisen,[597] bleibt hier nur ein Rückgriff auf Var. 4.[598] Zum Teil wird in diesen Fällen aber auch die Unbefugtheit und somit gänzlich

---

[592] OLG Koblenz StV 2016, 371 (372).

[593] BGHSt 50, 174 (179); BGH NStZ 2005, 513; LG Bonn NJW 1999, 3726; *Hefendehl/Noll* MK-StGB § 263a Rn. 128.

[594] *Fischer* § 263a Rn. 11b; *Tiedemann/Valerius* LK § 263a Rn. 55; *Malek/Popp* Rn. 214; *Marberth-Kubicki* Rn. 61.

[595] OLG Karlsruhe NStZ 2004, 333 (334); *Fischer* § 263a Rn. 11b; *Schmidt* BeckOK-StGB § 263a Rn. 24.

[596] *Fischer* § 263a Rn. 18; Lackner/Kühl/*Heger* § 263a Rn. 15; *Schmidt* BeckOK-StGB § 263a Rn. 33.

[597] Siehe hierzu BGHSt 40, 331 (334 ff.); Lackner/Kühl/*Heger* § 263a Rn. 14a; *Schmidt* BeckOK-StGB § 263a Rn. 35; *Tiedemann/Valerius* LK § 263a Rn. 61; *Rengier* BT I § 14 Rn. 60 ff.; *Kraatz* Jura 2010, 36 (45).

[598] Schönke/Schröder/*Perron* § 263a Rn. 8; Arzt/Weber/Heinrich/Hilgendorf/*Heinrich* § 21 Rn. 47; *Wessels/Hillenkamp/Schuhr* Rn. 651.

eine Strafbarkeit verneint.[599] Der Einwirkung auf den Ablauf steht jedenfalls nicht entgegen, dass der Täter das Programm äußerlich ordnungsgemäß bedient.[600]

b) Beeinflussung des Ergebnisses eines Datenverarbeitungsvorgangs

Durch die genannten Tathandlungen muss das Ergebnis eines Datenverarbeitungs- **327** vorgangs beeinflusst werden. Zur *Datenverarbeitung* gehören alle technischen Vorgänge, bei denen durch Aufnahme von Daten und deren Verknüpfung nach Programmen bestimmte Arbeitsergebnisse erzielt werden. *Beeinflusst* wird das Ergebnis, wenn die Manipulation Eingang in den Verarbeitungsvorgang des Computers findet, seinen Ablauf mitbestimmt und eine Vermögensdisposition auslöst.[601] Nicht erforderlich ist, dass der betreffende Datenverarbeitungsvorgang bereits begonnen hat. Es reicht vielmehr aus, wenn der Täter den Datenverarbeitungsvorgang, dessen Ergebnis er beeinflussen will, selbst in Gang setzt (z. B. den Abhebevorgang an einem Geldautomaten). Schließlich verkörpert das In-Gang-Setzen die stärkste Form der Einwirkung auf einen Datenverarbeitungsvorgang.[602]

c) Vermögensdisposition

In Anlehnung an den klassischen Betrug setzt § 263a StGB eine verfügungsähnliche **328** Disposition als Bindeglied zwischen Manipulation und Vermögensschaden voraus; über Vermögen im eigentlichen Sinne zu „verfügen", ist dem Computer freilich nicht möglich, da eine Verfügung menschliches Handeln voraussetzt. Auch hier muss der betreffende Datenverarbeitungsvorgang *unmittelbar* zu einer Vermögensminderung führen.[603] Verfügt das Opfer selbst über das Vermögen, liegt kein Computerbetrug, sondern ein gewöhnlicher Betrug gemäß § 263 StGB vor (zur Abgrenzung schon Rn. 300 f.). Dient die Manipulationshandlung dem Täter nur dazu, einen wesentlichen deliktischen Zwischenakt zu ermöglichen oder zu erleichtern und die Schädigung des Opfers selbst vorzunehmen, ist allenfalls ein Diebstahl nach § 242 StGB gegeben.

Problematisch ist die unmittelbare Vermögensdisposition bei der widerrechtlichen Nutzung von **329** *Pay-TV* (siehe hierzu schon Rn. 321). Denn dass der Programmanbieter seinen Anspruch für die Entschlüsselung des Programms nicht geltend macht, beruht auf der Nichtanmeldung der Nutzung und nicht auf der unbefugten Nutzung selbst.[604]

---

[599] OLG Celle NStZ 1989, 367; *Hefendehl/Noll* MK-StGB § 263a Rn. 131 ff.; *Neumann* CR 1989, 717 (719 f.).

[600] BGHSt 40, 331 (334); *Lenckner/Winkelbauer* CR 1986, 654 (658).

[601] *Wessels/Hillenkamp/Schuhr* Rn. 638; *Lenckner/Winkelbauer* CR 1986, 654 (659).

[602] BGHSt 38, 120 (121); OLG Köln NJW 1992, 125 (125 f.); *Fischer* § 263a Rn. 20; *Tiedemann/ Valerius* LK § 263a Rn. 69; *Rengier* BT I § 14 Rn. 26; *Wessels/Hillenkamp/Schuhr* Rn. 638; aA LG Wiesbaden NJW 1989, 2551 (2552).

[603] OLG Celle NJW 1997, 1518 (1519); *Fischer* § 263a Rn. 20; Lackner/Kühl/*Heger* § 263a Rn. 17; *Gercke/Brunst* Rn. 190.

[604] *Fischer* § 263a Rn. 17; *Beucher/Engels* CR 1998, 101 (104); aA *Erstauflage* Rn. 155; *Dressel* MMR 1999, 390 (392); *Scheffler* CR 2002, 151 (154 f.).

d) Vermögensschaden

330 Die durch das beeinflusste Ergebnis des Datenverarbeitungsvorgangs ausgelöste Vermögensdisposition muss einen Vermögensschaden zur Folge haben. Die Schadensberechnung erfolgt wie im Rahmen des § 263 StGB (siehe Rn. 289 ff.).

331 Beim sog. *Faking* (ergänzend Rn. 301 und 498) handelt es sich nicht nur um eine unberechtigte Nutzung von Computerressourcen. Dies bedeutete lediglich einen sog. Zeitdiebstahl durch unbefugte Inanspruchnahme von Datenverarbeitungsanlagen, vor der § 263a StGB nicht schützen will.[605] Vielmehr ergibt sich hier ein Vermögensschaden des Providers nach der Zweckverfehlungslehre. Denn die Testaccounts werden kostenfrei zur Verfügung gestellt, um neue Kunden zu gewinnen. Bei der unberechtigten, mehrmaligen Nutzung tätigt der Provider bzw. der Anbieter eines kostenpflichtigen zugangsbeschränkten Angebots somit eine Ausgabe, die ihren Zweck verfehlt und sich somit als wirtschaftlich sinnlos erweist.[606]

3. Subjektiver Tatbestand

332 Der subjektive Tatbestand des Computerbetrugs entspricht dem des Betrugs. Neben dem zumindest bedingten Vorsatz in Bezug auf die objektiven Tatbestandsmerkmale, der sich vor allem auf die Unrichtigkeit bzw. Unbefugtheit der jeweiligen Manipulation zu erstrecken hat, muss der Täter in der Absicht handeln, sich oder einen Dritten rechtswidrig und stoffgleich zu bereichern (vgl. Rn. 296 f.).

333 Verwirklicht der Täter nur einen der beiden Tatbestände, hatte er aber Vorsatz bezüglich des anderen, liegt nach herrschender Auffassung wegen des gleichen Unrechtsgehalts der §§ 263 f. StGB eine unwesentliche Abweichung des Kausalverlaufs vor. Von Bedeutung ist dies vor allem dann, wenn der Täter sich zur Manipulation eines Mittelsmannes bedient und dessen Kontrollfunktion unzutreffend einschätzt (siehe hierzu Rn. 300). Hier bleibt wegen Vollendung des tatsächlich begangenen Delikts zu bestrafen.[607] Nichts anderes gilt im Ergebnis, wenn der Täter von vornherein mit dolus alternativus die Verwirklichung sowohl eines Betrugs als auch eines Computerbetrugs in Erwägung zieht. Der zugleich begangene Versuch des anderen Straftatbestandes tritt dann subsidiär zurück.[608]

4. Vorbereitung eines Computerbetrugs

334 Durch das 35. StrÄndG vom 22. Dezember 2003[609] wurden mit § 263a Abs. 3 StGB Vorbereitungshandlungen zu einer *selbstständigen Straftat* erhoben. Nach dem abstrakten Gefährdungsdelikt macht sich strafbar, wer einen Computerbetrug nach Abs. 1 dadurch vorbereitet, dass er Computerprogramme (Rn. 303), deren Zweck die Begehung einer solchen Tat ist, herstellt, sich oder einem anderen verschafft, feilhält, verwahrt oder einem anderen überlässt (Nr. 1) oder Passwörter oder sonstige Sicherungscodes, die zur Begehung einer solchen Tat geeignet sind, herstellt, sich oder einem anderen verschafft, feilhält, verwahrt oder einem anderen überlässt (Nr. 2).

---

[605] *Fischer* § 263a Rn. 17; *Kindhäuser* NK § 263a Rn. 31; *Tiedemann/Valerius* LK § 263a Rn. 60.
[606] *M. Gercke* ZUM 2001, 567 (570).
[607] *Fischer* § 263a Rn. 23; *Wessels/Hillenkamp/Schuhr* Rn. 640.
[608] *Fischer* § 263a Rn. 23.
[609] BGBl. I, S. 2838.

Absatz 3 beruht in Nr. 1 auf den Vorgaben des Rahmenbeschlusses 2001/413/JI des Rates der **335** Europäischen Union vom 28. Mai 2001 zur Bekämpfung von Betrug und Fälschung im Zusammenhang mit unbaren Zahlungsmitteln[610] (siehe schon Rn. § 1 Rn. 111) und ist ein weiterer Beleg für die zunehmende Europäisierung des Strafrechts. Der Rahmenbeschluss hat sich zum Ziel gesetzt, die strafrechtliche Verfolgung von Betrug und Fälschung im Zusammenhang mit sämtlichen Formen des bargeldlosen Zahlungsverkehrs in allen Mitgliedstaaten der Europäischen Union zu gewährleisten.[611] Nr. 2 geht zurück auf die Umsetzung der Richtlinie (EU) 2019/713 des Europäischen Parlaments und des Rates vom 17. April 2019 zur Bekämpfung von Betrug und Fälschung im Zusammenhang mit unbaren Zahlungsmitteln und zur Ersetzung des vorgenannten Rahmenbeschlusses 2001/413/JI durch das 61. StRÄndG vom 10. März 2021.[612]

Die bedeutendsten Tathandlungen der *Nr. 1* dürften das Herstellen, d. h. das **336** (erfolgreiche) Verfassen, Aufzeichnen oder auch Verändern eines Computerprogramms,[613] sowie das Sichverschaffen sein, d. h. das Programm in seine Verfügungsgewalt zu bringen (z. B. durch Herunterladen aus dem Internet).[614] Taugliche *Tatobjekte* des Absatzes 3 Nr. 1 sind lediglich Computerprogramme, weshalb Nr. 2 seit 2021 eine gesonderte Regelung für Passwörter und Sicherungscodes enthält.

§ 263a Abs. 3 Nr. 1 StGB ist beispielsweise durch Vorbereitungshandlungen in Bezug auf spezielle **337** (nicht nur unspezifisch einsetzbare) Entschlüsselungssoftware verwirklicht, mit deren Hilfe verschlüsselte Bank- oder Kreditkartendaten in E-Mails aufgespürt werden oder *Pay-TV* decodiert wird.[615] Hingegen wird der Vertrieb von Piratenkarten sowie das Entschlüsseln und Herstellen von Decodiereinrichtungen auf sonstige Weise, d. h. ohne Rückgriff auf Computerprogramme, nicht von § 263a Abs. 3 Nr. 1 StGB erfasst, obwohl diese Handlungen einen späteren Computerbetrug (siehe Rn. 321 und 329) vorbereiten. In Betracht kommt allenfalls Beihilfe zum (später tatsächlich begangenen) Computerbetrug sowie eine Straftat nach § 4 ZKDSG (siehe hierzu Rn. 598 ff.).

Fraglich ist die Behandlung von Computerprogrammen, die sowohl für legale als **338** auch für kriminelle Zwecke (wie hier die Begehung eines Computerbetrugs) eingesetzt werden können (sog. *Dual-Use-Produkte* oder *dual-use-tools*; siehe auch Rn. 387 ff.). Nach dem Willen des Gesetzgebers muss das Programm nicht ausschließlich für die Begehung eines Computerbetrugs bestimmt sein.[616] Allerdings weisen Computerprogramme an sich keinen Zweck auf, sondern beinhalten lediglich eine – zweckneutrale – Abfolge von einzelnen Befehlsschritten. Welches Ziel damit verfolgt wird, muss stets ein Mensch bestimmen. Daher bietet es sich entgegen der Gesetzesbegründung an, den tatbestandlichen Zweck eines Computerprogramms nach subjektiven Kriterien zu ermitteln. Um nicht bereits den bloßen Missbrauch allgemeiner und an sich unbedenklicher Anwendungsprogramme unter Strafe zu stellen, erscheint es vorzugswürdig, auf den Willen desjenigen abzu-

---

[610] ABl. EG L 149, S. 1.

[611] Erwägungsgrund (4) des Rahmenbeschlusses, ABl. EG L 149, S. 1 (1).

[612] BGBl. I, S. 333; ABl. EU L 123, S. 18.

[613] *Tiedemann/Valerius* LK § 263a Rn. 88; *Hefendehl/Noll* MK-StGB § 263a Rn. 199.

[614] *Schmidt* BeckOK-StGB § 263a Rn. 50; *Gercke/Brunst* Rn. 195.

[615] LG Karlsruhe NStZ-RR 2007, 19 (19); *Fischer* § 263a Rn. 32.

[616] BT-Drucks. 15/1720, S. 11.

stellen, der das jeweilige Computerprogramm in Umlauf bringt, also herstellt, verändert oder feilhält.[617]

339 Dient nach den vorstehenden Ausführungen ein Computerprogramm der Begehung eines Computerbetrugs, ist nach dem Wortlaut des Absatzes 3 zudem noch
die *Vorbereitung* einer solchen (eigenen oder fremden) Tat erforderlich.[618] Dies setzt
voraus, den Computerbetrug mittelbar oder unmittelbar zu fördern oder zu ermöglichen. Zu seiner Verwirklichung muss es nicht kommen. An der Vorbereitung eines
Computerbetrugs fehlt es daher, wenn sich jemand ein für einen Computerbetrug
gedachtes Programm verschafft, um damit indessen andere Zwecke zu verfolgen.
Ebenso wenig macht sich schon mangels Tatobjekts strafbar, wer sich ein Computerprogramm, das für legale Zwecke konzipiert wurde, verschafft, um mit seiner Hilfe
einen Computerbetrug zu begehen.[619]

340 Über Absatz 3 *Nr. 2* wird etwa das sog. *Skimming* erfasst, bei dem mit Hilfe von
Magnetkartenlesern insbesondere Passwörter gewonnen werden, die später für
einen Computerbetrug verwendet werden können.[620] Ebenso stellt das Ausspionieren
von Zugangsdaten (z. B. der PIN eines Online-Kontos) im Wege des *Phishing* (zur
Strafbarkeit siehe vor allem Rn. 394 und 459) seit 2021 eine strafbare Vorbereitung
eines Computerbetrugs dar.

5. Konkurrenzen

341 Innerhalb des § 263a StGB verdrängt der (versuchte oder vollendete) Computerbetrug nach Abs. 1 die insoweit nach Abs. 3 selbstständig strafbare
Vorbereitungshandlung im Wege der Subsidiarität.[621] Im Verhältnis zu § 263 StGB
ergibt sich aus der weitgehenden *Wert- und Strukturgleichheit* sowie der Entstehungsgeschichte der Vorschrift, dass § 263a StGB lediglich eine *Auffangfunktion*
wahrnimmt, um Strafbarkeitslücken im Bereich der Computerkriminalität zu schließen. § 263a StGB ist daher gegenüber § 263 StGB subsidiär.

---

[617] Lackner/Kühl/*Heger* § 263a Rn. 26b; Schönke/Schröder/*Perron* § 263a Rn. 33; *Tiedemann/Va-
lerius* LK § 263a Rn. 84.

[618] *Tiedemann/Valerius* LK § 263a Rn. 86. Nach *Fischer* § 263a Rn. 33 f. handelt es sich um ein
subjektives Tatbestandsmerkmal.

[619] *Tiedemann/Valerius* LK § 263a Rn. 86.

[620] BT-Drucks. 19/25631, S. 23.

[621] BGH BeckRS 2014, 16408; Schönke/Schröder/*Perron* § 263a Rn. 40; *Schmidt* BeckOK-StGB
§ 263a Rn. 53; *Tiedemann/Valerius* LK § 263a Rn. 94; aA für den Versuch Lackner/Kühl/*Heger*
§ 263a Rn. 27.

D. Angriffe auf Soft- und Hardware

I. Grundlagen

Computer und Computernetzwerke können nicht nur als *Tatmittel* zur Begehung 342
von Straftaten missbraucht werden, sondern ebenso *Angriffsobjekt* krimineller Verhaltens sein. Tatmittel wird hierbei in der Regel freilich wiederum ein (anderer) Computer sein.

- Als mögliche Angriffsobjekte kommen zum einen die einzelnen Komponenten eines Computers (z. B. Prozessor, Festplatten, Arbeitsspeicher sowie Peripheriegeräte wie Monitore und Drucker) oder Computernetzwerks (z. B. Router und Accesspoints) in Betracht. Diese sog. *Hardware* schützen vor allem die Strafvorschriften der §§ 303a, 303b StGB (Datenveränderung bzw. Computersabotage), die durch das Zweite Gesetz zur Bekämpfung der Wirtschaftskriminalität (2. WiKG) vom 15. Mai 1986[622] (siehe schon Rn. 265) in den Abschnitt der Sachbeschädigung eingefügt und durch das Einundvierzigste Strafrechtsänderungsgesetz zur Bekämpfung der Computerkriminalität (41. StrÄndG) vom 7. August 2007[623] (siehe schon § 1 Rn. 95) modifiziert und ergänzt wurden (siehe Rn. 422 und 432 ff.).
- Zum anderen können sich kriminelle Verhaltensweisen gegen die einzelnen Daten und Programme richten, die auf Computern und Computernetzwerken gespeichert sind. Zum Schutz dieser sog. *Software* erließ der Gesetzgeber mit dem 2. WiKG den § 202a StGB (Ausspähen von Daten). Das 41. StrÄndG änderte die Vorschrift und führte zugleich mit §§ 202b, 202c StGB (Abfangen von Daten bzw. Vorbereiten des Ausspähens und Abfangens von Daten) zwei neue Straftatbestände ein (siehe Rn. 367, 369 und 375 ff.). Durch Erlass des Gesetzes zur (erneuten) Einführung der Vorratsdatenspeicherung vom 10. Dezember 2015[624] ist jener Schutzbereich in Gestalt des § 202d StGB (Datenhehlerei) nochmals inhaltlich erweitert worden (siehe Rn. 397 ff.).

II. Angriffe auf Software (§§ 202a ff. StGB)

Literatur (Auswahl): *Bär* Wardriver und andere Lauscher, MMR 2005, 434–441; *Böhlke/Yilmaz* Auswirkungen von § 202c StGB auf die Praxis der IT-Sicherheit, CR 2008, 261–256; *Borges/ Stuckenberg/Wegener* Bekämpfung der Computerkriminalität, DuD 2007, 275–278; *Brodowski/ Marnau* Tatobjekt und Vortaten der Datenhehlerei (§ 202d StGB), NStZ 2017, 377–388; *Buermeyer* Der strafrechtliche Schutz drahtloser Computernetzwerke (WLANs), HRRS 2004, 285–292; *Cornelius* Zur Strafbarkeit des Anbietens von Hackertools, CR 2007, 682–688; *Dietrich* Die Rechtsschutzbegrenzung auf besonders gesicherte Daten des § 202a StGB, NStZ 2011, 247–254; *Dornseif/Schumann/Klein* Tatsächliche und rechtliche Risiken drahtloser Computernetzwerke,

---

[622] BGBl. I, S. 721.
[623] BGBl. I, S. 1786.
[624] BGBl. I, S. 2218.

DuD 2002, 226–230; *Dressel* Strafbarkeit von Piraterie-Angriffen gegen Zugangsberechtigungssysteme von Pay-TV-Anbietern, MMR 1999, 390–395; *Eichelberger* Sasser, Blaster, Phatbot &
Co. – alles halb so schlimm?, MMR 2004, 594–597; *Eisele* Payment Card Crime: Skimming, CR
2011, 131–136; *Ernst* Wireless LAN und das Strafrecht, CR 2003, 898–901; *ders.* Hacker und
Computerviren im Strafrecht, NJW 2003, 3233–3239; *ders.* Das neue Computerstrafrecht, NJW
2007, 2661–2666; *Frank* 20 Jahre Computervirus und 132 Jahre StGB, in: Hilgendorf (Hrsg.),
Informationsstrafrecht und Rechtsinformatik, 2004, S. 23–55; *Goeckenjan* Auswirkungen des
41. Strafrechtsänderungsgesetzes auf die Strafbarkeit des „Phishing", wistra 2009, 47–55; *Gröse-
ling/Höfinger* Hacking und Computerspionage, MMR 2007, 549–553; *dies.* Computersabotage
und Vorfeldkriminalisierung, MMR 2007, 626–630; *Hagemeier* Das Google WLAN-Scanning aus
straf- und datenschutzrechtlicher Sicht, HRRS 2011, 72–79; *I. Hassemer/Ingeberg* Dual-Use-Soft-
ware aus der Perspektive des Strafrechts (§ 202c StGB), ITRB 2009, 84–87; *Höfinger* Zur Straflosigkeit des sogenannten „Schwarz-Surfens", ZUM 2011, 212–215; *Kubiciel/Großmann* Doxing
als Testfall für das Datenschutzstrafrecht, NJW 2019, 1050–1055; *Kusnik* Abfangen von Daten,
MMR 2011, 720–726; *Malpricht* Haftung im Internet – WLAN und die möglichen Auswirkungen,
ITRB 2008, 42–45; *Marberth-Kubicki* Neuregelungen des Computerstrafrechts, ITRB 2008,
17–19; *Meier* Softwarepiraterie – eine Straftat?, JZ 1992, 657–665; *Popp* § 202c StGB und der
neue Typus des europäischen »Software-Delikts«, GA 2008, 375–393; *Reinbacher* Daten oder
Informationshehlerei, GA 2018, 311–322; *Schmidl* „To Disclaim or not to Disclaim", MMR 2005,
501–507; *Schreibauer/Hessel* Das 41. Strafrechtsänderungsgesetz zur Bekämpfung der Computerkriminalität, K&R 2007, 616–620; *Schultz* Neue Strafbarkeiten und Probleme, DuD 2006,
778–784; *Schumann* Das 41. StRÄndG zur Bekämpfung der Computerkriminalität, NStZ 2007,
675–680; *Seidl/Fuchs* Zur Strafbarkeit des sog. „Skimmings", HRRS 2011, 265–274; *Singelnstein*
Ausufernd und fehlplatziert: Der Tatbestand der Datenhehlerei (§ 202d StGB) im System des strafrechtlichen Daten- und Informationsschutzes, ZIS 2016, 432–439; *Stam* Die Datenhehlerei nach
§ 202d StGB – Anmerkungen zu einem sinnlosen Straftatbestand, StV 2017, 488–492; *Thal* Wireless Local Area Networks, in: Hilgendorf (Hrsg.), Dimensionen des IT-Rechts, 2008, S. 43–76;
Tyszkiewicz Skimming als Ausspähen von Daten gemäß § 202a StGB?, HRRS 2010, 207–213;
Vahle Neues Gesetz zur Bekämpfung der Computerkriminalität, DVP 2007, 491–493; *Vassilaki*
Das 41. StRÄndG, CR 2008, 131–136.

Studienliteratur: *Berghäuser* Sach- und Datenhehlerei – eine vergleichende Gegenüberstellung der §§ 202d, 259 StGB, JA 2017, 244–251; *Hilgendorf* Grundfälle zum Computerstrafrecht, 1. Teil, JuS 1996, 509–512; 2. Teil, JuS 1996, 702–706; *Popp* Informationstechnologie und
Strafrecht, JuS 2011, 385–392; *Schmitz* Ausspähen von Daten, § 202a StGB, JA 1995, 478–484.

1. Ausspähen von Daten (§ 202a StGB)

a) Rechtsgut

343   § 202a StGB stellt unter Strafe, sich den *Zugang zu Daten* zu verschaffen, die nicht
für den Täter bestimmt und gegen unberechtigten Zugang besonders gesichert sind.
Es sollen dadurch spionierende Angriffe im Zusammenhang mit computergestützter
Kommunikation sanktioniert werden können, die andere Straftatbestände wie vornehmlich die §§ 201, 202 StGB nicht erfassen.[625] Die Vorschrift erfährt somit in
erster Linie für die Datennetzkriminalität an Bedeutung. Schließlich mehren sich
mit dem Fortschritt der Technik die Möglichkeiten, Daten mit Hilfe von Computern
und anderen technischen Geräten auszuspionieren. Zudem lässt sich beobachten,
dass zunehmend Daten auf zentralen Servern gespeichert werden (z. B. Daten von

---

[625] Vgl. BT-Drucks. 10/5058, S. 28.

Kunden eines Unternehmens, Speicherung von Daten durch den Nutzer selbst im Rahmen von Cloud Computing[626]), die zu einem begehrten Ziel von Angriffen werden könnten.

Rechtsgut der Norm ist das Verfügungsrecht über die Daten. Da das Gesetz (anders als etwa in § 203 StGB, dessen Tatobjekt fremde Geheimnisse sind) keine Anforderungen an deren Inhalt stellt, werden ebenso nicht geheime und sogar völlig banale Informationen geschützt. Entscheidend ist ausschließlich, dass sie nicht für den Täter bestimmt und gegen unberechtigten Zugang besonders gesichert sind. Insoweit ist daher auch von *„formaler Geheimsphäre"* die Rede.[627] Zum Teil wird zwar das Vermögen als Schutzgut des § 202a StGB erachtet. Hierbei handelt es sich indessen nur um einen Schutzreflex der Norm, da mit dem Verfügungsrecht über Daten zwar häufig, aber nicht zwingend wirtschaftliche Interessen einhergehen.[628]   **344**

Über diesen allgemeinen Schutz von Daten hinaus existieren Sondervorschriften, die nur bestimmte Daten vor Angriffen bewahren wollen. So wird das Geheimhaltungsinteresse an *personenbezogenen Daten* durch § 42 BDSG geschützt (Rn. 576 ff., 587 ff.). *Geheime Daten* sind Tatobjekte des bereits genannten § 203 StGB (Verletzung von Privatgeheimnissen) sowie nicht zuletzt des § 23 GeschGehG (Verletzung von Geschäftsgeheimnissen; Rn. 592 ff.).   **345**

b) Tatobjekt

Datenbegriff Das Angriffsobjekt der Daten umgrenzt Absatz 2 näher, ohne allerdings eine Definition zu enthalten. Vor dem Hintergrund des geschützten Rechtsguts ist von einem *weiten Datenbegriff* auszugehen, der sämtliche durch Zeichen oder kontinuierliche Funktionen dargestellte Informationen erfasst, die sich als Gegenstand oder Mittel der Datenverarbeitung für eine Datenverarbeitungsanlage codieren lassen oder die das Ergebnis eines Datenverarbeitungsvorgangs sind.[629] Beispiele sind vor allem digitalisierte Informationen wie Audio-, Video- und sonstige Mediendateien.[630] Auch die aus Daten bestehenden Programme sind selbst Daten, da sie ebenso der Datenverarbeitung dienen (vgl. schon Rn. 303).[631]   **346**

Der Datenbegriff erfährt allerdings in Absatz 2 eine zweifache Einschränkung. Hiernach fallen Daten zum einen nur dann unter § 202a StGB, wenn sie *nicht unmittelbar wahrnehmbar* sind. Exemplarisch sind die elektronische (z. B. Speicherkarten oder Speichersticks) und magnetische Speicherung (z. B. Festplatten und Magnetkarten) genannt. Als sonstige Speicherung kommen vor allem optische Ver-   **347**

---

[626] Allgemein hierzu etwa Jones/Nobis/Röchner/Thal/*Jones*, S. 24 ff.; *M. Gercke* CR 2010, 345; *Heidrich/Wegener* MMR 2010, 803; *Obenhaus* NJW 2010, 651; *Schuster/Reichl* CR 2010, 38.

[627] BT-Drucks. 16/3656, S. 9; *Popp* JuS 2011, 385 (386).

[628] Schönke/Schröder/*Eisele* § 202a Rn. 1; *Malek/Popp* Rn. 148; *Marberth-Kubicki* Rn. 87; aA *Haft* NStZ 1987, 6 (9).

[629] Schönke/Schröder/*Eisele* § 202a Rn. 3; einschränkend *Heghmanns* HWSt 6. Teil Rn. 92.

[630] *Graf* MK-StGB § 202a Rn. 13; *Malek/Popp* Rn. 151.

[631] BT-Drucks. 10/5058, S. 29; Schönke/Schröder/*Eisele* § 202a Rn. 3; *Hilgendorf* JuS 1996, 509 (511); *Schmitz* JA 1995, 478 (479).

fahren (z. B. CDs und DVDs, CD- und DVD-ROMs) in Betracht; das Gesetz ist aber offen für weitere neue Speichermöglichkeiten. Nicht unmittelbar wahrnehmbar sind Daten dann, wenn sie lediglich mit technischen Hilfsmitteln (z. B. Computer, CD-Spieler) sichtbar gemacht werden können.[632] Die fehlende unmittelbare Wahrnehmbarkeit kann auch auf einem lediglich verkleinerten Abbild (z. B. auf einem Mikrofilm) beruhen, sofern sie nicht allein auf individuelle körperliche Defizite wie Seh- oder Hörschwächen zurückzuführen bleibt.[633] Die Umsetzung in andere Zeichen (z. B. durch Digitalisierung) ist nicht erforderlich, ebenso wenig eine Verschlüsselung der Daten.[634]

348   Zum anderen müssen die Daten in dem nicht unmittelbar wahrnehmbaren Zustand entweder gespeichert sein oder übermittelt werden. *Gespeichert* sind Daten, die zum Zwecke ihrer weiteren Verarbeitung oder Nutzung auf einem Datenträger erfasst, aufgenommen oder aufbewahrt werden. Ob die Daten permanent oder nur flüchtig, insbesondere im Arbeitsspeicher, gespeichert sind, ist unerheblich.[635]

349   *Übermittelt* werden Daten, die auf elektronischem oder sonst technischem Wege weitergeleitet werden. Dies betrifft insbesondere den (unkörperlichen) Datentransfer innerhalb eines Netzwerks wie des Internets oder eines privaten WLAN. Das praktisch bedeutsame Anzapfen von Datenübertragungsvorgängen kann demnach den Tatbestand des § 202a StGB verwirklichen.[636] Nicht erfasst ist hingegen der (körperliche) Transport des Datenträgers selbst.

350   **Nicht für den Täter bestimmt** § 202a Abs. 1 StGB setzt voraus, dass die Daten nicht für den Täter bestimmt sind. Sie sollen sich folglich nach dem *Willen des Berechtigten* im Zeitpunkt der Tathandlung nicht im Herrschaftsbereich des Täters befinden. Die bloß zweckwidrige Verwendung der (dem Täter tatsächlich zur Verfügung stehenden) Daten ist nicht tatbestandsgemäß.[637] Die Zustimmung des Berechtigten stellt ein tatbestandsausschließendes Einverständnis dar.[638]

351   Eine Täuschung lässt das Einverständnis nach allgemeinen Regeln nicht entfallen. Daher scheitert insbesondere die Strafbarkeit des *Phishings* (siehe hierzu vor allem Rn. 394 und 459) gemäß § 202a StGB schon daran, dass der Verfügungsberechtigte die Daten dem Täter selbst offenbart.[639]

---

[632] *Fischer* § 202a Rn. 4; *Weidemann* BeckOK-StGB § 202a Rn. 5; *Rengier* BT II § 31 Rn. 25.

[633] Schönke/Schröder/*Eisele* § 202a Rn. 5; *Hilgendorf* LK § 202a Rn. 11; *Schmitz* JA 1995, 478 (480).

[634] SSW/*Bosch* § 202a Rn. 2; Schönke/Schröder/*Eisele* § 202a Rn. 5; *Frank* in: Informationsstrafrecht und Rechtsinformatik, S. 23 (32); *Hilgendorf* JuS 1996, 509 (511); *Schmitz* JA 1995, 478 (480).

[635] *Graf* MK-StGB § 202a Rn. 20; *Kargl* NK § 202a Rn. 6; *Hilgendorf* JuS 1996, 509 (512); aA *Erstauflage* Rn. 657; *Schmitz* JA 1995, 478 (481).

[636] *Malek/Popp* Rn. 153; *Marberth-Kubicki* Rn. 90.

[637] BayObLG NJW 1999, 1727 (1727 f.): Polizeibeamter, der ohne dienstlichen Anlass Halterdaten abfragte; Schönke/Schröder/*Eisele* § 202a Rn. 11; *Hilgendorf* LK § 202a Rn. 23.

[638] *Hilgendorf* LK § 202a Rn. 20; *Kargl* NK § 202a Rn. 8.

[639] *Goeckenjan* wistra 2009, 47 (50); *Popp* NJW 2004, 3517 (3518).

Zudem fehlt es an der fehlenden Sicherung der Daten gegen unberechtigten Zugang (siehe hierzu sogleich Rn. 354 ff.).[640]

Unerheblich bleibt, ob sich die Daten inhaltlich auf den Täter beziehen. Er wird dadurch weder zum Berechtigten noch sind sie deshalb schon für ihn bestimmt.[641] Ebenso wenig ist eine solche Bestimmung darin zu sehen, unter gewissen Voraussetzungen den allgemeinen Zugang zu Daten zu gewähren, z. B. beim entgeltlichen Abruf einer Datenbank nach ordnungsgemäßem Anschluss.[642] Problematisch ist hier allenfalls, ob eine besondere Zugangssicherung vorliegt, insbesondere wenn einem ehemals berechtigten Teilnehmer die weitere Nutzung untersagt wird, ohne seinen Zugang zu sperren.[643] Die Zugriffsrechte eines Systemadministrators sind auf technische Aufgaben zur Verwaltung des Netzwerks beschränkt.[644] Daten aus den persönlichen E-Mail-Postfächern der Mitarbeiter sind deshalb nicht für ihn bestimmt. Auch hier stellen sich allenfalls Fragen der Zugangssicherung. Schließlich ist zu beachten, dass Daten, die zum Zweck ihrer Nutzung überlassen werden, nicht zwingend auch zugänglich gemacht werden sollen. **352**

So sind Programmdaten eines *Geldspielautomaten* nicht ohne Weiteres für den Erwerber bestimmt.[645] Gleiches gilt für das Auslesen eines Unlock-Codes aus einem Mobiltelefon, um den *SIM-Lock* zu entsperren (ergänzend Rn. 306).[646] Andererseits gehören die durch eine Geschwindigkeitsmessanlage produzierten Daten nicht dem Hersteller des Geräts, sondern ausschließlich der Polizei.[647] **353**

Gegen unberechtigten Zugang besonders gesichert Die notwendige besondere Sicherung der Daten kann durch jede Vorkehrung erfolgen, die den Zugang Unbefugter verhindert oder erschwert. Durch die Sicherung dokumentiert der Berechtigte sein ausdrückliches *Interesse an der Geheimhaltung*.[648] An Zugangssicherungen sind sowohl technische (z. B. Magnetkarten, Passwortabfragen, Firewalls[649]) als auch mechanische oder bauliche Maßnahmen (z. B. Unterbringung des Rechners in einem sog. closed shop, d. h. in einem zutrittsüberwachten Raum) **354**

---

[640] *Graf* NStZ 2007, 129 (131); *Popp* MMR 2006, 84 (85).

[641] Schönke/Schröder/*Eisele* § 202a Rn. 10; Lackner/Kühl/*Heger* § 202a Rn. 3; *Marberth-Kubicki* Rn. 88.

[642] BT-Drucks. 10/5058, S. 29; Lackner/Kühl/*Heger* § 202a Rn. 3; *Lenckner/Winkelbauer* CR 1986, 483 (486).

[643] *Hilgendorf* LK § 202a Rn. 21; *Ernst* NJW 2003, 3233 (3236).

[644] BGH NStZ-RR 2020, 278 (279); *Ceffinato* JuS 2021, 311; *Gercke* ZUM 2020, 948 (957).

[645] Schönke/Schröder/*Eisele* § 202a Rn. 10; *Graf* MK-StGB § 202a Rn. 30; aA LG Duisburg CR 1988, 1027 (1028).

[646] AG Göttingen MMR 2011, 626 (627); AG Nürtingen MMR 2011, 121 (122); *Busch/Giessler* MMR 2001, 586 (590); aA *Heghmanns* HWSt 6. Teil Rn. 96.

[647] OLG Naumburg ZD 2014, 628.

[648] Kritisch *Dietrich* NStZ 2011, 247 (247 ff.).

[649] BGH NStZ 2018, 401 (403) mit Anm. *Safferling*.

denkbar.[650] Bloß psychisch wirkende Verbote (z. B. Disclaimer bei E-Mails[651]) oder Genehmigungsvorbehalte ohne entsprechende physische Zugangshindernisse reichen nicht aus. Ebenso wenig kann mangels dokumentierten Geheimhaltungsinteresses von einer Sicherung der Daten gesprochen werden, wenn die fragliche Einrichtung oder Maßnahme, mag sie objektiv zugleich als Zugangssicherung wirken, ausschließlich anderen Zwecken dient (z. B. Feuerschutz) oder der Zweck der Datensicherung nur von ganz untergeordneter Bedeutung oder ein bloßer Nebeneffekt ist.[652] Die Zugangssicherung muss im Tatzeitpunkt bestehen, sodass etwa Firewalls nur bei Aktivierung erfasst sind.[653]

355 Die Speicherung von Informationen als solche begründet nur deren Dateneigenschaft, bedeutet aber als solche mangels weiterer Vorkehrungen keine Zugangssicherung. Dies gilt vor allem für Daten auf einer Magnetkarte, auf die mit einem handelsüblichen Gerät zugegriffen werden kann. Das sog. *Skimming*, d. h. das Auslesen von Daten auf dem Magnetstreifen einer Zahlungskarte, um anschließend Kartendubletten herzustellen, verwirklicht daher nicht den Tatbestand des § 202a StGB.[654] In Betracht kommt aber eine Strafbarkeit wegen Vorbereitung der Fälschung von Zahlungskarten gemäß §§ 152a Abs. 5, 149 Abs. 1 StGB bzw. Zahlungskarten mit Garantiefunktion nach §§ 152b Abs. 5, 149 Abs. 1 StGB[655] bzw. bei der Beteiligung mehrerer eine nach §§ 152a Abs. 1, 152b Abs. 1, 30 Abs. 2 StGB strafbare Verabredung zur (ggf. sogar gewerbs- und bandenmäßigen) Fälschung von Zahlungskarten mit Garantiefunktion.[656]

356 Auch die *Datenverschlüsselung* ist eine Zugangssicherung. Zwar steht sie dem Zugriff auf die Daten selbst nicht entgegen. Doch sind Daten erst dann von Wert, wenn ihr Inhalt wahrgenommen werden kann. Nach der ratio legis muss § 202a StGB daher gleichfalls für die Verschlüsselung gelten, zumal sie den einzig möglichen Schutz von Daten während des Übertragungsvorgangs bildet.[657] Davon zu unterscheiden bleibt, ob sich der Täter verschlüsselte Daten verschaffen kann, ohne den dazugehörigen Entschlüsselungscode zu kennen (Rn. 368). Ähnliches gilt beim *Verstecken der Daten*, z. B. in einer Trägerdatei (sog. Steganographie).[658]

357 Verschlüsselte *Signale eines Pay-TV-Senders* sind ebenso gegen unberechtigten Zugang besonders gesichert. Ihre Entschlüsselung durch Extrahieren von Verschlüsselungscodes oder Sende-

[650] *Fischer* § 202a Rn. 9; *Hilgendorf* JuS 1996, 702 (702).

[651] Siehe hierzu *Schmidl* MMR 2005, 501 (506).

[652] BT-Drucks. 16/3656, S. 10; *Kindhäuser/Hilgendorf* LPK § 202a Rn. 4; Schönke/Schröder/*Eisele* § 202a Rn. 14; *Weidemann* BeckOK-StGB § 202a Rn. 15.

[653] BGH NStZ 2018, 401 (403) mit Anm. *Safferling*; beim Einsatz von Botnetzen ist demnach eine abschlägige Schätzung hinsichtlich der im Tatzeitpunkt bestehenden Aktivierung der Firewalls der infizierten Rechner zulässig.

[654] BGH NStZ 2011, 154 (154) mit kritischen Anm. *Schuhr* und *Schiemann* JR 2010, 498; NStZ 2010, 275 (276); *Weidemann* BeckOK-StGB § 202a Rn. 15; *Heghmanns* HWSt 6. Teil Rn. 98; *Eisele* CR 2011, 131 (132); *Popp* JuS 2011, 385 (387); *Seidl/Fuchs* HRRS 2011, 265 (267); *Tyszkiewicz* HRRS 2010, 207 (209 f.).

[655] BGH NJW 2010, 623 (624).

[656] BGH NJW 2011, 2375 (2376) mit Bespr. *Bachmann/Goeck* JR 2011, 425; MMR 2012, 61 (62).

[657] *Fischer* § 202a Rn. 9a; *Heghmanns* HWSt 6. Teil Rn. 101; *Ernst* NJW 2003, 3233 (3236); *Hilgendorf* JuS 1996, 702 (702); aA *Schumann* NStZ 2007, 675 (676).

[658] *Fischer* § 202a Rn. 9a; *Graf* MK-StGB § 202a Rn. 53; *Hilgendorf* JuS 1996, 702 (703).

informationen aus Hardwarebausteinen des Decoders oder aus einem Speicherbereich des auf der Chipkarte aufgebrachten Halbleiters verwirklicht daher den Tatbestand des § 202a StGB.[659] Der Betreiber eines Cardsharing-Servers (siehe Rn. 321) ist diesbezüglich aber allenfalls wegen Beihilfe zu einer entsprechenden Tat durch seinen Kunden zu belangen.[660] Schließlich wird er durch den Pay-TV-Anbieter mit der Übersendung der Smartcard in die Stellung eines Verfügungsberechtigten über das darauf enthaltene Kennwort versetzt.[661] Die abredewidrige Verschaffung an Dritte (§ 202a Abs. 1 Var. 2 StGB) ist von dieser Berechtigung gedeckt und insofern nicht unbefugt. Es kommt aber hierbei sowie beim Herstellen von Piratenkarten ein Computerbetrug in Betracht (siehe Rn. 321 f., 329 und 337). Der Vertrieb (und ebenso die Benutzung) von Piratenkarten fällt zwar nicht unter § 202a StGB,[662] kann aber als Verbreitung von Umgehungsvorrichtungen zu gewerbsmäßigen Zwecken von § 4 ZKDSG erfasst sein.

Unter Umständen stellen auch *Lizenzschlüssel* für Softwareprodukte eine geeignete Zugangssicherung im Sinne des § 202a Abs. 1 StGB dar. Aufgrund des EuGH-Urteils in Sachen *UsedSoft* aus dem Jahr 2012, welches den Weiterverkauf von online erworbenen Computerprogrammen für urheberrechtlich zulässig erklärte[663] und dem sich auch der BGH in zwei präzisierenden Entscheidungen aus den Jahren 2013 und 2014 angeschlossen hat,[664] dürften Softwarehersteller in Zukunft dazu übergehen, die für die Nutzung ihrer Programme erforderlichen Lizenzen immer besser gegen ein Auslesen zu schützen.[665] Die ursprünglich rein urheberrechtliche Debatte um den Verkauf gebrauchter Software ist damit nun um eine strafrechtliche Dimension angereichert worden. **358**

Die Daten müssen gegen unberechtigten Zugang nicht beliebig, sondern *besonders* gesichert sein. Dies setzt Sicherheitsvorkehrungen voraus, die geeignet sind, den Zugriff Unbefugter auszuschließen oder zumindest erheblich zu erschweren.[666] Da der Täter gerade durch die Überwindung der Zugangssicherung seine strafwürdige kriminelle Energie zum Ausdruck bringt, sind Zugangssicherungen dann nicht besonders im Sinne des § 202a StGB, wenn sie jeder technisch Interessierte ohne Weiteres überwinden kann.[667] **359**

Daten auf *öffentlich zugänglichen Servern* sind nicht besonders gegen unberechtigten Zugang gesichert. Dies gilt auch dann, wenn der Zugriff zwar eine Registrierung oder eine sonstige organisatorische Maßnahme erfordert, die aber jeder vornehmen bzw. erfüllen kann.[668] Ebenso wenig verwirklicht der *Arbeitgeber* bei der Kontrolle dienstlicher E-Mail-Anschlüsse den Tatbestand, sofern er über seinen Systemadministrator jederzeit auf die einzelnen E-Mails zugreifen kann und der Arbeitnehmer diese etwa nicht durch ein dem Arbeitgeber unbekanntes Passwort gesichert hat. Ob die E-Mail äußerlich erkennbar privat an den Arbeitnehmer adressiert ist, bleibt dann unerheb- **360**

---

[659] *Hilgendorf* LK § 202a Rn. 17; *Dressel* MMR 1999, 390 (393); aA *Helberger* ZUM 1999, 295 (304).

[660] OLG Celle MMR 2017, 342.

[661] OLG Celle MMR 2017, 342; zustimmend *Planert* StV 2014, 430 (433); aA *Esser/Rehaag* wistra 2017, 81 in einem Gutachten für den Pay-TV-Sender Sky.

[662] *Beucher/Engels* CR 1998, 101 (104).

[663] EuGH NJW 2012, 2565.

[664] BGH NJW-RR 2014, 360; NJW-RR 2015, 1138.

[665] Siehe hierzu *Meyer-Spasche/Störing/Schneider* CR 2013, 131 am Beispiel von Windows 8.

[666] Schönke/Schröder/*Eisele* § 202a Rn. 14; *Graf* MK-StGB § 202a Rn. 39; *Malek/Popp* Rn. 156.

[667] *Fischer* § 202a Rn. 9; *Hilgendorf* LK § 202a Rn. 32; siehe hierzu auch BT-Drucks. 16/3656, S. 10; *Dornseif/Schumann/Klein* DuD 2002, 226 (229); *Vassilaki* CR 2008, 131 (131).

[668] BT-Drucks. 16/3656, S. 10; *Vahle* DVP 2007, 491 (491).

lich.[669] Etwaige Sicherungsvorkehrungen richten sich grundsätzlich nur gegen Externe (siehe aber Rn. 363 zur Strafbarkeit des Administrators).

361   Das Problem des Ausspähens von Daten stellt sich vor allem in kabellosen Computernetzwerken (Wireless Local Area Network, *WLAN*). Ist das Netzwerk gegen unberechtigten Zugriff nicht durch einen entsprechenden Schlüssel (z. B. WEP, WPA2) gesichert, kann jeder, der sich in Reichweite des Netzwerks befindet, hierauf zugreifen oder den Zugang zum Internet herstellen und dort unter Umständen Straftaten wie z. B. Urheberrechtsverstöße begehen. Eine Strafbarkeit des sog. Schwarzsurfens aus § 202a StGB scheitert dann an der fehlenden Zugangssicherung.[670] Sobald aber auf standardisierte oder besondere Verschlüsselungsverfahren zurückgegriffen wird, liegt die erforderliche besondere Zugangssicherung vor. Dass diese Verschlüsselung für Experten leicht zu überwinden ist, schließt die Zugangssicherung nach den obigen Grundsätzen nicht aus.[671] Wer in ein derart geschütztes Netz eindringt, verschafft sich automatisch mit dem Zugang den jeweiligen Schlüssel sowie die IP-Adresse des Netzes und erfüllt damit den Tatbestand des § 202a StGB.

362   Die unberechtigte Nutzung eines WLAN verwirklicht hingegen nicht den Tatbestand des Erschleichens von Leistungen gemäß § 265a StGB (siehe auch Rn. 492). Ein WLAN dient geschlossenen Benutzergruppen und stellt bereits aus diesem Grund kein öffentlichen Zwecken dienendes Telekommunikationsnetz im Sinne von § 265a Abs. 1 Var. 2 StGB dar. Außerdem ist keine Entgeltlichkeit für die Benutzung des WLAN gegenüber dem berechtigten Nutzer vorgesehen.[672]

363   Fraglich ist des Weiteren, ob von einer Sicherung gegen *unberechtigten* Zugang gesprochen werden kann, wenn außer den Berechtigten weitere Personen trotz fehlender Zugriffsbefugnis freien Zugang zu den Daten haben. Dies ist bei Systemadministratoren oder beispielsweise der Fall, wenn Reinigungskräfte, Aufsichts- und Sicherungspersonal einen zugangsgeschützten Raum betreten können, in dem der betreffende Rechner steht. Zum Teil wird hier eine Zugangssicherung abgelehnt, da das Tatbestandmerkmal „unberechtigt" im Zusammenhang mit „nicht für den Täter bestimmt" stehe. Berechtigt sei der Zugang demzufolge nur für denjenigen, für den die Daten auch bestimmt seien. Werde anderen Personen der Zugang zu diesen Daten gewährt, fehle somit eine Sicherung gegen unberechtigten Zugang. Die Zugangssicherung müsse gegenüber allen Nichtberechtigten gleich wirksam

---

[669] Siehe hierzu *Kargl* NK § 202a Rn. 7; *Barton* CR 2003, 839 (841 f.); *Jofer/Wegerich* K&R 2002, 235 (239); *Weißgerber* NZA 2003, 1005 (1007 ff.). Zum Schutz privater Daten bei der Nutzung privater Geräte in einem Unternehmen *Söbbing/Müller* ITRB 2011, 263.

[670] *Weidemann* BeckOK-StGB § 202a Rn. 15; *Bär* MMR 2005, 434 (436); *Buermeyer* HRRS 2004, 285 (287); *Ernst* CR 2003, 898 (899); *Malpricht* ITRB 2008, 42 (42); differenzierend *Thal* in: Dimensionen des IT-Rechts, S. 43 (53 ff.).

[671] Schönke/Schröder/*Eisele* § 202a Rn. 16; *Marberth-Kubicki* Rn. 94; *Hilgendorf* JuS 1996, 702 (702); aA *Dornseif/Schumann/Klein* DuD 2002, 226 (229 f.).

[672] LG Wuppertal MMR 2011, 65 (66); *Fischer* § 265a Rn. 16; *Bär* MMR 2005, 434 (438); *Höfinger* ZUM 2011, 212 (215).

sein.[673] Allerdings lässt sich diese einschränkende Voraussetzung dem Wortlaut der Vorschrift nicht entnehmen. Es reicht daher etwa aus, die Daten nur gegenüber dem unberechtigten Zugriff von Betriebsexternen zu schützen. Jedenfalls müssen die Daten nicht gegen jeden unberechtigten Zugang gesichert sein.[674] Ansonsten verlören Daten in einem Closed-shop bereits ihren Schutz, sobald Reinigungs-, Aufsichts- oder Sicherungspersonal Zutritt hätte. Außerdem haben Mitarbeiter oft die rein faktische Möglichkeit, auf geschützte Daten zuzugreifen, was den strafrechtlichen Schutz über § 202a StGB ebenso wenig ausschließen darf. Dass etwa ein Systemadministrator tatsächlichen Zugriff auf nicht für ihn bestimmte Daten hat, ist für dessen Strafbarkeit deshalb unschädlich, wenn er sich auf den Vorgaben des Arbeitgebers widersprechende Weise Zugriff auf den E-Mail-Account von Mitarbeitern verschafft.[675]

Bei der Herstellung von *Raubkopien* ist zwischen der Nutzung des Programms und dem darüber **364** hinausgehenden Zugriff auf die Daten des Programms selbst, d. h. auf dessen Aufbau und dessen Arbeitsweise, zu unterscheiden.

• Sollen etwaige Sicherheitsvorkehrungen nur die Anfertigung von Vervielfältigungen verhindern, ohne dem Anwender den Zugang zu den Programmdaten zu verwehren, sind diese auch für ihn bestimmt. Bei einem *bloßen Kopierschutz* scheidet eine Strafbarkeit gemäß § 202a StGB wegen der Herstellung von Raubkopien demnach aus.[676] Unberührt bleiben Verstöße gegen Urheberrechtsvorschriften.
• Sind die Programmdaten hingegen nicht für den Anwender bestimmt, kommt es darauf an, ob sie gegen unberechtigten Zugang besonders gesichert sind. Insoweit stellen Kopierschutzmaßnahmen eine geeignete Sicherungsvorkehrung dar, sofern sie zumindest auch den Schutz der Programmdaten beabsichtigen. Jedoch reicht es insbesondere aus, dem Anwender nur den *Objektcode* eines Programms, d. h. den direkt durch die Datenverarbeitungsanlage ausführbaren Code, nicht aber den *Quellcode*, d. h. die für Programmierer lesbare Form, zu überlassen. Grundsätzlich ist es zwar möglich, jeden Objektcode zu dekompilieren, d. h. in den Quellcode zurückzuübersetzen. Bei umfangreichen Programmen ist dies jedoch aufgrund der Fülle an Informationen außerordentlich aufwändig, so dass in der Überlassung lediglich des Objektcodes von einer Zugriffssicherung ausgegangen werden kann.[677] Indessen wird bei der einfachen Raubkopie die Zugangssicherung zumeist nicht beeinträchtigt. Die Kopie einer Software ist auch ohne Kenntnis des Quellcodes möglich, so dass der Täter sich diesen nicht verschafft und § 202a StGB nicht verwirklicht. Etwas anderes gilt nur dann, wenn ein Kopierschutz überwunden wird, der ebenso die Weitergabe des Objektcodes verhindern soll.[678] Auch hier werden in der Regel aber Vorschriften des Urheberrechtsgesetzes missachtet.

[673] *Lenckner/Winkelbauer* CR 1986, 483 (487).
[674] SSW/*Bosch* § 202a Rn. 5; Schönke/Schröder/*Eisele* § 202a Rn. 17; *Graf* MK-StGB § 202a Rn. 38; *Kargl* NK § 202a Rn. 11; *Hilgendorf* JuS 1996, 702 (704).
[675] BGH NStZ-RR 2020, 278; dazu *Ceffinato* JuS 2021, 311; *Gercke* ZUM 2020, 948 (957).
[676] *Hilgendorf* LK § 202a Rn. 22; *Kargl* NK § 202a Rn. 8; *Gercke/Brunst* Rn. 94; *Rengier* BT II § 31 Rn. 27; *Lenckner/Winkelbauer* CR 1986, 483 (486).
[677] *Meier* JZ 1992, 657 (662).
[678] Schönke/Schröder/*Eisele* § 202a Rn. 12; *Kargl* NK § 202a Rn. 8; *Rengier* BT II § 31 Rn. 32; *Meier* JZ 1992, 657 (663).

c) Tathandlung

365 Tathandlung des § 202a StGB ist, sich oder einem anderen den *Zugang zu* den näher beschriebenen (Rn. 347 ff.) *Daten zu verschaffen*. Dies kann zum einen durch inhaltliche Kenntnisnahme der Daten geschehen.[679] Zum anderen liegt unabhängig von der Kenntniserlangung ein Sichverschaffen vor, wenn der Täter den Datenträger in seine Verfügungsgewalt bringt oder die Daten auf einen Datenträger kopiert.[680] Das Merkmal *„unbefugt"* weist lediglich auf die Rechtswidrigkeit hin.[681]

366 Unter den Tatbestand des § 202a StGB kann der Zugriff auf einen Rechner mittels *ActiveX-Controls* oder *Java-Applets* fallen, d. h. mittels kleiner Programme, die graphische Animationen und interaktive Elemente auf Webseiten ermöglichen, aber zum unbemerkten Zugriff auf den Rechner des Nutzers missbraucht werden können. Als Beispiel mag ein Fall aus dem Jahr 1997 dienen, als auf einem Server ein ActiveX-Control installiert wurde. Rief ein Anwender diese Seite mit dem Internet Explorer auf und hatte er eine bestimmte Homebanking-Software auf seinem Rechner installiert, so startete das Control die Software im Hintergrund und fügte unbemerkt einen Geldtransaktionssatz in die entsprechende Datei ein. Bei der nächsten Sammelüberweisung wurde das Konto des Anwenders um 20 DM erleichtert. Verheerend kann ein ActiveX-Einbruch vor allem in Firmennetzen sein, da die unscheinbaren Controls alle Zugriffsrechte haben, die dem legitimen Benutzer vor dem Bildschirm zur Verfügung stehen.

367 Die seit Inkrafttreten des 41. StrÄndG zum 11. August 2007 gültige Fassung stellt klar, dass die Zugangsverschaffung *„unter Überwindung der Zugangssicherung"* zu erfolgen hat. Nur durch die hierzu erforderliche Aufhebung oder Umgehung der vorhandenen Sicherheitsvorkehrungen manifestiert der Täter seine strafwürdige kriminelle Energie.[682]

368 Umstritten sind die Anforderungen an die Überwindung der Zugangssicherung bei *verschlüsselten Daten*. Zum Teil wird die Verfügungsgewalt über die Daten als ausreichend erachtet, da deren Entschlüsselung technisch möglich sei. Ansonsten fiele der Strafrechtsschutz bei gewissenhafter Sicherung geringer aus als bei unterbliebener Verschlüsselung.[683] Nach herrschender Auffassung ist dadurch indessen die Zugangssicherung noch nicht überwunden, sondern bedarf dies erst der Entschlüsselung der betreffenden Daten.[684]

369 Das 41. StrÄndG hat eine weitere, wesentliche Änderung des § 202a StGB mit sich gebracht. Anders als nach früherer Rechtslage ist kein Zugriff auf das geschützte Datum selbst mehr erforderlich, sondern genügt es, sich oder einem ande-

---

[679] *Fischer* § 202a Rn. 11; *Hilgendorf* LK § 202a Rn. 16.

[680] *Fischer* § 202a Rn. 11; *Hilgendorf* LK § 202a Rn. 15; *Kargl* NK § 202a Rn. 12; aA für die Herrschaftsgewalt am Datenträger *Weidemann* BeckOK-StGB § 202a Rn. 18.

[681] Schönke/Schröder/*Eisele* § 202a Rn. 24; *Bär* MMR 2005, 434 (436); *Gröseling/Höfinger* MMR 2007, 549 (553); aA *Graf* MK-StGB § 202a Rn. 65; *Gercke/Brunst* Rn. 100: Doppelfunktion.

[682] BT-Drucks. 16/3656, S. 10.

[683] *Erstauflage* Rn. 684; *Ernst* NJW 2007, 2661 (2661); *Hilgendorf* JuS 1996, 702 (705); ebenso im Ergebnis *Gercke/Brunst* Rn. 99.

[684] Schönke/Schröder/*Eisele* § 202a Rn. 19; *Marberth-Kubicki* Rn. 95; *Rengier* BT II § 31 Rn. 28; *Gröseling/Höfinger* MMR 2007, 549 (551).

ren den *Zugang zu dem Datum* zu verschaffen. Dadurch wird bereits die Überwindung der Zugangssicherung als solche (sog. *Hacking*) unter Strafe gestellt.

Der frühere Meinungsstreit, ob der Hacker sich bereits durch das Überwinden der Zugangssicherung Daten verschaffe und § 202a StGB verwirkliche,[685] hat sich somit erledigt. Die vom Gesetzgeber intendierte Straflosigkeit solcher Verhaltensweisen[686] beruhte auf den damaligen Ambitionen von Hackern, keinen Schaden anzurichten, sondern Sicherheitslücken aufzudecken oder ihren „sportlichen Ehrgeiz" zu befriedigen. Mittlerweile hat sich das Bild vom Hacker angesichts zwischenzeitlicher Angriffe auf Computersysteme deutlich gewandelt. Im Vordergrund stehen nunmehr die Gefahren für die Integrität von Daten und Programmen und die durch das Hacking hervorgerufenen Schäden.[687] **370**

Ebenso wie das Hacking verwirklicht das *Portscanning* den neu gefassten Tatbestand des § 202a StGB.[688] Für jeden Dienst im Internet wird ein eigener Port geöffnet, über den die am Kommunikationsvorgang beteiligten Rechner verbunden werden. Ein Portscan überprüft, welche Ports gerade geöffnet sind, um diese offenen Ports nicht für ihren eigentlichen Zweck, sondern für einen Angriff auf den Rechner zu nutzen. **371**

Eine strafbare Zugangsverschaffung bedeutet inzwischen auch der Einsatz *Trojanischer Pferde*.[689] Trojanische Pferde sind Programme mit einer verdeckten Schadensfunktion, die in Anwendungsprogramme, Dienstprogramme oder Spiele eingefügt werden. Mit ihrer Hilfe lassen sich unbemerkt sensible Benutzerdaten (Passwörter, Kreditkartennummern) durch Aufzeichnung des Datenverkehrs (sog. Sniffer) oder der Tastatureingaben (sog. Keylogger) ausspähen und per E-Mail an den Absender des Trojaners übermitteln. Sog. Backdoor-Trojaner gestatten es dem Verwender sogar, auf infizierte Rechner zuzugreifen und die Fernkontrolle über praktisch alle Funktionen auszuüben.[690] Diese Vorgehensweise spielt insbesondere beim Aufbau sog. Botnetze (siehe Rn. 414) eine entscheidende Rolle. Trojaner werden in jüngster Zeit auch häufig in Gestalt sog. *Ransomware* eingesetzt, die private Daten des Nutzers verschlüsselt, um die Zahlung eines Lösegeldes für die Entschlüsselung zu erpressen (siehe dazu auch Rn. 420).[691] Prägend für diese Art der Cyberangriffe war die „WannaCry"-Attacke im Mai 2017, von der über 200.000 Nutzer betroffen waren, darunter auch Krankenhäuser und Großkonzerne. **372**

---

[685] Zum Meinungsstand *Erstauflage* Rn. 686 ff.; *Schnabl* wistra 2004, 211 (212 ff.), jeweils m. w. N.

[686] BT-Drucks. 10/5058, S. 28 f.

[687] BT-Drucks. 16/3656, S. 9; *Hilgendorf* LK § 202a Rn. 14; vgl. hierzu auch *Ernst* NJW 2003, 3233 (3233 f.); *Vassilaki* MMR 2006, 212 (213 f.).

[688] *Weidemann* BeckOK-StGB § 202a Rn. 17.4; *Marberth-Kubicki* ITRB 2008, 17 (17); aA *Cornelius* MAH IT-Recht Teil 19 Rn. 50.

[689] SSW/*Bosch* § 202a Rn. 7; Schönke/Schröder/*Eisele* § 202a Rn. 19; *Marberth-Kubicki* Rn. 104 ff. Zur früheren Rechtslage siehe *Erstauflage* Rn. 689 ff. mit Nachweisen zum Streitstand.

[690] Vgl. dazu bereits *Eichelberger* MMR 2004, 594 (596 f.); siehe auch AG Düren K&R 2011, 216.

[691] Siehe dazu etwa BGH NJW 2021, 2301 mit Anm. *Safferling* sowie *Nicolai* NStZ 2022, 43 und *Heghmanns* ZJS 2021, 824; Fallzahlen bei *Gercke* ZUM 2021, 921 (929 f.).

373 Diskutiert wird der Einsatz derartiger Programme im Übrigen auch vor dem Hintergrund staatlicher Ermittlungstätigkeit. So ist im Volksmund häufig noch vom sog. *Bundestrojaner* die Rede, wenn es um Maßnahmen der Quellen-Telekommunikationsüberwachung geht. Die Frage nach deren Zulässigkeit – und damit nach Rechtfertigung bzw. Unbefugtheit des Ausspähens von Daten – ist nach wie vor von erheblicher rechtspraktischer Bedeutung (siehe § 4 Rn. 48 ff.).

374 Beschränkt sich ein *Virus* oder sonstiges Schadprogramm auf das Löschen, Ändern oder Unterdrücken von Daten, ohne seinem Urheber oder Verbreiter den Zugang zu Daten zu verschaffen, scheidet eine Strafbarkeit nach § 202a StGB aus.[692]

2. Abfangen von Daten (§ 202b StGB)

375 Neu eingefügt durch das 41. StrÄndG wurde der Straftatbestand des Abfangens von Daten in § 202b StGB. Die Vorschrift will den *Schutz* klassischer Fernkommunikationsmittel (z. B. durch § 201 StGB vor dem unbefugten Abhören von Telefongesprächen) auf *moderne Kommunikationstechnologien* erweitern. Rechtsgut der Norm ist wiederum das allgemeine Geheimhaltungsinteresse des Verfügungsberechtigten an den übermittelten Daten, wenngleich dieses Interesse nicht durch eine besondere Zugangssicherung dokumentiert werden muss, sondern hierfür bereits die Wahl eines nichtöffentlichen Kommunikationsvorganges genügt.[693]

376 *Tatobjekt* sind nicht für den Täter bestimmte (Rn. 350 ff.) *Daten* im Sinne des § 202a Abs. 2 StGB (Rn. 346 ff.), so dass gemäß der dort enthaltenen Konkretisierung des Datenbegriffs auch gespeicherte Daten abgefangen werden können.[694] Der Inhalt der Daten ist wiederum ohne Belang. Sie müssen insbesondere keine Geheimnisse beinhalten, um von § 202b StGB geschützt zu werden.

377 Einschränkend müssen die Daten aber zum Zeitpunkt der Tat aus einer nichtöffentlichen *Datenübermittlung* (Var. 1) oder aus der elektromagnetischen Abstrahlung einer Datenverarbeitungsanlage (Var. 2) stammen. Var. 1 erfasst jegliche, d. h. moderne (z. B. E-Mails, Voice-over-IP-Telefonie) und klassische (z. B. herkömmliche Telefonie) sowie leitungsgebundene und drahtlose Übertragung von Daten.[695]

378 *Nichtöffentlich* ist die Übermittlung, wenn sie sich (wie z. B. innerhalb privater Netzwerke wie einem heimischen WLAN oder einem Firmen-Intranet) nicht an die Allgemeinheit, sondern an einen durch persönliche oder sachliche Beziehungen abgegrenzten Personenkreis richtet.[696] Da es auf die Nichtöffentlichkeit der Datenübermittlung, nicht hingegen auf die Nichtöffentlichkeit der übermittelten Daten ankommt, ist § 202b StGB sogar verwirklicht, wenn Daten, die für eine frei zugängliche Webseite bestimmt sind, während ihrer Übermittlung auf den Webserver

---

[692] *Malek/Popp* Rn. 166; *Eichelberger* MMR 2004, 594 (596 f.).

[693] BT-Drucks. 16/3656, S. 11; Schönke/Schröder/*Eisele* § 202b Rn. 1; *Weidemann* BeckOK-StGB § 202b Rn. 2.

[694] *Hilgendorf* LK § 202b Rn. 12; *Schumann* NStZ 2007, 675 (677).

[695] *Fischer* § 202b Rn. 3; *Ernst* NJW 2007, 2661 (2662).

[696] *Hilgendorf* LK § 202b Rn. 9.

abgefangen werden.[697] Dies gilt unstreitig jedenfalls dann, wenn auch der Zugriff auf die übermittelten Daten nicht jedermann freisteht, z. B. bei der Übertragung von E-Mails oder Kommunikationsinhalten in Chaträumen.[698]

Von den Inhalten, die in einem WLAN übertragen werden, sind diejenigen Infor- **379** mationen zu unterscheiden, die das Netzwerk an mögliche Kommunikationspartner in seiner Reichweite überträgt. Insbesondere die MAC-Adresse und die Benutzerkennung (Service Set Identifier; SSID) eines kabellosen Netzes sind daher als *öffentlich* zu erachten.[699] Nicht von § 202b StGB erfasst sind des Weiteren Zugriffe auf gerade übermittelte Datenträger, etwa beim Versand mit der Post, sowie auf Daten, die vor oder nach der Übertragung gespeichert sind; insoweit ist § 202a StGB einschlägig.[700] Ebenso wenig verwirklicht es § 202b StGB, nicht auf eine bestehende Übermittlung zuzugreifen, sondern die Übermittlung der gewünschten Daten an sich oder einen anderen zu veranlassen, z. B. durch eine Phishing-Mail (zur Strafbarkeit Rn. 394 und 459) den Empfänger zur Preisgabe von Daten für das Online-Banking zu bewegen.[701]

Alternativer Anknüpfungspunkt für ein Abfangen von Daten ist die *elektro-* **380** *magnetische Abstrahlung einer Datenverarbeitungsanlage* (Var. 2). Rechner und Peripheriegeräte erzeugen elektromagnetische Felder, die noch in einiger Entfernung gemessen werden können und die Rekonstruktion von Daten gestatten. So lässt sich allein aus der Abstrahlung eines Bildschirms dessen Anzeige ermitteln und auf einem zweiten Monitor wiedergeben. Durch die Vorschrift will der Gesetzgeber somit insbesondere sog. *Side-Channel-Angriffe* unter Strafe stellen. Allerdings existieren noch andere Varianten solcher Angriffe außer dem Abfangen elektromagnetischer Abstrahlung, weswegen die Vorschrift keinen vollständigen Schutz gewährt.[702]

Tathandlung des § 202b StGB ist, sich oder einem anderen Daten zu verschaffen. **381** Anders als bei § 202a StGB genügt die Zugangsverschaffung als solche nicht, sondern muss die Verfügungsgewalt über die Daten erlangt werden, z. B. durch deren Aufzeichnung, Kopie oder Übermittlung.[703] Dem Merkmal „unter Anwendung von technischen Mitteln" kommt keine Bedeutung zu, da ein Abfangen von Daten ohne

---

[697] *Fischer* § 202b Rn. 4; *Vahle* DVP 2007, 491 (492); aA Schönke/Schröder/*Eisele* § 202b Rn. 4a; *Gercke/Brunst* Rn. 106; zur Diskussion *Kusnik* MMR 2011, 720 (721 ff.).

[698] AG Kamen SchAZtg 2008, 229 (230 f.); *Hilgendorf* LK § 202b Rn. 9; *Weidemann* BeckOK-StGB § 202b Rn. 6.

[699] Zum WLAN-Scanning im Rahmen des „Google Street View"-Projekts *M. Gercke* ZUM 2010, 633 (644); aA *Hagemeier* HRRS 2011, 72 (76).

[700] Schönke/Schröder/*Eisele* § 202b Rn. 4; *Fischer* § 202b Rn. 3; *Weidemann* BeckOK-StGB § 202b Rn. 3; *Kusnik* MMR 2011, 720 (721).

[701] *Weidemann* BeckOK-StGB § 202b Rn. 9; *Schultz* DuD 2006, 778 (781).

[702] Kritisch *Schumann* NStZ 2007, 675 (677).

[703] *Hilgendorf* LK § 202b Rn. 13; *Schumann* NStZ 2007, 675 (677).

technische Mittel nicht denkbar sein dürfte.[704] Das Merkmal „unbefugt" beinhaltet wiederum nur einen allgemeinen Hinweis auf die Rechtswidrigkeit.

3. Vorbereiten des Ausspähens und Abfangens von Daten (§ 202c StGB)

382 Ebenfalls durch das 41. StrÄndG wurde die Vorschrift des § 202c StGB eingeführt. Sie stellt bereits das Vorbereiten des Ausspähens und Abfangens von Daten unter Strafe und erfasst somit Handlungen im Vorfeld der Rechtsgutsbeeinträchtigung, d. h. der Verletzung des Geheimhaltungsinteresses des Verfügungsberechtigten (Rn. 344 und 375). Zurückzuführen ist das – wegen seiner Vorverlagerung nicht unumstrittene[705] – abstrakte Gefährdungsdelikt auf europäische Vorgaben, namentlich Art. 6 Abs. 1 lit. a des Übereinkommens des Europarates über Computerkriminalität vom 23. November 2001 (siehe hierzu § 1 Rn. 125 ff.).

383 Die Sanktionierung von Vorbereitungshandlungen in § 202c StGB führt zu dem kuriosen Ergebnis, dass zum einen Vorbereitung und Vollendung von §§ 202a, 202b StGB strafbar sind, der Versuch dieser Straftaten hingegen mangels Strafandrohung straflos bleibt. Zum anderen handelt es sich bei § 202c StGB – mangels konkreten Verletzten – um ein Offizialdelikt, das von Amts wegen verfolgt wird, während §§ 202a, 202b StGB relative Antragsdelikte darstellen, deren Verfolgung grundsätzlich eines Strafantrags des Verletzten bedarf.[706] Wird eine vorbereitete Straftat später tatsächlich begangen, verdrängt die (Teilnahme an der) Tat nach §§ 202a, 202b StGB den § 202c StGB.[707]

384 **Tatobjekt** Tatobjekte des sog. Hackerparagraphen sind nach Nr. 1 zunächst Passwörter oder sonstige *Sicherungscodes*, die den Zugang zu Daten (§ 202a Abs. 2 StGB) ermöglichen. Anders als bei den zugangsgeschützten Daten ist nicht erforderlich, dass die Codes sich nicht unmittelbar wahrnehmen lassen. Auch auf einem Stück Papier festgehaltene Zugangsdaten (z. B. die PIN beim Online-Banking) werden daher von Nr. 1 erfasst.[708] Allerdings müssen die Sicherungscodes aktuell sein und nach wie vor den Zugang zu den geschützten Daten gewähren.[709]

385 Alternativ kann sich gemäß Nr. 2 die Vorbereitungshandlung auch auf *Computerprogramme* (Rn. 303) beziehen, deren Zweck die Begehung einer Tat nach den §§ 202a, 202b StGB ist. Hier erweist sich wie bei § 263a Abs. 3 StGB als problematisch, dass Computerprogramme lediglich einzelne Arbeitsschritte ausführen, die verschiedenen, legalen wie illegalen Anliegen dienen können. Software als solche

---

[704] SSW/*Bosch* § 202b Rn. 4; *Fischer* § 202b Rn. 6; *Gercke/Brunst* Rn. 109; *Ernst* NJW 2007, 2661 (2662); *Schreibauer/Hessel* K&R 2007, 616 (617 f.).

[705] Zur Kritik etwa *Hilgendorf* LK § 202c Rn. 4; siehe aber BVerfG JR 2010, 79.

[706] *Hilgendorf* LK § 202a Rn. 42; *Kargl* NK § 202a Rn. 1a; *Ernst* NJW 2007, 2661 (2662); *Gröseling/Höfinger* MMR 2007, 626 (628); *Schumann* NStZ 2007, 675 (680).

[707] *Fischer* § 202c Rn. 10; *Weidemann* BeckOK-StGB § 202c Rn. 13.

[708] *Fischer* § 202c Rn. 3; *Hilgendorf* LK § 202c Rn. 7; aA *Heghmanns* HWSt 6. Teil Rn. 120.

[709] *Kargl* NK § 202c Rn. 4; *Gercke/Brunst* Rn. 118; *Ernst* NJW 2007, 2661 (2663).

hat nur Eigenschaften, aber keinen Zweck.[710] Insoweit bedarf es immer der Zielsetzung eines hierfür verantwortlichen Menschen.[711]

Kein Computerprogramm verfolgt somit von vornherein ausschließlich illegale Zwecke. Es können allenfalls Wahrscheinlichkeiten angegeben werden, welcher Einsatz bei einem bestimmten Programm überwiegen wird. Das Ziel des Gesetzgebers, sog. *Hacker-Tools* zu bekämpfen, die wegen ihrer weiten Verbreitung und leichten Verfügbarkeit im Internet sowie ihrer einfachen Anwendung eine erhebliche Gefahr darstellen,[712] lässt sich daher schon deswegen kaum erreichen, weil es schwierig ist, Hacker-Tools als solche zu identifizieren. So werden *Passwortscanner* nicht nur eingesetzt, um zu kriminellen Zwecken Passwörter zu knacken und zu verwenden, sondern auch von Systemadministratoren und IT-Sicherheitsbeauftragten herangezogen, um die Sicherheit der Passwörter in ihrem Unternehmen zu testen. Ebenso können *Sniffer*, die den Datenverkehr innerhalb eines Netzwerks überwachen, aufzeichnen und auswerten, einerseits der Fehlerbeseitigung oder Optimierung des Datenverkehrs dienen, andererseits aber missbraucht werden, um sich Passwörter oder Zugangscodes zu verschaffen. Zu legalen wie illegalen Zwecken einsetzbar sind ferner *Port-Scanner*, die Netzwerke auf offene Ports als mögliche Einfallstore für Angriffe untersuchen, und *Exploits*, welche die Auswirkungen eines Angriffs über Sicherheitslücken eines Netzwerks testen. Nichts anderes gilt schließlich für die systematische Überwachung des gesamten Unternehmensnetzwerks zur Erkennung und Vorbeugung von Cyber-Attacken (*Network Security Monitoring*).[713]   **386**

Demnach ist – wie schon bei § 263a StGB (Rn. 338) – umstritten, wie der tatbestandliche Zweck bei den sog. *dual-use-Tools* zu bestimmen bleibt. Es bietet sich ebenso wie bei § 263a StGB an, nicht auf objektive Merkmale abzustellen,[714] sondern auf *subjektive Kriterien*, insbesondere den Einsatz, für den das jeweilige Computerprogramm herangezogen werden soll.[715] Da sich die konkrete Verwendung von Person zu Person ändern kann, der bloße Missbrauch eines Programms aber nach dem Willen des Gesetzgebers nicht erfasst sein soll,[716] wird erwogen, auf denjenigen abzustellen, der die Software herstellt, modifiziert oder verbreitet.[717] Wer sich ein danach nicht für Straftaten nach §§ 202a, 202b StGB bestimmtes Computerprogramm verschafft etc., verwirklicht demzufolge von vornherein nicht das Vorbereitungsdelikt des § 202c StGB, selbst wenn er kriminelle Zwecke damit verfolgt.[718] Andererseits liegt der Tatbestand der Norm ebenso wenig vor, wenn sich   **387**

---

[710] *Fischer* § 202c Rn. 4; *Cornelius* CR 2007, 682 (685).

[711] *Hilgendorf* LK § 202c Rn. 15; *Borges/Stuckenberg/Wegener* DuD 2007, 275 (276); *I. Hassemer/Ingeberg* ITRB 2009, 84 (85 f.); *Popp* GA 2008, 375 (380); *Schreibauer/Hessel* K&R 2007, 616 (619); *Vassilaki* CR 2008, 131 (135 f.).

[712] BT-Drucks. 16/3656, S. 12.

[713] Siehe hierzu *Haas/Kast* ZD 2015, 72, die bei fehlender Einwilligung durch die Mitarbeiter eine Strafbarkeit gemäß §§ 202a, 202b StGB annehmen.

[714] So indessen *Böhlke/Yilmaz* CR 2008, 261 (263); *Popp* GA 2008, 375 (389). Zur Kritik *I. Hassemer/Ingeberg* ITRB 2009, 84 (86); *Vassilaki* CR 2008, 131 (135).

[715] *Fischer* § 202c Rn. 6; *Kargl* NK § 202c Rn. 7; *Cornelius* CR 2007, 682 (685).

[716] BT-Drucks. 16/3656, S. 19.

[717] Graf/Jäger/Wittig/*Valerius* § 202c Rn. 13.

[718] Zur Kritik *Hilgendorf* LK § 202c Rn. 19.

jemand ein Hacker-Tool zu legalen Zwecken aus dem Internet herunterlädt. Es mangelt hier zwar nicht an dem Tatobjekt nach Nr. 2. Jedoch scheitert die Strafbarkeit an der fehlenden Tathandlung, da keine Straftat nach den §§ 202a, 202b StGB vorbereitet wird (siehe dazu sogleich Rn. 390).

388 Da einer Software von ihrem Hersteller etc. verschiedene (legale wie illegale) Zwecke zugleich beigelegt werden können, dies aber auch den Herstellern bekannt ist, empfiehlt sich, nur Computerprogramme als Tatobjekte nach Nr. 2 zu erfassen, die *hauptsächlich* der Begehung von Straftaten nach den §§ 202a, 202b StGB dienen sollen.[719] Dies entspräche nicht zuletzt dem Anliegen des Europarats-Übereinkommens, Vorbereitungshandlungen mit Software zu sanktionieren, „die in erster Linie dafür ausgelegt oder hergerichtet worden" ist, eine Computerstraftat zu begehen (Art. 6 Abs. 1 lit. a sublit. i des Übereinkommens). Aus dem Wortlaut des § 202c StGB ergibt sich diese Einschränkung jedoch ebenso wenig wie aus den Gesetzgebungsmaterialien. Dort war zunächst die Rede davon, dass es genüge, „wenn die objektive Zweckbestimmung des Tools *auch* die Begehung einer solchen Straftat" sei.[720] Der Rechtsausschuss war zwar der Ansicht, § 202c StGB sei hinsichtlich seiner Zweckbestimmung im Sinne des Europarats-Übereinkommens auszulegen,[721] empfahl aber gleichwohl nicht die Einfügung des dort vorgesehenen Merkmals „in erster Linie".

389   Das widersprüchliche Verhalten des Gesetzgebers und die fehlende Orientierung an dem Europarats-Übereinkommen führten in der Praxis zu einer erheblichen Rechtsunsicherheit.[722] Sie wurde zum Teil durch die Entscheidung des BVerfG vom 18. Mai 2009[723] behoben, dürfte aber nicht vollends gewichen sein.[724] Das BVerfG nahm in seinem Beschluss verschiedene Verfassungsbeschwerden gegen die Vorschrift des § 202c StGB nicht zur Entscheidung an, weil ein Strafbarkeitsrisiko nicht festzustellen sei. Es hielt dabei fest, dass Computerprogramme im Sinne der Nr. 2 mit der Absicht entwickelt oder modifiziert sein müssten, sie zur Begehung von Straftaten nach §§ 202a, 202b StGB einzusetzen.[725] Die bloße oder selbst die spezifische Eignung eines Programms für diese Zwecke reiche schon nach dem Wortlaut des § 202c nicht aus.[726] Um dem im Gesetzgebungsverfahren betonten objektiven Charakter der Zweckbestimmung zu genügen, bedürfe es einer äußerlich feststellbaren Manifestation der Absicht des Programmentwicklers, die etwa in der Gestalt der Software selbst oder in der Vertriebspolitik oder Werbung zum Ausdruck kommen könne. Dual-use-Tools seien demnach grundsätzlich jedenfalls kein tauglicher Tatgegenstand der Nr. 2.[727] IT-Sicherheitsunternehmen bleibt in der Praxis trotz dieser Vorgaben nach wie

---

[719] *Cornelius* CR 2007, 682 (687); *Schumann* NStZ 2007, 675 (678); vgl. auch *Weidemann* BeckOK-StGB § 202c Rn. 7.1.

[720] BT-Drucks. 16/3656, S. 12 [Hervorhebung der Verfasser]. Zur Kritik *Borges/Stuckenberg/Wegener* DuD 2007, 275 (276); *Ernst* NJW 2007, 2661 (2663); *Gröseling/Höfinger* MMR 2007, 626 (628 f.); *Schumann* NStZ 2007, 675 (678).

[721] BT-Drucks. 16/5449, S. 4.

[722] Siehe nur *Böhlke/Yilmaz* CR 2008, 261 (263); *I. Hassemer/Ingeberg* ITRB 2009, 84 (87); *Schultz* DuD 2006, 778 (782); *Vassilaki* CR 2008, 131 (136).

[723] BVerfG JR 2010, 79 mit Anm. *Höfinger* ZUM 2009, 751, *Hornung* CR 2009, 677, *Valerius* JR 2010, 84 und Bespr. *Holzner* ZRP 2009, 177 und *Schuster* DuD 2009, 742.

[724] *Hilgendorf* LK § 202c Rn. 4 und 19; *Weidemann* BeckOK-StGB § 202c Rn. 7.2; *Holzner* ZRP 2009, 177 (178).

[725] BVerfG JR 2010, 79 (82).

[726] BVerfG JR 2010, 79 (82); so schon *Cornelius* CR 2007, 682 (687); *Goeckenjan* wistra 2009, 47 (53); *I. Hassemer/Ingeberg* ITRB 2009, 84 (86); *Popp* GA 2008, 375 (388).

[727] BVerfG JR 2010, 79 (83).

vor nur zu empfehlen, den Einsatz von dual-use-Tools zu legalen Zwecken ausreichend und nachvollziehbar zu dokumentieren, um verbleibende Strafbarkeitsrisiken zu minimieren.[728]

Tathandlung Tathandlung des § 202c StGB ist zunächst das *Vorbereiten*, also jedes unmittelbare oder mittelbare Fördern oder Ermöglichen einer *Straftat nach §§ 202a, 202b StGB*.[729] Hierbei handelt es sich um ein objektives Tatbestandsmerkmal.[730] Wer eine Verwendung von Sicherungscodes oder Computerprogrammen plant, die kein rechtswidriges Ausspähen oder Abfangen von Daten darstellt, z. B. weil die betreffenden Daten für den Handelnden bestimmt sind, verwirklicht von vornherein nicht § 202c StGB.[731]   **390**

Umstritten ist, wie weit die vorbereitete – nicht notwendigerweise begangene[732] – Tat schon konkretisiert sein muss. Zum Teil wird verlangt, dass sie bereits in ihren wesentlichen Umrissen, z. B. nach Ausführung, Zeit und Ort oder potentiellen Opfern, feststeht.[733] Nach anderer Auffassung reicht es aus, die Begehung einer bestimmten Art von Straftaten nach §§ 202a, 202b StGB ernsthaft befürchten zu lassen.[734]   **391**

Die Vorbereitung muss in einer der aufgezählten *Tatvarianten* erfolgen, namentlich indem der Täter Sicherungscodes (Nr. 1) oder Computerprogramme (Nr. 2) herstellt, sich oder einem anderen verschafft, verkauft, einem anderen überlässt, verbreitet oder sonst zugänglich macht. *Herstellen* erfasst jede beliebige Entwicklung einschließlich Modifizierung eines Sicherungscodes oder Computerprogramms. Einschränkend ist insoweit nicht die Handlung, sondern der Erfolg des Herstellens maßgeblich. Eine hergestellte Software muss demzufolge gebrauchsfertig sein.[735]   **392**

Sich oder einem anderen einen Sicherungscode oder ein Computerprogramm zu *verschaffen*, setzt den Übergang der Verfügungsgewalt (auf sich oder den anderen) voraus.[736] Bei digitalisierten Codes und bei Software ist ähnlich wie bei § 202a   **393**

---

[728] *Böhlke/Yilmaz* CR 2008, 261 (266); *I. Hassemer/Ingeberg* ITRB 2009, 84 (87); *Marberth-Kubicki* ITRB 2008, 17 (18).

[729] *Hilgendorf* LK § 202c Rn. 26; *Böhlke/Yilmaz* CR 2008, 261 (263).

[730] *Hilgendorf* LK § 202c Rn. 26; aA *Kargl* NK § 202c Rn. 7: „‚subjektivierendes' Element".

[731] Nach wohl hA scheidet in diesem Fall bereits der Tatbestand aus; BT-Drucks. 16/3656, 19; *Weidemann* BeckOK-StGB § 202c Rn. 11; vgl. auch *Gröseling/Höfinger* MMR 2007, 626 (629); *Popp* GA 2008, 375 (392 f.). Nach aA ist ein solches Verhalten lediglich gerechtfertigt; *Hilgendorf* LK § 202c Rn. 31; *Böhlke/Yilmaz* CR 2008, 261 (265).

[732] *Kargl* NK § 202c Rn. 12; *Böhlke/Yilmaz* CR 2008, 261 (264); *Ernst* NJW 2007, 2661 (2664); *Popp* GA 2008, 375 (390).

[733] *Hilgendorf* LK § 202c Rn. 29; *Goeckenjan* wistra 2009, 47 (54); *Gröseling/Höfinger* MMR 2007, 626 (629).

[734] Graf/Jäger/Wittig/*Valerius* § 202c Rn. 27; vgl. auch *Böhlke/Yilmaz* CR 2008, 261 (264); *Schumann* NStZ 2007, 675 (678 f.).

[735] *Kargl* NK § 202c Rn. 9.

[736] *Hilgendorf* LK § 202c Rn. 23; *Kargl* NK § 202c Rn. 9.

StGB sowohl möglich, den jeweiligen Datenträger an sich zu nehmen bzw. weiter-
zugeben als auch die Datei selbst zu kopieren, sich aus dem Internet herunterzuladen bzw. an einen anderen (z. B. per E-Mail) weiterzuleiten. Bei Passwörtern genügt darüber hinaus die bloße Kenntnisnahme.

394 § 202c Abs. 1 Nr. 2 StGB erfasst in der Tathandlung des Sichverschaffens auch das sog. *Phishing*
(ergänzend zur Strafbarkeit Rn. 459), da die vorbereitete Verwendung der gephishten Daten den
Zugang zu den Kontodaten gewährt und somit eine Straftat nach § 202a StGB verwirklicht. Wie
der Täter an die Zugangsdaten gelangt, d. h. ob nach Kontaktaufnahme per E-Mail oder auf anderen Kommunikationswegen, bleibt unerheblich.[737] Allerdings muss das Phishing erfolgreich ver-
laufen, weil sich der Täter ansonsten keine Sicherungscodes verschafft.

395   Von den übrigen Tathandlungen ist vornehmlich das *Zugänglichmachen* von Be-
deutung. Hierfür genügt – ähnlich wie bei den Äußerungsdelikten (Rn. 35 f.) – jede
Handlung, die den Zugriff auf den Tatgegenstand eröffnet, ohne dass dieser tatsäch-
lich erfolgen muss.[738] Erfasst sind vornehmlich die Veröffentlichung eines
Sicherungscodes auf einer Webseite oder das Angebot im Internet, sich ein
Computerprogramm mit entsprechender Zweckrichtung herunterzuladen.

396   **Subjektiver Tatbestand** Der subjektive Tatbestand setzt zunächst *Vorsatz* in
Bezug auf sämtliche objektive Tatbestandsmerkmale, insbesondere den vom Hersteller etc. beigelegten Zweck des Computerprogramms (Rn. 385 ff.) sowie die Vorbereitung einer Straftat nach §§ 202a, 202b StGB (Rn. 390) voraus. Hinsichtlich der
vorbereiteten Straftat wurde im Gesetzgebungsverfahren diskutiert, in Anlehnung
an das Europarats-Übereinkommen einschränkend *Absicht* zu verlangen. Der
Gesetzgeber hat diese Vorschläge aber nicht aufgegriffen, so dass insoweit nach
dem Wortlaut der Vorschrift bedingter Vorsatz genügt.[739]

4. Datenhehlerei (§ 202d StGB)

397 Mit Wirkung vom 18. Dezember 2015 wurde der Straftatbestand der Datenhehlerei
nach § 202d StGB eingeführt,[740] der den Handel mit rechtswidrig erlangten Daten
pönalisieren soll. Als *Ausgangspunkt* für den Anstoß des Gesetzgebungsverfahrens
gelten die Beschlüsse der 83. Konferenz der Justizministerinnen und Justizminister
sowie des 69. Deutschen Juristentags aus dem Jahr 2012, die jeweils eine Empfeh-

---

[737] *Borges/Stuckenberg/Wegener* DuD 2007, 275 (278); *Goeckenjan* wistra 2009, 47 (54); *Schultz*
DuD 2006, 778 (781).

[738] *Kargl* NK § 202c Rn. 11.

[739] *Hilgendorf* LK § 202c Rn. 28; *Kargl* NK § 202c Rn. 14; *Schreibauer/Hessel* K&R 2007, 616
(619); *Vassilaki* CR 2008, 131 (136); aA *Goeckenjan* wistra 2009, 47 (54); *Popp* GA 2008, 375
(391 f.).

[740] BGBl. I, S. 2218.

lung zur Einführung eines entsprechenden Straftatbestandes beinhalteten.[741] Einen ersten, stark an die Sachhehlerei angelehnten Entwurf eines § 259a StGB des Landes Hessen ersetzte im Juni 2013 ein eigener Gesetzentwurf des Bundesrates, der die gesetzestechnische sowie teilweise inhaltliche Entkoppelung der geplanten Vorschrift von § 259 StGB mit sich brachte. Als Fremdkörper innerhalb des zweiten Gesetzes über die Vorratsdatenspeicherung (vgl. Rn. 342) fand diese Fassung Eingang in den Kreis der Vorschriften zum Schutz des persönlichen Lebens- und Geheimbereichs in Gestalt des § 202d StGB. Dessen *Schutzgut* ist damit in der Aufrechterhaltung des Herrschaftsverhältnisses über eine Information zu erblicken (formelles Datengeheimnis).[742]

Tatobjekt Wie amtliche Überschrift und Verortung des § 202d StGB schon vermuten lassen, bezieht sich der Straftatbestand auf das Tatobjekt der *Daten im Sinne des § 202a Abs. 2 StGB* (vgl. Rn. 346 ff.). Diese dürfen jedoch *nicht allgemein zugänglich* sein, da das durch die Vorschrift in Bezug genommene formelle Datengeheimnis bei einem Zugriff auf sie ansonsten keine Beeinträchtigung erfahren würde.[743] Eine handhabbare Definition der fehlenden allgemeinen Zugänglichkeit fand sich in § 10 Abs. 5 Satz 2 BDSG a. F. für automatisierte Abrufverfahren. Zugriffsbarrieren in Gestalt einer Anmeldung, Zulassung oder Kostenpflichtigkeit des Angebots spielen daher insofern keine Rolle, solange sie nur von jedermann überwunden werden können.[744] Maßgeblich für die Strafbarkeit dürfte damit in Anlehnung an die ständige Rechtsprechung des BVerfG die alleinige Zugriffsmöglichkeit lediglich eines individuell bestimmbaren Personenkreises sein.[745]

Rechtspolitisch lässt sich diese Einschränkung durchaus *kritisieren*.[746] Wesentlicher Beweggrund für die Kriminalisierung der Datenhehlerei war der Handel mit falschen Identitäten im Darknet (siehe dazu Rn. 474 ff.), namentlich Passwörtern für E-Mail- und sonstige Benutzerkonten, Kreditkartendaten, etc.[747] Zwar benötigt der Kaufwillige für den Zugang zu den entsprechenden Internetseiten einen speziellen Browser. Dieser kann jedoch ohne großen technischen oder zeitlichen Aufwand kostenlos heruntergeladen werden. Die auf diese Weise erreichbaren Verkaufsplattformen unterscheiden sich in ihrer Funktionsweise nicht von „herkömmlichen" Domains. Sie handeln derartige Daten dort ganz offen und ohne weitere personelle Einschränkung auf Käuferseite, so

---

[741] Beschluss der Justizministerinnen und Justizminister vom 15. November 2012 in Berlin zu Tagesordnungspunkt II.9, abrufbar unter: https://justizministerium.hessen.de/sites/default/files/HMdJIE/top_ii.9_einfuehrung_eines_straftatbestandes_der_datenhehlerei.pdf; Beschlüsse des 69. Deutschen Juristentages in München, S. 9, abrufbar unter: http://www.djt-net.de/beschluesse/beschluesse.pdf (jeweils 29.06.2022).

[742] BT-Drucks. 18/5088, S. 45; OLG Stuttgart GRUR 2019, 422 (424); *Hilgendorf* LK § 202a Rn. 6.

[743] BT-Drucks. 18/5088, S. 45; SSW/*Bosch* § 202d Rn. 2; *Graf* MK-StGB § 202d Rn. 10; *Weidemann* BeckOK-StGB § 202d Rn. 4.

[744] OLG Stuttgart GRUR 2019, 422 (424).

[745] BVerfG NJW 1970, 235 (237); *Hiéramente/Wagner* GRUR 2020, 709 (715).

[746] *Fischer* § 202d Rn. 3; vgl. etwa *Gercke* ZUM 2016, 825 (827); *Stam* StV 2017, 488.

[747] *Golla/v. zur Mühlen* JZ 2014, 668; *Herfurth/Drews* ZD-Aktuell 2017, 05490.

dass der Verweis auf § 10 Abs. 5 Satz 2 BDSG a. F. zu deren Herausnahme aus dem sachlichen Schutzbereich der Datenhehlerei führen muss.[748]

400   Der Gesetzeswortlaut enthält hingegen keinerlei materiellen Beschränkungen der tatbestandlich geschützten Daten. Trotz Einordnung der Vorschrift in den 15. Abschnitt ist also keine Verletzung des persönlichen Lebens- und Geheimbereichs erforderlich. Geschützt wird jedes nicht allgemein zugängliche, inhaltlich indes noch so belanglose Datum ohne Einschränkung über etwaige materielle Schutzinteressen.[749]

401   Die partiell verbliebene Orientierung der Daten- an der Sachhehlerei zeigt sich insbesondere daran, dass das Tatobjekt zuvor *von einem anderen durch eine rechtswidrige Tat erlangt* worden sein muss. Bei § 259 StGB lässt sich die Strafwürdigkeit dieses Verhaltens noch treffend mit der Aufrechterhaltung einer unrechtmäßigen Besitzlage beschreiben.[750] Wenngleich an Daten kein „Besitz" im rechtlichen Sinne bestehen kann, ist das Merkmal im Rahmen des § 202d StGB letztlich ebenfalls so zu interpretieren, dass es die Weiterverschiebung des Vortatobjekts an weitere Unbefugte pönalisiert. Der Schutz vor eben dieser Perpetuierung ist Kernstück beider Hehlereitatbestände. Dies liegt allerdings nicht daran, dass bei der Datenhehlerei eine den Betroffenen ausschließende Herrschaftsmöglichkeit über das Datum den Inhaber wechselt, sondern daran, dass sie dem Verletzten die Kontrolle über den *Informationsinhalt* zusätzlich erschwert.[751] Lediglich vertragsabrede- oder ordnungswidrige Verhaltensweisen sind gemäß dem Wortlaut nicht vortatgeeignet (vgl. § 11 Abs. 1 Nr. 5 StGB). In Betracht kommen aber sämtliche denkbare Straftaten, unabhängig von der Schuld des Täters oder dem Vorliegen eines Strafantrages, sofern sie sich gegen die formelle Verfügungsbefugnis des Berechtigten richten.[752]

402   Wer *verfügungsberechtigt* ist, wird im Einzelfall nicht immer ganz einfach festzustellen sein,[753] richtet sich nach weithin vertretener Ansicht jedoch grundsätzlich nach dem *Skripturakt*, d. h. der erstmaligen Abspeicherung der Information.[754] Dies ist indes nicht die einzige Schwierigkeit, die sich angesichts der Anlehnung an § 259 StGB ergibt. Während das Erlangen eines körperlichen Gegenstandes durch einen Unbefugten stets dessen Verlust beim Berechtigten nach sich zieht, ist dies bei Daten nicht zwingend der Fall (z. B. beim Kopieren). Auch werden dem Erwerber

---

[748] Eine andere Interpretation widerspräche der ausdrücklichen Bezugnahme der Gesetzesbegründung auf diese Vorschrift, vgl. BT-Drucks. 18/5088, S. 45; in diese Richtung auch *Kubiciel/Großmann* NJW 2019, 1050 (1052); *Stam* StV 2017, 488 (489).

[749] Kritisch Schönke/Schröder/*Eisele* § 202d Rn. 2; *Reinbacher* GA 2018, 311 ff.

[750] *Fischer* § 259 Rn. 3; *Maier* MK-StGB § 259 Rn. 106.

[751] SSW/*Bosch* § 202d Rn. 1; *Singelnstein* ZIS 2016, 432 (435 f.).

[752] BT-Drucks. 18/5088, S. 46; OLG Stuttgart GRUR 2019, 422 (424); *Graf* MK-StGB § 202d Rn. 13 f.; *Kargl* NK § 202d StGB Rn. 8 unter expliziter Auflistung denkbarer Vortaten; *Berghäuser* JA 2017, 244.

[753] *Brodowski/Marnau* NStZ 2017, 377 (378).

[754] SSW/*Bosch* § 202d Rn. 3; *Fischer* § 202a Rn. 7a; *Graf* MK-StGB § 202a Rn. 21; *Hilgendorf* LK § 202a Rn. 26.

nicht immer sämtliche Daten übertragen werden, die der Vortäter mittels einer einzigen Handlung in seine Verfügungsmacht bringen konnte (z. B. beim Ausspähen umfangreicher Kundendatenbanken mit anschließender Weiterleitung nur ganz bestimmter Datensätze). Im Wege der teleologischen Auslegung des Tatbestandes ist deshalb keine exakt identische Kodierung von Vor- und Hehlereitatobjekt, sondern lediglich ein gleichwertiger Informationsgehalt zu fordern.[755] Ansonsten müsste in Parallele zur Figur der straflosen Ersatzhehlerei bei § 259 StGB[756] eine taugliche Vortat bei jeder noch so geringfügigen Bearbeitung der entwendeten Daten abgelehnt werden.

Die rechtswidrige Vortat muss vollendet (*„erlangt hat"*) und die unmittelbare **403** Causa für das Erlangen der Daten gewesen sein (*„erlangt durch"*). Demzufolge liegt bei der Weitergabe sensibler Unternehmens- oder Behördendaten durch einen Innentäter (unter Umständen sogar einen sog. *Whistleblower*, vgl. unten Rn. 406) nur dann eine taugliche Vortat im Sinne des § 202d StGB vor, wenn bereits dessen Zugriff den Tatbestand eines Strafgesetzes verwirklicht. Eine strafbare Vervielfältigung reicht deshalb ebenso wenig aus wie die Strafbarkeit der Weitergabe an Dritte als solche (z. B. § 353b StGB oder § 23 GeschGehG, siehe Rn. 592 ff.), weil in diesen Fällen die begangene Tat nicht zum Erlangen der Daten geführt hat, die der Täter bereits vorher kraft seiner beruflichen Stellung erlangt hatte.[757] Es fehlt insoweit an der Perpetuierung einer bereits verletzten Verfügungsbefugnis.[758]

Tathandlungen Die Tathandlungen des Verschaffens, Überlassens, Verbreitens **404** und Zugänglichmachens sind dem § 202c StGB entnommen (vgl. Rn. 390 ff.) und auch in dessen Sinne zu interpretieren. Sie sollen sicherstellen, dass nur die Erlangung der tatsächlichen Verfügungsgewalt über Daten der Strafbarkeit nach § 202d StGB unterfällt.[759] Zugleich verdeutlichen sie das Erfordernis eines einverständlichen Zusammenwirkens zwischen Täter und Vortäter, für das allerdings kein unmittelbarer Kontakt der Akteure erforderlich sein, sondern der Einsatz von Mittelsmännern genügen soll.[760]

Tatbestandsausschluss nach Absatz 3 Nicht tatbestandsmäßig soll gemäß Absatz 3 Satz 1 ein Tätigwerden zur *ausschließlichen Erfüllung rechtmäßiger dienstlicher oder beruflicher Pflichten* sein. Die Privilegierung entspricht derjenigen des **405**

---

[755] OLG Stuttgart GRUR 2019, 422 (425); *Brodowski/Marnau* NStZ 2017, 377 (380): in diesem Sinne auch *Fischer* § 202d Rn. 2.

[756] BGHSt 9, 137; BGH NJW 1969, 1260 (1261).

[757] BT-Drucks. 18/5088, S. 46; SSW/*Bosch* § 202d Rn. 4, 6; *Graf* MK-StGB § 202d Rn. 24; *Kargl* NK § 202d Rn. 8; *Brodowski/Marnau* NStZ 2017, 377 (383).

[758] *Brodowski/Marnau* NStZ 2017, 377 (380).

[759] Deshalb auch keine Übernahme der Variante des „Verkaufens", vgl. BT-Drucks. 18/5088, S. 47; kritisch hierzu *Kargl* NK § 202d Rn. 9; *Franck* RDV 2015, 181.

[760] SSW/*Bosch* § 202d Rn. 6; *Graf* MK-StGB § 202d Rn. 24.

§ 184b Abs. 5 StGB.[761] Bezweckt wird hiermit die Ermöglichung einer störungs-freien Tätigkeit beispielsweise von Steuerfahndern oder Journalisten (vgl. die kon-krete Inbezugnahme dieser Berufsgruppen durch Satz 2).

406   Vor dem Hintergrund dieser Regelung begleitet die Ausgestaltung der Daten-hehlerei als Straftatbestand seit jeher erhebliche *Kritik* durch Bürgerrechtsverbände sowie durch Stimmen der rechtswissenschaftlichen Literatur.[762] Es verbleibt insoweit nicht beim Vorwurf, die Einführung der Strafvorschrift habe dem rechts-staatlich zweifelhaften Vorhaben gedient, den juristisch stark umstrittenen Ankauf von Steuer-CDs (Datenträgern mit steuerfahndungsrelevanten, geheimen Informa-tionen) aus der Schweiz politisch zu legitimieren.[763] Diskutiert wird seit jeher auch, ob § 202d Abs. 3 StGB Investigativ-Journalisten ausreichend zu entlasten vermag, wenn diese bisher unbekannte Missstände in Behörden oder Unternehmen auf-decken. Befürchtet wird bisweilen sogar eine künftige Kriminalisierung der über-wiegenden Mehrzahl von Veröffentlichungen, die unter Mithilfe von Whistle-blowern stattfinden.[764] Dass diese Befürchtungen im Hinblick auf das Erfordernis der rechtswidrigen Vortatbegehung und die damit verbundenen Einschränkungen zu relativieren sind, wurde bereits aufgezeigt (siehe oben Rn. 401 ff.).[765] Auch den Zweifeln an der Erfassung neuartiger Erscheinungsformen des Journalismus, wie der Berichterstattung in (privaten) Blogs und auf Social-Media-Plattformen, kann durch eine weite Auslegung des Berufsbegriffs und der hiermit verbundenen Pflich-ten recht gut begegnet werden.[766]

407   Nichtsdestotrotz erscheint die durch den Gesetzgeber offenbar intendierte Abhängigkeit der Straf-befreiung von einem „konkreten Veröffentlichungsvorhaben"[767] äußerst zweifelhaft. Bei Ent-gegennahme prekärer Datensätze durch einen Journalisten aus ihm bisher unbekannter Quelle wird jener zumeist noch nicht wissen, ob eine Veröffentlichung geboten ist oder sich lohnt. Das Krite-rium wird denn auch begrüßenswerter Weise durch das rechtswissenschaftliche Schrifttum durch-weg abgelehnt.[768]

408   **Sonstiges** In subjektiver Hinsicht verlangt § 202d StGB das Vorliegen von Eventual-vorsatz bzgl. der objektiven Tatbestandsmerkmale, sowie eine Bereicherungs- bzw. Schädigungsabsicht, wodurch das Strafbarkeitsrisiko bei der Verwendung „geleak-ter" Informationen durch Journalisten weiter sinkt.[769] Der bezweckte Schaden muss

---

[761] *Fischer* § 202d Rn. 11.

[762] Vgl. etwa *Fischer* § 202d Rn. 3; *Herfurth/Drews* ZD-Aktuell 2017, 05490.

[763] SSW/*Bosch* § 202d Rn. 1; *Graf* MK-StGB § 202d Rn. 35; *Kargl* NK § 202d Rn. 14; zum An- und Verkauf steuerrelevanter Daten *Rennicke* wistra 2020, 135.

[764] *Dix/Kipker/Schaar* ZD 2015, 300 (303); zum Begriff des Whistleblowing siehe *Grützner/Jakob* Compliance von A–Z.

[765] So jetzt auch BVerfG MMR 2022, 657 (659).

[766] Zustimmend *Singelnstein* ZIS 2016, 432 (436); zweifelnd *Berghäuser* JA 2017, 244 (250); *Forgó/Heermann* KuR 2015, 753 (759); *Franck* RDV 2015, 180 (182).

[767] BT-Drucks. 18/5088, S. 48.

[768] *Selz* in: Internet der Dinge, S. 915 ff.; *Franck* RDV 2015, 180 (182); *Singelnstein* ZIS 2016, 432 (436); *Stam* StV 2017, 488 (491).

[769] BVerfG MMR 2022, 657 (659).

nicht wirtschaftlicher Natur (z. B. Bloßstellung im Internet), der erstrebte Vorteil anders als bei § 263 StGB nicht rechtswidrig sein.[770] Absatz 2 knüpft die Obergrenze der zu verhängenden Strafe an jene der Vortat. Auf der Konkurrenzebene scheint eine Konsumtion der Datenhehlerei als mitbestrafte Vortat praktisch äußerst relevant, da die Verwertung unrechtmäßig erlangter Informationen zumeist der Verwirklichung sich anschließender (Vermögens-)Delikte dienen dürfte.[771]

III. Angriffe auf Hardware (§§ 303a f. StGB)

Literatur (Auswahl): *Eichelberger* Sasser, Blaster, Phatbot & Co. – alles halb so schlimm?, MMR 2004, 594–597; *Ernst* Hacker und Computerviren im Strafrecht, NJW 2003, 3233–3239; *Frank* 20 Jahre Computervirus und 132 Jahre StGB, in: Hilgendorf (Hrsg.), Informationsstrafrecht und Rechtsinformatik, 2004, S. 23–55; *Kitz* Der Gewaltbegriff im Informationszeitalter und die strafrechtliche Beurteilung von Onlineblockaden, ZUM 2006, 730–737; *Klutzny* Online-Demonstrationen und virtuelle Sitzblockaden, RDV 2006, 50–59; *Kraft/Meister* Rechtsprobleme virtueller Sit-ins, MMR 2003, 366–374; *Kusnik* Hände weg von der Handysperre?, CR 2011, 718–721; *Mavany* Pferde, Würmer, Roboter, Zombies und das Strafrecht? Vom Sinn und Unsinn neuer Gesetze gegen den sog. digitalen Hausfriedensbruch, KriPoZ 2016, 106–112; *Stam* Die Strafbarkeit des Aufbaus von Botnetzen, ZIS 2017, 547–552; *Valerius* Zur Strafbarkeit virtueller Sit-ins im Internet, in: Hilgendorf (Hrsg.), Dimensionen des IT-Rechts, S. 19–41.
Studienliteratur: *Hilgendorf* Grundfälle zum Computerstrafrecht, JuS 1996, 890–894, 1082–1084; *Popp* Informationstechnologie und Strafrecht, JuS 2011, 385–392.

1. Datenveränderung (§ 303a StGB)

Rechtsgut § 303a StGB stellt für Daten das Pendant zur Sachbeschädigung (§ 303 StGB) dar und erstreckt seit dem 2. WiKG vom 15. Mai 1986[772] den strafrechtlichen Schutz vor Beschädigung und Zerstörung körperlicher Gegenstände auch auf unkörperliche Daten. Geschütztes Rechtsgut des relativen Antragsdelikts (§ 303c StGB) ist das *Interesse des Verfügungsberechtigten* an der Verwendbarkeit der in den gespeicherten Daten enthaltenen Informationen.[773]   **409**

Tatobjekt Tatgegenstand sind *Daten* im Sinne des § 202a Abs. 2 StGB. Erforderlich ist jedoch weder eine besondere Sicherung gegen unberechtigten Zugriff der Daten wie in § 202a Abs. 1 StGB noch die Beweiserheblichkeit der Daten wie in § 274 Abs. 1 Nr. 2 StGB. Vielmehr werden digitalisierte Informationen ohne   **410**

---

[770] BT-Drucks. 18/5088, S. 47; OLG Stuttgart GRUR 2019, 422 (426); *Fischer* § 202d Rn. 9; *Hoyer* SK-StGB § 202d Rn. 12.

[771] SSW/*Bosch* § 202d Rn. 11; *Franck* RDV 2015, 180 (182); aA *Weidemann* BeckOK-StGB § 202d Rn. 28.

[772] BGBl. I, S. 721.

[773] *Fischer* § 303a Rn. 2; *Weidemann* BeckOK-StGB § 303a Rn. 2.

Rücksicht auf ihren Inhalt, Vermögenswert oder Geheimnischarakter geschützt.[774]
Um den Anwendungsbereich des § 303a StGB zu begrenzen, bleibt jedoch ein-
schränkend zu verlangen, dass die Daten *fremd* sind, d. h. das Recht zur Nutzung,
Verarbeitung oder Löschung (zumindest auch) einer anderen Person zusteht.[775]

411   **Tathandlungen** Tathandlung ist jedes Löschen, Unterdrücken, Unbrauchbarmachen oder Verändern der Daten. Der Gesetzgeber nahm Überschneidungen dieser
Handlungsalternativen bewusst in Kauf, um Strafbarkeitslücken zu verhindern.
Nicht tatbestandsgemäß sind Beeinträchtigungen, die sich ohne großen Aufwand,
Zeit und Kosten wieder beseitigen lassen und somit die *Bagatellgrenze* nicht überschreiten.[776] Unerheblich für die Tatbestandsverwirklichung ist hingegen, ob sich
die Datenveränderung nachteilig auswirkt oder sogar zu einer objektiven Verbesserung führt (z. B. durch eine übersichtlichere Datenstruktur). Mit Blick auf das
geschützte Rechtsgut gibt allein den Ausschlag, ob die Veränderung gegen den Willen des Verfügungsberechtigten vorgenommen wird.[777] Verfügungsberechtigt ist
grundsätzlich, wer die Speicherung der Daten unmittelbar selbst bewirkt hat, und
nicht etwa dessen Auftraggeber (z. B. ein Arbeitgeber), der diesen Vorgang initi-
iert hat.[778]

412   *Löschen* ist das vollständige unwiederbringliche Unkenntlichmachen von Daten;
dies entspricht dem Zerstören bei § 303 StGB durch Substanzverlust.[779] Die Verkörperung der Daten muss somit endgültig aufgehoben werden, was sowohl durch
Zerstören des Datenträgers als auch durch Löschen des jeweiligen Datums geschehen kann. Im letztgenannten Fall ist unerheblich, ob der Speicherplatz des ge-
löschten Datums durch neue Daten überschrieben wird oder ob er lediglich eine
neue Formatierungsstruktur erhält.[780]

413   *Unterdrückt* werden Daten, wenn sie dem Zugriff des Verfügungsberechtigten –
auch nur vorübergehend – entzogen werden und deshalb von ihm nicht mehr verwendet werden können.[781] Unerheblich ist, ob das Datum selbst (z. B. durch Änderung eines Dateinamens oder durch Verstecken der Datei) oder der dieses
beherbergende Datenträger (z. B. indem der Verfügungsberechtigte mittels einer

---

[774] *Fischer* § 303a Rn. 3.

[775] *Fischer* § 303a Rn. 4a; eingehend *Marberth-Kubicki* Rn. 128 ff.; aA *Wolff* LK § 303a Rn. 8.

[776] AA *Gercke/Brunst* Rn. 129.

[777] *Fischer* § 303a Rn. 8; *Wolff* LK § 303a Rn. 28; *Hilgendorf* JuS 1996, 890 (891 f.).

[778] OLG Dresden ZD 2013, 232; OLG Nürnberg ZD 2013, 282 jeweils mit Anm. *Schröder*.

[779] *Fischer* § 303a Rn. 9; Lackner/Kühl/*Heger* § 303a Rn. 3; *Weidemann* BeckOK-StGB
§ 303a Rn. 8.

[780] Schönke/Schröder/*Hecker* § 303a Rn. 5.

[781] *Fischer* § 303a Rn. 10; Schönke/Schröder/*Hecker* § 303a Rn. 6; *Weidemann* BeckOK-StGB
§ 303a Rn. 10; aA OLG Frankfurt a.M. MMR 2006, 547 (551): vorübergehende Entziehung genügt nicht; hiergegen *Kitz* ZUM 2006, 730 (734); *Valerius* in: Dimensionen des IT-Rechts, S. 19
(35 f.).

Sperre von dem jeweiligen Rechner ferngehalten wird) entzogen wird.[782] Der Verfügungsberechtigte muss für die Dauer des Unterdrückens nicht unbedingt aktuell auf das entzogene Datum zugreifen wollen. Es genügt bereits die Beeinträchtigung des potentiellen Zugriffswillens.

Eine noch junge Form des Massenprotestes ist der *virtuelle Sit-in*, bei dem der Server einer Webseite durch massive Zugriffe überlastet wird.[783] Sind die betreffenden Daten auf dem Server infolge einer solchen Online-Demonstration für einen nicht unerheblichen Zeitraum nicht mehr erreichbar, liegt eine Datenunterdrückung vor. Dies setzt allerdings voraus, dass der Verfügungsberechtigte selbst, in der Regel der Betreiber der Webseite, nicht mehr auf die Daten zugreifen kann. Ob die Seite für Dritte im Internet nicht mehr erreichbar ist, bleibt unerheblich.[784] Diese Grundsätze gelten gleichermaßen für (sonstige) *Denial-of-Service-Angriffe*, bei denen der Angreifer darauf abzielt, Rechner durch Anfragen derart zu überlasten oder auf sonstige Weise zu manipulieren, dass sie keine Anfragen mehr verarbeiten können. Häufig wird dabei auf sog. *Botnetze* zurückgegriffen, die aus zahlreichen (zumeist ohne Wissen der Nutzer durch Schadprogramme infizierten) Rechnern bestehen, deren Anfragen durch einen sog. Command-and-Control-Server koordiniert werden.   **414**

Unbrauchbarmachen bedeutet, Daten in ihrer Gebrauchsfähigkeit derart zu beeinträchtigen, dass sie nicht mehr bestimmungsgemäß verwendet werden können.[785] Es genügt, den Taterfolg mittelbar durch Einwirkung auf den Datenträger oder das verarbeitende Programm herbeizuführen.[786] Die Variante entspricht dem Zerstören von fremden Sachen bei § 303 StGB durch Aufheben ihrer bestimmungsgemäßen Brauchbarkeit.   **415**

Verändert werden Daten schließlich, wenn sie einen anderen Informationsgehalt (Aussagewert) bekommen und dadurch der ursprüngliche Verwendungszweck beeinträchtigt wird. Dies kann vornehmlich durch inhaltliche Änderungen geschehen. Erfasst sind aber auch sonstige Datenveränderungen, z. B. wenn Klartext durch Code ersetzt wird.[787] Die Tatmodalität des Veränderns stellt das Pendant zum Beschädigen von fremden Sachen im Sinne des § 303 StGB dar.   **416**

Daten werden beispielsweise verändert, wenn eine *Telefonkarte* manipulativ wieder aufgeladen wird. Ein solches Vorgehen verwirklicht § 303a StGB, da der Inhaber einer Telefonkarte über deren Daten nicht nach Belieben verfügen darf, sondern an den dem Erwerb der Karte zugrunde   **417**

---

[782] SSW/*Hilgendorf* § 303a Rn. 9.

[783] Zur Strafbarkeit allgemein OLG Frankfurt a.M. MMR 2006, 547; *Kitz* ZUM 2006, 730 (730 ff.); *Klutzny* RDV 2006, 50 (54 ff.); *Kraft/Meister* MMR 2003, 366 (370 ff.); *Valerius* in: Dimensionen des IT-Rechts, S. 19 (25 ff.).

[784] OLG Frankfurt a.M. MMR 2006, 547 (551); *Kitz* ZUM 2006, 730 (733); *Klutzny* RDV 2006, 50 (56); *Kraft/Meister* MMR 2003, 366 (372); *Valerius* in: Dimensionen des IT-Rechts, S. 19 (33 f.); aA wohl *Ernst* NJW 2003, 3233 (3238).

[785] *Fischer* § 303a Rn. 11; Lackner/Kühl/*Heger* § 303a Rn. 3; *Weidemann* BeckOK-StGB § 303a Rn. 12.

[786] SSW/*Hilgendorf* § 303a Rn. 10.

[787] Schönke/Schröder/*Hecker* § 303a Rn. 8; *Hilgendorf* JuS 1996, 890 (891).

liegenden Vertrag gebunden ist.[788] Ebenso hat die Rechtsprechung die Freischaltung eines Mobiltelefons durch Abschalten eines *SIM-Locks* als strafbare Datenveränderung angesehen.[789]

418 Die mit der Installation eines *Dialers* einhergehende Änderung der Standard-Internetverbindung stellt eine tatbestandsgemäße Veränderung von Daten gemäß § 303a StGB dar.[790] Auch beim Einschleusen von *Viren* in fremde Systeme kommt eine Strafbarkeit nach dieser Vorschrift in Betracht, wenn dadurch Daten manipuliert, beschädigt oder zerstört werden. Fraglich erscheint jedoch, ob bereits die bloße Installation des Virus ohne Ausführung seiner Schadfunktionen genügt.[791] Abgrenzungsschwierigkeiten können sich ebenso ergeben, wenn das Virus lediglich lästig ist, z. B. nach einer gewissen Zeit das System herunterfährt, ohne dessen Dateien in irgendeiner Weise zu verändern. Hierin kann aber ein Unterdrücken von Daten liegen, wenn es dem Benutzer während der Ausführung des Virus nicht möglich ist, mit seinen Daten zu arbeiten. Allerdings bleibt in diesen Fällen die Erheblichkeit der Verletzung des Verfügungsinteresses besonders zu prüfen.[792]

419 Anders verhält es sich oftmals bei *Trojanischen Pferden*. Ein Trojanisches Pferd verändert oder zerstört in der Regel laufende Programme nicht, sondern wartet darauf, dass ein Berechtigter mit diesem Programm arbeitet. Ein Trojaner kann unbemerkt sensible Benutzerdaten wie Passwörter oder Kreditkartennummern ausspähen und diese dann etwa per E-Mail an den Absender des Trojaners übermitteln. Sog. Backdoor-Trojaner gestatten es dem Hacker, auf infizierte Rechner zuzugreifen und die Fernkontrolle über praktisch alle Funktionen des Rechners zu erlangen (siehe schon Rn. 372). In solchen Konstellationen werden zwar dem System durch die Installation des Trojanischen Pferdes Daten hinzugefügt. Die Daten werden aber nicht verändert, da sie noch ihrem ursprünglichen Verwendungszweck gemäß genutzt werden können.[793] Aus demselben Grund liegt ebenso wenig ein Unbrauchbarmachen der Daten vor.[794] Auch die weiteren Tatalternativen des § 303a StGB werden durch die Installation eines Trojanischen Pferdes nicht erfüllt (zur Strafbarkeit nach § 202a StGB siehe Rn. 372).

420 Allerdings nehmen die neu installierten Programme häufig vom Nutzer nicht intendierten Einfluss auf die Funktionsweise der ursprünglichen Programmdaten, so dass unter diesem Gesichtspunkt wiederum eine Datenveränderung nicht ausgeschlossen ist.[795] Wenn etwa beim Einsatz von Erpressungstrojanern (*Ransomware*) die Zielrechner durch Installation eines Sperrbildschirms so manipuliert werden, dass der ganze Bildschirm und alle weiteren Fenster vom Sperrbildschirm überdeckt sowie alle Aufrufe des Task-Managers durch die Schadsoftware beendet werden, liegt eine Datenveränderung vor.[796]

---

[788] AA Schönke/Schröder/*Hecker* § 303a Rn. 3; *Rengier* BT I § 26 Rn. 10; *Hecker* JA 2004, 762 (765).

[789] AG Göttingen MMR 2011, 626 (627); AG Nürtingen MMR 2011, 121 (122); aA *Kusnik* CR 2011, 718 (719); *Neubauer* MMR 2011, 628 (628).

[790] AG Hamburg-St. Georg MMR 2006, 345 (348); *Marberth-Kubicki* Rn. 156; *Buggisch* NStZ 2002, 178 (180); *Fülling/Rath* JuS 2005, 598 (602).

[791] Ablehnend *Ernst* NJW 2003, 3233 (3238); *Frank* in: Informationsstrafrecht und Rechtsinformatik, S. 23 (44); aA *Weidemann* BeckOK-StGB § 303a Rn. 14; *Gercke/Brunst* Rn. 130; *Eichelberger* MMR 2004, 594 (595).

[792] *Eichelberger* MMR 2004, 594 (595).

[793] Nach Art des Betriebssystems differenzierend *Heine* NStZ 2016, 441 (443); offen gelassen von BGH NStZ 2018, 401 (403).

[794] *Hilgendorf* JuS 1997, 323 (324 f.).

[795] *Buermeyer/Golla* K&R 2017, 14 (15); *Heine* NStZ 2016, 441 (443); *Mavany* KriPoZ 2016, 106 (109); *Stam* ZIS 2017, 547 (551).

[796] BGH NJW 2021, 2301 mit Anm. *Safferling* sowie *Nicolai* NStZ 2022, 43 und *Heghmanns* ZJS 2021, 824; Fallzahlen bei *Gercke* ZUM 2021, 921 (929 f.).

Das Merkmal „*rechtswidrig*" ist nicht nur allgemeines Delikts-, sondern ein ein-   **421**
schränkendes Tatbestandsmerkmal.[797] Strafwürdiges Unrecht liegt nur vor, wenn
der Täter eine fremde Rechtsposition berührt. Den Anknüpfungspunkt bildet wegen
der systematischen Stellung des § 303a StGB im Abschnitt der Sachbeschädigungs-
delikte die Verfügungsbefugnis. Der Tatbestand der Vorschrift ist demnach auf solche Daten beschränkt, an deren Unversehrtheit ein anderer ein unmittelbares Interesse besitzt.[798]

Vorbereitungshandlungen Durch das 41. StrÄndG wurde auch die Strafbarkeit   **422**
wegen Datenveränderung auf Vorbereitungshandlungen erweitert. Absatz 3 verweist zu diesem Zweck auf § 202c StGB (siehe hierzu Rn. 382 ff.).

2. Computersabotage (§ 303b StGB)

Rechtsgut Das relative Antragsdelikt (siehe § 303c StGB) stellt Störungen von   **423**
Datenverarbeitungen unter Strafe, die für einen anderen von wesentlicher Bedeutung sind. Nach früherer Rechtslage vor dem Inkrafttreten des 41. StrÄndG
musste die Datenverarbeitung für einen fremden Betrieb, ein fremdes Unternehmen
oder eine Behörde von wesentlicher Bedeutung sein (siehe den heutigen Absatz 2).
Indem der Straftatbestand nunmehr private Datenverarbeitungen ebenso erfasst,
schützt sie nicht mehr nur das Interesse der Wirtschaft und Verwaltung, sondern
auch einzelner Betreiber und Nutzer an einem störungsfreien Ablauf von Datenverarbeitungen.[799]

Tatobjekt Der Begriff der „*Datenverarbeitung*" beschreibt nicht nur den einzelnen   **424**
bzw. eine Gesamtheit von Datenverarbeitungsvorgängen, sondern auch den damit
zusammenhängenden weiteren Umgang mit Daten und deren Verwertung.[800] Die
Datenverarbeitung muss im Grundtatbestand des Absatzes 1 für einen anderen *von
wesentlicher Bedeutung* sein. Die damit errichtete Bagatellgrenze ist erst dann überschritten, wenn die Funktionsfähigkeit der jeweiligen Einrichtung von einem ungestörten Ablauf der konkreten Datenverarbeitung ganz oder überwiegend abhängt.[801] Zweck und Umfang der Datenverarbeitung sind hingegen unbeachtlich.
Aus diesem Grund ist z. B. auch der Angriff auf eine illegale Streaming-Website

---

[797] Lackner/Kühl/*Heger* § 303a Rn. 4; *Wolff* LK § 303a Rn. 9; *Rengier* BT I § 26 Rn. 7; aA *Fischer*
§ 303a Rn. 13; Schönke/Schröder/*Hecker* § 303a Rn. 4; *Lenckner/Winkelbauer* CR 1986, 824 (829).

[798] *Rengier* BT I § 26 Rn. 7; *Möhrenschlager* wistra 1986, 128 (141).

[799] BT-Drucks. 16/3656, S. 13; Schönke/Schröder/*Hecker* § 303b Rn. 1; *Weidemann* BeckOK-
StGB § 303b Rn. 2.

[800] BT-Drucks. 10/5058, S. 35; Lackner/Kühl/*Heger* § 303b Rn. 2.

[801] *Fischer* § 303b Rn. 6; Lackner/Kühl/*Heger* § 303b Rn. 2; *Weidemann* BeckOK-StGB
§ 303b Rn. 6.

vom Tatbestand erfasst.[802] Entscheidend ist allein die Bedeutung der gestörten Datenverarbeitung für den Betroffenen.[803]

425   Die Qualifikation in § 303b Abs. 2 StGB ist verwirklicht, wenn die Datenverarbeitung für einen fremden Betrieb, ein fremdes Unternehmen oder eine Behörde von wesentlicher Bedeutung ist. *Fremd* ist ein Betrieb oder Unternehmen, wenn er bzw. es nicht oder nicht ausschließlich dem Tätervermögen zuzuordnen bleibt.[804] Die wesentliche Bedeutung einer Datenverarbeitung ergibt sich vor allem daraus, ob sie die für die Funktionsfähigkeit des betroffenen Betriebs etc. zentralen Informationen enthält. Dass der Betrieb seine Tätigkeit ohne die Datenverarbeitung überhaupt nicht fortsetzen kann, ist nicht erforderlich. Es genügt, wenn die Tätigkeit nur unter hohem Mehraufwand an Kosten und Zeit fortgeführt werden kann.[805]

426   **Tathandlung** Tathandlung ist das *Stören* der genannten Datenverarbeitungen, d. h. deren reibungslosen Ablauf nicht unerheblich zu beeinträchtigen.[806] Dass nicht jede geringfügige Einwirkung auf die Datenverarbeitung erfasst wird, verdeutlicht die Aufnahme des Merkmals „erheblich" durch das 41. StrÄndG. Insoweit kommt es nicht auf die Störung etwa des betroffenen Betriebs oder Unternehmens an, sondern allein auf die Störung der Datenverarbeitung als solcher. Eine bloße Gefährdung reicht nicht aus.[807]

427   Die Störung der Datenverarbeitung muss auf eine der in Absatz 1 Nr. 1 bis Nr. 3 beschriebenen Weisen erfolgen. Zum einen kann der Täter nach Absatz 1 Nr. 1 eine *Tat nach § 303a Abs. 1 StGB* begehen, d. h. er muss Daten löschen, unterdrücken, unbrauchbar machen oder verändern und dadurch zugleich eine Datenverarbeitung erheblich stören. Aufgrund des zusätzlichen Merkmals ist Nr. 1 ein Qualifikationstatbestand zu § 303a StGB.[808]

428   Eine Tat nach Absatz 1 Nr. 1 kommt insbesondere dann in Betracht, wenn ein *Virus* oder ein *Wurm* (Würmer sind im Gegensatz zu Viren fähig, sich in einem Netzwerk selbsttätig zu verbreiten) in Verkehr gebracht werden (zur Strafbarkeit nach § 303a StGB siehe Rn. 418), deren Ausführung Datenverarbeitungen erheblich stört. Dass der Täter bei der in der Regel unkontrollierten Verbreitung des Virus den konkreten Adressaten nicht kennt, bleibt unerheblich. Lediglich um die Qualifikation nach Absatz 2 zu begehen, müsste sich der Vorsatz des Täters auch darauf beziehen,

---

[802] BGH NJW 2017, 838 mit Anm. *Ernst.*

[803] Zur wesentlichen Bedeutung für Privatpersonen bei Beeinträchtigungen der Nutzung ihrer (privaten) Computersysteme BGH NJW 2021, 2301 mit kritischen Anm. *Safferling* sowie *Nicolai* NStZ 2022, 43 und (weniger kritisch) *Heghmanns* ZJS 2021, 824; Fallzahlen bei *Gercke* ZUM 2021, 921 (929 f.).

[804] Schönke/Schröder/*Hecker* § 303b Rn. 12; *Lenckner/Winkelbauer* CR 1986, 824 (830).

[805] Schönke/Schröder/*Hecker* § 303b Rn. 13.

[806] BT-Drucks. 16/3656, S. 13; *Fischer* § 303b Rn. 9.

[807] *Fischer* § 303b Rn. 9; Schönke/Schröder/*Hecker* § 303b Rn. 9; Lackner/Kühl/*Heger* § 303b Rn. 7; *Gercke/Brunst* Rn. 136; *Hilgendorf* JuS 1996, 1082 (1083).

[808] *Fischer* § 303b Rn. 11; *Weidemann* BeckOK-StGB § 303b Rn. 3.

die Rechner eines fremden Betriebs, eines fremden Unternehmens oder einer Behörde zu infizieren. Dies ließe sich als dolus eventualis wohl dann annehmen, wenn bei der Verteilung via E-Mail über einen zufällig generierten Adressenpool auch Adressen von Betrieben etc. enthalten sind.

Zum anderen kann die Tathandlung gemäß Absatz 1 Nr. 3 auch darin liegen, die **429** benutzten technischen Mittel, d. h. *Datenverarbeitungsanlagen oder Datenträger*, zu beeinträchtigen. Da es hierbei nicht auf die Fremdheit dieser Mittel ankommt, ist § 303b Abs. 1 Nr. 3 StGB keine Qualifikation der Sachbeschädigung, sondern ein eigenständiges Delikt. Während § 303b Abs. 1 Nr. 1 StGB eine unmittelbare Einwirkung auf die Daten erfordert, verlangt Nr. 3 eine körperliche Einwirkung auf die Substanz des sie beherbergenden Gegenstandes.[809]

Unter *Datenverarbeitungsanlage* ist die gesamte maschinentechnische Ausstattung der Geräte zu **430** verstehen, mit denen Daten verarbeitet werden. Hierzu gehört auch das Betriebssystem eines Rechners. Bestandteile einer Datenverarbeitungsanlage können ferner Datenübertragungskabel eines lokalen Netzwerkes sein, nicht jedoch Leitungen eines internationalen Netzwerkes, da diese zur weltweiten Kommunikation erforderlich sind und daher keiner bestimmten Datenverarbeitungsanlage zugeordnet werden können.

Die Handlungen des *Beschädigens* und *Zerstörens* entsprechen denen des § 303 **431** StGB. *Unbrauchbar gemacht* ist eine Sache dann, wenn auf sie derart eingewirkt wird, dass eine ordnungsgemäße Verwendung nicht mehr möglich ist.[810] Es bedarf der völligen Aufhebung oder zumindest einer wesentlichen Herabsetzung ihrer Funktionsfähigkeit. *Beseitigen* bedeutet das Entfernen der Sache aus dem Gebrauchs- und Verfügungsbereich. Umstritten ist, ob hierfür jede beliebige Zugriffssperre genügt[811] oder der Wortlaut eine räumliche Verschiebung der Sache erfordert.[812] Von *Veränderung* einer Datenverarbeitungsanlage oder eines Datenträgers kann sowohl bei positiven als auch bei negativen Zustandsmodifikationen gesprochen werden. Da hieraus allerdings eine Störung der Datenverarbeitung resultieren muss, wird im Ergebnis nur eine ungünstige Abweichung vom Ausgangszustand von § 303b StGB erfasst sein.[813]

Seit dem 41. StrÄndG ist schließlich strafbar, eine Datenverarbeitung dadurch **432** erheblich zu stören, *Daten* im Sinne des § 202a Abs. 2 StGB in der Absicht *einzugeben oder zu übermitteln*, einem anderen Nachteil zuzufügen (Absatz 1 Nr. 2). Für den *Nachteil* genügt jede Beeinträchtigung rechtmäßiger (nicht notwendig materieller) Interessen. Um den Nachteil absichtlich zu verfolgen, genügt bereits das sichere Wissen um seinen Eintritt, der jedoch nicht erforderlich ist.[814]

---

[809] *Fischer* § 303b Rn. 13.

[810] *Fischer* § 303b Rn. 13; *Gercke/Brunst* Rn. 141.

[811] So etwa *Fischer* § 303b Rn. 13; *Zaczyk* NK § 303b Rn. 12.

[812] So *Hilgendorf* JuS 1996, 1082 (1082).

[813] Vgl. *Gercke/Brunst* Rn. 141.

[814] *Fischer* § 303b Rn. 12a.

433 Absatz 1 Nr. 2 wurde eingeführt, um (Distributed-)*Denial-of-Service-Angriffe* eindeutig erfassen zu können (siehe zur Strafbarkeit schon Rn. 414).[815] Wegen der erforderlichen wesentlichen Bedeutung der betroffenen Datenverarbeitung verwirklicht aber nach wie vor nicht jede dieser Attacken den Tatbestand der Computersabotage.[816] Angenommen wurde eine Strafbarkeit in der Rechtsprechung bislang etwa für entsprechende Attacken auf die Webseiten eines Online-Wettanbieters.[817] Groß angelegte Ermittlungsmaßnahmen zog etwa auch der Angriff auf die GEMA im Jahr 2011 nach sich.[818] Die Besonderheit jener Taten liegt häufig darin begründet, dass für die Herbeiführung des Taterfolgs ein wissentliches und willentliches Zusammenwirken einer Vielzahl von Personen erforderlich wird, die einander nicht kennen. Im Falle der GEMA hatten Vertreter des Kollektivs Anonymous über das Internet zum Aufruf der Internetseite zu einem bestimmten Zeitpunkt durch möglichst viele Nutzer aufgerufen. In der Regel verwirklichen Letztere, wenn sie derartigen Aufforderungen nachkommen, den Tatbestand des § 303b Abs. 1 Nr. 2 StGB in Mittäterschaft.[819]

434 Strittig ist die Einordnung als tatbestandsmäßig hingegen bei einem Bereitstellen sog. *Honey-Pots.* Hierbei handelt es sich um Datenverarbeitungssysteme, die absichtlich sicherheitslückenhaft konstruiert sind, so dass sie potentielle DoS-Angreifer anlocken. Sinn und Zweck ist letztlich, dem Urheber eines Angriffs Informationen über seine Vorgehensweise zu entlocken, um daraus für die zukünftige Konstruktion sicherer Netzwerke zu lernen. Honey Pots fungieren damit allerdings selbst gewissermaßen als Tool zur anonymen Tatbegehung, so dass streng genommen eine Strafbarkeit der Betreiber gemäß §§ 303b Abs. 1 Nr. 2, 27 StGB anzunehmen wäre.[820]

435 Absatz 1 Nr. 2 kann aber auch schon beim bloßen *Auslesen der Nutzerdaten* aus einem öffentlichen WLAN durch Dritte erfüllt sein, sofern der Betreiber diese zu kommerziellen Zwecken zu nutzen gedenkt.[821]

436 **Vorbereitungshandlungen** Der durch das 41. StrÄndG eingefügte § 303b Abs. 5 StGB verweist auf die Vorschrift des § 202c StGB (siehe hierzu Rn. 382 ff.), so dass auch die Vorbereitung einer Computersabotage strafbar ist.

E. Urkundenfälschung im Computer

Literatur (Auswahl): *Buggisch* Fälschung beweiserheblicher Daten durch Verwendung einer falschen E-Mail-Adresse?, NJW 2004, 3519–3522; *Dornseif/Schumann* Probleme des Datenbegriffs im Rahmen des § 269 StGB, JR 2002, 52–57; *Dressel* Strafbarkeit von Piraterie-Angriffen gegen Zugangsberechtigungssysteme von Pay-TV-Anbietern, MMR 1999, 390–395; *M. Gercke* Die Strafbarkeit von „Phishing" und Identitätsdiebstahl, CR 2005, 606–612; *Hecker* Herstellung, Verkauf, Erwerb und Verwendung manipulierter Telefonkarten, JA 2004, 762–769; *B. Heinrich* Miß-

---

[815] BT-Drucks. 16/3656, S. 13.

[816] Vgl. *Kitz* ZUM 2006, 730 (735); *Klutzny* RDV 2006, 50 (58) zum Sachverhalt von OLG Frankfurt a.M. MMR 2006, 547.

[817] LG Düsseldorf MMR 2011, 624 (625) mit Anm. *Bär.*

[818] Pressemitteilung GStA Frankfurt (Main) vom 14. Juni 2012, abrufbar unter: https://irights.info/wp-content/uploads/userfiles/Pressemitteilung_14_06_12_Durchsuchungen_Computersabotage_GEMA.pdf (29.6.2022).

[819] Vgl. hierzu Spindler/Schuster/*Gercke* § 303b Rn. 4; *ders.* ZUM 2012, 625 (631 f.); zweifelnd *Zaczyk* NK § 303b Rn. 14.

[820] *Vogelgesang/Möllers/Potel* MMR 2017, 291.

[821] *Nebel* ZD-Aktuell 2016, 05323.

brauch gescannter Unterschriften als Urkundenfälschung, CR 1997, 622–628; *Kusnik* Hände weg von der Handysperre?, CR 2011, 718–721; *Rinker* Strafbarkeit und Strafverfolgung von „IP-Spoofing" und „Portscanning", MMR 2002, 663–666; *Singelnstein* Erfüllt die Angabe falscher Personalien bei Auktionsgeschäften im Internet den Tatbestand des § 269 StGB?, JR 2011, 375–380; *Welp* Strafrechtliche Aspekte der digitalen Bildbearbeitung, CR 1992, 291–296, 354–362; *Willer* Die Onlineauktion unter falschem Namen und der Straftatbestand der Fälschung beweiserheblicher Daten i. S. d. § 269 StGB, NStZ 2010, 553–558; *Zielinski* Urkundenfälschung durch Computer, in: Gedächtnisschrift Armin Kaufmann, 1989, S. 605–628.

Studienliteratur: *Beck* Kopien und Telefaxe im Urkundenstrafrecht, JA 2007, 423–427; *Nestler* Zur Urkundenqualität von Fotokopien und (Computer-)Faxen, ZJS 2010, 608–614; *Petermann* Die Einrichtung gefälschter Internetaccounts, JuS 2010, 774–778; *Popp* Informationstechnologie und Strafrecht, JuS 2011, 385–392.

I. Grundlagen

Als Urkunde im Sinne von § 267 StGB ist nach allgemein anerkannter Definition jede Verkörperung einer menschlichen Gedankenerklärung (sog. Perpetuierungsfunktion) zu verstehen, die zum Beweis im Rechtsverkehr geeignet und bestimmt ist (sog. Beweisfunktion) und die ihren Aussteller erkennen lässt (sog. Garantiefunktion).[822] Der Straftatbestand der „klassischen" *Urkundenfälschung* stößt im digitalen Zeitalter aber an seine Grenzen, da das Perpetuierungselement verlangt, dass die jeweiligen Gedankeninhalte in optisch-visuell wahrnehmbarer Form verkörpert werden. Hieran fehlt es bei Erklärungen, die lediglich in Datenform vorliegen.[823] § 267 StGB erfasst daher insbesondere nicht Fallkonstellationen, in denen Gedankenerklärungen in den Computer eingegeben und in dieser digitalen Form als Datum maschinell weiterverarbeitet werden. Ein Paradebeispiel hierfür stellt der sog. *Identitätsdiebstahl* dar, bei dem jemand die personenbezogenen Daten eines anderen missbräuchlich verwendet, z. B. um sich bei einem sozialen Netzwerk anzumelden.[824] Auch die gefälschte Unterschrift auf einem digitalen Lesegerät zum Nachweis der Zustellung von Paketen weist keine körperliche Fixierung im Sinne der Perpetuierungsfunktion von Urkunden auf.[825]   **437**

Um die dadurch hervorgerufenen Strafbarkeitslücken zu schließen, hat der Gesetzgeber durch das 2. WiKG vom 15. Mai 1986[826] die Strafvorschrift des § 269 StGB (*Fälschung beweiserheblicher Daten*) eingefügt, die vor computerspezifischen Fälschungsvorgängen bewahren will. Seitdem ist auch die „Urkundenfälschung in Datenform" strafbar.   **438**

§ 269 StGB lehnt sich weitgehend an die Urkundenfälschung an. So schützt die Norm gleichfalls die *Sicherheit und Zuverlässigkeit des Beweisverkehrs*. Zudem ist   **439**

---

[822] BGHSt 24, 140 (141); Schönke/Schröder/*Heine/Schuster* § 267 Rn. 2; SSW/*Wittig* § 267 Rn. 7; *Rengier* BT II § 32 Rn. 1; *Wessels/Hettinger/Engländer* Rn. 776.

[823] SSW/*Wittig* § 267 Rn. 21; *Rengier* BT II § 32 Rn. 3.

[824] Allgemein hierzu Jones/Nobis/Röchner/Thal/*Nobis*, S. 55 ff.

[825] OLG Köln MMR 2014, 314.

[826] BGBl. I, S. 721.

sie *ähnlich* wie § 267 StGB *strukturiert*, da beide Straftatbestände voraussetzen, auf ein Tatobjekt durch eine – weitgehend parallele – Tathandlung (Rn. 444 ff. und 460 ff.) einzuwirken.[827] Der wesentliche Unterschied der Vorschriften besteht darin, dass Gegenstand des § 267 StGB eine (visuell wahrnehmbare) Urkunde, in § 269 StGB hingegen ein (unkörperliches) Datum ist.

II. Urkundenfälschung (§ 267 StGB)

1. Tatobjekt

440 Die Entstehungsgeschichte des § 269 StGB darf nicht darüber hinwegtäuschen, dass auch (zwischenzeitlich) digitalisierte Gedankenerklärungen in einer Urkunde im Sinne von § 267 StGB verkörpert werden können. Beispielsweise sind völlig automatisch hergestellte Ausdrucke von dem Straftatbestand der Urkundenfälschung erfasst, wenn sich jemand deren gedanklichen *Inhalt zu Eigen macht.* Dies gilt etwa für in einer Datenverarbeitungsanlage gefertigte Rechnungen und Verwaltungsakte (z. B. Steuerbescheide).[828] Gleichfalls stellt ein *Computerfax*, das direkt am Empfangsgerät ausgedruckt und somit erstmalig verkörpert wird, eine Urkunde dar, wenn die einzelnen Elemente des Begriffs gewahrt bleiben.[829]

441 Probleme bereiten Vervielfältigungen, die sich durch die fortgeschrittene Scannertechnik mittlerweile relativ einfach und auch am heimischen Computer erstellen lassen. Die klassische *Fotokopie* ist nach herrschender Auffassung keine Urkunde im Sinne des § 267 StGB, da ihr lediglich die Gedankenerklärung zu entnehmen ist, ein Original abzubilden. Diese Erklärung hat aber für den Rechtsverkehr zumeist keine Bedeutung, so dass die Urkundsqualität häufig schon an der Beweisfunktion scheitert. Außerdem fehlt es in der Regel an dem Garantieelement, da sich der Kopie selbst nicht entnehmen lässt, wer hinter der Gedankenerklärung, die Kopie gebe ein Original bildlich wieder, als geistiger Aussteller steht.[830] Eine Urkunde liegt hier demnach ausnahmsweise nur dann vor, wenn jemand für die inhaltlich getreue Wiedergabe bürgt (z. B. bei einer beglaubigten Abschrift durch eine Behörde oder einen Notar).[831] Einfachen Abschriften, selbst von Gerichtsurteilen, fehlt hingegen die erforderliche Garantie- und Beweisfunktion.[832]

---

[827] *Gercke/Brunst* Rn. 240; kritisch Lackner/Kühl/*Heger* § 269 Rn. 1.

[828] Lackner/Kühl/*Heger* § 267 Rn. 4; *Weidemann* BeckOK-StGB § 267 Rn. 6; SSW/*Wittig* § 267 Rn. 14.

[829] *Fischer* § 267 Rn. 22; *Weidemann* BeckOK-StGB § 267 Rn. 20; SSW/*Wittig* § 267 Rn. 60; *Zieschang* LK § 267 Rn. 128; *Wessels/Hettinger/Engländer* Rn. 798.

[830] BGHSt 5, 291 (293); 24, 140 (141); OLG Stuttgart NJW 2006, 2869 (2869); Lackner/Kühl/*Heger* § 267 Rn. 16; Schönke/Schröder/*Heine/Schuster* § 267 Rn. 42a; *Rengier* BT II § 32 Rn. 38; *Beck* JA 2007, 423 (424); *Nestler* ZJS 2010, 60 (60 f.).

[831] Schönke/Schröder/*Heine/Schuster* § 267 Rn. 40a; SSW/*Wittig* § 267 Rn. 56; *Wessels/Hettinger/Engländer* Rn. 797.

[832] OLG Hamm JuS 2016, 1039 mit Anm. *Hecker.*

Fotokopien erlangen nach herrschender Meinung hingegen dann Urkundscha- **442**
rakter, wenn sie nach außen nicht als Reproduktion, sondern *als Original erscheinen*
sollen. Dies gilt zum einen dann, wenn die Vervielfältigung dem Zweck dient, von
vornherein mehrere Originale für den Rechtsverkehr herzustellen (z. B. Speise-
karten eines Restaurants). Zum anderen kommt einer Kopie eine strafrechtlich relevante Urkundsqualität zu, wenn sie den Anschein einer Originalurkunde erwecken
soll. Hierfür genügt es, dass aufgrund der Ähnlichkeit der Kopie mit dem Original
eine Verwechslung nicht ausgeschlossen werden kann. Indiz hierfür ist insbesondere
die Qualität der Vervielfältigung (z. B. Farbkopie eines am Rechner manipulierten
Parkausweises).[833]

Die vorstehenden Grundsätze lassen sich auf andere moderne Vervielfältigungsmethoden über- **443**
tragen. So verwirklicht der Ausdruck einer *eingescannten* und am Rechner mittels eines Bildbe-
arbeitungsprogramms veränderten Originalurkunde den Tatbestand der Urkundenfälschung, wenn
durch die Manipulation der Eindruck einer von einem bestimmten Aussteller herrührenden Ge-
dankenäußerung entsteht. Des Weiteren können Schriftstücke als Originale erscheinen und demzufolge gleichfalls Urkundsqualität besitzen, wenn sie mit zuvor eingescannten Stempeln oder
Unterschriften versehen werden.[834] Um das Perpetuierungselement (Rn. 437) zu wahren, bedarf es
aber jeweils der Herstellung einer verkörperten Gedankenerklärung. § 267 StGB greift hingegen
nicht bei bloßen (Kopien von) „digitalen Urkunden", die lediglich als Datei in elektronischer Form
vorliegen.

2. Tathandlungen

Tathandlungen sind das Herstellen einer unechten Urkunde (Var. 1), das Ver- **444**
fälschen einer echten Urkunde (Var. 2) sowie das Gebrauchen einer unechten oder
verfälschten Urkunde (Var. 3). Das *Herstellen* einer unechten Urkunde umfasst
jedes Hervorrufen ihrer Existenz. Eine Urkunde ist *unecht*, wenn sie nicht von
demjenigen stammt, der aus ihr als geistiger Aussteller hervorgeht (sog. Geistigkeitstheorie). Es bedarf somit einer Identitätstäuschung über die Person des Ausstellers.[835] Davon zu unterscheiden ist die Täuschung nicht über die Identität, sondern lediglich über den Namen des Ausstellers (z. B. beim Einchecken in einem
Hotel unter einem falschen Namen, um nicht erkannt zu werden). Eine solche
Namenstäuschung bewirkt nach herrschender Auffassung keine unechte Urkunde,
sofern dem wirklichen Namen in der jeweiligen Beweissituation keine Bedeutung
zukommt.[836]

---

[833] BayObLG NJW 1990, 3221; OLG Stuttgart NJW 2006, 2869 (2869 f.); Lackner/Kühl/*Heger*
§ 267 Rn. 16; *Weidemann* BeckOK-StGB § 267 Rn. 17; aA *Erb* MK-StGB § 267 Rn. 98 ff.; *Fischer* § 267 Rn. 20.

[834] BGH NStZ 1999, 620; NStZ 2010, 703 (704); *Fischer* § 267 Rn. 22; Schönke/Schröder/*Heine/
Schuster* § 267 Rn. 42b; *Weidemann* BeckOK-StGB § 267 Rn. 20; *B. Heinrich* CR 1997, 622
(625 f.).

[835] BGHSt 33, 159 (160); Schönke/Schröder/*Heine/Schuster* § 267 Rn. 48; *Weidemann* BeckOK-
StGB § 267 Rn. 21; SSW/*Wittig* § 267 Rn. 62; *Wessels/Hettinger/Engländer* Rn. 808.

[836] BGHSt 33, 159 (160); *Weidemann* BeckOK-StGB § 267 Rn. 23; *Rengier* BT II § 33 Rn. 13; aA
Schönke/Schröder/*Heine/Schuster* § 267 Rn. 49, 51.

445 Unecht bedeutet nicht *unwahr* oder unrichtig (vgl. hingegen etwa § 278 StGB). § 267 StGB schützt lediglich die Sicherheit und Zuverlässigkeit des Beweisverkehrs mit Urkunden (siehe schon Rn. 439), die aber nur an die Urheberschaft einer Erklärung knüpft, nicht an deren inhaltliche Wahrheit. Dementsprechend sind unzutreffende Aussagen des Ausstellers (sog. schriftliche Lügen), z. B. inhaltlich unrichtige Rechnungen an Kunden oder unwahre Entschuldigungsschreiben für das eigene schulpflichtige Kind, nicht von § 267 StGB erfasst.[837]

446   Unter *Verfälschen* einer echten, d. h. tatsächlich vom geistigen Aussteller stammenden Urkunde ist jede nachträgliche Veränderung des Inhalts der darin verkörperten gedanklichen Erklärung zu verstehen. Es muss folglich der Eindruck erweckt werden, dass der (unverändert bleibende) Aussteller die Erklärung von Anfang an in der veränderten Gestalt abgegeben hat.[838] Die Tathandlung kann auch der Aussteller selbst begehen, wenn er die freie und ausschließliche Abänderungsbefugnis verloren hat, weil ein anderer zwischenzeitlich ein berechtigtes Beweisinteresse an der (unveränderten) Urkunde erlangt hat.[839]

447   *Gebrauchen* bedeutet schließlich, die (unechte oder verfälschte) Urkunde der sinnlichen Wahrnehmung zugänglich zu machen. Eine tatsächliche Kenntnisnahme ist nicht erforderlich.[840] Geschieht der erste Akt in Gestalt des Herstellens einer unechten oder des Verfälschens einer echten Urkunde schon in der Absicht, die unechte oder verfälschte Urkunde zu einem bestimmten zweiten Akt zu gebrauchen, liegt eine *einheitliche Tat* des Gebrauchens vor. Ansonsten, d. h. ohne eine solche Verwendungsabsicht zum Zeitpunkt des Herstellens oder Verfälschens, ist Tatmehrheit zwischen den beiden Akten gegeben.[841]

III. Fälschung beweiserheblicher Daten (§ 269 StGB)

1. Tatobjekt

a) Datenbegriff

448 Anders als die Urkunde im Sinne des § 267 StGB setzt das Tatobjekt des § 269 StGB keine körperliche Fixierung des Gedankeninhalts voraus. Daten sind vielmehr Informationen, die von einer Datenverarbeitungsanlage in codierter Form bearbeitet werden können oder das Ergebnis einer solchen Bearbeitung darstellen.[842] Auf den

---

[837] BGH NStZ 2011, 91; *Fischer* § 267 Rn. 29; *Rengier* BT II § 33 Rn. 6.

[838] OLG Köln NJW 1983, 769 (769); Lackner/Kühl/*Heger* § 267 Rn. 20; SSW/*Wittig* § 267 Rn. 72; *Rengier* BT II § 33 Rn. 37.

[839] BGHSt 13, 382 (385 ff.); *Fischer* § 267 Rn. 34; Lackner/Kühl/*Heger* § 267 Rn. 21; *Rengier* BT II § 33 Rn. 42; aA Schönke/Schröder/*Heine/Schuster* § 267 Rn. 68; *Puppe/Schumann* NK § 267 Rn. 91; SSW/*Wittig* § 267 Rn. 77.

[840] BGHSt 36, 64 (65); *Fischer* § 267 Rn. 36; SSW/*Wittig* § 267 Rn. 78; *Rengier* BT II § 33 Rn. 57; *Wessels/Hettinger/Engländer* Rn. 837.

[841] BGHSt 5, 291 (293 f.); *Fischer* § 267 Rn. 58; SSW/*Wittig* § 267 Rn. 91; *Rengier* BT II § 33 Rn. 63 f.; *Wessels/Hettinger/Engländer* Rn. 839.

[842] *Zieschang* LK § 269 Rn. 6; eingehend *Dornseif/Schumann* JR 2002, 52 (53 ff.).

Datenbegriff in § 202a Abs. 2 StGB wird nicht verwiesen, weil Daten auch in der Eingabephase (und nicht erst bei der Übermittlung oder Speicherung) geschützt werden müssen.[843] Mit § 202a Abs. 2 StGB haben aber Daten im Sinne des § 269 StGB gemein, dass sie ebenso *nicht wahrnehmbar* sein dürfen.[844] Erforderlich ist dabei die *optische* Wahrnehmung. Informationen, die auf einem Tonträger gespeichert sind und bei Abspielen nur akustisch vernommen werden können, sind nach herrschender Lehre nicht von § 269 StGB erfasst.[845]

b) Vergleich mit § 267 StGB

Da § 269 StGB den § 267 StGB nur ergänzt, um Strafbarkeitslücken zu schließen, fordert die Vorschrift ausdrücklich die *Vergleichbarkeit* der beweiserheblichen Daten *mit einer* unechten oder verfälschten *Urkunde*. Die Daten müssen demnach im Falle ihrer unmittelbaren visuellen Wahrnehmbarkeit als unechte oder verfälschte Urkunde zu qualifizieren sein, d. h. sämtliche sonstige Voraussetzungen des Urkundsbegriffs (Rn. 437) erfüllen.[846] Inhaltliche Unwahrheiten als solche sind daher auch in der Form der „digitalen Lüge" nicht erfasst (vgl. Rn. 445).[847]   **449**

Eine *Telefonkarte* ist dazu geeignet und bestimmt, die Berechtigung ihres Inhabers zum Gebrauch von Kartentelefonen zu beweisen, und lässt in aller Regel den Aussteller (hier das Telekommunikationsunternehmen) erkennen, der sich diese Erklärung zurechnen lassen will. Beweis- und Garantieelement der Urkunde sind somit gegeben. Die Urkundsqualität scheitert lediglich daran, dass sich der Karte keine konkrete menschliche Gedankenerklärung entnehmen lässt, namentlich die Höhe des verbleibenden Gutachtens, das für die Benutzung von Kartentelefonen zur Verfügung steht. Im Falle dessen unmittelbarer Wahrnehmbarkeit wäre hingegen auch die Perpetuierungsfunktion gewahrt und läge eine Urkunde im Sinne des § 267 StGB vor. Die auf dem Chip einer Telefonkarte gespeicherten Informationen, die das verbleibende Guthaben bezeichnen, sind demnach beweiserhebliche Daten im Sinne des § 269 StGB (zur Strafbarkeit von Manipulationen siehe unten Rn. 464).[848]   **450**

Perpetuierungsfunktion Die auch für § 269 StGB notwendige Verkörperung der Gedankenerklärung setzt eine gewisse Dauer der Perpetuierung voraus. Hieran fehlt es nach herrschender Ansicht bei Daten, die sich im flüchtigen Arbeitsspeicher eines Rechners befinden und bei Unterbrechung der Stromzufuhr verloren gehen. Erst mit Speicherung auf einem permanenten Datenträger wie z. B. einer Festplatte,   **451**

---

[843] AG Göttingen MMR 2011, 626 (627); *Fischer* § 269 Rn. 4; Schönke/Schröder/*Heine/Schuster* § 269 Rn. 7; aA *Hoyer* SK-StGB § 269 Rn. 5.

[844] *Fischer* § 269 Rn. 4; *Zieschang* LK § 269 Rn. 6.

[845] *Hoyer* SK-StGB § 269 Rn. 19; *Marberth-Kubicki* Rn. 175; ebenso mit anderer Begründung *Dornseif/Schumann* JR 2002, 52 (54).

[846] Lackner/Kühl/*Heger* § 269 Rn. 2; *Gercke/Brunst* Rn. 244; *Marberth-Kubicki* Rn. 178; *Rengier* BT II § 35 Rn. 1 f.; *Popp* JuS 2011, 385 (390).

[847] *Fischer* § 269 Rn. 5; *Gercke/Brunst* Rn. 240.

[848] BGH NStZ-RR 2003, 265 (266); *Fischer* § 269 Rn. 4; *Weidemann* BeckOK-StGB § 269 Rn. 7; *Marberth-Kubicki* Rn. 175.

einer CD-ROM oder einem USB-Stick erlangen Daten die Qualität einer hypo-
thetischen Urkunde und werden dann von § 269 StGB geschützt.[849]

452 Sind Daten auf verschiedene Dateien verteilt, die erst insgesamt eine Gedankenerklärung ergeben,
fehlt ebenso die erforderliche dauerhafte Verbindung.[850] Allein das Speichern auf demselben
Datenträger reicht nicht aus, um mehrere Inhalte zu einer Erklärungseinheit werden zu lassen, da
die bloß logisch-inhaltliche Verknüpfung keine feste physische Verbindung ersetzt. Diese Verbindung wird vielmehr erst beim Ausdruck hergestellt. § 269 StGB verzichtet lediglich auf das
urkundliche Erfordernis der Wahrnehmbarkeit, nicht jedoch auf die Voraussetzung der dauerhaften
Verknüpfung.

453 **Beweisfunktion** Auch bei § 269 StGB ist – wie das Merkmal „*beweiserheblich*"
im Normtext und in der amtlichen Überschrift verdeutlicht – erforderlich, dass die
Daten geeignet und dazu bestimmt sind, bei einer Verarbeitung im Rechtsverkehr
als Beweis für rechtlich erhebliche Tatsachen benutzt zu werden.[851] Der digitalisierte Gedankeninhalt muss daher – entsprechend der Beweisfunktion einer Urkunde im Sinne des § 267 StGB (Rn. 437) – für das Rechtsleben relevant sein.

454 Die Beweiserheblichkeit fehlt, wenn Daten nur *intern gespeichert* werden. Dies gilt etwa für
Indexdateien, deren Aufgabe darin besteht, in verschiedenen Dateien gespeicherte rechtserheb-
liche Erklärungen in Verbindung zueinander zu setzen. Eine Indexdatei verweist auf rechtserheb-
liche Inhalte, beweist sie aber nicht.[852] Ebenso wenig erfasst § 269 StGB EDV-Urkunden, die zwar
zwecks ihrer Erklärung in der Datenverarbeitung erfasst werden, später aber ausschließlich als
Ausdruck in körperlicher Form gebraucht werden. In dem Stadium ihrer Speicherung handelt es
sich lediglich um einen Entwurf, der nicht für den Rechtsverkehr bestimmt ist.[853]

455 Umstritten ist, ob der Einsatz einer Piratenkarte oder die Verwendung eines noch nicht oder
nicht mehr zum Empfang berechtigenden Chips des Programmanbieters zum Empfang von *Pay-TV*
eine Datenfälschung gemäß § 269 StGB darstellt. Problematisch ist hier die Beweiseignung
und -bestimmung der Daten auf dem Chip, der selbst lediglich den Zugang zum Programm durch
die Decodierung des Signals gewährt. Nach einer Ansicht reichen die Sendeinformationen und
Verschlüsselungscodes auf einer modifizierten Originalkarte nicht aus, um die Urkundseigenschaft
zu begründen.[854] Nach anderer Auffassung kann gerade mit diesen Informationen die Berechtigung
gegenüber dem Diensteanbieter nachgewiesen werden, so dass die Daten zum Beweis bestimmt sind.[855]

456 Nicht pauschal beurteilt werden kann die Datenurkundenqualität von *E-Mail-Dateianhängen*.
Lediglich eingescannte Dokumente zum Nachweis bestimmter Tatsachen zu verlangen, ist natürliche Folge der Digitalisierung des Schriftverkehrs und deshalb heute weit verbreitet. Da rein technisch insoweit jedoch stets eine automatisch produzierte Dateikopie vorliegt, müsste diese streng
genommen als bloßes Abbild eines Originals gelten und die Manipulation hieran grundsätzlich

---

[849] *Hoyer* SK-StGB § 269 Rn. 19; *Puppe/Schumann* NK § 269 Rn. 20; *Singelnstein* JR 2011, 375
(376); aA *Erstauflage* Rn. 171; *Dornseif/Schumann* JR 2002, 52 (55).

[850] *Hoyer* SK-StGB § 269 Rn. 20; aA Lackner/Kühl/*Heger* § 269 Rn. 5; Schönke/Schröder/*Heine/
Schuster* § 269 Rn. 10.

[851] *Weidemann* BeckOK-StGB § 269 Rn. 5; *Buggisch* NJW 2004, 3519 (3520).

[852] *Hoyer* SK-StGB § 269 Rn. 21; aA *Puppe/Schumann* NK § 269 Rn. 23; *Welp* CR 1992, 354
(357 f.).

[853] *Hoyer* SK-StGB § 269 Rn. 14; *Puppe/Schumann* NK § 269 Rn. 12.

[854] *Dressel* MMR 1999, 390 (395).

[855] *Beucher/Engels* CR 1998, 101 (105).

straffrei bleiben.[856] Andererseits ließe sich argumentieren, eine Unterscheidung von Original und Kopie im Rahmen des § 269 StGB sei angesichts dieser technischen Gegebenheiten wenig sinnvoll und daher abzulehnen.[857] Jedenfalls scheint es angesichts der beschriebenen Entwicklung bedenklich, Dateianhängen jegliche Beweisfunktion abzusprechen. Sie ist deshalb als erfüllt anzusehen, sofern die Umstände darauf hindeuten, dass der Urkundenaussteller zugleich Ersteller des Scans ist – z. B. in Verbindung mit einer E-Mail, die von diesem zu stammen scheint.[858]

Garantiefunktion Die Erkennbarkeit des Ausstellers bestimmt sich nach der *Geistigkeitstheorie.* Aussteller ist danach, wem die Daten ihrem Erklärungsgehalt nach (geistig) zugerechnet werden können. Fraglich ist die Zurechnung im Verhältnis zwischen Betreiber einer Datenverarbeitungsanlage einerseits und dem Verantwortlichen bzw. Verfügungsberechtigten für ein Programm andererseits. Zwar wird der Betreiber einer EDV-Anlage – etwa aufgrund fehlender Sachkunde – nicht immer eine hinreichende Vorstellung über den Aussagegehalt der Arbeitsergebnisse der in seiner Firma installierten Datenverarbeitungsanlage haben. Gleichwohl muss als Aussteller immer der *Betreiber der Datenverarbeitungsanlage* angesehen werden, da er nach außen als Verantwortlicher erscheint.[859] Dies gilt selbst bei Änderungen durch Externe, beispielsweise durch einen Hacker. **457**

Beim sog. *URL-Spoofing* werden Sicherheitslücken in Browsern ausgenutzt, um die Adresszeile zu überdecken und eine beliebige URL (Uniform Resource Locator; die URL gibt die Adresse einer Datei bzw. Webseite im Internet an, z. B. http://www.rechtstheorie.de) vorzutäuschen. Ein Anwender könnte im dem Glauben, sich auf einer ihm bekannten und vertrauenswürdigen Seite zu befinden, Anmeldedaten und persönliche Informationen eingeben und übermitteln. So wird beim sog. *Pharming* die Webseite einer Bank nachgebildet, um den Nutzer von Online-Banking zur Eingabe seiner Zugangsdaten zu veranlassen. Auch hier kann eine Fälschung beweiserheblicher Daten gemäß § 269 StGB vorliegen, sofern bereits aus der verwendeten URL auf den (vermeintlichen) Aussteller geschlossen werden soll.[860] **458**

Ebenso verwirklicht allein die Angabe einer *falschen E-Mail-Adresse* häufig nicht den Tatbestand des § 269 StGB, da hier gleichfalls der Aussteller häufig überhaupt nicht erkennbar ist.[861] Geben hingegen etwa Phishing-Mails vor, im Namen einer tatsächlich existierenden Bank versendet zu werden, ist § 269 StGB wegen der Täuschung über den Aussteller gegeben (ergänzend zur Strafbarkeit siehe Rn. 394).[862] Die Beweisfunktion dürfte einer E-Mail wegen ihrer zunehmenden Bedeutung als alltägliches Kommunikationsmittel jedenfalls nicht mehr generell abgesprochen werden.[863] **459**

---

[856] So *Kulhanek* StV 2015, 725.

[857] *Puppe/Schumann* NK § 269 Rn. 22; *Zieschang* LK § 269 Rn. 15.

[858] So jetzt auch BGH NStZ-RR 2018, 308; *Kulhanek* StV 2015, 725 (729).

[859] Schönke/Schröder/*Heine/Schuster* § 269 Rn. 12 f.; *Gercke/Brunst* Rn. 244; *Zielinski* GedS Armin Kaufmann, S. 605 (624).

[860] Siehe hierzu *Popp* MMR 2006, 84 (85); vgl. zum IP-Spoofing *Marberth-Kubicki* Rn. 178; *Rinker* MMR 2002, 663 (663 f.).

[861] AA wohl *Buggisch* NJW 2004, 3519 (3520).

[862] *Fischer* § 269 Rn. 8; *Weidemann* BeckOK-StGB § 269 Rn. 7; *Marberth-Kubicki* Rn. 179; *Goeckenjan* wistra 2008, 128 (129 f.); *Graf* NStZ 2007, 129 (131 f.); weiter *Gercke/Brunst* Rn. 242; *M. Gercke* CR 2005, 606 (608 ff.); *Knupfer* MMR 2004, 641 (642).

[863] So auch BGH NStZ-RR 2017, 281; siehe hingegen noch *Erstauflage* Rn. 177 m. w. N.

2. Tathandlungen

460 Herstellen, Verfälschen und Gebrauchen einer Urkunde (Rn. 444 ff.) finden ihre
Entsprechungen in § 269 StGB in den Tathandlungen des Speicherns, Veränderns
oder Gebrauchens beweiserheblicher Daten. *Gespeichert* (Var. 1) werden Daten
dann, wenn sie auf einem Datenträger zum Zwecke ihrer weiteren Verarbeitung
oder Nutzung erfasst, aufgenommen oder aufbewahrt werden. Es genügt bereits die
Eingabe in eine EDV-Anlage.[864]

461 Ein strafbares Speichern beweiserheblicher Daten liegt nach herrschender Meinung vor, wenn jemand unter einem falschen Namen einen Account bei der Deutschen Bahn zur Beschaffung von Online-Tickets oder bei einer *Online-Auktionsplattform* anlegt.[865] Schließlich hat zumindest der Betreiber einer Auktionsplattform ein Interesse daran, die zutreffenden Personalien seiner Mitglieder bei der Anmeldung zu erfahren.[866] Hinzutritt, dass die Identität seines Vertragspartners auch für den an späteren Geschäften beteiligten anderen Plattformnutzer bedeutsam sein kann.[867] Anderes gilt ggf. bei der Einrichtung einer kostenlosen E-Mail-Adresse bei einem Freemailer.[868]

462 Strafbar macht sich auch, wer den *Verstoß gegen Lenk- und Ruhezeiten* von LKW-Fahrern zu verschleiern versucht, indem er eine fremde Fahrerkarte in das dafür bestimmte Lesegerät einführt.[869]

463 *Verändern* (Var. 2) ist das inhaltliche Umgestalten beweiserheblicher Daten in
einer Weise, dass hierdurch ein Falsifikat entsteht, das die Merkmale einer verfälschten Urkunde aufweist. Die nachträgliche Änderung von Daten durch den Betreiber der EDV-Anlage begründet nur unter den Voraussetzungen der Rn. 446 eine
unechte Urkunde. Davon unabhängig kann aber § 263a StGB verwirklicht sein.

464 Wird eine *Telefonkarte* nach dem Verbrauch des Gebührenguthabens regelwidrig wieder aufgeladen, ist eine Veränderung beweiserheblicher Daten (zur Datenqualität der auf ihrem Chip gespeicherten Informationen siehe Rn. 450) gemäß § 269 Abs. 1 Var. 2 StGB gegeben.[870] Die Änderung des ausgewiesenen Guthabens erweckt den Anschein, der Aussteller der Karte habe die

---

[864] Schönke/Schröder/*Heine/Schuster* § 269 Rn. 16; *Weidemann* BeckOK-StGB § 269 Rn. 8; *Gercke/Brunst* Rn. 243.

[865] BGH NStZ-RR 2021, 214 (Deutsche Bahn); NStZ 2021, 43 (44) für einen eBay-Account, nicht aber auch für eBay-Kleinanzeigen, da die Personalien dort nicht bereits bei der Registrierung, sondern erst bei der Abwicklung eines Geschäfts zwischen den Vertragspartnern abgefragt werden. Eine Fälschung beweiserheblicher Daten ist dann aber bei Unterbreitung eines Vertragsangebots unter falschem Namen möglich.

[866] BGH NStZ 2021, 43 (44); KG NStZ 2010, 576 (578 f.); *Weidemann* BeckOK-StGB § 269 Rn. 9; *Petermann* JuS 2010, 774 (777 f.); *Schlömer/Dittrich* K&R 2010, 148 (150); *Singelnstein* JR 2011, 375 (376 f.); *Willer* NStZ 2010, 553 (554 ff.); aA OLG Hamm MMR 2009, 775 (776).

[867] BGH NStZ 2021, 43 (44); *Singelnstein* JR 2011, 375 (377 ff.); aA OLG Hamm MMR 2009, 775 (776).

[868] KG NStZ 2010, 576 (579); *Buggisch* NJW 2004, 3519 (3521 Fn. 24); *Petermann* JuS 2010, 774 (775 f.).

[869] OLG Stuttgart VRR 2013, 428 mit Anm. *Deutscher*; siehe hierzu auch grundlegend *Duchstein* SVR 2013, 361.

[870] BGH NStZ-RR 2003, 265 (266); LG Würzburg NStZ 2000, 374 (374); Lackner/Kühl/*Heger* § 269 Rn. 9; Schönke/Schröder/*Heine/Schuster* § 269 Rn. 17; *Marberth-Kubicki* Rn. 177; *Hecker* JA 2004, 762 (764).

Erklärung so abgegeben, wie sie sich nun nach der Manipulation darstellt. Dass die auf dem Chip gespeicherten Daten nicht dafür bestimmt sind, der menschlichen Wahrnehmung zugänglich gemacht zu werden, bleibt unerheblich, da nach § 270 StGB der Täuschung im Rechtsverkehr die fälschliche Beeinflussung eines Datenverarbeitungsvorgangs gleichsteht. § 269 StGB erfasst daher auch solche elektronisch gespeicherten Daten, die allein dazu bestimmt sind, einen rechtlich erheblichen Datenverarbeitungsvorgang zu beeinflussen.[871]

Auch die Entfernung einer *SIM-Lock-Sperre* stellt nach der Rechtsprechung ein Verändern beweiserheblicher Daten im Speicherbereich des Mobiltelefons dar.[872]   **465**

Gebraucht (Var. 3) werden gefälschte Daten, wenn sie einem anderen zugänglich gemacht werden, z. B. indem ihre Kenntnisnahme auf einem Bildschirm oder ihr ungehinderter Abruf ermöglicht wird.[873] Allerdings ist nicht erforderlich, dass die Daten tatsächlich zur Kenntnis genommen werden.   **466**

3. Subjektiver Tatbestand

Der subjektive Tatbestand setzt neben Vorsatz voraus, *zur Täuschung im Rechtsverkehr* zu handeln. Hierzu muss der Täter zumindest die sichere Kenntnis (dolus directus zweiten Grades) haben, in einem anderen einen Irrtum herbeizuführen und ihn dadurch zu einem rechtserheblichen Verhalten zu veranlassen.[874] Gemäß § 270 StGB genügt alternativ zur Täuschungsabsicht, die Tat zur *fälschlichen Beeinflussung einer Datenverarbeitung im Rechtsverkehr* vorzunehmen. Adressat des manipulativen Verhaltens muss demnach nicht unbedingt eine Person sein.[875] Diese Gleichstellungsklausel gilt nicht nur für § 269 StGB, sondern für alle Vorschriften mit dem Merkmal „Täuschung im Rechtsverkehr", z. B. §§ 152a Abs. 1, 267 Abs. 1 und 268 Abs. 1 StGB. Dadurch wird die Regelungslücke geschlossen, die entsteht, weil eine Täuschung im Rechtsverkehr fraglich ist, wenn gefälschte Urkunden oder Daten direkt in den Computer eingegeben und nicht gegenüber einem Menschen verwendet werden.[876]   **467**

IV. Fälschung technischer Aufzeichnungen (§ 268 StGB)

Neben § 269 StGB erfasst ebenso § 268 StGB Datenverarbeitungsvorgänge. Rechtsgut des § 268 StGB ist die *Sicherheit der Informationsgewinnung* durch technische Geräte und damit wiederum die Sicherheit und Zuverlässigkeit des Beweisver-   **468**

---

[871] BGH NStZ-RR 2003, 265 (266); *Weidemann* BeckOK-StGB § 270 Rn. 2; *Hecker* JA 2004, 762 (764); *Hefendehl* NStZ 2000, 348 (349).

[872] AG Göttingen MMR 2011, 626 (627 f.); AG Nürtingen MMR 2011, 121 (122); aA *Kusnik* CR 2011, 718 (720); *Neubauer* MMR 2011, 628 (628).

[873] Lackner/Kühl/*Heger* § 269 Rn. 10; *Wessels/Hettinger/Engländer* Rn. 871; aA *Erb* MK-StGB § 269 Rn. 40 f.

[874] *Fischer* § 267 Rn. 42; *Weidemann* BeckOK-StGB § 267 Rn. 32; SSW/*Wittig* § 267 Rn. 83 f.

[875] *Fischer* § 270 Rn. 2; *Rengier* BT II § 35 Rn. 14.

[876] *Fischer* § 270 Rn. 2.

kehrs.[877] Unter Strafe gestellt sind das Herstellen unechter und das Verfälschen (echter) technischer Aufzeichnungen (Absatz 1 Nr. 1) sowie der Gebrauch unechter oder verfälschter technischer Aufzeichnungen (Absatz 1 Nr. 2).

469 Die gängigsten Beispiele für einschlägige Verurteilungen stellten bislang vor allem *Manipulationen von Fahrtenschreibern* in LKW dar.[878] Eine neue Perspektive scheint die Vorschrift jedoch jüngst mit der Einbeziehung abgaberechtlich relevanter Aufzeichnungen zu gewinnen.[879] So ist etwa die Manipulation eines Gerätes zum *Auslesen der Umsatzdaten eines Geldspielautomaten* unter den Tatbestand des § 268 Abs. 1 Nr. 1 Var. 1 i. V. m. Abs. 3 StGB zu fassen.[880]

470   Der Begriff der *technischen Aufzeichnung* ist in § 268 Abs. 2 StGB legaldefiniert. Aus dem Merkmal der Darstellung wird überwiegend gefolgert, dass die betreffenden Informationen in einem selbstständigen, vom Gerät abtrennbaren Stück dauerhaft verkörpert sein müssen.[881] Dieses Erfordernis ist mit der Begründung kritisiert worden, es beruhe auf heute lange überholten technischen Gegebenheiten: Zur Zeit der maßgeblichen BGH-Entscheidung aus dem Jahr 1980 sei es schlicht nicht möglich gewesen, bestimmte Zwischenstände von Messungen neben der Anzeige aktueller Werte geräteintern zu speichern. Stattdessen wird insoweit vermehrt ein *Fortbestand der dokumentierten Information* gefordert.[882] Um aber jedenfalls von einer zumindest teilweise selbsttätig bewirkten Darstellung sprechen zu können, muss das Gerät eine neue Information hervorbringen und darf sich nicht nur auf die Reproduktion vorhandener Umstände beschränken. Bloße Bild-, Video- oder Audioaufnahmen als solche, die keine neuen Informationen (z. B. die gemessene Geschwindigkeit auf der Aufzeichnung einer Radarkontrolle) enthalten, stellen daher ebenso wenig wie Fotokopien eine technische Aufzeichnung dar.[883]

471 An der dauerhaften Verkörperung fehlt es, wenn lediglich die fortwährende Verringerung einer Verbrauchsmenge dokumentiert wird. So sind Telefonkarten, die nach ihrer Nutzung durch entsprechende Manipulationshandlungen unbefugt wieder aufgeladen werden, keine technischen Aufzeichnungen im Sinne des § 268 Abs. 2 StGB. Hier wird nur der Nennwert der Telefonkarte kontinuierlich bis auf Null reduziert.[884]

---

[877] Schönke/Schröder/*Heine/Schuster* § 268 Rn. 3; *Gercke/Brunst* Rn. 222; *Rengier* BT II § 34 Rn. 1; *Wessels/Hettinger/Engländer* Rn. 846.

[878] BayObLGSt 1995, 46; LG Stade NJW 1974, 2017.

[879] Siehe hierzu BGH StV 2016, 364 mit Anm. *Erb.*

[880] BGH NStZ 2016, 42; zu einem ähnlichen Fall bereits LG Köln BeckRS 2010, 17280.

[881] BGHSt 29, 204 (205); *Fischer* § 268 Rn. 4; *Rengier* BT II § 34 Rn. 4 f.; *Wessels/Hettinger/ Engländer* Rn. 849; aA Schönke/Schröder/*Heine/Schuster* § 268 Rn. 9.

[882] *Erb* MK-StGB § 268 Rn. 14; *Hoyer* SK-StGB § 268 Rn. 12; *Erb* StV 2016, 364 (367); weiterhin für das Erfordernis eines selbstständig verkörperten, vom Gerät abtrennbaren Stücks indes BGH NStZ 2016, 42.

[883] *Fischer* § 268 Rn. 10; Lackner/Kühl/*Heger* § 268 Rn. 4; *Rengier* BT II § 34 Rn. 11; *Wessels/ Hettinger/Engländer* Rn. 885.

[884] Nach Lackner/Kühl/*Heger* § 268 Rn. 3 und *Hecker* JA 2004, 762 (763 f.) stellt aber jedenfalls die völlig abtelefonierte Telefonkarte eine technische Aufzeichnung dar.

Nach § 268 Abs. 3 StGB steht die *störende Einwirkung auf den Aufzeichnungs-* **472** *vorgang* der Herstellung einer unechten technischen Aufzeichnung gleich. Diese Regelung, die keine Entsprechung in § 267 StGB findet, erfasst insbesondere Programm- und Konsulmanipulationen als strafbare Fälschung technischer Aufzeichnungen, da hierdurch über den Verarbeitungsmechanismus auf die ausgegebene Aufzeichnung eingewirkt wird.[885]

Das täuschende Beschicken des Geräts, d. h. dessen Füttern mit unzutreffenden Informationen, **473** stellt keine störende Einwirkung auf den Aufzeichnungsvorgang dar, da dessen automatischer Ablauf unberührt bleibt. Dies gilt insbesondere für die Eingabe falscher Daten in einen Computer (sog. *Input-Manipulation*).[886] Eine nicht nach § 268 StGB strafbare Input-Manipulation ist etwa die widerrechtliche Nutzung von *Pay-TV*.[887]

F. Sonstige Computer- und Internetdelikte des StGB

I. Betreiben krimineller Handelsplattformen im Internet (§ 127 StGB)

Literatur (Auswahl): *Bachmann/Arslan* „Darknet"-Handelsplätze für kriminelle Waren und Dienstleistungen: Ein Fall für den Strafgesetzgeber?, NZWiSt 2019, 241–248; *Ceffinato* Bereitstellen krimineller Infrastruktur im Internet, ZRP 2019, 161–163; *Gerhold* Strafbarkeit des Betreibens krimineller Internethandelsplattformen, ZRP 2021, 44–46; *Greco* Strafbarkeit des Unterhaltens einer Handels- und Diskussionsplattform insbesondere im sog. Darknet, ZIS 2019, 435–450; *Kubiciel* Kriminalisierung internetbasierter Handelsplattformen im Darknet und Surface-Web, Augsburger Papiere zur Kriminalpolitik 1/2019; *Kusche* Die Strafbarkeit des Betreibens krimineller Handelsplattformen im Internet nach künftigem Recht, JZ 2021, 27–34; *Oehmichen/Weißenberger* Digitaloffensive im Strafrecht! Verbesserte Bekämpfung von Cyberkriminalität durch das IT-Sicherheitsgesetz 2.0?, KriPoZ 2019, 174–182; *Safferling/Rückert* Das Strafrecht und die Underground Economy, KAS Analysen und Argumente 298/2018; *Zöller* Strafbarkeit und Strafverfolgung des Betreibens internetbasierter Handelsplattformen für illegale Waren und Dienstleistungen, KriPoZ 2019, 274–281.

Die gestiegene Bedeutung des Internets und dabei insbesondere nutzergenerierter **474** Plattformen als Medium des Austauschs gewinnt auch in Hinblick auf den kriminellen Handel an Bedeutung. Insbesondere jener mit Waffen, Betäubungsmitteln oder Kinderpornographie hat ungeahnte Ausmaße erreicht. Seit dem 1. Oktober 2021 normiert § 127 StGB n.F. deshalb die Strafbarkeit des Betreibens krimineller Handelsplattformen im Internet.[888] Danach macht sich der Betreiber eines Online-Dienstes, der auf die Unterstützung von Handelsstraftaten ausgerichtet ist, im Wege

---

[885] *Fischer* § 268 Rn. 22; *Gercke/Brunst* Rn. 222.

[886] *Fischer* § 268 Rn. 24; Schönke/Schröder/*Heine/Schuster* § 268 Rn. 47; *Marberth-Kubicki* Rn. 172.

[887] *Dressel* MMR 1999, 390 (395).

[888] BGBl. I, S. 3544.

verselbständigter Teilnahme unabhängig von der Beteiligung an einer konkreten Straftat seiner Nutzer strafbar.

475   **Der Einsatz des materiellen Strafrechts zur Beseitigung von Beweisproblemen** Dass vor der Schaffung des § 127 StGB n.F. eine Strafbarkeitslücke bestand, welche dessen Einführung aus materiell-rechtlicher Perspektive erforderlich gemacht hätte, wurde während des Gesetzgebungsverfahrens im strafrechtswissenschaftlichen Schrifttum mit guten Gründen bezweifelt.[889] Zum einen sind nämlich die an die Konkretisierung der Vorstellung des Teilnehmers von der durch das eigene Verhalten geförderten Haupttat zu stellenden Anforderungen gerade bei der Beihilfe nicht zu überspannen. Zum anderen enthalten bereits einige Vorschriften aus dem Nebenstrafrecht – insbesondere solche aus dem bei kriminellem Online-Handel besonders relevanten Betäubungsmittel- und Waffenrecht – Straftatbestände, die die Vermittlung verbotener Handelsgeschäfte zur eigenen Täterschaft aufwerten.

476   Einiges spricht deshalb dafür, dass die Schaffung des § 127 StGB n.F. zuvorderst der Beseitigung von Beweisschwierigkeiten diente. Strafprozessuale Zwangsmaßnahmen lassen sich nämlich gewiss leichter einsetzen, wenn bereits ungeachtet des Nachweises eines konkreten Handelsgeschäfts der Verdacht einer Straftat im Raum steht.[890] Eine materiell-rechtliche Legitimation der Vorschrift ließe sich hingegen wohl allenfalls auf die These stützen, dass das Angebot einer kriminalitätsfördernden Infrastruktur *im Internet* aufgrund dessen besonderer Breitenwirkung immer eine (gerade) täterschaftliche Verantwortlichkeit rechtfertige.[891]

477   **Erfasste Handelsplätze** *Handelsplattform* im Internet ist nach § 127 Abs. 2 StGB grundsätzlich jede virtuelle Infrastruktur im frei zugänglichen wie im durch technische Vorkehrungen zugangsbeschränkten Bereich des Internets, die Gelegenheit bietet, Menschen, Waren, Dienstleistungen oder Inhalte (§ 11 Abs. 3 StGB) anzubieten oder auszutauschen.

478   Daraus ergibt sich zunächst die Entbehrlichkeit einer kommerziellen Ausrichtung der Plattform.[892] Das dürfte insbesondere beim Austausch harter Pornographie relevant werden. Daneben zeigt sich, dass nicht nur eBay-Nachbauten, sondern etwa auch Diskussionsforen oder Chatgruppen erfasst sein können. Ausdrücklich normiert wird in Absatz 2 darüber hinaus die Anwendbarkeit sowohl auf das sog. *Clearweb* als auch das *Darknet*.[893] Das ist plausibel.[894] Denn es mag zwar sein, dass sich insbesondere bei im Darknet angebotenen Plattformen aufgrund der dort erschwerten Identifizierbarkeit der Beteiligten prozessuale Beweisprobleme stellen mögen. Demgegenüber kommt aber im frei zugänglichen Internet auffindbaren Angeboten eine noch größere Breitenwirkung zu.

---

[889] Siehe dazu etwa *Bachmann/Arslan* NZWiSt 2019, 241; *Greco* ZIS 2019, 435; *Zöller* KriPoZ 2019, 274; *Ceffinato* ZRP 2019, 161; *Kubiciel* Kriminalisierung internetbasierter Handelsplattformen, S. 7; *Safferling/Rückert* S. 10.

[890] *Bartl/Moßbrucker/Rückert* Angriff auf die Anonymität im Internet, S. 3; *Kusche* JZ 2021, 27 ff.; *Zöller* KriPoZ 2019, 274 (281).

[891] Näher *Kusche* JZ 2021, 27 (30 ff.).

[892] BT-Drucks. 19/28175, S. 15.

[893] Im Rahmen des Gesetzgebungsverfahrens hatte der Bundesrat zunächst einen auf das Darknet beschränkten Entwurf eines § 126a StGB-E vorgelegt, siehe BT-Drucks. 19/9508.

[894] AA *Kriminalpolitischer Kreis* Stellungnahme zu § 126a StGB-E, S. 3.

Strafbar ist indes nur das Betreiben von Plattformen, die auf die Unterstützung **479** von *Katalogtaten* nach § 127 Abs. 1 Satz 2 StGB ausgerichtet sind. Erfasst ist neben den vorgenannten, klassischen Handelsdelikten des Waffen- oder Betäubungsmittelgesetzes und der Bereitstellung von Plattformen zum Austausch harter Pornographie etwa auch das Ausspähen von Daten nach § 202a StGB, um dem zunehmend beobachteten Phänomen des „Cybercrime-as-a-Service" entgegenzuwirken.

Restriktive Auslegung des „Ausrichtungs"-Merkmals Beim Erfordernis der **480** *Ausrichtung des Zwecks* der Plattform auf die Unterstützung von Straftaten handelt es sich trotz des insoweit nicht ganz eindeutigen Wortlauts nach dem Willen des Gesetzgebers um ein objektives Tatbestandsmerkmal.[895]

Um den strafbaren Betrieb krimineller Handelsplattformen als Vorfeldtatbestand **481** klar zu konturieren und von der Schaffung (noch) erlaubter Risiken abzugrenzen, bietet sich eine Ausfüllung des Merkmals über eine Beschränkung auf eine bereits äußerlich erkennbare Ausrichtung der Plattform auf die Förderung kriminellen Handels an.[896] Indiz für das Vorliegen einer solchen Ausrichtung ist insbesondere die Art und Weise der Darstellung der Plattform.[897] Vor allem die Einrichtung sachlich spezifizierter Verkaufsbereiche kann Bedeutung erlangen (stets unter Berücksichtigung der Einzelfallumstände etwa: „Themenbereich Betäubungsmittel"; oder: „Keine Kontrolle, alles erlaubt!").[898]

Daneben kann im Rahmen einer Gesamtschau – die indes die haftungsrechtliche **482** Privilegierung der bloßen Speicherung fremder Informationen aus §§ 7 Abs. 2, 10 Satz 1 Nr. 1 TMG nicht unterlaufen darf (siehe § 2 Rn. 82 ff.)[899] – auch das tatsächliche Angebot auf der Plattform eine bewertungserhebliche Rolle spielen.[900] Ob „Dual-Use Plattformen", also solche, die wie wohl die meisten Plattformen sowohl rechtmäßige als auch rechtswidrige Angebote enthalten, erfasst sind, ist eine Frage des Einzelfalls.[901] Nur vereinzelt vorhandene rechtswidrige Inhalte können eine Strafbarkeit in aller Regel indes nicht rechtfertigen.

Sonstiges Auf Ebene des subjektiven Tatbestands genügt Eventualvorsatz. Absatz **483** 3 enthält eine Qualifikation für gewerbs- und bandenmäßiges Vorgehen. Im Falle des Betriebs auf die Förderung von Verbrechen ausgerichteter Plattformen greift die

---

[895] BT-Drucks. 19/28175, S. 15.

[896] Näher *Kusche* JZ 2021, 27 (32 f.); ähnlich *Greco* ZIS 2019, 435 (442) für die Beihilfe.

[897] BT-Drucks. 19/28175, S. 15.

[898] BT-Drucks. 19/28175, S. 15; *Kriminalpolitischer Kreis* Stellungnahme zu § 126a StGB-E, S. 5; siehe ferner den Sachverhalt aus LG Karlsruhe BeckRS 2018, 40013.

[899] Dazu *Gerhold* ZRP 2021, 44; *Kusche* JZ 2021, 27 (33).

[900] BT-Drucks. 19/28175, S. 15.

[901] BT-Drucks. 19/28175, S. 15.

an das Vorliegen direkten Vorsatzes gekoppelte Qualifikation des Absatzes 4.[902] Die formelle Subsidiaritätsklausel des Absatzes 1 Satz 1 a.E. ist zu beachten.

II. Erschleichen von Leistungen (§ 265a StGB)

Literatur (Auswahl): *Beucher/Engels* Harmonisierung des Rechtsschutzes verschlüsselter Pay-TV-Dienste gegen Piraterieakte, CR 1998, 101–110; *Busch/Giessler* SIM-Lock und Prepaid-Bundles. Strafbarkeit bei Manipulationen, MMR 2001, 586–596; *Dressel* Strafbarkeit von Piraterie-Angriffen gegen Zugangsberechtigungssysteme von Pay-TV-Anbietern, MMR 1999, 390–395; *Frank* Zur strafrechtlichen Bewältigung des Spamming, Berlin 2004; *ders.* „You've got (Spam-)Mail", CR 2004, 123–129; *M. Gercke* Ist die Mehrfachnutzung kostenloser Internettestzugänge strafbar?, ZUM 2001, 567–573; *Krause/Wuermeling* Mißbrauch von Kabelfernsehanschlüssen, NStZ 1990, 526–528; *Ory* Rechtsfragen des Abonnementfernsehens, ZUM 1988, 225–230.
Studienliteratur: *Oğlakcıoğlu* Eine „schwarze Liste" für den Juristen, JA 2011, 588–593.

484   Gemäß § 265a StGB ist unter anderem das Erschleichen der Leistung eines Automaten (Var. 1) oder eines öffentlichen Zwecken dienenden Telekommunikationsnetzes (Var. 2) strafbar. In Computernetzwerken ist vor allem die zweite Variante von Bedeutung, während bei der ersten Variante zu klären bleibt, inwieweit eine Datenverarbeitungsanlage einen Automaten im Sinne dieser Vorschrift darstellt. Ähnlich wie der Computerbetrug nach § 263a StGB nimmt auch § 265a StGB eine *Auffangfunktion* wahr, wie die Subsidiaritätsklausel am Ende des Absatzes 1 verdeutlicht. Es sollen Lücken geschlossen werden, da es z. B. beim Automatenmissbrauch mangels menschlichen Gegenübers keine Täuschungshandlung gibt.

485   **Leistung eines Automaten (Abs. 1 Var. 1)** Die erste Handlungsvariante betrifft nach herrschender Meinung lediglich *Leistungsautomaten*, nicht hingegen Warenautomaten.[903] Hierfür spricht, dass auch die übrigen in § 265a StGB genannten erschlichenen Leistungen körperlose Gegenstände sind. Unter einem Automaten ist demnach ein technisches Gerät zu verstehen, das selbsttätig eine bestimmte unkörperliche Leistung erbringt, sobald mit der Entrichtung des entsprechenden Entgelts ein Mechanismus in Gang gesetzt wird.[904] Zwingend ist diese Auslegung allerdings nicht, da der Wortlaut der Norm („Leistung") auch Warenlieferungen erfasst.

---

[902] Die Länder Saarland und Bayern streben innerhalb des § 127 StGB eine weitere Strafschärfung für den Fall an, dass die Plattform auf die Förderung von Taten nach § 184b StGB ausgerichtet ist, die zumindest wirklichkeitsnahe kinderpornographische Inhalte zum Gegenstand haben, siehe BR-Drucks. 102/22.

[903] OLG Düsseldorf NJW 1999, 3208 (3209); Lackner/Kühl/*Heger* § 265a Rn. 2; *Hellmann* NK § 265a Rn. 19 ff.; Schönke/Schröder/*Perron* § 265a Rn. 4.

[904] OLG Karlsruhe NJW 2009, 1287 (1288); *Hellmann* NK § 265a Rn. 18; Schönke/Schröder/*Perron* § 265a Rn. 4.

Für das „Erschleichen" von Waren gilt aber jedenfalls § 242 StGB, so dass § 265a StGB wegen seiner Auffangfunktion ohnehin zurücktritt.[905]

Als Leistungsautomaten sind etwa Fotoautomaten, Fernrohre an Aussichtspunkten, Gepäck- und **486** Schließfächer sowie Münzzähler (z. B. an Fernsehgeräten; zur unbefugten Nutzung von Decoder-Systemen siehe sogleich Rn. 488) anzusehen.[906] Ein *Computerprogramm* als solches ist kein Automat, da es an der erforderlichen Körperlichkeit fehlt. Bei technischen Geräten, die durch Software betrieben werden (z. B. Internetserver zur Reservierung von Domains), ist zu beachten, dass Manipulationen an Datenverarbeitungsvorgängen eines Leistungsautomaten in erster Linie von § 263a StGB erfasst werden und der Auffangtatbestand des § 265a Abs. 1 Var. 1 StGB jedenfalls als subsidiär zurücktritt.[907] Einschlägig ist hier allenfalls die zweite Handlungsvariante.

Die erschlichene Leistung muss – schon wegen der entsprechenden Absicht, das **487** Entgelt nicht zu entrichten – entgeltlich sein. *Entgelt* ist nach der Legaldefinition in § 11 Abs. 1 Nr. 9 StGB jede in einem Vermögensvorteil bestehende Gegenleistung. Es bleibt im Einzelfall aber stets zu untersuchen, wofür das Entgelt genau entrichtet wird.

Nach verbreiteter Auffassung ist § 265a StGB auf die digitale Technik von *Receivern* zum Emp- **488** fang von digitalen Fernsehprogrammen anwendbar, wobei unter anderem auf die Parallele zu Münzfernsehgeräten verwiesen wird.[908] Allerdings sind bei einem Receiver die Entrichtung des Entgelts und die dafür gewährte Leistung nicht in der für einen Automaten üblichen Art und Weise verknüpft. Eine digitale Box lässt sich daher nicht unter § 265a StGB subsumieren, mag dies auch kriminalpolitisch als wünschenswert erscheinen.
Aus demselben Grund liegt ebenso wenig bei der Umgehung der *SIM-Lock-Sperre* eines Mobil- **489** telefons durch unbefugte Eingabe des Entsperrcodes ein Erschleichen von Leistungen vor.[909] Ohnehin träte § 265a StGB in diesen Fällen zurück, da § 263a Abs. 1 Var. 3 StGB verwirklicht ist (siehe Rn. 306).

Leistung eines Telekommunikationsnetzes (Abs. 1 Var. 2) Die *Leistung* eines öf- **490** fentlichen Zwecken dienenden Telekommunikationsnetzes besteht darin, Nachrichten auszusenden, zu übermitteln oder zu empfangen. Erfasst werden alle Datenübertragungssysteme einschließlich der Vermittlungs-, Leitweg- (z. B. Root-Server im Internet) und anderer Einrichtungen, die der Datenübertragung dienen (z. B. Proxy-Cache-Server). Unerheblich ist, ob die Übertragung per Kabel oder drahtlos erfolgt, welche Informationen übermittelt werden und ob die Übermittlung gegen- oder nur einseitig erfolgt.[910] Aus der Vermögensschutzfunktion und dem subjektiven Tat-

---

[905] *Fischer* § 265a Rn. 11; SSW/*Saliger* § 265a Rn. 8; *Rengier* BT I § 16 Rn. 3; *Wessels/Hillenkamp/Schuhr* Rn. 718; *Mitsch* JuS 1998, 307 (313).

[906] Beispiele bei *Fischer* § 265a Rn. 13; *Valerius* BeckOK-StGB § 265a Rn. 4.1.

[907] *Hellmann* NK § 265a Rn. 23; *Valerius* BeckOK-StGB § 265a Rn. 18.

[908] *Fischer* § 265a Rn. 13; Schönke/Schröder/*Perron* § 265a Rn. 9; *Beucher/Engels* CR 1998, 101 (104 f.); *Dressel* MMR 1999, 390 (394); *Oğlakcıoğlu* JA 2011, 588 (591).

[909] AA *Busch/Giessler* MMR 2001, 586 (591).

[910] *Hellmann* NK § 265a Rn. 27; *Valerius* BeckOK-StGB § 265a Rn. 5.

bestand folgt wiederum das ungeschriebene Tatbestandsmerkmal der *Entgeltlichkeit* der Telekommunikationsleistung.

491 Der Begriff des *öffentlichen Zwecken dienenden Telekommunikationsnetzes* ist nicht identisch mit dem Begriff der öffentlichen Zwecken dienenden Telekommunikationsanlage in § 317 StGB (hierzu Rn. 515 f.). Entscheidend ist im Rahmen des § 265a StGB nicht die Zweckbestimmung der konkreten Anlage, sondern des Telekommunikationsnetzes insgesamt. Ein Telekommunikationsnetz dient öffentlichen Interessen, wenn es zur Benutzung für die Allgemeinheit eingerichtet wurde. Dies setzt grundsätzlich die freie Zugänglichkeit des Netzes voraus.[911]

492 *Interne Telekommunikationsnetze* wie z. B. das Intranet eines Unternehmens oder einer Behörde, aber auch das heimische WLAN oder Netze für geschlossene Benutzergruppen sind mangels Bestimmung für die Allgemeinheit nicht von § 265a StGB geschützt.[912] Ebenso wenig bedeutet die widerrechtliche Nutzung von *Pay-TV* (zur Strafbarkeit siehe vor allem schon Rn. 329, 337 und 598), sich die Leistung eines öffentlichen Zwecken dienenden Telekommunikationsnetzes zu erschleichen. Zwar dient der Betrieb eines Pay-TV-Senders insgesamt öffentlichen Zwecken, nicht aber die (unberechtigte) Entschlüsselung.[913]

493 Für das *Erschleichen* im Sinne des § 265a StGB genügt es nicht bereits, die jeweilige Leistung unbefugt oder vertragswidrig in Anspruch zu nehmen (z. B. durch unberechtigten Gebrauch eines fremden Telekommunikationsanschlusses).[914] Vielmehr bedarf es im Hinblick auf den Wortsinn eines betrugsähnlichen Verhaltens, durch das Kontrollen und Sicherungen gegen die unbefugte Inanspruchnahme umgangen werden.[915]

494 Mangels Umgehung von Sicherungsmaßnahmen scheidet eine Strafbarkeit des massenweisen Versands unerwünschter, häufig betrügerischer E-Mails (sog. *Spamming*) über Server im Internet gemäß § 265a Abs. 1 Var. 2 StGB in der Regel aus. Ohnehin wäre zudem die Absicht erforderlich, eine üblicherweise entgeltliche Leistung kostenfrei zu nutzen, was eine Entgeltpflicht für die Nutzung der Ressourcen des verwendeten Mail-Servers voraussetzte.[916]

495 *Schwarzhörer und -seher* „erschleichen" sich nach allgemeiner Ansicht keine Leistung, da die von ihnen zu entrichtende Rundfunkgebühr keine Gegenleistung für das Programm der öffent-

---

[911] *Hellmann* NK § 265a Rn. 28; Schönke/Schröder/*Perron* § 265a Rn. 5; SSW/*Saliger* § 265a Rn. 13; *Gercke/Brunst* Rn. 218.

[912] *Fischer* § 265a Rn. 16; *Valerius* BeckOK-StGB § 265a Rn. 6; speziell für WLAN *Gercke/Brunst* Rn. 218; *Marberth-Kubicki* Rn. 186; *Bär* MMR 2005, 434 (438); *Buermeyer* HRRS 2004, 285 (289); *Höfinger* ZUM 2011, 212 (215).

[913] Schönke/Schröder/*Perron* § 265a Rn. 10; *Beucher/Engels* CR 1998, 101 (104); *Oğlakcıoğlu* JA 2011, 588 (591); aA *Hellmann* NK § 265a Rn. 31; SSW/*Saliger* § 265a Rn. 14; *Ory* ZUM 1988, 225 (229).

[914] BGH NStZ 2005, 213; *Fischer* § 265a Rn. 18; Lackner/Kühl/*Heger* § 265a Rn. 6a; *Valerius* BeckOK-StGB § 265a Rn. 16; *Rengier* BT I § 16 Rn. 5.

[915] *Fischer* § 265a Rn. 3 f.; Schönke/Schröder/*Perron* § 265a Rn. 8; SSW/*Saliger* § 265a Rn. 7. Zur umstrittenen Auslegung beim Schwarzfahren gemäß Var. 3 siehe statt vieler BGHSt 53, 122 (125 ff.); Schönke/Schröder/*Perron* § 265a Rn. 11 m. w. N.

[916] *Frank* Zur strafrechtlichen Bewältigung des Spamming, S. 157 f.; *ders.* CR 2004, 123 (124).

lich-rechtlichen Rundfunkanstalten darstellt, sondern die Grundversorgung der Bevölkerung mit Rundfunkprogrammen gewährleisten soll.[917] Ebenso wenig ist § 263 StGB erfüllt.

Bei dem Erschleichen von Leistungen eines öffentlichen Zwecken dienenden **496** Telekommunikationsnetzes können drei Fallgruppen unterschieden werden.[918] Die erste Kategorie erfasst *den Missbrauch der Telekommunikation*, z. B. durch Störanrufe. Die Leistung ist hier indessen erst mit dem Herstellen der Sprechverbindung, nicht schon mit dem durch Rufzeichen signalisierten Verbindungsaufbau erschlichen. Er bildet zwar eine Voraussetzung für die Leistung, stellt aber selbst keine entgeltliche (Teil-)Leistung dar.[919]

Zur zweiten Fallgruppe zählen Eingriffe in den Ablauf von Vermittlungs-, Steu- **497** erungs- und Übertragungsvorgängen unter *Umgehung der Gebührenerfassungseinrichtungen* durch bestimmte technische Manipulationen. Hierbei ist zu beachten, dass ein Erschleichen ausscheidet, wenn das Gerät ordnungsgemäß, wenngleich unüblich bedient wird. Dies gilt etwa für die Benutzung allgemein technisch zugelassener Verbindungswege, die aufgrund eines Fehlers im Gebührenerfassungssystem das kostenlose Telefonieren gestatten.[920]

Die Verwendung von *Telefonkartensimulatoren* (ergänzend Rn. 308, 417, 450, 471) in öffentlichen **498** Fernsprecheinrichtungen verwirklicht hingegen den Straftatbestand des § 265a StGB.[921] Beim *Faking*, d. h. dem unbefugten Gebrauch eines Probezugangs zu einem Telekommunikationsnetz wie insbesondere dem Internet (siehe schon Rn. 301 und 331), liegt ein Erschleichen von Leistungen nur dann vor, wenn tatsächlich die Leistung des Leitungsbetreibers, d. h. der Telekommunikationsgesellschaft, in Anspruch genommen wird.[922] Ist das täuschende Verhalten zugleich als Betrug und Computerbetrug erfasst, tritt § 265a StGB demgegenüber zwar subsidiär zurück. § 263a StGB greift aber lediglich dann ein, wenn der Inhalt der Telekommunikation eine zusätzliche vermögenswerte Dienstleistung darstellt, wie z. B. beim Anruf von Servicenummern.[923] Für das bloße Erschleichen der Leistung als solcher wie beim Einsatz von Telefonkartensimulatoren ist daher allein § 265a StGB einschlägig.

Schließlich wird der *Anschluss eines Fernsprechapparates* an Schaltpunkten des **499** öffentlichen Telekommunikationsnetzes unter Umgehung der Gebührenzählung erfasst, um zu Lasten eines anderen Fernsprechteilnehmers unentgeltlich zu telefonieren. Auch technische Eingriffe in das Telekommunikationsnetz können somit nach § 265a StGB strafbar sein.[924]

---

[917] *Hellmann* NK § 265a Rn. 30; *Valerius* BeckOK-StGB § 265a Rn. 13; *Krause/Wuermeling* NStZ 1990, 526 (528); *Oğlakcıoğlu* JA 2011, 588 (591); *Ory* ZUM 1988, 225 (229).

[918] Schönke/Schröder/*Perron* § 265a Rn. 10.

[919] Lackner/Kühl/*Heger* § 265a Rn. 3; Schönke/Schröder/*Perron* § 265a Rn. 10; *Valerius* BeckOK-StGB § 265a Rn. 12.

[920] OLG Karlsruhe NStZ 2004, 333 (334); Schönke/Schröder/*Perron* § 265a Rn. 10.

[921] *Hellmann* NK § 265a Rn. 31; *Hecker* JA 2004, 762 (768).

[922] *Gercke/Brunst* Rn. 218; *M. Gercke* ZUM 2001, 567 (571 f.).

[923] *Tiedemann/Valerius* LK § 263a Rn. 59; *Hefendehl* NStZ 2000, 348 (349); siehe hingegen LG Würzburg NStZ 2000, 374 (374).

[924] Schönke/Schröder/*Perron* § 265a Rn. 10.

III. Glücksspiele (§§ 284 ff. StGB)

Literatur (Auswahl): *Barton/B. Gercke/Janssen* Die Veranstaltung von Glücksspielen durch ausländische Anbieter per Internet unter besonderer Berücksichtigung der Rechtsprechung des EuGH, wistra 2004, 321–326; *Fritzemeyer/Rinderle* Das Glücksspiel im Internet, CR 2003, 599–605; *Klengel/Heckler* Geltung des deutschen Strafrechts für vom Ausland aus im Internet angebotenes Glücksspiel, CR 2001, 243–249; *Kubiciel* Unionsrechtliche Anforderungen an die Rechtfertigung des Verbots von Online-Casinos, EuZW 2017, 494–500; *Leupold/Bachmann/Pelz* Russisches Roulette im Internet?, MMR 2000, 648–655; *Marberth-Kubicki/Hambach/Berberich* Aktuelle Entwicklungen im deutschen Glücksspielrecht, K&R 2012, 27–33; *Meyer* Sportwetten als illegales Glücksspiel?, JR 2004, 447–453; *Pelz/Stempfle* Nationales Glücksspielverbot vs. internationale Glücksspielfreiheit, K&R 2004, 570–576; *Rotsch/Heissler* Internet-„Auktionen" als strafbares Glücksspiel gem. § 284 StGB?, ZIS 2010, 403–417; *Stögmüller* Glücksspiele, Lotterien und Sportwetten im Internet, K&R 2002, 27–33.

Studienliteratur: *Duesberg* Die Strafbarkeit des Online-Pokers, JA 2008, 270–274.

1. Veranstaltung von Glücksspielen (§ 284 Abs. 1 StGB)

500   **Grundlagen** Nach § 284 Abs. 1 StGB ist es strafbar, ohne behördliche Erlaubnis öffentlich ein Glücksspiel zu veranstalten oder zu halten oder die Einrichtungen hierzu bereitzustellen. Der Tatbestand soll vor Glücksspiel- und Wettsucht bewahren und zu diesem Zweck das *staatliche Monopol*, entsprechende Spiele zu veranstalten, strafrechtlich absichern. Welche Schlüsse aus diesem Anliegen für das Rechtsgut der Norm zu ziehen sind, ist umstritten. Nach herrschender Meinung schützt die Strafvorschrift die hoheitliche Kontrolle, die natürliche Spielleidenschaft kommerziell zu verwerten.[925]

501   Allerdings lässt sich im konzessionierten Spielbetrieb kaum beobachten, dass solche Ziele nachdrücklich verfolgt werden. Vielmehr scheinen fiskalische Interessen im Vordergrund zu stehen.[926] Daher hat das BVerfG das bayerische Staatslotteriegesetz mit Urteil vom 28. März 2006 für unvereinbar mit der Berufsfreiheit nach Art. 12 Abs. 1 GG erklärt und den Gesetzgeber zu einer Neuregelung unter Ausübung seines rechtspolitischen Gestaltungsspielraums angehalten.[927] Den Vorgaben des BVerfG wurde durch den zum 1. Januar 2008 in Kraft getretenen Staatsvertrag zum Glücksspielwesen in Deutschland (Glücksspielstaatsvertrag) Rechnung getragen.[928] Die Strafgerichte haben § 284 StGB sowohl für Altfälle vor der Entscheidung des BVerfG[929]

---

[925] BGHSt 11, 209 (210); BayObLG NStZ 1993, 491 (492); *Fischer* § 284 Rn. 2; Lackner/Kühl/*Heger* § 284 Rn. 1.

[926] Zur Kritik statt vieler BVerfGE 115, 276 (309 ff.); *Fischer* § 284 Rn. 2a.

[927] BVerfGE 115, 276 (317 ff.).

[928] Siehe hierzu *Schöttle* K&R 2008, 155.

[929] BGH NJW 2007, 3078 (3080); OLG München NJW 2006, 3588 (3591 f.); OLG Stuttgart NJW 2006, 2422 (2423 f.); ebenso Schönke/Schröder/*Heine/Hecker* § 284 Rn. 2; *Krehl* LK § 284 Rn. 6a; SSW/*Rosenau* § 284 Rn. 21; *Dehne-Niemann* wistra 2008, 361 (361 ff.); eingehend *Beckemper/Janz* ZIS 2008, 31 (35 ff.).

als auch für die Übergangszeit bis zur Neuregelung[930] aus verschiedenen Gründen für unanwendbar erklärt.

Wenig später hat der *EuGH* anlässlich eines von deutschen Verwaltungsgerichten betriebenen Vorabentscheidungsverfahrens festgehalten, dass eine so restriktive Maßnahme wie die Schaffung eines staatlichen Monopols mit einem normativen Rahmen einhergehen muss, der gewährleistet, Glücksspiele in kohärenter und systematischer Weise zu begrenzen.[931] Für Deutschland lasse sich dies insbesondere angesichts der nicht maßvollen Bewerbung der staatlich veranstalteten Glücksspiele, die eher zur Teilnahme hieran ermuntert anstatt die Gelegenheiten hierzu vermindert, nicht behaupten, so dass das staatliche Monopol einen *Verstoß gegen die Niederlassungsfreiheit* gemäß Art. 49 AEUV sowie gegen die *Dienstleistungsfreiheit* gemäß Art. 56 AEUV bedeute.[932] Eine zufriedenstellende Lösung hat die Weiterentwicklung der staatlichen Regulierung des Glücksspiels bis dato nicht hervorgebracht. Auch den in Reaktion auf das EuGH-Urteil erlassenen Ersten Glücksspieländerungsstaatsvertrag[933] aus dem Dezember 2011 erklärte der Hessische VGH knapp vier Jahre später wegen Verstoßes gegen Bundesstaats- und Demokratieprinzip für verfassungswidrig.[934] Vorgesehen war hierin eine Aufhebung des staatlichen Monopols für eine siebenjährige Experimentierphase durch Vergabe von 20 Konzessionen an private Anbieter. Diese sollte allerdings lediglich im Bereich von Sportwetten und zudem allein durch ein Glücksspielkollegium des hessischen Innenministeriums erfolgen. Auch nach Ansicht des EuGH war dies nicht mit Art. 56 AEUV zu vereinbaren, da die Ahndung einer Glücksspielvermittlung in Abhängigkeit von einer rein innerstaatlichen Konzession zur Ungleichbehandlung mit Zulassungsverfahren anderer Mitgliedstaaten führe.[935] Als vorerst letzte Etappe dieser bislang glücklosen Gesetzgebungshistorie ist nun am 1. Juli 2021 der Glücksspielstaatsvertrag 2021 in Kraft getreten, der den Glücksspielmarkt etwa durch Freigabe eines regulierten Onlineglücksspiels und einer Ausweitung zulässiger Sportwetten deutlich liberalisiert.[936]   **502**

Glücksspiele Glücksspiele zeichnen sich dadurch aus, dass die Entscheidung über Gewinn und Verlust nicht wesentlich von den individuellen Fähigkeiten und Kenntnissen oder vom Grad der Aufmerksamkeit der Spieler abhängt, sondern allein oder überwiegend durch den Zufall bestimmt wird.[937] Abzugrenzen bleibt das Glücksspiel insbesondere von dem *Geschicklichkeitsspiel*, bei dem es der durchschnittliche Teilnehmer selbst in der Hand hat, den Ausgang des Spiels zu beeinflussen (z. B. Kartenspiele wie Skat, Doppelkopf und Schafkopf).[938] Außerdem bedarf es für ein Glücksspiel eines nicht völlig unbedeutenden vermögenswerten Einsatzes,   **503**

---

[930] OLG Frankfurt NStZ-RR 2008, 372 (372 f.); OLG München NJW 2008, 3151 (3152 ff.); ebenso Schönke/Schröder/*Heine/Hecker* § 284 Rn. 2; *Krehl* LK § 284 Rn. 6b; SSW/*Rosenau* § 284 Rn. 21; aA *Hohmann/Schreiner* MK-StGB § 284 Rn. 22. Das BVerfG hatte es insoweit den Strafgerichten überlassen, ob eine Strafbarkeit nach § 284 StGB gegeben ist, BVerfGE 115, 276 (319).

[931] EuGH MMR 2010, 844 (846).

[932] EuGH MMR 2010, 844 (848 f.).

[933] Siehe z. B. Bekanntmachung über das Inkrafttreten des Ersten Glücksspieländerungsstaatsvertrages vom 13. Juli 2012 für den Freistaat Bayern in GVBl., S. 392.

[934] VGH Hessen NVwZ 2016, 171.

[935] EuGH GRUR-Prax 2016, 106 mit Anm. *Engelmann/Stulz-Herrnstadt*.

[936] Siehe z. B. die Bekanntmachungen in GVBl. 2021, S. 97 und 288 für den Freistaat Bayern; dazu *Hollering* BeckOK-StGB § 284 Rn. 35 ff., 41; *Pagenkopf* NJW 2021, 2152.

[937] BGHSt 2, 274 (276); 36, 74 (80); BGH NStZ 2003, 372 (373); *Fischer* § 284 Rn. 4; Lackner/Kühl/*Heger* § 284 Rn. 2; Schönke/Schröder/*Heine/Hecker* § 284 Rn. 7.

[938] *Fischer* § 284 Rn. 8; Lackner/Kühl/*Heger* § 284 Rn. 5.

der mit dem Risiko seines Verlusts erbracht wird und erst die Gewinnchance gewährt.[939] Davon zu unterscheiden sind allerdings bloße Teilnahmegebühren, welche
hauptsächlich der Kostendeckung dienen.[940] Ohne eine solche Möglichkeit der
Gewinnerzielung liegt jedenfalls ein bloßes *Unterhaltungsspiel* vor, wenngleich
sich die Abgrenzung im Einzelfall als problematisch erweist.[941]

504 *Öffentlich* ist das Glücksspiel, wenn (wie z. B. im Internet) die Beteiligung nicht
lediglich einem geschlossenen, durch persönliche Beziehungen verbundenen
Personenkreis offensteht.[942] Gemäß Absatz 2 gelten auch Glücksspiele als öffentlich, die in Vereinen oder geschlossenen Gesellschaften gewohnheitsmäßig veranstaltet werden.

505 Bei der Veranstaltung von Glücksspielen hat das Internet einen großen Stellenwert eingenommen.
Insbesondere die Zahl virtueller Spielcasinos oder *Pokerrunden* steigt unaufhörlich. Die Rechtsprechung betrachtet dabei Poker auch in der Variante Texas Hold'em als Glücksspiel, da der
Durchschnittsspieler die hier möglichen stochastischen Überlegungen nicht anstelle.[943] *On-
line-Auktionen* kommt nicht der Charakter eines Glücksspiels zu.[944]

506 Zu den Glücksspielen zählen nicht zuletzt *Sportwetten*, die zunehmend auch im Internet an-
geboten werden. Sie sind nämlich weder Geschicklichkeitsspiele, da die Spieler den Ausgang des
Spiels nicht vornehmlich selbst in der Hand haben, noch Wetten im eigentlichen Sinn, da der
Zweck einer Wette die Erledigung eines Meinungsstreites ist. Bei Sportwetten steht vielmehr das
Unterhaltungs- oder Spielinteresse im Vordergrund.[945]

507 **Veranstalten** Die bedeutendste Tathandlung des § 284 StGB ist das Veranstalten.
Dies setzt voraus, verantwortlich und organisatorisch einen äußeren Rahmen für die
Durchführung des Glücksspiels zu schaffen und dem Publikum die Beteiligung hie-
ran zu ermöglichen. Ein eigenes finanzielles Interesse ist nicht erforderlich.[946] Auch
Personen, die den Zugang zu einem Glücksspiel vermitteln, indem sie Wettdaten

---

[939] BGHSt 34, 171 (176 f.); *Fischer* § 284 Rn. 5; Indizwirkung für die Bedeutsamkeit des Einsatzes
bei möglichem Verlust von mehr als 10 Euro in der Stunde nimmt BGH NStZ 2018, 335 an.

[940] BVerwG GRUR-Prax. 2014, 91 mit Anm. *Stulz-Herrnstadt/Engelmann* für den mit § 284 StGB
deckungsgleichen § 3 Abs. 1 GlüStV 2008.

[941] *Fischer* § 284 Rn. 7; SSW/*Rosenau* § 284 Rn. 6.

[942] BGHSt 9, 39 (42); OLG Stuttgart NJW 1964, 365 (366); *Fischer* § 284 Rn. 22.

[943] AG Deggendorf NStZ-RR 2009, 338 (338); vgl. auch BGH K&R 2012, 51; differenzierend
Holznagel MMR 2008, 439 (441 ff.); *Schmidt/Wittig* JR 2009, 45 (46 ff.).

[944] Ausführlich *Rotsch/Heissler* ZIS 2010, 403 (407 ff.). Zur Glücksspieleigenschaft von Telefon-
gewinnspielen *Eichmann/Sörup* MMR 2002, 142 (143 ff.)

[945] BGH NStZ 2003, 372 (373); BayObLG NJW 2004, 1057 (1057); Lackner/Kühl/*Heger* § 284
Rn. 6; *Marberth-Kubicki* Rn. 207; *Meyer* JR 2004, 447 (448 f.); kritisch *Horn* NJW 2004, 2047
(2047 f.); aA LG Bochum NStZ-RR 2002, 170 (170 f.); AG Karlsruhe-Durlach NStZ 2001, 254
(254 f.).

[946] BGH NStZ 2003, 372 (373); BayObLG NStZ 1993, 491 (492); OLG München NJW 2006, 3588
(3589); Schönke/Schröder/*Heine/Hecker* § 284 Rn. 15.

entgegennehmen und weiterleiten, können nach herrschender Meinung Veranstalter in diesem Sinne sein.[947]

Für die Verwirklichung des Tatbestands genügt an sich bereits, den bloßen Zugang zu einer *im* **508** *Ausland eingerichteten Webseite* zu gewähren, da der Täter dadurch die Beteiligung an dem Online-Glücksspiel ermöglicht.[948] Außerdem sind diese Fälle als Werben im Sinne des Abs. 4 erfasst (siehe sogleich Rn. 512).[949]

Dieses Ergebnis hat allerdings nicht sogleich zur Folge, jegliches Online-Angebot von Glücks- **509** spielen der deutschen Strafgewalt zu unterwerfen. Dies bemisst sich vielmehr nach dem *Strafanwendungsrecht* nach den §§ 3 ff. StGB. Da es bei einem abstrakten Gefährdungsdelikt wie § 284 Abs. 1 StGB nach herrschender Auffassung an einem Erfolgsort im Sinne des § 9 Abs. 1 Var. 3 StGB fehlt (§ 2 Rn. 19, 30 ff.), wäre der ausländische Internetanbieter eines Glücksspiels nicht nach deutschem Strafrecht zu belangen.[950] Auch bei anderer Auffassung bedürfte es jedenfalls eines besonderen Anknüpfungspunktes (vgl. § 2 Rn. 36 f.) oder der Strafbarkeit auch am Handlungsort (vgl. § 2 Rn. 38), um das deutsche Strafrecht anzuwenden. Zum Teil wird einschränkend gefordert, dass sich das Angebot *gezielt an Inländer* richten müsse.[951]

Die Veranstaltung eines Glücksspiels muss eine unerlaubte sein, d. h. *ohne be-* **510** *hördliche Erlaubnis* erfolgen. Es handelt sich hierbei um ein (negatives) Tatbestandsmerkmal. Materielle Erlaubnisfähigkeit hindert die Strafbarkeit nicht.[952] Eine *ausländische Genehmigung* schließt nach herrschender Meinung selbst dann nicht den Tatbestand aus, wenn sie in einem anderen Mitgliedstaat der Europäischen Union erteilt wurde.[953] Unumstritten ist dies im Hinblick auf das Unionsrecht freilich nicht.[954] Schließlich beschränkt die Anwendung des § 284 StGB den Anbieter eines Glücksspiels sowohl in seiner Niederlassungs- als auch in seiner Dienst-

[947] BGH NStZ 2003, 372 (373); *Fischer* § 284 Rn. 18a; Lackner/Kühl/*Heger* § 284 Rn. 11; einschränkend Schönke/Schröder/*Heine/Hecker* § 284 Rn. 16; aA AG Karlsruhe-Durlach NStZ 2001, 254 (255); *Krehl* LK § 284 Rn. 18a; SSW/*Rosenau* § 284 Rn. 12; *Horn* NJW 2004, 2047 (2052 f.); *Janz* NJW 2003, 1694 (1696).

[948] BGH NJW 2002, 2175 (2175); OLG Hamburg MMR 2002, 471 (472); *Gaede* NK § 284 Rn. 18; *Hohmann/Schreiner* MK-StGB § 284 Rn. 28; *Lesch* wistra 2005, 241 (242); *Stögmüller* K&R 2002, 27 (32).

[949] Schönke/Schröder/*Heine/Hecker* § 284 Rn. 34; *Krehl* LK § 284 Rn. 25; diff. SSW/*Rosenau* § 284 Rn. 15.

[950] *Barton* Rn. 373; *Barton/B. Gercke/Janssen* wistra 2004, 321 (322); *Duesberg* JA 2008, 270 (273); *Klengel/Heckler* CR 2001, 243 (248 f.); *Leupold/Bachmann/Pelz* MMR 2000, 648 (652 ff.).

[951] *Krehl* LK § 284 Rn. 20a; SSW/*Rosenau* § 284 Rn. 30; *Marberth-Kubicki* Rn. 212; *Fritzemeyer/Rinderle* CR 2003, 599 (601); *Pelz/Stempfler* K&R 2004, 570 (573); *Stögmüller* K&R 2002, 27 (32); vgl. auch *Spindler* GRUR 2004, 724 (725); zur Kritik an dem Rückgriff auf subjektive Kriterien siehe Rn. 160.

[952] BGH NJW 2020, 2282 (2283 f.).

[953] BGH NJW 2004, 2158 (2160); BayObLG NJW 2004, 1057 (1057 f.); KG NVwZ-RR 2011, 647; OLG Hamburg MMR 2004, 752 (754); *Krehl* LK § 284 Rn. 22a; differenzierend SSW/*Rosenau* § 284 Rn. 20; *Mosbacher* NJW 2006, 3529 (3531 f.).

[954] Für die Wirksamkeit der in einem anderen Mitgliedstaat der Europäischen Union erteilten Genehmigung LG München I NJW 2004, 171 (172); *Hollering* BeckOK-StGB § 284 Rn. 42; Lackner/Kühl/*Heger* § 284 Rn. 12; *Kazemi/Leopold* MMR 2004, 649 (652); *Pelz/Stempfle* K&R 2004, 570 (574); einschränkend Schönke/Schröder/*Heine/Hecker* § 284 Rn. 30; *Duesberg* JA 2008, 270 (271 f.).

leistungsfreiheit. Eine solche Beschränkung muss durch zwingende Gründe des Allgemeininteresses (z. B. Verbraucherschutz) gerechtfertigt sein; fiskalische Interessen reichen insoweit nicht aus. Das Verbot muss vielmehr geeignet und erforderlich sein, das verfolgte Ziel der Beschränkung der Spieltätigkeit zu erreichen.[955] Lange hatte der EuGH zwar den diesbezüglichen Wertungsspielraum der Mitgliedstaaten betont und ihre Verpflichtung, gegenseitig von anderen Mitgliedstaaten erteilte Erlaubnisse anzuerkennen, verneint.[956] Von dieser Haltung ist das Gericht mittlerweile allerdings ausdrücklich abgerückt.[957] Ohnehin scheinen die Nachweispflichten für das Vorliegen eines zwingenden Allgemeininteresses nicht mehr so einfach erfüllbar. Einige sprechen angesichts dieser Tendenz sogar von einem „Paradigmenwechsel" in Sachen „Wertungsspielraum der Mitgliedsstaaten".[958] Was die Begründung der Notwendigkeit eines § 284 StGB durch den deutschen Gesetzgeber angeht, so sind jedenfalls weder Geeignetheit noch Erforderlichkeit der Vorschrift in einem Maße nachgewiesen worden, das den Anforderungen der geänderten EuGH-Rechtsprechung gerecht werden dürfte.[959]

2. Werbung für Glücksspiele (§ 284 Abs. 4 StGB)

511   § 284 Abs. 4 StGB stellt über die Veranstaltung eines öffentlichen Glücksspiels hinaus die Werbung hierfür unter Strafe. Dadurch soll dem Umstand Rechnung getragen werden, dass insbesondere bei der Wahl des Kommunikationsweges „Internet" der Veranstalter im Sinne des Absatzes 1 oft nicht im Inland tätig wird (siehe schon Rn. 508 f.).[960] Der Verweis in Absatz 4 auf die Absätze 1 und 2 stellt klar, dass die Werbung nur strafbar ist, wenn für das betreffende Glücksspiel keine Erlaubnis vorliegt. Wird ein Glücksspiel aber ausschließlich im Ausland veranstaltet, ist die Werbung hierfür nicht nach § 284 Abs. 4 StGB strafbar.[961]

512   Unter *Werbung* ist eine öffentliche oder an einen unbestimmten Personenkreis gerichtete Aufforderung zu verstehen, sich an einem Glücksspiel zu beteiligen. Erfasst ist aber ebenso, eine bestimmte Person gezielt zur Teilnahme anzuhalten.[962] Ob der Aufforderung nachgekommen wird, bleibt unerheblich. Die Werbung muss somit weder erfolgreich sein noch muss das beworbene Glücksspiel überhaupt stattfinden.[963]

---

[955] EuGH NJW 2004, 139 (140 f.) – Gambelli; EuGH NJW 2008, 1515 (1517) – Placanica et al.; vgl. auch BVerfGE 115, 276 (309 ff.).

[956] EuGH MMR 2010, 844 (849).

[957] EuGH GRUR-Prax 2016, 106.

[958] Siehe hierzu *Meyer* A&R 2016, 243; *Mand* DAZ 43/2016, S. 18 unter Rekurs auf EuGH EuZW 2016, 958.

[959] *Kubiciel* EuZW 2017, 494 (495 f.).

[960] BT-Drucks. 13/9064, S. 20 f.

[961] *Gaede* NK § 284 Rn. 25; Schönke/Schröder/*Heine/Hecker* § 284 Rn. 34; *Leupold/Bachmann/Pelz* MMR 2000, 648 (655).

[962] *Fischer* § 284 Rn. 24.

[963] *Fischer* § 284 Rn. 24; SSW/*Rosenau* § 284 Rn. 15.

Ein *Hyperlink* beinhaltet grundsätzlich noch keine Werbung, da er lediglich eine komfortable Art **513** der Verweisung darstellt, aber nicht den erforderlichen Aufforderungscharakter aufweist. Etwas anderes gilt etwa dann, wenn der Link mit einem Banner hinterlegt ist und dadurch die Teilnahme an dem dort angepriesenen Glücksspiel angeregt wird.[964] Auch eine gezielte, an eine bestimmte Person gerichtete Aufforderung zur Teilnahme, wie etwa per *Spam-E-Mail*, stellt eine Werbung im Sinne des § 284 Abs. 4 StGB dar.

3. Beteiligung am unerlaubten Glücksspiel (§ 285 StGB)

Auch die Beteiligung an einem öffentlichen Glücksspiel im Sinne des § 284 StGB **514** (Rn. 503 ff.) ist unter Strafe gestellt. Der Tatbestand des § 285 StGB ist verwirklicht, wenn jemand als *Spieler* an einem Glücksspiel teilnimmt, das ohne die erforderliche behördliche Erlaubnis betrieben wird. Da der Tatbestand des § 284 StGB derart ausgelegt wird, dass er sich ebenso auf Glücksspiele ausländischer Anbieter auf frei und somit auch im Inland zugänglichen Webseiten erstreckt, erfasst gleichfalls § 285 StGB tatbestandlich die Teilnahme an solchen Online-Angeboten. Eine Einschränkung der Strafbarkeit ist insoweit wiederum über das Strafanwendungsrecht zu suchen.[965]

IV. Störung von Telekommunikationsanlagen (§ 317 StGB)

Nach § 317 StGB wird bestraft, wer den Betrieb einer öffentlichen Zwecken dienen- **515** den Telekommunikationsanlage auf näher beschriebene Weise verhindert oder gefährdet. Der Begriff der *Telekommunikationsanlage* ist § 3 Nr. 60 TKG zu entnehmen und umschreibt demnach „technische Einrichtungen, Systeme oder Server, die als Nachrichten identifizierbare elektromagnetische oder optische Signale oder Daten im Rahmen der Erbringung eines Telekommunikationsdienstes senden, übertragen, vermitteln, empfangen, steuern oder kontrollieren können". Dazu zählen vor allem Anlagen des öffentlichen Telekommunikationsnetzes; ob sie der (Festnetz- oder Mobil-)Telefonie oder der Kommunikation über Internetdienste dienen, ist unerheblich.[966]

Öffentlichen Zwecken dient eine Telekommunikationsanlage, wenn sie aus- **516** schließlich oder überwiegend im Interesse der Allgemeinheit betrieben wird.[967] Das Merkmal setzt nicht voraus, dass die Anlage dem freien Publikumsverkehr zugänglich ist. Vielmehr sollen nach (noch) herrschender Meinung sogar private Telefonanschlüsse öffentlichen Zwecken dienen. Dies gelte jedenfalls dann, wenn ihre

---

[964] LG Berlin MMR 2002, 119 (120); *Malek/Popp* Rn. 255; *Leupold/Bachmann/Pelz* MMR 2000, 648 (655). Zur Strafbarkeit von Verlinkungen mit dem Angebot einer kostenlosen Online-Pokerschule *Hambach/Berberich* K&R 2010, 237 (239 f.).

[965] Vgl. auch *Gercke/Brunst* Rn. 402.

[966] SSW/*Ernemann* § 317 Rn. 2; *Valerius* BeckOK-StGB § 317 Rn. 2.

[967] Schönke/Schröder/*Hecker* § 317 Rn. 3.

Störung oder Stilllegung gegen den Willen sowohl der Betreibergesellschaft als auch des Anschlussinhabers erfolge.[968]

517   Mit den Erwägungen der herrschenden Meinung ließe sich auch das *Eingangspostfach für E-Mails* wegen seiner Vergleichbarkeit mit einem privaten Telefonanschluss als eine öffentlichen Zwecken dienende Telekommunikationsanlage begreifen. Führt der Erhalt von *Spam-Mails* zur Auslastung des zur Verfügung stehenden Speicherplatzes, so dass (vorerst) keine weiteren E-Mails mehr empfangen werden können, ist demnach eine Strafbarkeit des Spammers gemäß § 317 StGB nicht von vornherein ausgeschlossen.[969] Sie wird aber häufig am fehlenden Vorsatz bzgl. der Überlastung der Mailbox des Empfängers scheitern.[970]

518   Die Tathandlung, den *Betrieb* der Anlage zu *verhindern oder* zu *gefährden*, muss dadurch erfolgen, dass der Täter eine dem Betrieb dienende Sache zerstört, beschädigt, beseitigt, verändert oder unbrauchbar macht oder die für den Betrieb bestimmte elektrische Kraft entzieht. Solche Einwirkungen auf die Anlage müssen in jedem Fall unmittelbar geschehen, wenngleich damit nicht unbedingt ein Eingriff auch in die Substanz der Anlage einherzugehen hat.[971]

519   Ende Oktober 2002 fand eine *DDoS-Attacke* (Distributed-Denial-of-Service) gegen die 13 Root-Server im Domain Name Service des Internets statt. Die Root-Server dienen als Anlaufstellen für Auskünfte über die korrekten Adressen im Netz, d. h. sie weisen Rechnern im Internet den korrekten Namen zu. Außer den §§ 303a, 303b StGB (Rn. 414 und 433) kann in diesem Zusammenhang auch § 317 StGB von Bedeutung sein. So sind die betroffenen Root-Server Telekommunikationsanlagen im Sinne des § 317 StGB, deren öffentlicher Zweck in der im Interesse der Allgemeinheit liegenden Kommunikationsmöglichkeit über das Internet besteht. Die Tathandlung (hier des Unbrauchbarmachens) setzt zwar eine unmittelbare, aber keine körperliche Einwirkung auf die Anlage voraus, so dass auch der Angriff mittels unkörperlicher Daten oder Datenanfragen den Tatbestand des § 317 StGB verwirklichen kann.[972]

G. Nebenstrafrecht

I. Verletzung von Urheberrechten

Literatur (Auswahl): *Abdallah/B. Gercke/Reinert* Die Reform des Urheberrechts, ZUM 2004, 31–39; *Beck/Kreißig* Tauschbörsen-Nutzer im Fadenkreuz der Strafverfolgungsbehörden, NStZ 2007, 304–310; *Dietrich* Rechtliche Bewältigung von netzbasiertem Datenaustausch und Ver-

---

[968] BGHSt 25, 370 (371 f.); 39, 288 (289); Lackner/Kühl/*Heger* § 317 Rn. 3; *Münzner* LK § 317 Rn. 4; aA BayObLG NJW 1993, 1215 (1215 f.); SSW/*Ernemann* § 317 Rn. 3; Schönke/Schröder/*Hecker* § 317 Rn. 3; *Gercke/Brunst* Rn. 148.

[969] SSW/*Ernemann* § 317 Rn. 4; Lackner/Kühl/*Heger* § 317 Rn. 3; aA *Münzner* LK § 317 Rn. 9.

[970] Vgl. *Frank* Zur strafrechtlichen Bewältigung des Spamming, S. 163 f.

[971] *Fischer* § 317 Rn. 4; *Valerius* BeckOK-StGB § 317 Rn. 4.

[972] Lackner/Kühl/*Heger* § 317 Rn. 3; *Frank* Zur strafrechtlichen Bewältigung des Spamming, S. 150 f.; *Schmittmann/Lorenz* K&R 2007, 609 (612); vgl. auch *Gercke/Brunst* Rn. 150; aA *Münzner* LK § 317 Rn. 9.

teidigungsstrategien, NJW 2006, 809–811; *Dittrich* Zur Frage der urheber- und wettbewerbsrechtlichen Zulässigkeit von Hyperlinks, JurPC Web-Dok. 72/2002; *Esser* Urheberrechtsverletzungen durch Tauschbörsennutzer im Internet, GA 2010, 65–83; *Frank* MP3, P2P und StA. Die strafrechtliche Seite des Filesharing, K&R 2004, 576–581; *Galetzka/Stamer* Streaming – aktuelle Entwicklungen in Recht und Praxis – Redtube, kinox.to & Co., MMR 2014, 292–298; *M. Gercke* Tauschbörsen und das Urheberstrafrecht, ZUM 2007, 791–800; *Hansen/Rojczyk/Eifinger* Die Strafbarkeit neuer Arten des Softwarevertriebs, CR 2011, 332–339; *Heghmanns* Musiktauschbörsen im Internet aus strafrechtlicher Sicht, MMR 2004, 14–18; *Heydn* Deep Link: Feuerprobe bestanden, NJW 2004, 1361–1363; *Lehmann* Die IT-relevante Umsetzung der Richtlinie Urheberrecht in der Informationsgesellschaft, CR 2003, 553–557; *Meier* Softwarepiraterie – eine Straftat?, JZ 1992, 657–665; *Nordemann/Dustmann* To peer or not to peer, CR 2004, 380–388; *Plaß* Hyperlinks im Spannungsfeld von Urheber-, Wettbewerbs- und Haftungsrecht, WRP 2000, 599–610; *Reinbacher* Strafbarkeit der Privatkopie von offensichtlich rechtswidrig hergestellten oder öffentlich zugänglich gemachten Vorlagen, GRUR 2008, 394–401; *Röhl/Bosch* Musiktauschbörsen im Internet, NJW 2008, 1415–1420; *Schwartmann* Filesharing, Sharehosting & Co., K&R Beih. 2/2011, 1–23; *Spindler* Urheberrecht und Tauschplattformen im Internet, JZ 2002, 60–70; *Stickelbrock* Die Zukunft der Privatkopie im digitalen Zeitalter, GRUR 2004, 736–743; *Vianello* Abruf und Aufzeichnung von Video- und Audiostreams zum privaten Gebrauch, CR 2010, 728–734; *Völker/Lührig* Abwehr unerwünschter Inline-Links, K&R 2000, 20–29.

Studienliteratur: *M. Gercke* Sind Raubkopierer »Verbrecher«?, JA 2009, 90–95; *Klein* Hoch lebe die Privatkopie – Einige Anmerkungen zu den Grundsätzen des Urheberstrafrechts, JA 2014, 487–494; *Zabel* Der Schutz des geistigen Eigentums, JA 2010, 401–406.

1. Grundlagen

Besondere Bedeutung hat die Digitalisierung und zunehmende Vernetzung im Urheberrecht.[973] Zum einen können urheberrechtlich geschützte Werke ohne Weiteres in Dateiform transferiert, z. B. Audio-CDs in mp3- oder mp4-Dateien umgewandelt werden. Zum anderen ermöglichen die Kommunikationsdienste des Internets, nicht zuletzt File-Sharing-Systeme und Online-Videoportale auf Webseiten, eine schnelle und einfache Verbreitung und lassen insbesondere die *Tonträger-, Video- und Softwarepiraterie*[974] ein neues und enormes Ausmaß annehmen.   **520**

Technischer Schutz gegen Urheberrechtsverletzungen lässt sich kaum gewährleisten. Zwar existieren *Digital-Rights-Management-Systeme* (DRM-Systeme), die den Rechteinhabern einen sicheren Vertrieb von digitalen Inhalten an berechtigte Nutzer ermöglichen und eine effektive und differenzierte Rechteverwaltung sowie eine weitgehende Kontrolle über Verbreitung und Nutzung gewähren. Dadurch werden zwar neue Nutzungsarten und Geschäftsmodelle eröffnet, allerdings unberechtigte Vervielfältigungen nicht wirkungsvoll verhindert.   **521**

Es bedarf daher auch rechtlicher Regelungen, um Urheberrechte zu schützen. Diesem Zweck dient vornehmlich das *Gesetz über Urheberrecht und verwandte Schutzrechte* (Urheberrechtsgesetz; UrhG), nach dessen § 1 die Urheber von Werken der Literatur, Wissenschaft und Kunst für ihre Werke Schutz nach Maßgabe   **522**

---

[973] Siehe etwa *M. Gercke* ZUM 2007, 791 (793 ff.).

[974] Siehe zur Softwarepiraterie etwa LG Frankfurt ZUM-RD 2006, 445 (451 f.); *Hansen/Rojczyk/Eifinger* CR 2011, 332; *Meier* JZ 1992, 657 (657 ff.).

dieses Gesetzes genießen. Eigene Straf- und Bußgeldvorschriften zum Schutz von
Urheberrechten enthalten die §§ 106 ff. UrhG.

523   Außer den §§ 106 ff. UrhG schützen auch weitere strafrechtliche Normen zumindest mittelbar die
Verwertungsrechte an einem Werk. So ist die Umgehung von Schutzvorrichtungen unter Umständen nicht nur von § 108b UrhG erfasst, sondern des Weiteren nach § 202a oder § 263a StGB,
§ 23 GeschGehG oder § 4 ZKDSG strafbar. Je nach Fallkonstellation kommen zudem die §§ 265a,
266 StGB in Betracht.

2. Urheberrecht und Strafrecht

a) Allgemeines

524   Trotz seiner Sanktionstatbestände handelt es sich bei dem Urheberrecht in erster
Linie um einen *Teil des Zivilrechts*. Dies erlangt auch bei den §§ 106 ff. UrhG Bedeutung, deren Straftatbestände als Blankettgesetze in weiten Teilen auf die zivilrechtlichen Regelungen Bezug nehmen, somit zivilrechtsakzessorisch sind. Wann
etwa ein (auch strafrechtlich geschütztes) Werk bzw. dessen Bearbeitung oder Umgestaltung im Sinne der §§ 106 ff. UrhG vorliegt, richtet sich nach §§ 2–4, 23
UrhG. Fragen bei der Auslegung der §§ 106 ff. UrhG sind deshalb nicht spezifisch
strafrechtliche, sondern im Wesentlichen solche des Urheberrechts. Die unterschiedlichen Auslegungsgrundsätze im Zivil- und im Strafrecht können jedoch zu
unterschiedlichen Verbotsbereichen führen.

525   Auf Vorschriften des Nebenstrafrechts wie auf die §§ 106 ff. UrhG bleibt man-
gels abweichender Regelung der *Allgemeine Teil des StGB* anzuwenden (Art. 1
Abs. 1 EGStGB). Hieraus können sich eigene Problemfelder ergeben, z. B. bei der
Abgrenzung von Täterschaft und Teilnahme und der Rechtfertigung durch
Einwilligung.

b) Strafanwendungsrecht

526   Schwierigkeiten bereitet bei Handlungen im Internet wegen dessen grenzüberschreitenden Charakters zunächst die Anwendbarkeit des Urheberstrafrechts. Es
stellt sich die Frage, welches nationale Urheberrecht bei internationalen Sachverhalten heranzuziehen ist und nach welchem Recht sich die strafrechtlichen Sanktionen bestimmen. Nach dem im UrhG allgemein anerkannten *Territorialitätsprinzip*
entfalten Urheberrechte, die durch die Gesetzgebung eines Staates gewährt werden,
ihre Schutzwirkung nur innerhalb des jeweiligen Staatsgebietes.[975] Daher richten
sich nach hA auch Entstehen und Bestand, Inhalt und Umfang sowie die Inhaber-
schaft eines Schutzrechts jeweils nach dem Recht desjenigen Staates, für dessen
Territorium es gelten soll, d. h. nach dem Recht des sog. Schutzlandes (*Schutzland-
prinzip*).[976]

---

[975] BGH NJW 2004, 1674 (1674); Dreier/Schulze//*Raue* Vor § 120 UrhG Rn. 3.

[976] BGH NJW 2004, 1674 (1675); Dreier/Schulze/*Raue* Vor § 120 UrhG Rn. 48; Schricker/Loe-
wenheim/*Katzenberger/Metzger* Vor §§ 120 ff. UrhG Rn. 121 ff.; kritisch Wandtke/Bullinger/*von
Welser* Vor §§ 120 ff. UrhG Rn. 5.

Nach der Rechtsprechung genügt für einen Rückgriff auf das nationale Urheberrecht für im Inter-   **527**
net zugänglich gemachte Inhalte allerdings, dass deren Abruf im Inland möglich ist. Wo sich der
Server befindet, von dem die Daten heruntergeladen werden, bleibt unerheblich.[977]

Die Rechtsordnung des Schutzlandes ist ebenso maßgeblich dafür, welche Ver-   **528**
haltensweisen als unerlaubte Verwertung erfasst werden. Die §§ 106 ff. UrhG knüpfen somit trotz ihres strafrechtlichen Charakters an den zivilrechtlichen Urheber-
und Leistungsschutz an. Abweichend von § 7 StGB kann daher nur eine *im Inland
begangene Verletzungshandlung* strafrechtlich relevant sein. Bei Missachtungen des
Urheberrechts, die sich ausschließlich im Ausland ereignen, steht das urheberrechtliche Territorialitätsprinzip einem Schutz nach deutschem Strafrecht entgegen.[978]

c) Täterschaft und Teilnahme
Täterschaft und Teilnahme sind nach den allgemeinen Grundsätzen abzugrenzen.   **529**
Nach der Tatherrschaftslehre ist Täter, wer die *Tatherrschaft* ausübt, d. h. den tatbestandlichen Geschehensablauf als Zentralfigur willentlich in seinen Händen hält.
Nach der Rechtsprechung kann darüber hinaus auch Täter sein, wer ein stark aus-
geprägtes Eigeninteresse an der Tat hat (siehe schon Rn. § 2 Rn. 146). Darüber hinaus ist zu beachten, dass strafbare Handlungen mitunter die Beteiligung eines
anderen voraussetzen, ohne dessen Beitrag selbst unter Strafe zu stellen. Geht in
diesen Fällen das Verhalten des anderen nicht über das für die Tatbestandsverwirklichung durch den Täter erforderliche Maß der Mitwirkung hinaus, bleibt er als
notwendiger Teilnehmer straflos. Dies gilt beispielsweise für den – tatbestandlich
nicht erfassten – Erwerb einer Raubkopie bei deren Verbreitung im Sinne des § 106
Abs. 1 UrhG.[979]

Wer einen *Hyperlink* auf ein urheberrechtlich geschütztes Werk setzt, kommt als Gehilfe des-   **530**
jenigen in Betracht, der dem Link folgt und eine urheberrechtlich relevante Verwertungshandlung
(z. B. durch Herunterladen des jeweiligen Inhalts) vornimmt. Allerdings dürfte eine Strafbarkeit
des Linksetzenden als Teilnehmer in der Regel schon am fehlenden Vorsatz bezüglich der Haupttat
scheitern.[980] Zwar weiß und will der Betreiber einer Webseite, dass der Besucher seinen Link nutzt
und damit urheberrechtlich geschützte Werke auf der verknüpften Seite wahrnimmt. Die bloße
Wahrnehmung beinhaltet aber noch keine Urheberrechtsverletzung. Insbesondere ist wegen § 44a
UrhG die bloße Speicherung der verlinkten Seite im Arbeitsspeicher des Surfers urheberrechtlich
nicht relevant (Rn. 553).

---

[977] LG Hamburg MMR 2004, 558 (560); ebenso Wandtke/Bullinger/*von Welser* Vor §§ 120 ff.
UrhG Rn. 19; zur Diskussion Schricker/Loewenheim/*Katzenberger/Metzger* Vor §§ 120 ff. UrhG
Rn. 145.
[978] BGH NJW 2004, 1674 (1675); Dreier/Schulze/*Dreier* § 106 UrhG Rn. 16; Erbs/Kohlhaas/*Kaiser*
§ 106 UrhG Rn. 54b; *Gercke/Brunst* Rn. 424; *Marberth-Kubicki* Rn. 263; *Sternberg-Lieben* NJW
1985, 2121 (2124); aA *Weber* ZIS 2010, 220 (222 f.).
[979] KG NStZ 1983, 561 (562); Wandtke/Bullinger/*Reinbacher* § 106 UrhG Rn. 44; Schricker/Loe-
wenheim/*Kudlich* § 106 UrhG Rn. 54; *Ganter* NJW 1986, 1479 (1480).
[980] Vgl. *Dittrich* JurPC Web-Dok. 72/2002, Abs. 10; aA *Plaß* WRP 2000, 599 (602); *Völker/Lühring*
K&R 2000, 20 (25).

d) Rechtswidrigkeit

531 Nach herrschender Ansicht entfällt die Rechtswidrigkeit einer Tat, wenn die verletzte Person wirksam in die tatbestandsgemäße Rechtsgutsverletzung einwilligt.[981] Nichts anderes gilt für die urheberrechtlichen Strafvorschriften, welche die Einwilligung ausdrücklich („ohne Einwilligung") erwähnen.[982] Auch die Wirksamkeit der Einwilligung richtet sich nach den allgemeinen strafrechtlichen Grundsätzen.[983]

532 An der Rechtswidrigkeit des Handelns kann es fehlen, wenn das Setzen eines *Hyperlinks* zwar eine tatbestandsgemäße urheberrechtswidrige Verwertung eines Werkes darstellt (etwa in Form des Verbreitens), sich das Angebot auf der verlinkten Webseite aber als rechtmäßig erweist, da dessen Betreiber die erforderlichen Rechte besitzt. Auf eine mutmaßliche Einwilligung des Betreibers der verlinkten Webseite kann sich der Täter zwar nicht berufen, da er dessen tatsächliche Einwilligung hätte einholen können und die mutmaßliche Einwilligung lediglich subsidiär ist. In Betracht kommt jedoch zumeist eine *konkludente Einwilligung*, weil jeder Anbieter einer Webseite so viele Besucher wie möglich verzeichnen will und er durch den uneingeschränkten Zugang stillschweigend erklärt, keine Vorbehalte gegen Zugriffe jeder Art zu haben.[984]

533 Die konkludente Einwilligung umschließt grundsätzlich auch die Verwendung sog. *Deep-Links* durch Suchmaschinen im Internet, die direkt auf die Unterebene einer anderen Webseite verweisen. Etwas anderes könnte hier allerdings dann gelten, wenn eine Seite werbefinanziert ist, da dem Anbieter bei der direkten Verweisung der Suchmaschine auf die Unterseite Werbeeinnahmen für Zugriffe auf seine Webseite entgehen. Unter Umständen kann er die Nutzer zudem nicht so wie geplant durch seinen Web-Auftritt führen.[985]

534 Bei sog. Inline-Links und Frame-Links wird hingegen in den meisten Fällen eine Einwilligung abzulehnen sein. Mit *Inline-Links* können fremde Inhalte einer anderen Webseite (z. B. Bilder oder Suchmasken) abgerufen und in das eigene Dokument integriert werden, auf dem der Link gesetzt wurde. Die Adresse der verlinkten Inhalte bleibt dem Nutzer verborgen. Das Inline-Linking entspricht weder der Struktur des Internets noch bedarf es einer solchen Technik zum Zwecke des freien Informationsflusses. Es handelt sich hierbei um Hyperlinks, die in ihrer Funktion über eine bloße Verweisung hinausgehen. Gleiches gilt für *Frame-Links*, die das Fenster oder den Tab des Browsers in verschiedene Bereiche aufteilen, die jeweils ein anderes Dokument anzeigen. Links, die in einem Frame angebracht sind, können Inhalte anderer Webseiten in den eigenen Rahmen einbetten. Auch hierbei wird die Webadresse des fremden Dokuments häufig nicht im Browser angezeigt. Eine stillschweigende Zustimmung des Berechtigten ist bei Inline- und Frame-Links jeweils zu verneinen, wenn die Webseite nur unvollständig und daher interessenwidrig übertragen wird. Denn wegen Fehlens der Menü-, Adress- und Symbolleiste ist die Navigations- und

---

[981] Statt vieler BGHSt 7, 112 (114); 16, 309 (309); Lackner/Kühl/*Kühl* Vor § 32 Rn. 10; *Wessels/ Beulke/Satzger* Rn. 550 ff. Nach der im Vordringen befindliche Gegenansicht schließt die Einwilligung bereits den Tatbestand aus, so unter anderem *Rönnau* LK Vor § 32 Rn. 156; *Roxin/Greco* AT I § 13 Rn. 12 ff.

[982] Dreier/Schulze/*Dreier* § 106 UrhG Rn. 8; *Malek/Popp* Rn. 276; differenzierend Wandtke/Bullinger/*Reinbacher* § 106 UrhG Rn. 24 ff.; Erbs/Kohlhaas/*Kaiser* § 106 UrhG Rn. 25; aA Schricker/ Loewenheim/*Kudlich* § 106 UrhG Rn. 33.

[983] Dreier/Schulze/*Dreier* § 106 UrhG Rn. 8; *M. Gercke* JA 2009, 90 (94); aA Schricker/Loewenheim/*Kudlich* § 106 UrhG Rn. 33.

[984] *Plaß* WRP 2000, 599 (603); *Schack* MMR 2001, 9 (14); vgl. auch OLG Düsseldorf CR 2000, 184 (186).

[985] *Marberth-Kubicki* Rn. 266; *Schack* MMR 2001, 9 (14) m. w. N.; einschränkend *Plaß* WRP 2000, 599 (603 f.).

Nutzungsmöglichkeit der verlinkten Webseite beeinträchtigt und wird außerdem deren Domain nicht angegeben.[986]

3. Urheberstrafrecht

a) Überblick

Das Urheberrechtsgesetz normiert in den §§ 106, 107, 108 und 108b UrhG vier **535** eigenständige Straftatbestände. § 106 UrhG schützt vornehmlich das *Verwertungsrecht* des Urhebers oder seines Rechtsnachfolgers sowie die von ihnen eingeräumten ausschließlichen Nutzungsrechte. § 108 UrhG will vor Eingriffen in verwandte Schutzrechte bewahren (§§ 70 ff. UrhG). Das *Urheberpersönlichkeitsrecht* gewährleistet schließlich § 107 UrhG, der bei Medien jedoch eine untergeordnete Rolle spielt, da Tatgegenstand lediglich Werke der bildenden Kunst sind. Die – auch im Versuch jeweils nach Abs. 2 strafbaren – Delikte werden mit Freiheitsstrafe bis zu drei Jahren oder Geldstrafe bestraft.

Die Vorschrift des § 108a UrhG ist jeweils Qualifikationstatbestand für die Grunddelikte der **536** §§ 106–108 UrhG und belegt gewerbsmäßiges Handeln mit einem höheren Strafrahmen von bis zu fünf Jahren Freiheitsstrafe oder Geldstrafe. Gewerbsmäßig handelt, wer sich durch die wiederholte Begehung von Straftaten eine fortdauernde Einnahmequelle von einiger Dauer und einigem Umfang verschaffen will.[987]

§ 108b UrhG stellt schließlich die Umgehung von Schutzmaßnahmen urheber- **537** rechtlich geschützter Werke unter Strafe. Die Vorschrift wurde neu eingeführt durch das Gesetz zur Regelung des Urheberrechts in der Informationsgesellschaft vom 10. September 2003[988], um schon im Vorfeld die Rechte des Urhebers und sonstiger Rechteinhaber zu schützen.

Nach § 109 UrhG ist ein *Strafantrag* erforderlich, um Taten nach §§ 106–108 und 108b UrhG zu **538** verfolgen. Hiervon kann abgesehen werden, wenn die Strafverfolgungsbehörden wegen des besonderen öffentlichen Interesses an der Strafverfolgung ein Einschreiten von Amts wegen für geboten halten (relative Antragsdelikte). Strafantragsberechtigt ist gemäß § 77 StGB der Verletzte, d. h. im Fall des § 106 UrhG der Urheber selbst oder ein Inhaber ausschließlicher Nutzungsrechte.[989] Entbehrlich ist der Strafantrag bei gewerbsmäßigem Handeln des Täters gemäß § 108a UrhG. § 110 UrhG erlaubt die *Einziehung* von Tatobjekten nach §§ 106, 107 Abs. 1 Nr. 2, 108–108b UrhG (z. B. Raubkopien und Kopiervorlagen), § 111 UrhG ermöglicht auf Antrag und bei berechtigtem Interesse des Verletzten die öffentliche Bekanntmachung einer Verurteilung wegen einer Straftat nach den §§ 106–108b UrhG.

Trotz der nicht unerheblichen Bedeutung von Urheberrechtsverletzungen in ihrer Gesamtheit **539** vermag der jeweilige Einzelfall die Interessen der Allgemeinheit kaum zu berühren. Die §§ 106 ff.

---

[986] LG Hamburg MMR 2000, 761 (762 f.); LG Köln ZUM 2001, 714 (716); *Schack* MMR 2001, 9 (14); *Völker/Lührig* K&R 2000, 20 (26).

[987] LG Frankfurt ZUM-RD 2006, 445 (452); Dreier/Schulze/*Dreier* § 108a UrhG Rn. 5; *Gercke/Brunst* Rn. 540; *Malek/Popp* Rn. 281; *Marberth-Kubicki* Rn. 271; vgl. BGHSt 1, 383 (383).

[988] BGBl. I, S. 1774.

[989] Dreier/Schulze/*Dreier* § 109 UrhG Rn. 6; Wandtke/Bullinger/*Reinbacher* § 109 UrhG Rn. 4.

UrhG sind daher nach § 374 Abs. 1 Nr. 8 StPO *Privatklagedelikte*, sofern der Täter nicht – wie in § 108a und § 108b Abs. 3 UrhG – gewerbsmäßig handelt. Bei Privatklagedelikten steht es im Ermessen der Staatsanwaltschaft, unter Durchbrechung des Legalitätsprinzips mangels öffentlichen Interesses (§ 376 StPO) von der Strafverfolgung abzusehen, das Verfahren gemäß § 170 Abs. 2 StPO einzustellen und den Verletzten auf den Privatklageweg zu verweisen. Es obliegt dann dem Einzelnen, das Privatklageverfahren vor dem Strafrichter zu betreiben.

b) Unerlaubte Verwertung urheberrechtlich geschützter Werke (§ 106 UrhG)

540   **Tathandlungen**   Große Bedeutung im Kampf gegen die Medienkriminalität kommt § 106 UrhG zu, der die unerlaubte Verwertung urheberrechtlich geschützter Werke unter Strafe stellt. Die Vorschrift nennt drei Tathandlungen: die Vervielfältigung, die Verbreitung und die öffentliche Wiedergabe eines Werkes. Unter *Vervielfältigung* (Var. 1) ist gemäß § 16 UrhG die Herstellung von Vervielfältigungsstücken eines Werkes zu verstehen, gleichviel ob vorübergehend oder dauerhaft, in welchem Verfahren und in welcher Zahl. Es bedarf aber einer körperlichen Festlegung des Werkes, die geeignet ist, das Werk den menschlichen Sinnen auf irgendeine Weise unmittelbar oder mittelbar wahrnehmbar zu machen.[990] Dies folgt schon aus § 15 Abs. 1 UrhG, der das Vervielfältigungsrecht als Unterart des Rechts des Urhebers versteht, sein Werk in körperlicher Form zu verwerten. Auch Kopien von Daten sind demnach erfasst, sofern sie körperlich auf einem Datenträger fixiert werden. So stellt nicht zuletzt das Hochladen einer mp3- oder Video-Datei auf einen Server eine Vervielfältigung im Sinne des § 16 UrhG dar.[991] Gleiches gilt für das Herunterladen von Dateien aus dem Internet.[992]

541   Ein *Hyperlink* zu einem urheberrechtlich geschützten, frei zugänglichen Werk auf einer fremden Webseite bedeutet noch keinen Eingriff in das Vervielfältigungsrecht an diesem Werk.[993] Denn ein Link ist lediglich eine elektronische Verknüpfung, mit der keine Kopie des verlinkten Inhalts einhergeht. Erst wenn der Nutzer dem Link folgt, um die jeweilige Datei abzurufen, kann es zu einer urheberrechtlich relevanten Vervielfältigung – im Bereich des Nutzers – kommen (siehe schon Rn. 530). Beim Linksetzer kommt es hingegen zu keiner körperlichen Fixierung des verlinkten Werkes.[994]

542   Beim Betrachten von urheberrechtlich geschützten Filmwerken über das Internet (*Streaming*) kommt eine Strafbarkeit wegen unerlaubten Vervielfältigens im Sinne der Var. 1 in Betracht. Zwar ist das bloße Anzeigen eines Videos auf dem Bildschirm ebenso wie das Lesen eines Buches eine

---

[990] BGH NJW 1991, 1231 (1234); Dreier/Schulze/*Schulze* § 16 UrhG Rn. 6; Erbs/Kohlhaas/*Kaiser* § 106 UrhG Rn. 12; *Gercke/Brunst* Rn. 431; *Malek/Popp* Rn. 268.

[991] BGH GRUR 2017, 273 (274) (kinox.to); LG Leipzig ZUM 2013, 338 und AG Leipzig NZWiSt 2012, 394 (kino.to); *Reinbacher* NStZ 2014, 57 (60 f.).

[992] Dreier/Schulze/*Schulze* § 16 UrhG Rn. 7; Schricker/Loewenheim/*Loewenheim* § 16 UrhG Rn. 21; *Gercke/Brunst* Rn. 431; *Marberth-Kubicki* Rn. 265; *Zabel* JA 2010, 401 (402).

[993] BGH NJW 2003, 3406 (3408) – Paperboy; *Reber* BeckOK-UrhG § 97 UrhG Rn. 74.

[994] BGH NJW 2003, 3406 (3408) – Paperboy; Schricker/Loewenheim/*Loewenheim* § 16 UrhG Rn. 24; *Malek/Popp* Rn. 268; *Dittrich* JurPC Web-Dok. 72/2002, Abs. 7; *Plaß* WRP 2000, 599 (601).

unkörperliche Nutzung und daher für sich genommen noch nicht als Vervielfältigung im Sinne des § 16 UrhG anzusehen.[995] Allerdings könnte eine Vervielfältigungshandlung darin zu sehen sein, dass die Datei vorher (ggf. sukzessive) in den Arbeitsspeicher des Rechners, den Browsercache oder einen Buffer geladen wurde. Das wird – unter anderem gestützt auf eine Entscheidung des EuGH[996] – von der h.M. bejaht.[997] Eine Strafbarkeit von „Streamern" nach § 106 Abs. 1 Var. 1 UrhG wird allerdings überwiegend aufgrund der Schrankenregelung des § 44a Nr. 2 UrhG als bloß flüchtige, vorübergehende Vervielfältigungshandlung abgelehnt (vgl. dazu auch Rn. 552).[998]

Verbreiten (Var. 2) ist das Anbieten des Werkes oder von Vervielfältigungs-   **543** stücken in der Öffentlichkeit oder deren Inverkehrbringen (vgl. § 17 UrhG). In Verkehr gebracht ist ein Werk, wenn es der Täter derart aus seinem Gewahrsam entlässt, dass ein anderer sich seiner bemächtigen und mit ihm nach seinem Belieben verfahren kann.[999] Die früher von der herrschenden Ansicht geforderte Voraussetzung einer Eigentumsübertragung an dem jeweiligen Werkexemplar hat der BGH ausdrücklich aufgegeben.[1000] Vielmehr genügt das Vorliegen einer dem Händler zurechenbaren Vertriebshandlung.[1001]

Ein Verbreiten von Werken scheint vor allem beim *Filesharing*, d. h. bei dem Austausch von   **544** Dateien über die Kommunikationsdienste des Internets in Betracht zu kommen. Dies gilt vornehmlich für die Nutzer von Peer-to-Peer-Netzen, bei denen die Daten nicht über einen zentralen Server, sondern direkt zwischen den Nutzern übertragen werden.[1002] Wer in einer solchen Tauschbörse Daten für andere Nutzer zum Abruf bereitstellt, verwirklicht gleichwohl nicht die Tathandlung des Verbreitens, da es auch hierfür gemäß § 15 Abs. 1 UrhG einer körperlichen Verwertung bedarf. Ohne die notwendige körperliche Fixierung ist daher lediglich eine unkörperliche Wiedergabe gegeben (siehe sogleich Rn. 546).[1003]

---

[995] BGH NJW 1991, 1231 (1234); *Galetzka/Stamer* MMR 2014, 292 (293).

[996] EuGH MMR 2011, 817; siehe jetzt indes auch den Hinweis auf das Erfordernis „enger" Auslegung der § 44a UrhG zugrundeliegenden europäischen Vorschriften bei EuGH GRUR 2017, 610 – (Stichting Brein/Jack Frederik Wullems) mit Anm. *Neubauer/Soppe*.

[997] OLG Hamburg ZUM 2001, 512; AG Leipzig NZWiSt 2012, 390 (392); *Busch* GRUR 2011, 496 (499); *Reinbacher* NStZ 2014, 57 (61).

[998] Spindler/Schuster/*Gercke* § 106 UrhG Rn. 5; *Klein* JA 2014, 487 (493); differenzierend Wandtke/Bullinger/*Reinbacher* § 106 UrhG Rn. 14a ff.; *Sternberg-Lieben* BeckOK-UrhG § 106 Rn. 24; aA AG Leipzig NZWiSt 2012, 390 (392); zum Erfordernis „enger" Auslegung der § 44a UrhG zugrundeliegenden europäischen Vorschriften EuGH GRUR 2017, 610 – (Stichting Brein/Jack Frederik Wullems) mit Anm. *Neubauer/Soppe*.

[999] Schricker/Loewenheim/*Kudlich* § 106 UrhG Rn. 20; *Gercke/Brunst* Rn. 434. Zur Strafbarkeit des Angebots von Raubkopien auf einer Auktionsplattform LG Frankfurt a.M. ZUM-RD 2006, 445 (451 f.).

[1000] BGHSt 58, 15 (23); *Sternberg-Lieben* BeckOK-UrhG § 106 UrhG Rn. 25.

[1001] BGHSt 58, 15 (23); BGH NJW 2016, 2338 (2340) – Wagenfeld-Leuchte II; siehe auch EuGH GRUR 2014, 283 (285) – Blomqvist/Rolex.

[1002] Zu den technischen Grundlagen einer Tauschbörse *M. Gercke* JA 2009, 90 (90 f.); zu Ermittlungen in Filesharing-Systemen *Marberth-Kubicki* Rn. 288 ff.; *Beck/Kreißig* NStZ 2007, 304 (305 ff.); *Dietrich* NJW 2006, 809; *Esser* GA 2010, 65.

[1003] BGHZ 112, 264 (278); *Marberth-Kubicki* Rn. 268; *Spindler* JZ 2002, 60 (63 f.); aA AG Cottbus CR 2004, 782.

545   Schließlich kann die Tathandlung in einer *öffentlichen Wiedergabe* (Var. 3) des Werks in unkörperlicher Form (vgl. § 15 Abs. 2 Satz 1 UrhG) bestehen. Nach § 15 Abs. 3 UrhG ist die Wiedergabe öffentlich, wenn sie für eine Mehrzahl von Mitgliedern der Öffentlichkeit bestimmt ist. Der Öffentlichkeit gehört nicht an, wer mit demjenigen, der das Werk verwertet, oder mit den anderen Personen, denen das Werk in unkörperlicher Form wahrnehmbar oder zugänglich gemacht wird, durch persönliche Beziehungen verbunden ist. Besondere Formen der öffentlichen Wiedergabe sind in §§ 19–22 UrhG geregelt.

546   Beim *Filesharing* (siehe schon Rn. 544) war nach früherer Rechtslage umstritten, ob eine öffentliche Wiedergabe im Sinne des § 15 Abs. 2 UrhG a. F. vorlag, da es an einer zeitgleichen Ausstrahlung an eine potentielle Mehrzahl von Personen fehlte.[1004] Das Gesetz zur Regelung des Urheberrechts in der Informationsgesellschaft vom 10. September 2003 normierte daher ausdrücklich das *öffentliche Zugänglichmachen* als eine weitere Form der öffentlichen Wiedergabe (§§ 15 Abs. 2 Satz 2 Nr. 2, 19a UrhG). Seitdem stellt unstreitig auch das digitale Angebot im Internet eine Form der Verwertung eines Werkes dar, die allein dem Urheber oder einem sonstigen Berechtigten zusteht.[1005] Die Freigabe einer Datei in einer Tauschbörse zum Herunterladen verwirklicht demnach die Tathandlung der öffentlichen Wiedergabe gemäß § 106 Abs. 1 Var. 3 UrhG. Insbesondere fehlt in der Gemeinde der „Tauschbörsianer" eine persönliche Verbundenheit im Sinne des § 15 Abs. 3 UrhG, weswegen der erforderliche Öffentlichkeitsbezug gewahrt ist.[1006]

547   Ein *Hyperlink* auf eine vom Berechtigten öffentlich zugänglich gemachte Webseite mit einem urheberrechtlich geschützten Werk beinhaltet keine urheberrechtliche Nutzungshandlung, sondern erleichtert den Nutzern lediglich den bereits eröffneten Zugang. Ob das Werk der Öffentlichkeit zugänglich bleibt, entscheidet nach wie vor nicht der Linksetzende, sondern wer das Werk in das Internet gestellt hat. Zwar wird einem Nutzer, der die verlinkte Webseite im Internet nicht kennt, der Zugang erst durch den Hyperlink ermöglicht und damit das Werk im Wortsinn zugänglich gemacht. Nichts anderes gilt aber für Verweise in einer gedruckten Veröffentlichung auf ein anderes Druckwerk oder eine Webseite.[1007]

548   Ein öffentliches Zugänglichmachen als Unterfall der öffentlichen Wiedergabe (vgl. § 15 Abs. 2 UrhG) könnte allerdings zu bejahen sein, wenn die verlinkte Seite im Wege des *Framings* auf der eigenen Webseite eingebunden wird. Hierbei wird der Inhalt der fremden Seite unmittelbar auf der verlinkenden Seite sichtbar und es ist nicht von vornherein erkennbar, dass der Inhalt von einer fremden Seite stammt. Beispielhaft sei hier das Einbetten eines YouTube-Videos genannt.

549   Hierfür betonte der EuGH nach entsprechender Vorlage[1008] des BGH, dass eine zustimmungsbedürftige öffentliche Wiedergabe nur dann vorliegt, wenn durch die Verlinkung ein neues Publikum erreicht werden soll, also ein solches, an das der Inhaber des Urheberrechts nicht dachte, als er die ursprüngliche Wiedergabe erlaubte.[1009] Weiterhin bedarf es der Erlaubnis des Urhebers,

---

[1004] Siehe zum früheren Meinungsstand *Malek/Popp* Rn. 270.

[1005] Dreier/Schulze/*Dreier* § 19a UrhG Rn. 6; Erbs/Kohlhaas/*Kaiser* § 106 UrhG Rn. 20; *Gercke/Brunst* Rn. 437; *Malek/Popp* Rn. 270; *Heghmanns* MMR 2004, 14 (15); *Lehmann* CR 2003, 553 (555); *Schippan* ZUM 2003, 378 (379).

[1006] Dreier/Schulze/*Dreier* § 19a UrhG Rn. 6; *Heghmanns* MMR 2004, 14 (15); *Lehmann* CR 2003, 553 (556); *Nordemann/Dustmann* CR 2004, 380 (380).

[1007] BGH NJW 2003, 3406 (3409) – Paperboy; *Marberth-Kubicki* Rn. 266; *Heydn* NJW 2004, 1361 (1361 f.); *Nolte* ZUM 2003, 540 (542); *Stadler* JurPC WebDok. 283/2003, Abs. 15.

[1008] BGH GRUR 2013, 818 – Die Realität.

[1009] EuGH GRUR 2014, 1196 Rn. 14 – BestWater International; EuGH GRUR 2014, 360 Rn. 24 – Svensson.

wenn die Wiedergabe nach einem speziellen technischen Verfahren erfolgt.[1010] Nach Auffassung des EuGH wird indes grundsätzlich kein neues Publikum erreicht, wenn der verlinkte Inhalt bereits vor dem Framing frei zugänglich war. Es sei in diesem Fall davon auszugehen, dass die Inhaber des Urheberrechts an alle Internetnutzer als Publikum dachten, als sie die Wiedergabe erlaubten.[1011]

Ein neues Publikum wird nach der Rechtsprechung von EuGH und BGH erreicht, wenn der Rechteinhaber die vor dem Framing durch Dritte vorgenommene Veröffentlichung und damit freie Zugänglichkeit des Werks ursprünglich überhaupt nicht erlaubt hatte.[1012] Gleiches gilt, wenn das Framing bei Vorliegen einer Erlaubnis zur Veröffentlichung auf der anderen Website unter Umgehung dort eingerichteter technischer Schutzmaßnahmen gegen Framing erfolgt.[1013] Andere als technische Schutzmaßnahmen – also etwa der bloße Ausspruch eines Verlinkungsverbots auf der Website des berechtigt Veröffentlichenden – reichen allerdings nicht aus, weil es sich für den Einzelnen dann zuweilen schwierig gestalten könnte, zu prüfen, ob sich der Rechteinhaber dem Framing widersetzen wollte.[1014] Vom Framing sollte dennoch abgesehen werden, wenn nicht eindeutig erkennbar ist, ob ein Video auf YouTube mit oder ohne Zustimmung des Rechteinhabers veröffentlicht wurde.[1015]

Schranken des Urheberrechts Das Urheberrecht unterliegt Begrenzungen, die sich vornehmlich aus den §§ 44a–63a UrhG ergeben. Für Computerprogramme gelten die besonderen Regelungen der §§ 69a ff. UrhG. Allerdings sind Werke in digitalisierter Form nicht ohne Weiteres Computerprogramme, so dass es insoweit bei der Anwendung der §§ 44a ff. UrhG bleibt. Auch diese Vorschriften bestimmen die Reichweite der strafrechtlichen Sanktion, indem sie Konstellationen normieren, in denen bereits der Tatbestand der §§ 106 ff. UrhG nicht erfüllt ist. Die urheberrechtlichen Schranken sind folglich keine Rechtfertigungsgründe, sondern *negativ gefasste Tatbestandsmerkmale*.[1016]

Eine im Zeitalter des Internets nicht unerhebliche Schranke beinhaltet die ebenfalls durch das Gesetz zur Regelung des Urheberrechts in der Informationsgesellschaft vom 10. September 2003 eingeführte Vorschrift des § 44a UrhG. Danach sind *vorübergehende Vervielfältigungshandlungen*, die flüchtig oder begleitend sind und einen integralen und wesentlichen Teil eines technischen Verfahrens darstellen und deren alleiniger Zweck es ist, eine Übertragung in einem Netz zwischen Dritten durch einen Vermittler oder eine rechtmäßige Nutzung eines Werkes oder sonstigen

[1010] EuGH GRUR 2014, 1196 Rn. 14 – BestWater International.

[1011] EuGH GRUR 2014, 1196 Rn. 18 – BestWater International.

[1012] EuGH NJW 2021, 2793 (2796) – (VG Bild-Kunst/Stiftung Preußischer Kulturbesitz) mit Anm. *Ohly*. So hatten der BGH und die Literatur die BestWater International-Entscheidung des EuGH auch schon vor der Klarstellung durch den EuGH im Jahr 2021 interpretiert, siehe BGH GRUR 2016, 171 (174) – Die Realität II; *Leistner* GRUR 2014, 1145 (1154); *Solmecke/Dam* MMR 2015, 46 (48).

[1013] EuGH NJW 2021, 2793 (2796) – (VG Bild-Kunst/Stiftung Preußischer Kulturbesitz) mit Anm. *Ohly*; BGH GRUR 2021, 1511 mit Anm. *Stieper*.

[1014] EuGH NJW 2021, 2793 (2796) – (VG Bild-Kunst/Stiftung Preußischer Kulturbesitz) mit Anm. *Ohly*; *Nordemann/Waiblinger* NJW 2022, 744 (746).

[1015] *Solmecke/Dam* MMR 2015, 46 (48).

[1016] Schricker/Loewenheim/*Kudlich* § 106 UrhG Rn. 26 f.; *Gercke/Brunst* Rn. 440; *Malek/Popp* Rn. 271.

Schutzgegenstandes zu ermöglichen, vom Vervielfältigungsrecht ausgeschlossen, wenn sie keine eigenständige wirtschaftliche Bedeutung haben.

553 Vor allem Kopien auf Routern im Internet und im Cache eines Rechners sind demnach keine urheberrechtlich relevanten Vervielfältigungsstücke. Dies gilt vornehmlich für vorübergehende Kopien, die beim Surfen im Internet technisch bedingt erstellt werden und sich vor allem im Arbeitsspeicher des Nutzers befinden.[1017] Für denjenigen, der einen Link auf urheberrechtswidrige Inhalte setzt, die lediglich betrachtet, nicht aber heruntergeladen werden, hat dies zur Folge, dass eine Strafbarkeit als Gehilfe schon mangels Haupttat des späteren Nutzers des Links ausscheidet (siehe schon Rn. 530).[1018] Zum Streaming vgl. bereits Rn. 542.

554   § 52 UrhG hebt im Interesse der Allgemeinheit am Zugang zu urheberrechtlich geschützten Werken für bestimmte Veranstaltungen das ausschließliche Recht der *öffentlichen Wiedergabe* auf. Die öffentliche Wiedergabe ist danach möglich, wenn sie keinem Erwerbszweck des Veranstalters dient, die Teilnehmer der Veranstaltung kein Entgelt zahlen müssen und der ausübende Künstler keine besondere Vergütung erhält. Allerdings erstreckt sich § 52 Abs. 1 Satz 1 UrhG nicht auf das öffentliche Zugänglichmachen, das gemäß § 52 Abs. 3 UrhG stets die Einwilligung des Berechtigten erfordert.

555 Da das Bereithalten digitaler Werke in einem Peer-to-Peer-Netz ein öffentliches Zugänglichmachen im Sinne der §§ 15 Abs. 2 Satz 2 Nr. 2, 19a UrhG darstellt (Rn. 546), scheidet eine Privilegierung des *Filesharings* nach § 52 UrhG aus.[1019]

556   Von besonderer Bedeutung ist das sog. *Recht auf Privatkopie* in § 53 Abs. 1 Satz 1 UrhG. Danach sind einzelne Vervielfältigungen zum privaten Gebrauch zulässig, sofern sie weder unmittelbar noch mittelbar Erwerbszwecken dienen. Eine solche Eigenvervielfältigung ist nur gegeben, wenn der Gebrauch in der Privatsphäre rein persönliche Bedürfnisse entweder der eigenen Person oder mit ihr durch ein persönliches Band verbundener Dritter befriedigen soll.[1020]

557 Nach früherer Rechtslage erachtete daher das wohl herrschende Schrifttum das Herunterladen eines urheberrechtlich geschützten Werkes aus dem Internet (z. B. Musikdateien in einer *Tauschbörse*) als zulässig.[1021] Um die Verbreitung von Raubkopien im Internet zu verhindern, wurde § 53 Abs. 1 Satz 1 UrhG durch das Gesetz zur Regelung des Urheberrechts in der Informationsgesellschaft vom 10. September 2003 derart geändert, dass zur privaten Vervielfältigung keine *offensichtlich rechtswidrig hergestellte Vorlage* verwendet werden darf. Dies vermochte aber das Herunterladen von Raubkopien aus dem Internet nur unzureichend aus dem Recht auf Privatkopie auszuschließen, da der Wortlaut der Norm allein auf den Herstellungsakt der Kopiervorlage ver-

---

[1017] Dreier/Schulze/*Dreier* § 44a UrhG Rn. 7; Wandtke/Bullinger/*von Welser* § 44a UrhG Rn. 3; *Malek/Popp* Rn. 273; zum Streaming *Vianello* CR 2010, 728 (729 f.).

[1018] *Stadler* JurPC Web-Dok. 283/2003, Abs. 10; im Ergebnis ebenso LG München I MMR 2003, 197 (198).

[1019] Dreier/Schulze/*Dreier* § 52 UrhG Rn. 18.

[1020] Dreier/Schulze/*Dreier* § 53 UrhG Rn. 7; Schricker/Loewenheim/*Loewenheim/Stieper* § 53 UrhG Rn. 23.

[1021] Siehe *Kreutzer* GRUR 2001, 193 (200); *Mönkemöller* GRUR 2000, 663 (667 f.); *Spindler* JZ 2002, 60 (61 f.).

wies. Wurde diese rechtmäßig vervielfältigt, war demzufolge auch eine Privatkopie von dieser Vorlage zulässig, selbst wenn die (rechtmäßig hergestellte) Vorlage (rechtswidrig) öffentlich zugänglich gemacht wurde. Bei einem Angebot in einer Tauschbörse fehlte daher häufig jedenfalls die „offensichtliche" Rechtswidrigkeit, denn weder der Herstellungsakt selbst noch die Rechtsordnung, nach der sich die Rechtmäßigkeit des Herstellungsaktes richtet, waren für den Nutzer offensichtlich.[1022] Diese Auslegung widersprach zwar dem Anliegen des Gesetzgebers, gerade der Verbreitung von urheberrechtlich geschützten Musik- oder Filmdateien über das Internet entgegenzutreten.[1023] Doch muss der Wortlaut der Norm jedenfalls bei der strafrechtlichen Bewertung beachtet werden, um nicht gegen das Analogieverbot in Art. 103 Abs. 2 GG, § 1 StGB zu verstoßen.

Der Gesetzgeber hat daher die Norm durch das Zweite Gesetz zur Regelung des Urheberrechts in der Informationsgesellschaft vom 26. Oktober 2007[1024] erneut geändert. Seitdem setzt die Zulässigkeit der Vervielfältigung gemäß § 53 Abs. 1 Satz 1 UrhG voraus, dass zur Vervielfältigung keine offensichtlich rechtswidrig hergestellte oder *öffentlich zugänglich gemachte Vorlage* verwendet wird.[1025] Da exemplarisch beim Filesharing in Tauschbörsen Dateien im Sinne des § 19a UrhG öffentlich zugänglich gemacht werden (Rn. 546), ist somit nicht nur deren Herauf-, sondern auch deren Herunterladen vom Recht auf Privatkopie nicht mehr erfasst.[1026]   **558**

Konkurrenzen Bei der mehrfachen *Vervielfältigung* ein und desselben Werks liegt eine natürliche Handlungseinheit vor, auch wenn sich die Handlungen gegen verschiedene Rechtsgutsträger richten. Zwischen der Vervielfältigung und einer von Anfang an geplanten *Verbreitung* eines geschützten Werkes besteht Tateinheit, z. B. beim Herunterladen und anschließenden Verkauf gecrackter Software.[1027]   **559**

c) Unerlaubte Eingriffe in verwandte Schutzrechte (§ 108 UrhG)
§ 108 UrhG stellt die unbefugte Verwertung verwandter Schutzrechte unter Strafe. Die Vorschrift listet verschiedene tatbestandsmäßige Handlungen auf, von denen die Nrn. 4 bis 8 von besonderer medienrechtlicher Bedeutung sind.   **560**

• Nicht nur im Internet sind sog. *Bootlegs* von Konzerten verbreitet. Solche unerlaubten Mitschnitte missachten das ausschließliche Recht des ausübenden

---

[1022] *Gercke/Brunst* Rn. 446; *Malek/Popp* Rn. 274; *Marberth-Kubicki* Rn. 283; *Frank* K&R 2004, 576 (578 ff.); *Heghmanns* MMR 2004, 14 (15 f.); *Dietrich* NJW 2006, 809 (810); *Reinbacher* GRUR 2008, 394 (400); aA *Berger* ZUM 2004, 257 (260); *Jani* ZUM 2003, 842 (852); *Nordemann/Dustmann* CR 2004, 380 (381).

[1023] BT-Drucks. 15/1066, S. 2.

[1024] BGBl. I, S. 2513.

[1025] Eingehend zur Auslegung dieser Begriffe *Reinbacher* GRUR 2008, 394 (395 ff.).

[1026] Dreier/Schulze/*Dreier* § 53 UrhG Rn. 11; *Reinbacher* GRUR 2008, 394 (400); *Schwartmann* K&R Beih. 2/2011, 1 (9); einschränkend M. *Gercke* ZUM 2007, 791 (798 f.); *Röhl/Bosch* NJW 2008, 1415 (1417); skeptisch Schricker/Loewenheim/*Loewenheim/Stieper* § 53 UrhG Rn. 15 ff.; siehe auch *Vianello* CR 2010, 728 (730 f.) zum Streaming.

[1027] LG Braunschweig ZUM 2004, 144 (146); Dreier/Schulze/*Dreier* § 106 UrhG Rn. 14; Wandtke/Bullinger/*Reinbacher* § 106 UrhG Rn. 47.

Künstlers gemäß § 77 Abs. 1 UrhG, seine Darbietung auf Bild- oder Tonträger aufzunehmen, und bedeuten eine unerlaubte Verwertung gemäß § 108 Abs. 1 Nr. 4 UrhG.[1028]

- Das *Sampling* von Tonträgern, d. h. das Herausfiltern einzelner Sequenzen von Tonspuren kann eine widerrechtliche Verwertung eines Tonträgers nach § 108 Abs. 1 Nr. 5 i. V. m. § 85 Abs. 1 Satz 1 UrhG darstellen.[1029]
- Nr. 6 bietet Sendeunternehmen Schutz gegen die Weitersendung, die Aufnahme auf Bild- oder Tonträger bzw. die Herstellung von Lichtbildern sowie jeweils deren Vervielfältigung und gegen die öffentliche Wahrnehmbarmachung von Funk- wie z. B. Fernsehsendungen an Orten, die nur gegen Eintrittsgeld zugänglich sind (z. B. Kinos, Diskotheken).[1030]
- Durch Nr. 7 sind Computerspiele geschützt, soweit sie nur Laufbildschutz (§ 95 UrhG) genießen, d. h. nicht schon als Film- oder filmähnliches Werk im Sinne des § 2 Abs. 1 Nr. 6 unter § 106 UrhG fallen.[1031]
- Nr. 8 schützt schließlich die unzulässige Verwertung von (auch elektronischen) Datenbanken entgegen § 87b UrhG.

561 Das Setzen von *Hyperlinks* auf urheberrechtlich geschützte Teile einer Datenbank im Internet verwirklicht nicht den Tatbestand des § 108 Abs. 1 Nr. 8 UrhG. Es liegt keine Vervielfältigung, Verbreitung oder öffentliche Wiedergabe vor, die gemäß § 87b Abs. 1 Satz 1 UrhG allein dem Hersteller der Datenbank zusteht. Insofern gilt nichts anderes als beim Setzen eines Hyperlinks auf jeden anderen Inhalt im Netz (siehe schon Rn. 530, 541 und 547). Im Einzelfall kann aber ein Hyperlink das Urheberrecht aus § 87b Abs. 1 Satz 2 UrhG dadurch verletzen, dass der Link der normalen Auswertung der Datenbank zuwiderläuft, etwa ihre Nutzung dadurch ersetzt wird.[1032]

562 Verbreitet ein *Raubkopierer* nicht selbst die Werke unverschlüsselt, sondern bietet er lediglich Entschlüsselungsinformationen oder andere Hacking-Tools an, sind §§ 106, 108 UrhG nicht einschlägig. Die denkbare Strafbarkeit wegen Anstiftung oder Beihilfe zu einem Urheberrechtsdelikt scheitert daran, dass bei öffentlichen Angeboten in der Regel der notwendige Vorsatz auf eine in ihren Grundzügen umrissene Haupttat fehlt. In Betracht kommen jedoch die Straftatbestände des § 4 ZKDSG (siehe dazu Rn. 598 ff.) sowie des § 108b UrhG (siehe dazu sogleich).

[1028] AG Donaueschingen MMR 2000, 179 (180); Erbs/Kohlhaas/*Kaiser* § 108 UrhG Rn. 7a; *Gercke/Brunst* Rn. 469.

[1029] EuGH NJW 2019, 2913 mit Anm. *Schulze* auf Vorlage durch BGH GRUR 2017, 895 – Metall auf Metall III; siehe indes auch BVerfGE 142, 74 = MMR 2016, 463 mit Anm. *Hoeren*.

[1030] Schricker/Loewenheim/*Kudlich* § 108 UrhG Rn. 9; *Gercke/Brunst* Rn. 473.

[1031] BayObLG NJW 1992, 3049 (3049); Schricker/Loewenheim/*Kudlich* § 108 UrhG Rn. 10 f.; *Meier* JZ 1992, 657 (659 ff.).

[1032] BGH NJW 2003, 3406 (3410) – Paperboy; *Gercke/Brunst* Rn. 476; *Heydn* NJW 2004, 1361 (1362); *Nolte* ZUM 2003, 540 (543 f.).

d) Unerlaubte Eingriffe in technische Schutzmaßnahmen und zur Rechtewahrnehmung erforderliche Informationen (§ 108b UrhG)

Grundlagen Seit der Novellierung durch das Gesetz zur Regelung des Urheberrechts in der Informationsgesellschaft vom 10. September 2003[1033] werden erstmals wirksame technische Maßnahmen der Rechteinhaber, die dem Schutz urheberrechtlich geschützter Werke dienen, zum Angriffsobjekt erhoben, indem § 108b UrhG sowohl deren *Umgehung* (Abs. 1) als auch die *Verbreitung von Umgehungstechnologie* (Abs. 2) unter Strafe stellt. Die Strafbarkeit wird dadurch weit in die Vorbereitungsphase ausgedehnt. **563**

Setzte der Urheberrechtsschutz zuvor stets am geschützten Werk selbst an, verbietet das Urheberrecht seither auch *Handlungen im Vorfeld* des Zugriffs auf Inhalte. Bereits die Umgehung von wirksamen technischen Schutzmaßnahmen als solche wird – strafrechtlich bewehrt – untersagt. Den strafrechtlichen Schutz dadurch in das Vorfeld einer „traditionellen" Urheberrechtsverletzung vorzuverlagern, bildet ein typisches Beispiel für die zunehmende Flexibilisierung des Strafrechts. Doch nicht jede Umgehungshandlung besitzt einen Unrechtsgehalt, der eine Bestrafung gerechtfertigt erscheinen lässt. So kann die Umgehung des Urheberrechtsschutzes lediglich zum Zwecke der berechtigten Verwertung geschehen. Die Ahndung der Umgehung von Kopierschutzmechanismen geht somit weiter als der strafrechtliche Schutz des Urheberrechts selbst. Es gilt daher, die strafwürdigen Handlungen von solchen Verhaltensweisen zu trennen, die nicht bestraft werden sollen. **564**

Die Regelung des § 108b UrhG beruht auf *internationalen Rechtsakten* und lässt sich letztlich auf den „WIPO Copyright Treaty" (WCT; WIPO-Urheberrechtsvertrag) und den „WIPO Performances and Phonograms Treaty" (WPPT; WIPO-Vertrag über Darbietungen und Tonträger) zurückführen. Zur Umsetzung dieser Verträge der World Intellectual Property Organization (WIPO; Weltorganisation für geistiges Eigentum) verpflichteten sich außer der USA und der Europäischen Union noch zahlreiche andere Staaten. Sie sehen vor, dass wirksame Kopierschutzmechanismen weder umgangen noch Tools oder sonstige Hilfestellungen zur Verfügung gestellt werden dürfen, die eine solche Umgehung ermöglichen. Dementsprechend wurden etwa in den USA 1998 der Digital Millennium Copyright Act (DMCA) und in der Europäischen Union die Richtlinie 2001/29/EG des Europäischen Parlaments und des Rates zur Harmonisierung bestimmter Aspekte des Urheberrechts und der verwandten Schutzrechte in der Informationsgesellschaft (sog. InfoSoc-Richtlinie)[1034] erlassen. Gemäß Art. 6 Abs. 1 der Richtlinie müssen die Mitgliedstaaten „einen angemessenen Rechtsschutz gegen die Umgehung wirksamer technischer Maßnahmen" implementieren. In Deutschland wurde die Richtlinie durch das schon vielfach erwähnte Gesetz zur Regelung des Urheberrechts in der Informationsgesellschaft vom 10. September 2003 umgesetzt. **565**

Umgehung von Schutzmaßnahmen (Absatz 1) Nach § 108b Abs. 1 Nr. 1 UrhG ist die Umgehung einer wirksamen technischen Maßnahme in der Absicht, sich oder einem Dritten den Zugang zu einem geschützten Werk oder sonstigen Schutzgegenstand zu verschaffen oder dessen Nutzung zu ermöglichen, strafbar. § 108b Abs. 1 Nr. 2 lit. a UrhG erfasst die Entfernung von Informationen für die Rechtewahrnehmung nach § 95c UrhG, wie z. B. des Ländercodes einer DVD oder eines **566**

[1033] BGBl. I, S. 1774.
[1034] ABl. EG L 167, S. 10.

digitalen Wasserzeichens.[1035] Schließlich stellt § 108b Abs. 1 Nr. 2 lit. b UrhG unter anderem die Verbreitung, Einfuhr und öffentliche Wiedergabe eines Schutzgegenstandes, bei dem eine entsprechende Information unbefugt entfernt oder geändert wurde, unter Strafe.

567 *Technische Maßnahmen* sind nach § 95a Abs. 2 Satz 1 UrhG Technologien, Vorrichtungen und Bestandteile, die im normalen Betrieb dazu bestimmt sind, geschützte Werke oder andere nach dem UrhG geschützte Schutzgegenstände betreffende Handlungen, die vom Rechteinhaber nicht genehmigt sind, zu verhindern oder einzuschränken. Beispiele hierfür sind Kopierschutzmaßnahmen und Programmablaufsperren, Zählroutinen, Freischaltcodes, Passwörter und Verschlüsselungen.[1036]

568 *Wirksam* sind solche Maßnahmen gemäß § 95a Abs. 2 Satz 2 UrhG, durch die der Rechteinhaber die Nutzung eines geschützten Werkes oder eines anderen Schutzgegenstandes unter Kontrolle hält. Dies geschieht durch eine Zugangskontrolle, einen Schutzmechanismus wie Verschlüsselung, Verzerrung oder sonstige Umwandlung oder einen Mechanismus zur Kontrolle der Vervielfältigung, welche die Erreichung des Schutzziels sicherstellen. Eine absolute Sicherung erfordert die Wirksamkeit einer technischen Schutzmaßnahme schon nach der Gesetzesbegründung nicht.[1037] Vielmehr reicht es aus, wenn die Umgehung der Sicherung einen erheblichen Aufwand erfordert und somit den *Durchschnittsnutzer* von Verletzungen des Urheberrechts abhalten kann.[1038]

569 § 108b Abs. 1 UrhG setzt zudem voraus, dass die *Zustimmung des Rechteinhabers* fehlt. Da die Vorschrift anders als § 106 UrhG nicht an die Einwilligung anknüpft, wird zum Teil vertreten, dass auch die nachträgliche Genehmigung (vgl. § 184 BGB) die Strafbarkeit entfallen lasse. Eine einengende Auslegung sei wegen des strafrechtlichen Analogieverbots unzulässig.[1039] Allerdings widerspricht eine solche Auslegung dem *Simultaneitätsprinzip*, wonach alle Voraussetzungen der Tat bei ihrer Begehung vorzuliegen haben. Eine der Strafbarkeit entgegenstehende „Zustimmung" muss folglich vor der Tat zum Ausdruck gebracht werden; eine nachträgliche Genehmigung ist im Strafrecht bedeutungslos.[1040] Das Tatbestandsmerkmal der „Zustimmung" ist daher anders als im Zivilrecht dahingehend auszulegen, dass allein eine vorherige Einwilligung erfasst ist.[1041]

[1035] *Gercke/Brunst* Rn. 501 m. w. N.

[1036] *Malek/Popp* Rn. 294; *Marberth-Kubicki* Rn. 272.

[1037] Siehe BT-Drucks. 15/38, S. 26.

[1038] OLG Hamburg MMR 2009, 851 (852); LG München I MMR 2008, 192 (194); Dreier/Schulze/*Specht-Riemenschneider* § 95a UrhG Rn. 16; Schricker/Loewenheim/*Götting* § 95a UrhG Rn. 22; Erbs/Kohlhaas/*Kaiser* § 108b UrhG Rn. 5; *Stickelbrock* GRUR 2004, 736 (738).

[1039] *Malek/Popp* Rn. 299; vgl. indes auch Wandtke/Bullinger/*Reinbacher* § 106 UrhG Rn. 26.

[1040] Vgl. BGHSt 17, 359 (360); Schricker/Loewenheim/*Kudlich* § 106 UrhG Rn. 37 ff.

[1041] Vgl. Erbs/Kohlhaas/*Kaiser* § 106 UrhG Rn. 26.

Nicht tatbestandsgemäß sind Handlungen, die jemand ausschließlich zum eige-   **570**
nen privaten oder zum privaten Gebrauch persönlich verbundener Personen vornimmt (§ 108b Abs. 1 UrhG a.E.). Dies setzt eine Nutzung in der Privatsphäre voraus, die ausschließlich der Befriedigung persönlicher Bedürfnisse, nicht hingegen
beruflicher Interessen oder wirtschaftlicher Anliegen dienen soll.[1042] Durch diese
Regelung wollte der Gesetzgeber umfangreiche Ermittlungsmaßnahmen der Strafverfolgungsbehörden verhindern, die als wenig Erfolg versprechend und unter dem
Aspekt der Verhältnismäßigkeit als problematisch angesehen wurden.[1043]

Tathandlungen mit Vorrichtungen zur Umgehung von Schutzmaßnahmen   **571**
(Absatz 2) § 108b Abs. 2 UrhG sanktioniert bestimmte *Vorbereitungshandlungen*
für die Umgehung wirksamer technischer Maßnahmen, namentlich die Herstellung,
Einfuhr, Verbreitung, den Verkauf und die Vermietung hierzu geeigneter Hilfsmittel
(z. B. Software zum Knacken eines Kopierschutzes). Allerdings muss der Täter –
anders als nach Absatz 1; insoweit ist das gewerbsmäßige Handeln jedoch Quali-
fikationsmerkmal gemäß Absatz 3 – *zu gewerblichen Zwecken* handeln. Nicht
gewerbliches Verhalten kann allenfalls als Ordnungswidrigkeit nach § 111a Abs. 1
Nr. 1 UrhG geahndet werden.

Werden Softwaretools im Sinne des §§ 108b Abs. 2, 95a Abs. 3 UrhG *verbreitet*,   **572**
bedarf es keiner körperlichen Fixierung. Zwar ist dies in anderen Vorschriften des
UrhG (siehe z. B. Rn. 543 zu § 17 UrhG) erforderlich. Eine solche Auslegung hätte
aber zur Folge, die besonders gefährliche Verbreitung über das Internet, die der
Gesetzgeber durch seine Neuregelung gerade berücksichtigen wollte,[1044] tatbestand-
lich nicht zu erfassen.[1045] Nicht in der Aufzählung von Tathandlungen in §§ 108b
Abs. 2, 95a Abs. 3 UrhG genannt und somit nicht hiernach strafbar ist die bloße
Information über Umgehungsmöglichkeiten von Schutzmechanismen.

Bei Vervielfältigungen zum eigenen Gebrauch kollidiert die Regelung der   **573**
§§ 108b, 95a UrhG mit dem Recht aus § 53 UrhG. Die Rechtmäßigkeit der Erstellung einer Privatkopie ist fraglich, wenn die Vorlage durch eine wirksame technische Kopierschutzmaßnahme gesichert ist. § 53 Abs. 1 UrhG gestattet gemäß
§ 95b Abs. 1 Satz 1 Nr. 6 UrhG eine Umgehung dieser Sicherung lediglich bei
photomechanischen oder ähnlichen Kopierverfahren auf Papier oder einen ähnlichen Träger. Digitalen Kopien steht damit der Kopierschutz entgegen.[1046] Da allerdings weder die Strafvorschrift des § 108b UrhG noch der Bußgeldtatbestand des
§ 111a UrhG die Umgehung von technischen Schutzmaßnahmen für den privaten

---

[1042] *Gercke/Brunst* Rn. 494; *Malek/Popp* Rn. 300.

[1043] BT-Drucks. 15/38, S. 29.

[1044] BT-Drucks. 15/38, S. 26.

[1045] *Gercke/Brunst* Rn. 535; *Malek/Popp* Rn. 309.

[1046] BVerfG NJW 2006, 42 (43); Dreier/Schulze/*Specht-Riemenschneider* § 95b UrhG Rn. 12;
Wandtke/Bullinger/*Wandtke/Ohst* § 95b UrhG Rn. 28; siehe hierzu *Krüger* GRUR 2004, 204; *Stickelbrock* GRUR 2004, 736.

Gebrauch erfassen (zu § 108b UrhG siehe Rn. 570), ist dieser Problemkreis in erster Linie für das Zivilrecht von Bedeutung.[1047]

574   Fraglich ist, ob sich beispielsweise Unternehmen der Musikindustrie strafbar machen, indem sie dem Privatanwender durch Kopierschutzmaßnahmen die Vervielfältigung einer legal erworbenen Audio-CD verwehren. § 263a StGB scheidet schon deswegen aus, da die entsprechende Manipulationshandlung (Rückgriff auf Kopierschutztechniken) keine Vermögensverfügung hervorruft.[1048] Doch könnte hierin ein Unterdrücken von Daten im Sinne des § 303a StGB liegen, da dem Nutzer die Musikdaten aufgrund der nicht uneingeschränkten Verwendungsmöglichkeiten zum Teil vorenthalten werden. Allerdings müsste diese Unterdrückung wiederum rechtswidrig sein, da es sich bei der Rechtswidrigkeit in § 303a StGB um ein objektives Tatbestandsmerkmal handelt (Rn. 421). Rechtswidrig wäre das Unterdrücken, wenn dem Käufer der CD ein Nutzungsrecht zusteht, das ihm auch die Anfertigung einer digitalen Kopie gestattet. Ein solches Recht aus § 53 UrhG abzuleiten,[1049] steht allerdings entgegen, dass § 95a UrhG das Umgehen eines Kopierschutzes gerade verbietet. Von den Ausnahmen des § 95b UrhG, wonach der Privatnutzer Mittel zur Umgehung des Kopierschutzes verlangen darf, sind digitale Kopien nicht erfasst. Es besteht insoweit daher gerade *kein Recht auf Privatkopie*.[1050] Diese Erwägungen sind ebenso für die strafrechtliche Bewertung maßgeblich, so dass auch hier das Recht aus § 53 UrhG nur soweit reicht, wie § 95a UrhG dem nicht entgegensteht.

575   Der Betreiber eines *Cardsharing*-Servers (siehe dazu eingehend Rn. 321 f.) könnte auch den Tatbestand des § 108b UrhG erfüllen. Das von den Pay-TV-Anbietern verwendete Verschlüsselungssystem stellt eine wirksame technische Maßnahme im Sinne des § 95a Abs. 2 UrhG dar (vgl. bereits Rn. 567 f.).[1051] Durch den Anschluss der Smartcards an den Cardsharing-Server und die Entschlüsselung der Kontrollwörter umgeht der Täter diese technische Maßnahme, wodurch er seinen Kunden ein unbefugtes Ansehen der (urheberrechtlich geschützten) Filmwerke und Laufbilder ermöglicht.[1052] Eine Zustimmung des Pay-TV-Anbieters als Rechteinhaber ist nicht gegeben, in aller Regel ist das Cardsharing in dessen AGB ausdrücklich untersagt. Bei Anbieten seiner Leistung an eine unbestimmte Anzahl von Personen handelt der Täter zum einen nicht nur für den privaten Gebrauch (vgl. § 108b Abs. 1 a.E. UrhG),[1053] zum anderen erfüllt er auch den Qualifikationstatbestand des gewerbsmäßigen Handelns gemäß § 108b Abs. 3 UrhG. Daneben verwirklicht er mit der Errichtung des Cardsharing-Servers die Tathandlung des § 108b Abs. 2 i. V. m. § 95a Abs. 3 UrhG.[1054]

[1047] BVerfG NJW 2006, 42 (43); Erbs/Kohlhaas/*Kaiser* § 106 UrhG Rn. 24c; *Abdallah/B. Gercke/Reinert* ZUM 2004, 31 (34).

[1048] *Abdallah/B. Gercke/Reinert* ZUM 2004, 31 (37).

[1049] So *Abdallah/B. Gercke/Reinert* ZUM 2004, 31 (38), die daher im Ergebnis eine Strafbarkeit des Musikunternehmens bejahen.

[1050] Dreier/Schulze/*Dreier* § 53 UrhG Rn. 5; *Stickelbrock* GRUR 2004, 736 (740).

[1051] Vgl. auch OLG Hamburg ZUM 2010, 63 (66 f.).

[1052] OLG Celle BeckRS 2016, 18380 Rn. 29; *Esser/Rehaag* wistra 2017, 81 (85); *Planert* StV 2014, 430 (435).

[1053] OLG Celle BeckRS 2016, 18380 Rn. 30.

[1054] *Esser/Rehaag* wistra 2017, 81 (85); *Planert* StV 2014, 430 (436).

II. Datenschutzrecht

Literatur (Auswahl): *Bizer* Web-Cookies – datenschutzrechtlich, DuD 1998, 277–281; *Eichler* Cookies – verbotene Früchte?, K&R 1999, 76–81; *Greve* Das neue Bundesdatenschutzgesetz, NVwZ 2017, 737–744; *Ihde* Cookies – Datenschutz als Rahmenbedingung der Internetökonomie, CR 2000, 413–423; *Kühling/Martini* Die Datenschutz-Grundverordnung: Revolution oder Evolution im europäischen und deutschen Datenschutzrecht?, EuZW 2016, 448–454; *Schaar* Datenschutzrechtliche Einwilligung im Internet, MMR 2001, 644–648; *Schantz* Die Datenschutz-Grundverordnung – Beginn einer neuen Zeitrechnung im Datenschutzrecht, NJW 2016, 1841–1847; *Zscherpe* Anforderungen an die datenschutzrechtliche Einwilligung im Internet, MMR 2004, 723–727.

1. Grundlagen

Sämtliche Informationen, die auf Computern in digitalisierter Form verarbeitet oder   **576**
im Internet veröffentlicht und verbreitet werden, lassen sich als Daten im weiten Sinne verstehen. Diese Daten vor unerwünschten Zugriffen zu bewahren, kann aus verschiedenen Gründen ein auch mit den Mitteln des Strafrechts zu schützendes Interesse bilden. So ist das *formelle Geheimhaltungsinteresse* des Verfügungs-berechtigten, die Daten unabhängig von ihrem Inhalt und von der betroffenen Person zu schützen, Rechtsgut der §§ 202a ff. StGB (Rn. 344, 375, 382 und 397). Gerade aus jenem Bezug zu einer bestimmten Person kann sich aber – unabhängig von der Verfügungsbefugnis an den jeweiligen Daten – ebenso ein Schutzbedürfnis ergeben, erlauben solche *personenbezogene Daten* doch Rückschlüsse auf persönliche Eigenschaften, ggf. sogar die Anfertigung von Persönlichkeitsprofilen und berühren somit das Allgemeine Persönlichkeitsrecht in seiner Ausgestaltung als Recht auf informationelle Selbstbestimmung. Es gewährt jedem die Befugnis, selbst über die Preisgabe und Verwendung seiner persönlichen Daten bestimmen zu dürfen, und wird daher mitunter auch als „Grundrecht auf Datenschutz"[1055] bezeichnet (siehe schon § 1 Rn. 77). Das Datenschutzrecht trägt der hohen Bedeutung dieses Grundrechts, das auf europäischer Ebene in Art. 8 EuGrCh Ausdruck gefunden hat, Rechnung, indem es die Erhebung, Verarbeitung und Nutzung von personenbezogenen Daten grundsätzlich verbietet, sofern sie nicht im Einzelfall gestattet ist (sog. Verbot mit Erlaubnisvorbehalt, siehe auch Art. 8 Abs. 2 Satz 1 EuGrCh). Das Datenschutzrecht beantwortet somit die zentrale Frage, wann der Umgang mit personenbezogenen Daten ausnahmsweise erlaubt ist und welche Voraussetzungen dafür zu erfüllen sind.

Bis zum 24. Mai 2018 war das Bundesdatenschutzgesetz (BDSG) zentrale   **577**
Rechtsquelle des deutschen Datenschutzrechts. Seitdem regelt die europäische Datenschutz-Grundverordnung (DS-GVO)[1056] den Schutz personenbezogener Daten in allen Mitgliedstaaten der Europäischen Union einheitlich. Das neu ge-

---

[1055] BVerfGE 84, 239 (280).
[1056] VO (EU) 2016/679, ABl. EU L 119, S. 1, ber. L 314, S. 72.

fasste BDSG[1057] enthält nunmehr nur noch ergänzende Regelungen für Bereiche, in denen die DS-GVO Öffnungsklauseln zugunsten der Mitgliedstaaten vorsieht.

578 Im Hinblick auf den räumlichen Anwendungsbereich regelt Art. 3 DS-GVO erstmals ausdrücklich das sog. *Marktortprinzip*.[1058] Im Zeitalter des Internets und der globalen Vernetzung spielen Staatsgrenzen bei Datenverarbeitungen kaum noch eine Rolle. Das Marktortprinzip hat den Zweck, den Einzelnen auch vor solchen Datenverarbeitungen zu schützen, die außerhalb der EU erfolgen.[1059] Wegweisender Schritt zur Etablierung des Prinzips war das Google Spain-Urteil des EuGH.[1060] Streitig war unter anderem die Frage, ob die Datenverarbeitung „im Rahmen der Tätigkeit" der spanischen Tochtergesellschaft (Google Spain) erfolgte und damit der räumliche Anwendungsbereich der Datenschutzrichtlinie eröffnet war, obwohl sich die Tätigkeit von Google Spain auf den Verkauf von Werbeflächen beschränkt und die Indexierung und Speicherung von Webseitendaten ausschließlich durch die Google Inc. mit Sitz in den USA ausgeführt wird. Hierzu entschied der EuGH im konkreten Fall, dass diese Datenverarbeitung im Rahmen der Tätigkeit der spanischen Niederlassung erfolgt, da sie die Aufgabe hat, durch den Verkauf von Werbeflächen den Betrieb der Suchmaschine zu ermöglichen und diese originäre Aufgabe der Niederlassung auf die Einwohner des Mitgliedstaates ausgerichtet ist.[1061] Dieses Urteil fand Niederschlag in Art. 3 Abs. 1 DS-GVO, wonach der Ort der Datenverarbeitung unerheblich ist, solange sie im Rahmen der Tätigkeit einer in der EU sitzenden Niederlassung erfolgt. Für den Fall, dass der Verantwortliche (also derjenige, der über die Zwecke und Mittel der Verarbeitung entscheidet, Art. 4 Nr. 7 DS-GVO) keine Niederlassung in der EU betreibt, richtet sich die Eröffnung des räumlichen Anwendungsbereichs nach Art. 3 Abs. 2 und Abs. 3 DS-GVO. In sachlicher Hinsicht kommt es gemäß Art. 2 DS-GVO im Wesentlichen auf das Vorliegen personenbezogener Daten an.

2. Personenbezogene Daten

579 Die *DS-GVO* gewährleistet den Schutz personenbezogener Daten – auch mit Mitteln des Ordnungswidrigkeiten- und Strafrechts (dazu vgl. Rn. 584 ff.). Sie soll natürliche Personen vor Beeinträchtigungen ihrer Grundrechte und Grundfreiheiten schützen, die sich auf den Umgang mit ihren personenbezogenen Daten zurückführen lassen (Art. 1 DS-GVO).

580 Maßgebliches Kriterium für die Anwendbarkeit der DS-GVO in sachlicher Hinsicht ist gemäß Art. 2 Abs. 1 DS-GVO zunächst das Vorliegen *personenbezogener Daten*. Nach der Legaldefinition des Art. 4 Nr. 1 DS-GVO sind personenbezogene Daten „alle Informationen, die sich auf eine identifizierte oder identifizierbare natürliche Person [...] beziehen". Problematisch ist insbesondere, unter welchen

---

[1057] Neufassung durch das Datenschutz-Anpassungs- und -Umsetzungsgesetz EU (DSAnpUG-EU), BGBl. I 2017, S. 2097.

[1058] Vgl. dazu etwa Ehmann/Selmayr/*Selmayr/Ehmann* DS-GVO Einf. Rn. 23.

[1059] ErwGr. 23.

[1060] EuGH NJW 2014, 2257.

[1061] EuGH NJW 2014, 2257 Rn. 60; Ehmann/Selmayr/*Zerdick* DS-GVO Art. 3 Rn. 11.

Umständen eine natürliche Person „identifizierbar" ist. Hierfür stellt die Verordnung darauf ab, dass der Betroffene mittels Zuordnung zu einer Kennung (auch: Standortdaten) oder zu besonderen Merkmalen identifiziert werden kann. Dabei ist es nicht notwendig, dass der Verantwortliche selbst die Identifikation vornehmen kann. Vielmehr reicht es aus, wenn nach allgemeinem Ermessen ein beliebiger Dritter zur Bestimmung der betroffenen Person in der Lage ist. Allerdings genügt die fiktive Möglichkeit einer Bestimmbarkeit nicht, vielmehr kommt es auf eine Gesamtschau aus den für die Identifizierung nötigen Kosten, dem zeitlichen Aufwand und den zur Verfügung stehenden technischen Mitteln an.[1062]

Das wirkt sich auch auf die Qualifikation von *IP-Adressen* als personenbezogene Daten aus. Zwar **581** kann beispielsweise der Betreiber einer Webseite die gespeicherte IP-Adresse eines Besuchers nicht selbst einer bestimmten Person zuordnen. Allerdings ist die Zuordnung dem Internet Service Provider, der seinem Kunden die IP-Adresse zugewiesen hat, ohne Weiteres möglich.[1063] Somit handelt es sich selbst bei dynamischen IP-Adressen, die bei jeder Einwahl neu vergeben werden und nicht einem Rechner fest zugewiesen sind, um personenbezogene Daten. Vor Inkrafttreten der DS-GVO wurden dynamische IP-Adressen erst nach einer Entscheidung des EuGH aus dem Jahr 2016 als personenbezogene Daten qualifiziert. Voraussetzung hierfür war, dass der Webseitenbetreiber über rechtliche Mittel verfügte, um mit Hilfe der Strafverfolgungsbehörden die Zuordnung der IP-Adresse zu einer konkreten Person zu erreichen.[1064] Zuvor galten allein statische IP-Adressen, die einem Rechner fest zugewiesen sind, als personenbezogene Daten im Sinne des § 3 Abs. 1 BDSG a. F.[1065]

Problematisch ist der notwendige Personenbezug etwa bei der Verwendung von *Cookies*.[1066] **582** Cookies sind individualisierte Datensätze, die beim Abrufen einer Webseite mitunter erzeugt, an den Webbrowser des Nutzers gesendet und von diesem in einer Cookie-Datei abgelegt werden. Die Daten werden bei erneuten Verbindungen mit dem Web-Server des Anbieters ausgelesen und ggf. aktualisiert. Cookies sollen die Nutzung des jeweiligen Webangebots erleichtern, indem etwa Passwörter (z. B. bei elektronischen Datenbanken), Suchanfragen (z. B. bei Verkehrsauskünften) oder sonstige Eingaben (z. B. Artikel in einem Warenkorb beim Online-Shopping) gespeichert werden. Allerdings ist es ebenso möglich, mit Hilfe von Cookies Informationen über das Bewegungsprofil des Kunden, d. h. insbesondere über seine zuvor besuchten Webseiten, zu sammeln, um ihm beispielsweise gezielt passende Werbung zuzusenden.

Identifiziert im Sinne des Art. 4 Nr. 1 DS-GVO ist eine Person, wenn ihr der Datensatz ohne **583** Weiteres eindeutig zugeordnet werden kann, *identifizierbar*, wenn eine Zuordnung jedenfalls mit Zusatzwissen möglich ist.[1067] Cookies enthalten nach herrschender Lehre zumindest dann personenbezogene Daten, wenn sie unmittelbar zur Identifizierung des Nutzers geeignete Informationen enthalten (z. B. Name, E-Mail-Adresse, Telefonnummer, statische IP-Adresse) oder das System des Verwenders (z. B. der Web-Server des Anbieters) sie mit zusätzlich gewonnenen Informationen derart verknüpft, dass der erforderliche Personenbezug entsteht. Gleiches gilt, wenn Cookies nicht oder nicht nur an den ursprünglichen Absender übertragen, sondern auch an Dritte weitergeleitet werden, die über entsprechende Zuordnungsangaben verfügen.[1068] Auch bei Einsatz

---

[1062] ErwGr. 26; *Schild* BeckOK-DatSchR Art. 4 DS-GVO Rn. 18.

[1063] *Schild* BeckOK-DatSchR Art. 4 DS-GVO Rn. 19 f.

[1064] EuGH NJW 2016, 3579 (3580 f.); dem folgend BGH NJW 2017, 2416 (2417 f.).

[1065] Vgl. *Vorauflage* Rn. 738.

[1066] Siehe hierzu *Ihde* CR 2000, 413 (415 ff.). Zum Personenbezug bei der Benutzerkennung (SSID) eines WLAN *M. Gercke* ZUM 2010, 633 (644); *Hagemeier* HRRS 2011, 72 (78).

[1067] *Schild* BeckOK-DatSchR Art. 4 DS-GVO Rn. 14 ff.; Schantz/Wolff/*Schantz* Rn. 291.

[1068] *Ihde* CR 2000, 413 (416 f.).

des sog. *Device-Fingerprinting*, bei dem der Nutzer eines Internetdienstes aufgrund der spezifischen Kombination der Einstellungen seines Internetbrowsers ermittelbar ist, ist ein Personenbezug gegeben.[1069]

3. Rechtmäßigkeit der Datenverarbeitung und Sanktionen

584 Die Verarbeitung personenbezogener Daten ist unter anderem dann erlaubt, wenn der Betroffene einwilligt (Art. 6 Abs. 1 Satz 1 lit. a DS-GVO). Der Begriff der *Einwilligung* ist in Art. 4 Nr. 11 DS-GVO legal definiert und stellt hohe Anforderungen an eine entsprechende Willensbekundung des Betroffenen. Sie muss freiwillig, informiert und eindeutig abgegeben werden und sich auf einen oder mehrere bestimmte Zwecke beziehen. Eine pauschale Einwilligung in jede beliebige Verwendung personenbezogener Daten ist damit unwirksam.[1070] Art. 7 DS-GVO formuliert besondere Bedingungen für die Einwilligung, unter anderem eine Nachweispflicht des Verantwortlichen (Abs. 1) und das Recht des jederzeitigen Widerrufs der Einwilligung durch den Betroffenen (Abs. 3).[1071] Das nach alter Rechtslage bestehende grundsätzliche Schriftformerfordernis für die Einwilligung wurde durch den Verordnungsgeber nicht übernommen, vielmehr genügt nach der DS-GVO auch eine elektronische oder mündliche, eindeutige Willensbekundung.[1072] Für die Anforderungen an eine Einwilligung durch einen Minderjährigen trifft Art. 8 DS-GVO eine Sonderregelung, die bei Kindern unter 16 Jahren grundsätzlich eine Einwilligung oder Zustimmung der Eltern voraussetzt.

585 Mit der DS-GVO wurde das Sanktionssystem für Verstöße gegen datenschutzrechtliche Vorschriften in weiten Teilen erneuert. Die in Art. 83 Abs. 4–6 DS-GVO aufgezählten *Bußgeldtatbestände* reichen vor allem in ihrer Rechtsfolge erheblich weiter als diejenigen des § 43 BDSG a. F. Nunmehr kann die Datenschutzaufsichtsbehörde im Falle eines Verstoßes Geldbußen bis zu 10 Millionen Euro (Art. 83 Abs. 4 DS-GVO) bzw. sogar 20 Millionen Euro (Art. 83 Abs. 5–6 DS-GVO) verhängen. Hat ein Unternehmen den Verstoß begangen, ist eine Geldbuße in Höhe von bis zu zwei (Absatz 4) bzw. vier Prozent (Absätze 5–6) des weltweit erzielten Vorjahresumsatzes zu verhängen. Dieser Grundsatz der Orientierung an dem Geschäftsumsatz stammt aus dem EU-Kartellrecht und soll durch die entsprechend hohen Bußgeldobergrenzen dazu motivieren, den Datenschutz ernst zu nehmen.[1073] In jedem Einzelfall muss die verhängte Geldbuße gemäß Art. 83 Abs. 1 DS-GVO wirksam, verhältnismäßig und abschreckend sein, wobei sich ihre konkrete Höhe nach den Kriterien des Art. 83 Abs. 2 DS-GVO bestimmt.

[1069] *Karg/Kühn* ZD 2014, 285.

[1070] So auch bereits unter Geltung des BDSG a. F., siehe *Vorauflage* Rn. 742; Erbs/Kohlhaas/*Ambs* § 4a BDSG (a. F.) Rn. 8.

[1071] Zu den Anforderungen an den Nachweis wirksamer Einwilligung siehe etwa auch EuGH ZD 2021, 89.

[1072] ErwGr. 32; eingehend *Krohm* ZD 2016, 368.

[1073] So ausdrücklich ErwGr. 150.

Im Falle eines Verstoßes gegen Art. 6 DS-GVO, also bei einer Datenverarbeitung ohne (wirksame; **586** siehe Rn. 584) Einwilligung des Betroffenen oder ohne gesetzliche Legitimation, kann die Datenschutzaufsichtsbehörde folglich gemäß Art. 83 Abs. 5 lit. a DS-GVO ein Bußgeld in Höhe von bis zu 20 Millionen Euro bzw. bis zu vier Prozent des Vorjahresumsatzes verhängen. Zum Vergleich: Bis zum Inkrafttreten der DS-GVO im Mai 2018 konnte ein entsprechender Verstoß gemäß § 43 Abs. 2 Nr. 1 i. V. m. Abs. 3 BDSG a. F. „nur" mit einer Geldbuße von bis zu 300.000 Euro geahndet werden.

Die DS-GVO enthält selbst keinen *Straftatbestand*, sondern überlässt die Rege- **587** lung eines solchen gemäß Art. 84 DS-GVO den Mitgliedstaaten. Der deutsche Gesetzgeber hat entsprechende Tatbestände in § 42 Abs. 1–2 BDSG normiert, die für eine gewerbsmäßige, unberechtigte Zugänglichmachung personenbezogener Daten (Abs. 1) oder für deren unberechtigte Verarbeitung oder Erschleichung (Abs. 2) eine Freiheits- oder Geldstrafe vorsehen. Im Falle des § 42 Abs. 2 BDSG bedarf es zur Begründung des schärferen Sanktionsrahmens einer Entgeltlichkeit des Handelns bzw. einer Bereicherungs- oder Schädigungsabsicht des Täters.

Entgelt ist jede in einem Vermögensvorteil bestehende Gegenleistung. Da § 42 **588** BDSG eine Norm des Nebenstrafrechts ist, findet der allgemeine Teil des Strafrechts und damit die Legaldefinition aus § 11 Abs. 1 Nr. 9 StGB Anwendung, vgl. auch Art. 1 Abs. 1 EGStGB.[1074] Die *Bereicherungsabsicht* muss auf einen Vermögensvorteil gerichtet sein. Für die *Schädigungsabsicht* genügt jeder vom Täter beabsichtigte Nachteil (etwa auch ein immaterieller Schaden bei Ehrverletzungen), wobei sich die Schädigungsabsicht nicht zwingend gegen den Betroffenen richten muss.[1075]

Auch *Cookies* können datenschutzstrafrechtliche Bedeutung erlangen. Das Setzen von Cookies ist **589** zwar an sich nur eine gezielte Vorbereitungshandlung zur Datenerhebung, da sich die Festplatte des Nutzers mangels jederzeitiger Zugriffsmöglichkeit nicht in dem unmittelbaren Machtbereich des Diensteanbieters befindet. Jedoch erfolgt die Datenerhebung bei nächster Gelegenheit automatisch, ohne dass der Nutzer noch darauf Einfluss nehmen könnte. Somit stellt bereits das Setzen der Cookies eine Phase der Datenverarbeitung dar, weswegen die datenschutzrechtlichen Bestimmungen einschlägig sein können. Bei der Verwendung von Cookies handelt es sich daher um eine Verarbeitung im Sinne des Art. 4 Nr. 2 DS-GVO.[1076] Sofern nicht das Gesetz die Verwendung von Cookies gestattet, bedarf es daher der Einwilligung des Nutzers.[1077]

4. Sonstiges

Die Strafvorschrift des § 42 BDSG ist ein *absolutes Antragsdelikt* (§ 42 Abs. 3 **590** Satz 1 BDSG). Antragsberechtigt ist gemäß § 42 Abs. 3 Satz 2 BDSG insbesondere der Betroffene, d. h. diejenige Person, über deren personenbezogene Daten verfügt wurde (vgl. Art. 4 Nr. 1 Halbs. 1 DS-GVO). Allerdings bezweckt das Datenschutz-

---

[1074] Roßnagel/*Braun/Hohmann* § 6 Rn. 144.

[1075] Erbs/Kohlhaas/*Ambs* § 44 BDSG (a. F.) Rn. 2.

[1076] *Ihde* CR 2000, 413 (415).

[1077] Zum Erfordernis aktiver (nicht: voreingestelltes Ankreuzkästchen), gesonderter und ausdrücklicher Einwilligung durch den Nutzer EuGH ZD 2019, 556; BGH ZD 2020, 467.

strafrecht in der heutigen Informationsgesellschaft nicht mehr nur den Individual-rechtsschutz. Bei bestimmten Formen der Massendatenverarbeitung lässt sich die Zahl der Geschädigten zudem häufig nicht mehr übersehen.[1078] Weitere Antragsberechtigte sind gemäß § 42 Abs. 3 Satz 2 BDSG daher auch der Verantwortliche, die oder der Bundesbeauftragte für den Datenschutz und die Informationsfreiheit und die Aufsichtsbehörde.

591   Die Strafbestimmungen der §§ 203 f. StGB einerseits und des § 42 BDSG andererseits schließen sich nicht gegenseitig aus, sondern überschneiden sich. §§ 203, 204 StGB schützen personenbezogene Geheimnisse zwar nur vor der Verletzung durch sog. Berufsgeheimnisträger, gelten jedoch für jede Form der Verarbeitung. § 42 BDSG erfasst hingegen alle personenbezogenen Daten, kann aber von jedermann als Täter begangen werden. Erforderlich ist allerdings ein Handeln gegen Entgelt oder eine Bereicherungs- bzw. Schädigungsabsicht. § 42 BDSG weist daher gegenüber § 203 StGB einen eigenen Unrechtsgehalt auf, so dass die beiden Straftatbestände in *Tateinheit* stehen können.[1079]

III. Wettbewerbsrecht

Literatur (Auswahl): *Beucher/Engels* Harmonisierung des Rechtsschutzes verschlüsselter Pay-TV-Dienste gegen Piraterieakte, CR 1998, 101–110; *Dressel* Strafbarkeit von Piraterie-Angriffen gegen Zugangsberechtigungssysteme von Pay-TV-Anbietern, MMR 1999, 390–395; *Ohly* Das neue Geschäftsgeheimnisgesetz im Überblick, GRUR 2019, 441–451; *Wiebe* Reverse Engineering und Geheimnisschutz von Computerprogrammen, CR 1992, 134–141.

592   Eine weitere Norm aus dem Nebenstrafrecht, die Daten vor dem Zugriff Dritter bewahren soll, ist § 23 GeschGehG (*Verletzung von Geschäftsgeheimnissen*). Das GeschGehG setzt die „Know-how-Richtlinie" (EU) 2016/943[1080] um und ersetzt die bislang einschlägigen Bestimmungen der §§ 17–19 UWG. Das relative Antragsdelikt (§ 23 Abs. 8 GeschGehG) schützt den *Geheimbereich eines Unternehmens* vor unredlichen Eingriffen nicht nur gegenüber Mitbewerbern, sondern auch sonstigen Dritten wie insbesondere auch den eigenen Beschäftigten. Der Schutz von Geschäftsgeheimnissen liegt im Interesse der Allgemeinheit an der Erhaltung eines freien und lauteren Wettbewerbs.

593   § 23 GeschGehG enthält fünf Tatbestände, die nunmehr allesamt zivilrechtsakzessorisch ausgestaltet sind.[1081] Die Strafbarkeit nach § 23 GeschGehG richtet sich mithin nach der zivilrechtlichen Zulässigkeit der in Rede stehenden Verhaltensweise. Im Einzelnen stehen unter Strafe die *Betriebsspionage* (Absatz 1 Nr. 1), die *eigeneröffnete* (Absatz 1 Nr. 2) sowie die *fremderöffnete Geheimnishehlerei* (Absatz 2) und der *Geheimnisverrat* (Absatz 1 Nr. 3). Ergänzt wird der Katalog durch

---

[1078] Siehe schon *Weichert* NStZ 1999, 490 (492).

[1079] Erbs/Kohlhaas/*Ambs* § 44 BDSG (a. F.) Rn. 4; differenzierend *Heghmanns* HWSt 6. Teil Rn. 277.

[1080] ABl. EU L 157, S. 1.

[1081] Köhler/Bornkamm/Feddersen/*Alexander* § 23 GeschGehG Rn. 19.

§ 23 Abs. 3 GeschGehG, der die unbefugte *Verwertung von* anvertrauten *Vorlagen* unter Strafe stellt. Abs. 4 enthält drei Qualifikationstatbestände. Für alle Tatbestände gelten gemäß § 23 Abs. 7 Satz 2 GeschGehG die §§ 30 und 31 StGB entsprechend, sofern der Täter zur Förderung des eigenen oder fremden Wettbewerbs oder aus Eigennutz handelt. Daher sind die Vorschriften zum Versuch der Beteiligung, die grundsätzlich nur für Verbrechen gelten, auch auf die Vergehen des § 23 Abs. 1 bis 4 GeschGehG anwendbar.[1082]

Gemeinsames Merkmal aller Tatbestände des § 23 GeschGehG ist das *Geschäfts-*   **594**
geheimnis. Ähnlich wie im Datenschutzrecht müssen auch hier die Daten einen besonderen Informationsgehalt aufweisen. Nach der Legaldefinition des § 2 Nr. 1 GeschGehG handelt es sich bei einem Geschäftsgeheimnis um eine Information, die weder insgesamt noch in der genauen Anordnung und Zusammensetzung ihrer Bestandteile den Personen oder in den Kreisen, die üblicherweise mit dieser Art von Informationen umgehen, allgemein bekannt oder ohne Weiteres zugänglich ist und daher von wirtschaftlichem Wert ist und die Gegenstand von den Umständen nach angemessenen Geheimhaltungsmaßnahmen durch ihren rechtmäßigen Inhaber ist und bei der ein berechtigtes Interesse an Geheimhaltung besteht. Rechtmäßiger Inhaber in diesem Sinne ist gemäß § 2 Nr. 2 GeschGehG jede natürliche oder juristische Person, die die rechtmäßige Kontrolle über ein Geschäftsgeheimnis hat.

§ 23 GeschGehG kann bei einer erschlichenen *Zugangsberechtigung zum Pay-TV* einschlägig sein,   **595**
wenn der Täter beispielsweise eine manipulierte Originalchipkarte des Programmanbieters verwendet, die noch nicht oder nicht mehr zum Empfang berechtigt. Hier können mit Hilfe eines frei erhältlichen Chipkarten-Terminals und unter Rückgriff auf im Internet von Dritten bereitgestellte Software zum Herunterladen angebotene (zuvor rechtswidrig erlangte) Daten auf die Chipkarte geladen werden, um das Programmangebot unberechtigt freizuschalten.[1083] Bei den im Decoder oder auf der Chipkarte gespeicherten Verschlüsselungs- bzw. Produktcodes handelt es sich jedoch um ein Geschäftsgeheimnis des Anbieters des Verschlüsselungsdienstes, das nach wie vor gegen unerwünschte Zugriffe geschützt ist, so dass die Kenntnisnahme der Codes mit Hilfe technischer Mittel gegen den Willen des Geheimnisinhabers geschieht.[1084] Die Herstellung von Mikrochips unter Kenntnisnahme der nötigen Informationen erfüllt daher den Tatbestand des § 23 Abs. 1 Nr. 1 GeschGehG, der Vertrieb der so hergestellten Piraten-Karten bzw. das Bereitstellen der extrahierten Daten im Internet zum Herunterladen verwirklicht § 23 Abs. 1 Nr. 2 GeschGehG.[1085]

Ein weiterer Anwendungsbereich des Wettbewerbsstrafrechts war bislang das   **596**
sog. *Reverse Engineering.* Hierbei werden fertige Produkte (z. B. Maschinen, Software) detailliert analysiert, um deren zugrunde liegende Struktur, Arbeits- und Herstellungsweise zu erschließen und anschließend die gesammelten Informationen zu verwerten.[1086] Software wird den Nutzern beispielsweise zumeist nur im Objekt-

---

[1082] Köhler/Bornkamm/Feddersen/*Alexander* § 23 GeschGehG Rn. 95.

[1083] Vgl. *Dressel* MMR 1999, 390 (391).

[1084] *Beucher/Engels* CR 1998, 101 (102); vgl. auch *Joecks/Miebach* MK-StGB § 23 GeschGehG Rn. 42.

[1085] Vgl. noch zur alten Rechtslage *Beucher/Engels* CR 1998, 101 (102 f.); *Dressel* MMR 1999, 390 (392).

[1086] Siehe hierzu BayObLG NJW 1991, 438 (439); *Wiebe* CR 1992, 134 (134 f.).

code zur Verfügung gestellt, während der Quellcode eines Programms (siehe schon Rn. 364) in der Regel ein Geheimnis im Sinne des § 2 Nr. 1 GeschGehG darstellt. Daher kam nach alter Rechtslage ein Verrat von Geschäftsgeheimnissen in Betracht, wenn der Täter den ihm überlassenen Objektcode dekompilierte, d. h. in den Quellcode zurückübersetzte.[1087] Das hat sich mittlerweile grundlegend geändert: Nunmehr ist das *Reverse Engineering* gemäß § 3 Abs. 1 Nr. 2 GeschGehG grundsätzlich zulässig, sofern das Produkt oder der Gegenstand öffentlich verfügbar gemacht wurde oder sich im rechtmäßigen Besitz der handelnden Person befindet und soweit diese keinen (zumeist vertraglichen) Einschränkungen unterworfen wurde.[1088]

597 Auch im Zusammenhang mit *SIM-Lock-Sperren* von Mobiltelefonen ist an § 23 GeschGehG zu denken. Hier stellen – in Anbetracht des schutzwürdigen wirtschaftlichen Interesses des Herstellers oder Netzbetreibers an deren Geheimhaltung – sowohl der Unlock-Code als auch das Unlock-Know-how in der Regel ein Geschäftsgeheimnis dar.[1089]

IV. Zugangskontrolldiensteschutz-Gesetz

Literatur (Auswahl): *Linnenborn* Keine Chance für Piraten: Zugangskontrolldienste werden geschützt, K&R 2002, 571–578.

598 Das Gesetz über den Schutz von zugangskontrollierten Diensten und von Zugangskontrolldiensten (Zugangskontrolldiensteschutz-Gesetz; ZKDSG) vom 19. März 2002[1090] setzte die Richtlinie 98/84/EG über den rechtlichen Schutz von zugangskontrollierten Diensten und von Zugangskontrolldiensten vom 20. November 1998[1091] in nationales Recht um. *Zugangskontrollierte Dienste* sind nach der Legaldefinition in § 2 Nr. 1 ZKDSG Rundfunkdarbietungen und Telemedien, die gegen Entgelt erbracht werden und nur unter Verwendung eines *Zugangskontrolldienstes*, d. h. eines technischen Verfahrens oder einer technischen Vorrichtung, welche die erlaubte Nutzung gestattet (vgl. § 2 Nr. 2 ZKDSG), genutzt werden können. Im Wesentlichen schützt das ZKDSG somit verschlüsselte Sendungen im Pay-TV vor unbefugter Nutzung, aber auch etwa Video-on-Demand-Angebote und Computerspiele im Internet.[1092]

599 § 4 ZKDSG stellt deshalb die Herstellung, die Einfuhr und die Verbreitung von *Umgehungsvorrichtungen* zu gewerbsmäßigen Zwecken unter Strafe. Umgehungsvorrichtungen sind gemäß § 2 Nr. 3 ZKDSG sämtliche „technische Verfahren oder

---

[1087] *Meier* JZ 1992, 657 (663); *Wiebe* CR 1992, 134 (136).

[1088] Für eine Einstufung des § 3 GeschGehG als Tatbestandsausschluss Köhler/Bornkamm/Feddersen/*Alexander* § 3 GeschGehG Rn. 68; für eine Verortung auf Rechtswidrigkeitsebene hingegen *Joecks/Miebach* MK-StGB § 23 GeschGehG Rn. 153; siehe hierzu auch *Ohly* GRUR 2019, 441 (447 f.).

[1089] Vgl. *Busch/Giessler* MMR 2001, 586 (588).

[1090] BGBl. I, S. 1090; hierzu *Linnenborn* K&R 2002, 571.

[1091] ABl. EG L 320, S. 54.

[1092] BT-Drucks. 14/7229, S. 7.

Vorrichtungen, die dazu bestimmt oder entsprechend angepasst sind, die unerlaubte Nutzung eines zugangskontrollierten Dienstes zu ermöglichen".

Als Umgehungsvorrichtung sieht die Rechtsprechung etwa Software an, die auch dem Nicht- **600** abonnenten den Empfang entschlüsselter Pay-TV-Sendungen ermöglicht. Unerheblich ist, ob die Software selbst die Entschlüsselung vornimmt oder lediglich bereits entschlüsselte Daten überträgt.[1093] Der Betreiber eines *Cardsharing*-Servers, der seinen Kunden modifizierte Empfangsgeräte (Receiver) zur Verfügung stellt (siehe dazu vor allem Rn. 321 f.) macht sich demnach auch gemäß § 4 ZKDSG strafbar.[1094] Nicht von § 2 Nr. 3 ZKDSG erfasst sind hingegen sog. *Opos-Karten*, d. h. Blanko-Smart-Cards, die erst noch mit einer speziellen Software beschrieben werden müssen, um verschlüsselte Programme zu entschlüsseln.[1095]

Der besondere Unrechtsgehalt liegt in der *Gewerbsmäßigkeit* des Handelns, dem **601** eine nur sehr niedrige Hemmschwelle entgegensteht. Dadurch soll kompensiert werden, dass § 4 ZKDSG mit der Herstellung, der Einfuhr und der Verbreitung bereits Vorbereitungshandlungen unter Strafe stellt.[1096] Weitere vorbereitende Tätigkeiten, namentlich den Besitz, die technische Einrichtung, die Wartung und den Austausch von Umgehungsvorrichtungen zu gewerbsmäßigen Zwecken, ahndet § 5 ZKDSG als Ordnungswidrigkeit.

Bei nicht gewerbsmäßigem Handeln kommt § 265a StGB in Betracht (siehe **602** hierzu Rn. 492), der aber jedenfalls das Betrachten der unbefugt entschlüsselten Dienste voraussetzt, anders als § 4 ZKDSG somit nicht auf Vorbereitungshandlungen anwendbar ist. Zudem ist eine Strafbarkeit gemäß § 202a StGB denkbar (siehe Rn. 357), mit dem § 4 ZKDSG wegen der unterschiedlichen Rechtsgüter in Tateinheit steht.

[1093] LG Hamburg MMR 2005, 547 (550).
[1094] So auch *Planert* StV 2014, 430 (436); *Esser/Rehaag* wistra 2017, 81 (87).
[1095] LG Karlsruhe NStZ-RR 2007, 19 (19).
[1096] BT-Drucks. 14/7229, S. 8.

§ 4 Strafverfahrensrecht

A. Grundlagen

Literatur (Auswahl): *Bär* Transnationaler Zugriff auf Computerdaten, ZIS 2011, 53–59; *Esser* Strafrechtliche Aspekte der Social Media, in: Hornung/Müller-Terpitz (Hrsg.) Rechtshandbuch Social Media (2021); *Hornick* Staatlicher Zugriff auf elektronische Medien, StraFo 2008, 281–286; *Klesczewski* Straftataufklärung im Internet, ZStW 123 (2011), 737–766; *Kudlich* Strafverfolgung im Internet, GA 2011, 193–208; *Meininghaus* Der Zugriff auf E-Mails im strafrechtlichen Ermittlungsverfahren, 2007; *Valerius* Ermittlungen der Strafverfolgungsbehörden in den Kommunikationsdiensten des Internet, 2004; *ders.* Ermittlungsmaßnahmen im Internet, JR 2007, 275–280; *Zöller* Verdachtslose Recherchen und Ermittlungen im Internet, GA 2000, 563–577.

Studienliteratur: *Kudlich* Strafprozessuale Probleme des Internet, JA 2000, 227–234; *Ruhmannseder* Die Neuregelung der strafprozessualen verdeckten Ermittlungsmaßnahmen, JA 2009, 57–64; *Sankol* Strafprozessuale Zwangsmaßnahmen und Telekommunikation, JuS 2006, 698–703.

Das Internet eignet sich wie kein anderes Medium, den (scheinbaren) Widerspruch 1
von *Freiheit und Sicherheit* aufzuzeigen. Auf der einen Seite bieten die einzelnen
Internetdienste neue Freiheiten in Gestalt moderner Informations- und Kommunikationsmöglichkeiten und können – wie Entwicklungen aus der jüngeren Vergangenheit in Nordafrika und im arabischen Raum belegen – sogar dazu beitragen, einer gesamten Gesellschaft zu Freiheit zu verhelfen. Auf der anderen Seite werden
die Freiheiten des Internets mitunter zu (Absprachen von) kriminellem Verhalten
missbraucht, wie die Ausführungen zum materiellen Strafrecht veranschaulicht haben. Die Strafverfolgungsbehörden sehen sich bei ihren Ermittlungen besonderen
Schwierigkeiten ausgesetzt, die den Ruf nach neuen Eingriffsbefugnissen erklingen
lassen, um auch im oder vor dem Internet Sicherheit zu gewähren. Exemplarisch
kann insoweit auf die Diskussion um die Notwendigkeit und Zulässigkeit der Online-Durchsuchung mittels des sog. Bundestrojaners, die 2017 in den Erlass des
neuen § 100b StPO mündete (siehe dazu Rn. 59 ff.), sowie auf die anhaltende Debatte um die Telekommunikationsüberwachung im Allgemeinen und die Vorratsda-

tenspeicherung im Besonderen verwiesen werden. Das letztgenannte Instrumentarium wirkt freilich in erster Linie präventiv, soll zukünftige Ermittlungen somit
allenfalls ermöglichen bzw. erleichtern, und ist für das Strafprozessrecht daher nur
von untergeordneter Bedeutung.

2   Für die Strafverfolgungsbehörde problematisch sind nicht zuletzt *Menge und Flüchtigkeit der Da-
     ten*, in denen ggf. zu ermitteln ist. Selbst wenn der Ausgangspunkt krimineller Verhaltensweisen
     gefunden wird (z. B. sich die Verbreitung rechtswidriger Inhalte bis zu einem Rechner mit einer
     bestimmten IP-Adresse zurückverfolgen lässt), bedeutet dies noch nicht, den Täter selbst identifi-
     ziert zu haben (z. B. weil die Verbindungsdaten, aus denen sich ergibt, welche IP-Adresse zu wel-
     cher Zeit welchem Rechner zugewiesen war, bereits gelöscht wurden).[1] Eine weitere (praktische
     wie juristische) Herausforderung sind die Schwierigkeiten, die generell mit *Recherchen in einem
     grenzüberschreitenden Medium* einhergehen. Schließlich müssen auch im Netz die Hoheitsrechte
     anderer souveräner Staaten beachtet werden, die allein darüber entscheiden dürfen, ob auf ihrem
     Territorium Ermittlungsmaßnahmen oder sonstige Hoheitsakte durchgeführt werden.[2]

3   Ohne in die Grundsatzdiskussion einzusteigen, ob Freiheit in erster Linie durch
     Sicherheit oder Sicherheit nur durch Freiheit zu gewinnen ist bzw. wie zwischen
     beiden der notwendige Ausgleich herzustellen bleibt, lässt sich festhalten, dass
     sämtliche hoheitliche Einschränkungen der Freiheit einen *Grundrechtseingriff* be-
     deuten. Bei Ermittlungen im Internet ist wegen dessen Natur als Kommunikations-
     mittel vor allem das *Fernmeldegeheimnis* aus Art. 10 Abs. 1 GG berührt (siehe § 1
     Rn. 64 ff.). Da die Menge an digitalisierten Informationen wächst, die auf Compu-
     tern oder in Computernetzwerken gespeichert sind, und diese Daten zunehmend
     Rückschlüsse auf die Persönlichkeit des Einzelnen erlauben, nicht selten dessen
     höchstpersönlichen Bereich betreffen, ist in der Regel auch das *Allgemeine Persön-
     lichkeitsrecht* aus Art. 2 Abs. 1 i. V. m. Art. 1 Abs. 1 GG zu beachten (siehe § 1
     Rn. 74 ff.). Vor allem dessen Ausprägungen als Recht auf informationelle Selbstbe-
     stimmung und als Grundrecht auf Gewährleistung der Vertraulichkeit und Integrität
     informationstechnischer Systeme ist hier häufig Rechnung zu tragen.

4   Um Grundrechtseingriffe zu rechtfertigen, bedarf es einer normierten Ermächti-
     gungsgrundlage. Ohne eine solche Befugnis bleibt ein Eingriff rechtswidrig, auch
     wenn die damit verfolgten Ziele an sich zur Legitimation ausreichen. Die *Notwen-
     digkeit einer gesetzlichen Regelung* erweist sich gerade bei Ermittlungen im Inter-
     net als problematisch, da die Strafprozessordnung mitunter Normen enthält, die sich
     seit ihrer ursprünglichen Fassung von 1877 kaum verändert haben und daher man-
     gels Berücksichtigung technischer Neuerungen den aktuellen Erfordernissen kaum
     gewachsen sind. Dies gilt vornehmlich für die Beschlagnahme (§§ 94 ff. StPO) und
     die Durchsuchung (§§ 102 ff. StPO).

5   Auf die *Ermittlungsgeneralklausel* des § 161 Abs. 1 Satz 1 StPO (für die Staats-
     anwaltschaft) bzw. des § 163 Abs. 1 Satz 2 StPO (für die Behörden und Beamten

---

[1] Zu den hinterlassenen Spuren im Netz *Marberth-Kubicki* Rn. 567 ff.; zu den Möglichkeiten der
    Verschleierung *Gercke/Brunst* Rn. 902 ff.
[2] Siehe hierzu statt vieler *Valerius* S. 141 ff.; zur Beachtung des Völkerrechts bei Maßnahmen der
    Gefahrenabwehr *Plate* ZRP 2011, 200. Zur Verwertbarkeit im Ausland gewonnener Beweise im
    Rahmen sog. *EncroChat*-Verfahren siehe jüngst BGH NJW 2022, 1539.

des Polizeidienstes) kann nur verwiesen werden, um weniger schwer wiegende Grundrechtseingriffe zu rechtfertigen, die nicht schon gesondert geregelt sind. Unter anderem können Erkundigungen im Umfeld einer gesuchten Person oder die kurzfristige Überwachung des Beschuldigten (zur längerfristigen Observation siehe § 100h StPO) noch auf die Ermittlungsgeneralklausel gestützt werden.[3] Bei Recherchen im Internet gilt Gleiches für den Abruf frei zugänglicher Angebote, z. B. von Webseiten ohne Zugriffsbeschränkung.[4]

Wegen der fehlenden Ermächtigungsgrundlage verwehrte Ende 2006 der Ermittlungsrichter des **6** BGH zu Recht die von der Generalbundesanwaltschaft beantragte Anordnung einer *Online-Durchsuchung*.[5] Die heimliche Ausforschung der Computer des Beschuldigten konnte weder auf § 100a StPO (Überwachung der Telekommunikation) noch auf § 102 StPO („klassische" Durchsuchung) und ebenso wenig auf die Ermittlungsgeneralklausel gestützt werden (siehe dazu Rn. 41 ff.). Mehr als zehn Jahre danach hat der Gesetzgeber reagiert und durch das Gesetz zur effektiveren und praxistauglicheren Ausgestaltung des Strafverfahrens[6] mit Wirkung zum 24. August 2017 mit der umgestalteten Vorschrift des § 100b StPO eine entsprechende Ermächtigungsgrundlage geschaffen. Für den rein präventiven Bereich bestand mit § 20k BKAG (inzwischen: § 49 BKAG) dagegen schon länger eine Befugnisnorm für die Online-Durchsuchung durch das Bundeskriminalamt.

Bei der Erforschung von Sachverhalten zu repressiven Zwecken darf nicht über- **7** sehen werden, dass die effektive Strafverfolgung, d. h. die Feststellung und Durchsetzung des staatlichen Strafanspruchs, nur ein Ziel des Strafverfahrens darstellt. Denn Wahrheit und Gerechtigkeit dürfen nur in einem rechtsstaatlichen Verfahren gefunden werden, das den Beschuldigten als Verfahrenssubjekt achtet und ihn nicht unverhältnismäßigen Eingriffen des Staates aussetzt. Es werden folglich keine Wahrheitsfindung und *keine Gerechtigkeit um jeden Preis* erstrebt.[7]

Maßnahmen der Strafverfolgungsbehörden im Internet zeichnen sich zumeist **8** durch zwei Besonderheiten aus, mit denen ein höherer Rechtfertigungsbedarf einhergeht. Zum einen handelt es sich häufig – wie bei der Online-Durchsuchung (Rn. 59 ff.) oder der Quellen-Telekommunikationsüberwachung (Rn. 52 ff.) – um *heimliche Grundrechtseingriffe*. Sie bleiben anders als der Regelfall der offenen Ermittlungsmaßnahme (z. B. bei einer „klassischen" Durchsuchung oder einer körperlichen Untersuchung wie einer Blutentnahme) dem Betroffenen zumindest zunächst verborgen, so dass er sich gegen den Eingriff frühestens nach dessen Vollzug

[3] *Sackreuther* BeckOK-StPO § 161 Rn. 11; Meyer-Goßner/Schmitt/*Köhler* § 161 Rn. 1; *Beulke/Swoboda* Rn. 163.
[4] Meyer-Goßner/Schmitt/*Köhler* § 100a Rn. 7; *Gercke/Brunst* Rn. 783; *Bär* ZIS 2011, 53 (58); *Hornick* StraFo 2008, 281 (285); *Kudlich* GA 2011, 193 (198); *Zöller* GA 2000, 563 (569); vgl. auch BVerfGE 120, 274 (344 f.).
[5] BGH MMR 2007, 174 mit Anm. *Bär* und *Hornung* CR 2007, 144 sowie Bespr. *Jahn/Kudlich* JR 2007, 57; bestätigt durch BGHSt 51, 211 mit Anm. *Bär* MMR 2007, 239, *Cornelius* JZ 2007, 798, *Hamm* NJW 2007, 930 und *Schaar/Landwehr* K&R 2007, 202. Auch das Bundesverfassungsgericht hat mit Urteil vom 27. Februar 2008 entsprechende Regelungen im nordrhein-westfälischen Polizeirecht für verfassungswidrig erklärt; BVerfGE 120, 274.
[6] BGBl. I, S. 3202.
[7] *Beulke/Swoboda* Rn. 7 ff.

zur Wehr setzen kann. Die eingeschränkten Rechtsschutzmöglichkeiten führen dazu, dass die Schwere des Eingriffs deutlich erhöht wird und somit die verfassungsrechtlichen Anforderungen an seine Legitimation steigen.[8]

9   Zum anderen ist zu beachten, dass immer mehr Informationen über den Einzelnen digitalisiert werden. Aus den einzelnen Daten oder aus ihrem Zusammenspiel lassen sich aber weitere Informationen gewinnen (z. B. ein Bewegungs- oder Persönlichkeitsprofil des Betroffenen), die den höchstpersönlichen Lebensbereich betreffen (siehe schon § 1 Rn. 74, 76 f.). Diese Gefahren erhöhen sich dadurch, dass mehrere Ermittlungsmaßnahmen zugleich angewandt werden und sich zu einem additiven Grundrechtseingriff summieren. Stets muss hierbei der *Kernbereich privater Lebensgestaltung* geschützt bleiben und darf er nicht zum Gegenstand staatlicher Ausforschung werden (siehe auch § 100d StPO). Um seine Persönlichkeit zu entfalten, muss der Einzelne innere Vorgänge wie Empfindungen und Gefühle sowie Überlegungen, Ansichten und Erlebnisse höchstpersönlicher Art zum Ausdruck bringen können, ohne staatliche Überwachung zu befürchten.[9]

10   Zu den (in der Praxis wie für die Ausbildung) wesentlichen Ermittlungsmaßnahmen im Internet zählen zum einen sämtliche hoheitliche Zugriffe auf gespeicherte Daten, sei es durch die Beschlagnahme der sie beherbergenden Datenträger oder des gesamten Rechners (Rn. 19 ff.) oder durch direkten Zugang zu den gespeicherten Informationen wie bei der sog. E-Mail-Beschlagnahme (Rn. 23 ff.) oder der sog. Online-Durchsuchung (Rn. 59 ff.). Technisch möglich, wenn zugleich schwierig ist auch ein Zugriff auf gerade übermittelte Daten; Paradebeispiel hierfür ist die sog. Quellen-Telekommunikationsüberwachung (Quellen-TKÜ; Rn. 52 ff.). Die Zulässigkeit dieser Ermittlungsmaßnahmen wird anhand der einschlägigen Ermächtigungsgrundlagen dargestellt, namentlich der Beschlagnahme gemäß §§ 94 ff. StPO (siehe sogleich) und der Durchsuchung gemäß §§ 102 ff. StPO (Rn. 35 ff.) sowie des Einsatzes technischer Mittel, insbesondere der Überwachung der Telekommunikation, nach §§ 100a ff. StPO (Rn. 48 ff.).

B. Beschlagnahme (§§ 94 ff. StPO)

Literatur (Auswahl): *Gaede* Der grundrechtliche Schutz gespeicherter E-Mails beim Provider und ihre weltweite strafprozessuale Überwachung, StV 2009, 96–102; *B. Gercke* Der Mobilfunkverkehr als Ausgangspunkt für strafprozessuale Überwachungsmaßnahmen, StraFo 2003, 76–79; *Härting* Beschlagnahme und Archivierung von Mails, CR 2009, 581–584; *Kasiske* Neues zur Beschlagnahme von E-Mails beim Provider, StraFo 2010, 228–235; *Kemper* Die Beschlagnahmefähigkeit von Daten und E-Mails, NStZ 2005, 538–544; *Klein* Offen und (deshalb) einfach – Zur Sicherstellung und Beschlagnahme von E-Mails beim Provider, NJW 2009, 2996–2999; *Palm/Roy* Mailboxen: Staatliche Eingriffe und andere rechtliche Aspekte, NJW 1996, 1791–1797; *Schlegel* „Beschlagnahme" von E-Mail-Verkehr beim Provider, HRRS 2007, 44–51; *Störing* Strafprozessualer Zugriff auf E-Mailboxen, CR 2009, 475–479.

---

[8] BVerfGE 120, 274 (325, 331 ff.); 124, 43 (62 ff.); BGHSt 51, 211 (215). Zur Rechtfertigung *Klesczewski* ZStW 123 (2011), 737 (754 ff.).
[9] BVerfGE 120, 274 (335); siehe auch BVerfGE 80, 367 (374); 109, 279 (314); 113, 348 (391).

Studienliteratur: *Ruppert* Die moderne Klaviatur der Strafverfolgung im digitalen Zeitalter. Zur Einführung der Quellen-TKÜ und Online-Durchsuchung in Zeiten von WhatsApp, Skype & Social Media, Jura 2018, 994–1003; *Zimmermann* Der strafprozessuale Zugriff auf E-Mails, JA 2014, 321–327.

I. Allgemeine Voraussetzungen

Sinn und Zweck der §§ 94 ff. StPO ist die Gewinnung bzw. Sicherung von Beweis- **11** mitteln. Geschieht dies mit dem Einverständnis des Gewahrsamsinhabers, genügt die Inverwahrnahme des betreffenden Gegenstands oder die *Sicherstellung* in anderer Weise (§ 94 Abs. 1 StPO). Wird der Gegenstand hingegen nicht freiwillig herausgegeben, kann gemäß § 94 Abs. 2 StPO die *Beschlagnahme* angeordnet werden. Um den Gewahrsamsinhaber (z. B. bei nicht auffindbaren Gegenständen) zur Herausgabe zu bewegen, ermöglicht § 95 Abs. 2 StPO den Rückgriff auf Ordnungs- und Zwangsmittel. Der Beschuldigte bleibt hiervon freilich ausgenommen, da er nach dem Grundsatz „nemo tenetur se ipsum accusare" nicht aktiv an seiner Überprüfung mitzuwirken hat.[10] Die Beschlagnahme ist indes im Grundsatz eine *offene Ermittlungsmaßnahme* und muss dem Betroffenen deshalb im Regelfall zumindest bekanntgemacht werden (§ 35 Abs. 2 StPO).[11] Das Gesetz zur Fortentwicklung der Strafprozessordnung und zur Änderung weiterer Vorschriften vom 25. Juni 2021[12] hat nun allerdings in § 95a StPO die Möglichkeit der Zurückstellung der Benachrichtigung des Beschuldigten festgeschrieben, so dass bei erheblichen Straftaten nun auch eine „*heimliche*" Beschlagnahme erlaubt ist.[13]

Die *offene* Beschlagnahme ist an keine besonderen materiellen Voraussetzungen **12** geknüpft. Der zu beschlagnahmende Gegenstand muss lediglich potentiell für die Untersuchung als Beweis von Bedeutung sein.[14] Wie bei jeder Ermittlungsmaßnahme bedarf es eines *Tatverdachts*, der auf Tatsachen und nicht bloßen Vermutungen beruht.[15] Außerdem muss die Beschlagnahme wie jeder Grundrechtseingriff den *Grundsatz der Verhältnismäßigkeit* beachten. Dies setzt bei der Anordnung der Beschlagnahme als solcher voraus, dass sie in angemessenem Verhältnis zur Schwere der Straftat und zur Stärke des Tatverdachts steht und für die Ermittlung und Verfolgung der Tat notwendig ist.[16] Bei der Durchführung der Beschlagnahme

---

[10] *Gerhold* BeckOK-StPO § 95 Rn. 5; *Beulke/Swoboda* Rn. 384; *Roxin/Schünemann* § 34 Rn. 11.

[11] BGH NStZ 2015, 704.

[12] BGBl. I, S. 2099.

[13] Siehe zur Einführung des § 95a StPO *Grözinger* MAH Strafverteidigung § 50 Rn. 240 f.; *Ladiges* GSZ 2021, 203; *Vassilaki* MMR 2022, 103.

[14] OLG München NJW 1978, 601; *Gerhold* BeckOK-StPO § 94 Rn. 11; *Greven* KK § 94 Rn. 7; Meyer-Goßner/Schmitt/*Köhler* § 94 Rn. 6.

[15] BVerfG NStZ-RR 2004, 143 (143); *Gerhold* BeckOK-StPO § 94 Rn. 11; Meyer-Goßner/ Schmitt/*Köhler* § 94 Rn. 18.

[16] BVerfGE 20, 162 (187); 113, 29 (53); *Gerhold* BeckOK-StPO § 94 Rn. 11; Meyer-Goßner/ Schmitt/*Köhler* § 94 Rn. 18.

ist zu prüfen, ob mildere Maßnahmen (z. B. die Anfertigung von Fotokopien der an sich zu beschlagnahmenden Urkunde) ausreichen.[17]

13 Eine (nur) gegenüber dem Beschuldigten *heimliche* Beschlagnahme von im Gewahrsam Dritter befindlichen Gegenständen ist nach § 95a Abs. 1 StPO zulässig, wenn bestimmte Tatsachen den Verdacht begründen, dass der Beschuldigte als Täter oder Teilnehmer eine Straftat von auch im Einzelfall erheblicher Bedeutung, insbesondere eine in § 100a Abs. 2 StPO bezeichnete schwere Straftat, begangen oder strafbar versucht oder durch eine Straftat vorbereitet hat (Nr. 1) und die Erforschung des Sachverhalts oder die Ermittlung des Aufenthaltsortes des Beschuldigten auf andere Weise wesentlich erschwert oder aussichtslos wäre (Nr. 2). Eine heimliche Beschlagnahme kommt damit nur bei Straftaten zumindest mittelschwerer Kriminalität in Betracht.[18]

14 § 97 StPO schließt die Beschlagnahme diverser Gegenstände insbesondere dann aus, wenn sie sich im Gewahrsam sog. Berufsgeheimnisträger befinden. Diese *Beschlagnahmeverbote* sollen die Zeugnisverweigerungsrechte der §§ 52, 53, 53a StPO ergänzen, damit die zulässig verweigerten Aussagen nicht auf Umwegen (z. B. durch Beschlagnahme der Notizen eines Anwalts über das Gespräch mit seinem Mandanten) in das Verfahren eingeführt werden können.[19]

15 Im Zusammenhang mit Ermittlungsmaßnahmen im Internet dürfte vor allem § 97 Abs. 5 StPO von Bedeutung sein. Die Vorschrift sieht ein umfassendes Beschlagnahmeverbot für Inhaltsverkörperungen wie z. B. Schriftstücke oder Datenträger vor, die sich entweder im Gewahrsam von Personen, die bei der Vorbereitung, Herstellung oder Verbreitung von Druckwerken, Rundfunksendungen, Filmberichten oder der Unterrichtung oder Meinungsbildung dienenden *Informations- und Kommunikationsdiensten* berufsmäßig mitwirken oder mitgewirkt haben (§ 53 Abs. 1 Satz 1 Nr. 5 StPO), oder der Redaktion, des Verlages, der Druckerei oder der Rundfunkanstalt befinden. Art. 5 Abs. 1 Satz 2 GG bleibt insoweit zu berücksichtigen, als die Beschlagnahme nicht außer Verhältnis zur Bedeutung der Sache stehen darf und die Erforschung des Sachverhaltes oder die Ermittlung des Aufenthaltsortes des Täters auf andere Weise aussichtslos oder wesentlich erschwert sein muss (§ 97 Abs. 5 Satz 2 Halbs. 2 StPO).[20]

16 Die Anordnung der Beschlagnahme ist grundsätzlich dem Richter vorbehalten. Nur bei Gefahr im Verzug sind auch die Staatsanwaltschaft und ihre Ermittlungspersonen im Sinne des § 152 GVG *anordnungsbefugt* (§ 98 Abs. 1 Satz 1 StPO). Diese Erweiterung gilt nicht, sofern eine Beschlagnahme nach § 97 Abs. 5 Satz 2 StPO in Räumen einer Redaktion, eines Verlags, einer Druckerei oder einer Rundfunkanstalt erfolgen soll (§ 98 Abs. 1 Satz 2 StPO). Die Zurückstellung der Benachrichtigung des Beschuldigten über die Beschlagnahme nach § 95a Abs. 1 StPO darf nur durch das Gericht angeordnet werden (§ 95a Abs. 2 StPO).

---

[17] BVerfG NJW 2009, 281 (282); NJW 2012, 2096 (2097); *Gerhold* BeckOK-StPO § 94 Rn. 18; *Greven* KK § 94 Rn. 13.

[18] BT-Drucks. 19/27654, S. 63 f.

[19] Statt vieler *Beulke/Swoboda* Rn. 385; siehe auch OLG Celle NStZ 1989, 385 (385).

[20] Zur Berücksichtigung der Presse- und Rundfunkfreiheit bei § 97 Abs. 5 StPO BVerfG NJW 2011, 1859 (1861 ff.); NJW 2011, 1863 (1864 ff.).

Sondervorschriften für die Beschlagnahme von Postsendungen und Telegrammen enthalten die   17
§§ 99 f. StPO. Sie waren lange Zeit nur anwendbar, wenn sich die betreffende Sendung noch im
Gewahrsam von Personen oder Unternehmen befindet, die geschäftsmäßig Post- oder Telekommunikationsdienste erbringen oder daran mitwirken (§ 99 Satz 1 StPO a. F.; jetzt: Absatz 1) [21] Ansonsten blieb es bei den allgemeinen Regelungen der §§ 94 ff. StPO.[22] Um dem zunehmenden kriminellen Online-Handel wirksam entgegenwirken zu können, hat das Gesetz zur Fortentwicklung der
Strafprozessordnung und zur Änderung weiterer Vorschriften vom 25. Juni 2021 (siehe Rn. 11)
einen neuen Absatz 2 in § 99 StPO eingefügt. Nunmehr sind Auskunftsverlangen nach § 99 Abs. 2
Satz 4 StPO gegenüber Postdienstleistern auch zulässig, wenn sich die Sendungen noch nicht oder
nicht mehr in deren Gewahrsam befinden.

Die Besonderheiten der sog. *Postbeschlagnahme* bestehen zum einen darin, dass sie gemäß   18
§ 100 Abs. 1 StPO bei Gefahr im Verzug abweichend von § 98 Abs. 1 Satz 1 StPO nur von der
Staatsanwaltschaft, nicht aber von deren Ermittlungspersonen angeordnet werden kann. Zum anderen darf grundsätzlich lediglich das Gericht die beschlagnahmten Postsendungen öffnen. Es
kann seine Befugnis jedoch auf die Staatsanwaltschaft übertragen, soweit dies erforderlich ist, um
den Untersuchungserfolg nicht durch Verzögerung zu gefährden (§ 100 Abs. 3 StPO). Diese höheren Anforderungen sind jeweils dem Stellenwert des Fernmeldegeheimnisses aus Art. 10 Abs. 1
GG geschuldet, das vor staatlichen Zugriffen auf den Kommunikationsmittler bewahren will (siehe
schon § 1 Rn. 64).

II. Ermittlungsmaßnahmen in Bezug auf Daten

1. Beschlagnahme von Datenträgern

Kaum Besonderheiten gehen mit der Beschlagnahme von Datenträgern einher. Dass   19
hierbei in der Regel die darauf gespeicherten Daten das eigentliche Beweismittel
darstellen, nimmt dem in Verwahrung genommenen Datenträger nicht seine Eigenschaft als *Gegenstand im Sinne des § 94 StPO*.[23] Die Beschlagnahme kann durch
Sicherstellung des Datenträgers oder auch durch Übermittlung der darauf befindlichen Daten erfolgen.[24]

Besonderes Augenmerk verdient der – bei der heimlichen Beschlagnahme über   20
das Erfordernis der auch im Einzelfall bestehenden erheblichen Bedeutung der
Straftat vermittelte – *Grundsatz der Verhältnismäßigkeit*. Vor allem wenn die Auswertung eines Datenträgers z. B. bei großen oder verschlüsselten Datenmengen viel
Zeit in Anspruch nehmen kann, muss dessen Bedeutung für den Betroffenen berücksichtigt werden. Zum einen bleibt der Zugriff auf nicht verfahrensrelevante,
insbesondere vertrauliche Daten nach Möglichkeit zu vermeiden.[25] Zum anderen

---

[21] BGH NJW 2017, 680; NStZ-RR 2019, 280.

[22] Meyer-Goßner/Schmitt/*Köhler* § 99 Rn. 9; *Beulke/Swoboda* Rn. 388; *Roxin/Schünemann*
§ 34 Rn. 31.

[23] BVerfGE 113, 29 (51); 115, 166 (191); 124, 43 (60); BVerfG NJW 2007, 3343 (3344); LG Trier
NJW 2004, 869 (869); *Greven* KK § 94 Rn. 4; *Marberth-Kubicki* Rn. 445; *Schnabl* Jura 2004,
379 (382).

[24] Meyer-Goßner/Schmitt/*Köhler* § 94 Rn. 16a; *Marberth-Kubicki* Rn. 463. Zum Ablauf der Durchsuchung und Beschlagnahme einer EDV-Anlage *Marberth-Kubicki* Rn. 455 ff.

[25] BVerfGE 113, 29 (55); BVerfG NJW 2007, 3343 (3344); BGH NJW 2010, 1297 (1298); LG
Konstanz MMR 2007, 193 (193 f.); *Greven* KK § 94 Rn. 4b; Meyer-Goßner/Schmitt/*Köhler* § 94
Rn. 18a; *Singelnstein* NStZ 2012, 593 (602).

kann geboten sein, sich mit einer Kopie der sicherzustellenden Daten als milderer Maßnahme zu begnügen.[26]

2. „Beschlagnahme" von Daten

21   Schwieriger sind hingegen Ermittlungsmaßnahmen zu beurteilen, die – etwa über das Internet oder mittels anderer Netzwerkverbindungen – sich nicht um die Inverwahrnahme von Computern und Datenträgern, sondern unmittelbar um die Gewinnung der Daten selbst bemühen. Problematisch erscheint hier, dass der Begriff „*Gegenstände*" im Sinne des § 94 StPO nach traditioneller Auslegung lediglich körperliche Gebilde (wie etwa Datenträger) umfasst, nicht hingegen unkörperliche Objekte (wie etwa die Daten selbst).[27] Allerdings ist dem Begriff „Gegenstände" weder nach allgemeinem Sprachgebrauch noch nach juristischem Verständnis zwingend das Erfordernis der Körperlichkeit zu entnehmen. Zudem spricht angesichts des Anliegens der Beschlagnahmevorschriften, Beweismittel zu sichern, viel für eine Ausweitung des Gegenstandsbegriffs auf nichtkörperliche Objekte wie Daten.[28] Wegen der Möglichkeit, den Datenträger selbst zu beschlagnahmen, auf dem die gewünschten Daten gespeichert sind (Rn. 19), besteht jedenfalls im Ergebnis Einigkeit, sich auf die Beschlagnahmevorschriften berufen zu können, um auf Daten als Beweismittel zuzugreifen.[29] Dies wird ohnehin nicht selten das mildere Mittel und folglich aus Gründen der Verhältnismäßigkeit geboten sein.[30]

22   Auch wenn für die unmittelbare Gewinnung von Daten als Beweismaterial die Ermächtigungsgrundlage des § 94 StPO bemüht wird, handelt es sich hierbei an sich nicht um eine Beschlagnahme. Dies setzte voraus, das Beweismittel selbst in Verwahrung zu nehmen oder auf andere Weise sicherzustellen, es jedenfalls dem Gewahrsam des Betroffenen zu entziehen. Werden Daten „*beschlagnahmt*", bleiben sie hingegen nach wie vor auf dem Datenträger gespeichert, auf dem sie sich befinden und auf den im Zuge der Ermittlungen zugegriffen wird. Allenfalls werden die Daten auf die Datenspeicher der Strafverfolgungsbehörden kopiert, was die Ausgangsdatei aber unberührt lässt.

3. „Beschlagnahme" von Kommunikationsdaten

23   Zusätzliche Probleme ergeben sich, wenn die Strafverfolgungsbehörden nicht auf gespeicherte Daten zugreifen wollen, sondern auf solche, die gerade übermittelt werden. Dies gilt insbesondere dann, wenn es sich um Kommunikationsdaten handelt, da hier das Fernmeldegeheimnis aus Art. 10 Abs. 1 GG besonders hohe Anfor-

---

[26] BVerfGE 113, 29 (55); AG Karlsruhe StraFo 2007, 152; *Gerhold* BeckOK-StPO § 94 Rn. 18, 20.1; Meyer-Goßner/Schmitt/*Köhler* § 94 Rn. 18a; *Gercke/Brunst* Rn. 969; *Marberth-Kubicki* Rn. 465 ff.; *Kemper* NStZ 2005, 538 (540); *Michalke* NJW 2008, 1490 (1492).

[27] So etwa BGH NJW 1997, 1934 (1935); LG Ravensburg NStZ 2003, 325 (326); *Malek/Popp* Rn. 478; *Kemper* NStZ 2005, 538 (541); *Kleszczewski* ZStW 123 (2011), 737 (747); *Möhrenschlager* wistra 1991, 321 (329); *Palm/Roy* NJW 1996, 1791 (1795).

[28] BVerfGE 113, 29 (50); 124, 43 (60 f.); *Gerhold* BeckOK-StPO § 94 Rn. 3; *Meininghaus* S. 203 f.; *Valerius* S. 112.

[29] *Kudlich* JA 2000, 227 (229 f.).

[30] *Ruppert* Jura 2018, 994 (996).

derungen an die Rechtfertigung hoheitlicher Eingriffe stellt. Kontrovers diskutiert wird vor allem die sog. *Beschlagnahme von E-Mails.*

Es gibt verschiedene Zeitpunkte, zu denen die Strafverfolgungsbehörden versu-   **24** chen können, sich einer gesendeten E-Mail zu bemächtigen. Zunächst kann dies bereits im Zeitpunkt des Entwurfs der E-Mail auf dem Computer des Absenders geschehen. Ferner kommt ein Zugriff während der Übertragung der Nachricht in Betracht, sei es vom Absender in das Postfach des Empfängers bei dessen Provider (z. B. bei sog. Freemailern wie gmx, googlemail, mail.de oder web.de) oder später von diesem Postfach auf den Rechner des Empfängers selbst, wenn er seine Nachrichten abruft. Möglich ist aber auch, auf die E-Mail zuzugreifen, wenn sie sich gerade im Postfach des Empfängers bei dessen Provider befindet und dort jedenfalls bis zum Abruf (zwischen-)gespeichert wird. Schließlich ist denkbar, die Nachricht erst nach deren Abruf zu „beschlagnahmen", sei es vom Rechner des Empfängers selbst, wenn dieser sie lokal auf seiner Festplatte speichert, bzw. vom E-Mail-Server des Providers, wenn die gelesene Nachricht dort weiterhin verbleibt.

Gewöhnlich wird daher von einem *Drei-, Vier- oder Fünf-Phasen-Modell* ge-   **25** sprochen: Die erste (häufig in dem Phasenmodell ausgeklammerte) Phase markiert der Entwurf der E-Mail auf dem Computer des Absenders. Phase zwei umfasst den Weg der E-Mail vom Absender in das Postfach des Empfängers, Phase drei die dortige Speicherung bis zur anschließenden Phase vier, d. h. dem Abruf der Nachricht und die dadurch ausgelöste Weiterleitung vom Postfach auf den Rechner des Adressaten. Die Übertragung der Nachricht durch die eingeschalteten Provider als Kommunikationsmittler ist damit an sich abgeschlossen. Gleichwohl wird die Speicherung der gesendeten Nachricht auf dem Rechner des Empfängers oder auf dem E-Mail-Server des Providers zum Teil als Phase fünf bezeichnet.[31] Da sich das Abfangen von übermittelten Nachrichten während der zweiten und vierten Phase als technisch aufwändiger gestaltet und die erste Entwurfsphase zumeist nur von geringer Dauer ist, greifen die Strafverfolgungsbehörden üblicherweise auf ruhende E-Mails in den Phasen drei und fünf zu.

Einigkeit besteht darüber, dass der Zugriff der Strafverfolgungsbehörden auf den   **26** *Computer des Absenders* in *Phase eins* nicht in das Fernmeldegeheimnis aus Art. 10 Abs. 1 GG eingreift und somit nicht den hieraus abzuleitenden besonderen Anforderungen an den Schutz der Telekommunikation genügen muss, da der eigentliche Kommunikationsvorgang noch nicht begonnen wurde. Daher richtet sich die offene Beschlagnahme des Datenträgers bzw. der Daten in dieser Phase nach §§ 94 ff. StPO.[32] Erfolgt der Zugriff hingegen heimlich von außerhalb, so handelt es sich um eine Online-Durchsuchung.

Unstreitig ist bei der Beschlagnahme von E-Mails außerdem, dass sich die Zu-   **27** lässigkeit eines Zugriffs auf gerade *übermittelte Nachrichten*, d. h. während der

---

[31] Zum Drei-, Vier- bzw. Fünf-Phasen-Modell statt vieler *Beulke/Swoboda* Rn. 392; *Gercke/ Brunst* Rn. 816; *Malek/Popp* Rn. 443; *Ruppert* Jura 2018, 994 (997); *Zimmermann* JA 2014, 321 (321 f.). Zum Teil ist auch von einem Sieben-Phasen-Modell die Rede; *Graf* BeckOK-StPO § 100a Rn. 53 ff.; *Brodowski/Freiling* S. 140 f.; *Brodowski* JR 2009, 402 (402).

[32] *Beulke/Swoboda* Rn. 253b; *Zerbes/El-Ghazi* NStZ 2015, 425 (425 f.).

Phasen zwei und vier des soeben beschriebenen Modells, nach § 100a StPO (Überwachung der Telekommunikation) bestimmt.[33] Ebenso ist anerkannt, auf die *beim Empfänger* angekommene und *gespeicherte Nachricht (Phase fünf)* die Beschlagnahmevorschriften der §§ 94 ff. StPO anwenden zu können, da der Kommunikationsvorgang abgeschlossen und das Fernmeldegeheimnis aus Art. 10 Abs. 1 GG nicht mehr betroffen ist.[34]

28   Ansonsten, d. h. für die beim Provider insbesondere während der *Phase drei* (zwischen-)gespeicherten E-Mails, ist nach wie vor umstritten, welche Befugnisnorm einschlägig ist: Während eine Ansicht den Zugriff auf *(zwischen-)gespeicherte E-Mails* auf die Beschlagnahmevorschriften der §§ 94 ff. StPO stützen will (Rn. 29), bleibt nach anderer Auffassung ein solcher Eingriff nur nach § 100a StPO zu bemessen (Rn. 31). Eine dritte, jüngst vom BGH vertretene Auffassung kommt zur Anwendung von § 94 StPO bei offenen und von § 100a StPO bei verdeckten Maßnahmen.[35] Schließlich sind nicht wenige Stimmen zu vernehmen, nach denen das geltende Recht überhaupt keine Ermächtigungsgrundlage enthält, die eine Beschlagnahme von ruhenden E-Mails beim Provider legitimiert.[36]

29   Soweit für eine *Anwendung allein der Beschlagnahmevorschriften* plädiert wird, ist im Einzelnen umstritten, ob auf die §§ 94 ff. StPO[37] oder die Sondervorschriften zur Postbeschlagnahme gemäß § 99 StPO zurückzugreifen bleibt.[38] Von einer „Überwachung" der Telekommunikation im Sinne des § 100a StPO könne jedenfalls nicht gesprochen werden, weil (zwischen-)gespeicherten Nachrichten die notwendige Dynamik fehle, die eine „Überwachung" bereits ihrem natürlichen Sprachsinn nach auszeichne.[39] Ebenso wenig liege eine Telekommunikation vor, da diese in der Phase drei auf unbestimmte (wenngleich ggf. auch nur geringe) Zeit unterbrochen sei und ihre Fortsetzung von dem eigenverantwortlichen Handeln des Empfängers abhänge.[40]

---

[33] Statt vieler Meyer-Goßner/Schmitt/*Köhler* § 100a Rn. 6b; *Beulke/Swoboda* Rn. 392; *Malek/Popp* Rn. 444; *Ruppert* Jura 2018, 994 (998); *Zimmermann* JA 2014, 321 (323).

[34] BVerfGE 115, 166 (196); BGH NJW 2010, 1297 (1298); LG Hanau NJW 1999, 3647; *Beulke/ Swoboda* Rn. 392; *Gercke/Brunst* Rn. 827.

[35] BGH NJW 2021, 1252 (1254).

[36] *Bizer* DuD 1996, 627 (627); *Klesczewski* ZStW 123 (2011), 737 (751); *Palm/Roy* NJW 1997, 1904 (1905); *Zöller* GA 2000, 563 (575); vgl. auch *B. Gercke* StraFo 2003, 76 (77); für eine eindeutige gesetzliche Regelung *Graf* BeckOK-StPO § 100a Rn. 67.

[37] So LG Mannheim StV 2011, 352 mit kritischer Anm. *Kelnhofer/Nadeborn*; *Bär* ZIS 2011, 53 (57).

[38] So BGH NStZ 2009, 397 (398) (zur Anwendbarkeit des § 100a StPO bei heimlicher „Beschlagnahme" jetzt aber auch BGH NJW 2021, 1252 mit Anm. *Heim* NJW-Spezial 2021, 56 und *Grözinger* NStZ 2021, 358); LG Ravensburg NStZ 2003, 325 (326); *Brandt/Kukla* wistra 2010, 415 (416); *Kemper* NStZ 2005, 538 (543); siehe auch AG Reutlingen K&R 2012, 303 zur „Beschlagnahme" eines Facebook-Accounts; kritisch *Eisele* § 3 Rn. 16.

[39] *Brandt/Kukla* wistra 2010, 415 (416); *Palm/Roy* NJW 1996, 1791 (1793); *Zöller* GA 2000, 563 (573).

[40] So noch BGH NStZ 2009, 397 (398) mit Anm. *Bär* NStZ 2009, 398 und *B. Gercke* StV 2009, 624 sowie Bespr. *Brodowski* JR 2009, 402 und *Klein* NJW 2009, 2996.

Hinter dieser Ansicht steckt nicht zuletzt das verständliche praktische Bestreben, den *hohen Anfor-* **30** *derungen des § 100a StPO* auszuweichen. Danach bedarf es unter anderem einer schweren Straftat aus dem (wenngleich häufig durch den Gesetzgeber erweiterten) Katalog des Absatzes 2 i. V. m. Absatz 1 Satz 1 Nr. 1, die auch im Einzelfall schwer wiegt (Absatz 1 Satz 1 Nr. 2), und muss außerdem die Subsidiaritätsklausel in Absatz 1 Satz 1 Nr. 3 gewahrt werden, wonach die Erforschung des Sachverhalts oder die Ermittlung des Aufenthaltsortes des Beschuldigten auf andere Weise wesentlich erschwert oder aussichtslos sein muss (siehe auch Rn. 56).

Gerade die Umgehung der Voraussetzungen des § 100a StPO bildet den Haupt- **31** kritikpunkt an der eher pragmatischen Auffassung, (zwischen-)gespeicherte E-Mails beim Provider nach den §§ 94 ff. StPO zu beschlagnahmen. Schließlich hat das BVerfG hervorgehoben, dass das Fernmeldegeheimnis aus Art. 10 Abs. 1 GG die vertrauliche Inanspruchnahme des bemühten Kommunikationsmediums insgesamt gewährleisten soll (siehe schon § 1 Rn. 68). Zwar kann der Auslegung und der Eröffnung des Schutzbereichs eines Grundrechts nichts unmittelbar für den Anwendungsbereich oder die Einschlägigkeit einer strafprozessualen Befugnisnorm entnommen werden.[41] Zu berücksichtigen bleibt aber, dass sich auch die beim Provider zwischengespeicherte E-Mail im Machtbereich des Kommunikationsmittlers befindet und gerade in einem solchen Stadium das Fernmeldegeheimnis vor staatlichen Eingriffen schützen will. Es mutet daher seltsam an, durch eine künstliche Verengung des Begriffs der „Überwachung" die Befugnisnorm des § 100a StPO für nicht anwendbar zu erklären, um auf eine (thematisch jedenfalls weniger einschlägige) Ermächtigungsgrundlage mit geringeren Voraussetzungen zu verweisen.[42] Ebenso wenig bedeutet die bloße Möglichkeit, bei der Übertragung von E-Mails technisch zwischen verschiedenen Phasen unterscheiden zu können, auch rechtlich differenzieren zu müssen. Nach geltendem Recht ist es daher vorzugswürdig, die „Beschlagnahme" von E-Mails umfassend, d. h. einschließlich der Phasen deren Ruhens beim Provider, nur unter den Voraussetzungen der *Überwachung der Telekommunikation nach § 100a StPO* zuzulassen.[43]

Zuzugeben bleibt, dass kein Grund dafür ersichtlich ist, E-Mails stärker vor einem Zugriff durch **32** staatliche Behörden zu schützen als herkömmliche Postsendungen. Die geltende Rechtslage ist also unstimmig, wenn einerseits Briefe bei Postunternehmen nach § 99 StPO beschlagnahmt werden können, andererseits für E-Mails bei Telekommunikationsunternehmen die strengeren Voraus-

---

[41] *B. Gercke* StraFo 2003, 76 (78); *Kudlich* JA 2000, 227 (232); *ders.* GA 2011, 193 (201); vgl. auch *Becker/Meinicke* StV 2011, 50 (51).

[42] *Malek/Popp* Rn. 444; *Ruppert* Jura 2018, 994 (998 f.); *Zimmermann* JA 2014, 321 (325); vgl. auch *Valerius* JR 2007, 275 (276).

[43] LG Hamburg MMR 2008, 186 (187) mit Anm. *Störing*; LG Hanau NJW 1999, 3647; LG Mannheim StV 2002, 242 (242) mit Anm. *Jäger*; *Beulke/Swoboda* Rn. 392; *Eisele* § 52 Rn. 14; *Gercke/Brunst* Rn. 825; *Malek/Popp* Rn. 444; *Valerius* S. 105 ff.; *Gaede* StV 2009, 96 (99 ff.); *Kudlich* GA 2011, 193 (203); *Sankol* JuS 2006, 698 (700); *Schlegel* HRRS 2007, 44 (51); *Störing* CR 2009, 475 (478 f.); einschränkend *Meininghaus* S. 274 ff.

setzungen des § 100a StPO zu beachten sind.[44] Eine gesetzgeberische Klärung dieser verworrenen Lage hatte sich im Rahmen von Änderungen der §§ 94 ff. StPO schon mehrmals, etwa beim Gesetz zur Neuregelung der Telekommunikationsüberwachung vom 21. Dezember 2007[45] oder im Rahmen des Gesetzes zur effektiveren und praxistauglicheren Ausgestaltung des Strafverfahrens vom 17. August 2017,[46] angeboten, ist bislang aber nicht erfolgt.

33   Für die Praxis ist die Rechtsfrage jedenfalls insoweit entschärft, als das BVerfG schon die Beschlagnahmevorschriften der §§ 94 ff. StPO als Ermächtigungsgrundlage für den Zugriff auf E-Mail-Postfächer grundsätzlich genügen lässt. Um das Fernmeldegeheimnis aus Art. 10 Abs. 1 GG effektiv zu schützen, müsse jedoch der Grundsatz der Verhältnismäßigkeit gewahrt und das Verfahren entsprechend ausgestaltet werden.[47] Hinzu tritt, dass die Entscheidung zu einer *offenen* „Beschlagnahme" von E-Mails erging. Für *heimliche* Zugriffe hat das BVerfG hingegen festgehalten, dass besonders hohe Anforderungen an die Bedeutung der zu verfolgenden Straftat und den für den Zugriff erforderlichen Grad des Tatverdachts zu stellen sind (siehe schon Rn. 8).[48] Es ist deshalb zu begrüßen, dass der BGH für die heimliche „Beschlagnahme" von E-Mails, die für die Strafverfolgungsbehörden gerade interessant sein dürften, inzwischen § 100a StPO als Ermächtigungsgrundlage heranzieht.[49] Dies gilt umso mehr, als das BVerfG die Eingriffsintensität als maßgebliches Kriterium besonders hervorgehoben hat.[50]

34   Anders als § 100a StPO legitimieren die Beschlagnahmevorschriften nur einen „punktuellen Zugriff" auf beim Provider gespeicherte E-Mails. Dass § 95a StPO nunmehr auch eine heimliche Beschlagnahme gestattet, darf schon angesichts der insoweit geringeren Voraussetzungen, die eine Straftat im Sinne des § 100a Abs. 2 StPO nicht zwingend erfordern („insbesondere"), nicht dazu führen, durch einen wiederholten punktuellen Zugriff im Sinne einer „Reihenanordnung" von Beschlagnahmen die höheren Anforderungen des § 100a StPO zu unterlaufen.[51] § 95a StPO kommt im Übrigen insbesondere bei der heimlichen Beschlagnahme von (digitalen) Beweismitteln Bedeutung zu, die nicht dem Telekommunikationsbegriff des § 100a StPO unterfallen.

---

[44] *Valerius* S. 114 ff.; vgl. auch *Graf* BeckOK-StPO § 99 Rn. 15; siehe schon LG Ravensburg NStZ 2003, 325 (326).

[45] BGBl. I, S. 3198; siehe hierzu *Bär* MMR 2008, 215; *Puschke/Singelnstein* NJW 2008, 113. Zur Verfassungsgemäßheit der Vorschriften BVerfG EuGRZ 2011, 696.

[46] BGBl. I, S. 3202.

[47] BVerfGE 124, 43 (58 ff.) mit Anm. *Brunst* CR 2009, 591, *B. Gercke* StV 2009, 624, *Krüger* MMR 2009, 680 und *Szebrowski* K&R 2009, 563 sowie Bespr. *Brodowski* JR 2009, 402 und *Klein* NJW 2009, 2996; kritisch *Härting* CR 2009, 581 (582 f.); zur Wahrung der Verhältnismäßigkeit BGH NJW 2010, 1297 (1298); Meyer-Goßner/Schmitt/*Köhler* § 94 Rn. 19a.

[48] BVerfGE 124, 43 (62 f.).

[49] BGH NJW 2021, 1252 (1254 f.); MMR 2021, 628.

[50] BVerfGE 124, 43 (58 f.).

[51] BT-Drucks. 19/27654, S. 64.

C. Durchsuchung (§§ 102 ff. StPO)

Literatur (Auswahl): *Beukelmann* Die Online-Durchsuchung, StraFo 2008, 1–8; *Blechschmitt* Strafverfolgung im digitalen Zeitalter. Auswirkungen des stetigen Datenaustauschs auf das strafrechtliche Ermittlungsverfahren, MMR 2018, 361–366; *Buermeyer* Die „Online-Durchsuchung", HRRS 2007, 329–337; *B. Gercke* Zur Zulässigkeit sog. Transborder Searches, StraFo 2009, 271–274; *M. Gercke* Heimliche Online-Durchsuchung: Anspruch und Wirklichkeit, CR 2007, 245–253; *Herrmann/Soiné* Durchsuchung persönlicher Datenspeicher und Grundrechtsschutz, NJW 2011, 2922–2928; *Hofmann* Die Online-Durchsuchung, NStZ 2005, 121–125; *Jahn/Kudlich* Die strafprozessuale Zulässigkeit der Online-Durchsuchung, JR 2007, 57–61; *Kemper* Anforderungen und Inhalt der Online-Durchsuchung bei der Verfolgung von Straftaten, ZRP 2007, 105–109; *Sankol* Verletzung fremdstaatlicher Souveränität durch ermittlungsbehördliche Zugriffe auf E-Mail-Postfächer, K&R 2008, 279–283; *Schantz* Verfassungsrechtliche Probleme von „Online-Durchsuchungen", KritV 2007, 310–330; *Zerbes/El-Ghazi* Zugriff auf Computer: Von der gegenständlichen zur virtuellen Durchsuchung, NStZ 2015, 425–433.
    Studienliteratur: *Werkmeister/Pötters* Verfassungsrechtliche Anforderungen an „Online-Durchsuchungen", JuS 2012, 223–228.

I. Allgemeine Voraussetzungen

Anliegen der in den §§ 102 ff. StPO geregelten Durchsuchung ist entweder die Ergreifung des Verdächtigen (Ergreifungsdurchsuchung) oder das Auffinden von Beweismitteln (Ermittlungsdurchsuchung). Häufig geht die (erfolgreiche) Durchsuchung somit einer Beschlagnahme nach den §§ 94 ff. StPO voraus (vgl. auch § 103 Abs. 1 Satz 1 StPO). **35**

Von der *Durchsuchung* von Wohnungen und anderen Räumen oder von Personen und der ihnen gehörenden Sachen (Suche *am* Körper) ist die *Untersuchung* einer Person auf Spuren oder sonstige Beweismittel (Suche *im* Körper) zu unterscheiden, deren Zulässigkeit sich vornehmlich nach § 81a StPO bestimmt (z. B. bei der Blutentnahme zum Nachweis alkoholbedingter Fahruntüchtigkeit). **36**

Die Durchsuchung setzt nach § 102 StPO einen einfachen Anfangsverdacht voraus, d. h. die Tatbegehung muss aufgrund von Tatsachen und nicht nur aufgrund bloßer Vermutungen als möglich erscheinen.[52] Für die Frage, ob bei der Durchsuchung Beweismittel aufgefunden werden, genügt hingegen eine entsprechende Vermutung. Soll die Durchsuchung bei anderen Personen als dem Verdächtigen vorgenommen werden, normiert § 103 Abs. 1 Satz 1 StPO als gesteigerte Anforderung, dass konkrete tatsächliche Anhaltspunkte dafür sprechen, dass die gesuchte Person, Spur oder Sache sich in den zu durchsuchenden Räumen befindet. Sonderregelungen für die Durchsuchung zur Nachtzeit enthält § 104 StPO. **37**

---

[52] BVerfG NJW 2004, 3171 (3172); K&R 2012, 49 (50); BGH NStZ-RR 2009, 142 (143); *Bruns* KK § 102 Rn. 1; Meyer-Goßner/Schmitt/*Köhler* § 102 Rn. 2.

38 Das Leitbild der §§ 102 ff. StPO – wie auch des Art. 13 GG – ist eine „*offene Durchsuchung*", bei welcher die körperlich vor Ort vertretenen Strafverfolgungsbehörden ihre Ermittlungen offen legen. Zum Ausdruck kommt dies unter anderem in der in § 105 Abs. 2 StPO vorgesehenen Zuziehung von Beamten oder Mitgliedern der Gemeinde des Durchsuchungsorts, ferner in dem Beiwohnungsrecht des Inhabers der durchsuchten Räume und Gegenstände nach § 106 Abs. 1 Satz 1 StPO und der von § 106 Abs. 2 Satz 1 StPO vorgesehenen Bekanntmachung des Zwecks der Durchsuchung vor deren Beginn.

39   Die *Anordnung* der Durchsuchung ist grundsätzlich dem Richter vorbehalten. Staatsanwaltschaft und – nachrangig – ihre Ermittlungspersonen dürfen eine Durchsuchung nur bei Gefahr im Verzug anordnen (§ 105 Abs. 1 Satz 1 StPO). Damit der Richtervorbehalt nicht ausgehöhlt wird, versteht das BVerfG den Begriff „Gefahr im Verzug" eng. Sie liegt immer dann vor, wenn es den Erfolg der Durchsuchung gefährdete, vorher die richterliche Anordnung einzuholen. Da die Strafverfolgungsbehörden naturgemäß aber selbst – auf der Grundlage von auf den Einzelfall bezogenen Tatsachen – über das Vorliegen dieser Voraussetzungen zu entscheiden haben, bedarf es besonderer tatsächlicher und rechtlicher Vorkehrungen, die den Richtervorbehalt in der Praxis gewährleisten.[53] Eine absichtliche oder willkürliche Missachtung des Richtervorbehalts begründet ein Beweisverwertungsverbot bzgl. der bei der Durchsuchung aufgefundenen Beweismittel.[54]

40   Anlässlich einer Durchsuchung sichergestellte Beweismittel sind von der Staatsanwaltschaft bzw. auf deren Anordnung von deren Ermittlungspersonen durchzusehen (§ 110 Abs. 1 StPO). Zu diesen „Papieren" im Sinne der Vorschrift zählen auch elektronische Speichermedien. Bei deren *Durchsicht* gestattet § 110 Abs. 3 StPO, auch hiervon räumlich getrennte Speichermedien durchzusehen, soweit auf sie von dem an sich durchsuchten Speichermedium aus zugegriffen werden kann und andernfalls der Verlust der gesuchten Daten zu besorgen ist. Da der nationale Gesetzgeber nur zu hoheitlichen Eingriffen im Inland ermächtigen kann, legitimiert § 110 Abs. 3 StPO aber lediglich den Fernzugriff auf Daten, die auf Servern im Inland gespeichert sind.[55] Sind die Daten dagegen (wie häufig im Falle des Cloud Computings) zugangsgeschützt im Ausland gespeichert, so bedarf es für deren Sichtung grundsätzlich der Zustimmung des fremden Staates, so dass ein Rechtshilfeersuchen erforderlich werden kann.[56]

---

[53] BVerfGE 103, 142 (154 f.).

[54] BVerfGE 113, 29 (61); BVerfG NJW 2006, 2684 (2686); BGHSt 51, 285 (291 f.).

[55] *Brodowski/Freiling* S. 131; *Gercke/Brunst* Rn. 976; *Malek/Popp* Rn. 484; *Meininghaus* S. 182; *Bär* MMR 2008, 215 (221); *ders.* ZIS 2011, 53 (54); *B. Gercke* StraFo 2009, 271 (272); *Herrmann/Soiné* NJW 2011, 2922 (2925); siehe auch *Sankol* K&R 2008, 279 (281).

[56] *Blechschmitt* MMR 2018, 361 (364); *Zerbes/El-Ghazi* NStZ 2015, 425 (430); aA *Wicker* MMR 2013, 765 (766 ff.), die den Cloud-Speicher dem Nutzer zuordnet.

II. Ermittlungsmaßnahmen in Bezug auf Daten

Wie schon die soeben genannte Vorschrift des § 110 Abs. 3 StPO verdeutlicht, ge- **41** hören zu den Sachen, die auf Grundlage der §§ 102 ff. StPO nach Beweismittel durchsucht werden dürfen, auch Datenspeicher. Sie können einerseits – wie etwa jeder andere Gegenstand in einer Wohnung oder einem anderen Raum – im Wege einer „klassischen" Durchsuchung sichergestellt und durchgesehen werden. Andererseits erlaubt die zunehmende Vernetzung von Computern aber nunmehr auch, auf die (z. B. auf der Festplatte gespeicherten) Daten eines Rechners von außen zuzugreifen, d. h. ohne die Wohnung betreten zu müssen. Für eine solche *Online-Durchsuchung* wird ein spezielles Computerprogramm (z. B. der sog. Bundestrojaner) heimlich auf dem Zielrechner installiert, das etwa als Anhang einer E-Mail verbreitet wird. Die Software überträgt sodann die auf dem Rechner befindlichen Daten an die Ermittlungsbehörden, sobald der Benutzer des Rechners sich in das Internet einwählt.[57]

Unproblematisch ist bei der Gewinnung von *Daten* als Beweismittel, sei es im **42** Rahmen einer „klassischen" oder im Wege einer Online-Durchsuchung, dass es sich hierbei um *unkörperliche Gegenstände* handelt. Denn es ist nicht ersichtlich, dass unter „Beweismittel" im Sinne des § 102 StPO lediglich körperliche Objekte zu verstehen sind, weswegen sie ebenso in digitaler Form vorliegen können. Entscheidend ist nur, ob die betreffenden Daten als Beweismittel für ein bestimmtes Ermittlungsverfahren geeignet sind (vgl. schon Rn. 21).[58]

Schwierigkeiten bereitet jedoch der wesentliche Unterschied zwischen der „klas- **43** sischen" und der modernen Form der Durchsuchung: Die Online-Durchsuchung erfolgt *heimlich*, d. h. ohne Wissen des Betroffenen. Dies ist zwar technisch nicht notwendig, trägt aber den Interessen der Strafverfolgungsbehörden Rechnung, ihre Ermittlungen zu verbergen. Hingegen ist die klassische Durchsuchung durch ein offenes Vorgehen der Ermittlungsbeamten geprägt (Rn. 38).

Trotz dieser Differenzen wurde gelegentlich vertreten, die Online-Durchsuchung **44** gleichfalls aufgrund der Ermächtigungsgrundlage in § 102 StPO anordnen zu können. Schließlich verlangten es weder Rechtsnatur noch Zweckbestimmung und Intensität des Grundrechtes, die Durchsuchung stets und ausnahmslos offen durchzuführen.[59] Ebenso wenig stünden die §§ 105 Abs. 2, 106, 107 StPO entgegen, die bei der Durchführung der Durchsuchung verlangen, den Betroffenen oder einen Dritten einzubeziehen. Bei diesen Normen handele es sich um bloße Ordnungsvorschriften, deren Verletzung keine Rechtsfolgen, insbesondere nicht die Unverwertbarkeit des

---

[57] Zum technischen Ablauf einer Online-Durchsuchung *Gercke/Brunst* Rn. 857 ff.; *Marberth-Kubicki* Rn. 505; *Schantz* KritV 2007, 310 (311 ff.).

[58] BVerfGE 115, 166 (191); *Hofmann* NStZ 2005, 121 (123); *Valerius* JR 2007, 275 (278); aA *Bär* MMR 2000, 472 (475).

[59] BGH wistra 2007, 28 (29); vgl. auch *Hofmann* NStZ 2005, 121 (123).

gefundenen Beweismaterials nach sich ziehe.[60] Demnach sei eine Online-Durchsuchung grundsätzlich möglich. Allerdings bleibe der Verhältnismäßigkeitsgrundsatz besonders zu berücksichtigen, um der größeren Eingriffsintensität und dem nur nachträglich gewährten Rechtsschutz Rechnung zu tragen, die mit einer heimlichen Maßnahme einhergehen.[61]

45   Dem bleibt mit der herrschenden Auffassung entgegenzuhalten, dass aus der fehlenden Vergleichbarkeit gerade nicht zu schließen ist, die Ermächtigungsgrundlage der „klassischen" Durchsuchung entsprechend anpassen zu können. Vielmehr bleibt hieraus zu folgern, die Online-Durchsuchung (trotz der demnach irreführenden Bezeichnung) gerade nicht auf die §§ 102 ff. StPO stützen zu können. Entscheidend ist, die Durchsuchung entgegen der zuvor genannten Ansicht als *offene Maßnahme* charakterisieren zu müssen. Zwar ergibt sich dies nicht aus dem Wortlaut des § 102 StPO, jedoch aus den Durchführungsvorschriften, die insoweit ein deutliches Bild einer Durchsuchung als offene Ermittlungsmaßnahme zeichnen.[62] Vornehmlich § 106 Abs. 1 StPO, der die Zuziehung des Inhabers bzw. bei dessen Abwesenheit einer sonstigen Person verlangt, verdeutlicht das Anliegen, die Offenheit einer Durchsuchung zu gewährleisten.[63]

46   Um eine Online-Durchsuchung zu Ermittlungszwecken anordnen zu können, bedarf es daher einer anderen, einschlägigen Eingriffsbefugnisnorm, die sich in der Strafprozessordnung indessen lange Zeit nicht finden ließ. Ein Rückgriff auf § 100a StPO scheitert bereits daran, dass sich die Online-Durchsuchung nicht auf Daten der „Telekommunikation" beschränkt. Außerdem ist der Telekommunikationsvorgang, dessen Überwachung und Aufzeichnung § 100a StPO gestattet, mit der Speicherung der Kommunikationsinhalte beim Empfänger abgeschlossen. Dass die Strafverfolgungsbehörden selbst eine Datenübertragung veranlassen, begründet ebenso wenig einen Vorgang der Telekommunikation.[64] Auch auf die Ermittlungsgeneralklausel der § 161 Abs. 1 Satz 1 bzw. § 163 Abs. 1 Satz 2 StPO (siehe Rn. 5) kann wegen der Schwere des (nicht zuletzt heimlichen) Eingriffs nicht verwiesen werden.[65] Mangels Ermächtigungsgrundlage war die heimliche Online-Durchsuchung zum Zwecke der Strafverfolgung daher *unzulässig*.[66] Das BVerfG

---

[60] Vgl. BGH NStZ 1983, 375 (376); aA Meyer-Goßner/Schmitt/*Köhler* § 106 Rn. 1 und § 107 Rn. 1; kritisch auch BGHSt 51, 211 (214 f.).

[61] BGH wistra 2007, 28 (30).

[62] BGHSt 51, 211 (212 ff.); *Gercke/Brunst* Rn. 864; *Bär* MMR 2000, 472 (475); *M. Gercke* CR 2007, 245 (250 f.); *Jahn/Kudlich* JR 2007, 57 (59); *Zöller* GA 2000, 563 (572 f.).

[63] BVerfGE 115, 166 (195); BGHSt 51, 211 (213).

[64] BGHSt 51, 211 (217 f.); *Gercke/Brunst* Rn. 868; *Mitsch* § 6 Rn. 38; *Jahn/Kudlich* JR 2007, 57 (61).

[65] *Mitsch* § 6 Rn. 37.

[66] BGHSt 51, 211 (216); *Gercke/Brunst* Rn. 869; *Marberth-Kubicki* Rn. 506; *Meininghaus* S. 190; *M. Gercke* CR 2007, 245 (250); *Kemper* ZRP 2007, 105 (107). Für den präventiv-polizeilichen Bereich wurde in § 20k BKAG eine Eingriffsbefugnisnorm erlassen; siehe hierzu *Baum/Schantz* ZRP 2008, 137; *Roggan* NJW 2009, 257; *Zabel* JR 2009, 453 (457).

entwickelte mit Urteil vom 27. Februar 2008[67] anlässlich einer Verfassungsbeschwerde gegen eine entsprechende Regelung im nordrhein-westfälischen Polizeigesetz das Grundrecht auf Gewährleistung der Vertraulichkeit und Integrität informatorischer Systeme (siehe dazu § 1 Rn. 79 ff.). Unter Berücksichtigung der dort aufgestellten Anforderungen wurde durch das Gesetz zur effektiveren und praxistauglicheren Ausgestaltung des Strafverfahrens vom 17. August 2017[68] mit dem neuen § 100b StPO eine Eingriffsbefugnis für heimliche Online-Durchsuchungen eingeführt (siehe dazu Rn. 59 ff.).

Eine *offene Online-Durchsuchung* bleibt hingegen mit dem Bild der §§ 102 ff. StPO durchaus **47** vereinbar, sofern die Ordnungsvorschriften der §§ 105 ff. StPO gewahrt werden, insbesondere das Anwesenheitsrecht des Inhabers gemäß § 106 Abs. 1 Satz 1 StPO beachtet wird. So könnten die auf einem Rechner gespeicherten Inhalte durch einen Eingriff von außen sichergestellt werden anstatt ihn zu beschlagnahmen.[69] Da der Betroffene dadurch nicht über einen längeren Zeitraum auf seinen Rechner verzichten muss, könnte eine solche alternative Datensicherung sogar aus Gründen der Verhältnismäßigkeit geboten sein. Das größere ermittlungstaktische Potential bietet aber freilich die heimliche Online-Durchsuchung.

D. Einsatz technischer Mittel

Literatur (Auswahl): *Becker/Meinicke* Die sog. Quellen-TKÜ und die StPO, StV 2011, 50–52; *Blechschmitt* Zur Einführung von Quellen-TKÜ und Online-Durchsuchung, StraFo 2017, 361–365; *Braun/Roggenkamp* Ozapftis – (Un)Zulässigkeit von „Staatstrojanern", K&R 2011, 681–686; *Buermeyer/Bäcker* Zur Rechtswidrigkeit der Quellen-Telekommunikationsüberwachung auf Grundlage des § 100a StPO, HRRS 2009, 433–441; *Freiling/Safferling/Rückert* Quellen-TKÜ und Online-Durchsuchung als neue Maßnahmen für die Strafverfolgung: Rechtliche und technische Herausforderungen, JR 2018, 9–22; *Großmann* Zur repressiven Online-Durchsuchung, GA 2018, 439–456; *Hiéramente/Pfister* Datenerhebung beim Hersteller von Mobiltelefonen. Zum Erfordernis des Strukturwandels bei der strafprozessualen Datenerhebung, StV 2017, 477–481; *Roggan* Die strafprozessuale Quellen-TKÜ und Online-Durchsuchung: Elektronische Überwachungsmaßnahmen mit Risiken für Beschuldigte und die Allgemeinheit, StV 2017, 821–829; *Sankol* Überwachung von Internet-Telefonie, CR 2008, 13–18; *Singelnstein/Derin* Das Gesetz zur effektiveren und praxistauglicheren Ausgestaltung des Strafverfahrens. Was aus der StPO-Reform geworden ist, NJW 2017, 2646–2652; *Soiné* Die strafprozessuale Online-Durchsuchung, NStZ 2018, 497–504; *Stadler* Zulässigkeit der heimlichen Installation von Überwachungssoftware, MMR 2012, 18–20.

Studienliteratur: *Großmann* Telekommunikationsüberwachung und Online-Durchsuchung: Voraussetzungen und Beweisverbote, JA 2019, 241–248; *Ruppert* Die moderne Klaviatur der Strafverfolgung im digitalen Zeitalter. Zur Einführung der Quellen-TKÜ und Online-Durchsuchung in Zeiten von WhatsApp, Skype & Social Media, Jura 2018, 994–1003.

---

[67] BVerfGE 120, 274. Zur verfassungsrechtlichen Zulässigkeit der Online-Durchsuchung *Beukelmann* StraFo 2008, 1 (3 ff.); *Buermeyer* HRRS 2007, 329 (329 ff.); *Schantz* KritV 2007, 310 (313 ff.); siehe hierzu auch *Werkmeister/Pötters* JuS 2012, 223.

[68] BGBl. I, S. 3202.

[69] *Meininghaus* S. 188; *Valerius* JR 2007, 275 (278).

I. Telekommunikationsüberwachung (§ 100a StPO)

48 Wie die vorstehenden Ausführungen verdeutlichen, ist bei modernen Ermittlungsmaßnahmen mitunter bereits fraglich, ob sie auf eine bestehende Ermächtigungsgrundlage gestützt werden können. Einige Eingriffsbefugnisnormen, die den technischen Neuerungen Rechnung tragen und das Ermittlungsinstrumentarium der
Strafverfolgungsbehörden erweitern, enthalten die §§ 100a ff. StPO. Für das Internet als Kommunikationsmittel sind insoweit vornehmlich § 100a und § 100b StPO
von Bedeutung. Außerhalb der StPO enthält etwa § 1 Abs. 1 i. V. m. § 3 G10 unter
anderem für den Bundesnachrichtendienst eine Ermächtigungsgrundlage für die
Überwachung und Aufzeichnung der Telekommunikation.

49 § 100a StPO erlaubt die heimliche, d. h. ohne Wissen der Betroffenen durchgeführte Überwachung und Aufzeichnung der Telekommunikation. Der Begriff der
Telekommunikation ist weit und entwicklungsoffen zu interpretieren und umfasst
jeden technischen Vorgang des Versendens und Empfangens von Nachrichten
jeglicher Art über Telekommunikationsanlagen.[70] Entscheidend ist die fehlende
Körperlichkeit der Information, die auf fernmeldetechnischem Weg, d. h. mittels
elektromagnetischer Wellen oder Signale übermittelt wird.[71]

50 Als „Telekommunikation" im Sinne des § 100a StPO ist nicht zuletzt die sog. *Voice-over-IP-Telefonie* (z. B. über Skype) zu begreifen.[72] Da diese Telefonate über das Internet allerdings in der
Regel verschlüsselt übertragen werden, fangen die Strafverfolgungsbehörden die übertragenen
Gesprächsinhalte bevorzugt beim Absender oder beim Empfänger ab, wenn die Daten noch nicht
verschlüsselt bzw. bereits wieder entschlüsselt sind (sog. End-to-End-Verschlüsselung). Um auf
diese Weise gewissermaßen an der Quelle (daher auch sog. Quellen-Telekommunikationsüberwachung oder auch Quellen-TKÜ; siehe hierzu Rn. 52 ff.) auf die Daten zuzugreifen, bedarf es zusätzlicher Maßnahmen, beispielsweise der Installation eines entsprechenden Entschlüsselungspro-
gramms auf dem Rechner des überwachten Nutzers.[73]

51 Bei der Überwachung *sozialer Netzwerke* ist zu differenzieren. Die frei zugänglichen Inhalte
eines Facebook-Auftritts, auf die jeder Nutzer ohne Weiteres zugreifen kann, steht auch den Ermittlungsbehörden offen, da in deren Abruf bereits kein Eingriff in das allgemeine Persönlichkeitsrecht zu erblicken ist.[74] Ebenso verhält es sich mit öffentlichen Chat-Rooms oder Foren, auch wenn
für den Zugang eine Registrierung erforderlich sein sollte. Ist der Zugriff auf das Profil allerdings
von weiteren Umständen wie einer Freischaltung durch den Betroffenen (etwa in Form einer
Freundschaftsanfrage) abhängig, so stellt der von einer staatlichen Stelle unter einer Legende ver-

---

[70] *Graf* BeckOK-StPO § 100a Rn. 20; *Roxin/Schünemann* § 36 Rn. 3; *Sankol* JuS 2006, 698 (699).

[71] BVerfG NJW 2016, 3508 (3508 ff.) mit kritischer Anm. *Eidam*; zustimmend *Hiéramente* HRRS
2016, 448 (449 f.).

[72] *Graf* BeckOK-StPO § 100a Rn. 69 ff.; Meyer-Goßner/Schmitt/*Köhler* § 100a Rn. 7a; vgl. auch
LG Hamburg wistra 2011, 155 (156); *Gercke/Brunst* Rn. 802; *Sankol* JuS 2006, 698 (699); *Valerius* JR 2007, 275 (278).

[73] Zum technischen Ablauf der Quellen-TKÜ *Gercke/Brunst* Rn. 886 ff.; *Becker/Meinicke* StV
2011, 50 (50 f.).

[74] Vgl. BVerfG NJW 2016, 3508 (3510 f.); *Graf* BeckOK-StPO § 100a Rn. 90; Meyer-Goßner/
Schmitt/*Köhler* § 100a Rn. 7; *Kudlich* StV 2012, 560 (566).

schaffte Zugriff auf die Daten einen Eingriff in das informationelle Selbstbestimmungsrecht dar und müssen demzufolge die Voraussetzungen des § 110a StPO bezüglich des Auftretens als verdeckter Ermittler gewahrt werden.[75] Dagegen ist für den Zugriff auf die Telekommunikation innerhalb zugangsgesicherter Chat-Rooms bzw. geschlossener Benutzergruppen die Eingriffsbefugnisnorm des § 100a StPO einschlägig.

Ob für das mitunter erforderliche Aufspielen und die notwendige Installation der **52** *Spionagesoftware* nach früherem Recht eine *Ermächtigungsgrundlage* existierte, war äußerst fraglich. Zwar lag es wegen des vorbereitenden Charakters des Eingriffs für die eigentliche Überwachung und Aufzeichnung von Telekommunikation nahe, hierfür die erforderliche Eingriffsbefugnis ebenso in § 100a StPO zu suchen. Sofern der Vorschrift in ihrer früheren Fassung allerdings überhaupt eine solche Annexkompetenz entnommen werden konnte,[76] mussten sich die zusätzlichen Maßnahmen jedenfalls darauf beschränken, den Zugriff auf die laufende Telekommunikation zu eröffnen, und durften nicht die Kenntnisnahme weiterer Daten ermöglichen.[77] War dies hingegen technisch nicht möglich, blieb daraus nur zu schließen, dass die Quellen-Telekommunikationsüberwachung mangels Eingriffsbefugnisnorm unzulässig war.[78]

Durch das *Gesetz zur effektiveren und praxistauglicheren Ausgestaltung des* **53** *Strafverfahrens* vom 17. August 2017[79] wurde in § 100a Abs. 1 Satz 2 und Satz 3 StPO die erforderliche Ermächtigungsgrundlage geschaffen und dem Umstand Rechnung getragen, dass die Kommunikationsübertragung vermehrt ausschließlich verschlüsselt abläuft und die Entschlüsselung häufig kaum möglich ist.[80] Daher konnten die Strafverfolgungsbehörden zwar Datensätze im Rahmen des § 100a StPO a. F. überwachen und aufzeichnen, allerdings nicht auswerten. Die nunmehr gesetzlich normierte Quellen-TKÜ ermöglicht dagegen das Auslesen der Daten-

---

[75] Vgl. BVerfG NJW 2008, 822 (836); *Graf* BeckOK-StPO § 100a Rn. 92.

[76] Ablehnend LG Hamburg MMR 2008, 423 (424 f.); *Brodowski/Freiling* S. 143 f.; *Becker/Meinicke* StV 2011, 50 (51); *Braun/Roggenkamp* K&R 2011, 681 (683 f.); *Buermeyer/Bäcker* HRRS 2009, 433 (439); *Klesczewski* ZStW 123 (2011), 737 (744); *Sankol* CR 2008, 13 (17 f.); *Stadler* MMR 2012, 18 (19); *Vogel/Brodowski* StV 2009, 632 (634). Nach *Sankol* CR 2008, 13 (14 ff.) konnte auch die Quellen-TKÜ selbst nicht auf § 100a StPO a. F. gestützt werden.

[77] LG Landshut MMR 2011, 690 (691) mit Anm. *Bär* und *Brodowski* JR 2011, 533; AG Bayreuth MMR 2010, 266 (267) mit Anm. *Bär*; *Hornick* StraFo 2008, 281 (284 f.); *Ruhmannseder* JA 2009, 57 (59).

[78] LG Hamburg MMR 2011, 693 (696); *Gercke/Brunst* Rn. 895 f.; zur Diskussion auch *Kudlich* GA 2011, 193 (205 ff.). Für den präventiv-polizeilichen Bereich fand sich hingegen eine Ermächtigungsgrundlage für die Quellen-Telekommunikationsüberwachung in § 20l Abs. 2 BKAG; siehe hierzu *Zabel* JR 2009, 453 (457 f.).

[79] BGBl. I, S. 3202; allgemein hierzu *Singelnstein/Derin* NJW 2017, 2646.

[80] BT-Drucks. 18/12785, S. 42. In diesem Zusammenhang war oftmals von der Bezeichnung „Going Dark" zu lesen, was die Blindheit des Staates angesichts der mangelnden Zugriffsmöglichkeit auf verschlüsselte Datensätze beschreibt. Zum Gang des Gesetzgebungsverfahrens, innerhalb dessen die eingeführte Quellen-TKÜ im Regierungsentwurf zunächst nicht vorgesehen war und erst durch den Ausschuss für Recht und Verbraucherschutz vorgeschlagen wurde, *Freiling/Safferling/Rückert* JR 2018, 9 (9 f.). *Blechschmitt* StraFo 2017, 361 bemüht insofern sogar das Bild des trojanischen Pferdes.

sätze an der jeweiligen (noch nicht verschlüsselten oder bereits wieder entschlüsselten) Quelle selbst, so dass die Strafverfolgungsbehörden in der Lage sind, die abge-
fangenen Daten zu lesen.

54   Die Quellen-TKÜ muss nach § 100a Abs. 1 Satz 2 StPO *notwendig* sein und ist
damit subsidiär gegenüber der klassischen Telekommunikationsüberwachung. Allerdings soll die Notwendigkeit als Ausprägung des Verhältnismäßigkeitsgrundsatzes bereits dann vorliegen, wenn anzunehmen ist, dass der Beschuldigte verschlüsselt
kommuniziert.[81] Ansonsten ist die Quellen-TKÜ als Ergänzung der klassischen Telekommunikationsüberwachung ausgestaltet, so dass im Übrigen deren Voraussetzungen genügen. Unterschieden wird zwischen der Überwachung und Aufzeichnung *laufender* Telekommunikation durch Eingriff in das informationstechnische
System (§ 100a Abs. 1 Satz 2 StPO) und dem Überwachen und Aufzeichnen *gespeicherter* Kommunikation (§ 100a Abs. 1 Satz 3 StPO). Üblicherweise erfolgen derartige Eingriffe heimlich.

55   Mit der Befugnis zur Überwachung gespeicherter Kommunikation nach § 100a Abs. 1 Satz 3 StPO
ersucht der Gesetzgeber, auch über Messenger-Dienste versendete Nachrichten zu erfassen, die auf
dem betroffenen IT-System gespeichert sind.[82] Daher ist die Bezeichnung der Überwachung bzw.
Aufzeichnung missverständlich, handelt es sich doch vielmehr um eine faktische Beschlagnahme
der betroffenen Daten. Davon dürfte gleichfalls der Gesetzgeber ausgegangen sein, wenn er in
dieser Maßnahme einen Eingriff in das Allgemeine Persönlichkeitsrecht und gerade nicht in das
Fernmeldegeheimnis erblickt.[83] Von der zeitgleich eingeführten Online-Durchsuchung (Rn. 59 ff.)
dürfte sich diese Form der Quellen-TKÜ daher lediglich durch die inhaltliche sowie zeitliche Beschränkung unterscheiden. Dementsprechend erscheint fraglich, inwiefern noch von einem zu
überwachenden, laufenden Telekommunikationsvorgang gesprochen werden kann, wenn bereits
gespeicherte Nachrichten ausgelesen werden.[84] In zeitlicher Hinsicht ist die Überwachung aber
nach § 100a Abs. 5 Satz 1 StPO auf Nachrichten beschränkt, die nach der Anordnung der Maßnahme übermittelt wurden.[85] Nach der Rechtsprechung des BGH soll das für die herkömmliche
Telekommunikationsüberwachung nach § 100a Abs. 1 Satz 1 StPO im Umkehrschluss nicht
gelten.[86]

56   Wegen der Heimlichkeit der Ermittlungsmaßnahme sowie des großen Stellenwerts des dadurch beeinträchtigten Fernmeldegeheimnisses aus Art. 10 Abs. 1 GG
stellt § 100a StPO *hohe Anforderungen* an die Zulässigkeit der Telekommunikationsüberwachung. Sie ist gemäß Absatz 1 Satz 1 Nr. 1 zum einen nur bei bestimmten
schweren Straftaten gestattet, derer Begehung oder Vorbereitung jemand aufgrund
bestimmter Tatsachen und nicht nur bloßer Vermutungen verdächtigt wird. Allerdings ist zu beobachten, dass der in Absatz 2 aufgelistete Katalog der schweren

---

[81] So *Roggan* StV 2017, 821 (822); *Ruppert* Jura 2018, 994 (1001); offen gelassen von *Freiling/
Safferling/Rückert* JR 2018, 9 (11).
[82] BT-Drucks. 18/12785, S. 56; kritisch *Blechschmitt* StraFo 2017, 361 (364 f.).
[83] Vgl. BT-Drucks. 18/12785, S. 54; kritisch wegen der gleichwohl mit § 100a Abs. 1 Satz 1 und
Satz 2 StPO übereinstimmenden Voraussetzungen *Großmann* JA 2019, 241 (244).
[84] Kritisch daher *Blechschmitt* StraFo 2017, 361 (365); *Roggan* StV 2017, 821 (824).
[85] *Ruppert* Jura 2018, 994 (1001); *Singelnstein/Derin* NJW 2017, 2646 (2648).
[86] BGH NJW 2021, 1252 (1254 f.).

Straftaten zunehmend erweitert wird. Ferner muss die jeweilige Straftat nicht nur generell, sondern auch im Einzelfall schwer wiegen (Absatz 1 Satz 1 Nr. 2) und gemäß der Subsidiaritätsklausel in Absatz 1 Satz 1 Nr. 3 die Erforschung des Sachverhalts oder die Ermittlung des Aufenthaltsortes des Beschuldigten auf andere Weise wesentlich erschwert oder aussichtslos sein. § 100a Abs. 3 StPO bestimmt schließlich, dass die Überwachung der Telekommunikation nur gegen den Beschuldigten oder gegen Personen angeordnet werden darf, die Mitteilungen des oder für den Beschuldigten weitergeben oder entgegennehmen oder deren Anschluss der Beschuldigte benutzt. Wie bei jeder Ermittlungsmaßnahme bleibt der Grundsatz der Verhältnismäßigkeit zu berücksichtigen.[87]

Ein Bereich, der staatlichen Eingriffen und somit auch den Ermittlungsmaßnahmen der Strafverfolgungsbehörden vorenthalten bleibt, sind höchstpersönliche Belange des Einzelnen. Dementsprechend ist nach § 100d Abs. 1 StPO eine Maßnahme nach den §§ 100a bis 100c StPO unzulässig, wenn tatsächliche Anhaltspunkte die Annahme nahe legen, dass hierbei allein Erkenntnisse aus dem *Kernbereich privater Lebensgestaltung* erlangt werden. Ergeben sich bei einer solchen Maßnahme gleichwohl Erkenntnisse aus dem Kernbereich privater Lebensgestaltung, dürfen sie gemäß § 100d Abs. 2 Satz 1 StPO nicht verwertet werden. § 100d StPO hat seine aktuelle Fassung durch das Gesetz zur effektiveren und praxistauglicheren Ausgestaltung des Strafverfahrens vom 17. August 2017[88] erfahren und enthält seitdem eine eigenständige Regelung, die allein den Kernbereich privater Lebensgestaltung betrifft und dessen Schutz dadurch – entsprechend Vorgaben des BVerfG[89] – erhöhen soll.   **57**

Die *Anordnungsbefugnis* für die Überwachung und Aufzeichnung der Telekommunikation liegt grundsätzlich bei Gericht (§ 100e Abs. 1 Satz 1 StPO) bzw. bei Gefahr im Verzug auch bei der Staatsanwaltschaft, deren Anordnung aber sodann binnen drei Werktagen einer gerichtlichen Bestätigung bedarf (§ 100e Abs. 1 Satz 2 und Satz 3 StPO). Ein weiterer Ausdruck des Richtervorbehalts ist, dass die Anordnung gemäß § 100e Abs. 3 StPO schriftlich ergehen und bestimmte Angaben enthalten muss.   **58**

II. Online-Durchsuchung (§ 100b StPO)

Außer der Quellen-TKÜ wurde durch das *Gesetz zur effektiveren und praxistauglicheren Ausgestaltung des Strafverfahrens* vom 17. August 2017[90] unter anderem auch die notwendige Ermächtigungsgrundlage für die sog. Online-Durchsuchung geschaffen, die nun erstmalig die Infiltration eines fremden IT-Systems zu repressiven Zwecken ermöglicht.   **59**

---

[87] Zur Beachtung des Grundsatzes der Verhältnismäßigkeit bei der Überwachung des DSL-Anschlusses eines Unbeteiligten BGH NStZ-RR 2011, 148 (149).

[88] BGBl. I, S. 3202.

[89] Ursprünglich gefordert in BVerfG NJW 2005, 2603 (2612), konkretisiert in BVerfG NJW 2012, 833 (837 f.).

[90] BGBl. I, S. 3202.

60   Die *Voraussetzungen* der Online-Durchsuchung orientieren sich an den Anforderungen an den sog. großen Lauschangriff nach § 100c Abs. 1 StPO. Dementsprechend wird ebenfalls ein auf bestimmte Tatsachen gestützter Verdacht einer besonders schweren Straftat gefordert (§ 100b Abs. 1 Nr. 1 StPO), die auch im Einzelfall besonders schwer wiegt (Nr. 2). Auch die Subsidiaritätsklausel in Nr. 3 ist der des § 100c Abs. 1 (Nr. 4) StPO nachgebildet. Zudem wird in § 100b Abs. 2 StPO ein gemeinsamer Katalog besonders schwerer Straftaten geschaffen.[91] Einzig auf die in § 100c Abs. 1 Nr. 3 StPO geforderte Wahrscheinlichkeit relevanter Äußerungen des Beschuldigten wird verzichtet.[92]

61   Der grundlegende *Unterschied zur Quellen-TKÜ* liegt darin, dass nach Infiltrierung des Systems Daten nicht nur punktuell und temporär, sondern dauerhaft und allumfassend erhoben werden dürfen. So können sowohl bestehende als auch neue Daten über einen längeren Zeitraum ausgelesen werden. Zudem können alle auf dem System gespeicherten Inhalte sowie das gesamte Nutzungsverhalten der Person überwacht werden.[93] Damit dürfte darüber hinaus der Zugriff auf in einer Cloud gespeicherte Inhalte des Betroffenen umfasst sein. Allerdings verzichtet die Norm auf einen weitergehenden Katalog an zulässigen bzw. unzulässigen Maßnahmen, was insbesondere hinsichtlich des Zuschaltens eines Mikrofons oder einer Kamera in den Räumen, in denen sich das infiltrierte System befindet, problematisch sein könnte.[94] Insofern sorgt jedoch der Wortlaut der Norm für Klarheit, der nur eine Datenerhebung „daraus", d. h. *aus* dem System, nicht aber *durch* das System gestattet.[95]

III. Erhebung von Verkehrsdaten (§ 100g StPO)

62   Für die Ermittlung von Straftaten sind mitunter nicht (nur) die Inhalte einer Kommunikation von Bedeutung (sog. *Inhaltsdaten*), sondern (auch) deren nähere Umstände. Zu diesen sog. *Verkehrsdaten* gehören beispielsweise die Nummer oder Kennung der beteiligten Anschlüsse, Beginn und Ende der jeweiligen Verbindung oder der vom Nutzer in Anspruch genommene Telekommunikationsdienst (siehe im Einzelnen §§ 9, 12 TTDSG sowie § 2a des Gesetzes über die Errichtung einer Bundesanstalt für den Digitalfunk der Behörden und Organisationen mit Sicherheitsaufgaben; weitere Angaben enthielt der vom BVerfG mit seinem Urteil zur

---

[91] Kritisch gegenüber der Weite des Straftatenkatalogs *Singelnstein/Derin* NJW 2017, 2646 (2647).

[92] *Freiling/Safferling/Rückert* JR 2018, 9 (13) schreiben dieser Klausel rein deklaratorischen Charakter zu, da sich deren Inhalt bereits aus dem Rechtsstaatsprinzip ableiten lasse.

[93] BT-Drucks. 18/12785, S. 54; *Roggan* StV 2017, 821 (825); *Soiné* NStZ 2018, 497 (502). Unter anderem aus diesem Grund sieht *Blechschmitt* StraFo 2017, 361 (364) darin einen unverhältnismäßigen Eingriff in die Grundrechte des Betroffenen; zur Kritik auch *Großmann* GA 2018, 439 (440, 446 ff. und passim).

[94] Eingehend dazu *Roggan* StV 2017, 821 (826).

[95] *Ruppert* Jura 2018, 994 (1002); *Singelnstein/Derin* NJW 2017, 2646 (2647); ähnlich *Großmann* GA 2018, 439 (442 f.); *ders.* JA 2019, 241 (244); ablehnend auch *Soiné* NStZ 2018, 497 (502).

Verfassungsgemäßheit der Vorratsdatenspeicherung vom 2. März 2010[96] für nichtig erklärte § 113a TKG).[97] Während etwa § 100a StPO die Überwachung und Aufzeichnung der Telekommunikation selbst, d. h. die Inhaltsdaten betrifft, gestattet § 100g StPO die heimliche Erhebung von Verkehrsdaten.[98]

Von den Inhalts- und Verkehrsdaten sind schließlich die sog. *Bestandsdaten* zu unterscheiden. **63** Darunter sind die personenbezogenen Daten der Kunden der Telekommunikationsdiensteanbieter zu verstehen, die für die Begründung, inhaltliche Ausgestaltung, Änderung oder Beendigung eines Vertragsverhältnisses über Telekommunikationsdienste erhoben werden (§ 3 Nr. 6 TKG, § 2 Abs. 2 Nr. 2 TTDSG). Sie umfassen unter anderem den Namen, die Anschrift, die Kontaktdaten (z. B. Telefonnummer und E-Mail-Adresse) und die Bankverbindung des Betroffenen.[99] Die Erhebung dieser Angaben ist unter den Voraussetzungen der durch das Gesetz zur Änderung des Telekommunikationsgesetzes und zur Neuregelung der Bestandsdatenauskunft vom 20. Juni 2013[100] neu eingeführten Ermächtigungsgrundlage des § 100j StPO zulässig.[101]

Die Anordnung der Erhebung von Verkehrsdaten ist gemäß § 100g Abs. 1 Satz 1 **64** Nr. 1 StPO zum einen möglich, wenn der begründete Verdacht (der Vorbereitung oder des Versuchs) der Begehung einer *Straftat von auch im Einzelfall erheblicher Bedeutung* besteht. Der Kreis der möglichen Taten geht hierbei („insbesondere") zwar über den Katalog des § 100a Abs. 2 StPO hinaus, umfasst aber etwa nicht das Ausspähen von Daten gemäß § 202a StGB.[102] Die Ermittlungsmaßnahme muss für die Erforschung des Sachverhalts – bzw. bei der Erhebung von Standortdaten nach § 100g Abs. 1 Satz 3 StPO auch für die Ermittlung des Aufenthaltsortes des Beschuldigten – erforderlich sein und in einem angemessenen Verhältnis zur Bedeutung der Strafsache stehen (§ 100g Abs. 1 Satz 1 StPO a. E.).

Zum anderen dürfen Verkehrsdaten ermittelt werden, wenn jemand der Begehung **65** einer Straftat *mittels Telekommunikation* verdächtigt wird (§ 100g Abs. 1 Satz 1 Nr. 2 StPO). Eine Beschränkung auf bestimmte Straftaten ist hier nicht vorgesehen. Vielmehr genügt der zweckgerichtete Einsatz des Telekommunikationsmittels (z. B. eines Rechners) für die Straftat, etwa durch ehrverletzende oder bedrohende Äußerungen im Internet oder ein Ausspähen von Daten gemäß § 202a StGB (etwa im Rahmen des sog. Phishings).[103] Allerdings muss hier die Erforschung des Sachverhalts auf andere Weise aussichtslos sein (§ 100g Abs. 1 Satz 2 StPO).

---

[96] BVerfGE 125, 260 mit Anm. *B. Gercke* StV 2010, 281, *Heun* CR 2010, 247, *Klesczewski* JZ 2010, 629, *Löffelmann* JR 2010, 225 und *Ohler* JZ 2010, 626 sowie Bespr. *Roßnagel* NJW 2010, 1238 und *Schramm/Wegener* MMR 2011, 9. Zur Verwertbarkeit zuvor ermittelter Daten im Strafverfahren BGHSt 56, 127; 56, 138; OLG Hamm MMR 2010, 583; OLG München MMR 2010, 793.

[97] Zur Einordnung der Seriennummer einer SIM-Karte (ICCID-Nummer) als Verkehrsdatum *Hiéramente//Pfister* StV 2017, 477 (479 f.).

[98] Zur Erhebung von Standortdaten mittels sog. stiller SMS aufgrund der Befugnisnorm des § 100i Abs. 1 Nr. 2 StPO BGHSt 63, 82 (83 ff.).

[99] *Marberth-Kubicki* Rn. 321.

[100] BGBl. I, S. 1602.

[101] Zur Abfrage der Seriennummer einer SIM-Karte *Hiéramente//Pfister* StV 2017, 477 (478 f.).

[102] LG Dortmund MMR 2003, 54.

[103] *Bär* BeckOK-StPO § 100g Rn. 9.

66   Bei den besonders schweren Straftaten des § 100g Abs. 2 Satz 2 StPO dürfen, sofern die Straftat
auch im Einzelfall besonders schwer wiegt, unter den sonstigen Voraussetzungen des § 100g
Abs. 2 Satz 1 StPO die in § 176 TKG genannten Verkehrsdaten erhoben werden. Die Zulässigkeit
einer sog. *Funkzellenabfrage* normiert § 100g Abs. 3 StPO. Hiernach ist zwar auch eine retrograde,
d. h. bereits gespeicherte Daten betreffende Funkzellenabfrage zulässig. Dies gilt aber nicht für
Standortdaten, deren rückwirkende Erhebung allein nach § 100g Abs. 2 Satz 1 StPO i. V. m. § 176
TKG zulässig ist.[104]

67   Der Gesetzgeber hatte bei der Umgestaltung des § 100g StPO insbesondere die Vorgaben des
BVerfG sowie die Ausführungen des EuGH im Blick. Demnach sei zwar die Telekommunikations-
anbietern auferlegte Pflicht zur anlasslosen Speicherung der Verkehrsdaten ein schwerer Eingriff
in die jeweiligen Grundrechte des Betroffenen. Dessen Verhältnismäßigkeit z. B. bei der Bekämpfung schwerer Kriminalität sowie dem Erhalt der öffentlichen Sicherheit setze nicht zuletzt bereichsspezifische, präzise und normenklare Regelungen voraus.[105]

68   § 100g StPO ist nur einschlägig für Verkehrsdaten, die sich beim *Erbringer* der
jeweiligen Telekommunikationsdienste befinden. Um die Verkehrsdaten am Endgerät des Betroffenen zu ermitteln (z. B. durch Abfrage der Anrufliste eines Mobiltelefons), müssen lediglich die Voraussetzungen der §§ 94 ff. StPO gegeben sein
(siehe § 100g Abs. 5 StPO).[106] Gleiches gilt für den einmaligen und offenen Zugriff
auf die beim Telekommunikationsdiensteanbieter gespeicherten Verkehrsdaten.[107]
Für den Zugriff auf Nutzungsdaten bei Telemediendiensten gilt § 100k StPO.

69   Die *Anordnungsbefugnis* für die Erhebung von Verkehrsdaten liegt nach der Verweisung in § 101a Abs. 1 Satz 1 auf § 100e (Abs. 1 Satz 1) StPO wiederum grundsätzlich bei Gericht, das die Anordnung durch bestimmte Angaben zu konkretisieren hat. Eine in den Fällen des § 100g Abs. 1 bzw. Abs. 3 Satz 1 StPO bei Gefahr im
Verzug mögliche Anordnung durch die Staatsanwaltschaft muss nach § 100e Abs. 1
Satz 2 und Satz 3 StPO binnen drei Werktagen gerichtlich bestätigt werden.

---

[104] BGH NStZ 2018, 47 (48); aA LG Stade MMR 2019, 257 (257 f.).

[105] BVerfG NJW 2010, 833 (841); EuGH NJW 2014, 2169 und NJW 2017, 717 mit Blick auf Art. 7
(Recht auf Privatleben) sowie Art. 8 (Schutz von personenbezogenen Daten) EuGrCh.

[106] BVerfGE 115, 166 (190 ff.); Meyer-Goßner/Schmitt/*Köhler* § 100g Rn. 44; *Beulke/Swoboda*
Rn. 395.

[107] Insofern noch zutreffend LG Saarbrücken MMR 2010, 205 (205) mit Anm. *Bär*; Meyer-Goßner/
Schmitt/*Köhler* § 94 Rn. 16a.

§ 5 Resümee und Ausblick

A. Zur Bekämpfung von Computerkriminalität

Die Computer- und Internetkriminalität stellt den Gesetzgeber vor besondere He- **1** rausforderungen. Zum einen sind – auch wenn die Reform des Schriftenbegriffs hier maßgebliche Vereinfachungen bewirkt hat – die einzelnen Erscheinungsformen von den klassischen Straftatbeständen mitunter nicht erfasst, weil Daten als Tatmittel und Tatobjekte *keine körperlichen Gegenstände* sind. Zum anderen bedingt die technische Entwicklung *neue Angriffsvarianten*, die – auch unabhängig von der Digitalisierung jeglicher Information – sich nicht unter die bestehenden Vorschriften subsumieren lassen. Schließlich gilt es gerade im Internet den *grenzüberschreitenden Charakter* krimineller Handlungen zu bedenken, der zu Abgrenzungsproblemen der staatlichen Hoheitsgewalten führt und eine internationale Lösung fordert.

Der *nationale Gesetzgeber* ist schon frühzeitig (siehe das 2. WiKG vom 15. Mai **2** 1986[1]) und wiederholt (siehe nicht zuletzt das 41. StrÄndG vom 7. August 2007[2] sowie das Gesetz zur effektiveren und praxistauglicheren Ausgestaltung des Strafverfahrens vom 17. August 2017[3] und das 60. StrÄndG zur Modernisierung des Schriftenbegriffs vom 30. November 2020[4]) tätig geworden, um *Regelungslücken* zu schließen. Es ist nicht davon auszugehen, dass der Gesetzgeber in Zukunft weniger aktiv wird.

Auf *internationaler Ebene* steht die Bekämpfung der Computer- und Internetkri- **3** minalität ebenso nach wie vor auf der Tagesordnung vieler Organisationen, nicht zuletzt wegen des erforderlichen gemeinsamen Vorgehens gegen eine grenzüberschreitende Kriminalitätsform. Stellvertretend darf nochmals auf die Richtlinie

---

[1] BGBl. I, S. 721; zum Handlungsbedarf durch den Gesetzgeber im Bereich der Internetkriminalität ausführlich *Vetter* Gesetzeslücken, S. 163 ff.

[2] BGBl. I, S. 1786.

[3] BGBl. I, S. 3202.

[4] BGBl. I, S. 2600.

2013/40/EU des Europäischen Parlaments und des Rates vom 12. August 2013 über Angriffe auf Informationssysteme und zur Ersetzung des Rahmenbeschlusses 2005/222/JI des Rates[5] verwiesen werden.

4   Bei der nicht zu leugnenden Notwendigkeit, die Computer- und Internetkriminalität zu bekämpfen, darf nicht außer Acht gelassen werden, dass nicht jede neue kriminelle Erscheinungsform sogleich den Erlass einer neuen Strafvorschrift erfordert. Zur Lösung vieler Fragen reichen die bestehenden Regeln völlig aus, wenngleich sie den neuen Gegebenheiten anzupassen sind. Insbesondere auf dem Gebiet der Computerkriminalität, aber auch in anderen Bereichen wie dem Umwelt- oder dem Wirtschaftsstrafrecht sind in den letzten Jahren hingegen Tendenzen zu erkennen, die in der Wissenschaft als „Flexibilisierung" bezeichnet werden.[6] Flexibilisierung des Strafrechts meint die Lockerung traditioneller dogmatischer Strukturen mit dem Ziel, das Strafrecht für die Problemlösungen in der modernen Gesellschaft flexibel gestalten und leichter einsetzen zu können. Kennzeichnend ist vor allem die Aufweichung traditioneller rechtsstaatlicher Strukturen (wie des ultima-ratio-Prinzips, des Bestimmtheitsgrundsatzes und des Legalitätsprinzips) mit dem Ziel, neue Risiken in den Griff zu bekommen und neue Strafbedürfnisse zu befriedigen.[7] Diese Tendenz ist freilich nicht nur bei der Rechtssetzung, sondern ebenso bei der Rechtsanwendung zu beobachten.

B. Ausblick

I. Strafrecht autonomer Systeme

Literatur (Auswahl): *S. Beck* Über Sinn und Unsinn von Statusfragen – zu Vor- und Nachteilen der Einführung einer elektronischen Person, in: Hilgendorf/Günther (Hrsg.), Robotik und Gesetzgebung, 2013, S. 239–262; *Hilgendorf* Autonome Systeme, künstliche Intelligenz und Roboter, in: Festschrift Th. Fischer, 2018, S. 99–113; *ders.* Verantwortungsdiffusion und selbstlernende Systeme in der Industrie 4.0, in: Hornung (Hrsg.), Rechtsfragen der Industrie 4.0, 2018, S. 119–137; *ders.* Automatisiertes Fahren als Herausforderung für Ethik und Rechtswissenschaft, in: Bendel (Hrsg.), Handbuch Maschinenethik, 2019, S. 355–372; *ders.* Zivil- und strafrechtliche Haftung für von Maschinen verursachte Schäden, in: Bendel (Hrsg.), Handbuch Maschinenethik, 2019, S. 437–452; *ders.* Robotik, Künstliche Intelligenz, Ethik und Recht. Neue Grundlagenfragen des Technikrechts, in: Festschrift A. Roßnagel, 2020, S. 545–563; *Schuster* Strafrechtliche Verantwortlichkeit der Hersteller beim automatisierten Fahren, DAR 2019, 6–11; *Valerius* Sorgfaltspflichten beim autonomen Fahren, in: Hilgendorf (Hrsg.), Autonome Systeme und neue Mobilität, 2017, S. 9–22; *ders.* Strafrechtliche Grenzen lernender Künstlicher Intelligenz, GA 2022, 121–133.

---

[5] ABl. EU L 218, S. 8.

[6] Vgl. z. B. *Hilgendorf* Strafrechtliche Produzentenhaftung, S. 48 ff.

[7] *Hong* Flexibilisierungstendenzen, S. 91 f.

Die *digitale Revolution*, deren Umwälzungspotential sich allenfalls mit der Indust-   5
riellen Revolution des späten 18. und 19. Jahrhunderts vergleichen lässt, hat inzwischen unsere gesamte Lebens- und Arbeitswelt erfasst.[8] Teil dieser digitalen Revolution ist die Verbreitung automatisierter, autonomer und mitunter lernfähiger
Systeme. Mit deren zunehmendem Einsatz häufen sich neben zulassungs- und datenschutzrechtlichen Aspekten vor allem Fragen der zivil- und strafrechtlichen Verantwortlichkeit für durch derartige Systeme verursachte Schäden.

Dabei handelt es letztlich um einen Fall der *Produkthaftung*,[9] der in seiner *straf-*   6
rechtlichen Ausprägung als das schärfste Schwert des Verbraucherschutzes verstanden werden kann.[10] Das StGB enthält keine besonderen Vorschriften zur Produkthaftung, vielmehr ist der Regelungsbereich ganz überwiegend mit den allgemeinen
Vorschriften zu bewältigen. Da bei Produkthaftungsfällen häufig Körperverletzun-
gen und Tötungen von Menschen durch Maschinen im Raum stehen, sind typischerweise die vorsätzliche oder fahrlässige Tötung (§§ 212, 222 StGB) oder Körperverletzung (§§ 223, 229 StGB) zu diskutieren. Daneben können abhängig vom
Einzelfall Spezialregelungen des Nebenstrafrechts, etwa des Chemikalien-, Lebens-
mittel- oder Arzneimittelstrafrechts, einschlägig sein.

Im *Unterschied zur zivilrechtlichen Produkthaftung*, die primär gegen das Her-   7
stellerunternehmen als Ganzes gerichtet ist, kann eine Strafhaftung nur einzelne
natürliche Personen treffen. Ein Unternehmens- oder Verbandsstrafrecht kennt das
deutsche Strafrecht (noch) nicht.[11] Dadurch ist das persönliche Risiko der strafrechtlichen Produkthaftung für einzelne Beteiligte wesentlich höher als das der
zivilrechtlichen.[12] Aber auch für das Unternehmen selbst kann ein Strafprozess
existenzgefährdende Folgen nach sich ziehen: Die Öffentlichkeit wird ein Ermitt-
lungs- oder Strafverfahren, selbst wenn es sich nur gegen eine Einzelperson richtet,
stets mit dem Unternehmen in seiner Gesamtheit assoziieren; der daraus resultie-
rende Vertrauensverlust hat typischerweise auch empfindliche finanzielle Einbußen
zur Folge.[13]

Aus strafrechtsdogmatischer Sicht hat man es bei Produkthaftungsfällen regel-   8
mäßig mit Fahrlässigkeitsdelikten zu tun. Eine vorsätzliche Begehungsweise ist
aufgrund der geschilderten Konsequenzen eher selten vorzufinden.[14] Im Rahmen
der *Fahrlässigkeitsstrafbarkeit* stellen sich im vorliegenden Kontext vor allem drei
größere Fragen: Handelt es sich um ein positives Tun oder Unterlassen? Weiterhin
ist zu klären, ob ein objektiver Verstoß gegen eine Sorgfaltspflicht vorliegt und ob

---

[8] Vgl. zum Folgenden etwa *Hilgendorf* FS Fischer, S. 99 ff.

[9] Hierzu umfassend *Kuhlen* HWSt 2. Teil Kap. 1 Rn. 5 ff.

[10] *Hilgendorf* in: Handbuch Maschinenethik, S. 437 (447).

[11] *Wessels/Beulke/Satzger* Rn. 149 m. w. N., auch zu den jüngsten Entwürfen eines Verbands-
strafrechts.

[12] *Kuhlen* HWSt 2. Teil Kap. 1 Rn. 6.

[13] *Hilgendorf* in: Handbuch Maschinenethik, S. 437 (448).

[14] Gleichwohl kennt die höchstrichterliche Rechtsprechung auch (in der Regel bedingt) vorsätzliche Fälle strafrechtlicher Produkthaftung, so etwa im für die strafrechtliche Produkthaftung weg-
weisenden *Lederspray*-Urteil des BGH, vgl. BGHSt 37, 106.

die Rechtsgutsverletzung sowohl objektiv als auch aus individueller Perspektive des Täters vorhersehbar war. Schließlich ergeben sich stets auch Kausalitäts- und Zurechenbarkeitsprobleme. Beim Einsatz autonomer Systeme wird man sich nicht zuletzt auch die Frage stellen müssen, welcher Akteur überhaupt als tauglicher Täter in Frage kommt.

1. Tun oder Unterlassen

9   Richtet ein autonomes System einen Schaden an, ist unter anderem zu klären, ob dieser durch ein positives Tun oder durch ein Unterlassen herbeigeführt wurde. Das ist vor allem deshalb relevant, weil eine Strafbarkeit wegen Unterlassens nur unter den erweiterten Voraussetzungen des § 13 Abs. 1 StGB in Betracht kommt, wozu insbesondere das Vorliegen einer Garantenstellung gehört.[15] Die *Abgrenzung* zwischen Tun und Unterlassen bestimmt sich nach herrschender Auffassung nach dem Schwerpunkt der Vorwerfbarkeit.[16] Wer ein System oder eine Maschine einschaltet und dadurch einen Schaden verursacht, handelt in Form aktiven Tuns. Wer hingegen darauf verzichtet, eine Maschine abzuschalten, die in der Folge einen Schaden verursacht, wird sich dem Vorwurf eines Unterlassens aussetzen müssen.[17]

10   Unter anderem mit dieser Frage hatte sich der BGH im Jahr 1990 im sog. *Lederspray-Urteil*[18] zu befassen. Der Hersteller eines Ledersprays hatte Hinweise darauf erhalten, dass sein Produkt in mehreren Fällen Gesundheitsschäden hervorgerufen hatte. Dennoch wurde das Lederspray weiterhin verkauft. Nach Eingang weiterer Hinweise trat die Geschäftsführung zu einer Krisensitzung zusammen, in der sie beschloss, den Vertrieb des Produkts fortzusetzen und keinen Produktrückruf zu initiieren. Die Geschäftsleitung übernahm diese Auffassung. In der Krisensitzung sah der BGH eine Zäsur: Während der vorherige Vertrieb des Ledersprays eine Strafbarkeit wegen des unterlassenen Rückrufs begründete, nahm das Gericht für die nach der Sitzung ausgelieferten Sprays ein positives Tun an.[19]

11   Bei der Frage nach dem *Verantwortungssubjekt* kommen mehrere Akteure in Betracht. Für Schäden, die ein autonomes System verursacht, können regelmäßig der Hersteller bzw. Programmierer oder der Betreiber zur Verantwortung gezogen werden. In Einzelfällen kommt auch eine Strafhaftung Dritter in Betracht. Nach gegenwärtiger Rechtslage ausgeschlossen ist eine Verantwortlichkeit des autonomen Systems selbst, selbst wenn es in der Lage ist, seine Aktionen im Wege des maschinellen Lernens eigenständig an veränderte Umstände anzupassen.[20]

---

[15] Siehe hierzu bereits oben § 2 Rn. 136.

[16] *Fischer* § 13 Rn. 5 m. w. N.

[17] *Hilgendorf* in: Handbuch Maschinenethik, S. 437 (449).

[18] BGHSt 37, 106.

[19] BGHSt 37, 106 (129 ff.); vgl. zum Ganzen auch *Kuhlen* HWSt 2. Teil Kap. 1 Rn. 24 ff.

[20] Auch zum Folgenden *Hilgendorf* FS Fischer, S. 99 (110). Zur Debatte um die Einführung einer „elektronischen Person" *Beck* in: Robotik und Gesetzgebung, S. 239 ff.

Diskussionswürdig ist diese Frage beispielsweise im Rahmen der strafrechtlichen Beurtei- **12** lung des Falles *Tay*. Im März 2016 stellte Microsoft den gleichnamigen Chatbot auf der Plattform Twitter online, der die Fähigkeit besaß, aus Konversationen zu lernen, um aufgrund dieser Wissensbasis Chat-Unterhaltungen mit beliebigen Personen führen zu können.[21] Die Lernfähigkeit dieses Systems wurde von Unbekannten ausgenutzt, indem sie bewusst und gezielt frauenfeindliche und rassistische Konversationen mit *Tay* aufbauten, die dazu führten, dass sich der Chatbot die Gesprächsinhalte zu eigen machte und unter anderem von offenem Rassismus geprägte Äußerungen tätigte. Binnen weniger Stunden musste Microsoft das System daher wieder vom Netz nehmen.[22]

Die Probleme der Zuweisung von Verantwortlichkeit lassen sich in diesem Beispiel an- **13** hand einer möglichen Strafbarkeit wegen Beleidigung nach § 185 StGB veranschaulichen. Zum einen können sich die Personen strafbar gemacht haben, die das System manipuliert haben. Dafür müsste ihnen allerdings ein entsprechender Beleidigungsvorsatz nachgewiesen werden, was hinsichtlich der Identität der Opfer und des möglichen Zeitpunkts des Erfolgseintritts Schwierigkeiten bereitet.[23] Eine Strafbarkeit der Hersteller wird daran scheitern, dass das System erstens einwandfrei funktioniert hat (es hat gelernt wie vorgesehen), zweitens kann ihnen mit Sicherheit kein Beleidigungsvorsatz unterstellt werden. Eine Strafbarkeit von *Tay* selbst scheidet aus.

2. Sorgfaltspflichtverletzung und Vorhersehbarkeit

Eine Strafbarkeit wegen Fahrlässigkeit setzt nach herrschender Auffassung eine ob- **14** jektive Sorgfaltspflichtverletzung sowie die objektive und subjektive Vorhersehbarkeit des Erfolgseintritts voraus.[24] Autonome Systeme bergen in ihrem Praxiseinsatz zwar Risiken für diejenigen Personen, die in ihren Wirkungsbereich gelangen. Allerdings ist nicht jedes riskante Verhalten ohne Weiteres sorgfaltswidrig. Fahrlässig handelt in den Termini des Zivilrechts (§ 276 Abs. 2 BGB), wer die im Verkehr erforderliche Sorgfalt außer Acht lässt. Der *Umfang der Sorgfaltspflichten* wird im Einzelfall – soweit vorhanden – von Sondernormen bestimmt.[25] Bei der Entwicklung eines autonomen Systems sind die Mitarbeiter eines Unternehmens regelmäßig gesetzlichen Sorgfaltsanforderungen unterworfen, etwa aus dem Produktsicherheitsgesetz.[26] Daneben kann der Verstoß gegen technische Standards (etwa DIN-Normen) Indizwirkung hinsichtlich einer Sorgfaltspflichtverletzung begründen. In den meisten Fällen werden die Sorgfaltspflichten aber erst von den Gerichten für den jeweils konkreten Einzelfall festgelegt. Dabei orientiert sich der Umfang

---

[21] Allgemein zu den strafrechtlichen Grenzen lernender Künstlicher Intelligenz *Valerius* GA 2022, 121 ff.

[22] Eine Darstellung des Falles „Tay" findet sich im Artikel „Tay(bot)" in der englischsprachigen Wikipedia.

[23] Denkbar erscheint allenfalls ein Beleidigungsvorsatz hinsichtlich *aller* Personen, die in den „Einflussbereich" des Chatbots gelangen, vergleichbar mit den sog. „Sprengfallen"-Konstellationen. Vgl. hierzu etwa *Kühl* AT § 13 Rn. 27.

[24] Vgl. nur Lackner/Kühl/*Kühl* § 15 Rn. 36.

[25] *Wessels/Beulke/Satzger* Rn. 1114, 1123.

[26] *Hilgendorf* in: Handbuch Maschinenethik, S. 437 (449).

der Sorgfaltspflicht zum einen am drohenden Schaden und zum anderen an der Wahrscheinlichkeit eines Schadenseintritts.[27]

15   Bei der (Massen-)Produktion von Gütern ist der Eintritt einzelner Schäden beim Endverbraucher vorhersehbar. Diese Schäden, die im Einzelfall auch gravierend sein können, ließen sich indes vermeiden, schlimmstenfalls durch Einstellung der Produktion.[28] Dennoch sind Hersteller von Produkten wie autonomen Systemen nicht allein aus diesem Grund strafrechtlich haftbar. Die Fahrlässigkeitshaftung bedarf nämlich einer *Einschränkung* in zweierlei Hinsicht: durch den Vertrauensgrundsatz einerseits und die Figur des erlaubten Risikos andererseits.

16   **Vertrauensgrundsatz** Der Vertrauensgrundsatz besagt, dass man sich grundsätzlich auf das verkehrsgerechte Verhalten anderer verlassen darf.[29] Dieser Grundsatz gilt allerdings nicht uneingeschränkt. Wenn eindeutige Indizien darauf hinweisen, dass das Vertrauen in das regelorientierte Verhalten anderer unbegründet ist, kann eine Fahrlässigkeitshaftung nicht durch diesen Grundsatz eingeschränkt werden.[30] Bei der Herstellung eines Produkts darf der Hersteller darauf vertrauen, dass das Produkt ordnungsgemäß verwendet wird. Schäden, die durch eine zweckfremde Benutzung oder einen Fehlgebrauch entstehen, können keine Fahrlässigkeitsstrafbarkeit auf Seiten des Produzenten zur Folge haben. Verursacht ein autonomes System ohne Fehlgebrauch durch den Benutzer einen Schaden, kann der Vertrauensgrundsatz allerdings nicht zur Einschränkung der strafrechtlichen Produkthaftung herangezogen werden.

17   **Erlaubtes Risiko** Besser eignet sich zur Einschränkung der Fahrlässigkeitshaftung in Fällen wie diesen die Figur des erlaubten Risikos. Hinsichtlich ihres Inhalts besteht ebenso Uneinigkeit wie über ihre dogmatische Verortung. Im vorliegenden Kontext soll die Figur als einschränkender Gesichtspunkt im Rahmen der Fahrlässigkeitsprüfung verstanden werden.[31] Da kein Produkt vollkommen sicher sein kann, sollte eine Sorgfaltspflichtverletzung unter folgenden Voraussetzungen ausscheiden: (1) In Kontexten der Erzeugung von Produkten der Technik oder im Rahmen industrieller Massenproduktion, wenn (2) bestimmte Restrisiken nicht ausgeschlossen werden können, (3) obwohl der Hersteller nach dem jeweiligen Stand der Technik alles Zumutbare getan hat, um sein Produkt so sicher wie möglich zu machen, und (4) mit dem Produkt so viele Vorteile verbunden sind, dass nach mehrheitlicher gesellschaftlicher Einschätzung die verbleibenden Risiken hinzunehmen

---

[27] *Hilgendorf* FS Roßnagel, S. 545 (556 f.). Dass sich bei lernender Künstlicher Intelligenz deren Lernprozess kaum vorhersehen lässt, steht der Fahrlässigkeitshaftung nicht entgegen, ist hierfür doch die Vorhersehbarkeit des Eintritts des tatbestandlichen Schadens maßgeblich; *Valerius* GA 2022, 121 (126 f.).

[28] *Hilgendorf* in: Rechtsfragen der Industrie 4.0, S. 119 (126).

[29] *Fischer* § 222 Rn. 10, 14 ff.

[30] *Hilgendorf* FS Roßnagel, S. 545 (559).

[31] Ebenso Schönke/Schröder/*Sternberg-Lieben/Schuster* § 15 Rn. 145.

sind.[32] Unter diesen Bedingungen werden Produzenten keinen unzumutbaren Strafbarkeitsrisiken ausgesetzt.

Relevanz entfaltet die Figur des erlaubten Risikos mit diesen Grundsätzen im *Aschaffenburger Fall*. Im Frühjahr 2012 fuhr ein mit einem Spurhalteassistenten ausgestatteter Pkw in die Ortschaft Alzenau bei Aschaffenburg ein. Am Ortseingang erlitt der Fahrer einen Schlaganfall und verlor das Bewusstsein. Er verriss das Steuer nach rechts, sodass der Wagen normalerweise in einem Gebüsch vor dem Ortseingang zum Stehen gekommen wäre. Der Spurhalteassistent führte das Fahrzeug beim Überfahren der Fahrbahnbegrenzung wieder zurück in die Spur, der Pkw fuhr mit hoher Geschwindigkeit in den Ort hinein und tötete dort eine junge Frau und ihr Kind. Der Vater konnte sich durch einen Sprung zur Seite gerade noch retten und wurde nur leicht verletzt.[33] **18**

Die Zuweisung strafrechtlicher Verantwortung bereitet hier erneut Probleme. Der *Fahrer* des Unfallfahrzeugs ist selbst eher Opfer als Täter und hat den tödlichen Unfall nicht einmal fahrlässig herbeigeführt.[34] Näher liegt die Strafbarkeit des *Herstellers* (bzw. genauer: einer beim Hersteller beschäftigten Person) gemäß §§ 222, 229 StGB wegen der Tötung zweier Menschen und der Körperverletzung an einer dritten Person. Unmittelbar zum Erfolg hat die Tatsache geführt, dass der Spurhalteassistent das Fahrzeug wieder zurück auf die Straße lenkte, da es unter normalen Umständen (ohne Spurhalteassistent) nicht in die Ortschaft hineingefahren wäre. **19**

Zu klären ist insbesondere das Vorliegen einer *Sorgfaltspflichtverletzung des Herstellers* dadurch, dass er den Spurhalteassistenten programmierte und in den Pkw einbaute. Festzustellen ist, dass ein Schadensverlauf, wie er sich im vorliegenden Fall ereignet hat, grundsätzlich vorhersehbar war.[35] Die tatbestandsmäßigen Erfolge wären auch vermeidbar gewesen, wenn der Hersteller den Einbau des Spurhalteassistenten unterlassen hätte. Damit lag zum einen grundsätzlich eine objektive Sorgfaltswidrigkeit vor, zum anderen war der Erfolg objektiv vorhersehbar.[36] Der *Vertrauensgrundsatz*, der typischerweise in Fällen der strafrechtlichen Produkthaftung zur Einschränkung der Fahrlässigkeitsstrafbarkeit herangezogen werden kann, hilft hier nicht weiter, da kein Fehlverhalten anderer Personen anzunehmen ist. Eine Strafbarkeit des Herstellers könnte allerdings unter Zuhilfenahme der Figur des *erlaubten Risikos* ausgeschlossen werden. Da Technik niemals vollkommen sicher ist, müssen bestimmte Risiken in Kauf genommen werden, wenn die Gesellschaft von den Vorteilen der Technik profitieren möchte. Es handelt sich bei Spurhalteassistenten um gesellschaftlich akzeptierte, aufgrund ihrer Vorteile sogar erwünschte Massenprodukte. Das erlaubte Risiko begrenzt daher die Fahrlässigkeitshaftung des Herstellers, sofern dieser nach dem jeweils aktuellen Stand der Technik alle zumutbaren Maßnahmen ergreift, um Schäden soweit wie möglich zu verhindern. Den Hersteller treffen mithin auch nach Inverkehrbringen Produktbeobachtungspflichten, wie sie aus der zivilrechtlichen Produkthaftung bekannt sind, um Risi- **20**

---

[32] *Hilgendorf* in: Rechtsfragen der Industrie 4.0, S. 119 (126 f.).

[33] Zum Fall ausführlich *Hilgendorf* DRiZ 2018, 66 ff.

[34] Insoweit existieren keine Hinweise auf eine Sorgfaltswidrigkeit dahingehend, dass ein Schlaganfall etwa aufgrund von Vorerkrankungen im Rahmen des Vorhersehbaren lag.

[35] Einzelheiten einer konkreten Tat müssen nicht vorhergesehen werden, vgl. *Fischer* § 15 Rn. 20.

[36] *Hilgendorf* FS Fischer, S. 99 (105).

ken jederzeit auf ein Minimum zu reduzieren. Hält sich der Hersteller an diese Vorgaben, schließt die Figur des erlaubten Risikos seine Fahrlässigkeitsstrafbarkeit für durch sein Produkt verursachte Schäden aus.

3. Kausalität und Zurechnung

21   Ob eine Tathandlung ursächlich für den Eintritt eines tatbestandsmäßigen Erfolges war, richtet sich im Strafrecht nach der *conditio-sine-qua-non-Formel*. Im Allgemeinen ist bei der strafrechtlichen Produkthaftung häufig fraglich, ob eingetretene Schäden tatsächlich durch das jeweilige Produkt hervorgerufen wurden. Insofern bestimmt sich die Feststellung der *Kausalität* auch bei autonomen Systemen nach den allgemeinen Grundsätzen. Indes zeichnet sich eine bestimmte Gruppe lernender Systeme durch eine besondere Undurchsichtigkeit ihrer Entscheidungsfindung aus (sog. „Blackbox"-Algorithmen). Das hat zur Konsequenz, dass in vielen Fällen nicht einmal der Entwickler des Systems im Einzelnen erklären kann, wie eine konkrete Entscheidung zustande gekommen ist.[37] Folglich gestaltet sich der Nachweis des Kausalzusammenhangs als schwierig.[38]

22   Darüber hinaus bereitet die Feststellung der *Zurechenbarkeit* erhebliche Schwierigkeiten. Wenn das System sich im Wege des maschinellen Lernens aufgrund von Erfahrungen selbst verändern kann, ist fraglich, ob die durch dieses System hervorgerufenen Schäden überhaupt noch dem Hersteller oder Betreiber zugerechnet werden können. Mit der zunehmenden Verselbstständigung autonomer Systeme könnten die Pflichten, die Hersteller und Betreiber zu erfüllen haben, zurückgehen.[39] Dadurch und durch die Figur des erlaubten Risikos entstehen Verantwortungslücken.

23   Findet sich (wie im Fall *Tay*, siehe Rn. 12) kein Akteur, dem ein Strafbarkeitsvorwurf gemacht werden kann, stellt sich die Frage, wie mit dieser Situation umzugehen ist. Einerseits ist ein lückenloser Rechtsgüterschutz durch das Strafrecht weder gewünscht noch möglich.[40] Auf der anderen Seite ist von einem zunehmenden Einsatz vergleichbarer Systeme und einer damit einhergehenden Häufung von Fällen auszugehen, in denen die Zuweisung strafrechtlicher Verantwortlichkeit nicht zweifelsfrei möglich ist. Denkbar wäre, Hersteller lernfähiger Systeme dazu zu motivieren, diese so zu konzipieren, dass sie nichts lernen können, was Menschen schädigt. Aus der Perspektive des Strafrechts könnte das über die *Einführung eines abstrakten Gefährdungsdelikts* für das Inverkehrbringen gefährlicher Produkte ohne hinreichende Sicherung erreicht werden, ggf. in Verbindung mit einem Schadensereignis als objektiver Bedingung der Strafbarkeit. Da die (rechts-)praktischen Konsequenzen der digitalen Revolution derzeit aber nur im Ansatz absehbar sind, ist bei neuen gesetzgeberischen Vorschlägen Zurückhaltung geboten.[41]

---

[37] Zu den im Entwurf eines EU-Gesetzes über Künstliche Intelligenz vorgesehenen Transparenzpflichten siehe KOM (2021) 06 final und unten § 5 Rn. 42 ff.

[38] Zu allgemeinen Kausalitätsfragen im Rahmen der strafrechtlichen Produkthaftung *Kuhlen* HWSt 2. Teil Kap. 1 Rn. 49 ff.

[39] *Schulz* Verantwortlichkeit bei autonom agierenden Systemen, 2015, S. 198.

[40] Baumann/Weber/Mitsch/Eisele/*Eisele* § 2 Rn. 7 f.

[41] Zum Ganzen *Hilgendorf* FS Fischer, S. 99 (110 f.).

4. Anwendungsfall automatisiertes Fahren

Einen besonders prominenten Teil der digitalen Revolution bildet die zunehmende   **24**
Fahrzeugautomatisierung (siehe bereits Rn. 18 ff.). Von selbstfahrenden Autos ver-
spricht man sich erhebliche Vorteile, darunter eine signifikante Reduzierung der
Unfallzahlen sowie ein Erhalten der individuellen Mobilität bis ins hohe Alter.
Trotzdem wird es auch bei besonders hochentwickelten automatisierten Fahrzeugen
immer noch zu Unfällen kommen. Es ist daher bereits im Vorfeld eines fahrerlosen
Straßenverkehrs zu klären, wer für den durch ein autonomes Fahrzeug verursachten
Schaden strafrechtlich verantwortlich ist.

Im Hinblick auf die Strafbarkeit der *Hersteller* automatisierter Fahrzeuge gelten   **25**
im Wesentlichen die oben erläuterten Grundsätze. Demnach wird eine Fahrlässigkeitsstrafbarkeit vor allem durch die Figur des erlaubten Risikos begrenzt. Voraussetzung ist allerdings, dass der Hersteller bei Inverkehrbringen des Fahrzeugs im
Rahmen des Zumutbaren den Stand der Technik berücksichtigt. Allerdings wird der
Hersteller ab dem Zeitpunkt des Inverkehrbringens nicht gänzlich von jeder strafrechtlichen Verantwortung freigezeichnet: Auch danach treffen ihn Produktbeobachtungspflichten, die ihn unter anderem dazu verpflichten, bei neuen Erkennt-
nissen über Fehler und Gefahren aktiv zu werden und diese über Software-Updates
oder nötigenfalls einen Produktrückruf abzustellen.[42]

In Betracht kommt allerdings selbst bei hoch- oder vollautomatisierten Fahr-   **26**
funktionen[43] auch eine Strafbarkeit des *Fahrzeugführers* selbst, wie der *Emmentaler
Fall* verdeutlicht. Im März 2016 ereignete sich auf der schweizerischen Autobahn
A2 ein Unfall unter Beteiligung eines teilautomatisierten Fahrzeugs. Ein Mann fuhr
in einem Tesla mit eingeschaltetem Autopiloten („Traffic-Aware Cruise Control"
und „Autosteer") auf der Autobahn. Während der Fahrt telefonierte er auf seinem
Mobiltelefon und versandte Textnachrichten. In der Nähe einer Anschlussstelle war
die linke Richtungsfahrbahn aufgrund von Baumaßnahmen gesperrt. Die linke Spur
wurde zu diesem Zweck nach rechts geführt und eine zweite Spur auf dem Pannen-
streifen angelegt. Der Tesla, der sich zum Unfallzeitpunkt auf der linken Fahrspur
befand, schwenkte allerdings nicht nach rechts, sondern fuhr mit nahezu unvermin-
derter Geschwindigkeit in die Baustelle hinein und kollidierte mit einem dort stehenden Signalisationsanhänger. Dabei entstand ein erheblicher Sachschaden. Dass
der im Wagen befindliche Inhaber eines automatisierten Fahrzeugs in solchen Fällen nicht pauschal von der Verantwortlichkeit freigestellt ist, zeigt sich etwa daran,
dass er nach § 1a Abs. 4 StVG auch bei aktivierter Fahrzeugsteuerung Fahrzeugführer bleibt und nach § 1b StVG derart wahrnehmungsbereit bleiben muss, dass er die
Fahrzeugsteuerung jederzeit wieder übernehmen kann.

---

[42] *Schuster* DAR 2019, 6 (9); *Valerius* in: Autonome Systeme und neue Mobilität, S. 9 (12 f.).

[43] Die Legaldefinition hoch- oder vollautomatisierter Kraftfahrzeuge findet sich in § 1a Abs. 2 Satz
1 StVG. Siehe zu den Anforderungen an die Zulässigkeit des Einsatzes von Kraftfahrzeugen mit
(gänzlich) autonomer Fahrfunktion und den Pflichten der Beteiligten die durch das Gesetz zur
Änderung des Straßenverkehrsgesetzes und des Pflichtversicherungsgesetzes – Gesetz zum autonomen Fahren vom 12. Juli 2021 (BGBl. I, S. 3108) eingeführten Vorschriften der §§ 1d ff. StVG.

27   Ein breites Medienecho verursachte in den vergangenen Jahren die Frage, wie Hersteller automatisierter Fahrzeuge mit sog. *Dilemma*-Situationen umgehen sollen.[44] Menschliche Fahrzeugführer müssen in drohenden Unfallszenarien in Bruchteilen von Sekunden entscheiden, wie sie zu reagieren haben, um den Schaden entweder zu vermeiden oder möglichst gering zu halten. Ein computergesteuertes Fahrzeug kann diese Entscheidung nicht vollständig autonom im Moment des Vor-Unfallgeschehens treffen, vielmehr müssen die wesentlichen Leitlinien des Entscheidungsvorgangs bereits in seinem Programmcode angelegt sein. Dabei stellt sich vor allem die Frage, wie mit Fällen umzugehen ist, in denen Kollisionen mit tödlicher Folge unvermeidbar sind. Die Problematik lässt sich am besten anhand zweier Fallszenarien darstellen.[45]

28   Im *Szenario 1* nähert sich ein mit einem autonomen Fahrsystem ausgestattetes Fahrzeug dem Unfallort, an dem zwei bewusstlose Menschen auf der Straße liegen. Ein weiteres Unfallopfer konnte sich an den linken Straßenrand retten. Anzunehmen ist, dass das herannahende autonome Fahrzeug nicht mehr rechtzeitig zum Stillstand kommen kann und auch ein vollständiges Ausweichen nicht möglich ist. Zur Auswahl stehen also nur das Überfahren der beiden am Boden liegenden Bewusstlosen oder ein Ausweichen nach links, wodurch allerdings die Person am Straßenrand erfasst würde. Welchen Kurs sollte das System einschlagen?

29   Die Konstellation im *Szenario 1* ist dieselbe, wie sie auch dem sog. Weichenstellerfall[46] zugrunde liegt. Grundsätzlich gilt nach unserer Rechtsordnung das *Prinzip des geringeren Übels*, wonach der Schaden stets so gering wie möglich gehalten werden muss.[47] Dieses Prinzip ist allerdings zu präzisieren, wenn sich Menschenleben gegenüberstehen. Art. 1 Abs. 1 GG verbietet es nämlich, diese miteinander zu verrechnen.[48] Das gilt sowohl in qualitativer als auch in quantitativer Hinsicht: Das Leben einer 25-jährigen Studentin ist nicht mehr „wert" als das eines 75-jährigen Pensionärs (qualitativ), außerdem sind zwei Menschenleben grundsätzlich nicht mehr wert als eines (quantitativ).[49] Die Tötung eines Menschen ist also kein „geringeres Übel" als die Tötung einer Mehrzahl von Menschen. Aus diesem Grund darf der „Notstandsalgorithmus" eines automatisierten Fahrzeugs in *Szenario 1* nicht derart programmiert werden, dass es sich zum Schutz der zwei Bewusstlosen für ein Ausweichen nach links entscheidet und dadurch die (einzelne) Person am Straßenrand „opfert".[50] Ansonsten käme eine Strafbarkeit der verantwortlichen Mitarbeiter des Herstellers gemäß § 212 Abs. 1 StGB in Betracht.[51]

30   Kritisch zu hinterfragen ist das Verbot der Quantifizierbarkeit menschlichen Lebens derweil in *Szenario 2*: In einem engen „Fahrschlauch" springen plötzlich drei Kinder auf die

---

[44] Zu den Bedenken, dass demnächst Computer über Leben und Tod entscheiden würden, ausführlich *Feldle* Notstandsalgorithmen, 2018, S. 29 ff.

[45] Nach *Hilgendorf* ZStW 130 (2018), 674; *ders.* FS Fischer, S. 99 (106 ff.).

[46] Nach *Welzel* ZStW 63 (1951), 48 (51).

[47] Besonders deutlich kommt dieser Grundsatz in § 34 StGB zur Geltung, vgl. *Hilgendorf* in: Autonome Systeme und neue Mobilität, S. 143 (146).

[48] Etwa BVerfGE 115, 118 (160).

[49] *Fischer* § 34 Rn. 15.

[50] *BMVI* Bericht der Ethik-Kommission Automatisiertes und Vernetztes Fahren, 2017, S. 19.

[51] *Sander/Hollering* NStZ 2017, 193 (202); *Schuster* DAR 2019, 6 (10): „Man wird dabei wohl von einem bedingten Vorsatz ausgehen müssen".

Fahrbahn, von denen sich eines vor dem linken Kotflügel des Fahrzeugs befindet, die beiden anderen vor dem rechten. Wieder ist davon auszugehen, dass ein rechtzeitiges Abbremsen ebenso unmöglich ist wie ein Ausweichen. Das Fahrzeug könnte allenfalls einen Lenkimpuls nach links setzen, wodurch nur ein Kind erfasst würde, oder einen Lenkimpuls nach rechts, wodurch zwei Kinder verletzt und möglicherweise getötet würden. Fährt der Wagen ohne Lenkimpuls geradeaus weiter, werden alle drei Kinder erfasst.[52]

Würde man auch in *Szenario 2* das Dogma der Nicht-Abwägbarkeit von Menschenleben **31** anwenden, käme man zu dem Ergebnis, dass der Wagen keinerlei Lenkimpuls setzen dürfte und daher zwingend alle drei Kinder erfassen müsste. Dies erscheint nicht nur kontraintuitiv, sondern verstößt auch gegen den Grundsatz, dass menschliches Leben für die Rechtsordnung einen Höchstwert darstellt. Grundsätzlich verdient das Verbot der Abwägung menschlichen Lebens weiterhin Zustimmung: Es dürfen in einer auf die Werte des Humanismus verpflichteten Rechtsordnung niemandem Solidarpflichten auferlegt werden, die bis zur Aufopferung des eigenen Lebens für Andere reichen.[53]

Fraglich ist allerdings, ob der Grundsatz in Fallkonstellationen wie der vorliegenden einer **32** Einschränkung bedarf. Durch das Setzen eines Lenkimpulses werden die Überlebenschancen derjenigen Personen, in deren Richtung der Impuls gesetzt wird, nicht verringert; sie bleiben gleich.[54] Dagegen werden die Überlebenschancen der jeweils anderen Person(en) verbessert. Bei Befolgung des üblicherweise maßgeblichen Grundsatzes des geringeren Übels könnte man vertreten, dass in *Szenario 2* das Setzen eines Lenkimpulses nach links, wodurch zwei der drei Kinder gerettet würden, zumindest aus ethischen Gesichtspunkten vorzugswürdig ist.[55] Ungeklärt ist allerdings bislang, wie sich diese Lösung aus juristischer Perspektive darstellen und begründen lässt.[56]

II. Entwurf einer KI-Verordnung

1. Ein Europäisches „Gesetz über Künstliche Intelligenz"

Die Europäische Kommission hat am 21. April 2021 einen „Vorschlag für eine Ver- **33** ordnung des Europäischen Parlaments und des Rates zur Festlegung harmonisierter Vorschriften für künstliche Intelligenz (*Gesetz über künstliche Intelligenz*) und zur Änderung bestimmter Rechtsakte der Union" vorgelegt.[57] Es handelt sich dabei um die weltweit erste umfassende rechtliche Regulierung Künstlicher Intelligenz. Der Vorschlag ist auf breites Interesse gestoßen, wobei sich befürwortende und kritische Stimmen in etwa die Waage halten.

---

[52] Fall nach *Hilgendorf* in: Autonome Systeme und neue Mobilität, S. 143 (156).

[53] *Hilgendorf*, ZStW 130 (2018), 673; *Fischer* § 34 Rn. 18.

[54] *Hilgendorf* FS Fischer, S. 99 (108).

[55] *Hilgendorf* FS Fischer, S. 99 (108).

[56] Dazu umfassend *Feldle* Notstandsalgorithmen, 2018.

[57] https://eur-lex.europa.eu/resource.html?uri=cellar:e0649735-a372-11eb-9585-01aa7 5ed71a1.0001.02/DOC_1&format=PDF. Die nachfolgenden Ausführungen folgen einem (unveröffentlichten) Text, den Eric Hilgendorf im Herbst 2021 für den Bayerischen KI-Rat verfasst hat.

34   Inhaltlich beruht der Vorschlag auf den Vorarbeiten der *EU High Level Expert Group on AI*, in der von 2018 bis 2020 Expertinnen und Experten aus der Wirtschaft, der akademischen Welt und den NGOs Grundlagen einer vertrauenswürdigen KI herausgearbeitet haben.[58] Auf der Grundlage dieser Arbeiten erschien am 19. Februar 2020 das Weißbuch der Kommission zur künstlichen Intelligenz[59] („ein europäisches Konzept für Exzellenz und Vertrauen"). Der vorliegende Verordnungsentwurf vom 21. April lässt sich als Fortführung der damit angesprochenen Debatten verstehen.

35   Die Kommission weist darauf hin, dass der „Einsatz Künstlicher Intelligenz zur Verbesserung von Prognosen, zur Optimierung von Abläufen und der Ressourcenzuweisung sowie zur Personalisierung der Diensteerbringung … für die Gesellschaft und die Umwelt von Nutzen sein und Unternehmen sowie der europäischen Wirtschaft Wettbewerbsvorteile verschaffen" könne. Insbesondere in den Sektoren „Klimaschutz, Umwelt und Gesundheit, öffentlicher Sektor, Finanzen, Mobilität, Inneres und Landwirtschaft" könne KI eingesetzt werden. Dem zu erwartenden sozioökonomischen Nutzen stünden allerdings „neue Risiken oder Nachteile für den Einzelnen oder die Gesellschaft" gegenüber. Eine *Regulierung von KI* und ihrer Anwendungen sei deshalb erforderlich.

2. Ziel und Inhalt

36   *Ziel der Verordnung* ist es, „harmonisierte Vorschriften für das Inverkehrbringen, die Inbetriebnahme und die Verwendung von Systemen der künstlichen Intelligenz" in der Europäischen Union zu schaffen (Art. 1a). Bestimmte Formen von KI sollen ganz verboten, für Hochrisiko-KI-Systeme besondere Anforderungen formuliert werden (Art. 1b, c). Der *Anwendungsbereich* der Verordnung soll sehr weit sein: sie soll für alle Anbieter gelten, „die KI-Systeme in der Union in Verkehr bringen oder in Betrieb nehmen, unabhängig davon, ob diese Anbieter in der Union oder in einem Drittland niedergelassen sind". Der Anwendungsbereich wird auch dann eröffnet, wenn sich die Nutzer der KI-Systeme in der Union befinden (Art. 2).

37   Art. 3 Nr. 1 definiert ein *KI-System* als „eine Software, die mit einer oder mehreren der in Anhang I aufgeführten Techniken und Konzepte entwickelt worden ist und im Hinblick auf eine Reihe von Zielen, die vom Menschen festgelegt werden, Ergebnisse wie Inhalte, Vorhersagen, Empfehlungen oder Entscheidungen vorbringen kann, die das Umfeld beeinflussen, mit dem sie interagieren". Als entsprechende Techniken werden in Anhang I des Entwurfs Konzepte des maschinellen Lernens genannt, des Weiteren Logik und wissenschaftsgestützte Konzepte sowie statistische Ansätze.

---

[58] Dazu Hilgendorf, Menschenrechte. Gemeinwohlorientierte Gesetzgebung auf Basis der Vorschläge der EU-„High-Level-Expert-Group on Artificial Intelligence", in: Piallat (Hrsg.), Der Wert der Digitalisierung. Gemeinwohl in der digitalen Welt, 2021, S. 223–251.

[59] https://ec.europa.eu/info/sites/default/files/commission-white-paper-artificial-intelligence-feb2020_en.pdf.

Gänzlich verboten sollen folgende Praktiken werden: „das Inverkehrbringen, die **38** Inbetriebnahme oder die Verwendung von KI-Systemen, die *Techniken der unterschwelligen Beeinflussung* außerhalb des Bewusstseins einer Person" einsetzen, wenn dadurch der Person physischer oder psychischer Schaden zugefügt werden kann (Art. 5 Abs. 1a). Verboten sind des Weiteren Systeme, die eine *besondere Schwäche oder Schutzbedürftigkeit* einer bestimmten Gruppe von Personen *ausnutzen*, „um das Verhalten einer dieser Gruppe angehörenden Person in einer Weise wesentlich zu beeinflussen, die dieser Person schaden kann" (Art. 5 Abs. 1b).

Auch die staatliche Einrichtung von *„social-scoring"-Systemen* soll verboten **39** werden (Art. 5 Abs. 1c). Eine vierte Gruppe verbotener Praktiken sind *biometrische Echtzeit-Fernidentifizierungssysteme*, die in öffentlich zugänglichen Räumen zur Strafverfolgung eingesetzt werden (Art. 5 Abs. 1d), worunter insbesondere Systeme zur Gesichtserkennung zu verstehen sein dürften. Ausnahmen bilden die gezielte Suche nach „bestimmten potentiellen Opfern von Straftaten" oder nach „vermissten Kindern", das „Abwenden einer konkreten, erheblichen und unmittelbaren Gefahr für das Leben oder die körperliche Unversehrtheit natürlicher Personen oder eines Terroranschlags", sowie das „Erkennen, Aufspüren, Identifizieren oder Verfolgen eines Täters oder Verdächtigen einer besonders schweren Straftat".

Den mit Abstand größten Raum nimmt die Regelung der *Hochrisiko-KI-Systeme* **40** ein. Dazu sollen nach Anhang III folgende Systeme gehören: Systeme, die für die *biometrische Echtzeit-Fernidentifizierung natürlicher Personen* verwendet werden (Nr. 1), Systeme, die bestimmungsgemäß als *Sicherheitskomponenten* in der Verwaltung und dem Betrieb des Straßenverkehrs sowie in der Wasser-, Gas-, Wärme- und Stromversorgung eingesetzt werden sollen (Nr. 2), Systeme, die für Entscheidungen über den *Zugang oder die Zuweisung natürlicher Personen zu Einrichtungen der allgemeinen und beruflichen Bildung* verwendet werden sollen (Nr. 3), Systeme im Zusammenhang mit der Beschäftigung, dem Personalmanagement und dem Zugang zur Selbstständigkeit, insbesondere *Systeme im Zusammenhang mit Bewerbungen und Einstellungsverfahren* (Nr. 4). Erfasst sind ferner Systeme, die für *grundlegende private und öffentliche Dienste und Leistungen* eingesetzt werden, etwa im Zusammenhang mit öffentlichen Unterstützungsleistungen, Verfahren der Kreditwürdigkeitsprüfung oder der Entsendung von Not- und Rettungsdiensten (Nr. 5).

Zu den Hochrisiko-Systemen gehören dem Entwurf zufolge auch Systeme, die **41** im Zusammenhang mit *Strafverfolgung*, auch und gerade im Ermittlungsverfahren, eingesetzt werden (Nr. 6), des Weiteren Systeme, die im Zusammenhang mit *Migration, Asyl und Grenzkontrolle* Verwendung finden sollen (Nr. 7). Zu den Hochrisiko-Systemen zählen ferner KI-Systeme, „die bestimmungsgemäß Justizbehörden bei der *Ermittlung und Auslegung von Sachverhalten und Rechtsvorschriften* und bei der *Anwendung des Rechts* auf konkrete Sachverhalte unterstützen sollen" (Nr. 8). Des Weiteren soll es sich um ein Hochrisiko-KI-System handeln, wenn das System als Sicherungskomponente eines Produkts verwendet werden soll, das unter bestimmte, in Anhang II des VO-E näher aufgeführte Harmonisierungsrechtsvorschriften der Union fällt (Art. 6 Abs. 1). In Art. 7 wird der EU-Kommission die Befugnis übertragen, delegierte Rechtsakte zur Änderung der Liste in Anhang III zu erlassen, d. h. neue Hochrisiko-KI-Systeme zu definieren.

42   Die anderen KI-Systeme gelten als Systeme mit geringem oder minimalem Risiko, denen nur vereinzelt besondere Anforderungen auferlegt werden. Im Übrigen wird auf *Transparenz* (Art. 52) und *Selbstregulierung* via Verhaltenskodizes (Art. 69) verwiesen.

43   Für die *Hochrisiko-KI-Systeme* sollen eine ganze Reihe von *Anforderungen* gelten, die in Kapitel II des Entwurfs näher festgelegt werden. Dazu gehören etwa die Einrichtung eines Risikomanagementsystems (Art. 9), besondere Verfahren der Daten-Kontrolle und Daten-Governance, das Erfordernis einer technischen Dokumentation (Art. 11), bestimmte Aufzeichnungspflichten (Art. 12), die Sicherstellung von Transparenz und die Bereitstellung von Informationen für die Nutzer (Art. 13) und die Sicherstellung menschlicher Aufsicht (Art. 14). Hinzu tritt das Gebot von Genauigkeit, Robustheit und Cyber-Sicherheit (Art. 50).

44   Die skizzierten Pflichten obliegen zunächst den *Anbietern* der Hochrisiko-Systeme (Art. 16), die außerdem ein Qualitätsmanagementsystem einrichten müssen (Art. 17). Vorgeschrieben sind auch eine technische Dokumentation (Art. 18), die Durchführung von Konformitätsbewertungsverfahren (Art. 19) und automatisch erzeugte Protokolle (Art. 20). Grundsätzlich dieselben Pflichten treffen den *Produkthersteller* (Art. 24). Auch die *Importeure* von KI-Systemen (Art. 26) und Händler (Art.27) werden in die Pflicht genommen.

45   Dasselbe gilt für die *Nutzer* (Art. 29), die insbesondere verpflichtet werden, KI-Systeme nur entsprechend der dem System beigefügten Gebrauchsanweisungen zu nutzen (Art. 29 Abs. 1). In jedem Mitgliedstaat müssen notifizierende Behörden geschaffen werden, also Behörden, die für die Einrichtung und Durchführung der erforderlichen Verfahren zu Bewertung, Benennung und Modifizierung von Konformitätsbewertungsstellen und deren Überwachung zuständig sind. Näheres ist in dem außerordentlich umfangreichen und komplexen vierten Kapitel des Entwurfs geregelt.

46   In Art. 43 wird die aufwändige *Konformitätsbewertung* behandelt, die für KI- Systeme vorgenommen werden muss. Auch die damit zusammenhängenden Fragen werden in großem Detail reguliert. In Art. 52 werden für bestimmte KI-Systeme *besondere Transparenzpflichten* festgelegt. So soll ein Mensch erkennen können, dass er es mit einem KI-System zu tun hat, sofern dies nach den Umständen nicht offensichtlich ist (Art. 52 Abs. 1).

47   In den Art. 53 ff. werden *Maßnahmen zur Innovationsförderung* behandelt. Dazu gehören etwa KI-Real-Labore (Art. 53). Nach Art. 56 soll ein *Europäischer Ausschuss für Künstliche Intelligenz* geschaffen werden, der die Kommission mit Blick auf die KI-Regulierung berät und unterstützt. Des Weiteren sollen in jedem Mitgliedstaat nationale Aufsichtsbehörden benannt werden. Auch nach dem Inverkehrbringen obliegen insbesondere den Anbietern noch bestimmte Beobachtungs- und Überwachungspflichten. Um die Einhaltung der VO durchzusetzen, sieht Art. 71 erhebliche Sanktionen für den Fall einer Zuwiderhandlung vor. In bestimmten Fällen sollen Verstöße mit Geldbußen bis zu 30 Millionen Euro oder (bei Unternehmen) von bis zu 6 % des gesamten weltweiten Jahresumsatzes des vergangenen Geschäftsjahres verhängt werden können (Art. 71 Abs. 3).

3. Vorläufige Bewertung

Der Versuch, KI-Systeme umfassend zu regulieren, erscheint *grundsätzlich begrü-* **48**
ßenswert. Um derartige Systeme am Markt zu platzieren, sind Rechtssicherheit und
Verbrauchervertrauen und damit ein klarer und nachvollziehbarer rechtlicher Rahmen erforderlich. Es scheint jedoch, dass der Entwurf an nicht wenigen Stellen über
die selbst gesetzten Ziele hinausschießt.

Das dem Entwurf zugrunde gelegte *Verständnis von KI-Systemen* ist *sehr weit*. **49**
Bedenken erregt dies insbesondere deshalb, weil die Regulierung gerade der
Hochrisiko-KI-Systeme außerordentlich komplex, bürokratieanfällig und für die
Unternehmen belastend ist. Dass die Europäische Kommission ermächtigt werden
soll, die Liste von Hochrisiko-Systemen einseitig auszuweiten (Art. 7), ist mit dem
Ziel von Rechtssicherheit nicht zu vereinbaren. Zu klären ist das Verhältnis zur
Forschungsfreiheit, Art. 5 Abs. 3 GG.

Nicht überzeugend sind des Weiteren die *zahlreichen Vorgaben für Hersteller* **50**
und Anbieter von Hochrisiko-Systemen, die sich über weite Strecken mit den Vorgaben der Produkthaftung überschneiden und zu unklaren Doppelungen führen.
Doppelungen sind auch im Hinblick auf Regelungen und Nachweise im Rahmen
des Finanzwesens zu befürchten. Für den Bereich Automotive existieren insbesondere bei der Typzulassung bereits Zulassungsvorgaben, deren Verhältnis zu den
neuen, für Hochrisiko-Systeme vorgeschriebenen Vorgaben zu klären wäre. Auch
das Verhältnis der geplanten Verordnung zur DS-GVO wirft Fragen auf.

Einige der Vorgaben der Regulierung sind schlichtweg nicht erfüllbar. So heißt **51**
es etwa in Art. 10 Abs. 3, dass die für das *Training von KI-Systemen* verwendeten
Daten frei von Irrtümern sein müssen. Dies ist gar nicht möglich; vielmehr ist davon
auszugehen, dass Datensätze stets auch Fehler enthalten. Bedenken erregt des Weiteren Art. 29, der auch *Nutzern von Hochrisiko-KI-Systemen* erhebliche Pflichten
auferlegt. Diese Regelung erscheint wenig verbraucherfreundlich. Stattdessen
würde es ausreichen, auf das bisherige, schon sehr leistungsstarke Produkthaftungs-
recht zu verweisen.

Für das Strafrecht ist der Entwurf über die Sanktionsregelung in Art. 71 hinaus **52**
vor allem insofern interessant, als darin *Verhaltensnormen* für Hersteller, Verkäufer
und Nutzer von KI-Systemen festgelegt werden, die bei der Bestimmung der jeweiligen Sorgfaltspflichten zumindest Indizwirkung besitzen. Korrekturen daran lassen
sich vor allem über die Figur des „erlaubten Risikos" anbringen, welches richtigerweise in erster Linie als Instrument der Fahrlässigkeitsbegrenzung anzusehen ist.[60]

III. Virtuelle Realität

Ein aktueller IT-Trend, der schon in näherer Zukunft auch das Strafrecht vor erheb- **53**
liche Herausforderungen stellen wird, ist der Trend zur *virtuellen Realität*. Darunter
versteht man die Nachbildung der Wirklichkeit in allen oder fast allen ihren physi-

---

[60] Siehe oben Rn. 17 ff.

kalischen Eigenschaften in einer computergenerierten und interaktiven virtuellen Umgebung.[61] Ein Vorläufer war das Computerspiel „Second Life" aus den 2000er-Jahren. Heute ist es unter Einsatz Künstlicher Intelligenz und leistungsfähiger Sensoren und Bildschirme möglich, die Wirklichkeit fast lebensecht nachzubilden. Dies gilt zumindest für die Simulation von Bildern und Tönen. Weniger ausgereift ist derzeit noch die Simulation von Geruch, Geschmack und sensorischen Erfahrungen (etwa über Handschuhe). Während Bilder und Töne am Bildschirm oder mittels VR-Brillen inzwischen „lebensecht" simuliert werden können, dürften überzeugende Geruchs-, Geschmacks- und sensorische Erfahrungen erst mittels neuronaler Stimulation direkt im Gehirn möglich sein. Dies ist im Moment noch Science-Fiction.

54   Dagegen ist die Verwendung „augmentierter Realität" („*augmented reality*") schon lange Realität. Hierbei wird, z. B. mittels Brillen wie den 2014 auf den Markt gebrachten „Google glasses", dem Nutzer zusätzlich zur normalen Wahrnehmung eine virtuelle Realität vorgeführt. Dieses Prinzip lag etwa dem Computerspiel Pokémon zu Grunde, welches im Jahr 2017 weltweit Aufsehen erregte. Rund um den Globus verfolgten die Spieler die Pokémon-Wesen, virtuelle Fabelwesen, die nur durch die Kamera eines Smartphones entdeckt werden konnten.

55   Eine derartige Technik lässt sich auch zu anderen Zwecken hervorragend einsetzen, etwa zu *Schulungs- und* zu *Informationszwecken*. So ist es etwa möglich, über eine entsprechende Brille Informationen über die jeweils betrachteten Gegenstände zu erhalten, etwa touristische Informationen beim Besuch einer Sehenswürdigkeit oder Preisinformationen beim Blick in ein Schaufenster. Natürlich können auch personenbezogene Informationen über das menschliche Gegenüber kommuniziert werden, soweit solche Informationen im Netz verfügbar sind, etwa Alter, Beruf oder sexuelle Vorlieben.

56   Virtuelle Realität besitzt noch weitaus mehr Anwendungsmöglichkeiten. Hauptreiber der Technologie ist derzeit der Spielesektor („*Gaming*"). In virtuellen Welten lassen sich praktisch unbeschränkt vielfältige visuelle Erfahrungen simulieren und interaktiv nutzen. Auch virtuelle Reisen sind denkbar. Ein breites Anwendungsfeld der virtuellen Realität wird bereits in näherer Zukunft die *Medizin* sein, etwa im Rahmen der medizinischen Ausbildung (etwa an virtuellen Körpern) oder im Bereich der Therapie, z. B. um Höhenangst zu überwinden. Betrachtet ein Mensch sein virtuelles Ebenbild, so lassen sich bemerkenswerte Rückkopplungseffekte („Proteus-Effekt") auf die Psyche des realen Menschen feststellen, die z. B. genutzt werden können, um Bewegungsabläufe eines Schlaganfall-Patienten zu verbessern. Der Meta-Konzern (vormals Facebook) hat angekündigt, ein System namens „Metaverse" zu entwickeln, welches Nutzern weltweit erlauben soll, in ein und dieselbe virtuelle Realität einzutauchen. Damit wird eine „Immersion" in virtuelle Welten denkbar, in den Menschen grundsätzlich so frei agieren könnten wie in der realen Welt.

---

[61] *Grasnik* Grundlagen der Virtuellen Realität, 2020; *Schart/Tschanz* Augmented und Mixed Reality, 2. Aufl. 2018.

Virtuelle Realität stellt das Recht vor *erhebliche Herausforderungen*. Die neue **57**
Technologie droht die Machtfülle der US-Internetgiganten, die sich schon heute
kaum noch gesetzlich einhegen lassen, weiter zu steigern. Besondere Probleme bestehen etwa für den Datenschutz, denn die Nutzung einer VR-Brille erlaubt sehr
weitgehend Datenerhebungen über den Körper und die physischen wie psychischen
Reaktionsweisen des Nutzers. Ein zweites Problemfeld sind die erheblichen Sucht-
gefahren, die mit der neuen Technologie einhergehen, verbunden mit der Problematik sozialer Verarmung und Isolation. Im Zustand der Immersion nimmt ein Nutzer
die reale Außenwelt kaum noch wahr, was leicht zu Unfällen führen kann.

Besondere, auch rechtsdogmatisch spannende Fragen stellen sich mit Blick auf **58**
sozialschädliche Verhaltensweisen innerhalb einer virtuellen Realität. Denkbar ist
es etwa, dass Avatar A den Avatar B durch Worte oder Gesten beleidigt. Solange ein
Avatar der vollständigen Steuerung eines Nutzers unterliegt, und dem Täter die
Identität des Menschen hinter Avatar B bekannt ist, wird man hier die §§ 185 ff.
StGB anwenden können. Treten bei B negative körperliche Veränderungen als Folge
der Beleidigung (oder anderer durch den Avatar vermittelter Kontakte) auf, wird
auch eine Körperverletzung, § 223 StGB, diskutabel. Auch Betrug und weitere Delikte, deren Tatbestandsmerkmale in einer virtuellen Umgebung erfüllt werden können, sind grundsätzlich denkbar. Dagegen dürften z. B. Sexualdelikte mangels
„echter" Berührung in einer virtuellen Umgebung meist ausscheiden (ob dies freilich bei lebensechter Berührungsimitation immer noch gelten würde, ist zumindest
fraglich).

Schwierige Probleme stellen sich dann, wenn A nicht weiß, wer sich hinter Ava- **59**
tar B verbirgt. Hier dürften sich zumindest bei Beleidigungsdelikten mit Blick auf
die Vorsatzkonkretisierung Probleme ergeben. Noch problematischer wird die strafrechtliche Bewertung, wenn der Akteur kein Avatar ist, sondern ein (nicht mit einem
Menschen verbundener, sondern autonom agierender) *virtueller Agent*.[62] Ein reines
Computerprogramm kommt als Straftäter nicht in Betracht. Auch auf der Opferseite
entstehen erhebliche Probleme, wenn nicht ein Avatar mit einem „dahinter" stehenden Menschen, sondern ein virtueller Agent betroffen ist. Man wird prognostizieren
dürfen, dass die strafrechtliche Bewältigung derartiger Fragen eine der großen
Herausforderungen des Technikstrafrechts der Zukunft bilden wird.

C. Informationsstrafrecht als neue Disziplin?

Schon in den beiden Vorauflagen von 2005 und 2012 wurde zum Schluss die Frage **60**
aufgeworfen, ob sich das Informationsstrafrecht eines Tages als neue Disziplin des
Strafrechts begreifen lassen wird. Viele in der Zwischenzeit erschienene Lehrbücher
zum Computer- und Internetstrafrecht und die fortdauernde Behandlung der Cyberkriminalität als besondere kriminelle Erscheinungsform in nationalen Gesetzen und
internationalen Übereinkommen belegen, dass es sich insoweit schon um einen ei-

---

[62] Virtuelle Agenten werden mithin durch KI gesteuert, Avatare durch Menschen. Natürlich sind
auch Zwischenformen denkbar und technisch umsetzbar.

genständigen Teilbereich des Strafrechts handelt. Ob sich über das *Computer- und Internetstrafrecht* hinaus, das in seiner Bezeichnung an Computer und Computernetzwerke als Tatmittel oder Tatobjekt anknüpft, ein *weitergehendes Informationsstrafrecht* etabliert und was es im Einzelnen umfasst, ist indes nach wie vor fraglich.

61   Es bleibt jedenfalls zu bemerken, dass die durch den Fortschritt der Kommunikationstechnik hervorgerufene *Konvergenz der Medien* (siehe schon § 1 Rn. 54 f.) im Recht zu einer Annäherung derjenigen Normen führt, die sich mit den derzeit noch geschiedenen Medien und den darin transportierten Inhalten beschäftigen. Auf diese Weise entsteht ein neues Rechtsgebiet, das „Informationsrecht". Es umfasst vor allem folgende Bereiche: das Recht der Telekommunikation, das Medienrecht, das Recht des E-Commerce und das Recht des E-Government mitsamt den jeweiligen verfassungsrechtlichen, europarechtlichen und sonstigen internationalen Vorgaben. Es ist eng verbunden mit anderen Teilrechtsgebieten, die starke IT-Bezüge aufweisen, etwa dem Datenschutzrecht und dem Immaterialgüterrecht.

62   Nachdem das Informationsrecht ursprünglich als rein rechtliche Disziplin verstanden wurde,[63] finden sich Vorschläge, das Informationsrecht mit der *Rechtsinformatik* zu verschmelzen. Dadurch entstünde eine neue Großdisziplin, die technische wie rechtliche Fragestellungen behandelte.[64] Hiergegen lassen sich jedoch dieselben Gründe vorbringen, die gegen eine Vermengung technischer und rechtlicher Fragestellungen unter dem Dach der Rechtsinformatik sprechen (siehe Rn. § 1 Rn. 2 ff.):

- Ein umfassend konzipiertes Informationsrecht vernachlässigt den kategorialen methodologischen Unterschied zwischen empirisch-technischen und juristischen Disziplinen,
- es gefährdet die historisch gewachsenen und rechtsstaatlich wichtigen Eigenheiten der traditionellen Teildisziplinen Zivilrecht, Strafrecht und öffentliches Recht und
- es überfordert den einzelnen Forscher, der als „Informationsrechtler" eine Art Universalkompetenz für eine schon heute unüberschaubare Vielzahl von technischen und rechtlichen Fragestellungen besitzen müsste.

63   Daher sollte an der Unterscheidung von Rechtsinformatik als empirisch-technischer Disziplin und Informationsrecht als juristischer Teildisziplin festgehalten werden. Innerhalb des Informationsrechts lassen sich Fragestellungen mit eher zivilrechtlicher, mit eher öffentlich-rechtlicher und mit primär strafrechtlicher Bedeutung unterscheiden. An dieser Binnendifferenzierung ist nicht nur wegen der unterschiedlichen Gerichtszuständigkeit festzuhalten, sondern auch wegen der schon erwähnten Gefahr, historisch gewachsene und rechtsstaatlich wichtige Grundsätze der klassischen Teildisziplinen zu vernachlässigen. Es wäre rechtspolitisch verhängnisvoll, z. B. den unter großen Mühen und Opfern erkauften Gesetzlichkeitsgrundsatz im Strafrecht einer neuen „pragmatisch" verstandenen Großdisziplin zu opfern. Auch das Informationsstrafrecht ist ein *Teil des Strafrechts* und unterliegt daher besonders engen rechtsstaatlichen Bindungen und Kontrollen.

---

[63] Vgl. etwa *Sieber* Jura 1993, 561 (568 f.).
[64] So z. B. offenbar *Hoeren* JuS 2002, 947 (948 f.).

Mit dieser Abgrenzung des Informationsstrafrechts von den anderen Teilgebie-   **64**
ten des Informationsrechts ist allerdings die Frage nach dem *Inhalt* dieser neuen
strafrechtlichen Teildisziplin noch nicht geklärt. In der Literatur wurde sie bislang
kaum aufgeworfen, geschweige denn beantwortet.

Denkbar wäre, das Informationsstrafrecht unter Bezugnahme auf den Begriff der „Informa-   **65**
tion" zu definieren. Dagegen spricht jedoch zum einen, dass der Informationsbegriff noto-
risch vage ist, zum anderen, dass auch klassische Delikte wie der Betrug oder die Beleidigung an die (verbotene und mit Strafe bewehrte) Übermittlung bestimmter „Informationen"
anknüpfen, die in Form täuschender oder beleidigender Aussage die Tatbestände des § 263
bzw. der §§ 185 ff. StGB erfüllen können. Ein Informationsstrafrecht, welches das gesamte
Recht des Betrugs, der Beleidigung und aller anderer informationsorientierter Delikte ein-
schließen würde, wäre aber offensichtlich viel zu weit, um als eigenständige strafjuristische
Teildisziplin zu bestehen.

Bezugspunkt des Informationsstrafrechts kann daher nicht die Information als   **66**
solche sein, sondern nur die *digitalisierte Information.* Wir schlagen vor, unter „Informationsstrafrecht" alle juristischen Fragestellungen und Lösungsansätze zu verstehen, die sich mit der strafrechtlichen Sanktionierung bestimmter verbotener Formen der Erhebung, Verarbeitung, Übertragung und Speicherung von digitalisierter
Information beschäftigen. Man könnte auch von einem „Datenstrafrecht" sprechen.
Das Informationsstrafrecht der Zukunft wird nicht nur das Computer- und Internetstrafrecht, sondern insbesondere auch Teile des Medienstrafrechts umfassen.
Hinzu treten Sondergebiete wie das Datenschutzstrafrecht und das Urheber- bzw.
Immaterialgüterstrafrecht, sofern digitalisierte Inhalte betroffen sind.

Ob sich das Informationsstrafrecht als eigenständige Teildisziplin durchsetzen   **67**
können wird, ist offen. Die Wissenschaft steht vor der Aufgabe, übergreifende Fragestellungen und Strukturprinzipien des Informations(straf)rechts deutlicher he-
rauszuarbeiten, als dies bislang geschehen ist. Erforderlich ist ferner eine Klärung
von Grundbegriffen wie „Information" und „Datum". Nur wenn dies gelingt, kann
das Informationsstrafrecht zu einer etablierten Disziplin heranreifen, so wie es das
Computer- und Internetstrafrecht heute schon ist.

Sachverzeichnis

© Springer-Verlag Berlin Heidelberg 2022
E. Hilgendorf et al., *Computer- und Internetstrafrecht*, Springer-Lehrbuch,
https://doi.org/10.1007/978-3-662-59446-9

The manufacturer's authorised representative in the EU is Springer
Nature Customer Service Centre GmbH, Europaplatz 3, 69115 Heidelberg,
Germany. If you have any concerns regarding our products, please
contact ProductSafety@springernature.com

Printed and bound by CPI Group (UK) Ltd, Croydon, CR0 4YY
28/04/2026
02098513-0006